CYBERCRIMINALITÉ
CODE PÉNAL
et textes pénaux spéciaux
Commentés et annotés

Papa Assane TOURÉ

CYBERCRIMINALITÉ
CODE PÉNAL
et textes pénaux spéciaux
Commentés et annotés

Sénégal
L'Harmattan

Du même auteur chez le même éditeur

Droit pénal général sénégalais, tome 1 et tome 2, 2024

Les grandes décisions de la jurisprudence de droit pénal général sénégalais Commentées et annotées, 2024

La juridiction compétente, statuant à bref délai dans l'espace OHADA, Un objet judiciaire non identifié ?, 2021

Recueil de textes relatifs au travail législatif et réglementaire du gouvernement Commentés et annotés, 2020

La légistique. Technique de conception et de rédaction des lois et des actes administratifs, une tradition de gouvernance normative., 2018.

La réforme de l'organisation judiciaire du Sénégal commentée et annotée, 2016.

Le traitement de la cybercriminalité devant le juge. L'exemple du Sénégal, 2014.

10 VDN, Sicap Amitié 3, Lotissement Cité Police, DAKAR

Direction@senharmattan.com
librairie@senlibrairie.com

ISBN : 978-2-336-45730-7
EAN : 9782336457307

SOMMAIRE

SIGLES ET ABREVIATIONS

AJPI	Actualité juridique de la propriété immobilière
ADIE	Agence de l'informatique de l'Etat
AJDA	Actualité juridique de droit administratif
ALD	Actualité legislative Dalloz
Act. Jur. pén.	Actualité juridique-pénal
Ann. fr. dr. intern	Annuaire français de droit international
Arch. phil. dr.	Archives de philosophie du droit
Arch. pol. crim.	Archives de politique criminelle
Batik	Bulletin d'analyse sur les technologies de l'information et de la communication
Bull. civ.	Bulletin des arrêts de la chambre civile de la Cour de cassation
Bull. crim.	Bulletin des arrêts de la chambre criminelle de la Cour de cassation
CA	Cour d'appel
CCE	Cour des Communautés Européennes
CE	Conseil d'État
CEDEAO	Communauté Economique des États de l'Afrique de l'Ouest
CEDH	Cour européenne des droits de l'homme
CREDILA	Centre de recherche, d'étude et de documentation sur les institutions et les législations africaines
CS	Cour suprême
Cah. dr. entr.	Cahier de droit de l'entreprise
Cah. séc.	Cahiers de la sécurité

Cah. Lamy dr. inf	Cahiers Lamy droit de l'informatique
Cass. Ass. plén.	Assemblée plénière de la Cour de cassation
Cass. crim.	Chambre criminelle de la Cour de cassation
Cass. Req.	Chambre des requêtes de la Cour de cassation
Ch. Réun.	Chambres réunies
Chr.	Chronique
Comm. com. électr.	Revue commerce communication électronique
Cons. Const.	Conseil constitutionnel
D.	Recueil Dalloz
D. Aff.	Recueil Dalloz affaires
Délib.	Délibération
DIT	Revue de droit de l'informatique et des télécommunications
Dir.	Sous la direction de
Doc. fr.	La Documentation française
Doct.	Doctrine
Dr. Banc. fin.	Revue de droit bancaire et financier
Dr. et patr.	Droit et patrimoine
Dr. fam.	Revue de droit de la famille
Dr. pén.	Revue de droit pénal
Dr. soc.	Revue de droit social
EDJA	Editions juridiques africaines
Expertises	Expertises des systèmes d'information
FDI	Forum des droits sur l'Internet
Gaz. Pal.	Gazette du palais
Ibid.	Ibidem

IDEF	Institut international de droit d'expression française
IR	Informations rapides (Dalloz)
J. Cl. pén	Juris-classeur pénal
JCP, éd. E.	Semaine juridique édition entreprise
JCP, éd. G.	Semaine juridique édition générale
JOAN	Journal officiel de l'Assemblée nationale
JOCE	Journal officiel des communautés européennes
JORS	Journal officiel de la République du Sénégal
JT	Journal des tribunaux
J-Cl. Communication	Juris-classeur communication
J-Cl. Intern	Juris-classeur international
J-Cl. pén. aff	Juris-classeur droit pénal des affaires
J-Cl. proc. pén.	Juris-classeur procédure pénale
J-Cl. propr. littér. artist.	Juris-classeur propriété littéraire et artistique
Juris-data	Bases de données juridiques
LGDJ	Librairie générale de droit et de jurisprudence
Lamy dr. médias comm	Lamy droit des médias et de la communication
Le Monde	Journal le Monde
Le Monde diplomatique	Journal le Monde diplomatique
Les Échos	Le journal des Échos
OAPI	Organisation africaine de la propriété intellectuelle
OHADA	Organisation pour l'harmonisation du droit des affaires en Afrique
OSIRIS	Observatoire sur les systèmes d'information, les réseaux et les inforoutes au Sénégal

Option Finance	Magasine Option finance
PA	Les petites affiches
PNUD	Programme des Nations Unies pour le développement
PUAM	Presses universitaires d'Aix-Marseille
PUF	Presses universitaires de France
Pouvoirs	La revue Pouvoirs
Procédures	Revue Procédures
Propr. intell.	Propriétés intellectuelles
RIDA	Revue internationale du droit d'auteur
RLDI	Revue Lamy droit de l'immatériel
RDP	Revue de droit public
RGCT	Revue générale des collectivités territoriales
RIDP	Revue internationale de droit pénal
RIPAS	Revue des institutions politiques et administratives du Sénégal
RRJ	Revue de recherche juridique et de droit prospectif
RSC	Revue de sciences criminelles et de droit pénal comparé
RTD civ.	Revue trimestrielle de droit civil
RTD com.	Revue trimestrielle de droit commercial
RTDH	Revue trimestrielle de droits de l'homme
Rép. Civ.	Répertoire civil
Rép. Intern.	Répertoire international
Rép. pén.	Répertoire pénal
Rép. pén. et proc. pén.	Répertoire pénal et procédure pénale
Rev. (belge) dr. pén.	Revue belge de droit pénal
Rev. adm.	Revue administrative

Rev. ass. sén. dr. pén	Revue de l'association sénégalaise de droit pénal
Rev. Banque	Revue Banque
Rev. dr. Aff.	Revue de droit des affaires
RDTI	Revue du droit des technologies de l'information
Rev. fr. dr. adm.	Revue française de droit administratif
Rev. intern. dr. comp.	Revue internationale de droit comparé
Rev. sén. dr	Revue sénégalaise de droit
Rev. Déf. nat. et séc. coll.	Revue Défense nationale et sécurité collective
Rev. dr. pén. crim.	Revue de droit pénal et de criminologie
Rev. inter. pol. crim.	Revue internationale de police criminelle
Rev. intern. crim. pol. tech.	Revue internationale de criminologie et de police technique
Rev. jur. pol. ind. coop.	Revue juridique et politique indépendance coopération.
Rev. pénit. dr. pén	Revue pénitentiaire et de droit pénal
Sem. Jur.	Semaine juridique
Somm.	Sommaires commentés (Dalloz)
TGI	Tribunal de grande instance
TGIHC	Tribunal de grande instance hors classe
Trib. corr.	Tribunal correctionnel
UEMOA	Union économique et monétaire ouest-africaine

INTRODUCTION

1. Droit pénal sénégalais. Le droit pénal sénégalais est un droit jeune. Le Code pénal a été institué par la loi n° 65-60 du 21 juillet 1965 portant Code pénal (*JORS n° 3767 du 06 septembre 1965, p. 1009 et s.*). Maître Kar N'Dofène DIOUF, Président et rapporteur de la Commission de la Législation, de la Justice et de l'Administration générale et du règlement intérieur de l'Assemblée nationale affirmait à l'occasion de l'adoption de la loi du 21 juillet 1965 portant Code pénal que cette loi est la « *fille de la législation française* » (*Journal officiel de la République du Sénégal. Débats parlementaires de l'Assemblée nationale du 12 juillet 1965, p. 1426*). Le Code pénal sénégalais est particulièrement inspiré du Code pénal français de 1810 plusieurs fois modifié. Il n'en constitue bien souvent qu'une « *reproduction dans beaucoup de ses compartiments* » (*Nd. FALL, Le droit pénal africain à travers le système sénégalais, Dakar, EDJA, 2003, p. 13*). Un auteur a pu écrire que le droit criminel sénégalais constitue « *une superficielle sénégalaisation de la législation héritée du colonisateur* » (*G. RIVES, « Le droit criminel sénégalais », Rev.sén.dr, juin 1974, n° 15, 7e année, p. 45*).

La loi n° 65-60 du 21 juillet 1965 portant Code pénal, depuis son entrée en vigueur, a fait l'objet de modifications introduites par plusieurs textes. La dernière modification du Code pénal a été introduite par la loi n° 2021-33 du 23 juillet 2021 modifiant n° 65-60 du 21 juillet 1965 portant Code pénal (*JORS n° 7444 du 30 juillet 2021, p. 1049*) ;

Les modifications ponctuelles apportées au Code pénal ne procèdent pas d'une volonté de réaliser une réforme en profondeur du droit pénal ; il s'est agi plus modestement pour le législateur de renforcer le dispositif de lutte contre les nouvelles formes de criminalité (terrorisme, criminalité internationale, criminalité organisée, etc.) dans le respect des droits et libertés individuels (*G. RIVES, « Le droit criminel sénégalais », Rev.sén.dr, juin 1974, n° 15, 7e année, p. 60; SCHAEFFER, « Politique pénale et développement. Libres propos sur la politique pénale dans les États d'Afrique noire d'expression française », Annales africaines 1962, p. 248 ; J. COSTA, « Quelques aspects nouveaux du droit des pays africains d'expression française, une politique pénale contre le sous-développement », Penant 1967, p. 246).*

2. Avènement de la cybercriminalité. Le doyen Jean CARBONNIER écrivait que « *l'évolution des mœurs et des techniques donne naissance à de nouvelles formes de délinquance* » *(J. CARBONNIER, Sociologie juridique, Paris, PUF, 1978, p. 401).*

La plupart des grandes découvertes technologiques ont engendré presque toujours, à côté des progrès économiques qu'elles procurent à l'humanité, des retombées négatives parmi lesquelles figure en bonne place l'avènement de nouvelles formes de criminalité (*J. PINATEL, Le phénomène criminel, Paris, M. A. éd., 1987 ; B. CONTE et B. HENOCQUE. « Introduction. Opportunités et menaces juridiques liées aux technologies numériques », Les Cahiers du numérique, vol. 10, n° 2, 2014, p. 09*).

Aussi, la rupture opérée dans notre modèle de civilisation par la révolution numérique n'a pas résisté à l'emprise de cette « *loi sociologique du développement* » (*R. GASSIN, « Le droit pénal de l'informatique », DS, 1986, chron. p. 35 ; P. A. TOURE, Le traitement de la cybercriminalité devant le juge : l'exemple du Sénégal, Paris, l'Harmattan, 2012, p.17, n° 02)*. En effet, l'espace dématérialisé qu'offrent les TIC, notamment l'internet, est de plus en plus le lieu virtuel de commission de divers agissements répréhensibles (*J. CAZENEUVE, « La cybercriminalité : l'émergence d'un nouveau risque », Act. jur. pén, 2012, p. 268 et s. ; G. HAAS, « La cybercriminalité à la fois côté obscur et face cachée du Big Data », D. IP/IT 2016, p. 21*).

En Afrique, comme partout ailleurs, les technologies digitales ont fini par s'incruster dans toute la vie sociale et économique. Or, toute organisation qui dépend des technologies numériques est vulnérable à des cyberattaques (*Sur l'ensemble de cette question, A. BOCHMAN, « Internet=insécurité », in La fin de la cybersécurité. Réagir face aux menaces, Harvard Business Review, France. fr, avril mai 2019, p. 42*). Ainsi, les transformations numériques ont entraîné de nouvelles dépendances et exposé les entreprises, les institutions publiques et les particuliers à de nouvelles menaces et des vulnérabilités.

Un rapport publié par Symantec révèle qu'en 2012, le nombre de cyberattaques ciblées en Afrique a augmenté de 42% *(A. YANKEY, « Relever les défis juridiques de la cybersécurité en Afrique », UEMOA, atelier régional sur le commerce électronique, Ouagadougou, 09-11 octobre 2018*).

A titre illustratif, au début du mois de mai 2001, le site officiel du Gouvernement du Sénégal *(http://www.gouv.sn)* a été victime d'une attaque de la part d'un pirate informatique se disant membre de la *Hack Army*. Le *hacker*, après avoir réussi à s'introduire dans le système informatique de la Primature, a laissé le message suivant : « *Vous avez des problèmes de sécurité !* ».

En avril 2014, le serveur de l'Agence de l'Informatique de l'État (ADIE) devenue « Sénégal Numérique S.A » (SENUM SA) a été attaqué par le collectif Anonymous Sénégal. Quarante-sept (47) sites d'organismes publics (Ministère en charge des Finances, Ministère de l'Education nationale, Ministère de l'Agriculture, etc.) ont été défaçés.

Un an plus tard, en janvier 2015, le serveur de la SENUM SA a de nouveau été attaqué suite aux évènements de Charlie Hebdo (*Sur ces attaques, V. J. DECHANET, CH. GONZALES, L'essor du numérique en Afrique de l'Ouest, CEIS, Les notes stratégiques, novembre 2015, p. 44*).

Récemment, un compte @MysteriousTeamO, se réclamant du groupe de pirates informatiques Anonymous, a revendiqué sur les réseaux sociaux avoir paralysé les sites de la Présidence de la République et ceux utilisant le domaine gouv.sn, comme celui du Gouvernement et des ministères des Forces armées, de l'Environnement, des Infrastructures et de l'Agriculture. Ces sites web ont été paralysés le vendredi 26 mai 2023, avant d'être à nouveau « rétablis » le lendemain matin.

@MysteriousTeamO a soutenu avoir agi pour soutenir le « peuple sénégalais », en lutte contre ses dirigeants, « *qui s'accrochent au pouvoir au-delà des mandats prévus par la Constitution* ». (*J. DUBOIS, « Sénégal: plusieurs sites du Gouvernement ciblés par une cyberattaque » :ttps://www.rfi.fr/fr/afrique*).

L'essor contemporain des réseaux numériques a entraîné l'apparition d'une nouvelle forme de criminalité favorisée par la société de l'information appelée « *cybercriminalité* ». Le cyberespace est devenu criminogène et le risque numérique omniprésent.

L'espace dématérialisé qu'offrent les réseaux numériques, notamment internet, est de plus en plus le lieu virtuel de commission de divers agissements répréhensibles (*W. CAPELLER, « Un net pas très net », in L'immatériel et le droit, Arch. phil. dr, n° 143, p. 167 ; M. QUEMENER et J. FERRY, Cybercriminalité. Défi mondial, Paris, Economica, 2e édition, 2009, p. 1 ; M. QUEMENER, « Cybercriminalité : aspects stratégiques et juridiques », in De la cybercriminalité à la cyberguerre, Rev.déf.nat.séc.coll, mai 2008, p. 23 ; C. BOULANGER, F. FRAFER, «Cybercriminalité : un aperçu du monde des criminels virtuels », Classe internationale, éd.num., 2014, p. 34 ; J-P. PASSEMARD, « La cybercriminalité, nouvel enjeu sécuritaire du XXIe siècle, Sécurité globale, 2013/2 n° 24, p. 59 ; J. CAZENEUVE, « La cybercriminalité : l'émergence d'un nouveau risque », Act. jur. pén. 2012 p. 268 ; O. PALLUAULT, « Cybercriminalité », Encyclopædia Universalis,: http://cache.univ-tln.fr:2055/encyclopedie/cybercriminalite/).*

Les cyberdélinquants ont souvent une parfaite connaissance de la législation des États en matière de cybercriminalité. Aussi, par une sorte de phénomène de *forum shopping*, ils choisissent souvent d'héberger leurs sites dans des « *cyberparadis* » où leurs activités criminelles ne tombent pas sous le coup de la loi pénale (*M. QUEMENER et J. FERRY, Cybercriminalité. Défi mondial, Paris, Economica, 2e édition, 2009, p. 91 ; J-P. PASSEMARD, « Cybercriminalité, nouvel enjeu sécuritaire du XXe siècle », Sécurité globale, 2013/02 n° 24, p. 59 ; M-N. PETIT, «Cybercriminalité : du virtuel au réel », Rhizome, 2016/3, n° 61, p. 14*).

3. Notion de cybercriminalité. Le phénomène cybercriminel est difficile à saisir. Cette difficulté d'appréhension conceptuelle tient en partie au fait qu'il ne fait souvent pas l'objet d'une définition légale (*En ce sens, M. QUEMENER et Y. CHARPENEL, Cybercriminalité. Droit pénal appliqué, Paris, Economica, 2010, p. 07, n° 27*). C'est certainement la raison pour laquelle il y a une diversité de conceptions de la cybercriminalité.

En Afrique, certaines législations ont pris le soin de donner un contenu à la notion de cybercriminalité. C'est le cas de la loi n° 2010-12 du 21 décembre 2010 sur la cybersécurité et la cybercriminalité au Cameroun (*Journal officiel de la République du Cameroun du 21 décembre 2010, p. 03 et s.).* L'article 4 de ce texte définit la cybercriminalité comme « *l'ensemble des infractions s'effectuant à travers le cyberspace par d'autres moyens que ceux habituellement mis en œuvre, et de manière complémentaire à la criminalité classique* ».

Cette définition fait du cyberespace le critère fondamental de définition de la cybercriminalité. Il s'agit d'un espace de communication constitué par l'interconnexion d'équipements de traitement automatisé de données. Dérivé de l'anglais « *cyberspace* », contraction des mots « *cybernétique* » et « *espace* », le terme « *cyberespace* » a été évoqué pour la première fois par l'auteur américain William GIBSON dans son roman de science-fiction *Neuromancer*, paru en 1984. La notion de cyberespace est plus large que le monde informatique et contient également les réseaux informatiques, les systèmes informatiques, les médias, les données électroniques, etc. (*V. le glossaire annexé à la Stratégie nationale de cybersécurité du Sénégal SN-2022*).

Mais cette définition de la cybercriminalité n'est pas satisfaisante puisqu'elle ne permet pas de déterminer les différents procédés par lesquels le cyberespace est associé à la réalisation des infractions pénales.

D'après le glossaire annexé à la *Stratégie nationale de cybersécurité du Sénégal (SNC-2022),* la cybercriminalité désigne « *les actes contrevenant aux traités internationaux ou aux lois nationales, utilisant les réseaux ou les systèmes d'information comme moyens de réalisation d'un délit ou d'un crime ou les ayant pour cible* ». Cette définition reprend fidèlement celle qui est contenue dans le glossaire de l'Agence nationale de la Sécurité des Systèmes d'information (ANSSI) (*https://www.ssi.gouv.fr /administration/glossaire/c/).*

Il y a un modèle conceptuel de la cyberinfraction qui résulte des travaux du onzième congrès des Nations Unies pour la prévention du crime et la justice pénale tenu du 18 au 25 avril 2005. Selon les conclusions du congrès, la cyberinfraction désigne : « *tout comportement interdit par la législation et/ou par la jurisprudence qui : a) est dirigé contre les technologies de calcul électronique et de communication elles-mêmes; b) fait intervenir l'utilisation de technologies numériques pour la commission de l'infraction; et c) suppose l'utilisation incidente d'ordinateurs pour la commission d'autres infractions* » (*Onzième Congrès des Nations Unies pour la prévention du crime et le traitement des délinquants, Bangkok, 18-25 avril 2005, disponible sur http : //www. un.org/ events /11thcongress /docs /bkkcp15f.pdf*).

Le modèle conceptuel résultant des travaux du congrès de Bangkok semble lier le phénomène cybercriminel aux technologies numériques de l'information et de la communication qui peuvent être l'objet ou le moyen de réalisation des actions répréhensibles.

Déjà, l'ancienne loi sénégalaise n° 2008-11 du 25 janvier 2008 portant sur la cybercriminalité *(JORS n° 6406, du 03 mai 2008, p. 419)* se ralliait à cette conception en définissant la cyberinfraction comme « *toute infraction qui implique l'utilisation des technologies de l'information et de la communication* » (*Exposé des motifs de l'ancienne loi n° 2008-11 du 25 janvier 2008 portant sur la cybercriminalité*).

On retrouve la même approche conceptuelle de la cybercriminalité dans la loi n° 2016-29 du 08 novembre 2016 modifiant le Code pénal et la loi n° 2016-30 du 08 novembre 2016 modifiant le Code de Procédure pénale (*JORS n° 6975 du 25 novembre 2016, p. 1613*)

En effet, le dispositif substantiel relatif à la cybercriminalité a été inséré dans un titre IV du livre troisième du Code pénal intitulé « *Des infractions liées aux technologies de l'information et de la communication* ».

En outre, le cadre procédural de lutte contre la cybercriminalité a été inclus dans la section II, du chapitre III du titre III du livre premier du Code de Procédure pénale intitulée « *Mesures d'investigation au moyen des technologies de l'information et de la communication* ».

Ainsi, la notion de TIC est au cœur de la définition de la cybercriminalité. Le Conseil des communautés européennes voit dans les technologies de l'information et de la communication, succédant aux géants industriels du XXe siècle, « *l'ensemble des systèmes d'équipements, composants et logiciels qui sont nécessaires pour assurer la recherche, le traitement et le stockage de l'information dans tous les domaines de l'activité humaine et dont la mise en œuvre fait généralement appel à l'électronique et aux technologies similaires* » (*CCE, 22 décembre 1986 relative à la normalisation dans le domaine des technologies de l'information et des télécommunications, JO des communautés européennes. Selon le PNUD, « les NTIC sont des outils de traitement de l'information- un ensemble hétéroclite de biens, d'applications et de services qui sont utilisés pour produire, stocker, traiter et diffuser l'information (...) ». Cette définition est citée par P. DANDJINOU, « Les nouvelles technologies de l'information et de la communication (TIC) et les Objectifs du millénaire pour le développement en Afrique », in L'Afrique et les Objectifs du millénaire pour le développement en Afrique, PNUD 2003, p. 552 ; L. BURGORGUE-LARSEN, « Les nouvelles technologies », Pouvoirs, vol. 130, n° 03, 2009, p. 65).*

Selon l'article 431-7 du Code pénal, modifié par la loi n° 2016-29 du 08 novembre 2016, les TIC désignent les « *technologies employées pour recueillir, stocker, utiliser, et envoyer des informations et incluant celles qui impliquent l'utilisation des ordinateurs ou tout système de communications y compris de télécommunications* ». La Stratégie régionale de cybersécurité et de lutte contre la cybercriminalité de la CEDEAO a retenu la même définition des TIC.

Il s'agit des équipements, des dispositifs et programmes ayant pour objet le stockage, le traitement, la transmission et la communication de l'information. Ces instruments technologiques renvoient, d'une part, aux technologies dites classiques de la première moitié du XXe siècle que sont la radio, la télévision, le télex, le télégraphe et le téléphone, qui assurent essentiellement une fonction de transmission et de diffusion de l'information par la voie des ondes hertziennes.

D'autre part, les TIC désignent surtout les technologies « *nouvelles* » ayant pour support le numérique (par opposition à l'analogique), considéré comme le procédé technique permettant la transcription de l'information sous forme binaire.

Les technologies numériques regroupent notamment les ordinateurs, les cartes bancaires, les programmes informatiques, les smartphones, les tablettes numériques et les réseaux électroniques nés du besoin d'interconnexion des ordinateurs (*V. PUJOLLE, Les réseaux, Paris, Eyrolles, édition 2003, p. 02*).

La cybercriminalité renvoie à l'ensemble des infractions qui supposent l'implication des technologies numériques de l'information et de la communication (systèmes, logiciels, réseaux informatiques, cartes bancaires, internet, smartphones, etc.) dans leur processus de réalisation.

Les TIC peuvent être soit un objet de commission d'infractions (par exemple, l'accès frauduleux à un système informatique ou la contrefaçon de logiciel), soit un simple moyen de réalisation d'infractions classiques (par exemple, la diffamation, le chantage ou l'escroquerie en ligne) (*En ce sens, D. CHILSTEIN, « Législation sur la cybercriminalité en France », RIDC, 2010, n° 02, p. 553 ; U. SIEBER, La menace de la cybercriminalité, in Conseil de l'Europe, Criminalité organisée en Europe. La menace de la cybercriminalité, Strasbourg, éditions du Conseil de l'Europe, 2006, p. 86 ; P. A. TOURE, Le traitement de la cybercriminalité devant le juge : l'exemple du Sénégal, Paris, l'Harmattan, 2012, p. 19*).

Ces deux schémas d'implication des technologies digitales dans les actes infractionnels ont été confirmés en France par le *Rapport Robert sur la cybercriminalité*, déposé en juin 2014. Selon ce rapport, la cybercriminalité regroupe « *toutes les infractions pénales tentées ou commises à l'encontre ou au moyen d'un système d'information et de communication, principalement internet » (M. ROBERT (dir.), Protéger les internautes, Rapport sur la cybercriminalité, juin 2014, rapp. Du Groupe interministériel sur la cybercriminalité, remis aux Ministres de la Justice, de l'Économie et des Finances, de l'Intérieur et à la Secrétaire d'État au Numérique*).

4. Cybercriminalité et cybersécurité. Il ne faut pas pour autant confondre la cybercriminalité et la cybersécurité (*Sur l'ensemble de cette question de la cybersécurité, N. ARPAGIAN, La cybersécurité, Paris, PUF, Que sais-je?, 2010, p. 09-10 ; G. POUPARD, « Le droit au service de la cybersécurité », D. IP/IT 2018, p.159 ; M. QUEMENER, «Cyberdéfense, cybersécurité, cybercriminalité, même combat », D. IP/IT 2018 p.176 ; T. DOUVILLE, «L'émergence d'un droit commun de la cyber-sécurité », D. 2017, p. 2255 ; G. MATHIAS, « NIS : vers un cadre harmonisé pour la cybersécurité ? », Sécurité globale, 2018/3, n° 15, p. 25 ; B. T. SY, En route vers l'émergence. Le Sénégal face au défi de la cybersécurité, Dakar, 2017, p. 19 ; S. GHERNAOUTI et A. DUFOUR. « Cybercriminalité et cybersécurité » in S. GHERNAOUTI, Internet, Paris, PUF, 2017, p. 101 ; J. EYNARD, « Cybersécurité », Rép. IP/IT et Communication, janvier 2021, n° 10 ; D. VENTRE, « De l'utilité des indices de cybersécurité », Sécurité et stratégie, 2016/2, 22, p. 05 ; TH. A. NDIOGOU, Etude sur « l'etat des lieux de la cybersecurite et de la cybercriminalite au Sénégal », mars 2019 : jonction.e-monsite.com/medias/files/etat-des-lieux-de-la-cybersecurite-et-de-la-cybercriminalite-ausenegal-par-dr-ndiogou.pdf*).

En réalité, la cybercriminalité, constituée de l'ensemble des infractions liées aux TIC, est un phénomène criminel, c'est-à-dire une forme de criminalité. Par contre la cybersécurité, relève non pas du phénomène cybercriminel, mais des réponses à la cybercriminalité (*D. VENTRE, « De l'utilité des indices de cybersécurité », Sécurité et stratégie, 2016/2, 22, p. 05*). Selon l'article 1er de la loi camerounaise n° 2010-12 du 21 décembre 2010 relative à la cybersécurité et à la cybercriminalité, la cybersécurité désigne un « *ensemble de mesures de prévention, de protection et de dissuasion d'ordre technique, organisationnel, juridique, financier, humain, procédural et autres actions permettant d'atteindre les objectifs de sécurité fixés à travers les réseaux de communications électroniques, les systèmes d'information et pour la protection de la vie privée des personnes* ».

La cybersécurité procède d'une approche holistique et pluridisciplinaire des réponses de politique criminelle à la cybercriminalité (*A. CISSE, «Cybersécurité et cybercriminalité : cohérence terminologique et harmonisation des cyberlégislations africaines », Réunion ad hoc d'experts sur un cadre légal harmonisé des TIC en Afrique centrale, Libreville, Gabon, du 28 novembre au 02 décembre 2011*). Elle intègre notamment les solutions d'ordre éducatif, juridique, managérial et technique orientées vers l'objectif de sécurisation du cyberespace.

L'une des innovations majeures de la convention africaine sur la cybersécurité et la protection des données à caractère personnel, adoptée à Malabo le 27 juin 2014, par rapport aux autres instruments de lutte contre la cybercriminalité, réside dans la prise en compte de la cybersécurité dans la lutte contre la cybercriminalité. La convention de Malabo a fixé, dans le chapitre III de la section première intitulé « *mesures de cybersécurité à prendre au niveau national* », le cadre stratégique et institutionnel de la cybersécurité en Afrique. La convention africaine met à la charge des États l'obligation de mettre en place une politique nationale de cybersécurité, d'élaborer une stratégie nationale de cybersécurité, de promouvoir une culture de cybersécurité, de renforcer les capacités des acteurs et d'instaurer des structures de lutte contre le cybercrime (*CERT, structures d'investigation, autorité de protection des données à caractère personnel, etc.).*

5. Bouleversement de l'ordre pénal classique. La révolution des technologies numériques a favorisé une transfiguration de la société traditionnelle. Les profondes mutations engendrées par les TIC ont contribué à affecter les postulats épistémologiques et quasi « mythologiques » du modèle pénal classique, par une sorte de « *subversion de l'ordre pénal* » (*A. CISSÈ, « Gouvernance internationale d'internet : normes et institutions Diplomacy and cyberespace », Seminar, Rome, vendredi 4 juillet 2003 : http://www.unpan.1.un; M. A. FRISON-ROCHE, « Les bouleversements du droit par internet », in J.-M. CHEVALIER, I. EKELAND et M.-A. FRISON ROCHE, Internet et nos fondamentaux, Paris, PUF, 2000, p. 39 ; P. TRUDEL, « L'influence d'internet sur la production du droit», in G. CHATILLON, Le droit international de l'internet, Bruxelles, Bruyant, 2002, p. 89 ; du même auteur, « Les mutations du droit à l'âge du numérique », Africasjuris n° 50 du 22 janvier 2003, p. 8. ; S.-M. CABON, « Atteintes aux systèmes de traitement automatisé de données- L'influence du cyber espace sur la criminalité économique et financière », Dr. pén. 2018, étude 5 ; P. A.*

TOURE, Le traitement de la cybercriminalité devant le juge : l'exemple du Sénégal, Paris, l'Harmattan, 2012, n°12).

Les particularités criminologiques et la complexité technologique de la cybercriminalité ont vite entraîné un bouleversement de la législation pénale traditionnelle. Le phénomène criminel du cyberespace a emprunté en grande partie les caractéristiques techniques du monde digital. Il est devenu classique de présenter la cybercriminalité sous les traits d'une délinquance multiforme marquée par son immatérialité, sa transnationalité, la fugacité et la volatilité de ses contenus ainsi que par l'anonymat qu'elle offre à ses délinquants (*M. VIVANT, « L'immatériel, nouvelle frontière pour un nouveau millénaire », JCP, éd. G, 2000, I. 193 ; également, P. SIRINELLI et M. VIVANT, « De l'irrésistible ascension de l'immatériel », RLDI, n° 01, janvier 2005, p. 03 ; J-M. BRUGUIERE, « L'immatériel à la trappe ? », D. 2006, n° 41, p. 2804 ; G. VERMELLE, «L'immatériel et la répression », in L'immatériel et le droit, Arch. phil. dr., tome 43, p. 213 ; J. DEVEZE, « À propos de l'évolution des délits contre les biens », in Libre droit, Mélanges en l'honneur de Philippe Le Tourneau, Paris, Dalloz, 2006, p. 363 ; dans le même sens, R. MARTIN, « Du corporel », D. 2004, n° 31, chron., p. 2285 ; C. BOURGEOS, L'anonymat et les nouvelles technologies de l'information, Thèse, Paris V, 2003, p. 21, n° 08 ; également, J-F. MATTEI, « Traçabilité et responsabilité », in Ph. PEDROT (dir.), Traçabilité et responsabilité, Paris, Economica, 2003, p. 35*). Ainsi, les réponses apportées par les textes pénaux classiques, conçues et élaborées pour un environnement matérialisé et national se sont vite révélées inappropriées et inadaptées pour saisir la délinquance de l'âge du numérique.

L'analyse de l'édifice pénal sénégalais, largement inspiré du modèle français (*G. RIVES, «Le droit criminel sénégalais », Rev.sén.dr., juin 1974, n° 15, 7e année, p. 45 ; Nd. FALL, Le droit pénal africain à travers le système sénégalais, Dakar, EDJA, 2003, p. 13 ; G. RIVES, «Les problèmes et l'évolution de la politique criminelle au Sénégal depuis l'indépendance », APC., ed. A. Pedone, Paris, 1975, p. 178*), a permis de révéler, à la suite des perturbations engendrées par les mutations digitales, une inadaptation des principaux instruments répressifs (incriminations pénales, responsabilité pénale et sanctions pénales) qui peinent à appréhender les activités cybercriminelles.

Ces difficultés d'appréhension de la cybercriminalité dans l'ordre pénal ont été aggravées par la rigueur des méthodes d'interprétation pénale, postulant une interprétation stricte de la loi pénale (*P. ESCANDE,*

«L'interprétation par le juge des règles écrites en matière pénale », RSC, 1978, p. 811 et s. ; W. JEANDIDIER, « Interprétation de la loi pénale », J-cl. pén, 1998, fasc. 20, art. 111-2 à b11-5 ; F. DESPORTES et L. LAZERGES-COUSQUER, Procédure pénale, Paris, Economica, 2009, p. 147) . Il est, en effet, fait défense au juge d'étirer les éléments constitutifs des infractions au-delà de ce qu'autorise la légalité criminelle. Il lui est également interdit de prescrire des mesures d'investigation portant atteinte aux droits et libertés individuels (par exemple, les écoutes téléphoniques, l'interception de données, l'utilisation de *keyloggers*, etc.) en dehors des prévisions légales, conformément au principe de la légalité procédurale.

6. Exigence du traitement de la cybercriminalité. Mais loin d'être un monde parallèle, le cyberespace constitue un phénomène social. A l'image de l'espace terrestre, maritime ou aérien, il n'est pas une zone de non droit et ne saurait être rebelle à toute activité régulatrice de ses contenus *(ND. A. KODJO, Cyberdroit. Télécom, internet, contrats de e-commerce. Une contribution du droit congolais, Kinshasa, Presses universitaires du Congo, 2009, p. 30 ; O. KEMPF, « Le cyberespace est-il une zone de non droit ? », in La guerre du droit, Conflits, n° 23, septembre-octobre 2019, p. 53 ; Ph. AMBLARD, Régulation de l'Internet, l'élaboration des règles de conduite par le dialogue internormatif, Bruxelles, Facultés universitaires notre Dame de la Paix de Namur, Bruyant, 2004, p. 01 ; J. SCHMIDT-SZALEWSKI,«L'internet ou l'illusion libertaire », Études offertes au doyen Philippe Simler, Paris, Dalloz, 2006, p. 803 ; Th. VERBIEST et E. WERY, Le droit de l'Internet et de la société de l'information. Droits européen, belge et français, Bruxelles, Larcier, 2001, p. 19*). L'instauration d'un dispositif pénal de protection des citoyens et des institutions contre les actions délictuelles du cyberespace s'avère nécessaire *(V. la théorie normative du cyberespace élaborée par le professeur américain Lawrence LESSIG de l'Université Harvard ; également, J-Y. LASSALLE, « Droit pénal et Internet», Rev. rech. jur. dr. pros. 2010, 04, 1988 ; P. A. TOURE, Le traitement de la cybercriminalité devant le juge : l'exemple du Sénégal, Paris, l'Harmattan, 2012, p. 31*).

En vue de garantir la confiance dans l'économie numérique, le Sénégal, après avoir élaboré une stratégie nationale dans le secteur du numérique, appelée « *Sénégal numérique 2016-2025* » (SN2025), a adopté sa stratégie nationale de cybersécurité appelée «*Stratégie nationale de Cybersécurité (SNC2022)* » déclinée autour de la vision suivante : « *En*

2022 au Sénégal, un cyberespace de confiance, sécurisé et résilient pour tous » (CH. DIALLO, « La stratégie nationale de cybersécurité du Sénégal SNC2022 », atelier sur la protection du secret, la sécurité des systèmes d'information et la cybersécurité de la Commission Nationale de Cryptologie, 6-7 novembre 2018 à Dakar ; B. T. SY, En route vers l'émergence. Le Sénégal face au défi de la cybersécurité, Dakar, 2017, p. 49 et s. ; B. T. SY, « La Cybersécurité au Sénégal : enjeux et perspectives » :www.osiris.sn/La-Cybersecurite-au-Senegal-enjeux.html; Cybersécurité au Sénégal. Enjeux et perspectives, livre blanc-2019, SAYT, p. 18 et s.).

7. Actualisation de l'édifice pénal. À cet égard, l'objectif stratégique 1 de la Stratégie nationale de Cybersécurité (SNC2022) s'articule autour du renforcement du cadre juridique et institutionnel de la cybersécurité. En effet, l'évolution rapide du paysage cybernétique exige l'actualisation des dispositifs législatifs et réglementaires.

Face aux défis stratégiques que pose le phénomène de la cybercriminalité, le Sénégal avait déjà adopté, dans le cadre du vaste chantier de réforme du cadre juridique des TIC, la loi n° 2008-08 du 25 janvier 2008 portant sur la cybercriminalité (*JORS n° 6406, du 3 mai 2008, p. 419 ; A CISSÉ, « Quel cadre juridique pour le Sénégal ? Éléments de synthèse », Séminaire Informatique et libertés, quel cadre juridique pour le Sénégal ?, ADIE, Dakar 29 et 30 août 2005 ; ND. DIOUF, « La procédure pénale à l'épreuve des nouvelles technologies de l'information », Rev. Ass. sén. dr. pén, n° 05, 06, 07 et 08, 1997-1998, p. 13 ; P.A. TOURÉ, « L'audit des normes applicables à la cybercriminalité », Communication séminaire Informatique et libertés, quel cadre juridique pour le Sénégal ?, ADIE, Dakar, 29 et 30 août 2005 ; P. A. TOURE, Le traitement de la cybercriminalité devant le juge : l'exemple du Sénégal, Paris, l'Harmattan, 2012, p. 25, n° 12*).

La loi n° 2008-11 du 25 janvier 2008 précitée avait enrichi le Code pénal en y insérant un titre III intitulé « *Des infractions liées aux technologies de l'information et de la communication* » prévoyant le dispositif substantiel de lutte contre la cybercriminalité. Sous ce rapport, cette loi était un texte modificatif incorporé au Code pénal (*Sur cette technique légistique, V. P. A. TOURE, La légistique. Techniques de conception et de rédaction des textes législatifs et réglementaires : une tradition de gouvernance normative, Dakar, l'Harmattan, 2018, p. 125*). Le législateur avait ainsi jeté les bases de la gestation d'un cyberdroit pénal au Sénégal.

Après plusieurs années de mise en œuvre, les pouvoirs publics ont entrepris de consolider le cadre juridique de lutte contre la cybercriminalité dans un contexte marqué par l'adhésion du Sénégal à la Convention de Budapest et par la ratification de la convention africaine sur la cybersécurité et la protection des données à caractère personnel (même si cette dernière convention n'est pas encore entrée en vigueur).

Dans le cadre de la réforme du Code pénal et du Code de Procédure pénale, la loi n° 2016-29 du 08 novembre 2016 modifiant le Code pénal a procédé au remplacement de l'édifice de lutte contre la cybercriminalité par un nouveau dispositif juridique. Selon l'exposé des motifs de la loi n° 2016-29 du 08 novembre 2016 : « *en vue de mettre la loi pénale nationale en conformité avec les traités ratifiés par le Sénégal et de sanctionner ainsi des faits répréhensibles non pris en compte dans la loi actuellement en vigueur, des modifications du Code pénal s'avèrent nécessaires par la création de nouvelles incriminations (...). Il a paru nécessaire de renforcer la lutte contre le cyberterrorisme ainsi que de toute autre forme de délinquance perpétrée par le biais de moyens électroniques et de son utilisation possible à des fins terroristes* ».

Au Sénégal, la stratégie de lutte contre la cybercriminalité s'est articulée autour d'un véritable mouvement d'expansion du champ de la politique criminelle en vue d'attirer les nouveaux comportements d'écart aux normes favorisés par le numérique dans l'édifice pénal (*M. DELMAS-MARTY, Les grands systèmes de politique criminelle, Paris, PUF 1992, p. 305-306 ; du même auteur, Modèles et mouvements de politique criminelle, Paris, Economica, 1983, p.159 et s. ; P. A. TOURE, Le traitement de la cybercriminalité devant le juge : l'exemple du Sénégal, Thèse Doctorat, Saint-Louis, 2010, p. 284 et s. ; A. LEPAGE, « Réflexions sur l'adaptation du droit pénal à internet », in B. TEYSSIÉ (dir.), La communication numérique, un droit, des droits, Paris, Editions Panthéon- Assas, 2012, p. 465*).

8. Objet de l'ouvrage. Le présent ouvrage a pour objet de commenter et d'annoter les dispositions contenues dans titre IV du Code pénal intitulé « *Des infractions liées aux technologies de l'information et de la communication* » qui est le siège de l'édifice pénal en matière de cybercriminalité. Ce titre prévoit pour l'essentiel les infractions spécifiques aux TIC encore appelées « *infractions cyberdépendantes* », constituant le noyau dur de la cybercriminalité (« *cybercriminalité spécifique* »).

Mais au-delà, des cyberinfractions prévues dans le Code pénal, l'option retenue est également de passer en revue les infractions instituées par des lois pénales spéciales, à savoir notamment, les infractions relatives aux cartes bancaires et aux instruments électroniques de paiement ainsi que celles relatives au droit d'auteur et aux droits voisins susceptibles d'être mobilisées dans la lutte contre la cybercriminalité.

- **Jurisprudence**

Les infractions liées aux nouvelles technologies de l'information et de la communication (NTIC) sont devenues un phénomène tentaculaire et contribuent à installer une réelle insécurité dans les transactions financières (**CA Dakar, ch. acc. n° 24 du 21 janvier 2020, MP c/ M. M. B.,** ***inédit***).

LOI N° 65-60 DU 21 JUILLET 1965 PORTANT CODE PÉNAL MODIFIÉ

TITRE IV.- DES INFRACTIONS LIEES AUX TECHNOLOGIES DE L'INFORMATION ET DE LA COMMUNICATION

9. Modernisation du champ pénal. Le droit pénal n'est qu'un instrument de la politique criminelle. La discipline pénale est une servante, c'est-à-dire un moyen parmi tant d'autres de la politique criminelle (*R. LEGROS, « Politique criminelle et droit pénal », Rev. dr. pén. crim., n° 04, avril 1980, p. 287*).

L'article 25. 1 de la convention de Malabo incite les États à adopter les mesures législatives et/ou réglementaires efficaces « *en considérant comme infractions criminelles substantielles des actes qui affectent la confidentialité, l'intégrité, la disponibilité et la survivance des systèmes, technologies de l'information et de la communication et les données qu'ils traitent et des infrastructures réseau sous-jacentes, ainsi que les mesures procédurales qu'il jugera efficaces pour rechercher et poursuivre les contrevenants* ».

Pour des raisons d'efficacité de l'œuvre répressive, l'option de modernisation du droit criminel doit être articulée autour d'une instrumentalisation par la politique criminelle des mécanismes du droit pénal au service de la riposte contre la cybercriminalité en vue de protéger pénalement le système de valeurs de la société de l'information (*J.-P. JEAN, « De l'efficacité en droit pénal », in Le droit pénal à l'aube du troisième millénaire, in Mélanges offerts à Jean Pradel, Paris, édition Cujas, 2006, p. 135 ; C. DUTHEIL DE LA ROCHERE, Politique criminelle et techniques du droit pénal, étude systématique d'une relation, Thèse Lyon, 2001, p. 08 ; X. PIN, « Politique criminelle et frontières du droit pénal : enjeux* et *perspectives », Rev.pén.dr. pén, n° 01, janvier-mars*

2011, p. 83 ; P. A. TOURE, Le traitement de la cybercriminalité devant le juge : l'exemple du Sénégal, Paris, l'Harmattan, 2012, p. 36).

En effet, la révolution numérique a généré l'apparition de nouveaux « *biens* » caractérisés par leur immatérialité qualifiés par la doctrine de « *biens informationnels* » ou de « *biens informatiques* » (*M. VIVANT, « À propos des biens informationnels », JCP, 1984, éd. G. I. 3132 ; J. DEVEZE, « Le vol des biens informatiques », JCP. 1985, I, 3210 ; J-P. BUFFELAN-LANORE, « La protection des biens informatiques », LPA, 06 juillet 1990, n° 81*). Il s'agit notamment des systèmes informatiques, des données informatiques, des logiciels et des bases de données qui sont devenus les nouvelles cibles des activités cybercriminelles. Il en est ainsi des pratiques d'accès frauduleux à un système informatique, d'interception de données informatiques et d'entrave au fonctionnement du système informatique, etc. Il s'agit d'une forme de criminalité spécifique aux TIC, une cybercriminalité stricto sensu qui « *s'intègre difficilement dans les catégories usuelles du droit pénal spécial* » (*D. CHILSTEIN, «Les nouveaux défis du droit pénal : incriminations générales et spéciales à l'épreuve de l'économie numérique », in J. ROCHFELD (dir), Les nouveaux défis du commerce électronique, Paris, LGDJ, 2010, p. 16*).

Le comblement des vides juridiques favorisés par l'évolution digitale, qui passe le recours à l'opération d'incrimination, a justifié la pénalisation de nouveaux comportements cybercriminels en vue de protéger les nouvelles valeurs du cyberespace.

Le législateur a inséré un titre III dans le Code pénal intitulé « *Des infractions liées aux technologies de l'information et de la communication* ». Ce titre comporte le dispositif substantiel relatif à la répression de la cybercriminalité.

CHAPITRE PRÉLIMINAIRE.- TERMINOLOGIE

10. Définition des termes techniques. Dans le domaine cybernétique, n'est-il pas risqué d'enfermer les notions techniques qui environnent le phénomène de la cybercriminalité dans des définitions juridiques statiques ? Ces définitions ne risquent-elles pas d'être vite dépassées par les mutations digitales ?

Cette problématique légistique s'était posée à l'occasion de l'élaboration de l'ancienne loi n° 2008-11 du 25 janvier 2008 sur la cybercriminalité.

L'option a été finalement retenue de conceptualiser les notions techniques du dispositif prévu, en raison de leur grande technicité et compte tenu surtout de l'insuffisante formation des autorités judiciaires dans ce domaine (*M. F. DELHOSTE, « Le langage scientifique dans la norme juridique», Revue de la recherche juridique. Droit prospectif, 2002-1, p. 53*).

Ainsi, l'article 431-7 du Code pénal issu de la loi n° 2016-29 du 08 novembre 2016 a défini les notions de « *système informatique* », de « *donnée informatique* », de « *pornographie enfantine* », de « *donnée relative aux abonnés* », de « *communication électronique* » et de « *technologies de l'information et de la communication* ». Il s'agit à travers ce choix légistique de faciliter l'interprétation par le juge des outils de répression prévus et de servir ainsi les intérêts de la répression pénale des activités cybercriminelles.

Article 431-7 1).- Au sens du présent code, on entend par :

Communication électronique : toute mise à la disposition du public ou d'une catégorie de public, par un procédé électrique ou magnétique, de signes, de signaux, d'écrits, d'images, de sons ou de messages de toute nature;

- **La notion de communication électronique**

- **Bibliographie**

T. HERRAN, « Communications électroniques. Régulation du fonctionnement », *Jcl. lois pénales spéciales,* fasc. 30, 2018.
M. BOUCHET (dir.), *Cybercriminalité : acquis, défis et perspectives,* Lexbase pén. 2023.

P. A. TOURE, *Le traitement de la cybercriminalité devant le juge : l'exemple du Sénégal,* Paris, l'Harmattan, 2012.
J.-L. AUTIN et P. IDOUX, « Droit national des communications électroniques », *Jcl. comm.*, fasc. 4600, 2011.
V. PELTIER et TH. HERRAN, « Communications électroniques-Protection des infrastructures», *Jurisclass. lois pénales spéciales,* fasc. 20, 2018, n° 07.

- **Commentaire**

11. Concept large. La télécommunication était, pendant longtemps, définie par l'article 3 de l'ancienne loi n° 2011-01 du 24 février 2011 portant Code des télécommunications comme « *la transmission ou la retransmission de signaux de radiodiffusion reçus par satellite ou par un système de terre approprié, ou produits localement, à des abonnés à travers un réseau câblé ou hertzien* ».

Il s'agissait d'une définition extrêmement large, en raison des diverses énumérations qui la composaient et qui permettaient, de ce fait, d'inclure dans la définition de la télécommunication l'ensemble des procédés de communication à distance.

À la faveur de l'adoption de la loi n° 2018-28 du 12 décembre 2018 portant Code des Communications électroniques (*JORS n° 7150 du 29 décembre 2018, p. 1959*), le législateur a procédé au remplacement de l'expression « *télécommunication* » par celle de « *communications électroniques* ». En vertu de l'article 4 de ce texte, la communication électronique est une notion très large qui renvoie à toute transmission, émission ou réception de signes, de signaux, d'écrits, d'images, de sons, de toutes natures par fil, optique, radioélectricité ou autres systèmes électromagnétiques (*T. HERRAN, «Communications électroniques. Régulation du fonctionnement », Jurisclass. lois pénales spéciales, V° Communications électroniques, fasc. 30, 2018 ; J.-L. AUTIN et P. IDOUX, « Droit national des communications électroniques », Juriscl. comm., fasc. 4600, 2011 ; H. PELTIER, (fasc. actualisé par) T. HERRAN, « Communications électroniques. Protection des infrastructures », Juriscl. lois pénales spéciales, V° Communications électroniques, fasc. 20, 2018, n° 05 et s.).*

Cette définition n'est pas loin de celle prévue par le Code pénal. L'article 431-7 du Code pénal énonce que la communication électronique désigne toute mise à la disposition du public ou d'une catégorie de public, par un procédé électrique ou magnétique, de signes, de signaux, d'écrits, d'images, de sons ou de messages de toute nature.

La notion de communication électronique inclut toutes les autres transmissions de signes, de signaux ou autres images, notamment la correspondance privée (e-mails) (*V. PELTIER et TH. HERRAN, «Communications électroniques- Protection des infrastructures », Jurisclass. lois pénales spéciales, fasc. 20, 2018, n° 07*).

Elle est plus large que celle de « *communication audiovisuelle* ». Aux termes des dispositions de l'article 3 de la loi n° 2017-27 du 13 juillet 2017 portant Code de la Presse, la communication électronique vise toute mise à disposition du public ou de catégorie de public, par un procédé de télécommunications, de signes, de signaux, d'écrits, d'images, de sons ou de messages de toute nature, qui n'ont pas le caractère de correspondance privée. La communication audiovisuelle comprend les services de télévision, les services de radio et les services de médias audiovisuels à la demande (*V. PELTIER, « Communication audiovisuelle », Jurisclass. lois pénales spéciales, fasc. 20, 2017, n° 1* ; *S. REGOURD, Droit de la communication audiovisuelle, Paris, PUF, 2001*). La communication audiovisuelle exclut donc toutes les formes de correspondance privée. Ainsi, la communication audiovisuelle se définit par opposition à la correspondance privée. Il y a correspondance privée lorsque le message est exclusivement destiné à une (ou plusieurs) personne physique ou morale déterminée et individualisée.

La communication électronique constitue une forme de communication au public par voie électronique, c'est-à-dire la mise à disposition du public ou de catégories de public, par un procédé de communication électronique, de signes, de signaux, d'écrits, d'images, de sons ou de messages de toute nature qui n'ont pas le caractère d'une correspondance privée. La Cour de Cassation française a d'ailleurs expressément qualifié l'internet de moyen de communication audiovisuelle (*Cass. crim., 10 mai 2005, n° 04-84.705, Jurisdata n° 2005-028666 ; JCP G 2005, IV, 2430 ; Cass. crim., 6 mai 2003, n° 02-80.284, Jurisdata n° 2003-019168 ; Comm. com. électr. 2003, comm. 89, obs. A. Lepage*).

Article 431-7 2)

Données informatiques : toute représentation de faits, d'informations ou de concepts sous une forme qui se prête à un traitement informatique

- **La notion de données informatiques**

- **Bibliographie**

C. ROBACZEWSKI, « Atteintes aux systèmes de traitement automatisé de données », *Juriscl. pén.* Code, art. 323-1 à 323-7, fasc. 20, 2010.
O. DE MAISON ROUGE, « La donnée, enjeu cardinal de la cybersécurité. Définition, nature, classification et extraction », *D. IP/IT* 2018 p.170
F. CHOPIN, « Cybercriminalité », *Rép.pén,* Paris, Dalloz, mai 2009.
J. DEVEZE, « La fraude informatique. Aspects juridiques », *JCP*, 1987, Doct. n°3289, n°57.
J. DEVEZE, « Atteintes aux systèmes de traitement automatisé de données », *Juriscl. pén*, art. 323-1 à 323-7, 1997, p. 6, n° 9.
J.-P. BUFFELAN, « La répression de la fraude informatique », *Expertises* 1988, p. 55.
J.P. SPREUTELS, « Le vol de données informatiques », *Rev (belge) dr. pén. et crim.,* décembre1991, p. 1050.
M. BOUCHET (dir.), *Cybercriminalité : acquis, défis et perspectives*, Lexbase pén. 2023.
L. SAENKO, « Vol par téléchargement de données numériques », *D.* 2015 p.1466.
P. A. TOURE, *Le traitement de la cybercriminalité devant le juge : l'exemple du Sénégal*, Paris, l'Harmattan, 2012.
R. DIARRA, *La répression de la cybercriminalité en Afrique de l'ouest*, Paris, l'Harmattan, 2021.
S. DETRAZ, « Vol de données informatiques », *Gaz. pal.* 2015, n° 169, p. 8.
S. TEPI, *La cybercriminalité au Cameroun. Enjeux d'une législation en quête d'efficacité*, Paris, 2020.

- **Commentaire**

12. Concept de données informatiques. Les données électroniques stockées dans les systèmes et les réseaux sont devenues dans la société contemporaine des valeurs stratégiques très convoitées par les délinquants. Ne dit-on pas que la donnée informatique est « *le moteur de l'économie numérique* » et « *l'or du XXIe siècle* » ? À l'heure de la révolution numérique, la véritable richesse n'est pas concrète, elle est abstraite. Elle n'est pas matérielle, elle est immatérielle (*En ce sens, O. DE MAISON ROUGE, « La donnée, enjeu cardinal de la cybersécurité. Définition, nature, classification et extraction », D. IP/IT 2018 p.170*). Aussi, les données informatiques sont-elles souvent l'objet d'atteintes diverses.

La donnée informatique désigne « *toute représentation de faits, d'informations ou de concepts sous une forme qui se prête à un traitement informatique* » (*V. aussi le Rapport explicatif du protocole additionnel à la convention sur la cybercriminalité, relatif à l'incrimination d'actes racistes et xénophobes commis par le biais de systèmes informatiques*). Cette définition est la même que celle prévue par l'article 1er de la loi uniforme n° 2008-48 du 03 septembre 2008 relative à la répression des infractions en matière de chèque, de carte bancaire et d'autres instruments et procédés électroniques de paiement et par l'article 1er de la Directive du 19 août 2011 portant lutte contre la cybercriminalité dans l'espace de la CEDEAO. La donnée informatique constitue donc le support électronique de l'information, c'est-à-dire « *la représentation de l'information sous une forme conventionnelle destinée à en faciliter le traitement* » (*J.P. SPREUTELS, « Le vol de données informatiques », Rev (belge) dr. pén. et crim., décembre1991, p. 1050*).

L'arrêté français du 22 décembre 1981 définit la donnée informatique de façon restrictive comme « *la représentation d'une information sous une forme conventionnelle destinée à faciliter son traitement* ».

Il s'agit de chaînes de caractères magnétiques qui traduisent l'information enregistrée (*J.P. BUFFELAN, « La répression de la fraude informatique», Expertises, 1988, n°103, p.57*).

Ce qui distingue la donnée de l'information, c'est son « *caractère formel* ». La donnée informatique n'est que la représentation numérisée de l'information qui en constitue « *la substance intellectuelle* » (*J. DEVEZE, « La fraude informatique. Aspects juridiques », JCP, 1987, Doct. n°3289, n°57*). Sous ce rapport, toute donnée électronique est une information, mais toute information n'est pas forcément une donnée informatique (une information peut être stockée sur du papier ou même sur une pierre). En réalité, on assiste de nos jours à une dématérialisation progressive du support de traitement de l'information, avec le phénomène de la digitalisation de la société.

La Cour d'Appel de Paris a jugé que « *la notion de données doit être considérée dans son acception la plus étendue comme « la représentation d'une information, la forme et non la substance d'un élément de connaissance quelconque* » (*CA Paris, pôle 5, ch. 12, 24 octobre 2012, n° 1, 11/00404, Jurisdata n° 2012-023684 ; JCP G 2012, 1371, note J. Lasserre Capdeville ; JCP E 2012, 1702, note R. Mortier*).

La donnée informatique est la représentation numérisée de l'information, c'est-à-dire l'information ayant fait l'objet d'un traitement informatique (*P. A. TOURE, Le traitement de la cybercriminalité devant le juge : l'exemple du Sénégal, Paris, l'Harmattan, 2012, n° 88*). Il ne s'agit que d'un support électronique de l'information, en tant que message porteur de signification destiné à être communiqué

Sous ce rapport, toute donnée informatique est une information, mais toute information n'est pas forcément une donnée électronique. La donnée informatique est une suite de chiffres intelligible qui, traduite par un programme informatique, permet la réalisation de certaines tâches (*L. SAENKO, « Vol par téléchargement de données numériques », D. 2015 p.1466.*). Pour un autre auteur, les données numériques ne sont pas totalement immatérielles (*S. DETRAZ, « Vol de données informatiques », Gaz. pal. 2015, n° 169, p. 8*).

La donnée informatique peut se présenter sous forme d'image, de vidéo, de fichier ou de son, de SMS ou de courrier électronique, l'essentiel est qu'elle doit avoir une forme numérique.

Article 431-7 3) Mineur: toute personne âgée de moins de 18 ans;

- **La notion de mineur**

- **Bibliographie**

A. GOUTTENOIRE M-C. GUÉRIN, « Enfance », *Rép. pén.* Dalloz, octobre 2016.
BREGER, « Protection des mineurs sur Internet », *AJ pén.* 2009.
C. DAMIANI, « La prise en charge des victimes de violences sexuelles », *AJP* 2004, p. 22.
M. BOUCHET (dir.), *Cybercriminalité : acquis, défis et perspectives*, Lexbase pén. 2023.
M. GREGORY, « La place du mineur dans la Convention européenne des droits de l'Homme », XI e Assises nationales des avocats d'enfants- Séminaire 21 novembre 2008 (ENA) », *Journal du droit des jeunes,* vol. 286, n° 06, 2009, p. 8.

M. QUEMENER, « Internet et la protection des mineurs », *AJ fam.* novembre 2003, p. 38.
P. A. TOURE, *Le traitement de la cybercriminalité devant le juge : l'exemple du Sénégal*, Paris, l'Harmattan, 2012.
R. DIARRA, *La répression de la cybercriminalité en Afrique de l'ouest*, Paris, l'Harmattan, 2021.
PH. BONFILS et A. GOUTTENOIRE, *Droit des mineurs*, 2eme éd., 2014, Précis Dalloz.
R. ROLLAND, « La protection du mineur, victime d'infractions sexuelles », *RD sanit. soc.*, 1998, n° 4, p. 895.
S. LEGER, « Les infractions de nature sexuelle commises à l'encontre des mineurs », *Arch. pol. crim.*, 2000, vol. II, p. 20.
S. TEPI, *La cybercriminalité au Cameroun. Enjeux d'une législation en quête d'efficacité*, Paris, 2020.

- **Commentaire**

13. Concept. L'article 431-7 du Code pénal a eu recours à la définition du mineur donnée par la convention des Nations Unies sur les droits de l'enfant, à savoir « *toute personne âgée de moins de 18 ans* » (*V. M. GREGORY, « La place du mineur dans la Convention européenne des droits de l'Homme», XIe Assises nationales des avocats d'enfants-Séminaire 21 novembre 2008 (ENA) », Journal du droit des jeunes, vol. 286, n° 06, 2009, p. 8*). Il faut préciser que cette acception du mineur recoupe celle retenue par l'article 276 du Code de la Famille et par la Directive du 19 août 2011 portant lutte contre la cybercriminalité dans l'espace de la CEDEAO (*P. A. TOURE, Le traitement de la cybercriminalité devant le juge : l'exemple du Sénégal, Paris, l'Harmattan, 2012, n° 339*).

Il est certain que cette conception étroite du mineur peut poser devant le juge des problèmes de preuve de la minorité, si l'on sait qu'en principe « *l'état des personnes se prouve par les actes de l'état civil* » (*V. art. 29 du Code de la Famille du Sénégal*). C'est certainement la raison pour laquelle l'article 431-7 du Code pénal a intégré dans la définition de la pornographie enfantine les données représentant « *une personne qui apparaît comme un mineur se livrant à un comportement sexuellement explicite* ».

En France, afin d'éviter les écueils relatifs à la preuve de la minorité, le dernier alinéa de l'article 227-23 du Code pénal prévoit que « *les dispositions du présent article sont [...] applicables aux images pornographiques d'une personne dont l'aspect physique est celui d'un mineur, sauf s'il est établi que cette personne était âgée de dix-huit ans au jour de la fixation ou de l'enregistrement de son image* ». Ce texte opère un renversement de la charge de la preuve lorsque la personne représentée a l'apparence d'un mineur. C'est alors à la défense de démontrer que la victime n'était pas mineure. La chambre criminelle de la Cour de Cassation française a rejeté une question prioritaire de constitutionnalité portant sur l'article 227-23 du Code pénal (*Crim. 6 juin 2012, no 12-82.037, Gaz. pal. 2012. 2. 3021, obs. Dreyer ; Add. Dr. pén. 2013. Étude 8, Ph. Conte*). Il était reproché à cette disposition d'instaurer une présomption de culpabilité. La chambre criminelle estime que ce n'est pas le cas, « *la partie poursuivante ayant la charge de prouver que la personne représentée sur les images pornographiques est mineure ou présente l'aspect physique d'un mineur avant qu'il incombe, le cas échéant, au prévenu d'établir que cette apparence ne correspond pas à la réalité* ».

En matière civile, le mineur est doté d'une capacité juridique réduite, disposant de l'intégrité de ses droits (capacité de jouissance), mais frappé d'une incapacité de les exercer (incapacité d'exercice). Son immaturité fait obstacle à ce qu'il puisse s'engager seul dans la conclusion d'actes juridiques.

En matière pénale, les enjeux diffèrent. Le droit pénal assure une protection contre les atteintes dirigées contre les mineurs qui constituent une catégorie particulièrement vulnérable (délaissement d'un enfant dans un lieu solitaire, infanticide, etc.). L'enfant lui-même peut commettre des infractions, mais sa fragilité commande de le soumettre à un régime pénal spécifique. C'est ainsi que le législateur institue un tribunal pour enfants, prévoit une procédure particulière à l'enfance délinquante ainsi que le mécanisme de l'excuse de minorité (*A. GOUTTENOIRE M-C. GUÉRIN, «Enfance», Rép. pén. Dalloz, octobre 2016, n° 1*).

Article 431-7 4) Pornographie enfantine : toute donnée quelle qu'en soit la nature ou la forme ou le support représentant :

a.un mineur se livrant à un comportement sexuellement explicite;

b.une personne qui apparaît comme un mineur se livrant à un comportement sexuellement explicite;

c.des images réalistes représentant un mineur se livrant à un comportement sexuellement explicite;

- **La pornographie enfantine**

- **Bibliographie**

A. GOUTTENOIRE M-C. GUÉRIN, « Enfance », *Rép. pén.* Dalloz, octobre 2016.

A. LEPAGE, « Images de mineur présentant un caractère pornographique», *Comm. com.électr.* n° 10, octobre 2019, comm. 61.

A. LEPAGE, « Images de mineurs à caractère pornographique-QPC et article 227-23 du Code pénal », *Comm. com. électr.* 2012, comm. 98.

BREGER, « Protection des mineurs sur Internet », *AJ pén.* 2009.

M. BOUCHET (dir.), *Cybercriminalité : acquis, défis et perspectives*, Lexbase pén. 2023.

C. COURTAIGNE-DESLANDES, « À la recherche du fondement des infractions sexuelles contemporaines », *Dr. pén.*, n° 02, février 2013, étude 05, n° 9.

F. ZENATI-CASTAING, Th. REVET, *Manuel de droit des personnes,* Paris, PUF, 2006.

J. BERNARD, « La liberté sexuelle des mineurs : des limites utiles et fondées ? » in N. DEEFFAINS et B. PY (dir.), *Le sexe et la norme*, Presses universitaire de Nancy, 2010, p. 24

J. MEON MATTHIEU, « Bande dessinée : une légitimité sous conditions», *Informations sociales*, vol. 190, n° 04, 2015, p. 84.

M. QUEMENER, « Réponses pénales face à la cyberpornographie », Act. jur. pén., mars 2009, p. 108.

M. QUEMENER, « Internet et la protection des mineurs », *AJ fam.* novembre 2003, p. 38.

P. A. TOURE, *Le traitement de la cybercriminalité devant le juge : l'exemple du Sénégal*, Paris, l'Harmattan, 2012.

PH. BONFILS et A. GOUTTENOIRE, *Droit des mineurs*, 2e éd., 2014, Précis Dalloz.

R. DIARRA, *La répression de la cybercriminalité en Afrique de l'ouest*, Paris, l'Harmattan, 2021.

R. ROLLAND, « La protection du mineur, victime d'infractions sexuelles », *RD sanit. soc.*, 1998, n° 4, p. 895.

S. LEGER, « Les infractions de nature sexuelle commises à l'encontre des mineurs », *Arch. pol. crim.,* 2000, vol. II, p. 20.

S. TEPI, *La cybercriminalité au Cameroun. Enjeux d'une législation en quête d'efficacité*, Paris, 2020.

- **Commentaire**

14. Notion. Le législateur s'est inspiré des standards internationaux dans la définition qu'il donne à la pornographie enfantine. En effet, l'article 431-7 du Code pénal définit la pornographie enfantine comme « *toute donnée quelle qu'en soit la nature ou la forme ou le support représentant:*

a. un mineur se livrant à un comportement sexuellement explicite ;

b. une personne qui apparaît comme un mineur se livrant à un comportement sexuellement explicite;

c. des images réalistes représentant un mineur se livrant à un comportement sexuellement explicite».

Cette définition très large couvre toute donnée, quelle qu'en soit la nature ou la forme (document, écrit, vidéo, audio, etc.), représentant un mineur se livrant à un agissement sexuellement explicite (*A. LEPAGE, « Images de mineurs à caractère pornographique-QPC et article 227-23 du Code pénal », Comm. com. électr. 2012, comm. 98 ; P. A. TOURE, Le traitement de la cybercriminalité devant le juge : l'exemple du Sénégal, Paris, l'Harmattan, 2012, n° 334 et s. ; A. LEPAGE, « Images de mineur présentant un caractère pornographique », Comm. com.électr. n° 10, octobre 2019, comm. 61 ; F. ZENATI-CASTAING, Th. REVET, Manuel de droit des personnes, Paris, PUF, 2006, n° 321 ; A. LEPAGE, « Images de mineurs à caractère pornographique-QPC et article 227-23 du Code pénal », Comm. com. électr. 2012, comm. 98*).

La pornographie enfantine protège la pudeur et l'intégrité morale et psychique des mineurs, mais participe aussi à la prévention plus large de la pédophilie puisqu'elle s'applique également aux représentations imaginaires de mineurs. La loi a entendu endiguer ainsi l'alimentation pornographique des penchants pédophiles (*A. GOUTTENOIRE M-C. GUÉRIN, « Enfance», Rép. pén. Dalloz, octobre 2016, n° 76)*.

Peu importe qu'il s'agisse d'une scène purement fictive (*C. COURTAIGNE-DESLANDES, « À la recherche du fondement des infractions sexuelles contemporaines », Dr. pén., n° 02, février 2013, étude 05, n° 09 ; J. BERNARD, « La liberté sexuelle des mineurs : des limites utiles et fondées ? » in N. DEEFFAINS et B. PY (dir.), Le sexe et la norme, Presses universitaire de Nancy, 2010, p. 248*) ou qu'elle prenne la forme d'un portrait, d'une bande dessinée (*J. MEON MATTHIEU, «Bande dessinée : une légitimité sous conditions », Informations sociales, vol. 190, n° 04, 2015, p. 84)* ou de leurs avatars modernes sous forme numérique *(pédopornographie fictive)* (*Cass. crim. 12 septembre 2007, D. 2008, p. 287, note D. Defranc ; Dr. pén. 2007, n° 152, obs. M. VERON. Dans cet arrêt, la cour a assimilé une bande dessinée (« Manga ») pornographique mettant en scène « un très jeune enfant » à une image d'un mineur présentant un caractère pédopornographique ; également, F. MALON, « Quelles ripostes contre la pédopornographie par internet ? », in La criminalité numérique, Cah. séc., n° 06, octobre-décembre 2008, p. 21 ; M. QUEMENER, « Réponses pénales face à la cyberpornographie », Act. jur. pén., mars 2009, p. 108) ou encore une sculpture montrant des mineurs se livrant à des relations sexuelles constitue de la pornographie enfantine (par ex. Cass. crim., 12 septembre 2007, n° 06-86.763, JurisData n° 2007-040914 ; Dr. pén. 2007, comm. 152, M. Véron. Cette décision a retenu que l'infraction est constituée à propos d'un film d'animation japonais*).

15. Indifférence du support de la représentation. Le législateur a retenu une approche très large de la pédopornographie qui comprend « *toute donnée, quelqu'en soit la nature, la forme ou le support*», *qui représente des mineurs se livrant à des agissements sexuellement explicite* ». La loi n'exige pas une représentation visuelle, ce qui inclut les fichiers audio ou les voix de mineurs se livrant à des actes sexuels.

L'image d'une personne est sa « *représentation perceptible* », autrement dit sa «*dimension visible* » (*F. ZENATI-CASTAING, Th. REVET, Manuel de droit des personnes, Paris, PUF, 2006, n° 321 ; A. LEPAGE, « Images de mineurs à caractère pornographique-QPC et article 227-23 du Code pénal », Comm. com. électr. 2012, comm. 98*). Les moyens de représentation visuelle couvrent notamment les données conservées sur des disquettes informatiques ou d'autres moyens électroniques ou dispositifs de conservation et pouvant être converties en images visuelles. (*Rapport explicatif de la convention du Conseil de l'Europe sur la protection des enfants contre l'exploitation et les abus sexuels du 25 octobre 2007, n° 142*).

16. Exigence d'un comportement sexuellement explicite. L'expression « *comportement sexuellement explicite* » est très extensive. Elle désigne des comportements réels ou simulés, comme les relations sexuelles de toutes natures entre mineurs ou entre un mineur et un adulte, du même sexe ou de sexes opposés. Dans l'affaire des filles de Grand Yoff, jugée par le Tribunal de grande instance hors classe de Dakar le 19 juin 2012, de jeunes filles pensionnaires d'un centre d'accueil se livraient à des attouchements et des actes contre nature. A.B. avait introduit son doigt dans le sexe de F.D. en la sucant aux seins. F.D. avait même introduit une bouteille de parfum dans ses parties intimes. Pendant ce temps, deux de leurs amies filmaient les images obscènes à l'aide de leurs téléphones portables. De jeunes garçons, qui avaient envoyé cette vidéo impudique à des tiers par Bluetooth, ont été condamnés pour outrage aux bonnes mœurs (offre d'images contraires aux bonnes mœurs) à l'aide d'un moyen de communication électronique. Selon les juges, « *les représentations montrant les jeunes filles se livrant à des agissements sexuellement explicites, impliquant des personnes du même sexe, constituent des images contraires aux bonnes mœurs au sens de l'ancien article 431-59 du Code pénal* » (*TGIHC Dakar, n° 2715 du 19 juin 2012, affaire des jeunes filles de Grand Yoff, inédit*).

Mais cette qualification n'est pas correcte. En effet, les représentations visuelles incriminées constituent plus exactement de la pornographie enfantine au sens de l'article 431-7 du Code pénal, une des filles impliquées dans les agissements de nature sexuelle, n'ayant pas atteint dix-huit ans révolus au moment des faits.

Tous les comportements sexuels sont couverts par la loi : la zoophilie, la masturbation, les violences sado-masochistes dans un contexte sexuel, l'exhibition lascive des parties génitales ou de la région pubienne d'un mineur (*Rapport explicatif de la convention sur la cybercriminalité, n° 100*).

Constituent de la pornographie enfantine des images de mineurs dans des positions « *non équivoques* », « *lascives* », « *de nature sexuelle* » ou encore « *d'invite sexuelle* » (*Cass. crim., 11 juillet 2017, n° 16-86.636, Jurisdata n° 2017-014061 ; Comm. com. électr. 2018, comm. 03, A. Lepage ; Cass. crim., 18 octobre 2017, n° 16-85.398, Jurisdata n° 2017-020420 ; Cass. crim., 1er avril 2015, n° 14-82.868 ; Cass. crim., 29 janvier 2014, n° 12-86.587*).

17. Pédopornographie fictive. Le droit sénégalais pénalise la « *pédopornographie fictive* » puisque l'article 431-7 du Code pénal vise « *des images réalistes représentant un mineur se livrant à un comportement sexuellement explicite* ». La prise en compte de la pédopornographie fictive, qui ne dépasse le champ de la protection de l'intégrité sexuelle du mineur, s'explique par le fait que les images réalistes peuvent, sans nécessairement créer de danger pour un « *véritable enfant* », être utilisées pour convaincre des enfants à participer à des activités de nature sexuelle (*C. COURTAIGNE-DESLANDES, « À* *la recherche du fondement des infractions sexuelles contemporaines », Dr. pén., n° 02, février 2013, étude 05, n° 09 ; J. BERNARD, « La liberté sexuelle des mineurs : des limites utiles et fondées ? » in N. DEEFFAINS et B. PY (dir.), Le sexe et la norme, Presses universitaire de Nancy, 2010, p. 248 ; P. A. TOURE, Le traitement de la cybercriminalité devant le juge : l'exemple du Sénégal, Paris, l'Harmattan, 2012, n° 336*).

La chambre criminelle de la Cour de Cassation française a ainsi eu l'occasion de préciser que la pornographie enfantine est applicable non seulement à des images de mineurs réels, mais aussi à des personnages non réels présentant l'apparence de mineurs (*Crim. 12 sept. 2007, no 06-86.763 , D. 2008. 827, note Lefranc ; D. 2008. Pan. 1860, obs. Bonfils ; RPDP 2007. 905, obs. Malabat*). En outre, le caractère pornographique évoqué par le texte français ne saurait être critiqué comme présentant une insuffisante précision ou clarté au regard du principe de la légalité criminelle ; la chambre criminelle de la Cour de Cassation a rejeté une question prioritaire de constitutionnalité portant notamment sur ce point (*Crim. 6 juin 2012, no 12-82.035, Gaz. Pal. 2012. 2. 3031, obs. Dreyer ; Add. Dr. pénal 2013. Étude no 8, Ph. Conte*).

Article 431-7 5) Raciste et xénophobe en matière des technologies de l'information et de la communication : tout écrit, toute image ou toute autre représentation d'idées ou de théories qui préconise ou encourage la haine, la discrimination ou la violence contre une personne ou un groupe de personnes, en raison de la race, de la couleur, de l'ascendance ou de l'origine nationale ou ethnique ou de la religion, dans la mesure où cette dernière sert de prétexte à l'un ou à l'autre de ces éléments ou incite à de tels actes;

- **La notion de « raciste et xénophobe en matière de technologies de l'information et de la communication »**

- **Bibliographie**

B. AUROY et E. STELLA, « La liberté d'expression face aux réseaux sociaux », *Dr. pén.* 2017, n° 06, ét. 13.
E. DERIEUX, « Lutte contre le racisme et liberté d'expression », *Légipresse* 1992, II, p. 87.
M. BOUCHET (dir.), *Cybercriminalité : acquis, défis et perspectives*, Lexbase pén. 2023.
J. FOULON-PIGANIOL, « La lutte contre le racisme, commentaire de la loi du 1er juillet 1972 », *D.* 1972, chron. p. 261-264.

N. DROIN, *Les limitations à la liberté d'expression dans la loi sur la presse du 29 juillet 1881*, Paris, LGDJ, coll. Fondation Varenne, vol. 35, 2010, p. 438 s.
P. A. TOURE, *Le traitement de la cybercriminalité devant le juge : l'exemple du Sénégal*, Paris, l'Harmattan, 2012.
R. DIARRA, *La répression de la cybercriminalité en Afrique de l'Ouest*, Paris, l'Harmattan, 2021.
S. TEPI, *La cybercriminalité au Cameroun. Enjeux d'une législation en quête d'efficacité*, Paris, 2020.
W. BENEDEK et M. KETTEMANN, « Restrictions à la liberté d'expression en ligne », in W. BENEDEK et M. KETTEMANN (dir), *Liberté d'expression et internet,* C. Strasbourg, Conseil de l'Europe, « Hors collection », 2014, p. 45.

- **Commentaire**

18. Approche conceptuelle. La notion de « *raciste et xenophobe en matière de technologies de l'information et de la communication* » correspond en réalité à l'expression « *matériel raciste et xénophobe en matière de technologies de l'information et de la communication* » évoquée par le premier protocole additionnel à la convention de Budapest sur la cybercriminalité relatif à l'incrimination des actes racistes et xénophobes commis par le biais de systèmes informatiques. Selon l'article 431-7 du Code pénal, l'expression «*raciste et xénophobe en matière des technologies de l'information et de la communication* » désigne « *tout écrit, toute image ou toute autre représentation d'idées ou de théories qui préconise ou encourage la haine, la discrimination ou la violence contre une personne ou un groupe de personnes, en raison de la race, de la couleur, de l'ascendance ou de l'origine nationale ou ethnique ou de la religion, dans la mesure où cette dernière sert de prétexte à l'un ou à l'autre de ces éléments ou incite à de tels actes* ».

Le matériel doit préconiser et encourager la haine, la discrimination ou la violence ou inciter à de tels actes. Le verbe « *préconiser* » se réfère à un plaidoyer en faveur de la haine, de la discrimination ou de la violence. Quant au verbe « *encourager* », il veut dire promouvoir ou aider les actes de haine, de discrimination ou de violence et «*inciter*» veut dire pousser d'autres à agir avec haine, discrimination ou violence.

19. Indifférence du support du matériel. Le support du matériel raciste et xénophobe est indifférent. Il peut s'agir d'écrits, de messages, photos, dessins ou toute autre représentation d'idées ou de théories, de nature raciste ou xénophobe par le biais d'un système informatique. Il peut ainsi s'agir du matériel écrit (par exemple, les textes, livres, magazines, déclarations, messages, etc.), des images (par exemple, illustrations, photos, dessins, etc.) ou de toute autre représentation d'idées ou de théories, de nature raciste et xénophobe, dans un format tel qu'il puisse être conservé, traité et transmis par le biais d'un système informatique (*V. Rapport explicatif du protocole additionnel à la convention sur la cybercriminalité, relatif à l'incrimination d'actes racistes et xénophobe commis par le biais de systèmes informatiques*).

Article 431-7 6) Système informatique : tout dispositif isolé ou non, tout ensemble de dispositifs interconnectés assurant en tout ou partie, un traitement automatisé de données en exécution d'un programme;

- **La notion de système informatique**

- **Bibliographie**

A. HOLLANDE et X. LINAND de BELLEFONDS, *Pratique du droit de l'informatique*, 6e édition, Paris, Delmas, 2008.
C. ROBACZEWSKI, « Atteintes aux systèmes de traitement automatisé de données », *Juriscl. pén.* Code, art. 323-1 à 323-7, fasc. 20, 2010.
Ch. MOREL, « Pas d'accès frauduleux sans sécurité, note sous, CA. 12e ch. corr. 30 octobre 2002», *Expertises*, janvier 2003, p. 27.
E. MEILLAN, « Les menaces à la sécurité des systèmes d'information. La réponse des institutions françaises », *Rev.intern.pol.crim.,* mai-juin 1991, p. 3.
M. BOUCHET (dir.), *Cybercriminalité : acquis, défis et perspectives*, Lexbase pén. 2023.
E.A. CAPRIOLI, « Introduction au droit de la sécurité des systèmes d'information (SSI) », in *Droit et technique, Etudes à la mémoire du professeur Xavier Linant de Bellefonds*, Paris, Litec, 2007, p. 8.
F. CHOPIN, « Cybercriminalité », *Rép.pén*, Paris, Dalloz, mai 2009.
J.-C. HOFF, « infractions pénales d'atteintes aux systèmes d'information », *Confidentiel Sécurité*, 2006, n° 137, p. 15.
J. DEVEZE, « Atteintes aux systèmes de traitement automatisé de données », *J.-Cl. pén*, art. 323-1 à 323-7, 1997, p. 6, n° 9.
J.-P. BUFFELAN, « La répression de la fraude informatique », *Expertises* 1988, p. 55.
J.-P. DOUCET, « La condition préalable de l'infraction », *Gaz. pal.* 1972, 2, chron. p. 726.

L. DESVIGNES, « La sécurité des systèmes d'information », *Rev. déf. nat. séc. coll.*, mars 1996, n° 71.
P. A. TOURE, *Le traitement de la cybercriminalité devant le juge : l'exemple du Sénégal*, Paris, l'Harmattan, 2012.
Ph. JOUGLEUX, « La négligence dans la protection d'un système de traitement automatisé d'informations », *Expertises*, juillet 2000 n° 239, p. 220.
R. DIARRA, *La répression de la cybercriminalité en Afrique de l'Ouest*, Paris, l'Harmattan, 2021.
R. GASSIN, « La protection pénale d'une nouvelle « universalité de fait » en droit français : les systèmes de traitement automatisé de données (commentaire de la loi n° 88-19 du 5 janvier 1988 relative à la fraude informatique) », *ALD* 1989, p. 13, n° 3.
S. PERRINE, « La sécurité des systèmes d'information : de la prise de conscience collective à la mobilisation publique », in, *La criminalité numérique*, *Cah. séc.*, 2008, n° 06, Doc. fr., p. 113.
S. ROZENFELD, « Les systèmes ouverts au public protégés par la loi Godfrain », *Expertises*, avril 1994, n° 171, p. 127.
S. TEPI, *La cybercriminalité au Cameroun. Enjeux d'une législation en quête d'efficacité,* Paris, 2020.
W. SCHÖN, « Sécurité des systèmes critiques et cybercriminalité : vers une sécurité globale », in *La criminalité numérique*, *Cah. séc.*, 2008, n° 6, Doc. fr., p. 146.

- **Commentaire**

20. Condition préalable. Le législateur accorde une place cardinale à la notion de système informatique. Le Code pénal semble avoir érigé le système informatique au rang de condition préalable à la réalisation des cyberinfractions qu'il prévues. D'où l'intérêt de la conceptualisation de cette notion Le système informatique constitue une « *nouvelle notion à contenu informatique* » (*J.-P. DOUCET,« La condition préalable de l'infraction », Gaz. pal. 1972, 2, chron. p. 726 ; P. A. TOURE, Le traitement de la cybercriminalité devant le juge : l'exemple du Sénégal, Paris, l'Harmattan, 2012, n° 30* ; *R. GASSIN, « Informatique (Fraude informatique) », Rép. pén. proc. pén., Paris, Dalloz, octobre 1995, p. 9, n° 46 ; C. ROBACZEWSKI, « Atteintes aux systèmes de traitement automatisé de données », J-Cl. Pénal Code, art. 323-1 à 323-7, fasc. 20, 2010, n° 4 ; J. DEVEZE, « Atteintes aux systèmes de traitement automatisé de données », Juriscl. pén, art. 323-1 à 323-7, 1997, p. 6, n° 9 ; Ph. BELLOIR et M. PENDU, « L'incrimination d'accès ou de maintien* *frauduleux dans un système automatisé de données », note obs. sous Cass. crim. 03 octobre 2007, RLDI, février 2008, p. 51 ; A. LEPAGE, P. MAISTRE DU CHAMBON et R. SALOMON, Droit pénal des affaires, Paris, Litec, 2008, p. 213 ; F. CHOPIN, « Cybercriminalité», Rép.pén, Paris, Dalloz, mai 2009, n° 6*).

21. Approche notionnelle. La loi n° 2014-10 du 28 février 2014 portant Code des Douanes évoque la notion de « *système informatique douanier* » sans lui donner un contenu conceptuel.

Contrairement à ce que l'on pourrait penser, le concept de « *système informatique* » n'était pas inconnu du droit positif sénégalais avant l'entrée en vigueur de la loi sur la cybercriminalité.

En effet, d'abord, en droit communautaire, l'article 147 du Règlement de l'UEMOA du 19 septembre 2002 incriminait une forme particulière de fraude dite fraude monétaire. Ce texte sanctionnait le fait d'effectuer « *un transfert d'argent ou de valeur monétaire, dans le but de se procurer un avantage économique illégal ou de le procurer à une autre personne, causant ainsi de manière illicite une perte de propriété à un tiers, en (...) perturbant le fonctionnement d'un logiciel ou d'un système informatique*».

Ensuite, sur le plan procédural, l'article 33 de l'ancienne loi uniforme du 6 février 2004 relative à la lutte contre le blanchiment de capitaux, a habilité le magistrat instructeur à « *ordonner l'accès à des systèmes, réseaux et serveurs informatiques utilisés ou susceptibles d'être utilisés par des personnes contre lesquelles existent des indices sérieux de participation aux infractions d'origine ou au blanchiment de capitaux* ».

Enfin, l'article 131 du Code des Drogues a prévu la faculté pour l'autorité judiciaire compétente d'autoriser l'accès pour une durée déterminée à des systèmes informatiques utilisés par des personnes contre lesquelles existent des indices sérieux de participation à l'une des infractions prévues aux articles 95 à 103 du Code des drogues (*sur cette question, Y. DIALLO, « Sur les attributions du parquet dans le Code des Drogues », Journal de l'Union des magistrats sénégalais, juin 2003, p. 19 et 20*).

L'expression « *système informatique* », encore appelée « *système d'information* », est très large.

Force est de constater que dans les textes antérieurs faisant référence à cette notion, le législateur n'avait pas pris le soin de la définir, ce qui laissait entier le problème de son contenu conceptuel.

Selon l'article 431-7 du Code pénal, on entend par système informatique : « *Tout dispositif isolé ou non, tout ensemble de dispositifs interconnectés assurant en tout ou partie, un traitement automatisé de données en exécution d'un programme* ». Cette approche du système est conforme aux définitions données à cette notion par la convention de Budapest du 23 novembre 2001 sur la cybercriminalité· Aux termes de l'article 1er de cette convention, « *aux fins de la présente convention, l'expression « système informatique désigne tout dispositif isolé ou ensemble de dispositifs interconnectés ou apparentés, qui assure ou dont un ou plusieurs éléments assurent, en exécution d'un programme, un traitement automatisé de données* ». En outre, selon l'article 1er de la Directive de la CEDEAO du 19 août 2011, le système informatique désigne « *tout dispositif isolé ou non, tout un ensemble de dispositifs interconnectés assurant en tout ou partie, un traitement automatisé de données en exécution d'un programme* ».

La notion de système informatique peut renvoyer à plusieurs réalités technologiques.

Ainsi, la jurisprudence française a considéré que constituent un «*système*», un radiotéléphone (*CA Paris, 9e ch., 18 novembre 1992, Jurisdata n° n° 1992-23257),* le réseau « France Télécom *» (TGI Paris, 26 juin 1995, LPA 1996, n° 27, p. 4, note Alvarez),* un serveur télématique *(CA Aix-en-Provence., 23 octobre 1996, JurisData n° 1996-046517),* le réseau du GIE cartes bancaires *(TGI Paris, 13e ch., 25 février 2000, JurisData n° 2000-134655 ; D. 2000, p. 219, obs. Delpech),* un site web hébergé sur un serveur informatique et connecté sur le réseau *Internet (TGI Lyon, ch. corr., 27 mai 2008 ; É. A. Caprioli, Le « défaçage » de site sanctionné pénalement, Comm. com. électr. 2009, comm. 30),* un logiciel, par exemple de notation *(Cass. crim., 9 mars 2016, n° 14-86.795, RSC 2016, p. 540, obs. J. Francillon),* un serveur extranet *(Cass. crim., 20 mai 2015, n° 14-81.336, Jurisdata n° 2015-011834, V. n° 22*). Par ailleurs, le réseau wifi (Wireless Fidelity) qui permet de « *connecter par le vecteur hertzien des appareils de communication afin de les raccorder à un intranet ou à internet, est un système de traitement automatisé de données* » (*C. FERAL-SCHUHL, Cyberdroit, Paris, Dalloz, coll. Praxis, 6e éd., 2011*).

Le *Wi-Fi* (*Wireless Fidelity*) est une technologie sans fil qui permet avec un débit relativement élevé de communiquer sur internet sans câble, mais uniquement par des ondes radio à une liaison haut débit (*V. F. BALLE (dir.), Lexique d'information communication, Paris, Dalloz, 1ère édition,*

2006, p. 469, V° Wi-Fi. L.-A. CORNELIE, Wi-fi et responsabilité, Mémoire, DESS droit du numérique et des nouvelles technologies, Paris I-Paris XI, 2003 : www.juriscom.net/uni/visu.php?ID=406; C. FERAL-SCHUHL, Cyberdroit, le droit à l'épreuve de l'internet, Dalloz, 7e édition, 2018, p. 1493 ; dans le même sens, V. FAUCHOUX et P. DEPREZ, Droit de l'internet. Lois, contrats et usages, Paris, Litec, 2008, p. 221 ; F. CHOPIN, « Cybercriminalité », Rép. pén, Dalloz, mai 2009, n° 06). Cette technologie permet aux internautes de se connecter à internet dans les zones de fortes concentrations, comme les aéroports, les gares, et les complexes hôteliers. Le réseau est un ensemble connecté de systèmes informatiques, quel que soit leur mode de connexion. Les connexions peuvent être reliées à la terre, sans fil ou les deux à la fois. Un réseau peut être géographiquement limité à une zone peu étendue ou couvrir une zone étendue et de tels réseaux peuvent eux-mêmes être interconnectés.

Le système informatique peut être un ordinateur pris isolément. D'après un jugement rendu par le Tribunal de grande instance hors classe de Dakar rendu le 18 septembre 2009 « *l'ordinateur pris isolément, indépendamment de toute interconnexion à un réseau électronique, constitue un système informatique au sens de l'article 431-7 du code précité, puisqu'il s'analyse en un dispositif isolé assurant en tout ou partie, un traitement automatisé de données en exécution d'un programme* ». *(TGIHC Dakar, n° 4241/ 09 du 18 septembre 2009, Affaire Pneuméca, inédit ; sur cette affaire, V. P. A. TOURE, « Cinq ans de droit pénal des technologies de l'information et de la communication (2008-2013) : chronique de jurisprudence sénégalaise », in Cour suprême Bulletin des arrêts, Bulletin d'Information 07-08, 2016, p. 117*). Le système informatique peut être aussi un terminal de paiement électronique (*TGIHC Dakar, 2e ch. corr., 21 janvier 2010, affaire Fulgence BAHI, inédit ; également, TGIHC Dakar, n° 1780 du 02 mai 2012, affaire Kaoukou KOUADIO, inédit : « Le terminal de paiement électronique peut se définir comme un appareil électronique capable de lire les données d'une carte bancaire, d'enregistrer une transaction et de communiquer avec un serveur d'authentification à distance »),* un réseau informatique, une base de données gérant les comptes de clients (*CA Dakar, ch. corr. n° 39 du 13 janvier 2014, MP et Jean Michel BAUD Berthier c/ Alphousseyni MANGA, inédit*) ou un site web (*TGIHC Dakar, n° 458 du 04 juin 2013, affaire Leral.net, inédit*). Dans cette décision, le Tribunal correctionnel de Dakar a considéré que le site leral.net constitue un système informatique au sens légal du terme.

Le Tribunal correctionnel de Dakar a jugé que le système de transfert électronique d'argent dit Wari *«constitue un système informatique au sens de l'article 431-7 du Code pénal, puisqu'il s'analyse en un ensemble de dispositifs interconnectés assurant en tout ou partie un traitement automatisé de données en exécution d'un programme; en effet, ce système, fonctionnant à l'aide d'un programme informatique, assure la gestion automatisée des informations relatives aux transferts électroniques d'argent réalisés par des tiers utilisant les services de la société Cellular Systems international»* (*TGIHC Dakar, du 17 avril 2012, affaire du système Wari, inédit).*

La Cour d'appel de Dakar a même considéré que les comptes Skype et Facebook constituent des systèmes informatiques (*CA Dakar, ch. corr. n° 1180 du 24 août 2015, MP et Ndèye Maguette DIOUM et autres c/ Mamadou Moustapha DIA, inédit ; dans le même sens, TGIHC Dakar, n° 561 du 19 juin 2014, MP et Mouhamed Moustapha BARRY c/ Saliou BALDE, inédit. Ce jugement considère le compte Facebook comme un système informatique au sens légal du terme*).

La Cour d'appel de Dakar a également estimé, dans l'affaire Fulgence Bahi jugée le 13 décembre 2010 que le terminal de paiement électronique (TPE) de la Société Générale de Banque au Sénégal (SGBS), installé dans une bijouterie, constitue un système informatique au sens légal du terme (*CA Dakar, n° 978 du 13 décembre 2010, affaire Fulgence BAHI, inédit ; Sur cette affaire, P. A. TOURE, « Cinq ans de droit pénal des technologies de l'information et de la communication (2008-2013) : chronique de jurisprudence sénégalaise », in Cour suprême Bulletin des arrêts, Bulletin d'Information 07-08, 2016, p. 117 ; TGIHC Dakar, 2e ch. corr., 21 janvier 2010, affaire Fulgence Bahi, inédit*).

Un autre arrêt de la Cour d'Appel de Dakar du 22 avril 2015 a énoncé que « *le réseau de téléphonie, qui assure la connexion entre les différentes sociétés de téléphonie, est un système informatique* ». Dans le cas d'espèce, les prévenus avaient mis en place un système leur permettant de détourner les appels provenant de l'extérieur sans être titulaire d'une licence (*sim boxing*) (*CA Dakar, ch. corr. n° 592 du 22 avril 2015, MP et les Sociétés SENTEL-SONATEL ARTP c/ Elias Francisco Spolinola TEXEIRA et autres, inédit).*

Les auteurs contemporains s'accordent pour reconnaître à l'internet (le réseau des réseaux) la qualification de système informatique (*A. HOLLANDE et X. LINANT DE BELLEFONDS, Pratique du droit de l'informatique, Logiciels, systèmes internet, 6e édition, Paris, Delmas, 2008, p. 350 ; E. DREYER, Droit pénal spécial, Paris, Ellipses, 2008, p. 365*).

Cette approche large du « *système informatique* » est conforme à la note d'orientation sur la notion de système informatique adoptée par le 05 et 06 décembre 2013 à Strasbourg. Selon cette note d'orientation, le concept technologiquement neutre de « *système informatique* », peut couvrir les nouvelles technologies de traitement et de données, comme les smartphones, les tablettes numériques et les réseaux électroniques.

22. Exigence d'un dispositif de protection technique ? Les infractions relatives aux systèmes informatiques peuvent-elles être constituées lorsque les systèmes d'information concernés ne sont pas protégés par des dispositifs de sécurité ?

Dans un premier temps, les juges du fond ont affirmé clairement qu'« *il n'est pas nécessaire pour que l'infraction existe que l'accès soit limité par un dispositif de protection* » (*CA Paris, 5 avril 1994, Jurisdata n° 1994-0211093 ; JCP E 1995, I, 461, n° 20, obs. M. Vivant et Ch. Le Stanc ; RSC 1998, p. 142, obs. J. Francillon ; CA Toulouse, 3e ch., 21 janvier 1999, n° 98/00307, Jurisdata n° 1999-040054*), mais que cet accès ou le maintien doit être fait « *sans droit et en pleine connaissance de cause* » (*CA Paris, 5 avril 1994, préc.*), et qu'à cet égard, « *il suffit que le maître du système ait manifesté l'intention d'en restreindre l'accès aux seules personnes autorisées* » (*CA Paris, 5 avril 1994 ; CA Toulouse, 21 janvier 1999, préc.*).

Ultérieurement, la Cour d'appel de Paris a nuancé sa position en prononçant la relaxe d'un journaliste ayant accédé, par le site d'une société, à ses fichiers de données nominatives par la simple utilisation d'un logiciel grand public de navigation, car « *ces parties du site, qui ne font par définition l'objet d'aucune protection de la part de l'exploitant ou de son prestataire de services, devant être réputées non confidentielles à défaut de toute indication contraire et de tout obstacle à l'accès ; que même s'agissant de données nominatives, l'internaute y accédant dans de telles conditions ne peut inférer de leur seule nature qu'elles ne sont pas publiées avec l'accord de l'intéressé* » (*CA Paris, 12e ch., sect. A, 30 octobre 2002, n° 02/04867, Antoine C. c/ Min. public, Sté Tati, Jurisdata n° 2002-204096 ; Comm. com. électr. 2003, comm. 5, obs. L. Grynbaum ; Expertises 2003, p. 27-31, n° 266, C. Morel*).

La nuance a été abandonnée par un arrêt de la Cour de Cassation du 3 octobre 2007 dans lequel le prévenu avait profité de la négligence d'une société qui n'avait pas désactivé le code qui lui avait été remis pour une période d'essai, pour continuer à utiliser un service accessible aux seules personnes autorisées. Il a été jugé que le délit de maintien frauduleux dans un STAD est constitué, car le prévenu s'est maintenu sans droit et en pleine connaissance de cause dans le système (*Cass. crim., 03 octobre 2007, n° 07-81.045, Jurisdata n° 2007-040853 ; AJ pénal 2007, p. 535 ; V. aussi CA Paris, 8 juin 2012, n° 10/08175, Jurisdata n° 2012-020895 ; A. LEPAGE, « Un an de droit pénal des nouvelles technologies (octobre 2011 à octobre 2012) », Dr. pén. 2012, chron. 10, pour un salarié qui utilise son code d'accès alors qu'il était suspendu*).

Les juges du fond se sont alignés sur cette position. Un arrêt rendu par la Cour d'Appel de Paris le 9 septembre 2009 énonce ainsi que le trouble manifestement illicite est constitué, alors même que l'accès aux données n'est pas limité par un dispositif de protection ; qu'il suffit que le maître du système « *ait manifesté l'intention d'en restreindre l'accès aux seules personnes autorisées* » (*CA Paris 09 septembre 2009, Damien B. c/ Forever Living Products France, Comm. com. électr. 2009, comm. 120, obs. É.-A. Caprioli*).

En théorie, il n'est pas nécessaire que le système informatique soit muni d'un dispositif de sécurité pour bénéficier de la protection pénale. Ainsi, se rend coupable d'accès frauduleux à un système, la personne qui, sachant qu'elle n'y est pas autorisée, accède par quelque moyen que ce soit à un système de traitement automatisé de données qui n'était protégé par un code (*Cass. crim., 27 mars 2018, n° 17-81.989, Jurisdata n° 2018-004815*).

Mais en pratique, la présence d'un dispositif de sécurité (mot de passe, dispositif de cryptologie, etc.) constitue un moyen pour le juge d'établir la preuve de l'élément moral des différentes infractions relatives aux systèmes informatiques (*A. HOLLANDE et X. LINAND de BELLEFONDS, Pratique du droit de l'informatique, 6e édition, Paris, Delmas, 2008, p. 351 ; également, Ph. JOUGLEUX, « La négligence dans la protection d'un système de traitement automatisé d'informations », Expertises, juillet 2000 n° 239, p. 220 ; Ch. MOREL, « Pas d'accès frauduleux sans sécurité, note sous, CA Paris 12e ch. corr. 30 octobre 2002 », Expertises, janvier 2003, p. 27 ; S. ROZENFELD, « Les systèmes ouverts au public protégés par la loi Godfrain », Expertises, avril 1994, n° 171, p. 127 ; B. LOUVET et N. BILTZ, « Intrusion : défaut de sécurité ne vaut », note sous TGI Paris, 02 juin 2006, Expertises, décembre 2006, p. 429 ; F. STASIAK, Droit pénal des affaires, Paris, LGDJ, 2005, p. 34-35*). En effet, le cyberdélinquant qui, pour accéder à un système informatique, a utilisé un logiciel de crackage ou un dispositif de contourenement du mot de passe, serait mal venu à invoquer sa bonne foi.

- **Jurisprudence**

L'ordinateur, pris isolément indépendamment de toute interconnexion à un réseau électronique, constitue un système informatique au sens de l'article 431-7 du Code pénal, puisqu'il s'analyse en un dispositif isolé assurant en tout ou partie, un traitement automatisé de données en exécution d'un programme (**TGIHC Dakar, n° 4241 du 18 septembre 2009, affaire Pneumeca, *inédit***).

Le terminal de paiement électronique constitue un système informatique à part entière, dont l'accès en vue de se procurer un avantage consomme l'infraction prévue par l'article 431-8 du Code pénal (**TGIHC Dakar, 2e ch. corr., 21 janvier 2010, affaire Fulgence BAHI, confirmé par CA Dakar, n° 978 du 13 décembre 2010, affaire Fulgence BAHI, *inédit***).

Le réseau téléphonique de Sonatel Orange constitue un système informatique au sens légal du terme. Mais il ne résulte d'aucun élément du dossier que Gora FAYE s'est introduit dans le réseau de Sonatel Orange (**TGIHC Dakar, n° 0079 du 25 janvier 2018, MP c/ Mb. D., *inédit***).

Le réseau de téléphonie qui centralise l'ensemble des appels locaux et internationaux s'analyse en un système informatique en ce qu'il permet l'interconnexion entre les différents opérateurs de la place (**TGIHC Dakar ch. corr. n° 587 du 20 juin 2013, SENTEL, SONATEL, ARTP c/ E. F. S., E. M. G. F. B. et M. S., *inédit*).**

Le terminal de paiement électronique qui peut se définir comme un appareil électronique capable de lire les données d'une carte bancaire, d'enregistrer une transaction et de communiquer avec un serveur d'authentification à distance, constitue un système informatique au sens de l'article 431-7 du Code pénal (**TGIHC Dakar, n° 1780 du 2 mai 2012, affaire Kaoukou KOUADIO, *inédit***).

Le site web leral.net peut être assimilé à un système informatique (**TGIHC Dakar, n° 458 du 04 juin 2013, affaire Leral.net, *inédit***).

Les systèmes électroniques mis en place par des agences de voyages permettant de procéder à des réservations et de gérer électroniquement les billets émis au profit de clients constituent des systèmes informatiques au sens de l'article 431-7 du code précité, pour être des dispositifs interconnectés assurant en tout ou partie, un traitement automatisé de données en exécution d'un programme (**TGIHC Dakar, n° 4423 du 20 décembre 2011, affaire Eric Donys SIMEU et autres, *inédit* ; CA Dakar, n° 208 du 13 février 2013, *inédit***).

Le réseau Wari constitue un système informatique au sens de l'article 431-7 du Code pénal puisqu'il s'analyse en un ensemble de dispositifs interconnectés assurant en tout ou partie un traitement automatisé de données en exécution d'un programme ; en effet, ce système, fonctionnant à l'aide d'un programme informatique, assure la gestion automatisée des informations relatives aux transferts électroniques d'argent réalisés par des tiers (**TGIHC Dakar, du 17 avril 2012, affaire du système WARI, *inédit***).

- **Notes d'orientation du Comité de la Convention Cybercriminalité (T-CY)**

Lors de sa 8e réunion plénière (décembre 2012), le Comité de la Convention Cybercriminalité (T-CY) a décidé d'établir des notes d'orientation visant à faciliter l'usage et la mise en œuvre effectifs de la Convention de Budapest sur la cybercriminalité, notamment à la lumière des évolutions du droit, des politiques et des technologies. Les notes d'orientation reflètent une analyse de l'application de la Convention de Budapest partagée par toutes ses Parties. La Convention « *utilise une terminologie technologiquement neutre de façon que les infractions relevant du droit pénal matériel puissent s'appliquer aux technologies concernées tant actuelles que futures* », et ce pour que de nouvelles formes de délits soient toujours couvertes par la Convention.

- **Note d'orientation sur la notion de «système informatique»**

Article 1.a de la Convention de Budapest sur la cybercriminalité

Adoptée par le T-CY lors de sa 8e réunion plénière (5-6 décembre 2013)

1. Introduction

Lors de sa première réunion à Strasbourg, les 20 et 21 mars 2006, le T-CY s'est penché sur la portée de l'expression « système informatique» telle qu'elle se trouve définie à l'article 1.a de la Convention de Budapest, compte tenu des nouvelles formes de technologie qui vont au-delà des simples ordinateurs de bureau ou ordinateurs centraux traditionnels.

Depuis 2004, date à laquelle la Convention a été rédigée, de nouveaux dispositifs sont apparus, avec notamment la génération moderne des téléphones portables dits « smartphones », les ordinateurs de poche (PDA), les tablettes et autres, qui permettent de produire, traiter ou transmettre des données. D'où la nécessité de voir si la notion de « *système informatique*» qu'utilise la Convention de Budapest couvre ces nouveaux dispositifs.

Le T-CY a décidé, en 2006, que les dispositifs en question étaient couverts par la définition du « système informatique » qui figure à l'article 1.a de la Convention.

La présente note d'orientation consacre cette interprétation commune des Parties, telle qu'elle ressort du rapport de la 1re réunion (document T-CY(2006)11).

2. Article 1.a de la Convention de Budapest sur la cybercriminalité (STCE n° 185)

Texte de la Convention

Article 1 – Définitions

Aux fins de la présente Convention, a l'expression « système informatique» désigne tout dispositif isolé ou ensemble de dispositifs interconnectés ou apparentés, qui assure ou dont un ou plusieurs éléments assurent, en exécution d'un programme, un traitement automatisé de données;

Extrait du Rapport explicatif

23. Aux fins de la Convention, un système informatique est un dispositif composé de matériel et de logiciels, conçus pour le traitement automatisé des données numériques. Il peut comprendre des moyens d'acquisition, de restitution et de stockage des données. Il peut être isolé ou connecté à d'autres dispositifs similaires au sein d'un réseau «*automatisé*» signifie sans intervention humaine directe, le « *traitement des données* » est un ensemble d'opérations appliquées à des données et effectuées par le biais de l'exécution d'un programme informatique.

Un «*programme informatique*» est un ensemble d'instructions pouvant être exécutées par l'ordinateur pour obtenir le résultat attendu. Un ordinateur peut exécuter différents programmes. Dans un système informatique, on distingue généralement plusieurs composantes, à savoir le processeur ou l'unité centrale, et les périphériques. Par «*périphérique*», on entend un dispositif qui remplit certaines fonctions spécifiques en interaction avec l'unité centrale: imprimante, écran, lecteur/graveur de CD-Rom ou autre moyen de stockage, par exemple.

24. Un réseau est une interconnexion entre deux systèmes informatiques ou plus. Les connexions peuvent être reliées à la terre (fil ou câble, par exemple), sans fil (radio, infrarouge ou satellite, par exemple), ou les deux. Un réseau peut être géographiquement limité à une zone peu étendue (réseau local) ou couvrir une

zone étendue (réseau étendu), et de tels réseaux peuvent eux-mêmes être interconnectés. L'Internet est un réseau mondial composé de nombreux réseaux interconnectés, qui utilisent tous les mêmes protocoles. Il existe encore d'autres types de réseaux, connectés ou non à l'Internet, capables de faire circuler des données entre des systèmes informatiques. Les systèmes informatiques peuvent être connectés au réseau en tant que points de sortie ou comme moyen de faciliter la transmission de l'information (routeurs et dispositifs similaires, par exemple). L'important, c'est que les données soient échangées sur le réseau.

3. Déclaration du T-CY concernant la notion de « système informatique» (article 1.a de la Convention de Budapest)

L'article 1.a de la Convention définit un « *système informatique*» comme « *tout dispositif isolé ou ensemble de dispositifs interconnectés ou apparentés, qui assure ou dont un ou plusieurs éléments assurent, en exécution d'un programme, un traitement automatisé de données* ».

Le T-CY considère que cette définition englobe, par exemple, les téléphones portables modernes, qui sont des appareils multifonctionnels capables de produire, traiter et transmettre des données, leurs multiples fonctions consistant notamment à accéder à l'internet, à envoyer des courriers électroniques, à joindre et transmettre des fichiers, ainsi qu'à télécharger des contenus ou documents.

De même, le T-CY a conscience que les assistants numériques personnels (PDA), qu'ils soient ou non tés de la fonctionnalité sans fil, peuvent eux aussi produire, traiter et transmettre des données.

Le T-CY souligne que, lorsque ces dispositifs exécutent de telles fonctions, ils traitent des «*données informatiques* » au sens de l'article 1.b. Il considère par ailleurs qu'ils génèrent aussi, ce faisant, des «*données relatives au trafic* » au sens de l'article 1.d.

Dès lors qu'ils traitent de telles données, les dispositifs en question se comportent comme un « *système informatique*» au sens de l'article 1.a.

Le T-CY estime qu'une telle acception est conforme à l'interprétation que donne du «*système informatique*» le rapport explicatif de la Convention et que cette dernière a vocation à couvrir ces dispositifs dans leur utilisation en tant que tel.

4. Conclusion

Le T-CY considère que la définition du « *système informatique*» qui figure à l'article 1.a couvre de nouvelles formes de technologie qui vont au-delà des simples ordinateurs de bureau ou ordinateurs centraux, avec notamment les téléphones portables modernes, les « *smartphones* », les assistants numériques personnels, les tablettes et autres appareils similaires.

- **Note d'orientation sur les attaques visant les infrastructures d'information critiques**

Adoptée lors de la 9e réunion plénière du T-CY (4-5 juin 2013)

Introduction

Lors de sa 8e réunion plénière (décembre 2012), le Comité de la Convention Cybercriminalité (T-CY) a décidé de publier des notes d'orientation visant à faciliter l'usage et la mise en œuvre effectifs de la Convention de Budapest sur la cybercriminalité, notamment à la lumière des évolutions du droit, des politiques et des technologies.

Les notes d'orientation reflètent une analyse de l'application de la Convention de Budapest partagée par toutes ses Parties.

La présente note est consacrée à la question des attaques visant les infrastructures d'information critiques.

La Convention de Budapest utilise une terminologie technologiquement neutre de façon que les infractions relevant du droit pénal matériel puissent s'appliquer aux technologies concernées tant actuelles que futures. Et ce, afin que de nouvelles formes de logiciels malveillants ou de délits soient toujours couvertes par la Convention.

La présente note d'orientation montre dans quelle mesure différents articles de la Convention s'appliquent aux attaques visant les infrastructures d'information critiques.

Dispositions pertinentes de la Convention de Budapest sur la cybercriminalité (STCE n°185)

Les infrastructures critiques désignent en général les systèmes et les actifs, physiques ou virtuels, indispensables à la vie d'un pays et dont le mauvais usage, l'arrêt ou la destruction aurait un effet dévastateur sur la sécurité nationale et la défense, la sécurité économique, la santé ou la sûreté publiques ou n'importe quelle combinaison de ces éléments. La définition des infrastructures critiques varie selon les pays.

Toutefois, pour de nombreux pays, les infrastructures critiques englobent l'énergie, l'alimentation, l'eau, les combustibles, les transports, les communications, les finances, l'industrie, la défense et les secteurs des services publics et du gouvernement. Les infrastructures critiques sont souvent gérées par des systèmes informatiques, notamment ceux connus sous le nom de systèmes de contrôle industriels (SCI) ou de systèmes de télésurveillance et d'acquisition de données (SCADA). Ces systèmes sont généralement désignés sous le nom d'infrastructures d'information critiques. Selon des sources privées et gouvernementales, un nombre important mais inconnu d'attaques visant des infrastructures d'information critiques se produit chaque année dans le monde entier. Ces attaques ont recours aux mêmes techniques que celles utilisées par la criminalité électronique. La différence réside dans l'impact de ces attaques sur la société: elles peuvent retirer des fonds du Trésor public, interrompre l'approvisionnement en eau, perturber le contrôle du trafic aérien, etc.

Les formes d'attaques des infrastructures d'information critiques, actuelles et futures, sont visées par les articles de la Convention figurant ci-dessous, en fonction de la nature de l'attaque. Chaque disposition contient un critère d'intention (« *sans autorisation*», « *avec une intention frauduleuse», etc.*) dont les autorités devraient tenir compte au moment de qualifier un délit.

Déclaration du T-CY

La liste des articles concernant les attaques contre les infrastructures d'information critiques présentée ci-dessus illustre les multiples infractions qui peuvent être commises au moyen de ces attaques. Par conséquent, le T-CY s'accorde à dire que ces attaques, sous leurs différents aspects, sont couvertes par la Convention de Budapest.

Article 431-7 7) Technologies de l'information et de la communication (TIC) : les technologies employées pour recueillir, stocker, utiliser et envoyer des informations ainsi que celles qui impliquent l'utilisation des ordinateurs ou de tout système de communication y compris de télécommunication.

- **La notion de technologies de l'information et de la communication**

- **Bibliographie**

A. JOMNI, « Le Darknet est-il une zone de non droit ? », *Sécurité globale*, 2018/03, n° 15, p. 17.
A. LEPAGE, « Internet au regard de la loi du 29 juillet 1881 sur la presse : un mode de communication comme un autre ? », in A. LEPAGE (dir.), *L'opinion numérique*, *Internet un nouvel esprit public, institut PRESAJE, Dalloz, 2006,* p. 141.
M. BOUCHET (dir.), *Cybercriminalité : acquis, défis et perspectives*, Lexbase pén. 2023.
A. PETIT, « L'influence du Dark web sur la démocratisation du malware-As-A-Service », CEIS, Les notes stratégiques, janvier 2016.
E. TARDIEU-GUIGUES, « Internet et territoire », *RLDI* décembre 2013, n° 3301, p. 59.
J. LARRIEU, *Droit de l'Internet*, Paris éd. Ellipses coll. mise au point, 2005.
J-PH. RENNARD, Darknet : mythes et réalités, Paris, Ellipses 2016

L. BURGORGUE-LARSEN, « Les nouvelles technologies », *Pouvoirs*, vol. 130, n° 03, 2009, p. 65.
M. BARDIN, « Le droit d'accès à internet : entre « choix de société » et protection des droits existants », *RLDI* 2013, n° 91
M. VIVANT (dir.) et alii, Lamy *Droit du numérique : informatique, multimédia, réseaux, internet*, Paris, Lamy, réédition annuelle.
M. VIVANT, « Cybermonde : droit et droits des réseaux », *JCP* 1996. I. 3969.
M. VIVANT, « Internet », *Rép. IP/IT et comm.*, octobre 2017.
M. VIVANT, *Internet et modes de régulation, Rapport au colloque de Namur sur l'internet*, nov. 1996, Cah. CRID n° 12, 1997. 215.
O. DE MAISON ROUGE, « Dark web : plongée en eaux troubles », *D. IP/IT*, février 2017, p. 74.
P. A. TOURE, *Le traitement de la cybercriminalité devant le juge : l'exemple du Sénégal*, Paris, l'Harmattan, 2012.
P. DANDJINOU, « Les nouvelles technologies de l'information et de la communication (TIC) et les Objectifs du millénaire pour le développement en Afrique », in *L'Afrique et les Objectifs du millénaire pour le développement en Afrique*, PNUD 2003, p. 552.
R. DIARRA, *La répression de la cybercriminalité en Afrique de l'Ouest*, Paris, l'Harmattan, 2021.
T. VERBIEST et E. WÉRY, *Le droit de l'internet et de la société de l'information : droits européen, belge et français,* Bruxelles, Larcier, 2001.
V. PUJOLLE, *Les réseaux,* Paris, Eyrolles, édition 2003.
X. RAUFER, Cyber-criminologie, Paris, CNRS éditions, 2015, p. 118 et s.

- **Commentaire**

23. Concept de TIC. La notion de technologie de l'information et de la communication est au cœur de la définition de la cybercriminalité. Selon l'article 431-7 du Code pénal, modifié par la loi n° 2016-29 du 08 novembre 2016, les TIC désignent les « *technologies employées pour recueillir, stocker, utiliser, et envoyer des informations et incluant celles qui impliquent l'utilisation des ordinateurs ou tout système de communications y compris de télécommunications* ». Il s'agit des équipements, des dispositifs et programmes ayant pour objet le stockage, le traitement, la transmission et la communication de l'information (*V. article 1er de la Directive du 19 août 2011 portant lutte contre la cybercriminalité dans l'espace de la CEDEAO*).

Le Conseil des communautés européennes voit dans les technologies de l'information et de la communication, succédant aux géants industriels du XXe siècle, « *l'ensemble des systèmes d'équipements, composants et logiciels qui sont nécessaires pour assurer la recherche, le traitement et le stockage de l'information dans tous les domaines de l'activité humaine et dont la mise en œuvre fait généralement appel à l'électronique et aux technologies similaires* ».

(*CCE, 22 décembre 1986 relative à la normalisation dans le domaine des technologies de l'information et des télécommunications, JO des communautés européennes).* Selon le PNUD, « *les NTIC sont des outils de traitement de l'information- un ensemble hétéroclite de biens, d'applications et de services qui sont utilisés pour produire, stocker, traiter et diffuser l'information (...)* » (*Cette définition est citée par P. DANDJINOU, « Les nouvelles technologies de l'information et de la communication (TIC) et les Objectifs du millénaire pour le développement en Afrique », in L'Afrique et les Objectifs du millénaire pour le développement en Afrique, PNUD 2003, p. 552 ; L. BURGORGUE-LARSEN, « Les nouvelles technologies », Pouvoirs, vol. 130, n° 03, 2009, p. 65*).

Ces instruments technologiques renvoient, d'une part, aux technologies dites classiques de la première moitié du XXe siècle que sont la radio, la télévision, le télex, le télégraphe et le téléphone, qui assurent essentiellement une fonction de transmission et de diffusion de l'information par la voie des ondes hertziennes.

D'autre part, les TIC désignent surtout les technologies « *nouvelles* » ayant pour support le numérique (par opposition à l'analogique), considéré comme le procédé technique permettant la transcription de l'information sous forme binaire.

Les technologies numériques regroupent notamment les ordinateurs. Cette technologie est définie comme une « *machine automatique de traitement de l'information, obéissant à des programmes formés par des suites d'opérations arithmétiques et logiques* ». Elle marque son apparition dans les années 50, à l'ère de l'avènement de l'informatique. Alors que, dès 1952, la société IBM produisait en 19 exemplaires, son premier ordinateur, la même année, la France construisait son premier ordinateur appelé « *CUBA* » (*Calculateur universel binaire de l'armement*) Les TIC désignent aussi notamment les cartes bancaires, les programmes informatiques, les smartphones, les tablettes numériques et les réseaux électroniques nés du besoin d'interconnexion des ordinateurs (*V. PUJOLLE, Les réseaux, Paris, Eyrolles, édition 2003, p. 02*).

24. Réseau internet. L'internet constitue l'illustration la plus parfaite de l'avènement contemporain des TIC. Il s'agit d'un réseau international résultant de l'interconnexion entre plusieurs réseaux informatiques (*M. VIVANT, « Cybermonde : droit et droits des réseaux », JCP 1996. I. 3969 ; M. VIVANT, « Internet », Rép. IP/IT et comm., octobre 2017 ; M. VIVANT, Internet et modes de régulation, Rapport au colloque de Namur sur l'internet, nov. 1996, Cah. CRID n° 12, 1997. 215*).

Internet est défini comme un « *réseau télématique mondial créé par l'interconnexion de réseaux ou d'ordinateurs fournissant de multiples services* » (*Dictionnaire Hachette encyclopédique*). Ce réseau informatique, antérieurement réservé aux militaires, puis aux scientifiques, permet la transmission de données.

Internet est né aux États-Unis, des besoins de l'armée américaine pendant la guerre froide, et lors de la conquête spatiale. Opérationnel en 1967, le premier réseau « *ARPANET* » reliait quatre instituts universitaires. Il permettait à ces institutions de transférer des données uniquement numériques et d'effectuer à distance certains calculs sur plusieurs ordinateurs aux fins d'obtenir une plus grande puissance de calcul. Reposant sur l'interconnexion d'ordinateurs hôtes à travers des «*nœuds* », ce réseau s'était vu assigner comme objectif de maintenir et sécuriser les communications militaires « *quel que soit l'état de destruction du pays* ».

En 1983, après de multiples développements, un nouveau système informatique et un nouveau système de communication des données sont trouvés et le développement proprement dit d'Internet et surtout sa démocratisation a débuté. Un système d'adresses d'ordinateurs sous forme, non plus de chiffres, mais de lettres appelées noms de domaine (DNS : Domain Name System) a été mis en place. C'est l'IANA (Internet Assigned Numbers Authority) qui reçoit à cette époque du Gouvernement américain la tâche d'attribuer les noms de domaine avec la règle de base : « *premier arrivé premier servi* », règle technique. En 1985, la National Science Fondation (NSF) créait le NSFNET, un réseau reliant des centres de recherche et d'éducation.

Basé sur l'ARPANET, le NSFNET a constitué l'épine dorsale de l'Internet pour les États-Unis. Il proposait ses services gratuitement pour les institutions scolaires et les chercheurs américains, au-delà desquels il ne pouvait être étendu. La politique d'utilisation de la NSF interdisait en effet l'utilisation de l'épine dorsale à des fins non en faveur de la recherche et de l'éducation.

Ce n'est que plus tardivement, avec notamment la privatisation de la NSF dans les années 90, qu'interviendra la transition d'un réseau construit à partir des routeurs de la communauté de recherche vers un équipement proprement commercial.

Aujourd'hui, la dimension commerciale de l'Internet est devenue prépondérante. Apparu dans les années 90, concomitamment au développement du Web, le commerce électronique (ou « e-commerce ») atteignait un chiffre d'affaires colossal de 1 221 milliards de dollars en 2013, d'après l'institut eMarketer » (www.senat.fr/rap/r13-696-1/r13-696-111.html).

En 1998, l'IANA a délégué l'ICANN (Internet corporation for Assigned Names and Numbers) dans la gestion des DNS, même si l'IANA supervise toujours la zone racine du DNS (Liste des serveurs racines sur le site de l'IANA : www.iana.org/domains/roots/servers). L'ICANN est une association de droit privé américaine à but non lucratif, basée en Californie dont la composition est internationale. Elle a été créée sous l'impulsion du Département américain du Commerce auquel elle est liée par un document qui définit son fonctionnement. Actuellement c'est toujours l'ICANN qui crée les domaines et délivre les noms de domaine par l'intermédiaire de registres.

L'ICANN est chargée d'avaliser la création de nouveaux domaines, d'allouer l'espace des adresses de protocole Internet (IP), d'attribuer les identificateurs de protocole, de gérer le système des noms de domaine de premier niveau pour les codes génériques (gTLD) et les codes nationaux (ccTLD), et d'assurer les fonctions de gestion du système de serveurs racines » (www.icann.org).

Dans l'affaire Robert Sagna jugée par le jugement du Tribunal de grande instance de Ziguinchor le 06 janvier 2004, les magistrats ont jugé que : « *l'outil Internet en cause qui constitue un réseau international permettant à des personnes habitant divers endroits du monde et disposant d'ordinateurs de communiquer entre elles» constitue un procédé technique destiné à atteindre le public* » (*TGI Ziguinchor, 06 janvier 2004, Affaire Robert SAGNA, jugement inédit ; sur cette affaire, L. DIEME, « Un mandat d'arrêt international contre le propriétaire de senegalaisement.com » : http://www.osiris.sn/article822.html (consultéle 23 mars 2010) ; « L'internaute français Christian Costeaux condamné à un an de prison et 600 millions de dommages et intérêts » : http://www.osiris.sn/article824.html (consulté le 23 mars 2010) ; P. A. TOURE, Le traitement de la cybercriminalité devant le juge : l'exemple du Sénégal, Paris, l'Harmattan, 2010, p. 324*).

25. Clear web, le Deep web et le Dark web. De nos jours, l'interface web permet de distinguer le *Clear web,* le *Deep web* et le *Dark web*·

Le *Clear web* ou encore *Web surfacing* (le Web de surface ou Web visible) représente la partie émergée de l'iceberg (environ 05% du web). Il comprend l'ensemble des contenus indexés par les moteurs de recherche classiques (Google, Yahoo, Bing, seneweb, etc.). Le clear web contient notamment les *blogs*, les sites de diffusion, les sites de presse en ligne, etc.

Au-delà du *Clear web*, on retrouve des pages ou sites web non-indexables par les robots des moteurs de recherche qui constituent le *Deep web* (ou le web profond/invisible). Appelé « *net abyssal* » (toile profonde), le *Deep web* est la partie immergée de l'iceberg (environ 95% du web).

C'est la partie la plus profonde et la moins accessible qui représente les abysses du web. Il contient les contenus non indexés que les moteurs de recherche ne parviennent pas à référencer. Il s'agit par exemple des banques de données des bibliothèques en ligne, des données relatives aux comptes bancaires, des bases de données d'universités ou encore des données de santé accessibles grâce à des identifiants personnels.

Le *Dark web* est un sous ensemble du *Deep web*. Il regroupe les contenus non-indexés mais pour lesquels il est nécessaire de posséder des applications dédiées pour y accéder (*O. DE MAISON ROUGE, « Dark web : plongée en eaux troubles », D. IP/IT, février 2017, p. 74 ; A. PETIT, « L'influence du Dark web sur la démocratisation du malware-As-A-Service », CEIS, Les notes stratégiques, janvier 2016 ; X. RAUFER, Cyber-criminologie, Paris, CNRS éditions, 2015, p. 118 et s. ; A. JOMNI, « Le Darknet est-il une zone de non droit ? », Sécurité globale, 2018/03, n° 15, p. 17 ; J-PH. RENNARD, Darknet : mythes et réalités, Paris, Ellipses 2016 ; L. SAENKO, « Le Darkweb : un nouveau défi pour le droit pénal contemporain », D. IP/IT 2017 p.86 ; A. PETIT, « Visite guidée du Darkweb cybercriminel », D. IP/IT 2017 p. 80* ; *X. RAUFER, « Une excursion (guidée) au Far-West numérique », Sécurité globale, 2018/3, n° 15, p. 49*). Il s'agit d'un ensemble de réseaux distribués de type *F2F* (*Friend to Friend*) conçus pour assurer l'anonymat des utilisateurs. Les *Darknets* ne constituent pas un réseau physiquement distinct, mais bien des protocoles de transmission qui fonctionnent au sein de réseaux existants. Ces protocoles ont volontairement été créés afin d'échapper à tout référencement par des robots d'indexation et le plus souvent pour préserver l'anonymat des internautes. Nicolas BOILEAU n'écrivait-il pas que « *le vice, toujours sombre, aime l'obscurité* » ? Cet espace du *Dark web* ne possède pas de panneaux d'indication (comme les moteurs de recherche classiques) permettant l'optimisation de la navigation de l'utilisateur. Cette carence est cependant compensée par le recours aux *wikis* (*The Hidden Wiki* de *Tor* étant le plus connu) qui recensent des centaines de liens (et leur descriptif) redirigeant vers des sites en onion.

Le *Dark web* est un espace web constitué de sites non référencés par les moteurs de recherche dans lequel il est possible de se connecter à l'aide d'un programme informatique appelé *the Onion Routeur Tor*. Mais il en existe d'autres comme *GNU*, *freenet*, *I2P*, *Zeronet*, *SafetyGate*, etc.

Tor a été inventé puis diffusé par le Pentagone. Historiquement développé par le *Naval Research Laboratory*, le réseau *Tor* s'est démocratisé à partir de 2002 en offrant une solution d'anonymisation aux internautes. Ce logiciel fait transiter la connexion d'un serveur à un autre dans le monde de façon aléatoire. De sorte qu'il devient impossible au fournisseur d'accès ou aux autorités judiciaires de localiser précisément la connexion. *Tor* fait transiter le trafic par plusieurs strates (« les couches de l'oignon ») de manière à ce que l'on ne puisse, à la sortie, ni en déterminer l'origine, ni localiser l'internaute. En d'autres termes, une fois que l'internaute accède au *Darknet*, son adresse *IP* ne peut plus être identifiée (*O. DE MAISON ROUGE, « Darkweb : plongée en eaux troubles » D. IP/IT 2017, p.74 ; A. JOMNI, « Le Darknet est-il une zone de non droit ? », Sécurité globale, 2018/03, n° 15, p. 17*).

De par sa facilité d'installation, sa simplicité et sa rapidité d'utilisation, *Tor Browser* est l'outil le plus employé pour accéder au *Dark web*. Ce logiciel gratuit permet de naviguer et de communiquer de manière quasi anonyme dans l'environnement du *Dark web*.

L'objectif initial de ce type d'outil est de protéger la vie privée et la liberté d'expression de ses utilisateurs. Il a notamment permis aux militants durant le « Printemps arabe », tout comme à des dissidents politiques, de communiquer et de publier des textes en contournant les systèmes de censure des régimes répressifs ou dictatoriaux.

Tor et les autres réseaux anonymes (*I2P et Freenet*) ont cependant été détournés de leur finalité originelle au profit d'activités criminelles que l'on retrouve sur les marchés noirs ou encore dans les forums restrictifs du *Dark web*.

26. Internet et liberté d'expression. Internet offre plusieurs services, à savoir notamment le web, les forums de discussion, le mail listing, le courrier électronique, les réseaux sociaux, etc.

De nos jours, ce réseau constitue un espace exceptionnel pour l'exercice de la liberté d'expression. Il représente le premier réseau global d'information et un nouveau mode d'expression et d'accès à l'information. Internet est aux citoyens engagés dans un espace de communication ce que l'agora était aux habitants des cités grecques et ce que le forum était aux Romains : un lieu où chacun peut interagir avec les autres, discuter des événements, et définir son identité à la fois en tant que personne et en tant que membre d'un groupe.

L'avènement du *Web 2.0*, notamment des réseaux sociaux, espace de liberté par essence, favorisant l'intervention d'internautes amateurs, dans le cadre d'une logique interactive et dynamique, a intensifié les abus à la liberté d'expression et de la presse (*L. SAENKO, «Nouvelles technologies et liberté d'expression : le droit pénal (perdu) entre adaptation et innovation », Arch. pol. crim., 2018/1, n° 40, p. 55 ; A. GRANCHET, « La liberté d'expression face au défi numérique et sécuritaire », Légipresse 2015, n° 33, p. 648 ; H. OBERDORFF, «La liberté d'expression à l'ère numérique en Europe », Politeia, 2017, n° 31, p. 193*).

En France, dans sa décision du 10 juin 2009 relative à la loi favorisant la diffusion et la protection de la création sur Internet (*Cons. const., 10 juin 2009, n° 2009-580 DC*), le Conseil constitutionnel a consacré la liberté d'accès à Internet. Il a jugé « *qu'en l'état actuel des moyens de communication et eu égard au développement généralisé des services de communication au public en ligne ainsi qu'à l'importance prise par ces services pour la participation à la vie démocratique et l'expression des idées et des opinions, ce droit implique la liberté d'accéder à ces services* ».

Dans un arrêt rendu le 25 juin 2020, la Cour de Justice de la CEDEAO a eu l'occasion de se prononcer sur la nature juridique du droit d'accès à l'internet (*CJ CEDEAO ECW/CCJ/JUD/09/20 du 25 juin 2020, Amnesty international TOGO et autres c/ République Togolaise, inédit*).

La Cour d'Abuja a refusé de voir dans l'accès à l'internet un droit de l'homme. On peut lire sous la plume des hauts magistrats que « *l'accès à l'internet n'est pas à proprement parler un droit de l'homme fondamental* ». Selon la cour, « *le service internet fournit une plate-forme pour renforcer l'exercice de la liberté d'expression, il devient alors un droit dérivé dont il est une composante dans l'exercice du droit à la liberté d'expression. C'est un moyen qui offre un cadre de renforcement de l'exercice du droit à la liberté d'expression. Le droit d'accès à l'internet est étroitement lié au droit à la liberté d'expression qui peut également être considéré comme englobant la liberté d'expression* ». En d'autres termes, si l'accès à l'internet n'est pas proprement dit un droit fondamental de l'homme, il n'en constitue pas moins une composante du droit à la liberté d'expression et une condition préalable essentielle, une sorte de levier de l'exercice des droits découlant de la liberté d'expression.

La qualification de « *droit dérivé* » de la liberté d'expression donnée au droit d'accès à l'internet doit être approuvée. En effet, en raison des formidables capacités de traitement et de diffusion de l'information, le réseau internet est devenu un support technologique incontournable de l'exercice de la liberté d'expression. Du fait de ses caractéristiques techniques (internationalité, anonymat, ubiquité, rapidité de circulation de l'information, etc.), il s'impose comme un outil fondamental pour la liberté d'expression donnant corps à la définition de cette liberté proposée par les textes internationaux relatifs aux droits de l'homme en assurant une communication sans considération de frontière. L'accès à internet se présente ainsi comme un catalyseur ouvrant l'exercice d'autres droits de l'homme au premier rang dès quels figure le droit à la liberté d'expression. Comme le souligne Christophe Bigot, « *le citoyen n'est plus cantonné au rôle passif de récepteur comme au XX*[e] *siècle, mais il est lui-même vecteur d'expression et protégé à ce titre, à l'image des professionnels de l'information* » (*Ch. BIGOT, « Régulation des contenus de haine sur Internet : retour sur le désaveu infligé par le Conseil constitutionnel à l'encontre de la loi dite « Avia », D. 2020, p. 1448)*. Désormais, c'est donc à la fois l'accès aux services internet et la possibilité d'y exprimer ses idées et opinions mais également d'être vecteur d'informations qui sont des corollaires de la liberté d'expression (*M. BARDIN, « Le droit d'accès à internet : entre « choix de société » et protection des droits existants », RLDI 2013, n° 91*).

Il ne fait l'ombre d'un doute que les plateformes digitales (réseaux sociaux, web, forums de discussion, messageries privées, etc.) offrent aux citoyens de nouveaux outils d'expression et de diffusion des idées ou opinions librement par la parole, la plume ou l'image.

Partant de la place de choix de l'accès à l'internet dans l'exercice du droit à la liberté d'expression, la Cour de Justice de la CEDEAO a conclu à la nécessité de la protection législative du droit d'accès à l'internet. Selon la haute juridiction communautaire : « *L'accès à l'internet étant complémentaire à la jouissance du droit à la liberté d'expression, il est nécessaire que l'accès à l'internet et le droit à la liberté d'expression soient considérés comme faisant partie intégrante du droit de l'homme qui nécessite une protection de la loi et rendant sa violation passible de poursuites. À cet égard, l'accès à l'internet étant un droit dérivé et en même temps un élément constitutif l'un de l'autre, il devrait être traité conjointement comme un élément du droit de l'homme auquel les États sont tenus d'accorder une protection conformément à la loi, de la même manière que le droit à la liberté d'expression est protégé* ». L'internet représente surtout un changement de paradigme dans l'expression publique en ce qu'il permet à tout un chacun de s'exprimer sans le filtrage, la sélection qui est de rigueur dans l'accès aux modes traditionnels d'expression publique, comme l'édition, la télévision, la radio (*A. LEPAGE, « Internet au regard de la loi du 29 juillet 1881 sur la presse : un mode de communication comme un autre ? », in A. LEPAGE (dir.), L'opinion numérique, Internet un nouvel esprit public, institut PRESAJE, Dalloz, 2006, p. 141 et 142*).

Dans ce contexte, l'accès à l'internet doit être considéré comme un droit qui nécessite la protection de la loi et toute ingérence dans ce droit doit être prévue par la loi en précisant les motifs de ladite ingérence.

Au Sénégal, le législateur a consacré le droit et la liberté d'accès à l'internet. Ainsi, l'article 5 de la loi d'orientation sur la société de l'information énonce que le principe de liberté est destiné à garantir, d'une part, l'égal accès aux réseaux de communication public incluant le service universel et les ressources informationnelles qu'ils recèlent et, d'autre part, le droit et la liberté de s'exprimer, de communiquer et de participer à la création et à l'exploitation de ressources informationnelles. Ce principe emporte le droit fondamental de toute personne de communiquer, le droit de tout citoyen de participer effectivement à la société de l'information, le droit à la libre expression et de recevoir des informations par-delà les frontières conformément aux lois et règlements en vigueur.

La loi n° 2018-28 du 12 décembre 2018 portant Code des Communications électroniques (*JORS n° 7150 du 29 décembre 2018, p. 1959*) a consacré clairement le droit d'accès à l'internet dans son article 25 intitulé « *Accès ouvert à Internet* ». Selon ce texte : « *Les utilisateurs ont le droit d'accéder et de diffuser les informations et contenus légaux de leur choix, et d'utiliser et fournir des applications, services et équipements terminaux de leur choix, quel que soit le lieu où ils se trouvent et où se trouve le fournisseur, et quel que soit le lieu, l'origine ou la destination de l'information communiquée, du contenu diffusé, de l'application utilisée ou du service fourni ou utilisé* ».

Le droit d'accès à internet comporte, en réalité, deux dimensions complémentaires d'une part, l'accès physique au réseau, c'est-à-dire l'accessibilité à l'infrastructure (connectivité), et d'autre part, l'accès au contenu en ligne. Sur le plan des droits de l'homme, la garantie de chacun de ces deux aspects soulève des défis spécifiques mais liés.

La Cour de Justice de la CEDEAO a considéré que le blocage de l'accès à Internet par l'Etat du Togo a violé les droits des requérants à la liberté d'expression. La haute juridiction a jugé que « *le principe fondamental de l'exercice de ce pouvoir de dérogation est qu'il doit être fait conformément à la loi. En d'autres termes, il doit exister une législation nationale garantissant l'exercice de ce droit tout en prévoyant les conditions dans lesquelles il peut y être dérogé. Ces conditions peuvent inclure, sans s'y limiter, l'intérêt public, la sécurité nationale, la santé publique, l'ordre public, etc.* ». Or, précise la Cour « *le défendeur n'a pas produit la preuve, par référence ou autrement, de l'existence d'une telle législation. Sur cette note, la Cour conclut que le fait que l'Etat défendeur ne soit pas en mesure de produire ladite loi est la preuve que son action n'a pas été menée conformément à la loi et, partant, soutient la maxime latine «ex turpi causa non orituractio ». En l'espèce, telle qu'analysée, il est clair qu'en l'absence de toute loi, le défendeur viole l'article 9 de la Charte africaine des droits de l'homme et des peuples. La Cour estime donc que le fait que le défendeur ait bloqué l'accès à l'Internet constitue une violation du droit des requérants à la liberté d'expression* ».

La Cour a, en conséquence, enjoint à l'Etat défendeur de prendre toutes les mesures nécessaires pour garantir que cette situation ne se reproduise plus à l'avenir et à adopter et mettre en œuvre des lois, règlements et garanties afin de s'acquitter de ses obligations en matière de droit à la liberté d'expression, en vertu des instruments internationaux des droits de l'homme. En outre, elle a condamné l'Etat du Togo à verser à chacun des requérants la somme de 2 000 000F CFA (deux millions de francs CFA) à titre de réparation pour la violation de leur droit à la liberté d'expression.

- **Jurisprudence**

L'outil Internet en cause, qui constitue un réseau international permettant à des personnes habitant divers endroits du monde et disposant d'ordinateurs de communiquer entre elles, constitue un procédé technique destiné à atteindre le public (**TGI Ziguinchor, 06 janvier 2004, affaire Robert SAGNA, jugement *inédit***).

CJ CEDEAO ECW/CCJ/JUD/09/20 du 25 juin 2020, Amnesty international TOGO et autres c/ République Togolaise, inédit.

COUR DE JUSTICE DE LA COMMUNAUTE DES ETATS DE L'AFRIQUE DE L'OUEST (CEDEAO)

SIEGEANT A ABUJA AU NIGERIA

CE JOUR 25 JUIN 2020

AFFAIRE N° : **ECW/CCJ/APP/61/18**

ARRÊT N° : **ECW/CCJ/JUD/09/20**

1. AMNESTY INTERNATIONAL TOGO

DROIT DE L'HOMME

3. LA LANTERNE

4. ACTION DES CRECHRETIENS POUR L'ABOLITION DE LA TORTURE

5, ASSOCIATION DES VICTIMES DE TORTURE AU TOGO

6. LIGUE DES CONSOMMATEURS DU TOGO

7. L'ASSOCIATION TOGOLAISE POUR L'EDUCATION AUX DROITS DE L'HOMME ET LA DEMOCRATIE

8. HOUEFA AKPEDJE KOUASSI **REQUERANTS**

CONTRE

REPUBLIQUE TOGOLAISE **DEFENDERESSE**

COMPOSTION DE LA COUR

Hon. Justice Gbéri-Be Ouattara Président

Hon. Justice Dupe Atoki Membre

Hon. Justice Keikura Bangura Membre

Assistés de: MR TONY ANENE-MAIDOH - GREFFIER EN CHEF

ARRÊT

A. Parties

1. Les requérants, du premier au septième sont:

Amnesty International Togo,

L'institut des Médias pour la Démocratie et les Droit de l'homme,

La Lantere,

Action des Chrétiens pour l'abolition de la Torture,

Association des Victimes de Torture au Togo,

Ligue des Consommateurs du Togo

L'association Togolaise pour L'éducation aux Droits de l'homme et la Démocratie; des organisations non gouvernementales établies et basées au Togo et qui mènent des activités liées à la promotion et à la protection des droits de l'homme au Togo.

Le huitième requérant est un journaliste togolais qui travaille comme blogueur et activiste en République togolaise.

Le défendeur est la République togolaise, un État membre de la Communauté.

B. L'objet du litige

2. La requête porte sur des allégations formulées par les requérants qu'à la suite d'une manifestation au Togo sur la limitation de mandats présidentiels, l'accès à l'Internet fut bloqué et le droit à la liberté d'expression violé, en violation de l'article 9 de la Charte africaine des droits de l'homme et des peuples, et d'autres instruments internationaux relatifs aux droits de l'homme.

3. L'Etat défendeur justifie que les mesures de restriction d'accès à l'Internet étaient nécessaires à la sauvegarde de la sécurité nationale.

C. Demande des requérants

4. Les requérants affirment qu'en août 2017, plusieurs manifestations éclatèrent au Togo pour demander la limitation du mandat à la présidence. Ces manifestations furent largement rapportées dans les médias nationaux et internationaux, incitant la Commission africaine à adopter une résolution lors de sa soixante-deuxième session ordinaire (ACHPR/Res.397 (LXII) 2018 (9 mai

2018)) exprimant ses préoccupations concernant les protestations et condamnant les violations des droits de l'homme qui les accompagnent.

5. Ils affirment que les manifestations se fondaient sur les réformes constitutionnelles visant à limiter les mandats à la présidentielle à deux mandats, mais elles furent interdites ou détournées par le gouvernement. Par la suite, le gouvernement bloqua l'accès à l'Internet et a fit un usage excessif de la force pour réprimer les manifestants. En réprimant ces manifestations, les manifestants ont été maltraités et abusés, et onze d'entre eux furent tués, dont deux membres des forces de l'ordre et trois enfants âgés respectivement de 11 et 14 ans. Plusieurs manifestants furent blessés, dont le Secrétaire général du parti d'opposition, le Parti national panafricain (PNP).

6. Ils affirment également que, par la suite, une soixantaine de manifestants furent condamnés à des peines allant jusqu'à soixante mois d'emprisonnement pour des infractions allant de l'agression à la violence contre des fonctionnaires de l'Etat, en passant par les troubles graves à l'ordre public et vol aggravé. En raison des manifestations générales, les autorités togolaises ont restreint le droit à la liberté d'expression en fermant arbitrairement des médias et en arrêtant certaines personnes ayant participé à la manifestation. Que le gouvernement, dans le but de réprimer ces manifestants, a donné des instructions pour l'élaboration d'une loi qui permettra au gouvernement de bloquer à volonté l'accès à l'Internet sans contrôle judiciaire.

7. Plus précisément, les requérants allèguent qu'en raison d'une manifestation de trois jours prévue par le parti d'opposition, le Parti national panafricain, du 6 au 8 septembre 2017, une restriction bien programmée de l'interruption et de la perturbation de l'accès à l'Internet fut signalée. Ils ajoutent qu'une période d'interruption plus longue fut signalée par quelque trente-cinq ONG par le biais d'une correspondance.

8. Les requérants affirment avoir produit des preuves indiquant que deux grands opérateurs Internet, Togocel et Moov, étaient inaccessibles et que les services de messagerie furent sérieusement perturbés, bien qu'on indique qu'ils soient les organes qui contrôlent l'Internet. Les requérants font valoir que ces opérateurs avaient reçu l'ordre de laisser ouverts les services diplomatiques et gouvernementaux tout en procédant à l'interruption ou à la limitation de l'accès à tous les autres. Ils affirment en outre que l'information relative à l'interruption et/ou à l'inaccessibilité à l'internet par les opérateurs susmentionnés fut attestée par trois représentants du gouvernement qui l'ont évoqué, à des degrés divers mais plus particulièrement, comme mesure restrictive temporaire visant à réduire le flux de communication.

9. Les requérants affirment qu'à la suite de l'interruption et]ou des restrictions d'accès à l'Internet, ils furent empêchés d'effectuer leur tâches quotidiennes, ce qui a eu un impact sur leur réputation et leur situation financière. Ils soutiennent

que l'interruption a également coûté à l'économie togolaise jusqu'à un million huit cent mille dollars (1 800 000 $), les preuves empiriques du Rapporteur spécial des Nations Unies sur la promotion et la protection du droit à la liberté d'opinion et d'expression estimant les coûts de la fermeture entre un million sept cent dollars (1 700 000 $) et deux millions sept cent dollars (2 700 000 $).

10. Les requérants soutiennent que le droit à la liberté d'expression et à la presse est garanti respectivement par les articles 25 et 26 de la Constitution togolaise.

11. Les requérants formulent donc les prétentions et conclusions ci-après:

a. Dire et juger qu'en imposant des restrictions d'accès à l'Internet, le Togo viole ses obligations en matière de droit de l'homme en vertu du droit international humanitaire, notamment le droit de chercher et de recevoir des informations, d'exprimer et de diffuser ses opinions tel que garantit par les articles 9, S 1 et 9, S 2 de la Charte africaine, le droit à liberté d'expression garanti par l'article 19, S 2 du PIDCP et les droits des journalistes en vertu de l'article 66, S 2, al. (c) du Traité révisé de la CEDEAO.

b. dire et juger qu'en bloquant l'accès à l'Internet, le Togo a violé les droits humains des requérants en vertu du droit international, et en particulier leurs droits en tant que journalistes garantis par l'article 66 (c) du Traité révisé de la CEDEAO ;

c. dire et juger que l'élaboration d'un projet de loi sur la cybercriminalité donnant au gouvernement togolais le pouvoir d'interrompre à volonté l'accès à l'Internet constitue une restriction indue du droit à la liberté d'expression et a un effet dissuasif sur les requérants et sur la liberté de la presse en général ;

d. Une ordonnance de faire enjoignant le Togo à prendre toutes les mesures nécessaires pour garantir des mesures de non répétition afin d'éviter que les mêmes violations ne se reproduisent à l'avenir ;

e. Une ordonnance de faire enjoignant le Togo à adopter et à mettre en oeuvre de manière effective des lois, des règlements et des garanties afin de respecter ses obligations en matière de droit à la liberté d'expression en vertu du droit international des droits de l'homme, notamment en vertu de la

Charte africaine, du PIDCP et du Traité révisé de la CEDEAO

f. Une ordonnance de faire enjoignant le Togo à accorder des réparations adéquates, y compris la restitution, l'indemnisation et des mesures de satisfaction aux requérants, à préciser et à soumettre à la Cour en temps utile

g. Toute autre ordonnance ou tout autre recours et/ou réparation que la Cour juge applicables en l'espèce.

D. Mémoire en défense de l'Etat défendeur

12. Le défendeur déclare que des manifestations ont eu lieu depuis le 17 août 2017 et qu'elles ont été orchestrées par le parti d'opposition, Le Parti National Panafricain (PNP), en collaboration avec d'autres groupes politiques.

13. Le défendeur affirme également que, bien que la liberté d'association et de manifestation pacifique soit garantie par la constitution togolaise du 14 octobre 1992, cette liberté repose sur la loi. Que la loi n° 2011-010 du 16 mai 2011 est un moyen de donner effet à la disposition constitutionnelle qui permet aux autorités administratives de réglementer toutes les manifestations publiques, et l'Etat défendeur a demandé son adoption. Qu'après avoir fait quelques observations sur l'itinéraire proposé par les organisateurs, un itinéraire alternatif a été proposé par les autorités.

14. L'Etat défendeur affirme que le PNP ignora la proposition des autorités et poursuivit sa proposition initiale, ce qui occasionna des escarmouches. Le parti d'opposition forma une coalition avec d'autres partis politiques et exigea le retour à la Constitution togolaise du 27 septembre 1992, qui prévoyait deux mandats pour le poste de président et un vote majoritaire à deux tours lors de l'élection présidentielle.

15. Le défendeur soutient que, malgré la situation de l'époque où le gouvernement sollicita une solution à travers un dialogue inclusif avec les membres de l'opposition qui a abouti à un projet d'amendement de la Constitution le 5 septembre 2017, ce projet d'amendement reflétait les préoccupations des manifestants, mais lorsque le projet d'amendement a été soumis au vote du Parlement, les partis politiques de l'opposition l'ont boycotté et ont poursuivi les manifestations.

16. L'Etat défendeur soutient que la poursuite des manifestations entraîna la perte de vies humaines, des blessures des deux côtés et la destruction massive de biens publics et privés. Afin de contrer les effets des manifestations, l'Etat défendeur a dû recourir à unc forme de contrôle de l'internet, car les discours et les incitations à la haine devenaient monnaie courante. Que la crainte de dérive vers une guerre civile suscita la réaction et il a produit des preuves à l'appui de sa prétention.

17. En plus de son mémoire en défense, le défendeur conteste la qualité des requérants du premier aux septièmes ; qu'ils n'ont pas la qualité pour agir aux motifs suivants

Que les requérants du premier au septième ne sont pas des personnes physiques

Qu'ils ne sont pas des victimes

S'agissant du huitième requérant, l'Etat défendeur soutient qu'il n'a pas indiqué en quelle qualité il introduit le recours.

18. L'Etat défendeur a formulé les prétentions ci-après auprès de la

Cour pour :

a. prononcer un débouté pur et simple à l'encontre des requérants;

b. condamner les requérants aux entiers dépens

E. Réplique des requérants

19. En réplique à l'exception préliminaire soulevée par le défendeur, les requérants font valoir qu'ils sont des organisations non gouvernementales œuvrant pour la protection des droits de l'homme et que leur outil de travail est l'accès à l'internet. Ils ajoutent que lorsqu'ils sont privés de cet accès à l'internet, il est causé préjudice à leur droit au travail et leur droit à la liberté d'expression.

20. Au vu de la réaction des requérants à l'exception soulevée par le défendeur, ceux-ci demandent à la Cour de le débouter de ses exceptions et de déclarer la requête recevable.

21. Dans sa réponse, le huitième requérant soutient que l'interruption de l'Internet l'a privée du droit de travailler en tant que journaliste ainsi que de son droit à la liberté d'expression et sollicite la Cour de débouter le défendeur de ses exceptions et accéder aux demandes formulées dans la requête introductive d'instance.

F. Questions à trancher

La Cour est-elle compétente pour connaître de l'affaire?

Les requérants ont-ils qualité pour ester devant la Cour ? Le droit à la liberté d'expression des requérants a-t-il été violé ?

G. QUESTION 1 La Cour est-elle compétente pour connaître de l'affaire ?

22. Les requérants ont formé leur requête sur le fondement des articles 9, S 1 et 4, et 10, al.(d), du protocole (AIP 1/7/91) relatif à la Cour de Justice de la Communauté, tel que modifié par son additionnel A/SP.1/01/05.

23. La Cour constate que le blocage de l'accès à l'Internet a rendu les services Internet inaccessibles, dont les requérants allèguent qu'il a violé leur droit à la liberté d'expression. Les allégations en elles-mêmes (étant fondées sur des allégations de violations des droits de l'homme) constituent des motifs pour que la Cour exerce sa compétence en vertu de l'article 9, S 4 du Protocole additionnel de 2005 relatif à la Cour qui dispose que « La Cour est compétente pour connaître des cas de violation des droits de l'Homme dans tout Etat membre ».

24. La Cour a jugé à maintes reprises que les requêtes en violation ou prétendue violation des droits de l'homme seront examinées si elles répondent aux critères de recevabilité énoncés à l'article 10 (d) du Protocole additionnel. Dans l'affaire Moussa Léo Keita c. République du Mali (2007) ECW/CCJ/JUD/03/07, la cour a jugé qu'elle est compétente pour connaître des questions impliquant la violation des droits de l'homme dans tout État membre. Le seuil, tel qu'il a été établi dans

ladite affaire, est que le simple fait d'assortir une requête d'une allégation de droits de l'homme rend nécessaire l'intervention de la Cour en vertu de l'article 9, S 4 du Protocole additionnel.

25. Sur la base de l'analyse ci-dessus, la Cour estime donc qu'elle est compétente pour connaître de la requête formée par les requérants conformément aux dispositions de l'article 9 (4) du Protocole additionnel de 2005 relatif à la Cour.

26. Dans le cadre de sa défense, le défendeur conteste la qualité pour agir des requérants du premier au septième pour motifs ci-après :

a. Que les requérants du premier au septième ne sont pas des personnes physiques.

b. Les requérants du premier au septième ne sont soient pas des victimes et donc, conformément à l'article 10 al. (d) du protocole additionnel de 2005 ils n'ont pas le droit d'intenter le cas d'espèce. En vertu de cette disposition, seules les victimes peuvent intenter une action pour violation de leurs droits fondamentaux.

c. Que les sept requérants n'ont pas indiqué à la Cour en quelle qualité ils intentent cette action.

27. Compte tenu de ce qui précède, le défendeur formule les prétentions ci-après devant la Cour :

i. Que la Cour déclare la requête irrecevable.

ii. Que les requérants supportent leurs propres dépens.

28. S'agissant du huitième requérant, le défendeur fait valoir qu'il est une personne physique mais que sa demande devrait être déclarée irrecevable pour défaut de qualité pour agir.

29. Les écritures versées au dossier montrent qu'en réponse à l'exception soulevée par le défendeur fondée sur la qualité pour agir, les requérants soutiennent qu'ils formulent la requête parce que leur droit à la liberté d'expression a été violé par le défendeur, droit qui est constitutif d'intérêt à protéger. Les requérants demandent donc à la Cour de débouter le défendeur de son argumentaire et de procéder à l'examen au fond de la requête.

30. La Cour ayant examiné les conclusions du défendeur fondées sur la qualité pour agir et la réplique des requérants va maintenant examiner la loi droit telle que prévu dans le Protocole et le Protocole additionnel de 2005 relatif à la Cour.

31. L'article 10, al.(d), du Protocole additionnel de 2005 relatif à la Cour dispose :

« Toute personne victime de violations des droits de l'homme ; la demande soumise à cet effet :

i. ne sera pas anonyme ,

ii. ne sera pas portée devant la Cour de Justice de la Communauté lorsqu'elle a déjà été portée devant une autre Cour internationale compétente.

32. Il ressort clairement de l'article précité que pour quiconque veut introduire une requête devant la Cour, un tel requérant doit posséder la qualité pour agir, faute de quoi sa requête sera déclarée irrecevable. L'expression qualité pour agir au sens qu'elle est utilisée signifie simplement un intérêt ou un droit à être protégé. Dans l'affaire Alhaji Mohamed Ibrahim Hassan c. Gouverneur de l'Etat de Gombe

c. République fédérale du Nigéria (2012) ECW/CCJ/RUL/07/12 @ page 83 (5) la Cour a jugé que:

« Les requérants n'étant pas la victime ou un proche de la victime de violation des droits de l'homme n'ont pas la qualité pour agir en l'espèce ».

33. Avec la décision mentionnée ci-dessus, la Cour de céans a clairement indiqué que pour qu'une action intentée par une personne physique puisse prospérer, le requérant devra, en droit, établir la qualité de victime ou de victime indirecte. En réponse à l'argumentaire de l'Etat défendeur, les requérants soutiennent qu'ils sont des organisations non gouvernementales qui œuvrent pour la protection des droits de l'homme et que leur outil de travail est l'accès au service Internet. Ils affirment que lorsque cet accès leur ait refusé, leur droit au travail est gravement entaché. Au vu de ce qui précède, la Cour est d'avis que le requérant a établi un intérêt et un droit digne d'être protégé. La Cour estime donc que les requérants du premier au septième ont la qualité pour agir et sont habilités en tant que tel.

34. S'agissant de l'argument du défendeur selon lequel les requérants du premier au septième sont des personnes morales et n'ont donc pas la qualité pour agir. Ils font valoir qu'ils ont introduit ce recours devant la Cour contre le défendeur pour s'entendre dire et juger l'interruption de l'Internet par le défendeur a violé leur droit à la liberté d'expression, en particulier le droit de faire des recherches, de recevoir et de partager des informations. En analysant les observations des parties, la Cour s'inspire de la récente décision rendue dans l'affaire Dexter Oil contre République du Liberia (2019) ECW/CCJ/JUD/03/19, dans laquelle la Cour a tranché la question de savoir si les personnes morales peuvent intenter une action pour violation des droits de l'homme en vertu de l'article 10 (d). La Cour a jugé que : « Les droits de l'homme signifient les droits appartenant à la personne humaine, quelle que soit sa nationalité, sa race, sa caste, sa religion et son sexe, entre autres, tel que le droit à la vie, le droit à la santé et le droit à ne pas subir la torture et des traitements inhumains et dégradants. D'autre part, les droits d'une personne morale, sont des droits fondamentaux nécessaires à l'existence d'une personne morale, des droits dont une entité juridique peut jouir et dont elle peut être privée; par exemple, le droit à la liberté d'expression vu que la société a le droit de parler de son produit; le droit à la propriété vu que la société génère des bénéfices et des actions et ou de l'argent liquide et le droit à la

jouissance de cet argent. Les dérogations établies, en vertu desquelles les personnes morales peuvent intenter une action en justice, sont les suivantes : les droits fondamentaux qui ne dépendent pas des droits de l'homme et qui comprennent le droit à un procès équitable, le droit à la propriété et le droit à la liberté d'expression ».

35. En vertu de la jurisprudence citée ci-dessus, la Cour a clairement indiqué que les personnes morales peuvent jouir de la liberté d'expression, y compris d'autres droits qui ne dépendent pas des droits de l'homme (c'est-à-dire les droits dérivés), et peuvent ester en justice pour protéger ces droits s'ils sont violés. Par conséquent, les requérants, du premier au septième, bien que n'étant pas des personnes physiques, ont la qualité pour agir devant la Cour en tant que victimes lorsque les droits qui leur sont garantis en tant que personnes morales ou physiques sont soit violés soit menacés sans aucune justification légale. La Cour estime donc qu'en l'espèce les requérants du premier au septième ont la qualité pour agir bien qu'ils ne soient pas des personnes physiques.

36. S'agissant du huitième requérant, étant une personne physique et ayant affirmé qu'il s'est vue refuser le droit d'exercer sa carrière de journaliste du fait de l'interruption de I'l'lnternet constitue un motif suffisant pour que la Cour conclut qu'il est une victime et qu'il a, en tant que telle, qualité pour agir en l'espèce. La Cour juge donc que le huitième requérant a qualité pour agir.

l. QUESTION 3: Le droit des requérants à la liberté d'expression a-t-il été violé?

37. Avant d'analyser cette question de savoir si le défendeur a violé le droit à la liberté d'expression des requérants, la Cour estime qu'il est impératif de déterminer tout d'abord si le blocage de l'accès à l'internet est susceptible de constituer une violation du droit à la liberté d'expression.

38. L'accès à l'internet n'est pas à proprement parler un droit de l'homme fondamental, mais comme le service internet fournit une plate-forme pour renforcer l'exercice de la liberté d'expression, il devient alors un droit dérivé dont il est une composante dans l'exercice du droit à la liberté d'expression. C'est un moyen qui offre un cadre de renforcement de l'exercice du droit à la liberté d'expression. Le droit d'accès à l'internet est étroitement lié au droit à la liberté d'expression qui peut également être considéré comme englobant la liberté d'expression. L'accès à l'internet étant complémentaire à la jouissance du droit à la liberté d'expression, il est nécessaire que l'accès à l'internet et le droit à la liberté d'expression soient considérés comme faisant partie intégrante du droit de l'homme qui nécessite une protection de la loi et rendant sa violation passible de poursuites. À cet égard, l'accès à l'internet étant un droit dérivé et en même temps un élément constitutif l'un de l'autre, il devrait être traité conjointement comme un élément du droit de l'homme auquel les États sont tenus d'accorder une protection conformément à la loi, de la même manière que le droit à la liberté

d'expression est protégé. Dans ce contexte, l'accès à l'internet doit être considéré comme un droit qui nécessite la protection de la loi et toute ingérence dans ce droit doit être prévue par la loi en précisant les motifs de ladite ingérence.

39. Ayant déterminé que l'accès à Internet est un droit dans le contexte du droit à la liberté d'expression, la Cour va maintenant examiner la question de savoir si l'interruption de Internet par le défendeur a violé le droit à la liberté d'expression des requérants.

40. Dans l'examen de la question, la Cour sera guidée par les dispositions de l'article 9 (1) et (2) de la Charte africaine des droits de l'homme et des peuples qui prévoit ce qui suit :

1. Toute personne a droit à l'information.

2. Toute personne a le droit d'exprimer et de diffuser ses opinions dans le cadre des lois et règlements.

41. Les requérants ont introduit le présent recours par devant la Cour contre l'État défendeur qu'est la République togolaise. Leur requête se fonde sur le fait qu'à la suite de l'interruption de l'internet au Togo, leur droit à la liberté d'expression, en particulier le droit de faire des recherches et de recevoir librement des informations a été violé par le défendeur. Pour qu'une action puisse prospérer au titre de cette prétention, les requérants doivent établir deux éléments clés comme suit :

i. Qu'il y a eu entrave ou atteinte à leur droit à la liberté d'expression.

ii. Que l'ingérence ou l'atteinte, selon le cas, n'a pas été sanctionnée ou effectuée conformément à la loi.

42. Les requérants soutiennent que le défendeur a bloqué l'accès à l'Internet, les privant ainsi du droit d'exercer leur droit à la liberté d'expression, et que ce blocage constitue une ingérence.

43. Ils soutiennent en outre qu'au moment du blocage de l'accès à l'Internet par le défendeur, aucune loi en vigueur ne donnait mandat de procéder à l'interruption de l'Internet et que le défendeur ne peut pas non plus invoquer des législations ultérieures pour justifier cet acte. Le défendeur n'a pas nié le blocage mais a cherché à invoquer la sauvegarde de la sécurité nationale comme moyen de défense pour justifier l'acte.

44. A ce stade, les requérants, premièrement, mettant au défi le défendeur sur l'existence d'une loi en vertu de laquelle l'interruption a été effectuée, deuxièmement, que les lois ultérieures adoptées par le défendeur ne peuvent constituer des motifs suffisants pour justifier la fermeture et, troisièmement, qu'il n'y avait pas d'urgence au sein de l'Etat justifiant l'interruption comme le prétend le défendeur. Ce qui signifie que la charge de réfuter la réponse des requérants incombe carrément au défendeur.

45. La Cour note que le défendeur tente de justifier l'action de l'État togolais de bloquer l'accès à l'Internet en se fondant sur la manifestation qui a eu lieu dans ce pays. Selon le défendeur, lesdites manifestations risquaient de dégénérer en guerre civile et il était donc impératif que l'État sauvegarde la sécurité nationale du pays. Bien que cet argument ait du mérite et qu'il ait été internationalement reconnu comme moyen de défense valable pour déroger à certains droits, le principe fondamental de l'exercice de ce pouvoir de dérogation est qu'il doit être fait conformément à la loi. En d'autres termes, il doit exister une législation nationale garantissant l'exercice de ce droit tout en prévoyant les conditions dans lesquelles il peut y être dérogé. Ces conditions peuvent inclure, sans s'y limiter, l'intérêt public, la sécurité nationale, la santé publique, l'ordre public, etc. La Cour estime donc que le défendeur n'a pas produit la preuve, par référence ou autrement, de l'existence d'une telle législation. Sur cette note, la Cour conclut que le fait que l'Etat défendeur ne soit pas en mesure de produire ladite loi est la preuve que son action n'a pas été menée conformément à la loi et, partant, soutient la maxime latine « Ex turpi causa non orituractio ». En l'espèce, telle qu'analysée, il est clair qu'en l'absence de toute loi, le défendeur viole l'article 9 de la Charte africaine des droits de l'homme et des peuples. La Cour estime donc que le fait que le défendeur ait bloqué l'accès à l'Internet constitue une violation du droit des requérants à la liberté d'expression.

46. Au cours de l'examen de la requête, la Cour prend note des opinions exprimées par divers experts dans les mémoires d'Amicus curiae. Bien qu'elles soient instructives, la Cour note que les parties ont suffisamment embrassé l'opinion pertinente qui l'a suffisamment guidé pour prendre une décision éclairée.

J. Décision

47. Par ces motifs, la Cour, siégeant en audience publique, contradictoirement à l'égard des parties, en leurs fins et conclusions, dit :

Qu'elle est compétente pour connaître de la requête et la déclare recevable.

Que les requérants ont la qualité pour agir en l'espèce.

Que le blocage de l'accès à Internet par l'Etat défendeur a violé les droits des requérants à la liberté d'expression.

Les déboutent de leur prétention au paragraphe C.

Enjoint à l'Etat défendeur de prendre toutes les mesures nécessaires pour garantir que cette situation ne se reproduise plus à l'avenir.

Enjoint à l'État défendeur d'adopter et de mettre en œuvre des lois, règlements et garanties afin de s'acquitter de ses obligations en matière de droit à la liberté d'expression, en vertu des instruments internationaux des droits de l'homme.

48. La Cour ordonne :

L'Etat défendeur à verser à chacun des requérants la somme de 2.000.000F CFA (deux millions de francs CFA) à titre de réparation pour la violation de leur droit à la liberté d'expression.

Instruit le Greffier en chef d'évaluer les dépens.

Ainsi fait et prononcé ce jour 25 juin 2020 à la Cour de justice de la Communauté, CEDEAO, Abuja, Nigeria.

Et ont signé

HON. JUGE Gbéri-Be OUATTARA - PRESIDENT

HON. JUGE Dupe ATOKI - MEMBRE

HON. JUGE Keikura BANGURA - MEMBRE

Assistés de :

Me. Tony ANENE-MAIDOH - Greffier en chef

CHAPITRE PREMIER.

DES ATTEINTES AUX SYSTÈMES INFORMATIQUES

27. Les atteintes aux systèmes informatiques. Les systèmes informatiques, lieux virtuels du traitement de l'information, occupent une place stratégique dans la vie sociale et économique. Au Sénégal, la plupart des entreprises et des administrations publiques fonctionnent à l'aide de systèmes, voire de réseaux électroniques garantissant l'interconnexion entre plusieurs systèmes. On peut lire dans le *rapport de la Commission des lois, de la décentralisation, du travail et des droits humains de l'Assemblée nationale du Sénégal*, sur le projet de loi sur la cybercriminalité : « *Vos commissaires ont noté que les systèmes informatiques ou d'information les mieux sécurisés ont fait l'objet d'attaques par de tels criminels pour accéder à des informations hautement stratégiques (...) il faut féliciter le Sénégal d'avoir pensé à réprimer de tels actes, car nos sociétés, nos grandes entreprises qui détiennent des données stratégiques, comme en matière de statistique, ont besoin d'être protégées*». (*Rapport de la Commission des lois, de la décentralisation, du travail et des droits humains de l'Assemblée nationale du Sénégal, sur le projet de loi sur la cybercriminalité, p. 4)*

Aussi, sont-ils l'objet de manipulations, d'atteintes à leur fonctionnement et de diverses fraudes (*S. DE MAUPEOU, « De la vulnérabilité à la crise des systèmes d'information », in « la criminalité numérique», Cah. Séc., 2008, n° 6, Doc. fr., p. 122*).

Face aux lacunes et aux insuffisances de la répression classique, la sécurisation pénale des systèmes d'information s'est révélée comme un enjeu de sécurité nationale et une préoccupation internationale

(*O. HASSID, « La sécurité, élément de compétitivité durable », Rev. déf. nat. séc. coll., décembre 2008, p. 52 ; D. VENTRE, « Cybersécurité et cyberdéfense : quelles menaces contrer ? », Rev. déf. nat. séc. coll., décembre 2008, p. 66 ; R. ROMANI, « Cyberdéfense : un nouvel enjeu de sécurité nationale », in « La criminalité numérique », Cah. Séc., 2008, n° 6, Doc. fr., p. 113 ; S. LACOUR, La sécurité dans la société de l'information, Paris, L'Harmattan, 2007* ; *J.L. DESVIGNES, « La sécurité des systèmes d'information », Rev. déf. nat. séc. coll., mars 1996, n° 71 ; E. MEILLAN, « Les menaces à la sécurité des systèmes d'information. La réponse des institutions françaises », Rev.intern.pol.crim., mai-juin 1991, p. 30*) ; *J.-C. HOFF, « Infractions pénales d'atteintes aux systèmes d'information », Confidentiel Sécurité, 2006, n° 137, p. 15 ; V. SEDAILLAN, « Législation informatique : la fraude informatique », Confidentiel Sécurité, 2004, n° 112, p. 10 et n° 113, p. 7 ; E.A. CAPRIOLI, « Introduction au droit de la sécurité des systèmes d'information (SSI) », in « Droit et technique », Etudes à la mémoire du professeur Xavier Linant de Bellefonds, Paris, Litec, 2007, p. 8 ; S. PERRINE, « La sécurité des systèmes d'information : de la prise de conscience collective à la mobilisation publique », in « La criminalité numérique », Cah. Séc., 2008, n° 6, Doc. fr., p. 113 ; W. SCHÖN, «Sécurité des systèmes critiques et cybercriminalité : vers une sécurité globale », in « La criminalité numérique », Cah. Séc., 2008, n° 6, Doc. fr., p. 146).*

Au Sénégal, à la la suite de l'ancienne loi n° 2008-11 du 25 janvier 2008 portant sur la cybercriminalité, la loi n° 2016-29 du 08 novembre 2016 modifiant le Code pénal a introduit dans le Code pénal un chapitre premier du livre troisième intitulé « *Des atteintes aux systèmes informatiques* » qui prévoit une protection pénale générale des systèmes informatiques.

Il faut préciser qu'en matière douanière, la loi n° 2014-10 du 28 février 2014 portant Code des Douanes a érigé en délits douaniers de troisième classe, les infractions relatives aux systèmes informatiques (*V. art. 392 du Code des Douanes du Sénégal)* Ce texte sanctionne l'accès et le maintien frauduleux, l'entrave au fonctionnement du système informatique douanier et l'introduction frauduleuse de données dans le système informatique douanier.

Le Code pénal prévoit les atteintes à la confidentialité, à l'intégrité et à la disponibilité des systèmes informatiques.

SECTION PREMIÈRE : DES ATTEINTES À LA CONFIDENTIALITÉ DES SYSTÈMES INFORMATIQUES

28. Notion de confidentialité. Le souci de garantir la confidentialité des systèmes d'information est devenu une préoccupation majeure des États et des entreprises privées. L'adjectif « *confidentiel* » vient du latin *confidere* qui signifie confier. Ce terme désigne ce qui est communiqué à quelqu'un sous l'interdiction pour celui-ci de le révéler à quiconque (*G. CORNU, Vocabulaire juridique, Paris, PUF, 2009, V°. confidentiel, p. 204*).

L'article 3 de la loi n° 2008-41 du 20 août 2008 sur la cryptologie définit la « *confidentialité* » comme la « *propriété qui assure que l'information n'est pas rendue disponible ou révélée à des personnes, entités ou processus non autorisés* » (*JORS, n° 6441 du 6 décembre 2008 : http://www.jo.gouv.sn*)

La confidentialité désigne le maintien du secret des informations et des transactions afin de prévenir la divulgation non autorisée d'informations aux non destinataires permettant la lecture, l'écoute, la copie illicite d'origine intentionnelle ou accidentelle durant leur stockage, traitement ou transfert.

À l'heure du tout numérique, la confidentialité des systèmes informatiques a été érigée, en droit pénal sénégalais, en valeur cardinale du cyberespace (*L. PICOTTI, « Biens juridiques protégés et techniques de formulation des incriminations en droit pénal de l'informatique », in « La cybercriminalité - cybercrime», RIDP, 2006, p. 562 : « La vulnérabilité et la facilité de reproduction des données et dans le même temps, l'importance toujours plus grande des informations (...) ont fait émerger la confidentialité informatique comme un nouveau bien juridique, digne et nécessitant une protection pénale spécifique. »*). Cette valeur est protégée par deux grandes qualifications pénales. Il s'agit de l'accès frauduleux à un système informatique et du maintien frauduleux dans un système informatique.

Article 431-8.-Celui qui accède ou tente d'accéder frauduleusement à tout ou partie d'un système informatique, est puni d'un emprisonnement de six mois à trois ans et d'une amende de 1 000 000 de francs à 10 000 000 de francs ou de l'une de ces peines.

- **L'accès frauduleux à un système informatique**

- **Bibliographie**

C. ROBACZEWSKI, « Atteintes aux systèmes de traitement automatisé de données », *J-cl. pén. Code, art. 323-1 à 323-7*, fasc. 20, 2018.
M. BOUCHET (dir.), *Cybercriminalité : acquis, défis et perspectives*, Lexbase pén. 2023.
Ch. LE STANC, « Du hacking considéré comme un des beaux-arts et de l'opportun renforcement de sa répression », *Comm. com. électr.*, avril 2002, p. 9.

M. DAURY-FAUVEAU, « Atteintes aux systèmes de traitement automatisé de données, », *JurisClass. pén.* Code, art. 323-1 à 323-8, fasc. 20, 2020.
E. CHAUVIN, « Hacker n'est pas jouer : maintien et vol dans un système automatisé de traitement de données », *LPA*, 29 juillet 2015, p. 15.
F. MATTATIA, « Faut-il dépénaliser les hackers blancs ? », *RSC* 2015, p. 837.
G. CHAMPY, « La loi sur la fraude informatique : de nouvelles incriminations », *Sem. jur.*, 1988, I, 3321, p. 151.
F. CHOPIN, *« La cybercriminalité », Rép. pén,* Dalloz, mai 2009.
H. CHRISTODOULOU, « Les attaques informatiques dans le Code pénal : de la redondance à la simplification », *Gaz. Pal*. 2023, n° 20, p. 8.
J. DEVEZE, « Atteintes aux systèmes de traitement automatisé de données », *J.-cl. pén*, 1997, art.323-1 à 323-7.
J. FRANCILLON, « Piratage numérique », *RSC* 2006, p. 93.
J. P. BUFFULAN, « Les nouveaux délits informatiques », *Expertises*, n° 104, 1988, p. 99.
J.-P. BUFFELAN, « La répression de la fraude informatique », *Expertises* 1988, p. 55.
M. CALVO, « Piratage informatique », *Expertises*, 1990, n° 129, p. 262.
M. DAURY-FAUVEAU, « Atteintes aux systèmes de traitement automatisé de données, », *JurisClass. pén. Code*, art. 323-1 à 323-8, fasc. 20, 2020.
P. A. TOURE, « Cinq ans de droit pénal des technologies de l'information et de la communication (2008-2013) : chronique de jurisprudence sénégalaise », in *Cour suprême Bulletin des arrêts, Bulletin d'Information* 07-08, 2016, p. 117.
P. A. TOURE, *Le traitement de la cybercriminalité devant le juge : l'exemple du Sénégal*, Paris, l'Harmattan, 2012.
R. DIARRA, *La répression de la cybercriminalité en Afrique de l'Ouest*, Paris, l'Harmattan, 2021.
R. GASSIN, « La protection pénale d'une nouvelle universalité de fait en droit français : les STAD- Commentaire de la loi n° 88-19 du 5 janvier 1988, relative à la fraude informatique », *Act. Lég.*, Dalloz, 1989.
S. TEPI, *La cybercriminalité au Cameroun. Enjeux d'une législation en quête d'efficacité*, Paris, 2020.
TH. BARDINI et S. PROULX, « La culture du hack en ligne, une rupture avec les normes de la modernité», *Les Cahiers du numérique*, 2002/2, vol. 3, p. 35.

- **Commentaire**

29. Actualité des cyberattaques. Le *hacking*, encore appelé « *piratage informatique* », évoque les agissements des *hackers* qui, pour des raisons diverses, s'introduisent dans les systèmes informatiques, notamment en forçant ou en contournant les dispositifs de sécurité (*Sur le hacking, M. CALVO, « Piratage informatique », Expertises, 1990, n° 129, p. 262 ; Ch. LE STANC, « Du hacking considéré comme un des beaux-arts et de l'opportun renforcement de sa répression », Comm. com. électr., avril 2002, p. 9 ; J. FRANCILLON, « Piratage numérique », RSC 2006, p. 93*). Ce phénomène, présenté quelquefois comme une nouvelle culture, est souvent le prélude à la manipulation, au « *vol* » ou à la divulgation de données informatiques (*TH. BARDINI et S. PROULX, « La culture du hack en ligne, une rupture avec les normes de la modernité», Les Cahiers du numérique, 2002/2, vol. 3, p. 35*). Le *hacking* a fini par prendre les proportions d'un véritable fléau de nos jours. Les attaquants ont recours à des techniques très innovantes pour réaliser leurs actions malveillantes en utilisant notamment la manipulation et l'ingénierie sociale (*Sur l'ensemble de cette question, D. GUINIER, « Modèle de représentation des cyberattaques, mesures génériques et prospective », D. IP/IT 2018 p.163 ; D. GUINIER, « Hackers en devenir et en repentir. Quand les talents s'orientent différemment... », Expertises, 2013, Partie 01, n° 384, octobre, p. 335; Partie 02, n° 385, novembre, p. 374 ; D. GUINIER, «Cyberattaques: Caractéristiques et dynamique, Expertises, 2015, n° 407, novembre, p. 386; D. GUINIER, « Cyberattaques et catastrophes : de l'imposture et autres causes à la sidération des entreprises », Expertises, 2016, n° 418, novembre, p. 371-376 ; D. GUINIER, « Cyberattaques : de la ruse à la manipulation quand « la part de l'homme » reste le maillon faible », Expertises, 2017, n° 423, avril, p. 141 ; D. GUINIER, « MacronLeaks et autres cyberattaques et diffusion de fausses informations », Expertises, n° 426, juillet-août, 2017, p. 262; E. DAOUD et G. PERONNE, «Cyberattaques : la lutte s'intensifie », Act. jur. pén. 2015, p. 39*).

Depuis quelques années, les *hackers* ont même leur rendez-vous européen, à savoir une conférence de haut niveau où se réunissent les meilleurs d'entre eux pour s'informer et échanger sur les techniques les plus sophistiquées.

La propagation du coronavirus n'a pas manqué de poser de nouveaux défis de cybersécurité liés à l'intensification des cyberattaques (*M. QUEMENER, « Cybersécurité et protection des données de santé », D.*

IP/IT 2020 p.302). Les établissements de santé détiennent des données de santé particulièrement sensibles qui font l'objet de convoitise par des cyberdélinquants, surtout dans la période de crise sanitaire induite par la Covid-19. L'interconnexion croissante des réseaux et les besoins de dématérialisation exposent davantage les systèmes d'information des structures de santé à des cyberattaques par rançongiciels. Depuis quelques temps, il a été constaté une augmentation significative des cyberattaques visant les établissements hospitaliers publics ou privés. La propagation de la pandémie a amplifié ce phénomène. Récemment, un logiciel espion a pris en otage et chiffré les données et fichiers du Centre hospitalier universitaire de Rouen (*M. QUEMENER, « Cyberattaques et santé publique : l'hôpital de Rouen cible d'un rançongiciel », D. IP/IT 2019. 648 ; M. QUEMENER, « Cybersécurité et protection des données de santé », D. IP/IT 2020. 302 ; A. SIGNOUREL, « La lutte contre la cybercriminalité en période de crise sanitaire », D. IP/IT 2020 p. 485*). Cette cyberattaque a été immédiatement suivie d'une demande de paiement d'une rançon en bitcoin d'un montant de 8 095,51euros par machine infectée pour obtenir la clé de déchiffrement. L'objectif de ce type d'attaque commise par des cybercriminels était d'extorquer de l'argent à la victime en échange de la promesse, pas toujours tenue, du moyen lui permettant de retrouver l'accès à ses informations.

30. Structure de l'infraction. L'article 431-8, alinéa 1er du Code pénal incrimine sous la qualification d'accès frauduleux à un système informatique «*quiconque aura accédé ou tenté d'accéder frauduleusement à tout ou partie d'un système informatique* ». Il s'agit d'un délit instantané consommé dès la pénétration indue dans un système informatique (*Sur le hacking, M. CALVO, « Piratage informatique », Expertises, 1990, n° 129, p. 262 ; Ch. LE STANC, «Du hacking considéré comme un des beaux-arts et de l'opportun renforcement de sa répression », Comm. com. électr., avril 2002, p. 09 ; E. CHAUVIN, « Hacker n'est pas jouer : maintien et vol dans un système automatisé de traitement de données », LPA, 29 juillet 2015, p. 15*).

L'accès illégal est un accès sans droit à un système informatique ou tout comportement sans droit susceptible de mettre en péril ou mettant en péril la confidentialité, l'intégrité et la disponibilité de données informatiques.

31. Notion d'accès. La loi pénale sénégalaise n'a pas défini la notion d'accès à un système d'information (*P. A. TOURE, Le traitement de la cybercriminalité devant le juge : l'exemple du Sénégal, Paris, l'Harmattan, 2012, n° 49*).

La nouveauté du concept d'accès à un système informatique devait « *jeter le trouble dans la doctrine* » (*G. CHAMPY, « La loi sur la fraude informatique : de nouvelles incriminations », Sem. Jur., 1988, I, 3321, p. 151*).

Les auteurs sont divisés sur la conceptualisation de la notion d'accès à un système. À cet effet, deux conceptions se sont affrontées, l'une matérialiste et l'autre intellectuelle.

L'approche matérialiste de l'accès a été défendue par le Professeur BUFFELAN. Selon l'auteur : « *il y a accès dès lors qu'un individu (...) tente de s'introduire ou s'introduit dans un système de traitement automatisé de données* » (*J. P. BUFFULAN, « Les nouveaux délits informatiques », Expertises, n° 104, 1988, p. 99*).

Le Professeur GASSIN a défendu la conception extensive de l'accès, retenant le sens figuré du terme qui signifie « *atteindre un phénomène immatériel* ». Selon l'auteur: « *on doit entendre par l'accès au système comme l'équivalent de l'accès à la capacité de penser d'une personne, bien qu'il n'y ait aucune similitude entre l'intelligence humaine et les traitements informatiques, y compris l'intelligence dite artificielle* » (*R. GASSIN, « La protection pénale d'une nouvelle universalité de fait en droit français : les STAD- Commentaire de la loi n° 88-19 du 5 janvier 1988, relative à la fraude informatique », Act. Lég .Dalloz, 1989, p. 13, n° 89., n°100 p. 17*).

Une approche médiane de l'accès a été défendue par le professeur DEVEZE qui estime que le délit ne peut résulter d'un simple accès à la capacité de réaliser des opérations intellectuelles dont est doté le système. Mais il suppose l'accomplissement de « *manipulations ou d'autres opérations permettant de communiquer effectivement avec le système* » (*J. DEVEZE, « Atteintes aux systèmes de traitement automatisé de données », Juriscl. pén., 1997, art.323-1 à 323-7, n° 25*).

Il est revenu au juge de donner un contenu conceptuel à cette notion. Un jugement du Tribunal de grande instance hors classe de Dakar du 18 septembre 2009 (*TGIHC Dakar, n° 4241 du 18 septembre 2009, affaire Pneuméca précitée*) a considéré que : « *l'accès frauduleux à un système consiste à une intrusion, une pénétration par une personne dans le système sans y être autorisé, à l'aide de manipulations ou de manœuvres quelconques, c'est-à-dire à l'établissement d'une communication avec le système* ». Une autre décision du Tribunal de grande instance hors classe de Dakar rendue le 04 juin 2013 a énoncé que « *le délit d'accès frauduleux à tout ou partie d'un système informatique ne peut être retenu que lorsqu'une personne étrangère au système informatique s'y introduit sans l'accord préalable des propriétaires dudit système* » (*TGIHC Dakar, n° 458 du 04 juin 2013, affaire Leral.net, inédit*).

La Cour d'Appel de Paris a jugé, dans un arrêt du 05 avril 1994, que « *l'article 323-1 du Code pénal vise tous les modes de pénétration irréguliers d'un système de traitement automatisé de données (...), que l'accédant travaille déjà sur la machine, mais à un autre système, qu'il procède à distance ou qu'il se branche sur une ligne de télécommunication* » (*CA Paris 05 avril 1994, D. 1994, IR, 130 ; PA n° 80, 05 juillet 1995, note Alvarez ; JCP, éd. E. 1995, I, 461, Obs. M. Vivant et C. Le Stanc*).

Il peut s'agir aussi bien d'utiliser un code d'accès normalement périmé (*CA Paris, 27 mars 2002, n° 01/03421, Jurisdata n° 2002-180229*), de s'introduire dans une messagerie avant que l'ordinateur ne soit verrouillé par un mot de passe (*Cass. crim., 27 mars 2018, n° 17-81.989, préc. n° 21*), d'utiliser un logiciel de décryptage de mots de passe pour accéder à certains comptes utilisateurs d'un réseau intranet (*TGI Vannes, 13 juillet 2005, Université Bretagne Sud c/ X, JurisData n° 2005-294765 ; Comm. com. électr. 2006, comm. 74, obs. É. A. Caprioli*), d'installer un keylogger dans la machine *(Cass. crim., 16 janvier 2018, préc. n° 12*) ou de bloquer l'accès à l'ordinateur ou à des fichiers (souvent en les chiffrant) par un logiciel malveillant à l'aide de ransomwares (*M. GRIGUER et S. FRANCO, Cyberattaques : prévenir, réagir et riposter, CDE 2019, prat. 10*).

Ainsi, le fait, pour des étudiants, de s'introduire sur le serveur de leur université puis de s'y maintenir, en violation de la charte informatique signée par eux, constitue un accès frauduleux caractérisé (*TGI Vannes, 13 juillet 2005, Université Bretagne Sud c/ X, JurisData n° 2005-294765 ; Comm. com. électr. 2006, comm. 07, obs. E. A. Caprioli*).

L'accès peut résulter du forcement d'un dispositif de sécurité, de l'utilisation d'un code d'accès, d'un programme de « *crackage* » du mot de passe ou d'une adresse internet obtenue à l'aide d'un programme espion (*C. ROBACZEWSKI, « Atteintes aux systèmes de traitement automatisé de données », J-cl. pén. code, art. 323-1 à 323-7, fasc. 20, 2018, n° 32 ; Y. BISMUTH, Le droit de l'informatique, Paris, L'Harmattan, 4e édition, 2017, p. 215*).

32. Caractère frauduleux de l'accès. Le délit d'accès frauduleux à un système informatique constitue une infraction intentionnelle puisque le texte précise que l'accès doit présenter un caractère frauduleux.

L'accès fortuit n'est donc pas punissable lorsqu'il est le résultat d'une erreur de manipulation sur les fichiers (*CA Paris, 30 octobre 2002, Kitetoa c/ Sté Tati : Comm. com. électr. 2003, comm. 5, note L. Grynbaum ; D. 2003, p. 2827, note C. Le Stanc ; LPA 2003, n° 104, p. 12, note E. Bourgeois*) ou lorsque c'est une défaillance du système qui a permis l'accès.

Le caractère frauduleux de l'accès résulte du fait que le prévenu ne dispose pas de l'autorisation ou d'un titre lui permettant de pénétrer dans le système. L'accédant doit savoir qu'il agit sans droit, qu'il n'est pas autorisé ou encore qu'il agit contre le maître du système (*CA Paris 5 avril 1994, D. 1994, IR, 130 ; PA n° 80, 05 juillet 1995, note Alvarez ; JCP, éd. E. 1995, I, 461, obs. M. Vivant et C. Le Stanc ; dans le même sens, CA Douai, 07 octobre 1992, JCP, éd. E. 1994, I. 359, n° 15, obs. Vivant et Le Stanc*).

L'accès sans droit signifie l'absence de droit d'accès total ou partiel au système d'information.

Dans l'affaire jugée par le Tribunal des flagrants délits de Dakar le 18 septembre 2009, les juges correctionnels ont fondé le caractère frauduleux de l'accès au système sur l'absence d'autorisation d'accès audit système. Ce qui implique, selon le tribunal, une « *conscience d'avoir transgressé la volonté du maître du système* » (*TGIHC Dakar, n° 4241/09 du 18 septembre 2009, affaire Pneuméca, précitée.* Selon le juge « *les dénégations du prévenu relatives à l'autorisation d'accès qu'il aurait obtenue de A.S., ont été contredites par les déclarations de la partie civile confirmées à l'audience, selon lesquelles il n'a jamais donné une telle autorisation au prévenu, qui du reste dispose d'une connexion à l'internet à partir de son bureau et n'avait guère besoin d'utiliser sa machine à cette fin ; qu'il en résulte ainsi que l'accès au système informatique incriminé présente un caractère frauduleux, en ce qu'au moment de l'intrusion informatique A.B., avait connaissance de l'absence de son droit à accéder au système et avait dès lors la conscience d'avoir transgressé la volonté du maître du système*».

Les juges ont été plus explicites dans l'appréciation de la mauvaise foi de l'accédant dans l'affaire « *www.leral.net* » jugée par le Tribunal de grande instance hors classe de Dakar le 04 juin 2013 *(TGIHC Dakar, n° 458 du*

04 juin 2013, affaire Leral.net, inédit). Dans cette espèce, il était reproché à un informaticien et à un webdesigner, associés avec un journaliste dans la conception du site leral.net, d'avoir pénétré frauduleusement dans le site en modifiant le code d'accès.

Le tribunal a jugé que : « *le délit d'accès frauduleux à tout ou partie d'un système informatique ne peut être retenu que lorsqu'une personne étrangère au système informatique s'y introduit sans l'accord préalable des propriétaires dudit système ; qu'il n'est pas discuté que les prévenus sont des associés du site leral.net et qu'ils détiennent légalement le code d'accès ; Que dès lors, le simple fait de modifier le code d'accès ne peut justifier l'existence à leur égard du délit* ». Dans cette espèce, la caractérisation de la mauvaise foi des prévenus était d'autant plus délicate que ces derniers, en leur qualité d'associés, détenaient des codes d'accès leur permettant d'accéder audit site (*Sur cette affaire, P. A. TOURE, «Cinq ans de droit pénal des technologies de l'information et de la communication (2008-2013) : chronique de jurisprudence sénégalaise », in Cour suprême Bulletin des arrêts, Bulletin d'Information 07-08, 2016, p. 117*).

Un jugement du Tribunal de grande instance hors classe de Dakar rendu le 24 mai 2018 a énoncé que le fait pour la caissière d'une banque de s'introduire dans les comptes de clients pour y effectuer des prélèvements frauduleux, à l'aide d'un mot de passe remis, à cet effet, par la banque, constitue un accès frauduleux à un système (*TGIHC Dakar, ch. corr. n° 497 du 24 mai 2018, MP c/ M. C. MB., inédit*). Selon le juge, la prévenue « *a utilisé ledit mot de passe pour un but autre que celui pour lequel il lui a été confié* » et « *le fait de profiter de cette qualité pour s'introduire dans les comptes des clients et y prélever des sommes suffit à consommer le délit d'accès frauduleux* » (*V. également, TGIHC Dakar, n° 561 du 19 juin 2014, MP et M. M. B. c/ S. B., inédit : « Il n'est pas contesté que S. B. a accédé au compte Facebook de M. M. B. duquel il a pu imprimer des messages ; que toutefois, le caractère frauduleux de cet accès ne ressort d'aucun élément du dossier, car il n'a pas été rapporté qu'il a usé de moyens illicites pour ouvrir le compte Facebook du plaignant »*).

Cette solution est discutable puisque, dès lors que la prévenue détenait un mot de passe lui permettant d'accéder aux comptes des clients, en sa qualité de caissière de la banque, il est difficile de retenir le délit d'accès frauduleux au système à son encontre. D'ailleurs, dans un arrêt rendu le 13 janvier 2014, la Cour d'appel de Dakar a jugé qu'une personne, de par sa position d'agent en service dans une agence du Crédit Mutuel, habilitée à accéder à une base de données, et notamment aux comptes des clients, ne saurait être déclarée coupable d'accès frauduleux à ce système (*CA Dakar, ch. corr. n° 39 du 13 janvier 2014, MP et J. M. B. B. c/ A. M., inédit*).

33. Indifférence du mobile. Le mobile de l'accès est indifférent. Peu importe donc que le prévenu ait agi par jeu, par goût du défi, par esprit de curiosité pour dénoncer les failles d'un système et qu'il n'ait été animé d'aucun mobile lucratif (*V. C. LE STAN et M. VIVANT, « Droit de l'informatique », JCP E 2000, p. 840, n° 36 ; V. aussi TGI Paris, 12 ch., 2 juin 2006, D. 2007, chron. p. 1991, obs. C. Le Stanc*). En effet, « *les lanceurs d'alertes autoproclamés, les libertaires patentés et les chevaliers blancs de tous crins ne sauraient en effet s'affranchir des règles tant que celles-ci sont en vigueur » (C. LE STANC, « Débuts de polémique... », Propr. industr. 2015, repère 7*).

- **Jurisprudence**

L'accès frauduleux à un système consiste à une intrusion, une pénétration par une personne dans le système sans y être autorisé, à l'aide de manipulations ou de manœuvres quelconques, c'est-à-dire à l'établissement d'une communication avec le système. Les dénégations du prévenu relatives à l'autorisation d'accès qu'il aurait obtenue de A.S., ont été contredites par les déclarations de la partie civile confirmées à l'audience, selon lesquelles il n'a jamais donné une telle autorisation au prévenu, qui du reste dispose d'une connexion à l'internet à partir de son bureau et n'avait guère besoin d'utiliser sa machine à cette fin. Il en résulte ainsi que l'accès au système informatique incriminé présente un caractère frauduleux, en ce qu'au moment de l'intrusion informatique A.B., avait connaissance de l'absence de son droit à accéder au système et avait dès lors la conscience d'avoir transgressé la volonté du maître du système **(TGIHC Dakar, n° 4241 du 18 septembre 2009, affaire Pneuméca, *inédit*)**.

Constitue le délit d'accès frauduleux à un système le fait pour une personne d'accéder à des comptes Skype et Facebook d'une jeune femme pour y extraire des vidéos et autres fichiers à l'insu de cette dernière en tentant par la suite de se procurer des avantages indus (**CA Dakar, n° 1180 du 24 août 2015, MP et Nd. M. D. et autres c/M. M. D., *inédit***).

Le délit d'accès frauduleux dans un système informatique est réalisé, au sens de l'article 431-8 du Code pénal, par une intrusion frauduleuse dans tout ou partie d'un système informatique, en pleine conscience d'accomplir un acte illicite (**CA Dakar, corr. n° 85 du 04/02/2020, MP et Mb. D. c/ Gora FAYE, *inédit***).

Commet le délit d'accès frauduleux dans un système informatique, l'agent de la société MICROCRED qui, à partir de sa session ou de sessions d'autres employés, consulte les comptes créditeurs des clients et a pu réaliser des retraits frauduleux effectués dans des comptes de clients;

À la suite de cette consultation, il procédait au changement des données enregistrées dans le système, à savoir les numéros de téléphone et les empreintes biométriques des véritables clients, avant de donner le signal à ses coauteurs, lesquels se présentent, aussitôt après, aux boutiques ciblées pour procéder à des retraits de sommes d'argent ; le système de vidéo surveillance mis en place a permis de découvrir que M. M. A. K. s'est rendu successivement aux boutiques « Baobab» de Kaolack et de Pikine pour y procéder à des retraits en se présentant comme étant le nommé P. P (**CA Dakar, n° 403 du 31 mai 2017, MP et MICROCRED c/ El H. Th. M. et autres, *inédit***).

La responsable du service qualité portefeuille d'une banque en utilisant à son insu le login du responsable du bureau d'accueil dit « Help Desk » et sans son accord, s'est sciemment introduite de façon illégale dans un système informatique pour accéder à des comptes de clients qu'elle avait déjà ciblés en raison du manque de suivi par leurs titulaires, pour émettre de faux ordres de virement de sommes d'argent vers d'autres comptes. L'intention coupable de la prévenue est caractérisée par le fait qu'elle avait au préalable utilisé sa position professionnelle pour identifier les comptes pouvant faire passer les fausses opérations de crédit ou débit sans attirer l'attention de leurs titulaires ; sa mauvaise foi est aussi caractérisée par l'illégalité des procédés utilisés pour s'emparer de la fortune d'autrui, notamment l'utilisation du login du responsable du service « help Desk » à l'insu de ce dernier et le caractère faux des virements effectués ; ainsi, c'est à bon droit que le tribunal l'a reconnu coupable du délit d'accès frauduleux dans un système informatique (**CA Dakar n° 234 du 12 juin 2019, MP et ICB Sénégal c/ F. F. T., *inédit***).

Doit être déclarée coupable d'accès frauduleux à un système informatique, la personne qui a pénétré sans droit dans le réseau informatique d'une agence (**TGIHC Dakar, n° 4423 du 20 décembre 2011, affaire E. D. S. et autres, *inédit***).

Est coupable d'accès frauduleux à un système, un ancien salarié de la société gérant le système «Wari » qui s'est introduit dans ce système avant de procéder à des transferts frauduleux de sommes d'argent au profit d'un de ses amis (**TGI Dakar, 17 avril 2012, in Sur cette affaire, P. A. TOURE, « Cinq ans de droit pénal des technologies de l'information et de la communication (2008-2013) : chronique de jurisprudence sénégalaise », in *Cour suprême Bulletin des arrêts, Bulletin d'Information* 07-08, 2016, p. 117**).

Le fait pour une personne, trouvée en possession d'un logiciel de piratage informatique, d'accéder aux données des responsables de sociétés et de GIE avant de copier leurs références pour les apposer sur d'autres documents, constitue un accès frauduleux à un système informatique (**CA Dakar, ch. corr. n° 1180 du 24 août 2015, MP et Nd. M. D. et autres c/ M. M. D., *inédit* ; également, TGIHC Dakar, n° 182 du 21 mars 3013, MP et M. NG. et autres c/ A. S. C. et autres, *inédit***).

Le délit d'accès frauduleux à tout ou partie d'un système informatique ne peut être retenu que lorsqu'une personne étrangère au système informatique s'y introduit sans l'accord préalable des propriétaires dudit système ; il n'est pas discuté que les prévenus sont des associés du site leral.net et qu'ils détiennent légalement le code d'accès ; dès lors, le simple fait de modifier le code d'accès ne peut justifier la constitution à leur égard du délit (**TGIHC Dakar, n° 458 du 04 juin 2013, affaire Leral.net, *inédit***).

Constitue un accès frauduleux à un système, un ancien salarié de la société gérant le système de transfert électronique d'argent dit « Wari », de s'introduire dans ce système, avant de procéder à des transferts frauduleux de sommes d'argent au profit d'un de ses amis. Le prévenu en sa qualité d'ex-employé de la société gérant le système « Wari », conscient des failles du système Wari, a conçu une anagramme permettant de connaître les paramètres de connexion utilisés par un guichetier du service « Wari ». Le prévenu accédait ainsi à son interface de connexion au réseau avant d'effectuer les transferts frauduleux au profit de son complice (**TGIHC Dakar, du 17 avril 2012, affaire du système « Wari-Dakar », *inédit ; sur cette affaire, P.* A. TOURE, « Cinq ans de droit pénal des technologies de l'information et de la communication (2008-2013) : chronique de jurisprudence sénégalaise », *in Cour suprême Bulletin des arrêts,* Bulletin d'Information 07-08, 2016, p. 117**).

La personne qui a reçu d'un chef d'entreprise la somme de 5 000 000 de francs CFA à L.D, pour les besoins de l'exploitation d'un système de transfert d'argent dit « *Wari* » use de codes d'accès remis par l'agence centrale de « *Wari* » à Dakar, procédait à des transferts frauduleux de sommes d'argent au bénéfice de ses proches commet le délit d'accès frauduleux dans un système informatique. En effet, le prévenu s'est introduit par des actes frauduleux dans le système informatique Wari pour détourner les sommes destinées au fonctionnement de la caisse de Saint-Louis (**TGI Saint-Louis, n° 141 du 28 février 2013, affaire du système Wari Saint-Louis, *inédit***).

Le prévenu, qui, de par sa position de chef d'agence, était habilité à accéder à la base de données du crédit, et notamment au compte des clients, ne peut se rendre coupable d'accès frauduleux à un système (**CA Dakar ch. corr. n° 39 du 13 janvier 2014, MP et J. M. B. B. c/ A. M., *inédit***).

Le fait pour des prévenus trouvés en possession de logiciels de piratage informatique de s'immiscer frauduleusement dans les données des responsables des sociétés et GIE Africa Services pour copier leurs références légales avant de les apposer sur d'autres documents constitue un accès frauduleux à un système informatique (**TGIHC Dakar ch. corr. n° 182 du 21 mars 2013, MP et M. NG. et autres c/ A. S. C. et autres, *inédit***).

Constitue une tentative d'accès frauduleux à un système, le fait pour un ressortissant nigérian surpris par un vigile alors qu'il introduisait frauduleusement plusieurs cartes bancaires dans la fente d'un distributeur automatique de billets. Le prévenu a tenté d'accéder frauduleusement à une partie du système bancaire (**TGIHC Dakar, n° 1087 du 22 mars 2011, affaire América David, *inédit***).

Le fait pour la caissière d'une banque de s'introduire dans les comptes de clients pour y effectuer des prélèvements frauduleux, à l'aide d'un mot de passe remis, à cet effet, par la banque, constitue un accès frauduleux à un système informatique. La prévenue a utilisé ledit mot de passe pour un but autre que celui pour lequel il lui a été confié et le fait de profiter de cette qualité pour s'introduire dans les comptes des clients et y prélever des sommes suffit à consommer le délit d'accès frauduleux (**TGIHC Dakar, ch. corr. n° 497 du 24 mai 2018, MP c/ M. C. MB., *inédit***).

Le fait d'avoir débloqué un téléphone portable en composant un code de quatre chiffres et de quatre lettres permettant de « désimlocker » des portables, en violation des procédures internes, n'est pas constitutif d'un délit d'accès frauduleux à un système, mais s'analyse tout au plus à une faute professionnelle, car El. H. Mb. n'a rien donné en contre partie de ce déblocage (**CA Dakar, n° 447 du 14 juin 2017, MP et la Société Contact Center Internationaldite PCCI représentée par le DG B. MB. c/ A. M. N. et A. I. N., *inédit***).

Il n'est pas contesté que S. B. a accédé au compte Facebook de M. M. B. duquel il a pu imprimer des messages ; toutefois, le caractère frauduleux de cet accès ne ressort d'aucun élément du dossier, car il n'a pas été rapporté qu'il a usé de moyens illicites pour ouvrir le compte Facebook du plaignant (**TGIHC Dakar, n° 561 du 19 juin 2014, MP et M. M. B. c/ S. B., *inédit***).

À l'examen des pièces du dossier, notamment de la lettre de licenciement et des sommations interpellatives et procès-verbaux de constat, il ressort que la dame F. a, non seulement accédé frauduleusement aux données informatiques de son supérieur hiérarchique, mais elle les a divulguées ; ce comportement pour une comptable est caractéristique d'une intention de nuire à l'employeur ; il s'agit véritablement d'une faute lourde rendant la rupture légitime et exclusive du paiement d'indemnités de rupture (**CA Dakar ch. soc. n° 125 du 21 février 2013, A. O. K. F. c/ le Groupe NABI, *inédit***).

- **Complicité d'accès à un système informatique**

Le dépôt fictif de sommes d'argent sur des comptes en accédant frauduleusement au système informatique de la PAMECAS, donc en le piratant, recoupe à la fois l'accès et le maintien frauduleux dans un système informatique avec suppression ou modification de données, l'introduction frauduleuse dans un système informatique en vue d'obtenir sans droit un bénéfice économique et la fabrication de données numérisées par l'introduction, l'effacement ou la suppression de données. En leur procurant des comptes dans ladite banque, les prévenus ont donné les moyens et ont aidé ou assisté des personnes non identifiées à commettre lesdits délits (**TGIHC Dakar, n° 30 du 14 janvier 2020, MP et l'Union des Mutuelles du PAMECAS c/ Ch. AH X et autres : https://juricaf.org**).

Article 431-9.- Quiconque se sera maintenu ou aura tenté de se maintenir frauduleusement dans tout ou partie d'un système informatique sera puni d'un emprisonnement de six (6) mois à trois (3) ans et d'une amende de 1 000 000 à 10 000 000 francs ou de l'une de ces deux peines seulement.

- **Le maintien frauduleux dans un système informatique**

- **Bibliographie**

C. ROBACZEWSKI, « Atteintes aux systèmes de traitement automatisé de données », Juriscl. pén. code, art. 323-1 à 323-7, fasc. 20, 2018.
F. CHOPIN, *« La cybercriminalité », Rép. pén,* Dalloz, mai 2009.
M. BOUCHET (dir.), *Cybercriminalité : acquis, défis et perspectives,* Lexbase pén. 2023.
J. DEVEZE, « Atteintes aux systèmes de traitement automatisé de données », *J.-cl. pén*, 1997, art.323-1 à 323-7.
J.-P. BUFFELAN, « La répression de la fraude informatique », *Expertises* 1988, p. 55.
M. DAURY-FAUVEAU, « Atteintes aux systèmes de traitement automatisé de données, », *Jurisclass. pén.* Code, art. 323-1 à 323-8, fasc. 20, 2020.
M. LECARDONNEL, « Utilisation d'un code d'accès au-delà de la période autorisée : maintien frauduleux », Expertises, janvier 2008, doct, p. 26.
R. DIARRA, *La répression de la cybercriminalité en Afrique de l'Ouest*, Paris, l'Harmattan, 2021.
P. A. TOURE, *Le traitement de la cybercriminalité devant le juge : l'exemple du Sénégal*, Paris, l'Harmattan, 2012.
R. GASSIN, « Informatique (Fraude informatique) », *Rép. pén. proc. pén.,* Paris, Dalloz, octobre 1995, n° 139, p.23.
S. TEPI, *La cybercriminalité au Cameroun. Enjeux d'une législation en quête d'efficacité*, Paris, 2020.

- **Commentaire**

34. Structure infractionnelle. L'article 431-8, alinéa 2 du Code pénal sanctionne « *celui qui se maintient ou tente de se maintenir frauduleusement dans tout ou partie d'un système informatique* ». Le maintien frauduleux à un système est un délit continu qui se perpétue tant que l'accédant ne se déconnecte pas du système (*P. A. TOURE, Le traitement de la cybercriminalité devant le juge : l'exemple du Sénégal, Paris, l'Harmattan, 2012, n° 59*).

L'accès et le maintien frauduleux dans un système sont deux infractions indépendantes. L'accès seul est donc punissable, même s'il n'est pas suivi du maintien et inversement, le maintien peut être frauduleux alors que l'accès était régulier. L'accès et le maintien frauduleux sont deux infractions distinctes ce qui permet de condamner pour maintien frauduleux, y compris lorsque l'accès ne l'est pas, dès lors que l'auteur sait qu'il se maintient irrégulièrement dans le système (*CA Paris, Pôle 4, ch. 10, 5 févr. 2014, RG no 13/04833, CCE 2014. Comm. 40, E. Caprioli*).

35. Formes de maintien. Le maintien renvoie à un accès dans le temps, qui consiste à passer outre une autorisation d'accès donnée pour un temps déterminé (*F. CHOPIN, « La cybercriminalité », Rép. pén, Dalloz, mai 2009, n° 47*).

Le maintien frauduleux dans un système peut revêtir deux formes.

En premier lieu, il peut résulter d'un accès régulier. Il s'agit du comportement d'une personne habilitée à accéder à une partie autorisée du système informatique, s'y maintient en connaissance de cause. Ainsi, après avoir branché leur minitel, introduit le code et respecté le protocole de connexion, des employés de l'ANPE à la disposition desquels l'employeur a mis des appareils minitels dans un but exclusivement professionnel et non ludique, ont abusivement prolongé leur maintien durant des heures, voire des nuits entières, dans le seul but de multiplier le nombre de points leur ouvrant droit à des cadeaux et de l'argent (*Paris, 15 décembre 1999, D. 2000. IR 44*). C'est aussi le cas de celui qui, arguant en vain de sa qualité d'administrateur réseau dans le cadre de son activité professionnelle, installe sur l'ordinateur de son épouse un logiciel « *lui permettant d'envoyer sur un serveur extérieur les données saisies sur le clavier de cet ordinateur* » (*Crim. 10 mai 2017, n° 16-81.822, Dr. pén. 2017. chron. 11, n° 8*).

En second lieu, le maintien peut résulter d'un accès irrégulier. Le législateur réprime le fait pour un individu non habilité, d'avoir accédé par hasard ou par erreur à un système ou bénéficiant d'une autorisation de connexion limitée dans le temps, de se maintenir dans le système au lieu d'interrompre sa connexion (*Sur ces hypothèses de maintien frauduleux à un système, V. C. ROBACZEWSKI, «Atteintes aux systèmes de traitement automatisé de données », Juriscl. pén. code, art. 323-1 à 323-7, fasc. 20, 2010, n° 36 ; CA Paris, 05 avril 1994, D. 1994, inf. rap. p. 130*). Ainsi, la jurisprudence rappelle que « *la loi incrimine également le maintien irrégulier dans un système de la part de celui qui y serait rentré par inadvertance [...] et se serait maintenu frauduleusement* » (*CA Paris, 5 avril 1994, D. 1994. IR 130*). Dans une autre affaire, un salarié, au cours de sa période d'essai dans une société spécialisée dans la fourniture de renseignements commerciaux, s'est vu remettre un code d'identification lui permettant de se connecter gratuitement aux banques de données de la société. Le salarié, devenu gérant d'une autre société s'est connecté gratuitement à la banque de données en utilisant le code qui lui avait été remis pour sa période d'essai dans la première société. Des poursuites sont engagées pour abus de confiance (*qualification possible V. en ce sens, crim. 19 mai 2004, n° 03-83.953, D. 2004. 2749, obs. de Lamy*), mais les faits sont requalifiés en maintien frauduleux dans un système de traitement automatisé de données. La Cour de Cassation a retenu cette qualification en précisant qu'« *est frauduleuse l'utilisation pendant plus de deux ans d'un code permettant l'accès à une base de données accessibles aux seules personnes autorisées, alors que ce code a été remis à un salarié pour sa période d'essai* » (*Cass. crim. 03 octobre 2007, n° 07-81.045, AJ pénal 2007. 535 ; M. LECARDONNEL, « Utilisation d'un code d'accès au-delà de la période autorisée : maintien frauduleux », Expertises, janvier 2008, doct, p. 26*).

Mais la question du cumul entre l'accès et le maintien frauduleux dans un système est très discutée en doctrine (*Sur cette question, M.P. LUCAS de LEYSSAC, « Fraude informatique : protection des systèmes de traitement informatisé de données, répression de la falsification de documents informatisés et mesures de prévention, loi du 5 janvier 1988 », DIT, 1988, n° 2, p. 20 ; C. ROBACZEWSKI, « Atteintes aux systèmes de traitement automatisé de données », J-Cl. Pénal Code, art. 323-1 à 323-7, fasc. 20, 2010, n° 38 ; J. DEVEZE, « Atteintes aux systèmes de traitement automatisé de données », J-Cl. pén, art.323-1 à 323-7, 1997, p. 10, n° 38).*

Lorsque l'accès est illicite, il est fréquent que le fraudeur se maintienne pendant un certain temps dans le système. L'on ne voit pas l'intérêt qu'il aurait à pénétrer le système, si c'est pour en sortir immédiatement. Admettre dans ce cas le caractère frauduleux du maintien revient à considérer la possibilité de retenir un cumul de qualifications entre l'accès et le maintien.

Mais on peut se demander si l'accès frauduleux et le maintien frauduleux à un système informatique ne constituent pas des qualifications pénales incompatibles. Une infraction incompatible est quelque sorte la conséquence logique et naturelle d'une autre infraction avec laquelle elle se confond intimement, au point que l'on hésite à la retenir dans la poursuite (*R. MERLE et A. VITU, Traité de droit criminel, t. 1, Droit pénal général, 7e éd., 1997, Paris, Cujas, n° 390, p. 513 ; V. MALABAT, « Le champ inutile du droit pénal : les doubles incriminations », in Le champ pénal, Mélanges en l'honneur du professeur Reynald Ottenhof, Dalloz, Paris, 2006)*. Par exemple, le vol et le recel constituent des infractions incompatibles. En effet, en cas de maintien frauduleux consécutif à un accès irrégulier, le maintien semble n'être qu'une conséquence naturelle de l'accès.

36. Caractère frauduleux du maintien. Le maintien suppose que le délinquant ait eu conscience de se maintenir anormalement dans le système (*Y. BISMUTH, Le droit de l'informatique, Paris, L'Harmattan, 4e édition, 2017, p. 216*).

Un arrêt de la Cour d'Appel de Paris du 05 avril 1994 a déclaré coupables de maintien frauduleux dans un STAD, des personnes qui, après avoir régulièrement accédé à une messagerie concurrente, ont procédé au racolage de la clientèle (*CA Paris 05 avril 1994, D. 1994, IR, 130 ; PA n° 80, 05 juillet 1995, note Alvarez ; JCP, éd. E. 1995, I, 461, obs. M. Vivant et C. Le Stanc*).

Plus, récemment, un arrêt de la Cour de Cassation du 10 mai 2017 a jugé que le délit de maintien frauduleux dans un système de traitement automatisé de données est établi à l'encontre d'une personne qui avait qualité pour installer un logiciel dans l'exercice de ses fonctions spécifiques d'administrateur réseau. Selon la cour, « *se rend coupable de l'infraction prévue à l'article 323-1 du Code pénal la personne qui, sachant qu'elle n'y est pas autorisée, se maintient dans un système de traitement automatisé de données* » (*Cass. crim., 10 mai 2017, n° 16-81.822, JurisData n° 2017-008826 ; V. déjà Cass. crim., 20 mai 2015, n° 14-81.336, A. LEPAGE, « Un an de droit pénal du numérique », Dr. pén. 2017, chron. 11, n° 8 ; à rapprocher de Cass. crim., 09 mars 2016, n° 14-86.795, RSC 2016, p. 540, obs. J. Francillon, « Un an de droit pénal des nouvelles technologies », Dr. pén. 2016, chron. 11, sp. n° 15 : « se rend coupable de l'infraction prévue à l'article 323-1 du Code pénal la personne qui, sachant qu'elle n'y est pas autorisée, pénètre dans un système de traitement automatisé de données»)*. Selon la Cour régulatrice, le prévenu a exploité le système par les soins de cet outil à des fins étrangères au contrôle du bon fonctionnement d'un cabinet d'avocat, à l'insu de son associée et épouse en instance de divorce.

- **Jurisprudence**

Commet le délit de maintien frauduleux dans un système informatique, la personne qui en accédant dans le système informatique de la LOCASEN s'y est maintenue frauduleusement, puisque c'est à travers ce maintien qu'il a pu commettre un faux informatique (**TGIHC Dakar, 3e ch corr. n° 54 du 23 janvier 2018, MP et B. K., groupe LOCASEN VOYAGE c/ P. B. D. et O. N., *inédit***).

Le délit de maintien dans le système est réalisé, au sens de l'article 431-8 du Code pénal, par le fait de se maintenir, sans droit et en connaissance de cause, dans un tel système (**CA Dakar, corr. n° 85 du 04 février 2020, MP et Mb. D. c/ G. F., *inédit***).

Le dépôt fictif de sommes d'argent sur des comptes en accédant frauduleusement au système informatique de la PAMECAS, donc en le piratant, recoupe à la fois l'accès et le maintien frauduleux dans un système informatique avec suppression ou modification de données, l'introduction frauduleuse dans un système informatique en vue d'obtenir sans droit un bénéfice économique et la fabrication de données numérisées par l'introduction, l'effacement ou la suppression de données. En leur procurant des comptes dans ladite banque, les prévenus ont donné les moyens et ont aidé ou assisté des personnes non identifiées à commettre lesdits délits (**TGIHC Dakar, n° 30 du 14 janvier 2020, MP et l'Union des Mutuelles du PAMECAS c/ Ch. AH, X et autres : https://juricaf.org**).

Article 431-9.- Lorsqu'il résulte de l'accès ou du maintien frauduleux dans un système informatique, soit la suppression ou la modification de données contenues dans le système, soit une altération du fonctionnement de ce système, les peines prévues par l'article précédent sont portées au double.

- **L'accès ou le maintien frauduleux dans un système informatique aggravé**

- **Bibliographie**

C. ROBACZEWSKI, « Atteintes aux systèmes de traitement automatisé de données », *J-Cl. pén.code, art. 323-1 à 323-7*, fasc. 20, 2018.
Ch. LE STANC, « Du hacking considéré comme un des beaux-arts et de l'opportun renforcement de sa répression », *Comm. com. électr.*, avril 2002, p. 9.
M. BOUCHET (dir.), *Cybercriminalité : acquis, défis et perspectives*, Lexbase pén. 2023.
M. DAURY-FAUVEAU, « Atteintes aux systèmes de traitement automatisé de données, », *JurisClass. pén.* Code, art. 323-1 à 323-8, fasc. 20, 2020.
E. CHAUVIN, « Hacker n'est pas jouer : maintien et vol dans un système automatisé de traitement de données », *LPA*, 29 juillet 2015, p. 15.
F. MATTATIA, « Faut-il dépénaliser les hackers blancs ? », *RSC* 2015, p. 837.
G. CHAMPY, « La loi sur la fraude informatique : de nouvelles incriminations », *Sem. jur.*, 1988, I, 3321, p. 151.
J. DEVEZE, « Atteintes aux systèmes de traitement automatisé de données », *J.-cl. pén*, 1997, art.323-1 à 323-7.
J.-P. BUFFELAN, « La répression de la fraude informatique », *Expertises* 1988, p. 55.
F. CHOPIN, *« La cybercriminalité », Rép. pén,* Dalloz, mai 2009.
J. DEVEZE, « Atteintes aux systèmes de traitement automatisé de données », *J.-cl. pén*, 1997, art.323-1 à 323-7, n° 25.
J. FRANCILLON, « Piratage numérique », *RSC* 2006, p. 93.
J. P. BUFFULAN, « Les nouveaux délits informatiques », *Expertises*, n° 104, 1988, p. 99.
M. CALVO, « Piratage informatique », *Expertises*, 1990, n° 129, p. 262.
M. DAURY-FAUVEAU, « Atteintes aux systèmes de traitement automatisé de données, », *JurisClass. pén. Code*, art. 323-1 à 323-8, fasc. 20, 2020.

P. A. TOURE, « Cinq ans de droit pénal des technologies de l'information et de la communication (2008-2013) : chronique de jurisprudence sénégalaise », in *Cour suprême Bulletin des arrêts, Bulletin d'Information* 07-08, 2016, p. 117.
P. A. TOURE, *Le traitement de la cybercriminalité devant le juge : l'exemple du Sénégal*, Paris, l'Harmattan, 2012.
R. DIARRA, *La répression de la cybercriminalité en Afrique de l'Ouest*, Paris, l'Harmattan, 2021.
R. GASSIN, « La protection pénale d'une nouvelle universalité de fait en droit français : les STAD- Commentaire de la loi n° 88-19 du 5 janvier 1988, relative à la fraude informatique », *ALD*, 1989.
S. TEPI, *La cybercriminalité au Cameroun. Enjeux d'une législation en quête d'efficacité*, Paris, 2020.
TH. BARDINI et S. PROULX, « La culture du hack en ligne, une rupture avec les normes de la modernité», *Les Cahiers du numérique*, 2002/2, vol. 3, p. 35.

- **Commentaire**

37. Accès ou maintien aggravé. Le législateur a prévu une circonstance aggravante des délits d'accès et de maintien frauduleux dans un système informatique lorsqu'il en résulte une atteinte au système ou aux données (*R. GASSIN, « Informatique (Fraude informatique) », Rép. pén. proc. pén., Paris, Dalloz, octobre 1995, n° 139, p.23*).

L'article 431-9 du Code pénal porte les peines au double « *lorsqu'il résulte de l'accès ou du maintien frauduleux dans un système informatique, soit la suppression ou la modification de données contenues dans le système, soit une altération du fonctionnement de ce système* ». Le législateur prend en considération les effets de l'accès ou du maintien frauduleux pour les ériger en circonstances aggravantes.

Cette circonstance aggravante est réalisée lorsque le dommage est une conséquence involontaire de l'accès ou du maintien frauduleux dans le système. Dans le cas contraire, si la conséquence a été recherchée, il faut retenir les délits d'entrave au fonctionnement du système informatique, de suppression ou d'effacement de données informatiques (*V. A. LEPAGE, « Un an de droit pénal des technologies 2007-2008 », Dr. pén. 2008, chron. 10, n° 9*). En effet, il s'agit d'une circonstance aggravante et non d'une infraction autonome ; il n'y a pas deux infractions distinctes qui pourraient être retenues cumulativement (*CA Paris, 12e ch., sect. A, 19 décembre 2007, n° 07/03747, JurisData n° 2007-355394*).

Le Tribunal de grande instance de Nanterre a condamné un individu qui a accédé et s'est maintenu dans le système de traitement automatisé de données de la société BCA, dans une espèce où il en est résulté la suppression et la modification des données (*TGI Nanterre, 10 février 2006, Min. public c/ Hugues B., Legalis.net, jurisprudence 1718*).

La suppression ou la modification de données comme l'altération du fonctionnement du système sont ainsi involontaires, autrement dit, il n'est pas nécessaire de rechercher si leur auteur a agi délibérément en vue d'obtenir un tel résultat. Le simple constat de ces dégradations permet de retenir, à l'encontre de l'auteur de l'accès ou du maintien frauduleux, la circonstance aggravante de l'article 431-92 du Code pénal. Quant au phisher, le Tribunal de grande instance de Paris a également relevé la modification de données résultant d'un accès non autorisé à un système, le prévenu ayant, à l'aide des identifiants et mots de passe récupérés, ajouté un RIB à la liste des comptes référencés par l'un des titulaires de compte comme pouvant être destinataire d'un virement (*TGI Paris, 2 sept. 2004, www.foruminternet.org)*.

- **Jurisprudence**

Le dépôt fictif de sommes d'argent sur des comptes en accédant frauduleusement au système informatique de la PAMECAS, donc en le piratant, recoupe à la fois l'accès et le maintien frauduleux dans un système informatique avec suppression ou modification de données (**TGIHC Dakar, n° 30 du 14 janvier 2020, MP et L'Union des Mutuelles du PAMECAS c/ Cheikh AH X et autres : https://juricaf.org**).

SECTION II : DES ATTEINTES A L'INTÉGRITÉ DES SYSTÈMES INFORMATIQUES

38. Notion d'intégrité. L'atteinte à l'intégrité du système désigne tout acte intentionnel entravant l'usage légitime de systèmes informatiques, y compris de systèmes de communications électroniques, en utilisant ou en influençant des données informatiques.

Selon l'article 3 de la loi n° 2008-41 du 20 août 2008 sur la cryptologie, l'intégrité est la propriété qui assure que des données n'ont pas été modifiées ou détruites de façon non autorisée lors de leur traitement, conservation et transmission. Les infractions portant atteinte à l'intégrité des systèmes sont prévues par l'article 431-10 du Code pénal. Ce texte assure aux systèmes d'information une protection similaire à celle dont bénéficient les biens corporels classiques contre les destructions, dégradations et dommages.

L'intégrité des systèmes informatiques est protégée pénalement par deux incriminations : il s'agit de l'entrave au fonctionnement du système et de l'action de fausser le fonctionnement du système.

Article 431-10.- Celui qui entrave ou fausse ou tente d'entraver ou de fausser le fonctionnement d'un système informatique est puni d'un emprisonnent d'un an à cinq ans et d'une amende de 5 000 000 de francs à 10 000 000 de francs.

- **L'entrave au fonctionnement du système informatique**

- **Bibliographie**

C. ROBACZEWSKI, « Atteintes aux systèmes de traitement automatisé de données », *J-Cl. pén.Code, art. 323-1 à 323-7*, fasc. 20, 2018.

Ch. LE STANC, « Du hacking considéré comme un des beaux-arts et de l'opportun renforcement de sa répression », *Comm. com. électr.*, avril 2002, p. 9.

M. BOUCHET (dir.), *Cybercriminalité : acquis, défis et perspectives*, Lexbase pén. 2023.

E. CHAUVIN, « Hacker n'est pas jouer : maintien et vol dans un système automatisé de traitement de données », *LPA*, 29 juillet 2015, p. 15.

F. CHOPIN, *« La cybercriminalité », Rép. pén,* Dalloz, mai 2009.

F. MATTATIA, « Faut-il dépénaliser les hackers blancs ? », *RSC* 2015, p. 837.

G. CHAMPY, « La loi sur la fraude informatique : de nouvelles incriminations », *Sem. jur.*, 1988, I, 3321, p. 151.

J. DEVEZE, « Atteintes aux systèmes de traitement automatisé de données », *J.-cl. pén*, 1997, art.323-1 à 323-7.

J. FRANCILLON, « Piratage numérique », *RSC* 2006, p. 93.

J. P. BUFFULAN, « Les nouveaux délits informatiques », *Expertises*, n° 104, 1988, p. 99.

J.-P. BUFFELAN, « La répression de la fraude informatique », *Expertises* 1988, p. 55.

M. CALVO, « Piratage informatique », *Expertises*, 1990, n° 129, p. 262.

M. DAURY-FAUVEAU, « Atteintes aux systèmes de traitement automatisé de données, », *JurisClass. pén.* Code, art. 323-1 à 323-8, fasc. 20, 2020.

M. DAURY-FAUVEAU, « Atteintes aux systèmes de traitement automatisé de données, », *JurisClass. pén. Code*, art. 323-1 à 323-8, fasc. 20, 2020.

P. A. TOURE, « Cinq ans de droit pénal des technologies de l'information et de la communication (2008-2013) : chronique de jurisprudence sénégalaise », in *Cour suprême Bulletin des arrêts, Bulletin d'Information* 07-08, 2016, p. 117.

P. A. TOURE, *Le traitement de la cybercriminalité devant le juge : l'exemple du Sénégal*, Paris, l'Harmattan, 2012.
R. DIARRA, *La répression de la cybercriminalité en Afrique de l'ouest*, Paris, l'Harmattan, 2021.
R. GASSIN, « La protection pénale d'une nouvelle universalité de fait en droit français : les STAD- Commentaire de la loi n° 88-19 du 5 janvier 1988, relative à la fraude informatique », *Act. Lég.*, Dalloz, 1989.
S. TEPI, *La cybercriminalité au Cameroun. Enjeux d'une législation en quête d'efficacité*, Paris, 2020.
TH. BARDINI et S. PROULX, « La culture du hack en ligne, une rupture avec les normes de la modernité », *Les Cahiers du numérique*, 2002/2, vol. 3, p. 35.

- **Commentaire**

39. Notion d'entrave. L'entrave est un comportement réalisé au moyen d'actions positives, ayant pour résultat d'empêcher l'aboutissement du traitement informatique (*J. P. BUFFULAN, « Les nouveaux délits informatiques », Expertises, n° 104, 1988, p. 101)*. L'entrave suppose une action positive *(J. P. BUFFULAN, « Les nouveaux délits informatiques », Expertises, n° 104, 1988, p. 101)*. Ainsi, l'abstention ne suffit pas à caractériser l'entrave qui nécessite un acte positif (*par ex., CA Poitiers, 20 janvier 1998, n° 97-00.180, Jurisdata n° 1998-049319 ; CA Paris, 13e ch., 5 oct. 1994, Jurisdata n° 1994-023667 ; JCP E 1995, I, 461, n° 21, obs. M. Vivant et C. Le Stanc*). Le refus par le prévenu de remettre à son ancien employeur une partie du code d'accès du programme de gestion de l'entreprise, n'est pas constitutif du délit d'entrave (*Contra, TGI Paris, 13e ch. corr. 1, 15 décembre 2015, cité par A. LEPAGE, « Un an de droit pénal des nouvelles technologies (octobre 2015-octobre 2016) », Dr. pén. 2016, chron. 11, n° 16*).

L'entrave est une action consistant à porter atteinte au bon fonctionnement du système informatique ou de tout autre équipement électronique. Elle résulte de l'introduction, du transfert, de l'endommagement, de l'effacement, de l'altération ou de la suppression de données informatiques. En relation avec un système informatique, l'entrave peut consister, sans s'y limiter, à couper l'alimentation électrique d'un système informatique, y provoquer des interférences électromagnétiques ou à corrompre un système informatique par quelque moyen que ce soit.

L'entrave au fonctionnement du système renvoie surtout aux infections informatiques (virus informatiques, vers informatiques, bombes logiques et chevaux de Troie). Les infections occupent une place de choix dans la liste des entraves intellectuelles au fonctionnement du système informatique. Elles sont définies comme des « *programmes destinés à perturber le fonctionnement ou à détruire les éléments indispensables au fonctionnement normal du système informatique* » (*N. TORTELLO et P. LOINTIER, Internet pour les juristes, Paris, Dalloz 1996, p. 116 ; également, L. IFRAH, « Les nouvelles menaces criminelles numériques », in La criminalité numérique, Cah. séc, 2008, n° 06, Paris, Documentation française, p. 59*). Il en est ainsi des virus informatiques et des bombes logiques. Selon la note d'orientation sur les nouvelles formes de logiciels malveillants adoptée lors de 09e réunion plénière du T-CY des 04 et 05 juin 2013, la diffusion de logiciels malveillants constitue une entrave au fonctionnement du système informatique. L'entrave peut consister à occuper la capacité de mémoire du système entraînant sa saturation ou à mettre en place des barrages retardant ou empêchant l'accès normal au système (*Y. BISMUTH, Le droit de l'informatique, Paris, L'Harmattan, 4e édition, 2017, p. 216*).

40. Infections informatiques. Les *malwares* ou logiciels malveillants occupent une place de choix dans les entraves intellectuelles au fonctionnement du système informatique. D'après la note d'information de la convention de Budapest sur la cybercriminalité sur les nouvelles formes de logiciels malveillants, adoptée les 04 et 05 juin 2013, les logiciels malveillants sont des applications introduites dans un système afin de lui causer des dommages ou à d'autres systèmes ou à les destiner à une utilisation autre que celle voulue par leurs utilisateurs légitimes.

Selon le glossaire annexé à la stratégie nationale de cybersécurité du Sénégal (SNC-2022), un logiciel malveillant désigne « *tout type de logiciel essayant de nuire à un système informatique, sans le consentement de l'utilisateur. En effet, les logiciels malveillants englobent les virus, les vers, les chevaux de Troie ainsi que d'autres menaces* ».

Les *malwares* sont des « *programmes destinés à perturber le fonctionnement ou à détruire les éléments indispensables au fonctionnement normal du système informatique* » (*N. TORTELLO et P. LOINTIER, Internet pour les juristes, Paris, Dalloz 1996, p. 116 ; également, L. IFRAH, « Les nouvelles menaces criminelles numériques », in La criminalité numérique, Cah. séc, 2008, n° 06, Doc. fr, p.59*). La principale caractéristique de ces techniques d'intrusion est leur furtivité, qui les rend difficilement décelables, grâce à des outils de dissimulation d'activité (*rootkits*).

Dans leur forme actuelle, les logiciels malveillants peuvent dérober des données en les copiant et en les envoyant vers une autre adresse. Ils peuvent également manipuler des données ou porter atteinte au fonctionnement des systèmes d'information. D'après le livre blanc sur la fraude bancaire en Afrique subsaharienne, 80% des ordinateurs sur le continent africain sont infectés par des virus et d'autres logiciels malveillants (*Livre blanc sur la fraude bancaire en Afrique subsaharienne, Dataprotect, Casablanca, décembre 2019, p. 14*). Parmi les *malwares*, on peut citer les virus informatiques, les vers informatiques, les chevaux de Troie et les bombes logiques.

41. Applications jurisprudentielles. Un arrêt de la Cour d'appel de Paris du 15 mars 1994 a condamné pour entrave au fonctionnement du système informatique une personne qui avait introduit une bombe logique dans le système d'une entreprise dans le but de garantir le paiement de redevances de maintenance (*TGI Paris, 19 mai 2006, Gaz. pal. 17/18 janvier 2007, p. 35*).

Ainsi, « *doit être condamné pour altération au fonctionnement d'un système de traitement automatisé de données suite à un accès frauduleux, le salarié qui, depuis son nouveau travail et à l'aide du matériel mis à sa disposition, a intentionnellement saturé la bande passante de son ex-employeur en lui envoyant une grande quantité de courriers électroniques et de gros fichiers dans l'intention de lui causer un préjudice commercial* » (*TGI Lyon, 20 févr. 2001, Gaz. Pal. 2001. 2. Somm. 1686, note Blanchot*).

Le *mail bombing* consiste à un envoi massif de courriers à un serveur ; il peut constituer une entrave au fonctionnement du système informatique, s'il a pour effet de perturber son fonctionnement (*D. FOREST, « Nouvel éclat de jurisprudence sur le mail bombing », Expertises, mai 2007, p. 187*). Un jugement du Tribunal de grande instance du Mans du 07 novembre 2003 a déclaré coupable d'entrave au fonctionnement d'un système de traitement automatisé de données, une personne qui avait envoyé en masse des mails par le biais de fausses adresses électroniques à une société en saturant ses boîtes électroniques (*TGI Mans 7 novembre 2003, Gaz. pal. 18-20 juillet 2004, p. 4, obs. E. Barby; V. dans le même sens TGI Paris 24 mai 2002, disponible http://www.juriscom.net; dans le même sens, TGI Nanterre, 8 juin 2006, Expertises, mai 2007, p. 187*). La note d'orientation sur les *spams,* adoptée par le comité de la convention de Budapest en 2012, considère que la transmission de *spam* peut constituer une entrave au fonctionnement du système, dès lors qu'il en résulte une altération du système.

En outre, le fait d'inonder un serveur de requêtes afin de provoquer la paralysie du service est une entrave au fonctionnement du système informatique (*TGI Paris, 19 mai 2006, Gaz. pal. 17/18 janvier 2007, p. 35*). D'ailleurs, d'après la note d'orientation sur les dispositions de la convention de Budapest visant les botnets adoptée lors de la 9e réunion plénière du T-CY des 04 et 05 juin 2013, une attaque par *botnet* peut être qualifiée d'entrave au fonctionnement du système informatique, dès lors qu'elle altère le fonctionnement d'un serveur.

Ainsi, a commis le délit d'entrave, le prévenu qui a « *sciemment entravé, en le faussant, le fonctionnement normal du système de traitement automatisé* » en introduisant un lien hypertexte dans un site Internet afin de rediriger les abonnés vers son site « miroir » (*CA Paris, pôle 5, ch., 14 novembre 2017, précité*).

Le délit d'entrave peut également être réalisé au moyen d'attaques, devenues fréquentes, par DoS (denial-of-service), ou encore attaques DDoS (*distributed denial-of-service*), c'est-à-dire par déni de service.

D'après le glossaire annexé à la stratégie nationale de cybersécurité du Sénégal, l'attaque par déni de services distribués (*DDoS*) est un type d'attaque rendant un service inaccessible à ses bénéficiaires habituels. Il s'agit d'une technique perturbant le fonctionnement normal du système par un grand nombre de requêtes. Les attaques par déni de service (*Denial of service-DOS*) visent à saturer un ordinateur ou un système en réseau sur internet en dirigeant vers lui un volume considérable de requêtes (*Guide « Comprendre et anticiper les attaques DDoS », Agence Nationale de la Sécurité des Systèmes d'Information (ANSSI ; A. DESFORGES et E. DETERVILLE, « Lexique sur le cyberespace », La Découverte, Hérodote, 2014/1 n° 152-153, p. 22 ; X. RAUFER, Cyber-criminologie, Paris, CNRS éditions, 2015, p. 164).* Selon la note d'information de la convention de Budapest sur la cybercriminalité sur les attaques *DDOS,* adoptée les 04 et 05 juin 2013, les attaques *DOS* visent à rendre un système informatique indisponible pour ses utilisateurs par divers moyens. Il s'agit notamment de la saturation des ordinateurs ou réseaux ciblés par des demandes de communication externes qui ralentit l'accès au service pour les utilisateurs légitimes.

Il s'agit de lancer un nombre considérable de requêtes simultanées sur un système afin de le saturer et ainsi provoquer au mieux son ralentissement, au pire sa paralysie (*TGI Paris, 19 mai 2006, Gaz. Pal. 17/18 janvier 2007, p. 35 ; TGI Nanterre, 8 juin 2006, RD bancaire et fin. 2007, n° 3, 122, É. A. Caprioli ; TGI Paris, 13e ch. corr. 1, 28 septembre 2016, Comm. com. électr. 2017, comm. 29, obs. É. A. Caprioli).* EDF a subi plusieurs de ces attaques, organisées par les Anonymous *(Cass. crim., 7 novembre 2017, n° 16-84.918, préc. n° 17*).

L'entrave peut aussi consister à introduire une « *bombe logique* » dans un système de traitement automatisé de données, afin de provoquer sa paralysie chronique et d'obliger ainsi à payer la maintenance (*CA Paris, 15 mars 1994, JCP E 1995, I, 461, n° 40, obs. F. Vivant et C. Le Stanc*) ou encore à bloquer un système en modifiant le programme des clés d'accès (*CA Paris, 05 octobre 1994, JCP E 1995, I, 461, n° 40, obs. F. Vivant et C. Le Stanc*).

- **Jurisprudence**

L'entrave vise des comportements réalisés au moyen d'actions positives, ayant pour résultat d'empêcher l'aboutissement du traitement informatique, par une paralysie de son fonctionnement (**TGIHC Dakar, n° 4241 du 18 septembre 2009, affaire Pneuméca, *inédit***).

Article 431-10.- Quiconque aura faussé ou aura tenté (...) de fausser le fonctionnement d'un système informatique sera puni d'un emprisonnement d'un (1) an à cinq (5) ans et d'une amende de 5 000 000 à 10 000 000 francs.

- **L'action de fausser le fonctionnement du système informatique**

- **Bibliographie**

C. ROBACZEWSKI, « Atteintes aux systèmes de traitement automatisé de données », *J-Cl. pén.Code, art. 323-1 à 323-7*, fasc. 20, 2018.

F. CHOPIN, *« La cybercriminalité », Rép. pén,* Dalloz, mai 2009.

G. CHAMPY, « La loi sur la fraude informatique : de nouvelles incriminations », *Sem. jur.*, 1988, I, 3321, p. 151.

M. BOUCHET (dir.), *Cybercriminalité : acquis, défis et perspectives*, Lexbase pén. 2023.

J. DEVEZE, « Atteintes aux systèmes de traitement automatisé de données », *J.-cl. pén*, 1997, art.323-1 à 323-7,

J.-P. BUFFELAN, « La répression de la fraude informatique », *Expertises* 1988, p. 55.

J. P. BUFFULAN, « Les nouveaux délits informatiques », *Expertises*, n° 104, 1988, p. 99.

M. CALVO, « Piratage informatique », *Expertises*, 1990, n° 129, p. 262.

M. DAURY-FAUVEAU, « Atteintes aux systèmes de traitement automatisé de données, », *JurisClass. pén.* Code, art. 323-1 à 323-8, fasc. 20, 2020.

P. A. TOURE, « Cinq ans de droit pénal des technologies de l'information et de la communication (2008-2013) : chronique de jurisprudence sénégalaise », in *Cour suprême Bulletin des arrêts, Bulletin d'Information* 07-08, 2016, p. 117.

P. A. TOURE, *Le traitement de la cybercriminalité devant le juge : l'exemple du Sénégal*, Paris, l'Harmattan, 2012.

R. DIARRA, *La répression de la cybercriminalité en Afrique de l'Ouest*, Paris, l'Harmattan, 2021.

R. GASSIN, « La protection pénale d'une nouvelle universalité de fait en droit français : les STAD- Commentaire de la loi n° 88-19 du 5 janvier 1988, relative à la fraude informatique », *Act. Lég.*, Dalloz, 1989.

S. TEPI, *La cybercriminalité au Cameroun. Enjeux d'une législation en quête d'efficacité*, Paris, 2020.

- **Commentaire**

42. Structure de l'infraction. L'action de fausser le fonctionnement du système est une infraction distincte de l'entrave au fonctionnement du système. Elle constitue une action sur le système informatique qui, sans empêcher son fonctionnement, lui fait produire un résultat différent de ce qui était escompté (*M. VIVANT (dir.), Lamy droit de l'informatique et des réseaux, Paris, Lamy SA, 2009, p. 1934, n° 3281 ; F. CHOPIN, « La cybercriminalité », Rép. pén, Dalloz, mai 2009, n° 30 ; P. A. TOURE, Le traitement de la cybercriminalité devant le juge : l'exemple du Sénégal, Paris, l'Harmattan, 2012, n° 75*). Il en est ainsi notamment de l'action de bloquer l'appel d'un programme ou d'altérer le système d'exploitation d'un réseau de télécommunication. Par exemple, les chevaux de Troie sont des logiciels malveillants permettant de fausser le fonctionnement du système. À l'image de la légende relatant la prise de Troie par les grecs, cette technique frauduleuse consiste à insérer un programme apparemment inoffensif dans un système qui sera exécuté comme partie intégrante du programme. Elle permet de modifier, de façon imperceptible, soit le système d'exploitation, soit le programme lui-même (*M. QUEMENER et J. FERRY, Cybercriminalité. Défi mondial, Paris, Economica, 2e édition, 2009, p. 02*).

La Cour d'appel de Paris a considéré qu'un employé a faussé le fonctionnement du système d'exploitation informatique du réseau « *Radiocom 2000* », en utilisant un radiotéléphone dont les paramètres avaient été modifiés afin que soient transmises de fausses informations de façon à empêcher le déclenchement de la procédure de sécurité (*CA Paris, 13e ch. corr. 18 novembre 1992, France Télécom. et Matra Communication c/ S.R, JurisData 23257, JCP éd. E 1994, I, n° 359, obs. M. Vivant et Le Stanc*).

Mais la jurisprudence ne distingue pas toujours entre le fait d'entraver et celui de fausser le fonctionnement du système. Elle estime souvent que le premier englobe le second. Ainsi, a commis le délit d'entrave, le prévenu qui a « *sciemment entravé, en le faussant, le fonctionnement normal du système de traitement automatisé* » en introduisant un lien hypertexte dans un site internet afin de rediriger les abonnés vers son site « *miroir* » (*CA Paris, pôle 5, ch. 14, 14 novembre 2017, préc.*).

- **Note d'orientation sur les dispositions de la Convention de Budapest visant les botnets**

Adoptée lors de la 9e réunion plénière du T-CY (4-5 juin 2013)

Introduction

Lors de sa 8e réunion plénière (décembre 2012), le Comité de la Convention Cybercriminalité (T-CY) a décidé d'établir des notes d'orientation visant à faciliter l'usage et la mise en œuvre effectifs de la Convention de Budapest sur la cybercriminalité, notamment à la lumière des évolutions du droit, des politiques et des technologies.

Les notes d'orientation reflètent une analyse de l'application de la Convention de Budapest partagée par toutes ses Parties.

La présente note traite de la question des botnets. La Convention utilise une terminologie technologiquement neutre de façon que les infractions relevant du droit pénal matériel puissent s'appliquer aux technologies concernées tant actuelles que futures», et ce pour que de nouvelles formes de logiciels malveillants ou de délits soient toujours couvertes par la Convention. La présente note d'orientation montre dans quelle mesure différents articles de la Convention s'appliquent aux botnets.

1. Dispositions pertinentes de la Convention de Budapest sur la cybercriminalité (STCE n° 185)

Le terme «botnet» peut désigner: «un groupe d'ordinateurs qui ont été contaminés par des logiciels malveillants (virus informatiques). Un tel réseau d'ordinateurs compromis ("zombies") peut être activé pour exécuter certaines actions, comme attaquer des systèmes d'information (cyberattaques). Les "zombies" peuvent être contrôlés, souvent à l'insu des utilisateurs de ces ordinateurs, par un autre ordinateur, également appelé "centre de commande et de contrôle"».

Des ordinateurs peuvent être reliés entre eux à des fins criminelles ou pour de bonnes causes. Le fait que les botnets soient constitués d'ordinateurs reliés entre eux n'est donc pas un critère pertinent. L'élément essentiel est que les ordinateurs des botnets sont utilisés sans autorisation, à des fins criminelles et pour causer des dégâts majeurs. Les botnets sont visés par certains articles de la Convention, en fonction de l'action précise qu'ils accomplissent. Ces articles sont énumérés ci-dessous. Chaque disposition contient un critère d'intention (« sans autorisation», « avec une intention frauduleuse», etc.), dont la preuve devrait être apportée sans difficulté en présence de botnets.

2. Déclaration du T-CY

La liste des articles concernant les botnets présentée ci-dessus illustre les multiples infractions qui peuvent être commises au moyen des botnets et les dispositions pénales qui pourraient s'appliquer. Par conséquent, le T-CY s'accorde à dire que les botnets, sous leurs différents aspects, sont couverts par la Convention de Budapest.

- **Note d'orientation sur les attaques DDOS Adoptée lors de la 9e réunion plénière du T-CY (4-5 juin 2013)**

Introduction

Lors de sa 8e réunion plénière (décembre 2012), le Comité de la Convention Cybercriminalité (T-CY) a décidé d'établir des notes d'orientation visant à faciliter l'utilisation et la mise en œuvre effectives de la Convention de Budapest sur la cybercriminalité, compte tenu notamment des évolutions du droit, des politiques et des technologies.

Les notes d'orientation reflètent la vision commune de toutes les Parties quant à l'utilisation de la Convention. La présente note est consacrée à la question des attaques par déni de service (DOS) et par déni de service distribué (DDOS).

La Convention de Budapest «utilise une terminologie technologiquement neutre de façon que les infractions relevant du droit pénal matériel puissent s'appliquer aux technologies concernées tant actuelles que futures », et ce pour que les nouvelles formes de logiciels malveillants ou d'infractions soient toujours couvertes par la Convention.

La présente note montre dans quelle mesure plusieurs articles de la Convention s'appliquent aux attaques DOS et DDOS.

Dispositions pertinentes de la Convention de Budapest sur la cybercriminalité (STCE n° 185)

Les attaques DOS visent à rendre un système informatique indisponible pour ses utilisateurs par divers moyens, dont la saturation des ordinateurs ou réseaux ciblés par des demandes de communication externes, qui ralentit l'accès au service pour les utilisateurs légitimes. Les attaques DDOS sont des attaques par déni de service exécutées par plusieurs ordinateurs en même temps. Il existe actuellement plusieurs manières de lancer des attaques DOS et DDOS, par exemple envoyer des requêtes incorrectes à un système informatique, dépasser le nombre maximal d'utilisateurs ou envoyer un nombre de courriers électroniques supérieur à celui que le serveur peut recevoir et traiter.

Les attaques DOS et DDOS sont visées par certains articles de la Convention, en fonction de ce qu'elles accomplissent. Ces articles sont énumérés ci-dessous. Chaque disposition contient un critère d'intention (« sans autorisation », « avec une intention frauduleuse », etc.), dont la preuve devrait être apportée sans difficulté en cas d'attaque DOS ou DDOS.

Déclaration du T-CY

La liste des articles concernant les attaques DOS et DDOS présentée ci-dessus illustre les multiples infractions qui peuvent être commises au moyen de ces attaques. Par conséquent, le T-CY estime que les différents aspects de ces attaques sont couverts par la Convention de Budapest.

- **Note d'orientation sur les nouvelles formes de logiciels malveillants Adoptée lors de la 9e réunion plénière du T-CY (4-5 juin 2013)**

Introduction

Lors de sa 8e réunion plénière (décembre 2012), le Comité de la Convention Cybercriminalité (T-CY) a décidé de publier des notes d'orientation visant à faciliter l'usage et la mise en œuvre effectifs de la Convention de Budapest sur la cybercriminalité, notamment à la lumière des évolutions du droit, des politiques et des technologies.

Les notes d'orientation reflètent une analyse de l'application de la Convention de Budapest partagée par toutes ses Parties. La présente note est consacrée à la question des nouvelles formes de logiciels malveillants. La Convention de Budapest «utilise une terminologie technologiquement neutre de façon que les infractions relevant du droit pénal matériel puissent s'appliquer aux technologies concernées tant actuelles que futures. Et ce, afin que de nouvelles formes de logiciels malveillants ou de délits soient toujours couvertes par la Convention.

La présente note d'orientation montre dans quelle mesure différents articles de la Convention s'appliquent aux nouvelles formes de logiciels malveillants.

Dispositions pertinentes de la Convention de Budapest sur la cybercriminalité (STCE n° 185)

Il existe actuellement de nombreuses formes de logiciels malveillants. Selon l'Organisation de coopération et de développement économiques « le terme général de « logiciel malveillant » désigne un logiciel introduit dans un système d'information afin de causer des dommages à ce système ou à d'autres systèmes, ou de les destiner à une utilisation autre que celle voulue par leurs utilisateurs légitimes ». Les formes les plus connues englobent les vers, les virus et les chevaux de Troie.

Les logiciels malveillants, sous leurs formes actuelles, peuvent dérober des données en les copiant et en les envoyant vers une autre adresse; manipuler des données; porter atteinte au fonctionnement de systèmes informatiques, y compris ceux qui contrôlent des infrastructures critiques; les « ransomware» peuvent effacer, supprimer ou bloquer l'accès à des données; et des logiciels malveillants taillés sur mesure peuvent cibler des systèmes informatiques spécifiques. Selon des sources privées et gouvernementales, de nouvelles formes de logiciels malveillants sont conçues et découvertes en grand nombre chaque année. Leurs objectifs sont variés.

Tout comme les formes plus anciennes, les nouvelles formes de logiciels malveillants peuvent voler de l'argent, mettre hors service les systèmes d'approvisionnement en eau, menacer les utilisateurs etc. Le nombre et la diversité des formes de logiciels malveillants sont tels qu'il serait impossible, même pour les formes connues actuellement, de les définir dans le cadre d'une loi pénale.

La Convention sur la cybercriminalité évite délibérément l'utilisation de termes tels que virus, vers et chevaux de Troie. Dans la mesure où la tendance évolue aussi dans le domaine des logiciels malveillants, l'utilisation de ces termes dans la Convention la rendrait rapidement obsolète et contre-productive.

Il est également impossible, bien évidemment, de décrire les formes futures dans une loi. Pour ces raisons, il importe de se concentrer sur les objectifs et les effets des logiciels malveillants. Ces derniers sont déjà connus et peuvent être visés par une loi. Par conséquent, les logiciels malveillants, que ce soit sous leur forme actuelle ou leur forme future, sont visés par les articles de la Convention figurant ci-dessous, en fonction de l'action précise qu'ils accomplissent. Chaque disposition contient un critère d'intention (« sans autorisation», « avec une intention frauduleuse» etc.) dont les autorités devraient tenir compte au moment de qualifier un délit.

Déclaration du T-CY

La liste des articles, présentée ci-dessus, concernant toutes les formes de logiciels malveillants illustre les multiples infractions qui peuvent être commises au moyen de ces attaques. Par conséquent, le T-CY s'accorde à dire que toutes les formes de logiciels malveillants, sous leurs différents aspects, sont couvertes par la Convention de Budapest.

SECTION III : DES ATTEINTES A LA DISPONIBILITÉ DES SYSTÈMES INFORMATIQUES

43. Notion de disponibilité. La disponibilité est le critère de sécurité permettant d'assurer que les ressources des réseaux de communications électroniques, des systèmes d'information ou des équipements terminaux sont accessibles et utilisables selon les besoins. Cette valeur vise à protéger les systèmes contre les destructions de fichiers ou de bases de données, la modification de données bancaires ou comptables permettant des détournements de fonds importants qui contribue au développement de la criminalité économique et financière.

La disponibilité des systèmes informatiques est protégée par une seule infraction : l'introduction frauduleuse de données dans un système informatique

Article 431-11 Celui qui introduit ou tente d'introduire frauduleusement des données dans un système informatique, est puni d'un emprisonnement d'un an à cinq ans et d'une amende de 5 000 000 de francs à 10 000 000 de francs ou de l'une de ces peines.

- **L'introduction frauduleuse de données dans un système informatique**

- **Bibliographie**

A. LEPAGE, « Un an de droit pénal des nouvelles technologies (octobre 2011 à octobre 2012) », *Dr. pén.* 2012, chron. 10.
M. BOUCHET (dir.), *Cybercriminalité : acquis, défis et perspectives*, Lexbase pén. 2023.
C. ROBACZEWSKI, « Atteintes aux systèmes de traitement automatisé de données », *J-Cl. pén. Code, art. 323-1 à 323-7*, fasc. 20, 2018.
F. CHOPIN, *« La cybercriminalité », Rép. pén,* Dalloz, mai 2009.
G. CHAMPY, « La loi sur la fraude informatique : de nouvelles incriminations », *Sem. jur.*, 1988, I, 3321, p. 151.
J. DEVEZE, « Atteintes aux systèmes de traitement automatisé de données », *J.-cl. pén*, 1997, art.323-1 à 323-7.
J. DEVEZE, « La fraude informatique. Aspects juridiques », *JCP*, 1987, Doct. n°3289, n°57.
J. P. BUFFULAN, « Les nouveaux délits informatiques », *Expertises*, n° 104, 1988, p. 99.
J.-P. BUFFELAN, « La répression de la fraude informatique », *Expertises* 1988, p. 55.
M. CALVO, « Piratage informatique », *Expertises*, 1990, n° 129, p. 262.
M. DAURY-FAUVEAU, « Atteintes aux systèmes de traitement automatisé de données, », *JurisClass. pén.* Code, art. 323-1 à 323-8, fasc. 20, 2020.
P. A. TOURE, « Cinq ans de droit pénal des technologies de l'information et de la communication (2008-2013) : chronique de jurisprudence sénégalaise », in *Cour suprême Bulletin des arrêts, Bulletin d'Information* 07-08, 2016, p. 117.
P. A. TOURE, *Le traitement de la cybercriminalité devant le juge : l'exemple du Sénégal*, Paris, l'Harmattan, 2012.
R. DIARRA, *La répression de la cybercriminalité en Afrique de l'Ouest*, Paris, l'Harmattan, 2021.
R. GASSIN, « La protection pénale d'une nouvelle universalité de fait en droit français : les STAD- Commentaire de la loi n° 88-19 du 5 janvier 1988, relative à la fraude informatique », *Act. Lég.*, Dalloz, 1989.

S. TEPI, *La cybercriminalité au Cameroun. Enjeux d'une législation en quête d'efficacité*, Paris, 2020.

- **Commentaire**

44. Acte d'introduction de données. L'article 431-11 du Code pénal incrimine celui qui introduit ou tente d'introduire frauduleusement des données dans un système informatique.

L'acte d'introduction de données dans le système consiste à « *incorporer des caractères magnétiques nouveaux dans un système de traitement automatisé de données* » c'est-à-dire à « *adjoindre des caractères nouveaux au système informatique* » (*P. BUFFELAN, op. cit, p. 103 ; également, R. GASSIN, op. cit, p. 32, n° 200 ; C. ROBACZEWSKI, « Atteintes aux systèmes de traitement automatisé de données», J-cl. pén. Code, art. 323-1 à 323-7, fasc. 20, 2010, n° 48 ; P. A. TOURE, Le traitement de la cybercriminalité devant le juge : l'exemple du Sénégal, Paris, l'Harmattan, 2012, n° 84)*. Il peut s'agir tout simplement de fichiers *(TGI Lille, 29 janv. 2004, www.legalis.net; V. aussi, Cass. crim., 05 janvier 1994, JCP E 1994, I, 359, n° 16, obs. F. Vivant et C. Le Stanc*).

Mais toutes les actions portant sur les données ne constituent pas une introduction frauduleuse de données. Il en est ainsi de la copie des données contenues dans le système qui constitue une sortie sans suppression, ni modification (*E. BAILLY, « L'entreprise face aux risques informatiques : les réponses du droit pénal », RLDA 2011, n° 64*).

45. Applications jurisprudentielles. L'arrêt de la Cour de Cassation du 05 janvier 1994 a jugé que le délit d'introduction frauduleuse de données est constitué dans une espèce où le responsable du service informatique de la société Lutze avait porté sur les fiches manuscrites de saisies informatiques, destinées à la constitution du fichier des produits de la société qui l'employait, des mentions inexactes quant au code du taux de la TVA applicable. Ces données ont été pour partie introduites par elle dans le système informatique de gestion de l'entreprise. Selon la haute juridiction, « *l'introduction de données inexactes dans un système automatisé de données en cours d'élaboration porte nécessairement atteinte aux droits d'autrui et caractérise le délit prévu par l'article 462-4 du Code pénal* » (*E. BAILLY, ibid*).

Le Tribunal de grande instance de Nanterre a condamné pour introduction frauduleuse de données dans un système informatique un individu qui a frauduleusement introduit des données dans le système de traitement automatisé de la société BCA (*TGI Nanterre, 10 février 2006, Min. public c/ Hugues B., Legalis.net, jurisprudence 1718*). Il a été jugé que caractérise l'infraction, l'introduction de données dans un système par décryptage, l'insertion de données nouvelles sur des cartes destinées à « *leurrer* » le terminal de paiement (*TGI Lille, 29 janvier 2004 : www.legalis.net*).

Dans la célèbre affaire Kerviel, le prévenu avait été condamné pour introduction frauduleuse de données dans un système pour avoir introduit de très nombreuses opérations fictives dans la base ELIOT dédiée au front office, base accessible tant à la hiérarchie du prévenu qu'aux services chargés de son contrôle dans le seul but de masquer ses activités réelles (*TGI Paris, 11e ch., 3e sect., 5 octobre 2010, n° 0802492011, Jurisdata n° 2010-026766 ; A. LEPAGE, « Un an de droit pénal des nouvelles technologies », Dr. pén. 2011, étude 10, n° 19 et 20 ; Comm. com. électr. 2011, comm. 16, obs. E.-A Caprioli ; Dr. sociétés 2011, comm. 55, note R. Mortier ; RSC 2011, p. 126, obs. F. Stasiak ; CA Paris, pôle 5, ch. 12, 24 oct. 2012, Jurisdata n° 2012-023684 ; JCP G 2012, 1371, note J. Lasserre Capdeville ; JCP E 2012, 1702, note R. Mortier ; A. Lepage, « Un an de droit pénal des nouvelles technologies », Dr. pén. 2013, chron. 11, n° 12; Cass. crim., 19 mars 2014, n° 12-87.416, Jurisdata n° 2014-004705; Bull. crim. n° 86; Dr. pén. 2014, comm. 70, obs. A. Maron ; Dr. pén. 2014, comm. 79, obs. A. Maron et M. Haas ; Procédures 2014, comm. 157, obs. A.-S. Chavent-Leclère*).

Le délit d'introduction frauduleuse de données (ainsi que celui d'accès frauduleux) est aussi caractérisé à l'encontre du prévenu qui a pénétré un site en profitant d'une faille de sécurité et a modifié certaines des pages, notamment en introduisant un nouvel index comportant des slogans qui mettaient en cause la France (*CA Paris, pôle 4, ch. 10, 13 oct. 2010, n° 09/08915, JurisData n° 2010-021727 ; A. LEPAGE, « Un an de droit pénal des nouvelles technologies (octobre 2011 à octobre 2012) », Dr. pén. 2012, chron. 10*).

La Chambre criminelle de la Cour de Cassation française a énoncé que l'infraction d'introduction frauduleuse de données dans un système est caractérisée à l'encontre d'un opérateur de marché d'une banque qui, pour dissimuler ses opérations, avait introduit dans les appareils mis à sa disposition des données inexactes (*Cass. crim., 19 mars 2014, n° 12-87.416, Jurisdata n° 2014-004705 ; JCP G 2014, 449, note V. Wester-Ouisse et 893, note S. Detraz ; JCP E 2014, 1234, note R. Mortier ; Procédures 2014, comm. 246, note A.-S. Chavent-Leclère ; Dr. pén. 2014, comm. 70, note M. Véron et 79, note A. Maron et M. Haas ; RPDP 2014, p. 367, obs. Ph. Conte ; D. 2014, p. 716, obs. T. Couster ; D. 2014, p. 912, note J. Lasserre Capdeville, D. 2014, p. 1569, obs. C. Mascala ; Act. jur. pén. 2014, p. 293, note J. Gallois*).

- **Jurisprudence**

Commet le délit d'introduction frauduleuse de données dans un système informatique, l'agent de la société Microcred qui, à partir de sa session ou de sessions d'autres employés, consultait les comptes créditeurs des clients et a pu réaliser des retraits frauduleux effectués dans des comptes de clients ; à la suite de cette consultation, il procédait au changement des données enregistrées dans le système, à savoir les numéros de téléphone et les empreintes biométriques des véritables clients, avant de donner le signal à ses coauteurs, lesquels se présentent, aussi tôt après, aux boutiques ciblées pour procéder à des retraits de sommes d'argent ; le système de vidéo surveillance mis en place a permis de découvrir que M. M. A. K. s'est rendu successivement aux boutiques « *Baobab*» de Kaolack et de Pikine pour y procéder à des retraits en se présentant comme étant le nommé P. P. **(CA Dakar, n° 403 du 31 mai 2017, MP et Microcred c/ El H. Th. M. et autres, *inédit*).**

CHAPITRE II.-

DES ATTEINTES AUX DONNÉES INFORMATIQUES

46. Notion de données informatiques. Les données électroniques circulant dans les systèmes et les réseaux sont devenues dans la société contemporaine des valeurs stratégiques. Ne dit-on pas que la donnée informatique est « *le moteur de l'économie numérique* » et « *l'or du XXI*[e] *siècle* » ? À l'heure de la révolution numérique, la véritable richesse n'est pas concrète, elle est abstraite. Elle n'est pas matérielle, elle est immatérielle (*En ce sens, O. DE MAISON ROUGE, « La donnée, enjeu cardinal de la cybersécurité. Définition, nature, classification et extraction », D. IP/IT 2018 p.170*). Les données électroniques circulant à travers les systèmes et les réseaux sont devenues dans la société contemporaine des valeurs stratégiques très convoitées par les délinquants. Aussi, sont-elles souvent l'objet d'atteintes diverses (*P. A. TOURE, op. cit., p. 96*).

C'est pourquoi le Code pénal réprime les atteintes générales aux données informatiques et les atteintes spécifiques aux données à caractère personnel.

SECTION PREMIÈRE

DES ATTEINTES GÉNÉRALES AUX DONNÉES INFORMATIQUES

47. Atteintes aux données électroniques. Devant la recrudescence des activités cybercriminelles ayant pour cible les données électroniques, le législateur a prévu de garantir une protection pénale à la confidentialité des données informatiques, par l'incrimination de l'interception frauduleuse de données informatiques et à leur intégrité par la pénalisation de l'endommagement, l'effacement et la détérioration frauduleuses de données informatiques.

Article 431-12.- Celui qui intercepte ou tente d'intercepter frauduleusement par des moyens techniques des données informatiques lors de leur transmission non publique à destination, en provenance ou à l'intérieur d'un système informatique est puni d'un emprisonnement d'un an à cinq ans et d'une amende de 5 000 000 de francs à 10 000 000 de francs ou de l'une de ces peines.

- **L'interception frauduleuse de données informatiques**

- **Bibliographie**

A. LEPAGE, « Un an de droit pénal des nouvelles technologies (octobre 2011 à octobre 2012) », *Dr. pén.* 2012, chron. 10.

C. ROBACZEWSKI, « Atteintes aux systèmes de traitement automatisé de données », *Juriscl. pén.Code, art. 323-1 à 323-7*, fasc. 20, 2018.

F. CHOPIN, *« La cybercriminalité », Rép. pén,* Dalloz, mai 2009.

F. DE VILLENFAGNE, « Chronique de jurisprudence 2002-2008. Criminalité informatique », *RDTI*, n° 39, 2010, p. 23.

G. CHAMPY, « La loi sur la fraude informatique : de nouvelles incriminations », *Sem. jur.*, 1988, I, 3321, p. 151.

J. BUISSON, « Les interceptions judiciaires de correspondances émises par la voie des télécommunications : champ d'application », *Procédures*, octobre 1996, p. 3

J. DEVEZE, « Atteintes aux systèmes de traitement automatisé de données », *Juriscl. pén*, 1997, art.323-1 à 323-7.

J. DEVEZE, « La fraude informatique. Aspects juridiques », *JCP*, 1987, Doct. n°3289, n°57.

J. P. BUFFULAN, « Les nouveaux délits informatiques », *Expertises*, n° 104, 1988, p. 99.

J.-P. BUFFELAN, « La répression de la fraude informatique », *Expertises* 1988, p. 55.

J. PÉLISSIER, « La protection du secret de la correspondance au regard du droit pénal », *RSC* 1965. 105.

M. CALVO, « Piratage informatique », *Expertises*, 1990, n° 129, p. 262.

M. DAURY-FAUVEAU, « Atteintes aux systèmes de traitement automatisé de données, », *Jurisclass. pén.* Code, art. 323-1 à 323-8, fasc. 20, 2020.

P. A. TOURE, « Cinq ans de droit pénal des technologies de l'information et de la communication (2008-2013) : chronique de jurisprudence sénégalaise », in *Cour suprême Bulletin des arrêts, Bulletin d'Information* 07-08, 2016, p. 117.

P. A. TOURE, *Le traitement de la cybercriminalité devant le juge : l'exemple du Sénégal*, Paris, l'Harmattan, 2012.
P. MALIBERT, « Atteintes au secret des correspondances commises par des particuliers », *Juriscl. pén,* art. 226-15, 2007, p. 8.
Ph. BONFILS et E. GALLARDO, « Secret des correspondances », *Rép. pén.,* Dalloz, mai 2009
R. DIARRA, *La répression de la cybercriminalité en Afrique de l'Ouest*, Paris, l'Harmattan, 2021.
R. GASSIN, « La protection pénale d'une nouvelle universalité de fait en droit français : les STAD- Commentaire de la loi n° 88-19 du 5 janvier 1988, relative à la fraude informatique », *Act. Lég.*, Dalloz, 1989.
S. TEPI, *La cybercriminalité au Cameroun. Enjeux d'une législation en quête d'efficacité*, Paris, 2020.
X. BUFFET DELMAS et F. BITAN, « Le courrier électronique est protégé par le secret des correspondances », *Les Échos*, 04 décembre 2000, p. 63.

- **Commentaire**

48. Matérialité de l'infraction. Pour obtenir des informations, les pirates peuvent intercepter des communications (messages électroniques, par exemple) ou des transferts de données en visant tous les types d'infrastructures de communication (lignes fixes, communications hertziennes, etc.) et tous les types de service Internet (messagerie électronique, discussion en ligne, voix sur IP, etc.).

La confidentialité des données informatiques est garantie par l'incrimination d'interception frauduleuse de données informatiques (*J. PÉLISSIER, « La protection du secret de la correspondance au regard du droit pénal », RSC 1965, p. 105*).

La protection pénale de la confidentialité des données informatiques, et notamment des correspondances électroniques, est garantie par la plupart des instruments juridiques internationaux de protection des droits fondamentaux (*Sur cette question, Ph. BONFILS et E. GALLARDO, « Secret des correspondances », Rép. pén., Dalloz, mai 2009, n° 2*).

L'article 13 de la Constitution de la République du Sénégal du 22 janvier 2001 a expressément érigé en principe à valeur constitutionnelle l'inviolabilité du secret des correspondances électroniques (*JORS*, n° 5963 du 22 janvier 2001). Aux termes de ce texte, « *le secret de la correspondance, des communications postales, télégraphiques, téléphoniques et électroniques est inviolable. Il ne peut être ordonné de restriction à cette inviolabilité qu'en application de la loi* ».

L'article 14 du Code des Communications électroniques énonce que les opérateurs et les fournisseurs de services ainsi que les membres de leur personnel sont tenus au secret des correspondances et à la continuité de la prestation. Ils doivent, en outre, assurer aux utilisateurs des conditions optimales de confidentialité et de neutralité du service au regard des messages transmis et de protection de la vie privée et des données à caractère personnel.

A ce titre, les opérateurs et fournisseurs de services sont tenus de se conformer à la législation en vigueur relative au secret des communications, des messages et à la protection de la vie privée des personnes et des dispositions des lois et règlements relatifs sur la protection des données à caractère personnel.

L'incrimination d'interception frauduleuse de données informatiques est conçue par référence au délit classique de violation du secret des correspondances écrites (*V. art. 167 du Code pénal*).

La loi réprime le fait d'intercepter frauduleusement des données informatiques par des moyens techniques lors de leur transmission non publique à destination en provenance ou à l'intérieur d'un système informatique. Cette infraction vise à protéger le respect du secret des données transmises et du secret des correspondances électroniques (*V. « Le secret des correspondances est applicable aux messages électroniques », D. 2000, Inf. Rap. p. 286 ; M. HAUTEFORT, « Le secret de la correspondance s'applique aux « e-mails » émis ou reçus sur un poste professionnel », JSL, 18 octobre 2001, n° 88, p. 07 ; X. BUFFET DELMAS et F. BITAN, « Le courrier électronique est protégé par le secret des correspondances », Les Échos, 04 décembre 2000, p. 63; Adde L. RAPP, « Secret des correspondances et courriers électroniques », D. 2000, n° 41, Point de vue, p. III ; D. FOREST, « La confidentialité à l'épreuve du courrier électronique », Expertises, 2001, n° 252, p. 343 ; P. A. TOURE, Le traitement de la cybercriminalité devant le juge : l'exemple du Sénégal, Paris, l'Harmattan, 2012, n° 90*).

Un jugement du Tribunal de grande instance de Paris a jugé que « *l'envoi de messages électroniques de personne à personne constitue de la correspondance privée. Il convient donc de considérer que la messagerie électronique de la partie civile, à laquelle il n'était, en l'occurrence, possible d'accéder qu'en utilisant son mot de passe, était protégée par le secret de la correspondance émise par voie de télécommunication, dont la violation tombe sous le coup de la loi pénale* » (*TGI Paris du 02 novembre 2000, JCP, édit. G, 2000, n° 49, Actualité, p. 2219 ; Gaz. pal., 06-07 décembre 2000, p. 49 ; D. 2000, Inf. Rap. p. 286 ; Expertises, décembre 2000, p. 369*).

49. Notion d'interception. L'acte d'interception consomme l'infraction et marque le point de départ du délai de prescription de l'action publique. Dans le langage courant, le verbe « *intercepter* » signifie « *arrêter au passage* » ou « *s'emparer de quelque chose qui était destiné à autrui* » (*Le dictionnaire Petit Larousse illustré, 2006, V° intercepter p. 589*).

L'appréciation de la notion d'interception a soulevé en France des difficultés d'interprétation. Le professeur ROBERT a fait remarquer, à ce propos, qu'« *intercepter, c'est interrompre une chose dans son cours direct, l'interrompre dans sa transmission* » (*J.-H. ROBERT, note sous Aix-en-Provence, ch. acc. 12 décembre 1996, Dr. pén. 1998, p. 23*).

Le dictionnaire *Le Petit Robert* définit l'interception comme le fait de « *prendre au passage et par surprise ce qui est destiné ou adressé à autrui* ». Pour tomber sous le coup de la loi pénale, l'agent doit, par l'utilisation d'un matériel quelconque, capter les messages pendant le cours de leur transmission *(Cass. crim., 14 avril 1999, JCP G 1999, II, 10312*).

Il y a interception dans le fait pour un employeur d'accéder à la messagerie d'un ancien employé qui a oublié de déconnecter ses adresses de messagerie personnelle, d'utiliser son mot de passe et de faire des copies de ses mails personnels, alors que ledit salarié n'avait pas accédé à ses messages (*Cass. crim., 14 avril 1999, JCP G 1999, II, 10312*)

50. Objet de l'infraction. Le délit d'interception a pour objet les données informatiques, au sens de l'article 431-7 du Code pénal. Il peut s'agir de fichiers, de sons de vidéos ou même de correspondances sous une forme numérique. Cette infraction constitue une application du principe du secret des correspondances à toutes les formes de transfert électronique des données, que ce transfert s'effectue par téléphone, télécopieur, courrier électronique ou fichier *(V. Rapport explicatif de la convention de Budapest*, n° 51).

Selon le rapport explicatif de la convention sur la cybercriminalité, l'expression « *donnée informatique* » est équivalente à la notion de « *correspondance* ». Le terme « *correspondance* », désigne, tout échange, toute relation par écrit existant entre deux personnes identifiables, qu'il s'agisse de lettres, de messages ou de plis fermés ou ouverts. Les données informatiques peuvent renvoyer à des procédés plus contemporains, écrits et même non écrits (*P. MALIBERT, « Atteintes au secret des correspondances commises par des particuliers », Juricl. pén, art. 226-15, 2007, p. 08 ; J. BUISSON, « Les interceptions judiciaires de correspondances émises par la voie des télécommunications : champ d'application », Procédures, octobre 1996, p. 03*). On pense aux nouvelles formes d'écrits, comme les textos ou SMS (Short Message Service). On peut également considérer que les données intègrent les conversations échangées à l'aide d'une caméra vidéo par le biais de l'internet (comme MSN). Les télécommunications incluent toutes les communications à distance, qu'il s'agisse des communications téléphoniques ou de celles effectuées par minitel, par télécopie, par fax, par satellite ou par le biais du réseau internet.

En France, un arrêt de la Cour d'Appel de Paris du 27 janvier 2012 a condamné le dirigeant d'une société pour atteinte au secret des correspondances émises par la voie électronique pour avoir fait modifier par le service informatique de la société le paramétrage du logiciel de sa messagerie électronique afin de pouvoir consulter les messages échangés par trois employés de la société *(CA Paris, 27 janvier 2012, n° 10/05328, Jurisdata, n° 2012-003368. Sur cet arrêt A. LEPAGE, « Un an de droit pénal des nouvelles technologies (octobre 2011 à octobre 2012) », Dr. pén., n° 12, décembre 2012, chron. 10, n° 11*).

51. Messages en cours de transmission électronique. La constitution du délit suppose que l'interception des données se fasse « *lors de leur transmission non publique à destination, en provenance ou à l'intérieur d'un système informatique* ». En Belgique, le Tribunal correctionnel de Louvain a eu à connaître d'une affaire d'interception de courrier électronique dans un jugement rendu le 04 décembre 2007 (*Trib. corr. Leuven, 04 décembre 2007 : www.droit-technologies.org*). Dans cette espèce, le prévenu, responsable informatique d'une société, avait pris connaissance de courriels de personnes dirigeant ladite société à leur insu. Le tribunal devait essentiellement répondre à la question de savoir si la prise de connaissance par le prévenu des courriels avait lieu « *pendant la transmission* », comme l'exige l'article 314 bis du Code pénal belge. Les juges ont estimé que le prévenu, en lisant les courriels d'autres personnes alors que ces messages se trouvaient encore dans le serveur mail et qu'ils n'avaient pas encore été téléchargés vers la boîte électronique (*mailbox*), ne peut en prendre connaissance que pendant leur transmission. Selon les juges belges, la formule « *pendant la transmission* » renvoie au temps qui s'écoule entre l'émission et la réception de la communication, la réception n'intervenant que lorsque le destinataire active sa boîte électronique et ouvre les messages qu'elle contient pour les lire. Selon le tribunal, on se trouve dans la période de transmission tant que le courriel n'a pas encore été lu par son destinataire, même s'il a été téléchargé du serveur mail vers la boîte à messages *(En ce sens, F. DE VILLENFAGNE, « Chronique de jurisprudence 2002-2008. Criminalité informatique », RDTI, n° 39, 2010, p. 23*).

52. Messages à destination, en provenance ou à l'intérieur d'un système. La loi pénale s'applique aux données « *à destination, en provenance ou à l'intérieur d'un système informatique* ». Peu importe que la communication sous forme de transmission de données informatiques se déroule à l'intérieur d'un même système informatique, entre deux systèmes informatiques ou même entre deux ordinateurs communiquant entre eux ou entre un ordinateur et une personne.

Le législateur définit ainsi un domaine précis d'application de l'incrimination d'interception illégale de données, qui exige pour être constituée une dernière condition liée à l'intention de son auteur.

53. Élément moral du délit. L'élément moral du délit résulte de l'exigence d'une interception frauduleuse des données informatiques. Le texte d'incrimination attire dans son champ « *quiconque aura intercepté ou tenté d'intercepter frauduleusement (...) des données informatiques* ». La convention de Budapest évoque une « *interception intentionnelle et sans droit* » pour spécifier cette exigence morale. L'article 6 de la Directive du 19 août 2011 portant lutte contre la cybercriminalité dans l'espace de la CEDEAO vise « *le fait pour toute personne d'intercepter ou de tenter d'intercepter frauduleusement par des moyens techniques des données informatisées lors de leur transmission non publique à destination, en provenance ou à l'intérieur d'un système informatique* ».

La rédaction du texte sénégalais suppose un dol général qui réside dans la volonté de l'auteur d'intercepter des données informatiques qui ne lui sont pas destinées. Ce qui exclut en principe les interceptions involontaires résultant notamment d'une erreur, d'une imprudence ou d'une inattention.

54. Habilitation légale d'interception des données. L'exigence supplémentaire d'un dol spécial résulte de l'emploi par le législateur de l'adverbe « *frauduleusement* ». En réalité, le cyberdélinquant doit avoir agi en sachant que l'interception en question n'était pas autorisée et qu'il agissait sans aucun droit.

Ainsi, le délit d'interception de données ne saurait trouver application lorsque son auteur jouit d'une habilitation légale d'interception des données concernées.

En droit positif, il arrive que le législateur accorde ce qu'un auteur a appelé un véritable « *droit de contrôle de la correspondance d'autrui* » (*P. MALIBERT, « Atteintes au secret des correspondances commises par des particuliers », Juriscl. pén, art. 226-15, 1996, n° 52, p. 10*).

En premier lieu, des motifs tirés de la protection de certains intérêts privés peuvent justifier un certain contrôle sur les correspondances de l'enfant mineur par la personne qui exerce sur lui la puissance paternelle. Ce pouvoir de contrôle des correspondances du mineur semble résulter du droit de garde en tant qu'attribut de la puissance paternelle consacré par l'article 284 du Code de la Famille. Selon ce texte, la garde comporte le droit et le devoir pour celui qui exerce la puissance paternelle « *de surveiller les actes et les relations de l'enfant mineur* ». Mais ce pouvoir d'interception des correspondances du mineur n'est pas sans limite. En effet, les décisions prises à l'égard du mineur dans l'exercice de la puissance paternelle peuvent, en vertu de l'article 287 du même Code, être déférées par tout parent intéressé devant le juge du tribunal d'instance du domicile du mineur (*V. Ph. CONTE, Droit pénal spécial, 2e édition, Paris, Litec, 2005, p. 202*). Dans un contexte marqué par la recrudescence du phénomène de la pédopornographie, cette disposition pourrait habiliter au Sénégal un parent exerçant la puissance paternelle à intercepter le contenu des correspondances électroniques reçues par son enfant mineur.

En second lieu, certains impératifs liés à la sécurité nationale et à l'ordre public ont incité le législateur à autoriser les autorités judiciaires à collecter des données relatives au contenu de communications. C'est du moins ce qui ressort de l'article 90-16 du Code de Procédure pénale selon lequel pour les nécessités de l'instruction, le juge d'instruction peut prescrire l'interception, l'enregistrement et la transcription de correspondances émises par voie de télécommunication dans des cas limitativement énumérés.

Article 431-13.- Celui qui endommage ou tente d'endommager, efface ou tente d'effacer, détériore ou tente de détériorer, altère ou tente d'altérer modifie ou tente de modifier, frauduleusement des données informatiques est puni d'un emprisonnement d'un an à cinq ans et d'une amende de 5 000 000 de francs à 10 000 000 de francs ou de l'une de ces peines.

- **Les atteintes à l'intégrité des données informatiques**

- **Bibliographie**

A. LEPAGE, « Un an de droit pénal des nouvelles technologies (octobre 2011 à octobre 2012) », *Dr. pén.* 2012, chron. 10.
C. ROBACZEWSKI, « Atteintes aux systèmes de traitement automatisé de données », *Juriscl. pén. Code, art. 323-1 à 323-7*, fasc. 20, 2018.
F. CHOPIN, *« La cybercriminalité », Rép. pén,* Dalloz, mai 2009.
G. CHAMPY, « La loi sur la fraude informatique : de nouvelles incriminations », *Sem. jur.*, 1988, I, 3321, p. 151.
J. DEVEZE, « Atteintes aux systèmes de traitement automatisé de données », *Juriscl. pén*, 1997, art.323-1 à 323-7,
J. DEVEZE, « La fraude informatique. Aspects juridiques », *JCP*, 1987, Doct. n°3289, n°57.
J. DEVEZE, « Atteintes aux systèmes de traitement automatisé de données », *Juriscl. pén*, 1997, art.323-1 à 323-7, n° 25.
J. P. BUFFULAN, « Les nouveaux délits informatiques », *Expertises*, n° 104, 1988, p. 99.
J.-P. BUFFELAN, « La répression de la fraude informatique », *Expertises* 1988, p. 55.
M. CALVO, « Piratage informatique », *Expertises*, 1990, n° 129, p. 262
M. DAURY-FAUVEAU, « Atteintes aux systèmes de traitement automatisé de données, », *Jurisclass. pén.* Code, art. 323-1 à 323-8, fasc. 20, 2020.
P. A. TOURE, « Cinq ans de droit pénal des technologies de l'information et de la communication (2008-2013) : chronique de jurisprudence sénégalaise », in *Cour suprême Bulletin des arrêts, Bulletin d'Information* 07-08, 2016, p. 117.
P. A. TOURE, *Le traitement de la cybercriminalité devant le juge : l'exemple du Sénégal*, Paris, l'Harmattan, 2012.
R. DIARRA, *La répression de la cybercriminalité en Afrique de l'Ouest*, Paris, l'Harmattan, 2021.

R. GASSIN, « La protection pénale d'une nouvelle universalité de fait en droit français : les STAD- Commentaire de la loi n° 88-19 du 5 janvier 1988, relative à la fraude informatique », *Act. Lég.*, Dalloz, 1989.
S. TEPI, *La cybercriminalité au Cameroun. Enjeux d'une législation en quête d'efficacité*, Paris, 2020.

- **Commentaire**

55. Matérialité de l'infraction. Le droit pénal des atteintes à l'intégrité des données informatiques a pour objet d'assurer aux données une protection analogue à celle dont jouissent les biens corporels contre les destructions, dégradations et dommages.

Au Sénégal, le Code pénal envisage la répression de telles atteintes dans son article 431-13. Ce texte incrimine celui qui endommage ou tente d'endommager, efface ou tente d'effacer, détériore ou tente de détériorer, altère ou tente d'altérer, modifie ou tente de modifier, frauduleusement des données informatiques. En droit positif, il résulte de la rédaction de ce texte qu'il n'est pas nécessaire que les données informatiques soient contenues dans un système d'informatique. Les atteintes à l'intégrité des données recoupent des techniques de fraude, comme la gomme, le tripatouillage ou le maquillage de données électroniques.

56. Actes prohibés. La notion d'effacement, qui renvoie à l'idée de faire disparaître quelque chose, paraît constituer une modalité de la suppression *(Le nouveau Petit Robert de la langue française, 2009, nouvelle édition millésime, 2009, V° effacer, p. 823*). En effet, la suppression des données consiste en une atteinte à l'intégrité physique des données (*G. CHAMPY, op. cit., p. 551*) .

Supprimer, « *c'est retrancher des caractères enregistrés sur un support magnétique par effacement de ceux-ci, ou écrasement par surimpression de nouveaux caractères sur les anciens ou encore par transfert et stockage des caractères, à supprimer dans une zone réservée de mémoire* » (*J. P. BUFFELAN, op. cit, p. 103*). Selon le rapport explicatif de la convention sur la cybercriminalité, on entend par suppression « *tout acte à la suite duquel les données ne sont pas ou plus accessibles à la personne ayant accès à l'ordinateur ou au support sur lequel les données étaient stockées* » (*Rapport explicatif de la Convention de Budapest sur la cybercriminalité, n° 61*).

Cette opération secondaire peut prendre plusieurs formes. Elle peut consister en un effacement de données. Ele peut recouper, au plan criminologique, la « *gomme* » définie comme une action frauduleuse consistant à effacer des données informatiques stockées dans un système (*F. CASILE, Le Code pénal à l'épreuve de la délinquance informatique, Thèse, Aix-Marseille, 2002, p. 5*). Elle peut également prendre la forme d'un déplacement de la donnée hors du système ou dans une zone réservée de ce système (*J.P. BUFFELAN, ibid; J. DEVEZE, op. cit, p. 15, n° 69*).

Le fait de supprimer des données peut consister à les « *écraser* » ou les «*effacer* ». Il peut aussi prendre la forme d'un déplacement hors du système (*V. par ex., TGI Paris, 31e ch., 18 septembre 2008 ; Comm. com. électr. 2009, comm. 10, obs. É. A. Caprioli, à propos de l'« aspiration » d'une partie d'un site internet commercialisant des modèles de contrats et lettres types dans le domaine du droit immobilier afin de les diffuser gratuitement sur un autre site*) ou, plus simplement, de la désactivation d'un mot de passe (*CA Paris, 08 juin 2012, n° 10/08175, préc. n° 20*).

Le seul fait de modifier ou de supprimer des données contenues dans un système, en violation de la réglementation en vigueur, caractérise le délit sans qu'il soit nécessaire que ces modifications ou suppressions émanent d'une personne n'ayant pas un droit d'accès au système (*Crim. 08 décembre 1999, D. Aff. 2001. 627, obs. Navarro*).

La détérioration évoque une action consistant à mettre en mauvais état, à abîmer des données sans les faire disparaitre.

La modification constitue un changement des données existantes sans en transformer la nature (magnétique) (*J.P. BUFFELAN, ibid ; J. DEVEZE, op. cit, p. 15, n° 69*). Elle peut consister à la modification d'une note obtenue par un élève sur le logiciel informatique de gestion des examens (*CA Paris, pôle 4, ch. 11, 18 novembre 2010, n° 09/07206 : JurisData n° 2010-024404)*. La modification de données peut également être obtenue par la désinstallation d'un logiciel (*Cass. crim., 9 décembre 2015, n° 14-87.835, Jurisdata n° 2015-027585 ; Dr. pén. 2016, comm. 20, obs. P. Conte). Elle peut être aussi obtenue* par « *défacement* », ou «*défaçage* », anglicisme désignant la modification non sollicitée par une personne non autorisée de la page d'accueil d'un site web (*Comm. com. électr. 2009, comm. 30, obs. É. A. Caprioli*).

La défiguration ou défacement de site web consiste à le défigurer en modifiant son apparence particulièrement la page d'accueil. Souvent le cybercriminel affiche un message, une image ou sa signature en exploitant les vulnérabilités d'un site web. Le « *défaçage* » permet une modification non sollicitée de la page d'accueil d'un site web par une personne non autorisée (*E.A. CAPRIOLI, « Le défaçage de site sanctionné pénalement », Comm. com. électr., mars 2009, p. 45*). Il s'agit de modifier la présentation visuelle d'un site web, en la remplaçant ou en la modifiant par des images, des slogans, des messages ou des commentaires dégradants.

Il constitue l'une des formes d'attaques informatiques les plus faciles à réaliser. C'est également la moins onéreuse en termes de moyens et de compétences. S'il n'entraîne la plupart du temps que peu de pertes directes pour la victime, le défacement peut être désastreux pour l'image d'une entreprise.

Ainsi, un hacker a été condamné par le Tribunal correctionnel de Lyon le 27 mai 2008 pour avoir modifié la page d'accueil du site Internet de la fédération du Rhône du Front national en le « défaçant » par l'insertion de commentaires décalés (*TGI Lyon, ch. corr., 27 mai 2008, obs. É. A. Caprioli, préc.*).

La modification de données est un procédé frauduleux correspondant à la technique appelée « *tripatouillage* » ou « *maquillage* » de données. Elle se traduit nécessairement par une modification de l'information que la donnée informatique contient.

Il n'est pas nécessaire, pour que l'acte matériel de modification de données soit constitué, qu'il soit consécutif à un accès régulier au système. C'est du moins ce qui a été jugé par la chambre criminelle de la Cour de Cassation française dans son arrêt du 08 décembre 1999 (*Cass. crim. 8 décembre 1999, Bull. crim., n° 296 ; Dr. pén., 2000, comm. 53*). Il a été jugé que constitue l'infraction de modification frauduleuse de données informatiques, le fait d'effacer des données contenues sur le disque dur d'un ordinateur. En l'espèce, un chef comptable avait modifié des données enregistrées dans un système automatisé de données de comptabilité dont il avait la charge. La chambre criminelle rejeta le pourvoi formé contre l'arrêt de la cour d'appel au motif que «*le seul fait de modifier ou de supprimer, en violation de la réglementation en vigueur, des données contenues dans un système de traitement automatisé caractérise le délit prévu à l'article 323-3 du Code pénal, sans qu'il soit nécessaire que ces modifications ou suppressions émanent d'une personne n'ayant pas un droit d'accès au système* » (*M. VERON, note sous Cass.crim. 08 décembre 1999, Dr. pén., 2000, comm. 53. L'auteur commentant cet arrêt a écrit que « les délits prévus par les articles 323-2 et 323-3 (...) ne se limitent pas à des faits consécutifs à un accès frauduleux, même si en fait les divers agissements délictueux se succéderont la plupart du temps* »).

En outre, un arrêt de la Cour d'Appel d'Aix-en-Provence du 22 février 2011 a déclaré coupable de modification frauduleuse de données un médecin radiologue pour avoir modifié le programme de gestion informatique d'une société en remplaçant dans le logiciel la lettre-clé identifiant les scanners qu'il effectuait par une cotation tarifée 30,78 euros au lieu de 110 euros perçus en réalité (*CA Aix-en-Provence, 22 février 2011, Jurisdata, n° 2011-012158 ; également, CA Paris, 18 novembre 2010, Juris-data n° 2010-024404.* Dans une autre espèce, un agent administratif d'une inspection académique, employé à la division des examens et concours, a été déclaré coupable de modification frauduleuse de données pour avoir, sans instruction de sa hiérarchie, modifié sur le logiciel informatique de gestion des examens les notes de candidats au BEP permettant à ces derniers d'obtenir leur diplôme *(sur cette affaire, A. LEPAGE, « Un an de droit pénal des nouvelles technologies-octobre 2010-octobre 2011, Dr. pén., n° 12, décembre 2011, chron. 10, n° 22*).

Si au plan théorique, la distinction entre les différentes actions frauduleuses semble aisée, en pratique, « *il paraît difficile de séparer radicalement, modification, introduction et suppression, puisque pour modifier il faut fatalement soit ajouter soit retrancher soit déplacer* » (*R. GASSIN, « Informatique (Fraude informatique)», Rép. pén. proc. pén., Dalloz, octobre 1995, p. 33, n° 207*).

57. Actes exclus. Le législateur n'a pas entendu sanctionner toutes les formes d'actions sur les données. La seule copie des données, « *qui est une sortie mais sans suppression ni modification* » (*R. GASSIN, op. cit, p. 32, n° 205 ; dans le même sens J. DEVEZE, op. cit, p. 15, n° 69 ; C. ROBACZEWSKI, «Atteintes aux systèmes de traitement automatisé de données », Juricl. pén. code, art. 323-1 à 323-7, fasc. 20, 2010, n° 50*), ne constitue pas une atteinte à l'intégrité des données. Il en est de même de la transmission, de la combinaison, du rapprochement ou de l'interconnexion des données qui ne tombent pas sous le coup du délit prévu par l'article 431-13 du Code pénal. Certains de ces actes peuvent être réprimés par des textes pénaux spécifiques.

- **Jurisprudence**

Aux termes de l'article 431-13 de la loi n°2008-11 du 25 janvier 2008 sur la cybercriminalité : «*Quiconque aura endommagé ou tenté d'endommager, effacé ou tenté d'effacer, détérioré ou tenté de détériorer, altéré ou tenté d'altérer, modifie ou tenté de modifier, frauduleusement des données informatisées, sera puni d'un emprisonnement d'un(01) an à cinq(05) ans et d'une amende de 5 000 000 à 10 000 000 de francs ou de l'une de ces peines seulement*» ; le premier juge a retenu la culpabilité de la dame S. F. du chef d'infraction susvisé, motif pris de ce que, d'une part, les allégations de la plaignante ont été confirmées par un procès-verbal de constat interpellatif du 05 décembre 2011 versé aux débats et, d'autre part, la prévenue elle-même a reconnu avoir supprimé de son ordinateur portable de service des fichiers relatifs à la gestion de l'entreprise Kajas Micro Finance SA ; dans ce sens, a relevé le juge d'instance, la dame S. F. a prétendu, sans en rapporter la preuve, avoir envoyé les fichiers dont s'agit dans le serveur central de l'entreprise ou aux différents destinataires, préalablement à leur suppression. En l'absence d'arguments exposés par les parties appelantes devant la Cour, cette dernière ne peut apprécier la pertinence des recours dont elle est saisie que sur la base du dossier de la procédure ; sous ce rapport, il ressort de l'extrait du plumitif d'audience versé aux débats que la prévenue avait reconnu en première instance avoir effectivement supprimé des données informatiques afférentes à la société Kajas Micro Finance SA, après qu'elle a été informée de son licenciement de ladite société. Elle avait expliqué s'être autorisée à agir ainsi dès lors qu'elle avait envoyé par courriel à la directrice de la société les fichiers dont s'agit. Toutefois, la preuve d'une telle allégation n'apparaît pas à l'examen du dossier de la procédure. Aussi, l'acte commis par la dame S. F. entrant dans le cadre de ceux visés par l'article 431-13 susvisé, le premier juge est bien fondé à retenir la culpabilité de celle-ci du chef d'infraction prévu par ce texte (**CA Dakar n° 754 du 22 mai 2015, MP et A. C. D. c/ Nd. S. F., *inédit***).

Le fait pour une employée de supprimer de son ordinateur portable de service des données relatives à la gestion de la société à une époque où le conseil d'administration devait se tenir, constitue le délit d'effacement frauduleux de données informatiques. La preuve de l'allégation de S. F. selon laquelle elle avait envoyé par courriel à la directrice de la société les fichiers dont s'agit n'apparait pas à l'examen du dossier de la procédure, se bornant ainsi, sans constater l'existence du caractère frauduleux de l'infraction, à retenir que S. F. n'a pas rapporté la preuve de ses envois par courriel alors qu'il ne résulte ni de l'enquête préliminaire ni de l'extrait du plumitif que S. F. a reconnu avoir supprimé les données informatiques appartenant à la société Kajas et avoir sciemment paralysé son fonctionnement (**CS ch. crim n° 89 du 19 mai 2016, Nd. S. F. c/ MP et A. C. D., *inédit***).

En supprimant les données comptables qu'il avait enregistrées dans l'ordinateur dans le cadre de l'exercice de sa fonction de comptable pour dissimuler son forfait, le prévenu s'est rendu coupable du délit de suppression frauduleuse de données informatiques (**CA Dakar, n° 331 du 08 mai 2017, MP et S. MB. D. c/ B. ND. D., *inédit***).

SECTION II

DES ATTEINTES SPÉCIFIQUES AUX DROITS DE LA PERSONNE AU REGARD DU TRAITEMENT DES DONNÉES A CARACTÈRE PERSONNEL

58. Risques pour l'intimité de la vie privée. La pénétration croissante des technologies numériques dans la vie sociale pose de nouveaux risques liés aux libertés fondamentales des personnes et notamment à la protection de l'intimité de la vie privée, en raison des abus que peuvent générer les opérations de traitement massif des données personnelles *(Sur cette question, G. BRAIBANT, Données personnelles et société de l'information, Rapport au Premier ministre, La Documentation française, 1998/04 ; A. M. FRISON ROCHE, « Penser le monde à partir de la notion de données », in Internet, espace d'interrégulation, Paris, Dalloz, mai 2016, p. 10 ; A. M. DUGUET, «Que reste-t-il de notre vie privée avec le développement des technologies de l'information ? », in Réflexions et recherches en éthique, Mélanges en l'honneur du Professeur Christian Hervé, Paris, Dalloz, 2018, p. 377 ; MB. NGOM, « Les données personnelles dans l'environnement juridique sénégalais », in Actes Séminaire Informatique et libertés, quel cadre juridique pour le Sénégal ?, Dakar, 29 et 30 août 2005, p. 83 et s. ; J. CHEVALLIER, « La vie privée à l'épreuve de la société numérique », in Penser le droit à partir de l'individu, Mélanges en l'honneur d'Elizabeth Zoller, Paris, Dalloz, 2018, p. 563*). Il n'y a lieu qu'à songer aux différents réseaux sociaux, comme Tik tok, instagram ou Twitter, auxquels beaucoup de personnes adhèrent ou encore aux différents sites, *blogs*, forums par le biais desquels les personnes livrent souvent des informations confidentielles (*En ce sens, V. CH. B. NDAO « Données personnelles : comment nous sommes passés du statut d'utilisateur à celui de produit ! » : http://www.osiris.sn/Donnees-personnelles-Comment-nous,23765.html; O. ERTZSCHEID, « L'homme, un document comme les autres », Hermès,*

La Revue, vol. 53, n° 01, 2009, p. 33). Le web social repose sur le principe de l'échange actif d'informations personnelles sous forme de discussion. Qu'adviendra-t-il des informations ainsi collectées ?

De nos jours, face à la patrimonialisation des données à caractère personnel, la conception marchande des données à caractère personnel, qui assimile l'information personnelle à un bien, voire à une utilité économique quelconque, tend de plus en plus à prendre le dessus sur l'approche classique fondée sur les droits de l'homme (*C. VINCENT, « Vie privée sur l'Internet : la polémique Facebook », Le Monde, 20 février 2009 ; également, E. LABROT, « Internet, l'individu dans la toile », in Ph. SEGUR et E. LABROT (dir), Un monde sous surveillance ? Presses universitaires de Perpignan, 2011, p. 14 ; M. QUEMENER, « Réseaux sociaux. Risques, sanctions et prévention », Expertises, janvier 2011, p. 24; B. FAUVARQUE-COSSON et W. MAXWELL, « La protection des données personnelles », D., 2018, p. 1033*).

Les mutations digitales générées par le développement des TIC ont aggravé les risques d'atteintes dirigées contre les personnes en général (*M. QUEMENER et J. FERRY, Cybercriminalité. Défi mondial, Paris, Economica, 2e édition, 2009, p. 132 et s.*).

La propagation du coronavirus n'a pas manqué de poser des enjeux liés à la protection des données à caractère personnel (*N. METALLINOS, « Covid-19 : l'état d'urgence sanitaire à l'épreuve du droit de la protection des données à caractère personnel », Comm. com. électr. n° 05, mai 2020, étude 09 ; L. COSTES, « Coronavirus et prolongation de l'état d'urgence sanitaire : traçage humain et "tracing" numérique », RLDI, n° 170, 1er mai 2020*). En effet, l'efficacité des stratégies de lutte contre l'épidémie nécessite souvent des services sanitaires la collecte et le traitement d'informations à caractère personnel concernant des personnes infectées ou présentant des risques d'infection, en vue d'en prévenir la transmission communautaire. Les solutions de traçage de proximité ou *contact tracing*, permettant par exemple d'identifier les personnes ayant eu une interaction rapprochée avec le virus ou d'alerter les individus ayant été exposés à un risque de contamination, sont de plus en plus explorées (*Pour une présentation des différentes solutions envisagées, V. F. MATTATIA, « Suivi des populations pour lutter contre une épidémie et protection des données personnelles », JCP A 2020, 2136*). Face à l'évolution rapide de la pandémie et aux difficultés pour suivre efficacement les personnes à risque, les pouvoirs publics ont eu tendance à impliquer, dans le dispositif de lutte contre le coronavirus, les opérateurs de télécommunications dont les serveurs conservent des données permettent d'identifier et de localiser, de manière automatisée, les personnes risquant d'être infectées par le virus.

Les régulateurs ont publié des déclarations réaffirmant que les exigences en matière de protection des données ne font pas obstacle à la collecte et au traitement de données à caractère personnel en lien avec la pandémie et que l'application des règles destinées à assurer la protection des données à caractère personnel est de nature à assurer la collecte et le traitement sûrs et fiables de ces données (*V. notamment, Comité européen de protection des données (ci-après « CEPD »), Statement on the processing of personal data in the context of the Covid-19 outbreak, adopted on 19 march 2020 : Dalloz actualité, 30 mars 2020, note A. Guérin-François ; Dalloz actualité, 10 avr. 2020, note D. Ventura ; Cons. Europe, Déclaration de principes, 20 mars 2020 : Dalloz actualité, 27 mars 2020, note Ch. Collin ; V. le dossier Coronavirus (Covid-19), sur le site de la CNIL : www.cnil.fr/fr/coronavirus-covid-19*). En effet, l'essence même du droit de la protection des données à caractère personnel est d'offrir des solutions face au traitement massif et informatisé de données à caractère personnel, y compris en présence de circonstances exceptionnelles.

59. Dispositif de protection des données à caractère personnel. Au Sénégal, la loi n° 2008-12 du 25 janvier 2008 sur la protection des données à caractère personnel a pris pour base les principes directeurs de la réglementation des fichiers informatisés contenant des données à caractère personnel édictés par l'Assemblée générale de l'ONU en 1990 et par la loi française n° 78-17 du 6 janvier 1978 modifiée par la loi n° 2004-801 du 06 août 2004 relative à la protection des personnes physiques à l'égard des traitements de données à caractère personnel (*Sur la loi du 06 août 2004, V. « La loi informatique et libertés et l'entreprise », Dossier spécial, RLDI, octobre 2005, n° 09, p. 49 à 64 ; notamment, J. FRAYSSINET, « La loi relative à l'informatique, aux fichiers et aux libertés, modifiée par la loi du 6 août 2004 : continuité et/ou rupture ? », RLDI, octobre 2005, n° 09, p. 50 ; A. TURK, « Loi du 06 août 2004. Présentation générale de la loi », Comm. com. électr. février 2005, p. 12 ; également, « Les trente ans de la loi informatique et libertés », Dossier spécial RLDI, n° 34, janvier 2008, p. 67 à 86 ; notamment A. TURK, « La loi informatique et libertés, 30 ans après : quel bilan ? », RLDI, n° 34, janvier 2008, p. 68 ; J. FRAYSSINET, « Trente ans après la loi informatique et libertés se cherche encore... », RLDI, n° 34, janvier 2008, p. 69 ; S. TIJARDOVIC, « La protection juridique des données* *personnelles. Vers une nécessaire adaptation de la norme juridique aux évolutions du monde numérique », Les Cahiers du numérique, 2003/3 (vol. 4), p. 185*). Ce texte a mis en place un dispositif de protection des données à caractère personnel et a institué une autorité administrative indépendante, appelée « *Commission de protection des données personnelles* », chargée de la mise en œuvre de ce dispositif.

En vue de garantir le respect du dispositif de protection des données à caractère personnel, le Code pénal a mis en place un important dispositif répressif destiné à garantir l'effectivité du cadre juridique de la protection des données à caractère personnel prévu par la loi n° 2008-12 du 25 janvier 2008 sur la protection des données à caractère personnel. En effet, la loi n° 2016-29 du 08 novembre 2016 modifiant le Code pénal a adopté plusieurs incriminations relatives aux formalités et à la mise en œuvre des traitements de données à caractère personnel (*Sur cette question, J.-Ch. SAINT-PAUL, « Droit au respect de la vie privée et droit pénal », Dr. pén. septembre 2011, étude 20*).

60. Conditions préalables. Le législateur a prévu des conditions préalables liées aux infractions relatives aux données à caractère personnel qui se déclinent autour de l'opération de traitement et de la notion de données à caractère personnel.

61. Traitement de données à caractère personnel. Le traitement des données à caractère personnel est la pièce maîtresse du nouveau dispositif de protection des données personnelles. L'arsenal de répression des atteintes à la vie privée et aux droits fondamentaux a pour objet de protéger les personnes contre les traitements de données à caractère personnel effectués en méconnaissance des formalités légales (*V. M. LO, La protection des données à caractère personnel en Afrique. Réglementation et régulation, Dakar, Baol éditions, 2017, p. 64*). La loi a une acception très large de la notion de traitement de données à caractère personnel. Selon l'article 4 19° de la loi n° 2008-12 du 25 janvier 2008 sur la protection des données à caractère personnel, on entend par traitement des données à caractère personnel « *toute opération ou ensemble d'opérations prévues à l'article 2 de la présente loi effectuées ou non à l'aide de procédés automatisés ou non, et appliquées à des données, telles que la collecte, l'exploitation, l'enregistrement, l'organisation, la conservation, l'adaptation, la modification, l'extraction, la sauvegarde, la copie, la consultation, l'utilisation, la communication par transmission, la diffusion ou toute autre forme de mise à disposition, le rapprochement ou l'interconnexion, ainsi que le verrouillage, le* *cryptage, l'effacement ou la destruction des données à caractère personnel* ».

À titre d'exemple, constituent des traitements de données à caractère personnel des fichiers d'adresses, des bases contacts, des espaces numériques de travail, des systèmes d'enregistrement des conversations téléphoniques sur supports numériques et des procédures de télétransmission de données personnelles.

La notion de traitement renvoie à une idée de manipulation d'une donnée personnelle. Or, manipuler une telle information revient à manipuler la personne qu'elle concerne (*E. CAUVIN, « Données personnelles, la métamorphose », RLDI, n° 59, avril 2010, 1967, p. 85 ; P. A. TOURE, Le traitement de la cybercriminalité devant le juge : l'exemple du Sénégal, Paris, l'Harmattan, 2012, n° 303*). Ainsi, les systèmes de géolocalisation, liés à des traitements d'informations issues de satellites, reposent sur la mise en œuvre d'un traitement de données à caractère personnel. En effet, un dispositif permettant la géolocalisation des employés par l'intermédiaire de leur véhicule constitue un traitement automatisé de données à caractère personnel soumis aux formalités préalables prévues par la loi.

La Commission de Protection des Données personnelles du Sénégal considère le système de vidéosurveillance installé dans les lieux de travail comme un traitement de données à caractère personnel. Dans sa délibération n° 2016-00238/CDP du 11 novembre 2016 portant sur les règles d'installation et d'exploitation d'un système de vidéosurveillance dans les lieux de travail, elle a énoncé que « *tout organisme public ou privé qui compte installer un système de vidéosurveillance dans les lieux de travail doit préalablement procéder à sa déclaration auprès de la Commission de protection des Données Personnelles (CDP)* » (*V. également, la délibération n°2016-00186/CDP du 8 janvier 2016 de la Commission de protection des données personnelles portant sur les conditions de mise en place d'un système de vidéosurveillance*).

Certaines opérations échappent au champ des traitements couverts par la loi pénale. Il s'agit de traitements de données mis en œuvre par une personne physique dans le cadre exclusif de ses activités personnelles ou domestiques, à condition toutefois que les données ne soient pas destinées à une communication systématique à des tiers ou à la diffusion. Il en est de même de l'utilisation d'un agenda ou de carnets d'adresses personnelles ou d'un annuaire téléphonique personnel non informatisés non susceptibles d'être communiqués à des tiers (*A. BENSOUSSAN, Informatique, télécoms et internet, Paris, F. Lefebvre, 2004, p. 462, n° 1525*).

En outre, le législateur place hors du champ des traitements de données personnelles les copies temporaires faites dans le cadre des activités techniques de transmission et de fourniture d'accès à un réseau numérique, en vue du stockage automatique, intermédiaire et transitoire des données et à dans le seul but de permettre à d'autres destinataires du service le meilleur accès possible aux informations transmises.

62. Notion de données à caractère personnel. Aux termes de l'article 4 6° de la loi n° 2008-12 du 25 janvier 2008 sur la protection des données à caractère personnel, on entend par données à caractère personnel « *toute information relative à une personne physique identifiée ou identifiable directement ou indirectement, par référence à un numéro d'identification ou à un ou plusieurs éléments propres à son identité physique, physiologique, génétique, psychique, culturelle, sociale ou économique* ». La donnée à caractère personnel ne peut donc concerner qu'une personne physique, à exclusion des personnes morales (*En ce sens, P. A. TOURE, Le traitement de la cybercriminalité devant le juge : l'exemple du Sénégal, Paris, l'Harmattan, 2012, n° 297 ; M. LO, La protection des données à caractère personnel en Afrique. Réglementation et régulation, Dakar, Baol éditions, 2017, p. 60*).

L'information personnelle peut se présenter sous forme de caractères alphanumériques compréhensibles ou codés (suite à l'utilisation d'un outil de cryptologie), de son (la voix analogique ou numérique) (*A. LEPAGE, « Protection de la voix en tant qu'attribut de la personnalité », D. 2002, p. 2375)* d'images fixes ou animées, réelles ou virtuelles, de données biométriques, d'empreintes digitales ou d'ADN, etc. *(M. VAN OVERSTRAETEN et S. DEPRE, «Le traitement automatisé de données à caractère personnel et le droit au respect de la vie privée en Belgique », RTDH, n° spécial, Progrès scientifique ou technique et droits de l'homme, n° 54, avril, 2003, p. 676 ; CJUE, 11 décembre 2014, aff. C-2012/13, consid. 22 : « l'image d'une personne enregistrée par une caméra constitue une donnée à caractère personnel (...) dans la mesure où elle permet d'identifier la personne concernée»).*

Parmi les informations permettant l'identification directe de la personne physique, on peut citer les informations relatives à l'état civil (nom, prénom, sexe, âge, date et lieu de naissance, profession, etc.), celles relatives aux caractéristiques physiques (images, voix, empreintes digitales ou génétiques), dès lors que les personnes concernées sont directement identifiables.

D'autres informations n'autorisent qu'une identification indirecte des personnes. Ainsi, le numéro de téléphone (*Délib. CNIL, n° 84-31 du 18 septembre 1984, 5e rapport d'activité, p. 242 et n° 94-113 du 20 décembre 1994, 15e rapport d'activité, p. 79)*, le numéro d'immatriculation du véhicule (*Délib. CNIL, n° 94-056 du 21 juin 1994, 15e rapport d'activité, p. 84*), le numéro de la carte de crédit, de sécurité sociale et l'adresse du courrier électronique, constituent des informations permettant l'identification indirecte de la personne (*En ce sens, A. LUCAS, J. DEVEZE et J. FRAYSSINET, Le droit de l'informatique et de l'internet, Paris, PUF, 2001, p. 78, n° 114*). La vidéosurveillance est une technique de surveillance à distance de lieux publics ou privés à l'aide de caméras vidéo *(J.-J. FROMENT, « Regard juridique sur la vidéosurveillance urbaine : droit en trompe-l'œil », JCP A 2006, 1080 ; P. MOREAU et X. LATOUR, « Vidéoprotection », Jurisclass. Coll. Terr. fasc. 719, 2015).* La CNIL a considéré qu'en matière de vidéosurveillance, les images captées par la caméra d'un système de vidéosurveillance, dès lors que la personne filmée ou photographiée est identifiable, constituent des données permettant au moins indirectement l'identification de la personne *(Délib. CNIL, n° 94-056 du 21 juin 1994, 15e rapport d'activité, p. 84 ; E. HEILMANN, « La vidéosurveillance, une réponse efficace à la criminalité ? », Criminologie, vol. 36, n°1, 2003, p. 89 ; H. JOUANNEA, « La vidéosurveillance, une réponse pertinente à la délinquance ? », La Gazette des communes, n°646, mai 2002, p. 38)*. Il en est de même des images captées par un drone muni de capteurs *(En ce sens, V. M. BOURGEOIS et B. TOUZANNE, « Les aéronefs civils télépilotés avec capteurs : des « drones de droit », Comm. com. électr. n° 12, décembre 2015, étude 22)*.

Les juridictions françaises ont longtemps été divisées sur le statut de l'adresse *IP* (V. *notamment, F. MATTATIA, « Internet face à la loi informatique et libertés : l'adresse IP est-elle une donnée à caractère personnel », Gaz. pal., 13-15 janvier 2008, p. 09 ; S. ROZENFELD, « Adresse IP et données personnelles - La CNIL, inquiète, en appelle à la Cour de Cassation », Expertises, octobre 2007, p. 323 ; plus récemment, P.J. HUSTINX, « Protection des données à caractère personnel en ligne : la question des adresses IP », Légicom, n° 42, 2009, p. 124 ; M. TELLER, « Les difficultés de l'identité numérique : quelle qualification juridique pour l'adresse IP ? », D. 2009, p. 1988 et s ; F. CHAFIOL-CHAUMONT et A. BONNIER, « L'identification des pirates du web à partir de leurs adresses IP », RLDI, 2009/46, n° 1507 ; E. PUTMAN, « La preuve par l'adresse IP : une vrai question...déjà dépassée », RLDI, n° 67, janvier 2011, 2217, p. 84 ; A. VICHNIEVSKY, « Adresse IP et données à caractère personnel : la CJUE et la Cour de Cassation à l'unisson ? », RJDA 2017, p. 187 ; P. A. TOURE, Le traitement de la cybercriminalité devant le juge : l'exemple du Sénégal, Paris, l'Harmattan, 2012, n° 300 et 521).*

Ce n'est que depuis un arrêt du 03 novembre 2016 de la Cour de Cassation que les adresses *IP* sont considérées comme des données à caractère personnel qui permettent d'identifier indirectement une personne physique. Ainsi, leur collecte constitue un traitement de données à caractère personnel et doit faire l'objet d'une déclaration préalable auprès de la CNIL (*Cass. civ., 03 novembre 2016, n° 15-22.595, JurisData n° 2016-022669 ; Légipresse 2017, n° 345, p. 27, obs. N. BOTCHORICHVILI ; JCP G 2016, 1310, obs. R. Perray ; Dalloz IP/IT 2017, p. 120, obs. G. PERONNE et E. DAOUD ; Dr. pén. 2015, chron. 11, n° 12, obs. A. Lepage ; Gaz. pal. 15 novembre 2016, n° 40, p. 24, obs. Ph. Ingall-Montagnier*).

Le RGDP intègre cette solution et vise expressément, dans son considérant 30, les adresses *IP* comme des identifiants en ligne pouvant laisser des traces qui, notamment lorsqu'elles sont combinées aux identifiants uniques à d'autres informations reçues par les serveurs, peuvent servir à créer des profils de personnes physiques et à les identifier (*X. TRACOL, « Le règlement et la directive relatifs à la protection des données à caractère personnel », Europe 2016, étude 8 ; I. GHEORGHE-BADESCU, « Le nouveau règlement général sur la protection des données. Quoi de neuf », Rev. UE 2016, p. 466 ; A.-Y. LE DAIN et P. GOSSELIN, Rapport d'information n° 4544 sur les incidences des nouvelles normes européennes en matière de protection des données personnelles sur la législation française, AN 22 février 2017 ; L'adresse IP : (enfin !) une donnée personnelle pour la Cour de cassation : JCP G. 2016, 1310, R. Perray ; A. LEPAGE, « Un an de droit pénal des nouvelles technologies (octobre 2015- octobre 2016) », Dr. pén. 2016, chron. 11, n° 12 ; V. AZARD, « Données personnelles. Statut de l'adresse IP », Expertises 2017, p. 73*).

- **Jurisprudence**

- **Notion de données à caractère personnel**

Au sens de l'article 4 6 de la loi n° 2008-12 du 25 janvier 2008 sur la protection des données à caractère personnel, les données à caractère personnel constituent des informations relatives à une personne physique identifiée ou identifiable directement ou indirectement, par référence à un numéro d'identification ou à un ou plusieurs éléments, propres à son identité physique, physiologique, génétique, psychique, culturelle, sociale ou économique ; les photos numérisées de la dame S. G. postées sur le compte Facebook du prévenu s'analysent en des données à caractère personnel pour constituer des informations permettant l'identification directe de cette dernière ; S. G a d'ailleurs été reconnu par ses amies au vu des photographies postées sur Facebook (**TGIHC Dakar, n° 912 du 28 février 2014, MP et S. MB. c/ Kh. G.,** ***inédit***).

Le législateur, en parlant d'identification par référence à un ou plusieurs éléments, intègre dans le champ des données à caractère personnel, les photos, vidéos ou tout autre support qui permet d'identifier une personne. Les images montrant un couple se livrant à des relations sexuelles constituent des données à caractère personnel, dès lors que ces images permettent l'identification de ce couple (**TGIHC Dakar, n° 2114 du 03 mai 2013, MP et Nd. B. F. et M. B. M. D. c/ A. M. D., I. G. et H. D., inédit ; P. A. TOURE, « Cinq ans de droit pénal des technologies de l'information et de la communication- 2008-2013: chronique de jurisprudence sénégalaise », in** ***Cour suprême Bulletin des arrêts, Bulletin d'Information*** **07-08, 2016, p. 117)**.

- **Droit à l'image**

Pour statuer comme elle l'a fait, la cour d'Appel a énoncé qu'en vertu de l'article 248 du Code de procédure civile le juge des référés peut, même en présence d'une contestation sérieuse, prescrire des mesures conservatoires ou de remise en état qui s'imposent, soit pour prévenir un dommage imminent, soit pour faire cesser un trouble manifestement illicite ; elle a ensuite relevé que la photographie du buste dénudé de la jeune fille A. L. apparaissait tant sur le livre incriminé que la page Ad de M. A ; elle a enfin retenu que la nudité de l'enfant ainsi mise en exergue constituait une violation des dispositions de l'article 16 de la convention internationale relative aux droits de l'enfant de 1989 qui stipule dans son alinéa 1" que nul enfant ne fera l'objet d'immixtions arbitraires ou illégales dans sa vie privée, sa famille, son domicile ou sa correspondance ni d'atteintes illégales à son honneur et à sa réputation et que le trouble manifestement illicite était plus que caractérisé par cette publicité [...] d'autant que l'auteur des faits animait un blog dans lequel la pornographie et des critiques contre l'intimité des Africains étaient développées ; en l'état de ces énonciations et constatations, la cour d'Appel a légalement justifié sa décision (**CS n° 44 du 20 mai 2020, *inédit***).

En vertu du principe que toute personne a sur son image un droit exclusif et absolu et peut s'opposer à sa fixation, à sa reproduction ou à son utilisation sans autorisation préalable, le législateur a entendu, à travers l'article 11 du Code de la Famille, protéger le droit de la personne à la protection de sa personnalité, donc de son image; la nécessité d'informer ses partenaires, pour justifier la publication de la photo d'une personne avec un message pour le moins équivoque quant à l'honnêteté de ce dernier, ne saurait suffire à justifier une atteinte à son droit à l'image et dispenser l'employeur de l'obligation de recueillir l'autorisation préalable du titulaire du droit avant toute diffusion de son image ; l'utilisation de l'image de la personne sans autorisation avec un commentaire qui est de nature à semer le doute sur l'honnêteté de l'intéressé alors surtout qu'il a de son propre gré quitté son emploi en démissionnant ne peut être valablement justifiée par un besoin d'information de quelconques partenaires ; il s'y ajoute que l'appelante pouvait se suffire, à l'attention de ses partenaires, d'un message mentionnant les prénom et nom du sieur D. G. pour atteindre le but poursuivi ; la publication par le sieur G. de sa photo sur son profil professionnel dans un réseau social, ne lui donne pas pour autant le droit d'en user sans au préalable recueillir l'autorisation de celui-ci alors surtout qu'une telle utilisation est de nature à jeter le discrédit sur l'intimé principal et est susceptible d'impacter négativement le déroulement normal de sa vie professionnelle ; il en résulte que l'acte posé par la société S. en publiant la photo du sieur D. G. avec un commentaire dégradant, a causé un dommage réel à ce dernier, ce qui est de nature à engager sa responsabilité en vertu des dispositions de l'article 11 du Code de la Famille (**CA Dakar, civ. n° 267 du 06 novembre 2017, la SOLID SA c/ D. G., *inédit***).

Les articles 118, 124, 125, 126 et 127 du COCC prévoient que celui qui commet une faute engage sa responsabilité s'il en a résulté pour autrui un dommage certain et direct, qu'il soit matériel ou moral, actuel ou futur ; l'article 119 dudit code prévoit que la faute est un manquement à une obligation préexistante de quelque nature qu'elle soit ; selon l'article 11, alinéa 2 du Code de la Famille, l'usage abusif d'un élément d'identification de la personne engage, s'il y a préjudice, la responsabilité de son auteur ; en l'espèce, K. D. D. a invoqué une atteinte à son droit à l'image ; à cet égard, il y a lieu de relever que le droit de toute personne à disposer de son image est un attribut de la personnalité en ce qu'il tend à assurer la protection et le respect de la vie privée qui prohibe toute immixtion dans l'intimité de la personne ; il est constant, comme résultant des pièces du dossier et des déclarations concordantes des parties que la photo de K. D. D. figure sur la page indiquant le mois de novembre 2017 dans le calendrier de l'année 2017 édité à la demande de la banque UBA SA ; il n'est pas contesté que ce mode de diffusion d'image notamment de la photographie de l'intimée permet l'identification de sa personne à travers ce calendrier distribué en plusieurs exemplaires à la clientèle ou mis à la disposition du public ; il n'est pas justifié que l'intimée a autorisé la banque à user de son image dans le cadre de ses activités ; en effet, aucun élément objectif du dossier n'indique qu'il y a eu consentement de l'intimée ; même si la bonne foi est présumée, ainsi qu'il est dit à l'article 10 du COCC, il n'en demeure pas moins qu'elle ne saurait simplement résulter pour la banque, de ce que l'intimée aurait vendu son image d'autant plus que la facture et les formulaires de vente en ligne versé au dossier n'établisse ni ce consentement, ni même un rapport juridique de cession d'image entre les parties ;

les formulaires produits ne comportent ni la photo de l'intimée, ni aucun autre élément d'identification la concernant ; il s'en suit que c'est en méconnaissance du droit de l'intimé de disposer de son image que UBA SA a procédé à sa reproduction et à sa diffusion ; cette méconnaissance s'analyse en une faute par manquement à l'obligation de respecter de droit à l'image d'autrui et de permettre son identification à travers la publication sans consentement ; il en a résulté un préjudice moral réel et certain par atteinte à la vie privée, lié au fait que la banque a exposé et utilisé illicitement l'image de l'intimée auprès de sa clientèle et du public ; dès lors c'est à bon droit que le premier juge a déclaré UBA SA responsable **(CA Dakar n° 177 dun 09 mai 2019 UBA SA c/ Kh. D. D., *inédit*)**.

L'image d'une personne, quelle qu'elle soit, constitue l'un des attributs principaux de sa personnalité du fait qu'elle permet de la différencier des autres personnes, si bien que la règle du droit de la personne à la protection de sa personnalité, donc de son image, est posée par les dispositions l'article 11 du Code de la Famille à l'analyse desquelles, il ressort que l'usage abusif de tout élément d'identification de la personne engage, s'il y a préjudice, la responsabilité de son auteur ; en l'espèce, il ressort des pièces du dossier que la société Solid a publié la photo de A. G. dans sa correspondance intitulée « *note d'information* » destinée à ses «*partenaires* » ; il n'est pas discuté que ce dernier n'a pas donné son autorisation à l'utilisation de son image ; le droit à l'information ne peut paralyser le droit à l'image que dans la mesure où l'information est destinée au public et porte sur des évènements historiques ou d'actualités ; en tout état de cause, le consentement du sieur G. était nécessaire avant toute diffusion de sa photo, la bonne foi alléguée par la société Solid étant indifférente ; l'utilisation de l'image de l'intimé, dans les conditions ci-dessus spécifiées, constitue un abus qui engage la responsabilité de la SA Solid d'autant plus que celle-ci n'a produit aucun élément objectif permettant d'établir que la diffusion était justifiée par un risque ou un évènement particulier ; la Cour de céans relève que la publication de sa photo par son ex-employeur a causé à A. G. un préjudice moral certain en ce sens qu'elle constitue une entrave au déroulement normal de sa vie professionnelle ; en effet, la Cour retient que la photo et le commentaire qui l'accompagne sont de nature à remettre en cause son honnêteté alors qu'aucun fait traduisant un comportement malhonnête ne lui est imputé et le licenciement ,qui lui a été notifié par lettre du 28 novembre 2014, n'est point fondé sur des agissements malveillants **(CA Dakar, n° 27 du 19 janvier 2017, Solid SA c/A. G., *inédit*).**

En vertu de l'article 124 du COCC, « *le dommage peut être matériel ou moral ; il est générateur de responsabilité s'il porte atteinte à un droit* » ; aux termes de l'article 141 du Code des Obligations de l'Administration, « *le dommage causé par le fonctionnement d'un service public ou l'exécution d'un travail public, soit aux tiers, soit aux usagers, soit aux personnes participant à l'activité du service, n'est réparé que sous la forme de dommages et intérêts* » ; selon l'article 142 du même code, « *les tiers et les usagers ont droit à la réparation du dommage causé par le fonctionnement défectueux du service public. Ce fonctionnement défectueux s'apprécie en tenant compte de la nature du service des difficultés qu'il rencontre et des moyens dont il dispose* » ; en outre, il résulte de la combinaison des articles 34 et 33 de la loi n°2008-12 du 25 janvier 2008 sur la protection des données à caractère personnel, la collecte, l'enregistrement, le traitement, le stockage et la transmission des données à caractère personnel doivent se faire de manière licite, loyale et non frauduleuse et que le traitement des données à caractère personnel n'est considéré comme légitime que si la personne concernée donne son consentement ; il résulte du procès-verbal de constat dressé, en date du

19 juillet 2017, par Maître Basile DIOUF, Huissier de justice à Dakar, que c'est bien la photo du sieur G. S. qui apparait sur le panneau publicitaire de la fondation du « mémorial de Gorée » montré sur le site de la corniche Ouest de Dakar ; hormis les simples dénégations, l'agent judiciaire de l'État n'a jamais sérieusement contesté ce constat effectué par voie d'huissier ; en outre, que le « mémorial de Gorée » est un projet de l'État du Sénégal ayant pour objectif la réalisation d'une œuvre architecturale, sous l'égide de son ministère de la culture qui en est le maître d'œuvre ; ceci étant, qu'il n'a pas été produit aux débats aucune autorisation expresse accordée par le sieur G. S. à l'État du Sénégal pour l'exploitation et, surtout, pour l'exposition en public de son image ; or, toute personne a droit à la protection de son image contre toute forme d'utilisation, d'exploitation ou d'exposition au public, quels que soient par ailleurs le type de support utilisé à cette fin et l'objectif visé, à défaut, toute violation de cette règle expose le contrevenant à une condamnation à une juste réparation du préjudice ainsi causé ; en définitive, par le fait d'utiliser l'image du sieur S. pour illustrer une affiche de cette envergure, sans au préalable recueillir son consentement alors qu'au demeurant cela était possible, l'État du Sénégal a fait preuve d'une négligence manifeste et inexcusable qui s'analyse en un dysfonctionnement dans l'exécution du service public ; ce dysfonctionnement a causé un préjudice moral au sieur S. (**CA Dakar n° 256 du 04 novembre 2019, l'État du Sénégal représenté par l'AJE c/ G. S.,** ***inédit***).

- **Notion de traitement de données à caractère personnel**

Le téléchargement et la mise en ligne des photos de la victime réalisés par le prévenu constituent des traitements de données à caractère personnel relevant du régime spécifique de protection prévu par ladite loi ; en effet de telles manipulations de données sont constitutives de collecte, de diffusion et de mise à disposition d'informations personnelles, et ce conformément à l'article 4 19) de la loi n° 2008-12 du 25 janvier 2008 sur la protection des données à caractère personnel (**TGIHC Dakar, n° 912 du 28 février 2014, MP et S. MB. c/ Kh. G.,** ***inédit***).

- **Délibérations de la CDP**

Délibération n°2016-00186/CDP du 8 janvier 2016 de la Commission de protection des données personnelles portant sur les conditions de mise en place d'un système de

LA COMMISSION DE PROTECTION DES DONNÉES PERSONNELLES DU SÉNÉGAL (CDP), réunie en session plénière, le 8 janvier 2016, sous la présidence du Dr Mouhamadou LO,

Président ;

Vu la loi n° 2008-12 du 25 janvier 2008 portant sur la protection des données à caractère personnel;

Vu le décret n°2008-721 du 25 janvier 2008 portant application de la loi n° 2008-12 du 25 janvier 2008 précitée ;

Vu la délibération n° 2014-001 du 31 janvier 2014 portant règlement intérieur de la Commission de protection des données personnelles ;

Vu la délibération n°2014-20/CDP du 30 mai 2014 portant sur les conditions de la prospection directe ;

Vu le procès-verbal de la session plénière du 8 janvier 2016 de la Commission de protection des données personnelles ;

EMET, APRES DELIBERATION, LES RECOMMANDATIONS SUIVANTES :

Article premier: Objet de la délibération

La vidéosurveillance est de plus en plus utilisée dans les espaces publics, dans les entreprises et chez les particuliers. Ce système répond le plus souvent à des besoins de sécurité, de protection des personnes et des biens, de contrôle et de surveillance dans les lieux de travail ou dans un cadre strictement privé, de prévention ou de constatation d'infractions, etc.

Considérant que cette forme de collecte, de visualisation et d'enregistrement d'images et de sons constitue un traitement de données à caractère personnel, la CDP, par la présente délibération, entend préciser les principes de protection applicables afin de veiller à la conformité de ces traitements aux dispositions de la loi n° 2008-12 du 25 janvier 2008 portant sur la protection des données à caractère personnel.

Article 2 : Champ d'application

La présente délibération s'applique aux systèmes de vidéosurveillance ou vidéo protection installés par l'État, les collectivités locales, les établissements publics, les organismes publics ou privés gérant un service public, les structures privées et les particuliers.

Article 3 : Finalités

- S'agissant de l'État, des collectivités locales, des personnes morales de droit public ou privé gérant un service public

Le recours à la vidéosurveillance dans les espaces publics doit avoir pour finalités la sécurité, la prévention et la constatation d'infractions pouvant survenir sur la voie publique.

- S'agissant des particuliers

La mise en place d'un dispositif de vidéosurveillance par un particulier à son domicile doit être justifiée par des risques sur son intégrité physique ou sur ses biens. Dans cette perspective, il doit s'assurer que le dispositif mis en place ne couvre que les périmètres de son domicile.

- S'agissant des entreprises

Les finalités d'un système de vidéosurveillance dans les structures privées visent à répondre à des besoins de sécurité des locaux, de la gestion des mouvements du personnel et du contrôle des accès aux lieux de travail. Tout autre motif doit être obligatoirement soumis à l'appréciation de la CDP.

Article 4 : Régimes juridiques

Les systèmes de vidéosurveillance sont soumis au régime de la déclaration normale auprès de la CDP. Toutefois, les données collectées et hébergées à l'étranger font l'objet d'une demande d'autorisation préalable devant la Commission.

Article 5 : Durée de conservation

La CDP recommande que les images collectées par le canal d'un système de vidéosurveillance ne doivent être conservées que pour une durée limitée sauf en cas d'enquêtes.

Article 6 : Obligation de confidentialité

En application de l'article 70 de la loi n° 2008-12 et des articles 63 et 64 de son décret d'application n° 2008-721 du 25 janvier 2008, les responsables des systèmes de vidéosurveillance et les personnes habilitées à accéder aux données sont tenus d'en assurer la confidentialité. Par conséquent, ils ne doivent en aucun cas divulguer ou communiquer les images collectées à des tiers sauf sur réquisition de l'autorité compétente.

Cette obligation de confidentialité vaut pour les sous-traitants ainsi que tous les intervenants habilités. La signature d'un contrat de confidentialité avec les sous-traitants est obligatoire.

Article 7 : Mesures de sécurité

En vertu de l'article 71 de la loi n° 2008-12 susvisée, le responsable du système de vidéosurveillance doit prendre toutes les mesures techniques, logistiques et organisationnelles nécessaires à la sécurité des images enregistrées.

Article 8 : Droits des personnes

- S'agissant du droit à l'information

L'existence d'un système de vidéosurveillance est signalée de manière visible. Cette information peut se faire au moyen d'une affiche avec le numéro du récépissé ou de la délibération de la CDP.

Par ailleurs, la Commission recommande, dans le milieu professionnel, que les personnes concernées soient formellement informées de l'existence de la vidéosurveillance au besoin par une note d'information.

Pour les personnes souffrant d'un handicap, la CDP recommande l'installation d'un système adapté à leur situation.

- S'agissant du droit d'accès

Les personnes concernées par un système de vidéosurveillance bénéficient d'un droit d'accès, aux images et vidéos enregistrées et stockées, dans un délai maximum de 15 jours. En cas de refus, la personne concernée peut en informer la CDP.

Article 9 : Sanctions

En application des articles 29, 30 et 31 de la loi sur les données personnelles et 431-17 du Code pénal, des sanctions peuvent être prononcées par les autorités compétentes en cas de manquement à la législation.

- **Délibération n°2016-00238/CDP du 11 novembre 2016 de la Commission de protection des données personnelles portant sur les règles d'installation et d'exploitation d'un système de vidéosurveillance dans les lieux de travail**

LA COMMISSION DE PROTECTION DES DONNÉES PERSONNELLES DU SÉNÉGAL (CDP), réunie en Session plénière le 11 novembre 2016 sous la présidence de M. Ibrahima DIALLO, Vice-président ;

Vu la loi n° 2008-12 du 25 janvier 2008 sur les données à caractère personnel ;

Vu le décret n° 2008-721 du 30 juin 2008 portant application de la loi no 2008-12 du 25 janvier 2008 précitée ;

Vu la délibération modificative n°2016-00230/CDP du 26 aout 2016 portant règlement intérieur de la Commission de protection des Données Personnelles (CDP) ;

Vu la délibération n°2016-186/CDP du 08 janvier 2016 portant sur les conditions de mise en place d'un système de vidéosurveillance ;

Vu le procès-verbal de la Session plénière du 11 novembre 2016 ;

Arrête, après délibération, les règles suivantes à respecter pour l'utilisation de systèmes de vidéosurveillance dans les lieux de travail :

Préambule :

Conformément à l'article premier de la loi n°2008-12 du 25 janvier 2008 portant sur la protection des données à caractère personnel, tout traitement de données personnelles, sous quelque forme que ce soit, doit respecter les libertés et droits fondamentaux des personnes physiques.

La Commission de protection des Données Personnelles (CDP) a pour mission de veiller au respect de la loi sur la protection des données personnelles.

Par la présente délibération, la CDP définit, conformément à la loi précitée, les règles d'installation et d'exploitation des systèmes de vidéosurveillance dans les lieux de travail, notamment dans les organismes publics et privés.

Ainsi, l'installation et l'exploitation de caméras de surveillance dans les lieux de travail doivent respecter les conditions suivantes :

I. Lieux de travail

Par la présente délibération, les lieux de travail renvoient aux locaux, bâtiments ou salles servant à l'exercice d'une activité professionnelle.

Ainsi, sont considérés comme lieux de travail les bureaux fermés et les espaces de travail partagés ou « open space ».

II. Formalités de déclaration auprès de la CDP :

Tout organisme public ou privé qui compte installer un système de vidéosurveillance dans les lieux de travail doit préalablement procéder à sa déclaration auprès de la Commission de protection des Données Personnelles (CDP).

La déclaration de tels systèmes s'effectue à travers le « formulaire de déclaration de système de vidéosurveillance » téléchargeable sur le site internet de la Commission (www.cdp.sn).

La déclaration doit être accompagnée du plan d'installation des caméras.

Après la déclaration, la CDP délivre un récépissé qui permet à l'organisme de déployer le système de vidéosurveillance.

III- Finalités d'un système de vidéosurveillance dans un lieu de travail

L'installation de caméras de surveillance sur les lieux de travail doit être limitée à des fins de sécurité des biens et des personnes.

Toutefois, ce système ne doit pas avoir pour but la surveillance délibérée et systématique des employés sur leur lieu de travail.

Ainsi, les caméras ne doivent pas filmer les employés sur leur poste de travail, que celui-ci soit un bureau fermé ou en « open space », à des fins de contrôle permanent des employés.

IV- Les emplacements des caméras de surveillance

1. Les emplacements autorisés :

Les caméras peuvent être installées dans les zones suivantes : les entrées et sorties de bâtiments, à condition qu'elles ne filment pas la voie publique ; les entrées et sorties des locaux ou salles informatiques ; les voies de circulation ou couloirs; les escaliers ; les issues de secours ; les entrepôts de marchandises ou de biens ; les caisses, à condition que la caméra ne soit pas davantage orientée sur le caissier ; les salles d'attente ; les parkings.

2. Les emplacements interdits :

Il est interdit d'installer des caméras de surveillance aux endroits suivants : les vestiaires, les cabinets d'aisances, les cabines d'essayage dans les boutiques ou magasins, les bureaux ou espaces mis à la disposition des employés à des fins de détente ou de pause, les locaux réservés aux délégués du personnel et les issues à ces locaux.

V- La durée de conservation des données

Les images ou vidéos issues des caméras de vidéosurveillance doivent être conservées pour une durée limitée.

VI- Les droits des personnes concernées : employés et visiteurs

En application de l'article 58 de la loi n° 2008-12, l'installation de caméras de surveillance sur un lieu de travail requiert l'information préalable des employés.

Cette information doit être portée sur un panneau visible, affiché dans les locaux sous vidéosurveillance. Le panneau doit indiquer : l'existence du système ; le nom du responsable du système ; le numéro de récépissé délivré par la CDP ; le numéro de téléphone de la personne à contacter pour l'exercice du droit d'accès.

Par ailleurs, les instances représentatives du personnel doivent être informées et consultées avant toute installation de caméras de surveillance.

VII- Les mesures de sécurité

1. Les personnes autorisées à consulter les images :

Seules les personnes habilitées peuvent visionner les images ou vidéos enregistrées dans l'exercice de leurs fonctions.

Ces personnes doivent être informées et sensibilisées sur les mesures de sécurité et de confidentialité à observer pour l'utilisation des caméras.

2. Les mesures d'accès et de conservation des données

Conformément à l'article 71 de la loi n°2008-12 sur les données personnelles, le responsable d'un système de vidéosurveillance installé sur les lieux de travail doit : empêcher toute personne non habilitée d'accéder au système de vidéosurveillance pour visionner et manipuler les images enregistrées ; empêcher que les enregistrements puissent être lus, copiés, modifiés, détruits ou déplacés par une personne non autorisée.

- **Délibération n° 2020-00491/CDP du 29 octobre 2020 de la Commission de Protection des Données Personnelles relative aux traitements de données personnelles mis en œuvre dans le cadre de l'exploitation de systèmes de géolocalisation de véhicules**

LA COMMISSION DE PROTECTION DES DONNÉES PERSONNELLES DU SÉNÉGAL (CDP), réunie en session plénière le 29 octobre 2020 sous la présidence de Madame Awa NDIAYE, Président ;

Vu la loi n° 2008-12 du 25 janvier 2008 portant sur les données à caractère personnel ;

Vu le décret n° 2008-721 du 30 juin 2008 portant application de la loi n° 2008-12 du 25 janvier 2008 précitée;

Vu la délibération modificative n° 2016-00230/CDP du 26 aout 2016 portant règlement intérieur de la Commission de protection des Données Personnelles (CDP) ;

Vu le procès-verbal de la session plénière du 29 octobre 2020 de la Commission de Protection des Données Personnelles.

Rappelle, par la présente délibération, les régles suivantes à respecter pour l'exploitation des systèmes de géolocalisation de véhicules :

I. Objet

Conformément à l'article premier de la loi n° 2008-12 du 25 janvier 2008 portant sur la protection des données à caractère personnel, tout traitement de données personnelles, sous quelque forme que ce soit, doit respecter les libertés et droits fondamentaux des personnes physiques.

La Commission de protection des Données Personnelles (CDP) veille au respect de la loi sur les données personnelles.

À ce titre, la Commission rappelle, par la présente délibération, les règles à observer pour l'exploitation des systèmes de géolocalisation de véhicules, entrainant des traitements de données personnelles. En effet, dans la mesure où les données de géolocalisation collectées sont relatives à une personne identifiée (prénom, nom), le système de géolocalisation constitue dès lors un « traitement de données à caractère personnel ».

II. Champ d'application

2.1 La présente délibération encadre les traitements de données personnelles, mis en œuvre dans le cadre des systèmes de géolocalisation de véhicules exploités par : des entreprises publiques et privées, pour les véhicules de fonction et de service, formellement identifiés comme tels des sociétés de location de véhicules des particuliers.

2.2 La délibération concerne toutes les catégories de véhicules routiers motorisés qui disposent d'une balise de géolocalisation.

III. Formalités préalables et régime juridique

Conformément aux articles 18 et 20 de la loi n° 2008-12, les exploitants de systèmes de géolocalisation de véhicules doivent, préalablement à leur mise en œuvre, effectuer les formalités nécessaires auprès de la CDP.

3.1 Font l'objet d'une déclaration normale, les systèmes de géolocalisation qui ne sont pas interconnectés avec d'autres systèmes, et dont les données traitées ne sont pas transférées vers un pays tiers.

3.2 Toutefois, lorsque les données sont transférées vers un pays tiers, notamment par l'utilisation de plateformes de gestion, hébergées à l'étranger, l'autorisation de la CDP est requise.

IV. Finalités des systèmes de géolocalisation

La CDP rappelle, en vertu de l'article 35 de la loi n° 2008-12, que des données à caractère personnel ne peuvent être collectées que pour des finalités déterminées, explicites et légitimes et qu'elles ne doivent pas être traitées ultérieurement de manière incompatible avec ces finalités.

Le recours à des systèmes de géolocalisation doit permettre de poursuivre les finalités suivantes :

4.1 pour les véhicules de fonction et de service des entreprises publiques et privées :

gestion de la flotte de véhicules (maintenance et révisions techniques) ; sécurité des personnes (prévention et assistance en cas d'accident), des véhicules (détection et traçabilité en cas de vol) ; contrôle à temps réel des trajets et itinéraires et production de rapports ; contrôle du respect d'une obligation légale ou réglementaire imposant la mise en œuvre d'un dispositif de géolocalisation, en raison du type de transport ou de la nature des biens transportés (hydrocarbures ou autres) ; contrôle du respect des règles d'utilisation du véhicule, définies par l'entreprise propriétaire.

Le recours à un système de géolocalisation de véhicules peut avoir pour finalité accessoire le suivi du temps de travail, lorsque ce suivi ne peut être réalisé par un autre moyen, sous réserve notamment de ne pas collecter ou traiter de données de localisation en dehors du temps de travail des employés concernés.

4.2 pour les sociétés de location de véhicules :

Gestion de la flotte de véhicules (facturation de la prestation) ; sécurité des personnes (prévention et assistance en cas d'accident), des véhicules loués (détection et traçabilité en cas de vol) ; contrôle du respect des règles d'utilisation des véhicules loués définies par le propriétaire.

4.3 pour les particuliers :

Sécurité des personnes (prévention et assistance en cas d' accident), du véhicule (prévention, détection et traçabilité en cas de vol)

V. Catégories de données traitées

Conformément à l'article 35-2 de la loi n° 2008-12, la CDP rappelle que les données traitées doivent être adéquates, pertinentes et non excessives au regard des finalités pour lesquelles elles sont collectées et traitées ultérieurement.

Pour poursuivre les finalités définies au point IV, les catégories de données suivantes peuvent être collectées et traitées :

5.1 pour les véhicules de fonction et de service des entreprises publiques et privées :

les données d'identification des employés : nom, prénom, fonction, numéro de matricule , les données d'identification du véhicule : marque du véhicule, numéro d'immatriculation du véhicule, les données de localisation du véhicule : les coordonnées géographiques, les itinéraires, les positions en temps réel, les arrêts, le nombre de kilomètres parcourus ; les informations relatives à la vitesse du véhicule ; les informations relatives aux dates et heures d'activation et de désactivation des systèmes de géolocalisation, pendant et en dehors des heures de travail.

5.2 pour les sociétés de location de véhicules

Les données d'identification du client : nom, prénom, numéro de téléphone, numéro du permis de conduire ou numéro de la carte nationale d'identité, la durée de la location, les données de localisation du véhicule : la localisation en temps réel du véhicule, le nombre de kilomètres parcourus.

5.3 pour les particuliers

Lorsqu'un particulier emploie un personnel affecté à la conduite de ses véhicules, les données de localisation suivantes peuvent être collectées et traitées : les itinéraires et coordonnées géographiques du véhicule, la localisation en temps réel du véhicule le nombre de kilomètres parcourus ; les informations relatives à la vitesse du véhicule.

VI. Durée de conservation des données

En vertu de l'article 35-3 de la loi précitée, les données doivent être conservées pendant une durée qui n'excède pas la période nécessaire aux finalités pour lesquelles elles ont été collectées ou traitées.

Au regard des finalités précitées, pour les trois catégories de systèmes de géolocalisation, la durée nécessaire de conservation des données d'identification des personnes physiques et de localisation est fixée à deux (02) ans, à compter de leur collecte.

Au-delà de cette durée de conservation, les données doivent être archivées de manière sécurisée ou supprimées.

VII. Mesures de sécurité

Conformément à l'article 71 de la loi n° 2008-12, le responsable du traitement est tenu de prendre toute précaution utile au regard de la nature des données et, notamment, pour empêcher qu'elles soient déformées, endommagées ou que des tiers non autorisés y aient accès. À ce titre, l'accès aux données collectées ne doit être possible que par les personnes habilitées à recevoir et consulter les informations issues du système de géolocalisation. Les personnes habilitées doivent être déterminées en fonction de la finalité du dispositif.

Le responsable de traitement pourra effectuer une analyse de risques afin d'évaluer au mieux les mesures de sécurité à prendre en compte pour la mise en place d'un système de géolocalisation.

Lorsqu'un exploitant de système de géolocalisation utilise des outils ou logiciels et plateformes développés et proposés par des tiers pour le traitement des données, il doit s'assurer que ces outils, logiciels et plateformes respectent les obligations de sécurité définies à l'article 71 précité.

VIII. Recours aux services d'un sous-traitant

Aux termes de l'article 39 de la loi n° 2008-12, lorsque le traitement est mis en œuvre pour le compte du responsable du traitement, celui-ci doit choisir un sous-traitant qui apporte des garanties suffisantes.

Aussi, un contrat ou un acte juridique consigné par écrit doit lier le sous-traitant au responsable du traitement, qui prévoit notamment que le sous-traitant n' agit que sur la seule instruction du responsable du traitement.

Par ailleurs, il incombe au responsable du traitement ainsi qu'au sous-traitant de veiller au respect des mesures de sécurité définies à l'article 71 de la loi n° 2008-12.

À cet effet, lorsqu'un exploitant de système de géolocalisation fait appel aux services d'un sous-traitant, pour la mise à disposition du système et la mise en œuvre des finalités citées au point IV, le sous-traitant doit présenter des garanties suffisantes pour assurer la sécurité et la confidentialité des données.

Un engagement de confidentialité doit être signé par le sous-traitant.

IX. Droits et vie privée des personnes

9.1 Droit des personnes

Conformément aux articles 58 et suivants de la loi n° 2008-12, les personnes dont les données personnelles font objet d'un traitement bénéficient de droits fondamentaux, notamment le droit à l'information préalable, le droit d'accès, d'opposition, de rectification ou de suppression.

L'installation de systèmes de géolocalisation sur des véhicules d'entreprises, des véhicules de location et des véhicules de particuliers, affectés à un personnel dédié, requiert l'information préalable des personnes utilisatrices.

Pour les entreprises publiques et privées, les employés concernés doivent être formellement informés par note de service, par note d'information ou par tout document d'information dûment notifié à la personne concernée.

Ce document indique : l'identité de l'exploitant du système de géolocalisation et du sous-traitant, le cas échéant , les finalités du système de géolocalisation, les catégories de données collectées et traitées, les règles d'activation et de désactivation du système de géolocalisation ; les mesures prises pour assurer la sécurité des données, les mesures prises pour assurer la protection de la vie privée des employés, les modalités d'exercice des droits d'accès, de rectification et d'opposition.

Les sociétés de location de véhicules doivent préalablement informer de manière formelle leurs clients de l'existence de balises de géolocalisation sur les véhicules loués et des finalités de tels systèmes.

Les clients doivent également être informés des catégories de données collectées et traitées.

9.2 Protection de la vie privée

Les exploitants de système de géolocalisation de véhicules doivent prendre toutes les précautions utiles afin de protéger la vie privée des employés et des clients concernés.

À ce titre, les mesures suivantes doivent être mises en œuvre : désactiver le système de géolocalisation à l'issue des horaires de travail ou durant les heures de pause. À défaut de la possibilité de désactiver le système de géolocalisation en dehors des horaires de travail, les données collectées durant ces heures ne peuvent pas utilisées pour prendre des décisions à l'encontre des employés s'engager formellement à l'endroit des employés et des clients à ne pas porter atteinte à leur vie privée ; faire signer un engagement aux employés à utiliser les véhicules conformément aux règles prédéfinies par l'employeur ; limiter les données de localisation collectées auprès des clients qui louent des véhicules.

X. Dispositions finales

Tout traitement de données personnelles concernant les systèmes de géolocalisation de véhicules doit être mis en œuvre conformément à la présente délibération à compter de sa date de publication.

Article 431-14.- Celui qui, même par négligence, procède ou fait procéder à des traitements de données à caractère personnel sans avoir respecté les formalités préalables à leur mise en œuvre prévues par la loi sur les données à caractère personnel, est puni d'un emprisonnement d'un an à sept ans et d'une amende de 500 000 francs à 10 000 000 de francs ou de l'une de ces peines.

- **Le traitement de données à caractère personnel en violation des formalités légales préalables**

- **Bibliographie**

A. LEPAGE, « Réflexions de droit pénal sur la loi du 6 août 2004 relative à la protection des personnes à l'égard des traitements de données à caractère personnel », *Comm. com. électr.*, février 2005, p. 33-39.

A. MIHMAN, « Atteintes aux droits de la personne résultant des fichiers ou des traitements informatiques », *Jurisclass. pén. Code*, art. 226-16 à 226-24, fasc. 20, 2018.

C. CASTETS-RENARD et N. CATELAN, « Données à caractère personnel-Aspect pénal », *Rép. IP/IT* et comm., juillet 2019.

J. FRAYSSINET, « Atteintes aux droits de la personne résultant des fichiers de traitement informatiques », *J.-cl. pén.*, art. 226-16 à 226-24, 2, 2006, p. 22, n° 159.

J. FRAYSSINET, « La régulation du respect de la loi informatique, fichiers et libertés par le droit pénal : une épée en bois », *Légicom*, n° 42, 2009, p. 42.

J. FRAYSSINET, « Infractions relevant du droit de l'informatique. Exploitation clandestine d'un autocommutateur téléphonique », *RSC* 1992, p. 107.

J. FRAYSSINET, « La loi du 06 janvier 1978 relative à l'informatique, aux fichiers et aux libertés », *RD publ.* 1978, p. 1094.

M. LO, *La protection des données à caractère personnel en Afrique. Réglementation et régulation*, Dakar, Baol éditions, 2017.

M. QUEMENER, « Les données personnelles à l'ère numérique. Quelle protection sur le plan pénal ? », *RDP*, n°01, p. 71.

P. A. TOURE, *Le traitement de la cybercriminalité devant le juge : l'exemple du Sénégal*, Paris, l'Harmattan, 2012.

P. SARGOS, « Informatique et libertés et droit pénal », in *Émergence du droit de l'informatique*, 1983, éd. des Parquets, p. 164 et s.

R. GASSIN, « Informatique et libertés », *Rép. pén. et proc. pén.*, Dalloz, janvier 1987.

R. GASSIN, « Un cas exemplaire de dérive jurisprudentielle du droit pénal technique : l'arrêt de la chambre criminelle du 3 novembre 1987, relatif aux délits en matière d'informatique de fichiers et de libertés », *Lamy Droit de l'informatique et des réseaux*, 1988, Bull. Actualité n° B, p. 2.
S. TIJARDOVIC, « La protection juridique des données personnelles », *Les Cahiers du numérique*, 03/ 2003, vol. 04, p. 185.

- **Commentaire**

63. Structure de l'infraction. L'article 431-14 du Code pénal sanctionne celui qui, même par négligence, procède ou fait procéder à des traitements de données à caractère personnel sans avoir respecté les formalités préalables à leur mise en œuvre prévues par la loi sur la protection des données à caractère personnel *(J. FRAYSSINET, « Atteintes aux droits de la personne résultant des fichiers de traitement informatiques », J.-cl. pén., art. 226-16 à 226-24, 2, 2006, p. 22, n° 159 ; P. A. TOURE, Le traitement de la cybercriminalité devant le juge : l'exemple du Sénégal, Paris, l'Harmattan, 2012, n° 310 et s.*). Cette infraction constitue un délit continu, puisqu'elle renvoie à l'idée d'une « *exploitation dans la durée* » (*Cass. crim. 23 mai 1991, Bull. crim. 1991, n° 218 ; Gaz. pal. 1991, 2, p. 591 ; Expertises, 1991, n° 143, comm. J. Frayssinet ; JCP, édit. G. 1991, IV, 349 ; Dr. pén., 1991, comm. 325, note H. Robert ; RSC 1992, p. 109, obs. J. Francillon : « Attendu que le délit prévu et réprimé par l'article 41 précité est commis aussi longtemps qu'en l'absence de déclaration prescrite par l'article 16 de la loi susvisée, il est procédé ou fait procéder au traitement d'informations nominatives » ; V. dans le même sens, Cass. crim. 30 octobre 2001, Juris-data n° 2*).

64. Traitements échappant aux formalités préalables. Il importe de préciser qu'au nom du respect de certaines libertés fondamentales (vie privée, liberté d'association, d'expression, etc.), et pour des raisons pratiques, certains traitements échappent aux formalités préalables et bénéficient de dispenses. C'est ce qui résulte des dispositions de l'article 17 de la loi sur la protection des données à caractère personnel. Il s'agit des traitements que la loi a mis expressément hors de son champ d'application. En outre, ces traitements visent ceux qui sont dans le domaine de la loi, mais qui bénéficient d'une dispense législative expresse. Il en est ainsi d'abord des traitements ayant pour seul objet la tenue d'un registre qui, en vertu de dispositions législatives ou réglementaires, sont destinés exclusivement à l'information du public et sont ouverts à la consultation de celui-ci ou de toute personne justifiant d'un intérêt légitime. Il en est de même des traitements mis en œuvre par une association ou tout organisme à but non lucratif et à caractère religieux, philosophique, politique ou syndical dès lors que ces données correspondent à l'objet de cette association ou de cet organisme, qu'elles ne concernent que leurs membres et qu'elles ne doivent pas être communiquées à des tiers.

Les traitements couverts par l'article 431-17 du Code pénal sont ceux qui sont soumis à la déclaration préalable auprès de la CDP (V. *art. 18 de la loi sur la protection des données à caractère personnel*), ceux soumis à l'autorisation préalable de la CDP (*V. art. 20 de la loi sur la protection des données à caractère personnel*) et ceux soumis à l'autorisation par acte réglementaire, pris après avis motivé de la CDP (*art. 21 de la loi sur la protection des données à caractère personnel*).

65. Méconnaissance des formalités préalables. La méconnaissance des formalités préalables constitutive du délit de l'article 431-17 du Code pénal est établie lorsque le responsable a mis en œuvre le traitement sans avoir procédé à la déclaration du traitement auprès de la CDP ou sans avoir obtenu l'autorisation exigée par la loi (*J. PRADEL et M. DANTI-JUAN, Droit pénal spécial, Paris, Cujas, 4e édition, 2007, p. 246*).

S'agissant des traitements autorisés par voie réglementaire, l'autorisation de mise en œuvre résultant de l'édiction de l'acte réglementaire et non de l'avis de la Commission des Données Personnelles, la question s'est posée de savoir si le délit est constitué lorsque l'autorisation administrative a été annulée (*V. art. 21 de la loi sur la protection des données à caractère personnel*). En droit administratif, l'annulation d'un acte administratif ayant en principe un effet rétroactif, la doctrine a estimé que l'autorisation est ancantie et que le traitement tombe sous le coup de la loi pénale (*R. GASSIN, « Informatique et libertés », Rép. pén. et proc. pén., Dalloz, janvier 198, p. 30, n° 297*).

En ce qui concerne le régime normal de la déclaration, le délit de l'article 431-17 du Code pénal découle de la mise en œuvre du traitement sans avoir reçu le récépissé délivré par la CDP, qui seul donne droit à la mise en œuvre d'un traitement.

Ainsi, la CDP dans sa Délibération n° 2020-00491/CDP du 29 octobre 2020 relative aux traitements de données personnelles mis en œuvre dans le cadre de l'exploitation de systèmes de géolocalisation de véhicules a énoncé que « *les exploitants de systèmes de géolocalisation de véhicules doivent, préalablement à leur mise en œuvre, effectuer les formalités nécessaires auprès de la CDP. Font l'objet d'une déclaration normale, les systèmes de géolocalisation qui ne sont pas interconnectés avec d'autres systèmes, et dont les données traitées ne sont pas transférées vers un pays tiers* ».

Récemment, un arrêt de la Cour d'appel de Toulouse du 12 janvier 2005 a considéré que l'utilisation par une société de renseignements d'extraits d'une base de données acquise auprès d'une autre société, en vue de procéder à des prospections publicitaires, constitue un traitement en violation des formalités légales (*CA Toulouse, 12 janvier 2005, Jurisdata, n° 272643*).

Par ailleurs, les formalités à respecter par le responsable du traitement doivent être accomplies préalablement au traitement des données à caractère personnel pour échapper à la répression pénale, l'article 431-17 du Code pénal faisant référence à des « *formalités préalables* » (*En ce sens, Cass. crim. 30 octobre 2001, Juris-data n° 2001-012248*).

Ainsi, est constitutif du délit de mise en œuvre d'un traitement automatisé de données personnelles clandestines faute de l'accomplissement des formalités préalables exigées par la loi, le fait pour le gérant d'une société de recouvrement de créances de mettre en œuvre, sans déclaration préalable auprès de la CNIL et sur les indications qui lui étaient données par ses clients, un traitement automatisé d'informations nominatives comportant la mise en mémoire des nom, prénoms et adresse de chacun des débiteurs à poursuivre ainsi que le montant de sa dette et le numéro de son dossier (*Cass. crim., 03 nov. 1987, n° 87-83.429 , JurisData n° 1987-002124 ;Bull. crim. n° 382; JCP G 1988, I, 3323, obs. J. Frayssinet ; RSC 1988, p. 295, obs. J.-P. Delmas-Saint-Hilaire*). Constitue également l'infraction prévue par l'article 431-14 du Code pénal, le fait pour une association de défense des victimes de notaires de mettre en ligne, sans déclaration préalable à la CNIL, un site internet contenant des listes nominatives de notaires, classées par régions et par départements (*CA Bourges, 2e ch., 11 janvier 2007, n° 2007/03, Jurisdata n° 2007-340808 ; Comm. com. électr. 2007, comm. 126, obs. A. Lepage*).

Ensuite, peut être poursuivi celui qui met en œuvre (ou qui fait mettre en œuvre) un traitement sans avoir correctement accompli les formalités préalables. Dans une telle hypothèse, des démarches ont été entreprises, mais la procédure n'a pas été scrupuleusement suivie. Par exemple, une simple lettre, même faisant état du fichier litigieux, et donc de son existence, n'a pas de valeur en soi et ne peut se substituer à la déclaration au sens de la loi du 6 janvier 1978 (*T. corr., 17e ch., 05 février 1990, JCP E 1990, 15920, obs. M. Vivant et A. Lucas*). Ou encore doit être condamnée pour avoir procédé à des traitements d'informations nominatives sans avoir respecté les formalités préalables à leur mise en œuvre la personne qui, si elle a bien déclaré par courrier mettre en ligne un site Internet, n'a pas fait retour du formulaire de déclaration que la CNIL lui avait fait parvenir (*CA Lyon, 7e ch., 25 février 2004, Comm. com. électr. 2004, comm. 63, obs. A Lepage*).

Peut alors être poursuivi, sur le fondement de l'article 431-17 du Code pénal, le directeur d'une société qui ne déclare pas un système de vidéosurveillance au sein d'un site de production dès lors que le système concerne spécifiquement les salariés de la société dont l'identification s'avère aisée pour son utilisateur (*Cass. crim., 09 février 2016, n° 14-87.753, Jurisdata n° 2016-001984; Bull. crim. n° 29 ; JCP S 2016, 1166, obs. B. Bossu*).

Selon l'article 22 in fine de la loi sur la protection des données à caractère personnel, en cas de changement des informations personnelles traitées ou de suppression du traitement, le responsable d'un traitement déjà déclaré ou autorisé, introduit une nouvelle demande auprès de la Commission de protection des Données Personnelles ou informe ladite Commission du changement ou de la suppression du traitement.

Sur le terrain répressif, même si le juge pénal ne s'est pas encore prononcé sur cette question, la doctrine admet que le non-respect des formalités prévues par l'article 22 de la loi précitée, n'ayant pas un caractère préalable, échappe au domaine de l'article 431-17 du Code pénal (*J. FRAYSSINET, « Atteintes aux droits de la personne résultant des fichiers de traitement informatiques », Juriscl. pén., art. 226-16 à 226-24, 2, 2006, p. 22, n° 159 : « Mais, comme il s'agit de formalités n'ayant pas un caractère préalable imposé, on pourrait estimer que l'article 226-16, alinéa 1er ne peut être appliqué »*).

66. Matérialité de l'infraction. S'agissant des actes matériels prohibés, le texte d'incrimination réprime « *quiconque aura, même par négligence, procédé ou fait procéder* » à des traitements de données à caractère personnel en méconnaissance des formalités légales. L'expression légale « *procéder à un traitement* », signifiant littéralement « *pratiquer une opération de traitement* », il a été jugé que l'emploi du verbe « *procéder* », dans le texte de l'article 226-16 alinéa 1er du Code pénal français, a pour effet d'exclure du champ répressif les traitements créés en violation des formalités sans avoir effectivement été mis en œuvre (*TGI Paris, 05 décembre 1991, JCP, édit. E, 1993, I, 246, obs. M. Vivant et A. Lucas ; Expertises, mars 1992, n° 114, obs. J. Francillon*).

En outre, l'usage par le législateur de la formule « *faire procéder* » à un traitement « *réduit le domaine de la complicité au profit de celui de l'auteur principal* » (*R. GASSIN, « Informatique et libertés », Rép. pén. et proc. pén., Dalloz, janvier 1987, p. 35, n° 331 ; P. SARGOS, « Informatique et libertés et droit pénal », in « Émergence du droit de l'informatique », 1983, éd. des Parquets, p. 164 et s. ; A. LEPAGE, P. MAISTRE DU CHAMBON et R. SALOMON, Droit pénal des affaires, Paris, Litec, 2008, p.185*). En effet, en incriminant « *quiconque aura, même par négligence, procédé ou fait procéder* » à un traitement clandestin, la loi pénale considère comme auteur principal non seulement celui qui a matériellement réalisé le traitement, mais aussi celui qui a donné des instructions ou même provoqué le traitement incriminé. Il s'ensuit alors une certaine érosion du domaine de la complicité pénale.

L'infraction est établie lorsque le responsable a mis en œuvre le traitement sans avoir procédé à sa déclaration auprès de la CDP ou sans avoir obtenu l'autorisation exigée par la loi (*J. PRADEL et M. DANTI-JUAN, Droit pénal spécial, Paris, Cujas, 4e édition, 2007, p. 246*) ou l'avis de la CDP. Un arrêt de la Cour d'appel de Toulouse du 12 janvier 2005 a considéré que l'utilisation par une société de renseignements extraits d'une base de données acquise auprès d'une autre société en vue de procéder à des prospections publicitaires, constitue un traitement en violation des formalités légales (*CA Toulouse, 12 janvier 2005, Juris-data, n° 272643*).

Commet l'infraction de traitement de données à caractère personnel en violation des formalités légales préalables, le directeur d'une société qui ne déclare pas un système de vidéosurveillance au sein d'un site de production dès lors que le système concerne spécifiquement les salariés de la société dont l'identification s'avère aisée pour son utilisateur (*Cass. crim., 09 février 2016, n° 14-87.753, Jurisdata n° 2016-001984 ; Bull. crim. n° 29 ; JCP S. 2016, 1166, obs. B. Bossu ; V. également CNIL, déc. n° 2013-029, 12 juill. 2013 ; CNIL, déc. n° 2014-001, 15 janv. 2014*).

67. Nature continue de l'infraction. La question de la nature instantanée ou continue du délit a fait l'objet de controverses en doctrine et en jurisprudence.

La doctrine majoritaire s'est prononcée en faveur de la nature continue du délit. L'on a fait valoir que l'expression « *procéder à un traitement* », contenue dans le texte d'incrimination, renvoyait à l'idée d'une « *exploitation dans la durée* » (*notamment, en ce sens, R. GASSIN, « Informatique et libertés », Rép. pén. et proc. pén., Dalloz, janvier 198, p. 34, n° 324 ; M. VIVANT (dir.), Lamy Droit de l'informatique et des réseaux, Lamy SA, 2003, n° 3122*).

Sous l'empire de la législation antérieure, la chambre criminelle de la Cour de Cassation française s'était prononcée en faveur de la nature continue de l'infraction dans un arrêt de principe du 23 mai 1991 (*Cass. crim. 23 mai 1991, Bull. crim. 1991, n° 218 ; Gaz. pal. 1991, 2, p. 591 ; Expertises, 1991, n° 143, comm. J. Frayssinet ; JCP, édit. G. 1991, IV, 349 ; Dr. pén., 1991, comm. 325, note H. Robert ; RSC 1992, p. 109, obs. J. Francillon : « Attendu que le délit prévu et réprimé par l'article 41 précité est commis aussi longtemps qu'en l'absence de déclaration prescrite par l'article 16 de la loi susvisée, il est procédé ou fait procéder au traitement d'informations nominatives » ; V. dans le même sens, Cass. crim. 30 octobre 2001, Juris-data n° 2001-012248*).

Les auteurs modernes estiment que cette jurisprudence devrait être inchangée à la suite du nouveau dispositif mis en place par la loi n° 2004-801 du 06 août 2004 (*Ph. CONTE, Droit pénal spécial, Paris, Litec, 3e édition, 2007, p. 170, n° 302 ; J. PRADEL et M. DANTI-JUAN, Droit pénal spécial, Paris, Cujas, 4e édition, 2007, p. 246, n° 271 ; A. LEPAGE, P. MAISTRE DU CHAMBON et R. SALOMON, Droit pénal des affaires, Paris, Litec, 2008, p. 185*).

68. Caractère intentionnel de l'infraction. En ce qui concerne l'élément moral de l'infraction, l'ancien article 41 de la loi du 06 janvier 1978, ne contenant aucune indication relative à l'exigence d'une intention coupable, la question s'était vite posée de savoir si ce délit était une infraction intentionnelle ou un simple délit matériel.

Dans un arrêt du 03 novembre 1987, la cour régulatrice a affirmé de façon non équivoque que le délit de l'article 41 de la loi de 1978 est un délit matériel qui ne requiert nullement l'intention délictueuse (*Cass. crim, 03 novembre 1987, Bull. crim., n° 382; RSC 1988, p. 295, obs. Delmas Saint-Hilaire*). Dans l'attendu de principe de l'arrêt, on peut lire sous la plume des hauts magistrats que « *le délit de mise en œuvre d'un traitement automatisé d'informations nominatives sans déclaration préalable a le caractère d'une infraction matérielle, le fait incriminé impliquant une faute dont le prévenu ne peut se disculper que par la force majeure* ».

Cette solution jurisprudentielle a divisé la doctrine. Le professeur Frayssinet a vu dans cette jurisprudence un raffermissement dans l'application de l'article 41 de la loi de 1978, ce qui conduirait le responsable du traitement à prendre plus au sérieux le dispositif de protection de la loi de 1978 (*J. FRAYSSINET, « La Cour de Cassation et la loi informatique, fichiers et libertés, ou comment amputer une loi tout en raffermissant son application : CA Rennes, 24 juin 1986 et cass crim., 3 novembre 1987) », S/J, éd. G., n° 3323*).

Cependant, la solution de l'arrêt de 1987 a été critiquée par la majorité des auteurs. Le professeur Gassin a perçu dans cette solution « *un cas exemplaire de dérive jurisprudentielle du droit pénal technique* » (*R. GASSIN, « Un cas exemplaire de dérive jurisprudentielle du droit pénal technique: l'arrêt de la chambre criminelle du 03 novembre 1987, relatif aux délits en matière d'informatique de fichiers et de libertés », Lamy Droit de l'informatique et des réseaux, 1988, Bull. Actualité n° B, p. 2*). Selon cet auteur, l'emploi dans le texte d'incrimination du terme « *procéder à* », synonyme de « *faire exécuter* », implique l'exigence d'une intention délictueuse et renvoie à l'idée d'un acte de volonté délibérée qui est incompatible avec la simple négligence (*R. GASSIN, op. cit., p. 15, n° 52*).

En tout état de cause, en France, la nouvelle rédaction de l'article 226-16 du Code pénal, reprise en substance par l'article 431-17 du Code pénal, semble avoir fait perdre toute valeur à la jurisprudence de 1987. En effet, ce dernier texte, en incriminant « *quiconque aura, même par négligence, procédé ou fait procéder à des traitements de données à caractère personnel* » en violation des formalités légales, traite sur le même pied d'égalité une méconnaissance délibérée ou une simple négligence des formalités (*J. PRADEL et M. DANTI-JUAN, Droit pénal spécial, Cujas, 4e édition, 2007-2008, p. 246, n° 271 ; Ph. CONTE, Droit pénal spécial, Paris, Litec, 3e édition, 2007, p. 170, n° 302 : « Il est indifférent que la coupable ait agi intentionnellement ou par négligence » ; contr. A. LEPAGE, P. MAISTRE DU CHAMBON et R. SALOMON, Droit pénal des affaires, Paris, Litec, 2008, p. 184-185 : « L'infraction ne requiert pas l'intention de se soustraire aux formalités légales. Il s'agit d'un délit non intentionnel»).*

Le délit de l'article 431-17 du Code pénal suppose indiscutablement la caractérisation d'un élément moral, même si la seule mise en œuvre d'un traitement par négligence est également incriminée par ce texte (*CA Toulouse, 12 janvier 2005, Jurisdata, n° 272643 ; M. VIVANT (dir.), Lamy Droit de l'informatique et des réseaux, Lamy* SA, 2007, p. 1842, n° 3122).

Mais en pratique, l'intention du prévenu résulte souvent de la matérialité de l'acte de traitement des données à caractère personnel.

- **Jurisprudence**

Constitue le délit de traitement de données à caractère personnel en violation des formalités préalables, le fait pour une personne de copier et de mettre en ligne les photos d'une jeune femme sur son compte Facebook à son insu et contre son gré, en se faisant passer pour cette dernière (**TGIHC Dakar, n° 912 du 28 février 2014, MP et S. MB. c/ Kh. G., *inédit***).

Article 431-15. - Celui qui, même par négligence, procède ou fait procéder à un traitement qui a fait l'objet de la mesure prévue au point 1 de l'article 30 de la loi sur les données à caractère personnel, est puni d'un emprisonnement d'un an à sept ans et d'une amende de 500 000 francs à 10 000 000 de francs ou de l'une de ces peines.

- **Le non-respect du retrait de l'autorisation de traitement de données à caractère personnel prononcé par la commission de protection des données à caractère personnel**

- **Bibliographie**

A. LEPAGE, « Réflexions de droit pénal sur la loi du 06 août 2004 relative à la protection des personnes à l'égard des traitements de données à caractère personnel », *Comm. com. électr.*, février 2005, p. 33-39.

A. MIHMAN « Atteintes aux droits de la personne résultant des fichiers ou des traitements informatiques », *Jurisclass. pén.* Code, art. 226-16 à 226-24, fasc. 20.

C. CASTETS-RENARD et N. CATELAN, « Données à caractère personnel-Aspect pénal », *Rép. IP/IT* et comm., juillet 2019.

J. FRAYSSINET, « Atteintes aux droits de la personne résultant des fichiers de traitement informatiques », *J.-cl. pén.*, art. 226-16 à 226-24, 2, 2006, p. 22.

J. FRAYSSINET, « Infractions relevant du droit de l'informatique. Exploitation clandestine d'un autocommutateur téléphonique », *RSC* 1992, p. 107.

J. FRAYSSINET, « La loi du 06 janvier 1978 relative à l'informatique, aux fichiers et aux libertés », *RD publ.* 1978, p. 1094.

M. LO, *La protection des données à caractère personnel en Afrique. Réglementation et régulation*, Dakar, Baol éditions, 2017.

P. A. TOURE, *Le traitement de la cybercriminalité devant le juge : l'exemple du Sénégal*, Paris, l'Harmattan, 2012.

P. SARGOS, « Informatique et libertés et droit pénal », in *Émergence du droit de l'informatique*, 1983, éd. des Parquets, p. 164 et s.

R. GASSIN, « Informatique et libertés », *Rép. pén. et proc. pén.*, Dalloz, janvier 1987.

R. GASSIN, « Un cas exemplaire de dérive jurisprudentielle du droit pénal technique : l'arrêt de la chambre criminelle du 03 novembre 1987, relatif aux délits en matière d'informatique de fichiers et de libertés », *Lamy Droit de l'informatique et des réseaux*, 1988, Bull. Actualité n° B, p. 2.

S. TIJARDOVIC, « La protection juridique des données personnelles », *Les Cahiers du numérique*, 03/ 2003, vol. 04, p. 185.

- **Commentaire**

69. Sanction de retrait de l'autorisation de traitement. La Commission des Données Personnelles dispose d'importants pouvoirs de sanctions à l'égard des responsables de traitement des données à caractère personnel. Il résulte des dispositions de l'article 30 de la loi sur la protection des données à caractère personnel que si le responsable du traitement ne se conforme pas à la mise en demeure qui lui a été adressée, la Commission des Données Personnelles peut prononcer à son encontre, après procédure contradictoire, le retrait provisoire de l'autorisation accordée pour une durée de trois (3) mois à l'expiration de laquelle, le retrait devient définitif.

Le législateur pénal accorde une grande importance au pouvoir de sanction de la CDP puisqu'il incrimine le non-respect de la sanction de retrait de l'autorisation de traitement de données à caractère personnel prononcée par la CDP. Aux termes de l'article 431-15 du Code pénal : « *Celui qui, même par négligence, procède ou fait procéder à un traitement qui a fait l'objet de la mesure prévue au point 1 de l'article 30 de la loi sur les données à caractère personnel, est puni d'un emprisonnement d'un an à sept ans et d'une amende de 500 000 francs à 10 000 000 de francs ou de l'une de ces peines* ».

70. Élément matériel. L'acte matériel de l'infraction consiste à procéder ou de faire procéder à un traitement ayant fait l'objet d'un retrait d'autorisation. Ainsi, la constitution du délit suppose que le responsable du traitement de données à caractère personnel soumis au régime de l'autorisation méconnait la sanction du retrait de l'autorisation de traitement des données personnelles.

À la lecture du texte d'incrimination (« *de procéder ou de faire procéder* »), la complicité est réprimée en tant qu'infraction autonome. La personne qui fait procéder au traitement n'est donc pas poursuivie comme complice, sur le fondement de l'article 46 du Code pénal, mais en qualité d'auteur principal. Le complice étant puni comme auteur de l'infraction, cette autonomie est indifférente du point de vue de la répression pénale.

71. Élément moral. Le législateur a créé des infractions relatives aux données à caractère personnel *sui generis* pouvant être aussi bien intentionnelles que non intentionnelles. Il en est également ainsi du délit prévu par l'article 431-15 du Code pénal, le texte d'incrimination précisant que l'auteur de l'infraction peut agir « *même par négligence* » (*A. MIHMAN « Atteintes aux droits de la personne résultant des fichiers ou des traitements informatiques », Jurisclass. pén. Code, art. 226-16 à 226-24, fasc. 20, 2018, n° 14 et s.*).

Articles 431-16.- Lorsqu'il est procédé ou fait procéder à un traitement de données à caractère personnel dans les conditions prévues par l'article 19 de la loi sur les données à caractère personnel, celui qui ne respecte pas, y compris par négligence, les normes simplifiées ou d'exonération établies à cet effet par la Commission des données personnelles, est puni d'un emprisonnement d'un an à sept ans et d'une amende de 500 000 francs à 10 000 000 de francs ou de l'une de ces peines.

- **Le traitement de données à caractère personnel en violation des normes simplifiées ou d'exonération**

- **Bibliographie**

A. LEPAGE, « Réflexions de droit pénal sur la loi du 6 août 2004 relative à la protection des personnes à l'égard des traitements de données à caractère personnel », *Comm. com. électr.*, février 2005, p. 33-39.
C. CASTETS-RENARD et N. CATELAN, « Données à caractère personnel-Aspect pénal », *Rép. IP/IT* et comm., juillet 2019.
J. FRAYSSINET, « Atteintes aux droits de la personne résultant des fichiers de traitement informatiques », *J.-cl. pén.*, art. 226-16 à 226-24, 2, 2006, p. 22, n° 159.
J. FRAYSSINET, « Infractions relevant du droit de l'informatique. Exploitation clandestine d'un autocommutateur téléphonique », *RSC* 1992, p. 107.
J. FRAYSSINET, « La loi du 06 janvier 1978 relative à l'informatique, aux fichiers et aux libertés », *RD publ.* 1978, p. 1094.
M. LO, *La protection des données à caractère personnel en Afrique. Réglementation et régulation*, Dakar, Baol éditions, 2017.
P. A. TOURE, *Le traitement de la cybercriminalité devant le juge : l'exemple du Sénégal*, Paris, l'Harmattan, 2012.
P. SARGOS, « Informatique et libertés et droit pénal », in *Émergence du droit de l'informatique*, 1983, éd. des Parquets, p. 164 et s.
A. MIHMAN « Atteintes aux droits de la personne résultant des fichiers ou des traitements informatiques », *Jurisclass. pén.* Code, art. 226-16 à 226-24, fasc. 20.
R. GASSIN, « Informatique et libertés », *Rép. pén. et proc. pén.*, Dalloz, janvier 1987.

R. GASSIN, « Un cas exemplaire de dérive jurisprudentielle du droit pénal technique : l'arrêt de la chambre criminelle du 3 novembre 1987, relatif aux délits en matière d'informatique de fichiers et de libertés », *Lamy Droit de l'informatique et des réseaux*, 1988, Bull. Actualité n° B, p. 2.
S. TIJARDOVIC, « La protection juridique des données personnelles », *Les Cahiers du numérique*, 03/ 2003, vol. 04, p. 185.

- **Commentaire**

72. Régime simplifié. Dans le souci d'assouplir le système déclaratif, le législateur a prévu un régime de déclaration simplifiée et d'exonération. Le régime de déclaration simplifié est prévu par l'article 19 de la loi sur les données à caractère personnel qui prévoit une simplification de la procédure de déclaration du traitement « *pour les catégories les plus courantes de traitement des données à caractère personnel dont la mise en œuvre n'est pas susceptible de porter atteinte à la vie privée ou aux libertés* ». Les normes destinées à simplifier l'obligation de déclaration sont établies et publiées par la Commission des Données Personnelles. Selon l'article 26, alinéa 2 du décret n° 2008-721 du 30 juin 2008 portant application de la loi n° 2008-12 du 25 janvier 2008 sur la protection des données à caractère personnel, « *les normes destinées à simplifier ou à exonérer l'obligation de déclaration établie par la Commission des données personnelles en application de l'article 19 de la loi sur les données à caractère personnel sont publiées au Journal officiel* ».

La déclaration est faite selon un modèle de formulaire simplifié défini par cette Commission (*V. art. 26 alinéa 1er du décret n° 2008-721 du 30 juin 2008 portant application de la loi n° 2008-12 du 25 janvier 2008 sur la protection des données à caractère personnel*).

Selon l'article 23 du décret n° 2008-721 du 30 juin 2008, peuvent faire l'objet d'une déclaration simplifiée les traitements de données à caractère personnel mis en œuvre par les organismes publics et privés pour la gestion de leurs personnels sur les lieux de travail pour la gestion des contrôles d'accès aux locaux, des horaires, de la restauration. Il en est de même de l'utilisation de services de téléphonie fixe et mobile sur les lieux de travail.

La Commission de Protection des Données Personnelles du Sénégal a déjà publié une norme simplifiée n°2019–001/CDP du 19 avril 2019 relative à la gestion des personnels dans les organismes publics et privés, une norme simplifiée n°2019–002/CDP du 19 avril 2019 relative aux registres des entrées et sorties, norme simplifiée n°2019–003/CDP du 19 avril 2019 relative aux systèmes de vidéosurveillance installés à domicile pour les particuliers, une norme simplifiée n° 2019–004/CDP du 19 avril 2019 relative aux systèmes d'accès par badges et une norme simplifiée n°2019–005/CDP du 19 avril 2019 relative à la gestion des fournisseurs.

73. Régime d'exonération. Le régime d'exonération permet au responsable du traitement d'être dispensé de toute formalité déclarative lorsque « *la mise en œuvre n'est pas susceptible de porter atteinte à la vie privée ou aux libertés* » (*V. art. 19 alinéa 1er de la loi sur la protection des données à caractère personnel)*. Il revient également à la Commission de protection des données personnelles d'édicter et de publier les normes d'exonération de l'obligation de déclaration normale. En France, sont dispensés de la déclaration à la CNIL, les fichiers de paie, les traitements relatifs aux déclarations fiscales et sociales obligatoires, ceux liés à la comptabilité générale, les sites internet personnels, à l'image des blogs qui collectent des données personnelles (*Sur ces traitements, Ch. FERAL-SCHUHL, Cyberdroit, le droit à l'épreuve de l'Internet, Dalloz, 6e édition, 2010, p. 73 et s.*)

74. Structure de l'infraction. L'article 431-16 du Code pénal incrimine le non-respect des normes simplifiées ou d'exonération de l'obligation de déclaration établies par la CDP. Il doit être apprécié compte tenu des finalités du traitement, de leurs destinataires, de la nature des données personnelles traitées, de leur durée de conservation déterminée par la Commission de protection des données personnelles (*J. FRAYSSINET, « Atteintes aux droits de la personne résultant des fichiers de traitement informatiques », J.-Cl. pén., art. 226-16 à 226-24, 2, 2006, p. 18, n° 126*).

Le texte d'incrimination sanctionne le responsable du traitement qui aura méconnu « *y compris par négligence* », les normes simplifiées ou d'exonération établies par la Commission de protection des données personnelles. Le délit de l'article 431-19 du Code pénal constitue une infraction intentionnelle, même si le législateur traite indifféremment l'inobservation délibérée des règles simplifiées ou de dispense prévues par la CDP et la simple négligence dans le respect de ces règles (*V. contr. A. LEPAGE, P. MAISTRE DU CHAMBON et R. SALOMON, Droit pénal des affaires, Paris, Litec, 2008, p. 187. Selon les auteurs par la formule « y compris par négligence », « il faut comprendre que le délit est non intentionnel ».)*

Article 431-17.- Celui qui, hors les cas où le traitement est autorisé dans les conditions prévues par la loi sur les données à caractère personnel procède ou fait procéder à un traitement de données à caractère personnel, incluant parmi les données sur lesquelles il porte le numéro d'inscription des personnes au répertoire national d'identification des personnes physiques, est puni d'un emprisonnement d'un an à sept ans et d'une amende de 500 000 francs à 10 000 000 de francs ou de l'une de ces peines.

- **Le traitement de données à caractère personnel incluant le numéro d'inscription des personnes au répertoire national d'identification des personnes physiques**

- **Bibliographie**

A. LEPAGE, « Réflexions de droit pénal sur la loi du 6 août 2004 relative à la protection des personnes à l'égard des traitements de données à caractère personnel », *Comm. com. électr.*, février 2005, p. 33-39

A. LEPAGE, P. MAISTRE DU CHAMBON et R. SALOMON, *Droit pénal des affaires*, Paris, Lexisnexis, 2015.

A. MIHMAN « Atteintes aux droits de la personne résultant des fichiers ou des traitements informatiques », *Jurisclass. pén.* Code, art. 226-16 à 226-24, fasc. 20.

C. CASTETS-RENARD et N. CATELAN, « Données à caractère personnel-Aspect pénal », *Rép. IP/IT* et comm., juillet 2019.

J. FRAYSSINET, « Atteintes aux droits de la personne résultant des fichiers de traitement informatiques », *J.-cl. pén.*, art. 226-16 à 226-24, 2, 2006, p. 22, n° 159.

J. FRAYSSINET, « Infractions relevant du droit de l'informatique. Exploitation clandestine d'un autocommutateur téléphonique », *RSC* 1992, p. 107.

J. FRAYSSINET, « La loi du 06 janvier 1978 relative à l'informatique, aux fichiers et aux libertés », *RD publ.* 1978, p. 1094.

M. LO, *La protection des données à caractère personnel en Afrique. Réglementation et régulation*, Dakar, Baol éditions, 2017.

P. A. TOURE, *Le traitement de la cybercriminalité devant le juge : l'exemple du Sénégal*, Paris, l'Harmattan, 2012.

P. SARGOS, « Informatique et libertés et droit pénal », in *Émergence du droit de l'informatique*, 1983, éd. des Parquets, p. 164 et s.

R. GASSIN, « Informatique et libertés », *Rép. pén. et proc. pén.*, Dalloz, janvier 1987.
R. GASSIN, « Un cas exemplaire de dérive jurisprudentielle du droit pénal technique : l'arrêt de la chambre criminelle du 3 novembre 1987, relatif aux délits en matière d'informatique de fichiers et de libertés », *Lamy Droit de l'informatique et des réseaux*, 1988, Bull. Actualité n° B, p. 2.
S. TIJARDOVIC, « La protection juridique des données personnelles », *Les Cahiers du numérique*, 03/ 2003, vol. 04, p. 185.

- **Commentaire**

75. Structure de l'infraction. L'article 431-17 du Code pénal réprime celui qui, hors les cas où le traitement est autorisé dans les conditions prévues par la loi sur les données à caractère personnel procède ou fait procéder à un traitement de données à caractère personnel, incluant parmi les données sur lesquelles il porte le numéro d'inscription des personnes au répertoire national d'identification des personnes physiques. La pénalisation de ce comportement ne saurait étonner, le numéro d'inscription des personnes au répertoire national d'identification des personnes physiques est, en effet, une donnée très identifiante et cette qualité étant renforcée par le procédé de constitution de ce numéro formé à partir de plusieurs autres numéros. Chacun de ces numéros donne une information sur la personne désignée (le sexe et l'année de naissance, notamment). Selon l'article 9 du décret n° 95-364 abrogeant et remplaçant le décret n°86-1014 du 19 août 1986 portant création d'un numéro national d'identification, d'un répertoire national des entreprises et associations, d'un comité de suivi, lors d'une première identification d'une personne physique, le CNI attribue un numéro l'identifiant. Il lui notifie par avis d'immatriculation, en trois exemplaires, ou à son représentant, pour les autres formalités requises.

En raison de son fort pouvoir d'identification, ce numéro, qui permet des interconnexions entre fichiers et favorise des recoupements, est perçu comme une « *information à risque pour les droits et libertés des personnes* » (*J. FRAYSSINET, op. cit., n° 212*).

Cette crainte qu'il inspire et, dans le même temps, les convoitises qu'il suscite, en particulier dans le secteur commercial, expliquent que le législateur soit intervenu pour placer son utilisation sous le signe du droit pénal (*A. LEPAGE, P. MAISTRE DU CHAMBON et R. SALOMON, Droit pénal des affaires, Paris, Lexisnexis, 2015, n° 588*).

D'ailleurs, en vertu de l'article 20 de la loi sur la protection des données à caractère personnel, les traitements portant sur un numéro national d'identification sont mis en œuvre après autorisation de la Commission des Données Personnelles.

76. Élément matériel. L'élément matériel du délit consiste à procéder ou faire procéder à un traitement de données à caractère personnel, incluant parmi les données sur lesquelles il porte le numéro d'inscription des personnes au répertoire national d'identification des personnes physiques (« *hors les cas où le traitement est autorisé dans les conditions prévues par la loi sur les données à caractère personnel* »).

On peut regretter la rédaction de l'article 431-17 du Code pénal, qui ne mentionne comme exception que la loi sur la protection des données à caractère personnel, alors même que d'autres textes législatifs peuvent autoriser l'utilisation du numéro d'identification national. Même s'ils ne sont pas directement visés par le texte d'incrimination, ils peuvent toutefois servir de faits justificatifs.

77. Élément moral. Contrairement à d'autres infractions relatives aux données à caractère personnel, l'article 431- du Code pénal ne réprime pas le fait de procéder ou de faire procéder au traitement par négligence. Mais il est certain que la réalisation de cette infraction suppose une intention. Eu égard aux termes de l'incrimination, l'élément moral est caractérisé par un dol général, c'est-à-dire par la conscience pour l'auteur de violer la loi pénale.

La complicité est réprimée à titre d'infraction autonome (« *de procéder ou faire procéder* ») et non sur le fondement du droit commun prévu par l'article 46 du Code pénal.

Article 431-18.- Celui qui procède ou fait procéder à un traitement de données à caractère personnel sans mettre en œuvre les mesures prescrites à l'article 71 de la loi sur les données à caractère personnel, est puni d'un emprisonnement d'un an à sept ans et, d'une amende de 500 000 francs à 10 000 000 de francs ou de l'une de ces peines.

- **Le traitement de données à caractère personnel en méconnaissance de l'obligation de sécurité**

- **Bibliographie**

A. LEPAGE, « Réflexions de droit pénal sur la loi du 06 août 2004 relative à la protection des personnes à l'égard des traitements de données à caractère personnel », *Comm. com. électr.*, février 2005, p. 33-39

A. MIHMAN « Atteintes aux droits de la personne résultant des fichiers ou des traitements informatiques », *Jurisclass. pén.* Code, art. 226-16 à 226-24, fasc. 20.

C. CASTETS-RENARD et N. CATELAN, « Données à caractère personnel-Aspect pénal », *Rép. IP/IT et comm.*, juillet 2019.

J. FRAYSSINET, « Atteintes aux droits de la personne résultant des fichiers de traitement informatiques », *J.-cl. pén.*, art. 226-16 à 226-24, 2, 2006, p. 22, n° 159.

J. FRAYSSINET, « Infractions relevant du droit de l'informatique. Exploitation clandestine d'un autocommutateur téléphonique », *RSC* 1992, p. 107.

J. FRAYSSINET, « La loi du 06 janvier 1978 relative à l'informatique, aux fichiers et aux libertés », *RD publ.* 1978, p. 1094.

M. LO, *La protection des données à caractère personnel en Afrique. Réglementation et régulation*, Dakar, Baol éditions, 2017.

P. A. TOURE, *Le traitement de la cybercriminalité devant le juge : l'exemple du Sénégal*, Paris, l'Harmattan, 2012.

P. SARGOS, « Informatique et libertés et droit pénal », in *Émergence du droit de l'informatique*, 1983, éd. des Parquets, p. 164 et s.

R. GASSIN, « Informatique et libertés », *Rép. pén. et proc. pén.*, Dalloz, janvier 1987.

R. GASSIN, « Un cas exemplaire de dérive jurisprudentielle du droit pénal technique : l'arrêt de la chambre criminelle du 3 novembre 1987, relatif aux délits en matière d'informatique de fichiers et de libertés », *Lamy Droit de l'informatique et des réseaux*, 1988, Bull. Actualité n° B, p. 2.

S. TIJARDOVIC, « La protection juridique des données personnelles », *Les Cahiers du numérique*, 03/ 2003, vol. 04, p. 185.

- **Commentaire**

78. Obligation de sécurité. Le législateur met à la charge du responsable du traitement une obligation de sécurité. En vertu de l'article 71 de la loi sur la protection des données à caractère personnel, le responsable du traitement est tenu de prendre toute précaution utile au regard de la nature des données et, notamment, pour empêcher qu'elles soient déformées, endommagées, ou que des tiers non autorisés y aient accès. Il prend, en particulier, toute mesure visant à :

- garantir que, pour l'utilisation d'un système de traitement automatisé de données, les personnes autorisées ne puissent accéder qu'aux données à caractère personnel relevant de leur compétence ;
- garantir que puisse être vérifiée et constatée l'identité des tiers auxquels des données à caractère personnel peuvent être transmises ;
- garantir que puisse être vérifiée et constatée a posteriori l'identité des personnes ayant eu accès au système d'information et quelles données ont été lues ou introduites dans le système, à quel moment et par quelle personne ;
- empêcher toute personne non autorisée d'accéder aux locaux et aux équipements utilisés pour le traitement des données ;
- empêcher que des supports de données puissent être lus, copiés, modifiés, détruits ou déplacés par une personne non autorisée ;
- empêcher l'introduction non autorisée de toute donnée dans le système d'information ainsi que toute prise de connaissance, toute modification ou tout effacement non autorisé de données enregistrées;
- empêcher que des systèmes de traitements de données puissent être utilisés par des personnes non autorisées à l'aide d'installations de transmission de données ;
- empêcher que, lors de la communication de données et du transport de supports de données, les données puissent être lues, copiées, modifiées ou effacées de façon non autorisée ;
- sauvegarder les données par la constitution de copies de sécurité ;

- rafraîchir et si nécessaire convertir les données pour un stockage pérenne.

79. Une obligation de moyen renforcée. À la lecture de la législation qui évoque une obligation du responsable du traitement de « *prendre toutes précautions utiles* », on pourrait penser que le responsable du traitement est soumis à une simple obligation de moyen. Il semblerait qu'il soit en réalité davantage soumis à une obligation de moyen renforcé. En effet, dans l'arrêt précité du 30 octobre 2001, les prévenus avaient mis en œuvre, selon la cour d'appel, un système de traitement automatisé d'informations nominatives sans qu'aient été prises toutes les précautions utiles en vue d'empêcher la communication des informations médicales aux membres du personnel administratif non autorisés, et notamment, sans que ces prévenus aient fait assurer la formation suffisante pour que chacun connaisse parfaitement le fonctionnement du système *(Cass. crim., 30 octobre 2001, préc.).* Les prévenus auraient dû, pour satisfaire à leur obligation légale, répéter régulièrement les actions de formation, notamment pour les nouveaux utilisateurs. Ainsi, l'obligation de sécurité prescrite par la loi sur la protection des données à caractère personnel, si elle ne constitue par principe qu'une obligation de moyen, se rapprocherait de plus en plus d'une obligation de résultat.

80. Preuve du défaut de sécurité. Même si l'on considère que l'obligation de sécurité est une obligation de moyen renforcé, la preuve d'un défaut de sécurité doit être rapportée. Ainsi, doit être relaxé du chef de manquement à la sécurité informatique des fichiers nominatifs le prévenu, rédacteur au service juridique d'un établissement bancaire, qui a transmis à la banque de France et de façon irrégulière ou erronée des coordonnées bancaires professionnelles de la partie civile. En effet, si une telle erreur est susceptible d'une action en réparation civile, elle ne constitue pas une infraction pénale en l'absence de preuve d'un défaut de sécurité relevant des procédés techniques ou de l'organisation du service, défaut qui aurait permis cette transmission faite en l'espèce et pour le surplus à un tiers autorisé *(CA Paris, 28 juin 2004, n° 04/01059, Jurisdata n° 2004-257883).* En revanche, doit être déclaré coupable le prévenu, directeur de banque, qui diffuse une liste informatique de 900 personnes contenant des renseignements relatifs à d'autres personnes que celle intéressée par le prêt, en n'attirant pas au surplus l'attention des commerçants destinataires sur la confidentialité de ces informations, en ne limitant même pas l'usage de ces informations à ces commerçants en n'excluant pas dans la lettre accompagnant la liste informatique toute diffusion à leurs préposés et employés *(CA Rennes, 3e ch., 13 janv. 1992, Jurisdata n° 1992-042488, préc. n° 101).*

Le Conseil d'État français a rappelé que l'obligation de sécurité ne saurait se limiter à la présence d'une mention dans le contrat de prestation, mais qu'elle impose au contraire l'intervention personnelle du responsable du traitement qui doit notamment s'assurer que la sécurité des données personnelles est préservée par la réalisation d'audits de sécurité et par la vérification de la bonne connaissance par les sous-traitants du prestataire principal des consignes de sécurité *(CE, 18 décembre 2015, n° 385019, Sté Orange, Jurisdata n° 2015-029454 ; D. IP/IT 2016, p. 144, obs. N. Metallinos).*

81. Incrimination. L'obligation de sécurité est pénalement sanctionnée par l'infraction prévue par l'article 431-18 du Code pénal. Ce texte incrimine le fait de procéder ou de faire procéder à un traitement de données à caractère personnel qu'il s'agisse aussi bien d'un fichier manuel que d'un traitement automatisé, sans mettre en œuvre les mesures prescrites à l'article 71 de la loi sur la protection des données à caractère personnel.

Le procédé du renvoi utilisé par le législateur ne favorise pas un respect rigoureux du principe de la légalité des délits et des peines et donne au juge pénal une marge importante d'appréciation tant en ce qui concerne l'élément matériel de l'infraction que s'agissant de l'élément moral.

82. Élément matériel. Le comportement sanctionné est le non-respect des règles de sécurité énoncées.

L'un des objectifs assignés à l'obligation de sécurité est d'éviter que les données soient déformées ou endommagées, c'est-à-dire qu'elles perdent leur intégrité, et cela tant à l'égard des personnes faisant l'objet du traitement d'informations personelles que de celles pouvant être directement ou indirectement concernées par l'exploitation de ce traitement. C'est ainsi que la chambre criminelle de la Cour de Cassation française a jugé, sous l'ancienne législation, que devait être approuvée la cour d'appel qui, pour condamner le maître d'un fichier pour défaut de précaution dans le traitement des informations contenues dans celui-ci, avait relevé que le prévenu avait collecté des renseignements relatifs à de « *mauvais payeurs* », en s'abstenant systématiquement d'enregistrer le lieu de naissance de ces personnes, créant ainsi un préjudice à tous les homonymes concernés *(Cass. crim., 19 décembre 1995, n° 94-81.431,*

Jurisdata n°1995-004206 ; Bull. crim. n° 387 ; Dr. pén. 1996, comm. 126, obs. M. Véron ; RSC 1996, p. 679, obs. J. Francillon).

Un autre objectif de l'obligation de sécurité est d'empêcher que des tiers non autorisés aient accès aux données. Il a ainsi été jugé que doivent être considérés comme des tiers non autorisés des commerçants auxquels un directeur de banque diffuse une liste de clients présentant des risques *(CA Rennes, 3e ch., 13 janvier 1992, JurisData n° 1992-042488 ; D. 1993, somm. p. 54, obs. M. Vasseur ; Expertises 1993, n° 158, p. 76, obs. J. Frayssinet).* En effet, si les commerçants sont bien des organismes apporteurs, leur autorisation ne pouvait porter que sur certaines informations dans la limite de leurs attributions relatives à l'obtention d'un prêt à une personne déterminée qui en faisait la demande. Il en est de même des membres du personnel administratif d'un syndicat de médecins du travail concernant les informations médicales protégées *(Cass. crim., 30 octobre 2001, n° 99-82.136, Jurisdata n°2001-012248 ; Gaz. pal. 2002, n° 297, p. 40, obs. A. Mole et H. Lebon).*

En revanche, ne doivent pas être considérés comme des tiers non autorisés des médecins et secrétaires médicales, tenus au secret médical, dans leurs rapports avec les autres médecins et cela même si les données ne concernent pas leurs propres patients *(Cass. crim., 30 octobre 2001, préc.)*, des informaticiens qui ont pu avoir accès à des données protégées par le secret médical en leur qualité de super administrateur, dès lors qu'ils ont agi dans le cadre de leurs activités de consultants en informatique, afin d'assurer le fonctionnement d'un logiciel, et se trouvaient liés à l'entreprise par un contrat de travail comportant une clause de confidentialité *(Cass. crim., 3 juin 2008, n° 08-80.467, JCP E 2009 1674, n° 16, obs. M. Vivant, N. Mallet-Poujol et J.-M. Bruguière).*

83. Élément moral. Le délit prévu par l'article 431-18 du Code pénal est une infraction intentionnelle. Elle se rapproche toutefois d'une infraction d'imprudence ou de négligence. En effet, le texte d'incrimination renvoie à la mise en œuvre des mesures prescrites à l'article 71 de la loi sur la protection des données à caractère personnel, c'est-à-dire au fait « *de prendre toutes précautions utiles* ». La qualification peut donc être retenue dès lors que le responsable du traitement était conscient de ne pas avoir pris les précautions nécessaires, ce qui ressemble fortement à une négligence.

- **Délibération**

- **Délibération n° 2014–014/CDP du 3 avril 2014 portant sur les mesures de sécurité applicables aux traitements des données à caractère personnel**

LA COMMISSION DE PROTECTION DES DONNÉES PERSONNELLES DU SÉNÉGAL (CDP), réunie en session plénière le 3 avril 2014 sous la présidence du Dr Mouhamadou

LO, Président ;

Vu la loi n° 2008-12 du 25 janvier 2008 sur les données à caractère personnel (LDP) en particulier en ses articles 39, 49 et 71 et suivants ;

Vu le décret n°2008-721 du 30 juin 2008 portant application de la loi n° 2008-12 du 25 janvier 2008 précitée en particulier en son article 65 ;

Vu la délibération n° 2014-001 du 31 janvier 202014 portant règlement intérieur de la

Commission de protection des données personnelles ;

Vu le procès-verbal de la session plénière du 3 avril 2014 de la Commission de protection des données personnelles ;

Recommande, après délibération, les présentes mesures de sécurité.

I –OBJET DE LA DELIBERATION

La présente délibération a pour objet de rappeler les principes relatifs aux mesures de sécurité applicables aux traitements de données personnelles conformément aux dispositions des articles 39, 49, 71 et suivants de la loi n° 2008-12 portant sur la protection des données à caractère personnel.

À cet effet, la CDP rappelle que le traitement des données à caractère personnel est confidentiel. Il est effectué exclusivement par des personnes qui agissent sous l'autorité du responsable du traitement et seulement sur ses instructions.

Par ailleurs, en application de l'article 65 du décret n°2008-721 du 30 juin 2008 susvisé, le responsable du traitement des données à caractère personnel est tenu de prendre des mesures de sécurité pour protéger les systèmes et les réseaux informatiques notamment contre les risques de destruction accidentelle ou non autorisée des données collectées, d'erreurs techniques, de falsification, de vol ou d'utilisation illicite desdites données.

II - PERSONNES CONCERNÉES

La présente délibération concerne tous les responsables de traitement de données à caractère personnel des Sénégalais, y compris leurs sous-traitants. En application de l'article 4-5 de la loi du 25 janvier 2008 susmentionnée, le responsable du traitement est la « *personne physique ou morale, publique ou privée, tout autre organisme ou association qui, seul ou conjointement avec d'autres, prend la décision de collecter et de traiter des données à caractère personnel et en détermine les finalités* ».

III - MESURES DE SÉCURITÉ LORS DE LA COLLECTE, DU TRAITEMENT ET DU STOCKAGE

En application de l'article 71 de la loi du 25 janvier 2008, le responsable d'un traitement de données à caractère personnel doit, pour assurer la protection d'un système d'information, entreprendre la démarche suivante ou équivalente :

- déterminer et identifier de la façon la plus précise, les risques et les menaces pouvant porter atteinte à l'intégrité, à la confidentialité et à la disponibilité des données ;

- mettre en œuvre des mesures de sécurité appropriées contre ces risques et menaces identifiées.

Ces mesures devront couvrir au moins les points ci-dessous :

3.1 IDENTIFICATION ET AUTHENTIFICATION

Le responsable d'un traitement de données à caractère personnel doit :

- mettre en place un système d'identification et d'authentification (Login personnel, mot de passe, badge d'accès aux salles des serveurs, etc.) pour toutes les personnes habilitées à accéder directement ou indirectement aux données ;

- mettre en œuvre un système de traçabilité des actions des utilisateurs.

3.2 CONFIDENTIALITÉ ET INTÉGRITÉ DES DONNÉES

Le responsable d'un traitement de données à caractère personnel doit :

- utiliser des mécanismes et des procédures garantissant la confidentialité et l'intégrité des données par un système d'enregistrement quotidien de toutes les actions et des accès aux données ;

- prévoir des moyens de chiffrement en cas de stockage pour empêcher que des données puissent être lues, copiées, modifiées, détruites ou déplacées par une personne non autorisée.

- stocker les supports de sauvegarde dans un endroit distant sûr et sécurisé.

3.3 - Mesures de sécurité organisationnelle

Le responsable d'un traitement de données à caractère personnel doit, en application de l'article 71 de la loi du 25 janvier 2008, prendre les mesures de sécurité organisationnelles ci-après consistant à « empêcher toute personne non autorisée d'accéder aux locaux et aux équipements utilisés pour le traitement des données ».

Exemples de mesures :

- prévoir des dispositifs d'authentification avant d'accéder aux locaux et équipements ;

- exiger le port d'un moyen d'identification visible ;

- installer des alarmes anti-intrusion ;

- exiger à toute personne autorisée à accéder et à manipuler les données traitées à signer une clause de confidentialité.

IV. LES MESURES DE SÉCURITÉ EN CAS DE TRANSMISSION, DE TRANSFERT, DE SAUVEGARDE ET DE CONSERVATION DES DONNÉES

4.1 - En cas de transmission de données

Le responsable d'un traitement de données à caractère personnel doit prendre des mesures de sécurité consistant notamment à « garantir que puisse être vérifiée et constatée l'identité des tiers auxquels des données à caractère personnel peuvent être transmises ».

Exemples de mesures :

- s'assurer de l'identité du destinataire des données et de l'accomplissement des formalités de déclaration auprès de l'autorité de protection des données personnelles.

- chiffrer les données avant leur envoi vers le destinataire.

- transmettre le mot de passe (secret) lors d'un envoi distinct et via un canal différent.

4.2 – En cas de transfert de données

Lorsque le responsable d'un traitement envisage de transférer des données vers l'étranger, soit sur des supports physiques ou sur un réseau, il doit empêcher que

« les données puissent être lues, copiées, modifiées ou effacées de façon non autorisée ».

Exemples de mesures :

- prévoir des moyens de chiffrement des supports physiques.

- utiliser un protocole garantissant la confidentialité et l'authentification des communications.

4.3 - Pour la sauvegarde de données

La sauvegarde des données personnelles requiert des mesures de sécurité en vue de préserver leur intégrité et faciliter leur récupération ultérieure.

Exemples de mesures :

- sauvegarder les données par la constitution de copies de sécurité.

- effectuer des sauvegardes fréquentes pour respecter le principe de pérennité des données.

4.4 - Pour la conservation des données

En application de l'article 72 de la loi du 25 janvier 2008, les données à caractère personnel « ne peuvent être conservées au-delà de la durée nécessaire qu'en vue d'être traitées à des fins historiques, statistiques ou scientifiques ».

Exemples de mesures :

- respecter les durées légales de conservation des données ou les décisions de la CDP en la matière.

- vérifier que le traitement permet de détecter la date prévue pour la fin de la durée de conservation des données.

- vérifier que le traitement permet de supprimer les données dès la fin de la durée de conservation.

V. LES SOUS-TRAITANTS DES RESPONSABLES DE TRAITEMENT DE DONNÉES A CARACTÈRE PERSONNEL

Tout sous-traitant doit veiller au respect des mesures de sécurité mentionnée à l'article 71 de la loi sur les données personnelles.

Le contrat ou l'acte juridique consigné par écrit et qui lie le responsable du traitement au sous-traitant, tel que prévu à l'article 39 de la loi sur les données à caractère personnel, doit comporter une clause de confidentialité sur les données traitées et disposer que le sous-traitant ne doit recevoir des instructions que du responsable du traitement.

Exemples de mesures :

- prévoir une clause de confidentialité dans les contrats.

- vérifier l'effectivité des garanties contractuelles (audits de sécurité, visites…).

- faire signer un engagement de confidentialité à tout autre intervenant dans le traitement des données.

- préciser clairement le rôle exact du sous-traitant et des autres intervenants.

VI. LES SANCTIONS

En application des articles 30 de la loi sur les données à caractère personnel, 67 et suivants de son décret d'application et 431-21 du Code pénal, des sanctions administratives, pécuniaires et pénales peuvent être prononcées, à l'égard de tout responsable d'un traitement n'ayant pas respecté ses obligations, soit par la CDP ou par les juridictions compétentes.

Article 431-19.- Celui qui collecte des données à caractère personnel par un moyen frauduleux, déloyal ou illicite, est puni d'un emprisonnement d'un an à sept ans et d'une amende de 500 000 francs à 10 000 000 de francs ou de l'une de ces peines.

- **La collecte frauduleuse, déloyale ou illicite de données à caractère personnel**

- **Bibliographie**

A. LEPAGE, « Collecte déloyale de données à caractère personnel sur internet », *Comm. com. électr.*, n° 09, septembre 2006, comm. 131.
A. MIHMAN « Atteintes aux droits de la personne résultant des fichiers ou des traitements informatiques », *Jurisclass. pén.* Code, art. 226-16 à 226-24, fasc. 20.
C. CASTETS-RENARD et N. CATELAN, « Données à caractère personnel-Aspect pénal », *Rép. IP/IT et Comm.*, juillet 2019.
J. FRAYSSINET, « Atteintes aux droits de la personne résultant des fichiers de traitement informatiques », *J.-cl. pén.*, art. 226-16 à 226-24, 2, 2006, p. 22, n° 159.
J. FRAYSSINET, « Infractions relevant du droit de l'informatique. Exploitation clandestine d'un autocommutateur téléphonique », *RSC* 1992, p. 107.
J. FRAYSSINET, « La loi du 06 janvier 1978 relative à l'informatique, aux fichiers et aux libertés », *RD publ.* 1978, p. 1094.
M. LO, *La protection des données à caractère personnel en Afrique. Réglementation et régulation*, Dakar, Baol éditions, 2017.
N. MALLET-POUJOL, « Le dispositif informatique et libertés à l'épreuve de l'internet », *Légipresse*, n° 180, avril 2001, p. 35.
P. A. TOURE, *Le traitement de la cybercriminalité devant le juge : l'exemple du Sénégal*, Paris, l'Harmattan, 2012.
A. LEPAGE, « Réflexions de droit pénal sur la loi du 6 août 2004 relative à la protection des personnes à l'égard des traitements de données à caractère personnel », *Comm. com. électr.*, février 2005, p. 33-39.
P. SARGOS, « Informatique et libertés et droit pénal », in *Émergence du droit de l'informatique*, 1983, éd. des Parquets, p. 164 et s.
Ph. BELLOIR, « Le délit de collecte déloyale de données à caractère personnel à l'épreuve d'internet», *RLDI*, juin 2006, n°17, p. 29, n° 9.
R. GASSIN, « Informatique et libertés », *Rép. pén. et proc. pén.*, Dalloz, janvier 1987.

R. GASSIN, « Un cas exemplaire de dérive jurisprudentielle du droit pénal technique : l'arrêt de la chambre criminelle du 3 novembre 1987, relatif aux délits en matière d'informatique de fichiers et de libertés », *Lamy Droit de l'informatique et des réseaux*, 1988, Bull. Actualité n° B, p. 2.
S. TIJARDOVIC, « La protection juridique des données personnelles », *Les Cahiers du numérique*, 03/ 2003, vol. 04, p. 185.

- **Commentaire**

84. Principe de loyauté. La collecte de données à caractère personnel à l'insu des personnes concernées constitue souvent la première étape du processus de mise en œuvre de ces informations personnelles. Le législateur a consacré le principe de la loyauté du traitement des données à caractère personnel. En vertu de l'article 34 de la loi sur la protection des données à caractère personnel, la collecte, l'enregistrement, le traitement, le stockage et la transmission des données à caractère personnel doivent se faire de manière licite, loyale et non frauduleuse. L'objectif est, entre autres, de lutter contre le développement des pratiques de collecte à l'insu des personnes concernées, éventuellement par des moyens techniques apparents ou cachés et des comportements trompeurs de la personne de bonne foi.

84. Matérialité. Aux termes de l'article 431-19 du Code pénal : « *Celui qui collecte des données à caractère personnel par un moyen frauduleux, déloyal ou illicite, est puni d'un emprisonnement d'un an à sept ans et d'une amende de 500 000 francs à 10 000 000 de francs ou de l'une de ces peines* ».

86. Notion de collecte. La notion de collecte renvoie à un acte de réunion et de rassemblement d'éléments disparates.

Une jurisprudence classique résultant de l'arrêt de la Cour de Cassation du 03 novembre 1987 (*Cass. crim. 03 novembre 1987, Bull. crim. n° 382; RSC 1988, p. 295, obs. Delmas Saint-Hilaire*), retenait une approche assez restrictive de la notion de collecte synonyme d'enregistrement sur un support (*Sur une critique de cette conception de la collecte, V. l'étude du professeur R. GASSIN, « Un cas exemplaire de dérive jurisprudentielle du droit pénal technique : l'arrêt de la chambre criminelle du 03 novembre 1987, relatif aux délits en matière d'informatique de fichiers et de libertés », Lamy droit de l'informatique et des réseaux, 1988, Bull. Actualité n° B, p. 10, n° 36 et s.*). Selon la cour régulatrice, « *pour que le délit prévu et puni par l'article 42 de la loi du 06 janvier 1978 soit constitué, il faut non seulement que les données aient été collectées par des moyens frauduleux, déloyaux ou illicites, mais encore que ces données soient enregistrées ou conservées dans un fichier, qu'il soit informatisé ou non* ».

Cette conception restrictive était difficilement conciliable avec l'esprit de l'infraction de collecte déloyale de données personnelles qui ne lie pas la constitution du délit à un acte d'enregistrement ou de conservation effective des données sur un support.

Cette position a été reconsidérée par la jurisprudence subséquente, pour prendre en compte les nombreuses capacités d'enregistrement, de captage de données personnelles offertes par la généralisation de l'internet (*N. MALLET-POUJOL, « Le dispositif informatique et libertés à l'épreuve de l'internet », Légipresse, n° 180, avril 2001, p. 35*).

L'arrêt de la Chambre criminelle de la Cour de Cassation française du 14 mars 2006 (*Cass. crim., 14 mars 2006, RLDI juin 2006, n° 17, p. 28*) a consacré une approche beaucoup plus large de la collecte. D'après la cour, « *constitue une collecte de données nominatives, le fait d'identifier des adresses électroniques et de les utiliser, sans même les enregistrer dans un fichier, pour adresser à leurs titulaires des messages électroniques* ». Selon la haute juridiction, le simple fait d'identifier et d'utiliser des adresses en les capturant sur internet sans même les enregistrer constitue un acte de collecte. Cette évolution de la notion de collecte est plus adaptée aux nouveaux risques d'atteintes générés par l'environnement digital (*Ph. BELLOIR, « Le délit de collecte déloyale de données à caractère personnel à l'épreuve d'internet », RLDI, juin 2006, n°17, p. 29, n° 09*).

87. Caractère frauduleux, déloyal et illicite de la collecte. Il ne suffit pas d'un acte de collecte pour consommer le délit. Il faut nécessairement que cette collecte soit opérée « par un moyen frauduleux, déloyal ou illicite ». Les notions de fraude, d'illicéité, mais surtout de déloyauté sont insuffisamment précises (*en ce sens, not., A. LEPAGE, P. MAISTRE DU CHAMBON et R. SALOMON, Droit pénal des affaires, Paris, LexisNexis, 4e éd., 2015, n° 568*) et laissent ouvert le champ d'application de l'infraction.

Un arrêt de la Cour d'appel d'Aix-en-Provence du 22 septembre 2004 (*CA Aix-en-Provence, 22 septembre 2004, Jurisdata, n° 258368*) a jugé que l'utilisation par une personne d'un logiciel permettant de capturer des données conservées dans la mémoire d'un système tiers, en vue d'une appropriation d'un carnet d'adresses, consomme le délit de collecte frauduleuse de données à caractère personnel.

La Cour de Cassation française a apporté quelques précisions relatives à la « *déloyauté* » du traitement. Elle a jugé qu'est déloyal le fait de recueillir, à leur insu, des adresses électroniques personnelles de personnes physiques sur l'espace public d'Internet, ce procédé faisant obstacle à leur droit d'opposition (*Cass. crim., 14 mars 2006, n° 05-83.423 , préc.*). Ainsi, il importe peu que les données soient recueillies dans un espace « *public* » (*sites web, annuaires, forums de discussion*).

En outre, la déloyauté peut consister à utiliser un procédé qui fait obstacle au droit d'opposition des intéressés (*Sur cette affaire, A. LEPAGE, « Collecte déloyale de données à caractère personnel sur internet», Comm. com. électr., n° 09, septembre 2006, comm. 131*).

Le juge pénal français a déjà prononcé une amende de 5 000 euros à l'encontre d'une société ayant collecté, à des fins de prospection commerciale, des données sensibles au moyen d'un sondage prétendument anonyme (*Trib. corr. Nanterre, 4 juin 2004, Dr. pén. 2010, comm. 10, note A. Lepage*). Est tout autant déloyal un traitement de données personnelles résultant d'actes de corruption (*V. pour un exemple de l'achat de fichier par un assureur auprès d'un agent d'EDF-GDF, TGI Paris, 17e ch., 16 déc. 1994, Jurisdata n° 1994-600554*).

Le responsable de traitement qui a procédé à une collecte indirecte de données personnelles est même tenu d'informer les personnes concernées, notamment de leur droit d'opposition, « *soit au moment de l'enregistrement des données en cause, soit, au plus tard, lors de la première communication de ces données* » à des tiers (*CE, ord. réf., 5 septembre 2008, n° 319071, Sté Directannonces, JCP E 2009, 1674 ; Gaz. pal. 2009, p. 2891, note G. Haas et L. Goutorbe*). Or, le Conseil d'État français a jugé qu'un tel responsable ne peut s'exonérer de cette obligation, au motif que les intéressés avaient été informés par la personne ayant directement collecté leurs données- que leurs données pouvaient faire l'objet d'un autre traitement, en l'occurrence d'une agrégation dans un service d'annuaire (*CE 12 mars 2014, n° 353193, Sté Pages Jaunes, Jurisdata n° 2014-004444 ; JCP A 2014, act. 276, obs. F. Tesson ; AJDA 2014, p. 590 ; Gaz. pal. 27 mars 2014, n° 86, p. 29 ; RLDI 2014/103, n° 3437, obs. L. Costes ; RLDI 2014/104, n° 3473, obs. J. de Romanet*).

88. Élément moral. Le délit de l'article 431-19 du Code pénal est une infraction intentionnelle, autrement dit, le mis en cause doit avoir une conscience de procéder à une collecte frauduleuse, déloyale ou illicite de données à caractère personnel.

Dans une décision du 24 juin 2015, concernant un site de rencontres en ligne, la CNIL a souligné que peut constituer un traitement déloyal de données à caractère personnel, et notamment de photos des intéressés, le fait qu'une société diffuse sur la page d'accueil du site web, accessible aux non-membres, des informations relatives au « *profil vedette* » (photographie, pseudo, âge, ville et pays) qui constituent en réalité des extraits de profils de membres VIP qui figurent sur la page d'accueil de manière aléatoire (*CNIL, déc. n° 2015-049, 24 juin 2015*). Il importe peu que cette société indique aux membres, dans ses conditions d'utilisation, que leur photo peut être publiée lorsqu'elle est prise à l'occasion de soirées organisées par le site, puisqu'elle n'informe pas les membres VIP de ce qu'un extrait de leur profil, comprenant notamment leur photo, est susceptible de figurer sur la page d'accueil du site qui est accessible aux non-membres.

Dans une autre espèce, un prévenu voulait se constituer un fichier client à moindre coût dans le but d'alimenter un site internet de billetterie en ligne. Pour cela, il avait récupéré les données personnelles des clients d'une autre billetterie en ligne pour organisateurs d'évènements. La Cour d'Appel de Paris a jugé qu'il s'était rendu coupable de collecte de données à caractère personnel par un moyen frauduleux, d'une part, en utilisant des scripts créés spécifiquement pour lui permettre de parcourir le site concurrent et de récupérer des informations, et, d'autre part, en copiant des coordonnées de clientèles du site (adresses électroniques avec données nominatives). Les données avaient été recueillies à l'insu des personnes physiques titulaires des adresses électroniques. Il est à noter que l'élément intentionnel résultait de l'utilisation des scripts spécialement conçus par le prévenu pour effectuer automatiquement la collecte sélective de données (*CA Paris, pôle 4, ch. 11, 15 septembre 2017, n° 17/00303, JurisData n° 2017-024213, Dr. pén. 2017, chron. 11, n° 6, obs. A. Lepage*).

- **Jurisprudence**

Aux termes des dispositions de l'article 431-23 du Code pénal, quiconque aura procédé ou fait procéder à un traitement de données à caractère personnel par un moyen frauduleux, déloyal, illicite, sera puni d'un an à sept ans et d'une amende de 500 000 francs CFA ou de l'une de ces peines seulement ; le prévenu a enregistré via des communications électroniques par Skype des données informatiques; il a utilisé un moyen illicite, déloyal qui porte atteinte à la dignité, à la considération et aux bonnes mœurs en usant d'un système informatique qui se définit comme étant tout dispositif isolé ou non, tout ensemble de dispositifs interconnectés assurant en tout ou partie, un traitement automatisé des données en exécution d'un programme ; ses dénégations tendant à faire croire qu'il a reçu les enregistrements de personnes qu'il n'a pas pu identifier clairement ne font dès lors que traduire sa mauvaise foi ; il tombe sous le coup de l'incrimination de collecte déloyale de données à caractère personnel (**CA Dakar, n° 1180 du 24 août 2015, MP et Nd. M. D. et autres c/M. M. D.,** ***inédit***).

Le comportement du prévenu qui a extrait des données personnelles de la page Facebook de M. M. B. qu'il dit avoir trouvée ouverte pour les communiquer à des tiers constitue une collecte déloyale de données à caractère personnel et rentre dans les prévisions de l'article 431-22 du Code pénal. En effet, le prévenu a collecté des données à caractère personnel de B. de manière frauduleuse et déloyale, c'est-à-dire en l'absence de toute autorisation du propriétaire pour ensuite les utiliser à des fins propres **(TGIHC Dakar, n° 561 du 19 juin 2014, MP et M. M. B. c/ S. B.,** ***inédit*****).**

Un professeur d'informatique à l'université, après avoir pris en photo une fille nue, sous la menace de divulguer les photos prises, a abusé d'elle jusqu'à son départ pour le Canada et a continué son chantage pour l'obliger à lui parler en lui rappelant qu'il détenait toujours les photos compromettantes. Ce comportement constitue une collecte déloyale de données personnelles par un moyen frauduleux (**CA Dakar n° 476 du 14 juin 2016, MP et Nd. A. S. représentée par sa mère c/ A. S.,** ***inédit***).

Le fait pour le prévenu de prendre des photos nues d'une fille sans son consentement en la menaçant de publier ses photos nues sur internet et d'en distribuer à sa famille si elle ne répondait pas à ses messages constitue une collecte déloyale de données personnelles (**CA Dakar, n° 85 du 04 février 2020, MP et Mb. D. c/ G. F.,** ***inédit***).

Pour infirmer partiellement la décision entreprise ayant prononcé la relaxe au bénéfice du doute des prévenus poursuivis du délit de collecte de données à caractère personnel par un moyen frauduleux, déloyal ou illicite, l'arrêt attaqué énonce l'existence de l'infraction dont s'agit n'est même pas démontrée, avant d'envisager leur rattachement à des personnes dénommées ; aussi en pareilles circonstances, M.X et M.Y sont-ils fondés à solliciter leur relaxe pure et simple en lieu et place d'une relaxe au bénéfice du doute puis retient qu'il échet ainsi d'infirmer partiellement le jugement attaqué et, statuant à nouveau, de relaxer purement et simplement les deux prévenus susnommés ; en se déterminant ainsi, sans préciser les éléments de fait et de droit permettant à la cour d'exercer son contrôle sur les raisons qui fondent ce constat, la cour d'appel n'a pas justifié sa décision (**CS ch. crim. n° 164 du 20 octobre 2016, la société Z c/ MP, M.X et autres : https://juricaf.org).**

Article 431-20.- Celui procède ou fait procéder à un traitement de données à caractère personnel concernant une personne physique malgré l'opposition de cette personne conformément aux dispositions de l'article 68 de la loi sur les données à caractère personnel, lorsque ce traitement répond à des fins de prospection, notamment commerciale, ou lorsque cette opposition est fondée sur des motifs légitimes, est puni d'un emprisonnement d'un an à sept ans et d'une amende de 500 000 francs à 10 000 000 de francs ou de l'une de ces peines.

- **Le traitement de données à caractère personnel malgré l'opposition de la personne concernée**

- **Bibliographie**

A. LEPAGE, « Réflexions de droit pénal sur la loi du 6 août 2004 relative à la protection des personnes à l'égard des traitements de données à caractère personnel », *Comm. com. électr.*, février 2005, p. 33-39.

A. LEPAGE, « Consentement et protection des données à caractère personnel », in *Le harcèlement numérique*, Institut Présaje, Paris, Dalloz, 2005, p. 227 et s.

A. MIHMAN « Atteintes aux droits de la personne résultant des fichiers ou des traitements informatiques », *Jurisclass. pén.* Code, art. 226-16 à 226-24, fasc. 20.

C. CASTETS-RENARD et N. CATELAN, « Données à caractère personnel-Aspect pénal », *Rép. IP/IT* et comm., juillet 2019.

J. FRAYSSINET, « Atteintes aux droits de la personne résultant des fichiers de traitement informatiques », *J.-cl. pén.*, art. 226-16 à 226-24, 2, 2006, p. 22, n° 159.

J. FRAYSSINET, « Infractions relevant du droit de l'informatique. Exploitation clandestine d'un autocommutateur téléphonique », *RSC* 1992, p. 107.

J. FRAYSSINET, « La loi du 06 janvier 1978 relative à l'informatique, aux fichiers et aux libertés », *RD publ.* 1978, p. 1094.

M. LO, *La protection des données à caractère personnel en Afrique. Réglementation et régulation*, Dakar, Baol éditions, 2017.

P. A. TOURE, *Le traitement de la cybercriminalité devant le juge : l'exemple du Sénégal*, Paris, l'Harmattan, 2012.

P. SARGOS, « Informatique et libertés et droit pénal », in *Émergence du droit de l'informatique*, 1983, éd. des Parquets, p. 164 et s.

R. GASSIN, « Informatique et libertés », *Rép. pén. et proc. pén.*, Dalloz, janvier 1987.

R. GASSIN, « Un cas exemplaire de dérive jurisprudentielle du droit pénal technique : l'arrêt de la chambre criminelle du 3 novembre 1987, relatif aux délits en matière d'informatique de fichiers et de libertés », *Lamy Droit de l'informatique et des réseaux*, 1988, Bull. Actualité n° B, p. 2.
S. TIJARDOVIC, « La protection juridique des données personnelles », *Les Cahiers du numérique*, 03/ 2003, vol. 04, p. 185.

- **Commentaire**

89. Incrimination. L'article 68 de la loi sur la protection des données à caractère personnel consacre le droit d'opposition. Il dispose que toute personne physique a le droit de s'opposer, pour des motifs légitimes, à ce que des données à caractère personnel la concernant fassent l'objet d'un traitement. Elle a le droit, d'une part, d'être informée avant que des données la concernant ne soient pour la première fois communiquées à des tiers ou utilisées pour le compte de tiers à des fins de prospection et, d'autre part, de se voir expressément offrir le droit de s'opposer, gratuitement, à ladite communication ou utilisation.

Le droit d'opposition prévu par la loi du 25 janvier 2008 dans le contexte des traitements de données apparaît assez proche, au moins dans son esprit, du droit au respect de la vie privée (*A. LEPAGE, P. MAISTRE DU CHAMBON et R. SALOMON, Droit pénal des affaires, Paris, LexisNexis, 4e éd., 2015, n° 579*).

Le versant répressif des dispositions de l'article 68 de la loi sur la protection des données à caractère personnel est l'article 431-20 du Code pénal qui incrimine le fait de procéder à un traitement de données à caractère personnel concernant une personne physique malgré l'opposition de cette personne, lorsque ce traitement répond à des fins de prospection, notamment commerciale, ou lorsque cette opposition est fondée sur des motifs légitimes.

90. Élément matériel. L'infraction de l'article 431-20 du Code pénal est consommée par le traitement de données à caractère personnel malgré l'opposition de la personne. À cet égard, deux précisions sont nécessaires.

D'une part, à défaut d'exercice de ce droit d'opposition par la personne dont les données sont concernées, le responsable du traitement ne peut être poursuivi sur le fondement de l'article 431-20 du Code pénal.

D'autre part, la seule collecte de données à caractère personnel n'est pas punissable. En effet, compte tenu de la rédaction de l'article 431-20 du

Code pénal qui vise le fait de procéder à un traitement, et non le simple fait de collecter des données à caractère personnel, un enregistrement des données recueillies est nécessaire pour que le délit soit constitué (*A. MIHMAN « Atteintes aux droits de la personne résultant des fichiers ou des traitements informatiques », Jurisclass. pén. Code, art. 226-16 à 226-24, fasc. 20, 2018, n° 50*).

91. Exercice du droit d'opposition. En premier lieu, toute personne physique peut s'opposer pour des *« motifs légitimes »* à ce que des données à caractère personnel la concernant fassent l'objet d'un traitement. Concernant les matières politique, philosophique et religieuse, le seul exercice de la faculté d'opposition permet de remplir la condition de la raison légitime (*Cass. crim., 28 septembre 2004, n° 03-86.604, Jurisdata n° 2004-025249 ; Bull. crim. n° 224 ; Dr. pén. 2005, comm. 18, obs. M. Véron*). En ces domaines, l'opposant n'a pas à se justifier et à exposer les raisons qui le poussent à former une opposition qui est nécessairement légitime. La légitimité de l'opposition doit alors être caractérisée. Cette notion de « *motifs légitimes* » est suffisamment large ou floue pour laisser une importante marge d'appréciation aux juges. Ne constitue pas un motif légitime d'opposition au traitement de ses données à caractère personnel, le licenciement sans cause réelle et sérieuse d'une pensionnaire de la Comédie française, laquelle n'est pas fondée à interdire à son employeur l'utilisation de sa biographie et de sa photographie sur son site internet (*CA Paris, 19 juin 2008, JurisData n° 2008-370803*).

En revanche, caractérise un motif légitime, le caractère outrageant des données personnelles, et cela d'autant plus que, par ce caractère, elles constituent un trouble illicite (*CA Besançon, 31 janv. 2007, JurisData n° 2007-328717*), et le fait pour des notaires de voir leur nom apparaître dans une liste, diffusée sur un site internet, de notaires en litige avec des clients, ce qui pouvait laisser croire qu'ils avaient pu manquer à la loi ou à leurs règles professionnelles (*CA Bourges, 11 janv. 2007, n° 2007/03, JurisData n° 2007-340808 ; Comm. com. électr. 2007, comm. 126, obs. A. Lepage*).

En second lieu, toute personne physique peut s'opposer auprès du responsable d'un traitement de données (par exemple, le responsable d'un site internet) à ce que des données à caractère personnel la concernant fassent l'objet d'un traitement lorsque ce dernier répond à des fins de prospection notamment commerciale (*pour une application, V. TGI Paris, 17e ch., 16 juin 2016, n° 14015000805, Jurisdata n° 2016-020869*). Dans cette hypothèse, il s'agit d'un droit totalement discrétionnaire, la personne n'ayant pas à justifier de motif qui est par définition nécessairement légitime (*A. DEBET, J. MASSOT et N. METALLINOS, Informatique et libertés. La protection des données à caractère personnel en droit français et européen, Paris, Lextenso éditions, 2015, 1569*).

La loi ne prévoit aucun formalisme pour manifester son opposition au maintien dans un fichier. Ainsi, il importe peu qu'un adhérent de l'Église de scientologie ait envoyé son opposition à la CNIL qui l'a ensuite transmise à l'association spirituelle de l'Église de scientologie d'Ile de France (*Cass. crim., 28 septembre 2004, n° 03-86.604, JurisData n°2004-025249 ; Bull. crim. n° 224 ; Dr. pén. 2005, comm. 18, obs. M. Véron*).

Le délit de traitement de données à caractère personnel de personnes physiques malgré leur opposition fondée sur des motifs légitimes est caractérisé par la constitution et la commercialisation de fichiers commerciaux à partir de l'annuaire électronique des abonnés au téléphone, sans en retirer les abonnés inscrits sur « *liste orange* » (*crim. 29 juin 1999, n° 97-84.166, Bull. crim. n° 158*). De même, ont été déclarés coupables de ce délit, une association cultuelle et son président qui ont maintenu dans leur fichier une personne qui leur avait fait connaître qu'elle s'opposait à ce que l'association la maintienne dans son fichier (*Crim. 28 septembre 2004, Dr.pén. 2005, comm. 18, obs. Véron*). Le non-respect du droit d'opposition peut également servir de fondement à une action judiciaire en cas d'atteinte à la réputation de l'entreprise.

92. Méconnaissance de l'existence du traitement. Pour que l'intéressé puisse formuler une opposition, faut-il encore qu'il soit informé de l'existence du traitement. À défaut d'information, et donc de la possibilité d'exercer un droit d'opposition, le délit ne peut être prouvé. Des poursuites ne sont toutefois pas impossibles, mais elles devront être engagées sur le fondement du délit de collecte frauduleuse, déloyale ou illicite des données à caractère personnel, laquelle fait obstacle au droit d'opposition à défaut d'information (*V. toutefois, pour une condamnation sur le fondement de l'infraction de violation du droit d'opposition du président du conseil d'administration d'une société anonyme qui n'avait pu être jointe au numéro de téléphone indiqué pour demander à ne plus figurer dans le fichier de cette dernière, CA Toulouse, 12 janv. 2005, n° 04/00658, JurisData n° 2005-272643*). La chambre criminelle de la Cour de Cassation française a relevé qu'une cour d'appel avait justifié sa décision de condamnation du délit prévu par l'article 431-20 du Code pénal puisqu'est déloyal le fait de recueillir, à leur insu, des adresses électroniques personnelles de personnes physiques sur l'espace public d'Internet, ce procédé faisant obstacle à leur droit d'opposition (*Cass. crim., 14 mars 2006, n° 05-83.423, Jurisdata n°2006-032892 ; Bull. crim. n° 69, Comm. com. électr. 2006, comm. 131, obs. A. Lepage et Comm. com. électr. 2006, comm. 78*).

93. Élément moral. Le délit de l'article 431-20 du Code pénal est une infraction intentionnelle.

Peut constituer un manquement à l'obligation de respecter le droit d'opposition, le fait pour une personne morale d'envoyer des newsletters à un plaignant qui a fait de multiples demandes de désinscription, peu important que ces envois soient dus à un dysfonctionnement des bases de données de la société (*CNIL, déc. n° 2016-083, 26 septembre 2016*) ou, encore, le fait pour une société de continuer à envoyer des courriers aux plaignants qui s'étaient désabonnées via le bouton « *Gérer mes abonnements* » ou qui avaient exercé leur droit d'opposition en envoyant un courriel au Correspondant Informatiques et Libertés (*CIL*) de la société (*CNIL, déc. n° 2014-053, 13 octobre 2014*) .

Article 431- 21.- Celui qui, hors les cas prévus par la loi, met ou conserve sur support ou mémoire informatique, sans le consentement exprès de l'intéressé, des données à caractère personnel qui, directement ou indirectement, font apparaître l'origine raciale ou ethnique, les opinions politiques, philosophiques ou religieuses, ou les appartenances syndicales ou qui sont relatives à la santé de celui-ci, est puni d'un emprisonnement d'un an à sept ans et d'une amende de 500 000 francs à 10 000 000 de francs ou de l'une de ces peines.

Les dispositions du précédent alinéa sont applicables aux traitements non automatisés de données à caractère personnel dont la mise en œuvre ne se limite pas à l'exercice d'activités exclusivement personnelles.

- **La mise en mémoire ou la conservation sur support de données sensibles**

- **Bibliographie**

A. LEPAGE, « Réflexions de droit pénal sur la loi du 6 août 2004 relative à la protection des personnes à l'égard des traitements de données à caractère personnel », *Comm. com. électr.*, février 2005, p. 33-39.
A. MIHMAN « Atteintes aux droits de la personne résultant des fichiers ou des traitements informatiques », *Jurisclass. pén.* Code, art. 226-16 à 226-24, fasc. 20.
C. CASTETS-RENARD et N. CATELAN, « Données à caractère personnel-Aspect pénal », *Rép. IP/IT* et comm., juillet 2019.
J. FRAYSSINET, « Atteintes aux droits de la personne résultant des fichiers de traitement informatiques », *Juriscl. pén.*, art. 226-16 à 226-24, 2, 2006, p. 22, n° 159.
J. FRAYSSINET, « Infractions relevant du droit de l'informatique. Exploitation clandestine d'un autocommutateur téléphonique », *RSC* 1992, p. 107.
J. FRAYSSINET, « La loi du 06 janvier 1978 relative à l'informatique, aux fichiers et aux libertés », *RD publ.* 1978, p. 1094.
M. LO, *La protection des données à caractère personnel en Afrique. Réglementation et régulation*, Dakar, Baol éditions, 2017.
P. A. TOURE, *Le traitement de la cybercriminalité devant le juge : l'exemple du Sénégal*, Paris, l'Harmattan, 2012.
P. SARGOS, « Informatique et libertés et droit pénal », in *Émergence du droit de l'informatique*, 1983, éd. des Parquets, p. 164 et s.

R. GASSIN, « Informatique et libertés », *Rép. pén. et proc. pén.*, Dalloz, janvier 1987.
R. GASSIN, « Un cas exemplaire de dérive jurisprudentielle du droit pénal technique : l'arrêt de la chambre criminelle du 3 novembre 1987, relatif aux délits en matière d'informatique de fichiers et de libertés », *Lamy Droit de l'informatique et des réseaux*, 1988, *Bull. Actualité* n° B, p. 2.
S. TIJARDOVIC, « La protection juridique des données personnelles », *Les Cahiers du numérique*, 03/ 2003, vol. 04, p. 185.

- **Commentaire**

94. Données concernées. L'article 431-21 du Code pénal protège les données à caractère personnel faisant apparaître, directement ou indirectement, les origines raciales ou ethniques, les opinions politiques, philosophiques ou religieuses, ou les appartenances syndicales des personnes, ou qui sont relatives à la santé. Ce texte vise la conservation de données dites « *sensibles* », strictement énumérées. Les données doivent faire apparaître directement ou même indirectement les informations sensibles. Par exemple, elles font apparaître indirectement les convictions religieuses des personnes concernées, le fichier des bénéficiaires des aides réservées aux harkis d'Algérie, et non le fichier des rapatriés demandeurs d'emploi concernant l'ensemble des rapatriés *(CE, 5 juin 1987, n° 59674, Kaberseli, Jurisdata n° 1987-043517 ; JCP G 1988, II, 20997, obs. J. Laveissière ; JCP E 1988, II, 15308, obs. M. Vivant et A. Lucas ; RFD adm. 1988, p. 124, obs. J. Frayssinet)*. Par contre, le fait de gérer en mémoire informatisée les données personnelles se rapportant aux abonnés de Canal+ Calédonie exprimant leur choix de recevoir ou non les programmes de catégorie V (à caractère pornographique) ne peut être regardé comme étant de nature à faire apparaître même indirectement les mœurs des personnes concernées *(CE, 9 février 2005, n° 265869, Sté Canal Calédonie, JurisData n° 2005-068122)*. Dans un arrêt en date du 2 avril 2008, la Cour d'appel de Paris a précisé que la notion d'appartenance syndicale de la personne doit être entendue comme l'orientation syndicale de la personne et de l'organisation à laquelle elle appartient » et que, par conséquent, la seule mention « délégué syndicale, à l'exclusion de toute autre précision de l'organisation syndicale d'appartenance, n'est pas suffisamment précise pour déterminer l'affiliation syndicale de l'intéressé et pour relever de l'incrimination de l'article 226-19 du Code pénal français *(CA Paris, 11e ch., sect. B, 2 avril 2008, n° 07/09222, Jurisdata n° 2008-360743)*.

Il faut préciser que le droit pénal sénégalais n'a pas repris fidèlement l'article 226-19 du Code pénal français puisqu'il ne vise pas, au titre des données sensibles, les données à caractère personnel qui, directement ou indirectement, font apparaître « *l'orientation sexuelle* » de la personne. Cette option se justifie sans doute par le souci du législateur sénégalais de préserver les valeurs sociales positives dans un pays où l'homosexualité, loin de relever de la liberté sexuelle, est incriminée pénalement (*V. art. 319 du Code pénal*).

En France, il a été jugé que consomme l'infraction, le fait, pour un abonné au réseau internet, afin de se venger d'une déconvenue amoureuse, de scannériser, puis de diffuser des photos représentant son ex-maîtresse dans des positions scabreuses, ces images numérisées étant en outre assorties d'un texte décrivant les mœurs sexuelles de la personne ainsi représentée et identifiée (*T. corr. Privas, 3 septembre 1997, RSC 1998. 574, obs. Francillon*).

95. Élément matériel. L'article 431-21 du Code pénal punit la mise ou la conservation en mémoire informatisée des données sensibles évoquées précédemment.

La Cour de Cassation française a jugé qu'une chambre d'instruction pouvait confirmer une ordonnance de non-lieu sans méconnaître les textes européens, et notamment les articles 8 et 14 de la Convention de sauvegarde des droits de l'homme et des libertés fondamentales, dès lors que l'exception à l'exigence d'un consentement « *constitue une mesure légitime, nécessaire à la protection de la santé, définie par la loi avec suffisamment de précision pour éviter l'arbitraire, et de nature à assurer, en l'état, entre le respect de la vie privée et la sauvegarde de la santé publique, une conciliation qui n'est pas déséquilibrée* ».

Mais le fait pour un responsable de site web, ni journaliste, ni organisme de presse, de mettre en ligne un contenu publié dans la presse papier relatif à l'appartenance d'une personne à la scientologie, n'opère pas un traitement de données relatives aux opinions religieuses de la personne concernée et n'a donc pas à recueillir le consentement exprès de ladite personne pour mettre en mémoire informatique et diffuser sur internet l'article de presse cité (*TGI Villefranche-sur-Saône, 18 février 2003, Gaz. pal. 2003. 1. 1727, note Drouard*).

Constitue en revanche l'infraction, le comportement d'un prévenu qui recueille des éléments sur la vie d'une personne croisée dans les transports en commun, prend attache avec des connaissances de cette dernière via les réseaux sociaux, sous des prétextes fallacieux pour leur tenir des propos négatifs à son égard, et conserve ces éléments sur son ordinateur et sa clé USB (*Crim. 25 juillet 2018, n° 17-84.032*).

96. Place du consentement de l'intéressé. Il ressort de l'article 431-21 du Code pénal que la mise ou la conservation en mémoire informatisée de données à caractère personnel, hors les cas prévus par la loi, doit intervenir « *sans le consentement exprès de l'intéressé* » pour être répréhensible. La jurisprudence de la CNIL a apporté des précisions sur ce qu'il fallait entendre par consentement de l'intéressé. Elle considère qu'il ne peut être exprès que s'il est donné en toute connaissance de cause, c'est-à-dire après la délivrance d'une information adéquate sur l'usage qui sera fait des données personnelles *(CNIL, déc. n° 2015-021, 2015-048, 2015-049, 2015-050, 2015-058, 2015-059, 2015-060 et 2015-061, 24 juin 2015,* concernant des sites de rencontre *; CNIL, déc. n° 2016-007 26 janv. 2016, dite Facebook).* N'est donc pas conforme, un site internet qui ne met à la disposition de la personne auprès de laquelle les données sensibles sont collectées et traitées, aucun moyen technique à l'endroit où les informations sont collectées afin de s'assurer qu'elle y consent de manière expresse sur la base d'une information spécifique *(CNIL, déc. n° 2015-021 et n° 2015-060, 24 juin 2015)*. Le fait, pour la personne concernée, de renseigner ses données sensibles sur un site internet, ne saurait être considéré comme un consentement exprès. L'utilisateur doit pouvoir marquer son assentiment en cochant une case dédiée à l'approbation de l'usage de ses données personnelles sensibles auquel il consent *(CNIL, déc. n° 2015-048 et 2015-050, 24 juin 2015)*. Il importe peu que les champs des données sensibles soient facultatifs *(CNIL, déc. n° 2015-059 et 2015-061, 24 juin 2015)*. Il n'est pas non plus suffisant que l'information relative au traitement des données sensibles soit délivrée sur la page d'accueil en dessous du formulaire d'inscription au sein duquel des données sensibles sont collectées et dans les conditions d'utilisateur (CGU) dont le lien renvoyant vers celles-ci est cliquable jusqu'à la confirmation de l'inscription *(CNIL, déc. n° 2015-059, 24 juin 2015)* ou sur la page intitulée politique de confidentialité. Quand l'utilisateur est un mineur, le responsable du traitement doit être en mesure de recueillir le consentement auprès du représentant légal des mineurs *(CNIL, déc. n° 2015-049, 24 juin 2015)*.

Depuis de nombreuses années, la jurisprudence française considérait que le délit de mise et de conservation en mémoire de données sensibles était une infraction clandestine et retardait, malgré l'absence de dispositions législatives en ce sens, le point de départ de son délai de prescription de l'action publique au jour de la découverte des faits *(Cass. crim., 4 mars 1997, n° 96-84.773, JurisData n° 1997-001033 ; Bull. crim. n° 83 ; Dr. pén. 1997, comm. 75, obs. M. Véron ; RSC 1997, p. 669, obs. J-P Dintilhac ; LPA 1997, n°41, p. 17, note B. Boccara).*

Article 431-22.- Celui qui, hors les cas prévus par la loi, met ou conserve sur support ou mémoire informatique de données à caractère personnel concernant des infractions, des condamnations ou des mesures de sûreté, est puni d'un emprisonnement d'un an à sept ans et d'une amende de 500 000 francs à 10 000 000 de francs ou de l'une de ces peines.

- **La mise en mémoire ou la conservation sur support de données à caractère personnel concernant des infractions, des condamnations ou des mesures de sureté**

- **Bibliographie**

A. LEPAGE, « Réflexions de droit pénal sur la loi du 6 août 2004 relative à la protection des personnes à l'égard des traitements de données à caractère personnel », *Comm. com. électr.*, février 2005, p. 33-39.

A. MIHMAN « Atteintes aux droits de la personne résultant des fichiers ou des traitements informatiques », *Jurisclass. pén.* Code, art. 226-16 à 226-24, fasc. 20.

C. CASTETS-RENARD et N. CATELAN, « Données à caractère personnel-Aspect pénal », *Rép. IP/IT* et comm., juillet 2019.

J. FRAYSSINET, « Atteintes aux droits de la personne résultant des fichiers de traitement informatiques », *Juriscl. pén.*, art. 226-16 à 226-24, 2, 2006, p. 22, n° 159.

J. FRAYSSINET, « Infractions relevant du droit de l'informatique. Exploitation clandestine d'un autocommutateur téléphonique », *RSC* 1992, p. 107.

J. FRAYSSINET, « La loi du 06 janvier 1978 relative à l'informatique, aux fichiers et aux libertés », *RD publ.* 1978, p. 1094.

. LO, *La protection des données à caractère personnel en Afrique. Réglementation et régulation*, Dakar, Baol éditions, 2017.

P. A. TOURE, *Le traitement de la cybercriminalité devant le juge : l'exemple du Sénégal*, Paris, l'Harmattan, 2012.

P. SARGOS, « Informatique et libertés et droit pénal », in *Émergence du droit de l'informatique*, 1983, éd. des Parquets, p. 164 et s.

R. GASSIN, « Informatique et libertés », *Rép. pén. et proc. pén.*, Dalloz, janvier 1987.
R. GASSIN, « Un cas exemplaire de dérive jurisprudentielle du droit pénal technique : l'arrêt de la chambre criminelle du 3 novembre 1987, relatif aux délits en matière d'informatique de fichiers et de libertés », *Lamy Droit de l'informatique et des réseaux*, 1988, Bull. Actualité n° B, p. 2.
S. TIJARDOVIC, « La protection juridique des données personnelles », *Les Cahiers du numérique*, 03/ 2003, vol. 04, p. 185.

- **Commentaire**

97. Élément matériel. L'article 431-22 du Code pénal protège les « *données à caractère personnel concernant des infractions, des condamnations ou des mesures de sûreté* ». L'objectif de ce texte est de lutter contre les « *casiers judiciaires clandestins* ». Ce texte réprime la mise ou la conservation en mémoire informatique des données à caractère personnel concernant des infractions, des condamnations ou des mesures de sûreté.

La conservation en mémoire succède éventuellement à la mise en mémoire dès lors que les données mises en mémoire sont gardées sur un support informatique d'informations, quel qu'il soit (disque dur, disquette, CD-Rom, clé USB, mémoire externe, bandes, cartouches et cassettes magnétiques, DVD, etc.) (*F. CHOPIN, op. cit., n° 70*).

98. Indifférence du consentement exprès de l'intéressé. En revanche, contrairement au délit prévu par l'article 431-21 du Code pénal, il n'est pas exigé que la mise ou la conservation en mémoire informatique soit réalisée « *sans le consentement exprès de l'intéressé* ». Son consentement est donc indifférent à la qualification des faits (également en ce sens, *A. LEPAGE, P. MAISTRE DU CHAMBON et R. SALOMON, Droit pénal des affaires, Paris, LexisNexis, 4e éd., 2015, n° 599)*.

En France, des cours d'appel ont pu avoir des interprétations extensives du texte d'incrimination. Ainsi, la cour d'appel de Bourges a condamné un prévenu ayant diffusé sur internet une liste de notaires auxquels étaient imputés la commission d'infractions ou des comportements douteux alors même que l'information était erronée *(CA Bourges, 11 janv. 2007, JurisData n° 2007-340808 ; Comm. com. électr. 2007, comm. 126, obs. A. Lepage)*.

La Cour d'appel de Paris, dans sa décision du 2 avril 2008, a pu laisser entendre que même, dans l'hypothèse de la mise en mémoire ou la conservation sur support de données à caractère personnel concernant des infractions, des condamnations ou des mesures de sûreté, la répression n'était possible que si l'intéressé n'avait pas donné un consentement exprès *(CA Paris, 11e ch., sect. B, 2 avril 2008, n° 07/09222, JurisData n° 2008-360743 : « considérant [...] qu'il n'est constable ni que le communiqué publié par X a trait à une infraction et à une condamnation concernant Y ni que ce dernier n'a donné à aucun moment son autorisation à la diffusion des informations en cause »).*

Mais ne constituent pas un traitement de données à caractère personnel relatives à des infractions, les constatations visuelles effectuées sur internet et les renseignements recueillis par un agent assermenté qui, sans recourir à un traitement préalable de surveillance automatisé, utilise un appareillage informatique et un logiciel de pair à pair, pour accéder manuellement, aux fins de téléchargement, à la liste des œuvres protégées irrégulièrement proposées sur la toile par un internaute, dont il se contente de relever l'adresse IP pour pouvoir localiser son fournisseur d'accès en vue de la découverte ultérieure de l'auteur des contrefaçons (*Crim. 13 janvier 2009, n° 08-84.088*).

99. Autorisation de la loi. L'article 431-22 du Code pénal prévoit, comme l'article 431-21 du Code pénal, que l'infraction est caractérisée « *hors les cas prévus par la loi* ». L'article 42 de la loi sur la protection des données à caractère personnel prévoit que le traitement des données relatives aux infractions, aux condamnations pénales ou aux mesures de sûreté ne peut être mis en œuvre que par les juridictions, les autorités publiques et les personnes morales gérant un service public, agissant dans le cadre de leurs attributions légales et les auxiliaires de justice pour les besoins de l'exercice des missions qui leur sont confiées par la loi (*sur le casier judiciaire, V. art. 726 et s. du Code de Procédure pénale*). Ainsi, la mise en mémoire ou la conservation sur support ou mémoire informatique de données à caractère personnel concernant des infractions, des condamnations ou des mesures de sûreté effectuée par les juridictions ne rentre pas dans les prévisions légales.

L'infraction prévue par l'article 431-22 du Code pénal constitue un délit continu, à l'égard duquel la prescription de l'action publique ne commence à courir que lorsque les faits ont cessé (*en ce sens, crim. 4 mars 1997, préc., n° 71*).

100. Élément moral. Du point de vue de l'élément moral, l'infraction prévue par l'article 431-22 du Code pénal constitue un délit intentionnel. La clandestinité est inhérente au délit de mise ou conservation en mémoire informatisée, puisque l'auteur agit sans l'accord exprès de l'intéressé (*Crim. 4 mars 1997, n° 96-84.773, Bull. crim. n° 83*).

Article 431-23.- En cas de traitement de données à caractère personnel ayant pour fin la recherche dans le domaine de la santé, est puni des peines prévues à l'article précédent, celui qui procède à un traitement :

a. sans avoir préalablement informé individuellement les personnes sur le compte desquelles des données à caractère personnel sont recueillies ou transmises, de leur droit d'accès, de rectification et d'opposition, de la nature des données transmises et des destinataires de celles-ci ainsi que des dispositions prises pour leur traitement, leur conservation et leur protection;

b. malgré l'opposition de la personne concernée ou lorsqu'il est prévu par la loi, en l'absence du consentement éclairé et exprès de la personne, ou s'il s'agit d'une personne décédée, malgré le refus exprimé par celle-ci de son vivant.

- **Le traitement de données à caractère personnel ayant pour fin la recherche dans le domaine de la santé**

- **Bibliographie**

A. LEPAGE, « Réflexions de droit pénal sur la loi du 6 août 2004 relative à la protection des personnes à l'égard des traitements de données à caractère personnel », *Comm. com. électr.*, février 2005, p. 33-39.
A. MIHMAN « Atteintes aux droits de la personne résultant des fichiers ou des traitements informatiques », *Jurisclass. pén.* Code, art. 226-16 à 226-24, fasc. 20.
C. CASTETS-RENARD et N. CATELAN, « Données à caractère personnel-Aspect pénal », *Rép. IP/IT* et comm., juillet 2019.
J. FRAYSSINET, « Atteintes aux droits de la personne résultant des fichiers de traitement informatiques », *J.-cl. pén.*, art. 226-16 à 226-24, 2, 2006, p. 22, n° 159.
J. FRAYSSINET, « Infractions relevant du droit de l'informatique. Exploitation clandestine d'un autocommutateur téléphonique », *RSC* 1992, p. 107.
J. FRAYSSINET, « La loi du 06 janvier 1978 relative à l'informatique, aux fichiers et aux libertés », *RD publ.* 1978, p. 1094.
M. LO, *La protection des données à caractère personnel en Afrique. Réglementation et régulation*, Dakar, Baol éditions, 2017.
P. A. TOURE, *Le traitement de la cybercriminalité devant le juge : l'exemple du Sénégal*, Paris, l'Harmattan, 2012.

P. SARGOS, « Informatique et libertés et droit pénal », in *Émergence du droit de l'informatique*, 1983, éd. des Parquets, p. 164 et s.
R. GASSIN, « Informatique et libertés », *Rép. pén. et proc. pén.*, Dalloz, janvier 1987.
R. GASSIN, « Un cas exemplaire de dérive jurisprudentielle du droit pénal technique : l'arrêt de la chambre criminelle du 3 novembre 1987, relatif aux délits en matière d'informatique de fichiers et de libertés », *Lamy Droit de l'informatique et des réseaux*, 1988, Bull. Actualité n° B, p. 2.
S. TIJARDOVIC, « La protection juridique des données personnelles », *Les Cahiers du numérique*, 03/ 2003, vol. 04, p. 185.

- **Commentaire**

101. Spécificités des données dans le domaine de la santé. Les données dans le domaine de la santé constituent une catégorie spécifique de données à caractère personnel nécessitant une protection particulière. Il résulte de l'article 4 de la loi sur la protection des données à caractère personnel que les données dans le domaine de la santé désignent des informations concernant l'état physique et mental d'une personne concernée, y compris les données génétiques, c'est-à-dire des données concernant les caractères héréditaires d'un individu ou d'un groupe d'individus apparentés.

D'ailleurs, l'article 20 de la loi sur la protection des données à caractère personnel énonce que les traitements des données à caractère personnel portant sur des données génétiques et sur la recherche dans le domaine de la santé sont mis en œuvre après autorisation de la Commission de protection des Données Personnelles.

Le non-respect de certaines obligations spécifiques à ce type de traitement est sanctionné pénalement par le législateur.

102. Défaut d'information. L'article 431-23 a) du Code pénal incrimine le défaut d'information préalable lorsqu'il porte sur leur droit d'accès, de rectification et d'opposition, sur la nature des données transmises ainsi que sur les destinataires de celles-ci. La loi pénale exige que les personnes sur le compte desquelles des données à caractère personnel sont recueillies ou transmises soient informées « *individuellement* ».

La responsabilité pénale des chercheurs ne peut toutefois pas être mise en cause lorsque le défaut d'information est autorisé par la loi. Tel est le cas dans les hypothèses prévues par l'article 43 de la loi sur la protection des données à caractère personnel. Selon ce texte, le traitement des données à caractère personnel à des fins de santé n'est légitime notamment que :

- lorsqu'il porte sur des données manifestement rendues publiques par la personne concernée ;
- lorsqu'il est nécessaire à la défense des intérêts vitaux de la personne concernée ou d'une autre personne dans le cas où celle-ci se trouve dans l'incapacité physique ou juridique de donner son consentement ;
- lorsqu'il est nécessaire à la réalisation d'une finalité fixée par ou en vertu de la loi ;
- lorsqu'il est nécessaire à la promotion et à la protection de la santé publique y compris le dépistage;
- lorsqu'il est nécessaire pour la prévention d'un danger concret ou la répression d'une infraction pénale déterminée ;
- lorsqu'il est nécessaire à la constatation, à l'exercice ou à la défense d'un droit en justice ;
- lorsqu'il est nécessaire aux fins de médecine préventive, de diagnostics médicaux, de l'administration de soins ou de traitements soit à la personne concernée, soit de son parent ou lorsque les services de santé agissent dans l'intérêt de la personne concernée. Les données sont traitées sous la surveillance d'un professionnel des soins de santé qui est soumis au secret professionnel.

103. Défaut de consentement ou opposition. En vertu de l'article 43 de la loi sur la protection des données à caractère personnel, le traitement des données à caractère personnel à des fins de santé n'est légitime que lorsque la personne concernée a donné son consentement.

Le pendant de ces dispositions est l'article 431-23 b) du Code pénal qui sanctionne le fait de procéder à un traitement de données dans le domaine de la santé malgré l'opposition de la personne concernée ou son refus exprimé de son vivant si elle est décédée, ainsi que le fait d'y procéder sans l'obtention, lorsqu'il est exigé par la loi, de son consentement éclairé et exprès.

104. Complicité. Contrairement à d'autres infractions relatives aux données à caractère personnel, la répression de la complicité n'est pas prévue au titre d'une infraction autonome, l'article 431-23 du Code pénal ne visant que le «*fait de procéder*» à un traitement et non le «*fait de procéder ou de faire procéder*» à un traitement. La complicité pourra toutefois être recherchée au titre du droit commun de la complicité pénale (*V. art. 45, 45-3 et 46 du Code pénal*).

Article 431- 24.- Celui qui conserve des données à caractère personnel au-delà de la durée nécessaire prévue par l'article 35 de la loi sur les données à caractère personnel, sauf si cette conservation est effectuée à des fins historiques, statistiques ou scientifiques dans les conditions prévues par la loi, est puni d'un emprisonnement d'un an à sept ans et d'une amende de 500 000 francs à 10 000 000 de francs ou de l'une de ces peines.

- **La conservation de données à caractère personnel au-delà de la durée légale**

- **Bibliographie**

A. LEPAGE, « Réflexions de droit pénal sur la loi du 6 août 2004 relative à la protection des personnes à l'égard des traitements de données à caractère personnel », *Comm. com. électr.*, février 2005, p. 33-39.
C. CASTETS-RENARD et N. CATELAN, « Données à caractère personnel-Aspect pénal », *Rép. IP/IT* et comm., juillet 2019.
J. FRAYSSINET, « Atteintes aux droits de la personne résultant des fichiers de traitement informatiques», *Juriscl. pén.*, art. 226-16 à 226-24, 2, 2006, p. 22, n° 159.
J. FRAYSSINET, « Infractions relevant du droit de l'informatique. Exploitation clandestine d'un autocommutateur téléphonique », *RSC* 1992, p. 107.
J. FRAYSSINET, « La loi du 06 janvier 1978 relative à l'informatique, aux fichiers et aux libertés », *RD publ.* 1978, p. 1094.
J. PRADEL et M. DANTI-JUAN, *Droit pénal spécial,* Paris, Cujas, 4e édition, 2007.
M. LO, *La protection des données à caractère personnel en Afrique. Réglementation et régulation*, Dakar, Baol éditions, 2017.
P. A. TOURE, *Le traitement de la cybercriminalité devant le juge : l'exemple du Sénégal*, Paris, l'Harmattan, 2012.
P. SARGOS, « Informatique et libertés et droit pénal », in *Émergence du droit de l'informatique*, 1983, éd. des Parquets, p. 164 et s.
A. MIHMAN « Atteintes aux droits de la personne résultant des fichiers ou des traitements informatiques », *Jurisclass. pén.* Code, art. 226-16 à 226-24, fasc. 20.
A. LEPAGE, P. MAISTRE DU CHAMBON et R. SALOMON, *Droit pénal des affaires*, Paris, LexisNexis, 4eme éd., 2015.
R. GASSIN, « Informatique et libertés », *Rép. pén. et proc. pén.*, Dalloz, janvier 1987.

R. GASSIN, « Un cas exemplaire de dérive jurisprudentielle du droit pénal technique : l'arrêt de la chambre criminelle du 3 novembre 1987, relatif aux délits en matière d'informatique de fichiers et de libertés », *Lamy Droit de l'informatique et des réseaux*, 1988, Bull. Actualité n° B, p. 2.
S. TIJARDOVIC, « La protection juridique des données personnelles », *Les Cahiers du numérique*, 03/ 2003, vol. 04, p. 185.

- **Commentaire**

105. Incrimination. L'article 431-24 du Code pénal punit d'un emprisonnement d'un an à sept ans et d'une amende de 500 000 francs à 10 000 000 de francs ou de l'une de ces peines celui qui conserve des données à caractère personnel au-delà de la durée prévue par l'article 35 de la loi sur les données à caractère personnel, sauf si cette conservation est effectuée à des fins historiques, statistiques ou scientifiques dans les conditions prévues par la loi.

En vertu de l'article 35, dernier alinéa de la loi sur la protection des données à caractère personnel, les données à caractère personnel doivent être conservées pendant une durée qui n'excède pas la période nécessaire aux finalités pour lesquelles elles ont été collectées ou traitées. Au-delà de cette période requise, les données ne peuvent faire l'objet d'une conservation qu'en vue de répondre spécifiquement à un traitement à des fins historiques, statistiques ou de recherches en vertu des dispositions légales. En effet, au-delà de cette durée, la personne peut exiger du responsable du traitement l'effacement des données à caractère personnel (*A. LEPAGE, P. MAISTRE DU CHAMBON et R. SALOMON, Droit pénal des affaires, Paris, LexisNexis, 4e éd., 2015*, n° 566). Le législateur a ainsi instauré une sorte de droit à l'oubli *(A. DEBET, J. MASSOT et N. METALLINOS, Informatique et libertés. La protection des données à caractère personnel en droit français et européen, Paris, Lextenso éditions, 2015, 775 et s ;* V. également *A. LEPAGE, P. MAISTRE DU CHAMBON et R. SALOMON, Droit pénal des affaires, Paris, LexisNexis, 4e éd., 2015, n° 566).*

Constitue le délit de conservation de données à caractère personnel au-delà de la durée légale, le non-respect de la durée de conservation d'un dispositif de vidéosurveillance prévue dans la déclaration adressée à la CNIL, aucune purge automatisée des enregistrements n'ayant été prévue *(CNIL, déc. n° 2011-036, 16 déc. 2011)*. Il a été jugé que les données relatives aux cartes bancaires doivent être supprimées une fois la transaction réalisée, sauf consentement exprès du client (*Cass. crim., 3 mars 2015, n° 13-88.079*). Consomme ainsi l'infraction, le non-respect de la durée de conservation prévue dans la déclaration auprès de la CNIL déposée par une société de mise en ligne et de gestion de sites de rencontre qui a gardé des données d'utilisateurs ayant supprimé leur abonnement depuis plusieurs années alors que la déclaration prévoyait une conservation des données pendant la durée de l'abonnement plus un mois (*CNIL, déc. n° 2015-021, 24 juin 2015*).

Dans plusieurs hypothèses, l'infraction ne peut pas être constituée.

Tout d'abord, il en est ainsi concernant les traitements qui ne sont pas soumis à un délai de conservation.

La loi pénale a prévu un fait justificatif lorsque la conservation est effectuée à des fins historiques, statistiques ou scientifiques dans les conditions prévues par la loi.

Tel est également le cas des traitements de données à caractère personnel qui sont dispensés des formalités de déclaration ordinaire ou simplifiée, sauf si la loi ou le règlement prévoit une durée de conservation pour le type de traitement.

Aussi, l'infraction ne peut être caractérisée si la conservation est effectuée à des fins historiques, statistiques ou scientifiques dans les conditions prévues par la loi. La loi a prévu dans ce cas un fait justificatif.

Enfin, si les données sont anonymisées au moment du dépassement de la durée de conservation, des poursuites ne sont pas possibles puisque dans ce cas ces données perdent leur caractère personnel.

L'infraction prévue par l'article 431-25 du Code pénal est un délit intentionnel, le texte d'incrimination n'ayant pas repris l'expression « *y compris par négligence ou par imprudence* ».

Article 431-25.- Celui qui, hors les cas prévus par la loi, traite à des fins autres qu'historiques, statistiques ou scientifiques des données à caractère personnel conservées au-delà de la durée nécessaire prévue par l'article 35 de la loi sur les données à caractère personnel est puni d'un emprisonnement d'un an à sept ans et d'une amende de 500 000 francs à 10 000 000 de francs ou de l'une de ces peines.

- **Le traitement de données à caractère personnel au-delà de la durée légale**

- **Bibliographie**

A. LEPAGE, « Réflexions de droit pénal sur la loi du 6 août 2004 relative à la protection des personnes à l'égard des traitements de données à caractère personnel », *Comm. com. électr.*, février 2005, p. 33-39.

A. MIHMAN « Atteintes aux droits de la personne résultant des fichiers ou des traitements informatiques », *Jurisclass. pén.* Code, art. 226-16 à 226-24, fasc. 20.

C. CASTETS-RENARD et N. CATELAN, « Données à caractère personnel-Aspect pénal », *Rép. IP/IT* et comm., juillet 2019.

J. FRAYSSINET, « Atteintes aux droits de la personne résultant des fichiers de traitement informatiques », *J.-cl. pén.*, art. 226-16 à 226-24, 2, 2006, p. 22, n° 159.

J. FRAYSSINET, « Infractions relevant du droit de l'informatique. Exploitation clandestine d'un autocommutateur téléphonique », *RSC* 1992, p. 107.

J. FRAYSSINET, « La loi du 06 janvier 1978 relative à l'informatique, aux fichiers et aux libertés », *RD publ.* 1978, p. 1094.

M. LO, *La protection des données à caractère personnel en Afrique. Réglementation et régulation*, Dakar, Baol éditions, 2017.

P. A. TOURE, *Le traitement de la cybercriminalité devant le juge : l'exemple du Sénégal*, Paris, l'Harmattan, 2012.

P. SARGOS, « Informatique et libertés et droit pénal », in *Émergence du droit de l'informatique*, 1983, éd. des Parquets, p. 164 et s.

R. GASSIN, « Informatique et libertés », *Rép. pén. et proc. pén.*, Dalloz, janvier 1987.

R. GASSIN, « Un cas exemplaire de dérive jurisprudentielle du droit pénal technique : l'arrêt de la chambre criminelle du 3 novembre 1987, relatif aux délits en matière d'informatique de fichiers et de libertés »,

Lamy Droit de l'informatique et des réseaux, 1988, *Bull. Actualité* n° B, p. 2.
S. TIJARDOVIC, « La protection juridique des données personnelles », *Les Cahiers du numérique*, 03/ 2003, vol. 04, p. 185.

- **Commentaire**

106. Structure de l'infraction. L'article 431-25 du Code pénal punit d'un emprisonnement d'un an à sept ans et d'une amende de 500 000 francs à 10 000 000 de francs ou de l'une de ces peines, celui qui, hors les cas prévus par la loi, traite à des fins autres qu'historiques, statistiques ou scientifiques des données à caractère personnel conservées au-delà de la durée nécessaire prévue par l'article 35 de la loi sur les données à caractère personnel. Cette infraction ne vise pas l'hypothèse d'une personne qui a conservé illégalement des données, et qui est donc punissable au titre de l'article 431-24 du Code pénal, mais celle d'une personne qui, sans les avoir conservées, procède au traitement des données personnelles. Comme précédemment, l'infraction est intentionnelle, le texte d'incrimination n'ayant pas précisé « *y compris par négligence ou par imprudence* ».

A été ainsi reconnue coupable d'avoir conservé des informations nominatives sans accord de la CNIL, au-delà de la durée prévue par la demande d'avis ou de déclaration préalable, la gérante de fait d'une société qui a conservé de manière illégale les cryptogrammes de cartes bancaires de clients alors même que ces données bancaires ne pouvaient être utilisées et conservées que pour le strict besoin et pendant le temps d'une transaction déterminée, mais ne devaient en aucun cas être stockées (*Crim. 3 mars 2015, n° 13-88.079*).

Article 431- 26.- Celui qui, détenant des données à caractère personnel à l'occasion de leur enregistrement, de leur classement, de leur transmission ou de toute autre forme de traitement, détourne ces informations de leur finalité telle que définie par la disposition législative, l'acte réglementaire ou de la décision de la Commission des données personnelles autorisant le traitement automatisé, ou par les déclarations préalables de la mise en œuvre de ce traitement, est puni d'un emprisonnement d'un an à sept ans et d'une amende de 500 000 francs à 10 000 000 de francs ou de l'une de ces peines.

- **Le détournement de finalité de données à caractère personnel**

- **Bibliographie**

A. LEPAGE, « Réflexions de droit pénal sur la loi du 6 août 2004 relative à la protection des personnes à l'égard des traitements de données à caractère personnel », *Comm. com. électr.*, février 2005, p. 33-39.

A. MIHMAN « Atteintes aux droits de la personne résultant des fichiers ou des traitements informatiques », *Jurisclass. pén.* Code, art. 226-16 à 226-24, fasc. 20.

B. COHEN et A. BESSOUSSAN, « Le droit de l'informatique », *Gaz. pal.,* 1981, I, doctr., p. 183

C. CASTETS-RENARD et N. CATELAN, « Données à caractère personnel-Aspect pénal », *Rép. IP/IT* et comm., juillet 2019.

J. FRAYSSINET, « Atteintes aux droits de la personne résultant des fichiers de traitement informatiques », *J.-cl. pén.*, art. 226-16 à 226-24, 2, 2006, p. 22, n° 159.

J. FRAYSSINET, « Infractions relevant du droit de l'informatique. Exploitation clandestine d'un autocommutateur téléphonique », *RSC* 1992, p. 107.

J. FRAYSSINET, « La loi du 06 janvier 1978 relative à l'informatique, aux fichiers et aux libertés », *RD publ.* 1978, p. 1094.

M. LO, *La protection des données à caractère personnel en Afrique. Réglementation et régulation*, Dakar, Baol éditions, 2017.

P. A. TOURE, *Le traitement de la cybercriminalité devant le juge : l'exemple du Sénégal*, Paris, l'Harmattan, 2012.

P. SARGOS et M. MASSE, « Le droit pénal spécial né de l'informatique », in Informatique et droit pénal, Travaux de l'Institut de sciences criminelles, Poitiers, Cujas, 1981, p. 42.

P. SARGOS, « Informatique et libertés et droit pénal », in *Émergence du droit de l'informatique*, 1983, éd. des Parquets, p. 164 et s.
R. GASSIN, « Informatique et libertés », *Rép. pén. et proc. pén.*, Dalloz, janvier 1987.
R. GASSIN, « Un cas exemplaire de dérive jurisprudentielle du droit pénal technique : l'arrêt de la chambre criminelle du 3 novembre 1987, relatif aux délits en matière d'informatique de fichiers et de libertés », *Lamy Droit de l'informatique et des réseaux*, 1988, *Bull. Actualité* n° B, p. 2.
S. TIJARDOVIC, « La protection juridique des données personnelles », *Les Cahiers du numérique*, 03/ 2003, vol. 04, p. 185.

- **Commentaire**

107. Principe de finalité. Le principe de finalité est surtout garanti par l'infraction de détournement de finalité de données à caractère personnel prévue par l'article 431-26 du Code pénal. Ce texte incrimine celui qui, détenant des données à caractère personnel à l'occasion de leur enregistrement, de leur classement, de leur transmission ou de toute autre forme de traitement, détourne ces informations de leur finalité telle que définie par la disposition législative, l'acte réglementaire ou la décision de la Commission des données personnelles autorisant le traitement automatisé ou par les déclarations préalables à la mise en œuvre de ce traitement (*V. P. A. TOURE, Le traitement de la cybercriminalité devant le juge : l'exemple du Sénégal, Paris, l'Harmattan, 2012, n° 327*).

108. Champ d'application. En premier lieu, l'infraction suppose que le détournement porte sur des données d'un traitement automatisé et non clandestin. En effet, le caractère automatisé du traitement ressort des termes même de l'article 431- 26 du Code pénal. Un non-lieu a pu être prononcé dans une affaire dans laquelle il résultait de l'examen des pièces de la procédure que si une table de concordance informatisée avait bien été utilisée afin de retrouver le contrat litigieux, l'information nominative communiquée ne provenait pas de cette table, mais du support papier du contrat d'assurance (*Cass. crim., 14 mai 1996, n° 93-80.982)*.

L'exigence d'absence de clandestinité du traitement est la conséquence du fait que la finalité d'un traitement est définie par la disposition législative, l'acte réglementaire ou la décision de la CDP autorisant le traitement automatisé, ou par les déclarations préalables à la mise en œuvre de ce traitement. Or, l'absence de respect des formalités préalables à la mise en place d'un traitement fait obstacle à la détermination de la finalité du système. Dans une telle hypothèse, des poursuites restent cependant possibles. Elles doivent alors être fondées sur l'infraction de traitement de données à caractère personnel en violation des formalités préalables (*en ce sens, V. CA Rouen, 23 oct. 2014, n° 13/01431, Jurisdata n° 2014-031544)*.

En second lieu, l'infraction ne vise pas que les responsables des traitements, mais s'applique plus largement à « *toute personne détentrice de données à caractère personnel à l'occasion de leur enregistrement, de leur classement, de leur transmission ou de toute autre forme de traitement* ». Ainsi, peuvent être condamnés sur le fondement de l'article 431-26 du Code pénal, les policiers, gendarmes et fonctionnaires des douanes qui utilisent des fichiers de police à des fins personnelles ou qui communiquent les données à des tiers (*Cass. crim., 20 juin 2006, n° 05-86.491, JurisData n°2006-034786 ; CA Aix-en-Provence, 7e ch. corr., 30 juin 2009, n° 808M/2009, JurisData n° 2009-014406 ; Comm. com. électr. 2010, comm. 27, obs. A. Lepage ; Cass. crim., 5 février 2013, n° 12-80.573, JurisData n°2013-003752 ; CA Aix-en Provence, 5eme ch., 29 oct. 2013, n° 2013/386, JurisData n° 2013-033350 ; CA Montpellier, corr., 25 juin 2014, n° 1002, 13/00210, JurisData n° 2014-031571 ; CA Rouen, 15 juill. 2015, n° 13/01305, JurisData n° 2015-028894 ; Cass. crim., 6 octobre 2015, n° 15-84.427, JurisData n°2015-022715 ; Dr. pén. 2016, chron. 11, n° 13, obs. A. Lepage*). Il importe peu que le prévenu ait fourni oralement les renseignements (*CA Montpellier, 3e ch. corr., 25 juin 2014, n° 1002, 13/00210, Jurisdata n° 2014-031571*).

109. Matérialité de l'infraction. L'acte matériel caractéristique du délit est constitué non pas par « *la détention illégale des informations* » (*B. COHEN et A. BESSOUSSAN, « Le droit de l'informatique», Gaz. pal., 1981, I, doctr., p. 183*), qui est une condition préalable. Il réside plutôt dans le détournement des informations personnelles détenues « *de leur finalité telle que définie par la disposition législative, l'acte réglementaire ou la décision de la CDP autorisant le traitement automatisé ou par les déclarations préalables à la mise en œuvre de ce traitement* ».

L'infraction de détournement de finalité de données à caractère personnel a toujours été considérée comme très importante (*G. ROUJOU DE BOUBEE, B. BOULOC, J. FRANCILLON et Y. MAYAUD, Code pénal commenté, Paris, Dalloz, 1996, p. 423*). Cette importance peut s'expliquer par le fait que le principe de finalité est classiquement présenté, comme « *l'une des pierres angulaires ou la colonne vertébrale du dispositif de protection des données à caractère personnel* » (*A.*

LEPAGE, P. MAISTRE DU CHAMBON et R. SALOMON, Droit pénal des affaires, Paris, LexisNexis, 4e éd., 2015, n° 560).

110. Acte de détournement de finalité. La notion de détournement renvoie à l'idée d'une utilisation des informations à d'autres fins. La finalité est l'objet du traitement, le but poursuivi par celui-ci, c'est-à-dire la raison pour laquelle un fichier nominatif est créé (*P. SARGOS et M. MASSE, « Le droit pénal spécial né de l'informatique », in Informatique et droit pénal, Travaux de l'Institut de sciences criminelles, Poitiers, Cujas, 1981, p. 42*). Cette finalité est l'une des indications essentielles qui doit figurer dans la demande d'avis, de déclaration ou d'autorisation. Aux termes de l'article 22 de la loi n° 2008-12 du 25 janvier 2008 sur la protection des données à caractère personnel, « *les demandes d'avis, les déclarations et les demandes d'autorisations doivent préciser : (...) 1) la ou les finalités du traitement ainsi que la description générale de ses fonctions* ». Etant précisé qu'un même traitement peut avoir plusieurs finalités, à condition que celles-ci soient mentionnées sur la demande d'avis, de déclaration ou d'autorisation. Pour déterminer cette finalité, il faut se reporter à la loi, à l'acte réglementaire ou la décision de la CDP autorisant le traitement ou à la déclaration préalable.

Du point de vue de l'élément matériel, le détournement peut être le fait de la personne qui enregistre ces informations, de celle qui les classe, qui les transmet ou qui procède à toute autre forme de traitement. Ainsi, le détournement de finalité de fichiers est constitutif d'un détournement de données personnelles (*Crim. 30 mars 2016, n° 14-88.514*).

Constitue également un détournement de finalité de données personnelles, le fait pour un fonctionnaire des douanes d'user abusivement de sa qualité pour obtenir des données contenues dans le système de traitement des infractions constatées (STIC) et de divulguer les éléments enregistrés à un tiers (*CA Dijon, 18 septembre 2014, n° 14/00322, JurisData n° 2014-034103 ; également, CA Montpellier, 3e ch. corr., 31 août 2010, n° 10/01036*).

L'infraction de détournement de la finalité du traitement des données à caractère personnel est constituée par le fait, pour une Caisse d'Épargne ayant déclaré un traitement en conformité à une norme simplifiée, de traiter les données relatives à des clients sélectionnés qu'elle détenait légalement, pour leur faire parvenir dans la même enveloppe en même temps que le courrier relatif à la gestion de leur compte (finalité autorisée), des publicités totalement étrangères aux activités propres de l'établissement (*TGI Rennes, 8 décembre 1988, Expertises 1989, n° 115, p. 104 à 110, note J. Frayssinet*). Le délit est aussi caractérisé par le fait d'utiliser, dans le cadre d'une campagne électorale, les adresses des administrés de la commune détenues par EDF-GDF et obtenues par un candidat à l'occasion d'actions commerciales communes au cours desquelles un échange d'informations avait eu lieu (*CA Aix-en-Provence, 27 mai 1999, n° 859-99, Jurisdata n° 1999-042853*).

Caractérise l'infraction le fait pour un fonctionnaire de préfecture d'enregistrer sur son ordinateur personnel, via une clé USB, puis de transmettre un « flash » d'information rédigé par un service départemental d'information général (SDIG) afin de réaliser un document destiné à informer la personne mise en cause dans le flash du contenu de la fiche de police la concernant (*CA Montpellier, 3e ch. corr., 31 août 2010, n° 10/01036*).

Un individu qui sollicite l'obtention d'informations par la consultation de fichiers de données personnelles, comme par exemple de fichiers de police, peut être condamné pour complicité du délit de détournement de finalité de fichiers (*Cass. crim., 30 mars 2016, n° 14-88.514. – CA Paris, Pôle 2, 7e ch., 3 déc. 2014, n° 13/01658*).

111. Élément moral. Le délit de l'article 431-26 du Code pénal est une infraction intentionnelle. Le détournement doit résulter de la volonté d'utiliser les données pour un usage non lié à la finalité prédéterminée. Le détournement doit résulter de la volonté d'utiliser les données pour un usage non lié à la finalité prédéterminée. Des auteurs ont pu, pendant un temps, estimer que la caractérisation du délit nécessitait la démonstration d'un dol spécial consistant dans la recherche d'un résultat déterminé et volontaire dans le détournement de finalité des informations (*A. LEPAGE, P. MAISTRE du CHAMBON et R. SALOMON, Droit pénal des affaires, Paris, LexisNexis, 4e éd., 2015, n° 564) ; pour une illustration, CA Aix-en-Provence, 27 mai 1999, n° 859-99, JurisData n° 1999-042853 ; CA Pau, 24 mai 2007, n° 06/00754, 07/409).*

Mais la lettre du texte d'incrimination n'exige qu'un dol général *(pour une illustration, CA Aix-en-Provence, 27 mai 1999, n° 859-99, JurisData n° 1999-042853; CA Pau, 24 mai 2007, n° 06/00754, 07/409).*

Article 431-27.- Celui qui recueille, à l'occasion de leur enregistrement, de leur classement, de leur transmission ou d'une autre forme de traitement, des données à caractère personnel dont la divulgation aurait pour effet de porter atteinte à la considération de l'intéressé ou à l'intimité de sa vie privée, porte, sans autorisation de l'intéressé, ces données à la connaissance d'un tiers qui n'a pas qualité pour les recevoir, est puni d'un emprisonnement d'un an à sept ans et d'une amende de 500 000 francs à 10 000 000 de francs ou de l'une de ces peines.

Lorsque la divulgation prévue à l'alinéa premier du présent article est commise par imprudence ou négligence, le responsable est puni d'un emprisonnement de six mois à cinq ans et d'une amende de 300 000 francs à 5 000 000 de francs ou de l'une de ces peines.

Dans les cas prévus aux deux alinéas du présent article, la poursuite ne peut être exercée que sur plainte de la victime, de son représentant légal ou de ses ayants droit.

- **La divulgation illicite de données à caractère personnel**

• **Bibliographie**

A. LEPAGE, « Réflexions de droit pénal sur la loi du 6 août 2004 relative à la protection des personnes à l'égard des traitements de données à caractère personnel », *Comm. com. électr.*, février 2005, p. 33-39.
A. MIHMAN, « Atteintes aux droits de la personne résultant des fichiers ou des traitements informatiques. Atteintes aux droits de la personne résultant des fichiers ou des traitements informatiques », *Jurisclass. pén. code*, art. 226-16 à 226-24, fasc. 20, 2018.
C. CASTETS-RENARD et N. CATELAN, « Données à caractère personnel-Aspect pénal », *Rép. IP/IT* et comm., juillet 2019.
J. FRAYSSINET, « Atteintes aux droits de la personne résultant des fichiers de traitement informatiques », *J.-cl. pén.*, art. 226-16 à 226-24, 2, 2006, p. 22, n° 159.
J. FRAYSSINET, « Infractions relevant du droit de l'informatique. Exploitation clandestine d'un autocommutateur téléphonique », *RSC* 1992, p. 107.
J. FRAYSSINET, « La loi du 06 janvier 1978 relative à l'informatique, aux fichiers et aux libertés », *RD publ.* 1978, p. 1094.
M. LO, *La protection des données à caractère personnel en Afrique. Réglementation et régulation*, Dakar, Baol éditions, 2017.

P. A. TOURE, « Cinq ans de droit pénal des technologies de l'information et de la communication (2008-2013) : chronique de jurisprudence sénégalaise », in *Cour suprême Bulletin des arrêts, Bulletin d'Information* 07-08, 2016, p. 117.

P. A. TOURE, *Le traitement de la cybercriminalité devant le juge : l'exemple du Sénégal*, Paris, l'Harmattan, 2012.

P. A. TOURE, « Cinq ans de droit pénal des technologies de l'information et de la communication (2008-2013) : chronique de jurisprudence sénégalaise », in *Cour suprême Bulletin des arrêts, Bulletin d'Information* 07-08, 2016, p. 117.

P. SARGOS, « Informatique et libertés et droit pénal », in *Émergence du droit de l'informatique*, 1983, éd. des Parquets, p. 164 et s.

R. GASSIN, « Informatique et libertés », *Rép. pén. et proc. pén.*, Dalloz, janvier 1987.

R. GASSIN, « Un cas exemplaire de dérive jurisprudentielle du droit pénal technique : l'arrêt de la chambre criminelle du 3 novembre 1987, relatif aux délits en matière d'informatique de fichiers et de libertés », *Lamy Droit de l'informatique et des réseaux*, 1988, Bull. Actualité n° B, p. 2.

S. TIJARDOVIC, « La protection juridique des données personnelles », *Les Cahiers du numérique*, 03/ 2003, vol. 04, p. 185.

- **Commentaire**

112. Divulgation intentionnelle de données à caractère personnel. L'article 431-27, alinéa 1er du Code pénal incrimine le fait pour une personne ayant recueilli, à l'occasion de leur enregistrement, de leur classement, de leur transmission ou d'une autre forme de traitement, des données à caractère personnel dont la divulgation aurait pour effet de porter atteinte à la considération de l'intéressé ou à l'intimité de sa vie privée, de porter, sans autorisation de l'intéressé, ces données à la connaissance d'un tiers qui n'a pas qualité pour les recevoir (*Sur cette infraction, V. A. MIHMAN, « Atteintes aux droits de la personne résultant des fichiers ou des traitements informatiques. Atteintes aux droits de la personne résultant des fichiers ou des traitements informatiques », Jurisclass. pén. code, art. 226-16 à 226-24, fasc. 20, 2018*).

Autrement dit, ce texte vise à sanctionner les divulgations fautives de données personnelles qui peuvent occasionner un préjudice à la personne concernée (*A. DEBET, J. MASSOT et N. METALLINOS, Informatique et libertés. La protection des données à caractère personnel en droit français et européen, Paris, Lextenso éditions, 2015, 1328*).

113. Détermination de la personne responsable. Le texte d'incrimination ne vise pas uniquement le responsable du traitement comme pouvant être l'auteur du délit. Plus largement est visée « *toute personne qui a recueilli, à l'occasion de leur enregistrement, de leur classement, de leur transmission ou d'une autre forme de traitement, des données à caractère personnel* ». Ce qui inclut donc, outre le responsable du traitement, le service chargé de sa mise en œuvre et un sous-traitant (*A. MIHMAN, op. cit, n° 62*). Pour être caractérisée, l'infraction suppose une divulgation des données à caractère personnel traitées à la connaissance d'un tiers qui n'a pas qualité pour les recevoir et sans l'autorisation de l'intéressé.

La caractérisation de l'infraction suppose l'existence d'un risque d'atteinte à la considération de l'intéressé ou à l'intimité de sa vie privée. La loi vise des données personnelles « *dont la divulgation aurait pour effet de porter atteinte à la considération de l'intéressé ou à l'intimité de sa vie privée* ».

Pour être caractérisée, l'infraction suppose une divulgation des données personnelles traitées à la connaissance d'un tiers qui n'a pas qualité pour les recevoir et sans autorisation de l'intéressé.

Tout d'abord, les tiers qui reçoivent connaissance des données ne doivent pas être qualifiés pour les recevoir. Ainsi, commet le délit de divulgation d'informations à caractère personnel susceptibles de porter atteinte à la réputation des personnes, le directeur d'un établissement de crédit qui communique à des commerçants, qui ont reçu délégation afin de remettre au nom de ce dernier une offre préalable de crédit, une liste informatique de personnes, clientes de l'établissement supposées présenter un risque quant à l'octroi d'un éventuel crédit (*CA Rennes, 3e ch., 13 janvier 1992, JurisData n° 1992-042488 ; D. 1993, somm. p. 54, obs. M. Vasseur ; Expertises 1993, n° 158, p. 76, obs. J. Frayssinet*).

En revanche, si les tiers ont qualité pour recevoir les données, l'infraction ne peut pas être constituée, étant précisé que la notion de tiers qualifiés est plus facile à déterminer lorsque la loi, elle-même, attribue une compétence particulière ou prévoit une autorisation. Est considéré comme un tiers autorisé, en matière d'incidents de paiement et de déclaration de ces incidents par les établissements de crédit, la Banque de France (*CA Paris, 28 juin 2004, n° 04/01059, Jurisdata n° 2004-257883* ; *Cass. crim.*,

04 janvier 2005, n° 04-80.812). Constitue également un tiers ayant qualité pour recevoir les données un contrôleur des impôts qui sollicite des informations personnelles à l'égard d'un contribuable auprès d'un opérateur téléphonique afin de déterminer sa présence sur le territoire français (*Cass. crim., 12 février 2008, n° 07-83.908*).

La divulgation reste punissable si elle est limitée à un public déterminé. Ainsi, se rendent coupables de l'infraction une association de défense des victimes de notaires et sa secrétaire générale qui ont diffusé sur le site internet de l'association une liste de noms de notaires en litige avec des clients qui pouvait laisser croire qu'ils avaient pu manquer à la loi ou à leurs règles professionnelles (*CA Bourges, 11 janvier 2007, n° 2007/03, JurisData n° 2007-340808 ; Comm. com. électr. 2007, comm. 126, obs. A. Lepage*).

L'absence de consentement de la victime est un élément constitutif du délit. Son consentement n'est pas un simple fait justificatif. Il a été jugé qu'est répréhensible la mention, par une association contre les violences faites aux femmes au travail, sur son site internet de la condamnation d'une personne pour agression sexuelle ainsi que de son nom de famille (*CA Paris, 02 avril 2008, n° 07/09222, JurisData n° 2008-360743*).

L'infraction est intentionnelle (*pour un exemple de relaxe pour défaut d'élément intentionnel* (*CA Paris, 11e ch., sect. A, 28 juin 2004, n° 04/01059, Jurisdata n° 2004-257883*).

114. Divulgation non intentionnelle de données à caractère personnel. L'alinéa 2 de l'article 431-27 du Code pénal sanctionne la divulgation illicite de données personnelles lorsqu'elle est commise par imprudence ou négligence.

Ainsi, commet l'infraction le prévenu qui s'est rendu coupable d'imprudence ou de négligence en permettant par l'absence d'installation d'onduleurs palliant une éventuelle instabilité électrique dans le système d'information, la divulgation d'un numéro de téléphone d'un utilisateur d'un service minitel de messagerie rose à la suite de microcoupures d'électricité ayant pu laisser passer des informations secrètes (*T. corr. Briey, 15 septembre 1992 , JurisData n° 1992-605229 ; LPA 1994, n° 44, p. 4, obs. V. Alvarez*).

- **Jurisprudence**

L'ordinateur soustrait frauduleusement par A. M. D. a été remis à H. D. dans le but de désinstaller un programme qu'il contient, Ce dernier a parcouru les fichiers et y a découvert des photos et vidéos à caractère pornographique montrant la dame ND. B. F. qui s'accouplait avec son époux. Dans un premier temps, les prévenus ont recueilli ces données personnelles par copiage avant de les poster de leur propre gré et sans aucune autorisation des intéressés sur Facebook les exposant ainsi à la vue des abonnées de ce réseau qui pouvaient les voir et les commenter. Le fait de mettre de telles données à caractère personnel à la disposition de tiers qui n'y avaient aucun droit ni qualité à voir constitue incontestablement une atteinte à l'intimité de leur vie privée et de leur considération au vu de l'aspect pornographique de ces données. En agissant ainsi, les prévenus ont commis le délit de divulgation illicite de données à caractère personnel, en ce sens que les circonstances de leur arrestation et les outils informatiques trouvés sur les lieux de travail démontrent qu'ils exécutaient ensemble leur entreprise délictueuse (**TGIHC Dakar, n° 2114 du 03 mai 2013, MP et Nd. B. F. et M. B. M. D. c/ A. M. D., I. G. et H. D.,** ***inédit*** **; sur cette affaire, P. A. TOURE, « Cinq ans de droit pénal des technologies de l'information et de la communication (2008-2013) : chronique de jurisprudence sénégalaise », in** ***Cour suprême Bulletin des arrêts, Bulletin d'Information*** **07-08, 2016, p. 117**).

Article 431- 28.- Est puni d'un emprisonnement de six mois à deux ans et d'une amende de 200 000 francs à 1 000 000 de francs ou de l'une de ces peines, celui qui entrave l'action de la Commission des données personnelles :

a. soit en s'opposant à l'exercice des missions confiées à ses membres ou aux agents habilités en application de la loi sur les données à caractère personnel;

b. soit en refusant de communiquer à ses membres ou aux agents habilités en application de la loi sur les données à caractère personnel, les renseignements et documents utiles à leur mission ou en dissimilant lesdits documents ou renseignements, ou en les faisant disparaître;

c.soit en communiquant des informations qui ne sont pas conformes au contenu des enregistrements tels qu'ils étaient au moment où la demande a été formulée ou qui ne présentent pas ce contenu sous une forme directement accessible.

- **L'entrave à l'action de la Commission de Protection des Données Personnelles**

- **Bibliographie**

A. LEPAGE, « Réflexions de droit pénal sur la loi du 6 août 2004 relative à la protection des personnes à l'égard des traitements de données à caractère personnel », *Comm. com. électr.*, février 2005, p. 33-39.
A. MIHMAN « Atteintes aux droits de la personne résultant des fichiers ou des traitements informatiques », *Jurisclass. pén.* Code, art. 226-16 à 226-24, fasc. 20.
C. CASTETS-RENARD et N. CATELAN, « Données à caractère personnel-Aspect pénal », *Rép. IP/IT* et comm., juillet 2019.
J. FRAYSSINET, « Atteintes aux droits de la personne résultant des fichiers de traitement informatiques », *J.-cl. pén.*, art. 226-16 à 226-24, 2, 2006, p. 22, n° 159.
J. FRAYSSINET, « Infractions relevant du droit de l'informatique. Exploitation clandestine d'un autocommutateur téléphonique », *RSC* 1992, p. 107.
J. FRAYSSINET, « La loi du 06 janvier 1978 relative à l'informatique, aux fichiers et aux libertés », *RD publ.* 1978, p. 1094.
M. LO, *La protection des données à caractère personnel en Afrique. Réglementation et régulation*, Dakar, Baol éditions, 2017.

P. A. TOURE, *Le traitement de la cybercriminalité devant le juge : l'exemple du Sénégal*, Paris, l'Harmattan, 2012.
P. SARGOS, « Informatique et libertés et droit pénal », in *Émergence du droit de l'informatique*, 1983, éd. des Parquets, p. 164 et s.
R. GASSIN, « Informatique et libertés », *Rép. pén. et proc. pén.*, Dalloz, janvier 1987.
R. GASSIN, « Un cas exemplaire de dérive jurisprudentielle du droit pénal technique : l'arrêt de la chambre criminelle du 3 novembre 1987, relatif aux délits en matière d'informatique de fichiers et de libertés », *Lamy Droit de l'informatique et des réseaux*, 1988, Bull. Actualité n° B, p. 2.
S. TIJARDOVIC, « La protection juridique des données personnelles », *Les Cahiers du numérique*, 03/ 2003, vol. 04, p. 185.
T. DAUTIEU, « La Commission nationale de l'informatique et des libertés-Évolution, indépendance et composition », *JCl. comm.*, fasc.934.

- **Commentaire**

115. Institution de la CDP. La création d'une autorité de protection des données à caractère personnel est une obligation prévue par l'Acte additionnel A/AS 01/01/10 du 16 février 2010 relatif à la protection des données à caractère personnel dans l'espace de la CEDEAO (*V. art. 14 de l'Acte additionnel A/AS 01/01/10 du 16 février 2010 relatif à la protection des données à caractère personnel dans l'espace de la CEDEAO*) et par la convention africaine sur la cybersécurité et la protection des données à caractère personnel (*V. art. 11 de la convention de Malabo*).

L'institution de la Commission de protection des Données Personnelles (CDP) est l'une des innovations les plus importantes de la loi n° 2008-12 du 25 janvier 2008 sur la protection des données à caractère personnel. Cette autorité administrative indépendante est composée de onze (11) membres choisis, en raison de leur compétence juridique et/ou technique.

Au Sénégal, la CDP est fonctionnelle depuis l'année 2014 (*Sur les autorités administratives indépendantes, V. NG. NGOM, Réflexion sur un phénomène récent en Afrique : les autorités administratives indépendantes, Thèse de Doctorat d'État, UCAD, Dakar, 2001 ; T. DAUTIEU, « La Commission nationale de l'informatique et des libertés-Évolution, indépendance et composition », JCl. comm., fasc.934*).

Elle est la pièce maîtresse du dispositif de protection des informations personnelles. La doctrine moderne voit dans cet organisme indépendant le «*gendarme*» de la protection des données à caractère personnel (*En ce sens, M. LO, La protection des données à caractère personnel en Afrique. Réglementation et régulation, Dakar, Baol éditions, 2017, p. 146*). En effet, l'autorité de protection des données personnelles joue un rôle décisif dans le contrôle des traitements de données personnelles (*V. A. TÜRK, La vie privée en péril, Paris, Odile Jacob, p. 211*).

116. Missions et pouvoirs de la CDP. Selon l'article 8 de la loi n° 2018-28 du 12 décembre 2018 portant Code des Communications électroniques, la Commission de protection des données personnelles est garante du respect de la vie privée dans le traitement des données personnelles dans les conditions fixées par la loi n° 2008-12 du 25 février 2008 sur la protection des données à caractère personnel. Cette autorité a pour mission générale de veiller à ce que les traitements des données à caractère personnel soient mis en œuvre conformément aux dispositions de la loi. Elle informe les personnes concernées et les responsables de traitement sur leurs droits et obligations et s'assure que les TIC ne comportent pas de menace au regard des libertés publiques et de la vie privée.

La CDP est habilitée à recevoir les réclamations et les plaintes relatives à la mise en œuvre des traitements des données à caractère personnel (*M. LO, op.cit, p. 166*). Elle a le pouvoir de mener des enquêtes et des vérifications sur la licéité des traitements et peut prononcer des injonctions ou des sanctions pécuniaires à l'encontre des responsables de traitements illicites. La CDP informe sans délai le procureur de la République des infractions à la législation sur la protection des données à caractère personnel dont elle a connaissance.

L'autorité en charge de la protection des données personnelles doit autoriser les transferts transfrontaliers de données à caractère personnel. Elle établit chaque année un rapport d'activités remis au Président de la République et au Président de l'Assemblée nationale (*T. DAUTIEU, « La Commission nationale de l'informatique et des libertés-Encadrement du paysage français de la protection des données à caractère personnel et examen des formalités préalables », Juriscl. comm., fasc. 936*).

L'autorité de protection des données personnelles est aussi habilitée à recevoir les formalités préalables à la mise en œuvre des traitements de données à caractère personnel.

En cas de violation des formalités préalables, la CDP peut prononcer un avertissement à l'égard du responsable du traitement ne respectant pas ses obligations ou une mise en demeure de faire cesser les manquements concernés dans le délai qu'elle fixe. Selon l'article 30 de la loi du 25 janvier 2008, si le responsable du traitement ne se conforme pas à la mise en demeure qui lui a été adressée, la CDP peut prononcer à son encontre, après une procédure contradictoire, un retrait provisoire de l'autorisation accordée pour une durée de trois (3) mois à l'expiration de laquelle, le retrait devient définitif ou une amende pécuniaire d'un (1) million à cent (100) millions de franc CFA.

En cas d'urgence, lorsque la mise en œuvre d'un traitement ou l'exploitation de données personnelles entraîne une violation de droits et libertés, la CDP, après une procédure contradictoire, peut décider de l'interruption de la mise en œuvre du traitement pour une durée maximale de trois (3) mois, du verrouillage de certaines données à caractère personnel traitées pour une durée maximale de trois (3) mois ou de l'interdiction temporaire ou définitive d'un traitement contraire aux dispositions de la loi.

Les sanctions et décisions prises par la CDP sont susceptibles de recours devant la Cour suprême (*T. DAUTIEU, « La Commission nationale de l'informatique et des libertés-Saisine par les particuliers et pouvoirs de contrôle et de sanction », JCl. comm., fasc. 938*).

La CDP participe à la prévention de la cybercriminalité, par les mises en demeure qu'elle adresse aux responsables de traitement de données à caractère personnel et par les campagnes de sensibilisation qu'elle effectue auprès des populations.

117. Matérialité. C'est pour garantir l'accomplissement de la mission de la CDP que le législateur a créé un délit obstacle appelé obstacle à l'action de la CDP.

L'entrave à l'action de la CDP peut se réaliser par l'un des trois moyens suivants.

Tout d'abord, est réprimée l'opposition à l'exercice des missions confiées aux membres de la CDP ou aux agents habilités en application de la loi sur les données à caractère personnel.

Ensuite, la loi expose aux mêmes sanctions pénales le refus de communiquer aux membres de la CDP ou aux agents habilités en application de la loi sur les données à caractère personnel, les renseignements et documents utiles à leur mission ou en dissimilant lesdits documents ou renseignements, ou en les faisant disparaître.

Enfin, constitue également une entrave à l'action de la CDP, la communication d'informations qui ne sont pas conformes au contenu des enregistrements tels qu'ils étaient au moment où la demande a été formulée ou qui ne présentent pas ce contenu sous une forme directement accessible.

118. Opposition à l'exercice des missions confiées à des membres ou agents habilités de la CDP. Le premier comportement sanctionné par l'article 431- 28 a) du Code pénal est le fait d'entraver l'action de la Commission de protection des données personnelles en s'opposant à l'exercice des missions confiées à ses membres ou aux agents habilités en application de la loi sur les données à caractère personnel.

Pour rappel, les agents assermentés et qui peuvent être appelés à participer à la mise en œuvre des missions de vérification doivent y être habilités par la CDP. Cette habilitation ne dispense pas de l'application des dispositions définissant les procédures autorisant l'accès aux secrets protégés par la loi (*art. 7 de la loi sur la protection des données à caractère personnel*).

Selon l'article 25 de la loi sur la protection des données à caractère personnel, les membres de la CDP ainsi que les agents de service assermentés ont accès, dans les conditions prévues par l'article 45 et suivants du Code de Procédure pénale, pour l'exercice de leurs missions, aux lieux, locaux, enceintes, installations ou établissements servant à la mise en œuvre d'un traitement des données à caractère personnel et qui sont à usage professionnel, à l'exclusion des parties de ceux-ci affectées au domicile privé.

En cas d'opposition du responsable des lieux, la visite ne peut se dérouler qu'avec l'autorisation du président du tribunal de grande instance dans le ressort duquel sont situés les locaux à visiter ou du juge délégué par lui. Ce magistrat est saisi à la requête du président de la CDP. Il statue par une ordonnance motivée, conformément aux dispositions prévues aux articles 820-1 à 820-9 du Code de Procédure civile. La procédure est sans représentation obligatoire.

Le procureur de la République territorialement compétent en est préalablement informé (*article 26 de la loi sur protection des données à caractère personnel*).

L'article 13 du décret d'application de la loi sur la protection des données à caractère personnel énonce que la CDP peut décider d'une opération de contrôle, qu'elle soit sur place ou sur convocation qui précise le nom et l'adresse du responsable du traitement concerné, le nom du rapporteur et des autres contrôleurs chargés de l'opération et l'objet ainsi que la durée de l'opération.

L'infraction d'opposition à l'exercice des missions confiées à des membres ou agents habilités de la CDP devrait être constituée en cas d'entrave à l'action d'un membre de la CDP à l'occasion d'une visite ou d'un contrôle.

119. Refus de communication, la dissimulation ou la dissipation de renseignements et documents utiles à la mission des membres ou agents de la CDP. La deuxième forme d'entrave à l'action de la CDP sanctionnée par l'article 431- 28 b) du Code pénal est le fait de refuser de communiquer aux membres de la CDP ou aux agents habilités les renseignements et documents utiles à leur mission, ou en dissimulant lesdits documents ou renseignements, ou en les faisant disparaître.

Il faut rappeler que l'article 27 de la loi sur la protection des données à caractère personnel énonce que les membres de la CDP et les agents peuvent demander communication de tous documents nécessaires à l'accomplissement de leur mission, quel qu'en soit le support, et en prendre copie. Ils peuvent recueillir, sur place ou sur convocation, tout renseignement et toute justification utile. Ils peuvent accéder aux programmes informatiques et aux données, demander la transcription de tout traitement dans des documents appropriés directement utilisables pour les besoins du contrôle. Ils peuvent être assistés par des experts choisis par la CDP.

120. Communication d'informations non-conformes ou sous une forme inaccessible. Le troisième comportement sanctionné pénalement est le fait de communiquer des informations qui ne sont pas conformes au contenu des enregistrements tels qu'ils étaient au moment où la demande a été formulée ou qui ne présentent pas ce contenu sous une forme directement accessible. La Cour de Cassation française a jugé que l'infraction est constituée par l'envoi volontaire d'informations inexactes. Ainsi, justifie ainsi sa décision l'arrêt qui, pour condamner le président de l'Association spirituelle de l'église de scientologie d'Ile-de-France, pour entrave aux fonctions de la CNIL, retient qu'il a envoyé volontairement à cet organisme un courrier démontrant que toutes les démarches avaient été entreprises pour satisfaire la demande d'un adhérent de radiation des fichiers de l'association, dès lors que cette attitude démontre la volonté d'éluder le contrôle de cette commission *(Cass. crim., 28 septembre 2004, n° 03-86.604, Jurisdata n° 2004-025249 ; Bull. crim. n° 224 ; Dr. pén. 2005, comm. 18, obs. M. Véron).*

EXTRAITS LIVRE TROISIEME : CRIMES ET DELITS ET LEUR PUNITION

TITRE III : CRIMES ET DELITS CONTRE LES PARTICULIERS

CHAPITRE I : DES CRIMES ET DELITS CONTRE LES PERSONNES

SECTION VIII : FAUX TEMOIGNAGES, INJURES, REVELATIONS DE SECRETS

PARAGRAPHE III.- DE L'ATTEINTE À LA VIE PRIVÉE ET À LA REPRÉSENTATION DE LA PERSONNE (LOI N° 2016-29 DU 08 NOVEMBRE 2016)

121. Variété des atteintes à la vie privée. Pendant longtemps, en droit positif sénégalais, l'intimité de la vie privée des personnes n'a fait l'objet que d'une protection pénale indirecte, à travers les infractions commises par tous moyens de diffusion publique, comme l'injure, la diffamation ou l'offense au Chef de l'État, etc. (*V. L. MARTIN, « Le secret de la vie privée », RTD civ. 1959, p. 22 s. ; R. LINDON, « La presse et la vie privée », JCP G 1965, I, 1887 ; R. BADINTER, « Le droit au respect de la vie privée », JCP G. 1968, I, 2136 ; R. LINDON, « Vie privée : un triple « dérapage», JCP G. 1970, I, 2336 ; P. KAYSER, La protection de la vie privée par le droit, Paris, Economica, 3e éd. 1995 ; A. BERTRAND, Droit à la vie privée et droit à l'image, Paris, Litec 1999*).

La loi n° 2016-29 du 08 novembre 2016 modifiant le Code pénal a prévu, pour la première fois, de sanctionner pénalement les atteintes les plus graves à l'intimité de la vie privée, en insérant dans le Code pénal un article 363 bis (*V. en droit français, G. BEAUSSONIE, « Protection pénale de la vie privée (C. pén., art. 226-1 et 226-2) », Jurisclass. Comm., fasc. 56, 2016 ; I. LOLIES, La protection pénale de la vie privée, PUAM, 1999 ; R. LINDON, « Les dispositions de la loi du 17 juillet 1970 relatives à la protection de la vie privée », JCP G. 1970, I, 2357 ; J. PRADEL, « Les dispositions de la loi n° 70-643 du 17 juillet 1970 sur la protection de la vie privée », D. 1971, chron. p. 111 s.; A. CHAVANNE, « La protection de la vie privée dans la loi du 17 juillet 1970 », RSC 1971, p. 605; N. CAZÉ-GAILLARDE, « Atteintes à la vie privée », Rép. dr. pén. proc. pén., Dalloz, mai 2005 ; A. LEPAGE, « L'article 226-2-1 du Code pénal : une nouvelle strate dans la protection pénale de la vie privée », Comm. com. électr., n° 02, février 2017, étude 3*). Le législateur a ainsi prévu des infractions relatives à l'intimité de la vie privée et a incriminé la publication du montage avec les paroles ou l'image d'une personne.

Article 363 bis.-Est puni d'un emprisonnement d'un an à cinq ans et d'une amende de 500 000 francs à 5 000 000 de francs celui qui au moyen d'un procédé quelconque, porte volontairement atteinte à l'intimité de la vie privée d'autrui :

1. en captant, enregistrant, transmettant ou diffusant sans le consentement de leur auteur, des paroles prononcées à titre privé ou confidentiel,

2. en fixant, enregistrant, transmettant ou diffusant, sans le consentement de celle-ci l'image d'une personne se trouvant dans un lieu privé.

Lorsque les actes mentionnés au présent article ont été accomplis au vu et au su des intéressés sans qu'ils s'y soient opposés, alors qu'ils étaient en mesure de le faire, le consentement de ceux-ci est présumé.

Est puni des mêmes peines celui qui publie par quelque moyen que ce soit, le montage réalisé avec les paroles ou l'image d'une personne sans son consentement s'il n'apparaît pas à l'évidence qu'il s'agit d'un montage ou s'il n'en est pas expressément fait mention.

- **L'atteinte à l'intimité de la vie privée d'autrui**

- **Bibliographie**

A. CHAVANNE, « La protection de la vie privée dans la loi du 17 juillet 1970 », *RSC* 1971, p. 605.

A. CHAVANNE, « Les atteintes à l'intimité de la vie privée au sens de l'art. 368 du Code pénal », *Actes du 8e congrès de l'Association de droit pénal*, Paris, Economica, 1985, p. 24

A. LEPAGE, « L'article 226-2-1 du Code pénal : une nouvelle strate dans la protection pénale de la vie privée », *Comm. com. électr.*, n° 2, février 2017, étude 3.

A. LEPAGE, « Vie privée du salarié et droit pénal », *Act. jur. pén.* 2005, p. 9.

B. BEIGNIER, « Vie privée et vie publique », *Arch.phil.dr.*, t. 41, Dalloz, 1997, p. 163.

Ch. ATTIAS, « La protection de la vie privée », in *La liberté de la presse et le droit pénal* , Paris, PUAM 1994, p. 91.

G. BEAUSSONIE, « Protection pénale de la vie privée (C. pén., art. 226-1 et 226-2) », *Jurisclass. Comm.,* fasc. 56, 2016.

H. PELLETIER, « Les atteintes à la représentation des personnes », *Jurisclass. pén. Code,* art. 226-8 et 226-9, fasc. 20, 2016.
H. PELLETIER, « Atteinte à la vie privée. Enregistrement de la parole ou de l'image. Fabrication, détention, location ou vente d'appareils d'enregistrement, 2008 », *JCl. Pén. Code*, art. 226-1 à 226-3, fasc. 20.
I. LOLIES, *La protection pénale de la vie privée*, Paris, PUAM, 1999.
J. PRADEL, « Les dispositions de la loi n° 70-643 du 17 juillet 1970 sur la protection de la vie privée», *D.* 1971, chron. p. 111 s.
J. RAVANAS, *La protection des personnes contre la réalisation et la publication de leur image*, Paris, LGDJ 1978, p. 90 s., 111 s., 119 s.
J.-C. SAINT-PAU, « Le délit d'atteinte à l'intimité de la vie privée exige-t-il... une atteinte effective à l'intimité de la vie privée ? », *D.* 1999, p. 152.
L. MARTIN, « Le secret de la vie privée », *RTD civ.* 1959, p. 22 s.
N. CAZÉ-GAILLARDE, « Atteintes à la vie privée », *Rép. dr. pén. proc. pén.*, Dalloz, mai 2005.
P. A. TOURE, *Le traitement de la cybercriminalité devant le juge : l'exemple du Sénégal*, Paris, l'Harmattan, 2012.
P. KAYSER, *La protection de la vie privée par le droit*, Paris, Economica, 3eme éd. 1995.
Ph. ARIES et G. DUBY, *Histoire de la vie privée*, Paris, Seuil, coll. Points Histoire, 1999.
R. BADINTER, « Le droit au respect de la vie privée », *JCP* G 1968, I, 2136.
R. LINDON, « La presse et la vie privée », *JCP* G 1965, I, 1887.
R. LINDON, « Les dispositions de la loi du 17 juillet 1970 relatives à la protection de la vie privée», *JCP* G 1970, I, 2357.
R. LINDON, « Vie privée : un triple « dérapage », *JCP* G. 1970, I, 2336.

- **Commentaire**

122. Matérialité de l'infraction. L'article 363 bis, alinéa 1er du Code pénal sanctionne pénalement celui qui, au moyen d'un procédé quelconque, porte volontairement atteinte à l'intimité de la vie privée, d'autrui :

1. en captant, enregistrant, transmettant ou diffusant, sans le consentement de leur auteur, des paroles prononcées à titre privé ou confidentiel (espionnage auditif) ;

2. en fixant, enregistrant, transmettant ou diffusant, sans le consentement de celle-ci, l'image d'une personne se trouvant dans un lieu privé (espionnage visuel).

De cette tournure législative, il s'infère que l'infraction est intentionnelle. Il faut donc que l'auteur ait agi avec la conscience et la volonté qu'il portait atteinte à l'intimité de la vie privée d'autrui, ce qui ne correspond, ni plus ni moins, qu'à l'intention de commettre l'infraction telle qu'elle est définie par le législateur.

123. Notion d'atteinte à l'intimité de la vie privée. Qu'est-ce que l'atteinte à la vie privée ? Ni le législateur ni les textes internationaux (Déclaration universelle des droits de l'homme, Convention européenne des droits de l'homme, Charte des droits fondamentaux) ne donnent une définition à cette notion.

La notion d'intimité de la vie privée, plus restrictive que celle de vie privée, englobe la vie sentimentale, la vie familiale, la vie sexuelle, la santé, etc. (*A. CHAVANNE, « Les atteintes à l'intimité de la vie privée au sens de l'art. 368 du Code pénal », Actes du 8e congrès de l'Association de droit pénal, Paris, Economica 1985, p.24* ; *R. BADINTER, « Le droit au respect de la vie privée », JCP G 1968, I, 2136 ; B. BEIGNER, « Vie privée et vie publique, Arch.phil.dr. 1997, p. 164 ; G. LEVASSEUR, « Protection de la personne, de l'image et de la vie privée », Gaz. pal. 1994, 1, doctr. p. 996*). La référence à l'intimité conduit à exclure du champ de la protection pénale de la vie privée tout ce qui concerne l'activité professionnelle ainsi que les rapports pécuniaires entre les individus (*N. CAZÉ-GAILLARDE, « Atteintes à la vie privée », Rép. dr. pén. proc. pén., Dalloz, mai 2005, n° 20*).

Le droit pénal privilégie l'approche restrictive de la vie privée. En effet, la vie privée n'est susceptible de s'incarner que par des « *paroles prononcées à titre privé ou confidentiel* » ou par « *l'image d'une personne se trouvant dans un lieu privé* ».

124. Paroles prononcées à titre privé ou confidentiel. L'article 363 bis du Code pénal réprime le fait, au moyen d'un procédé quelconque, volontairement de porter atteinte à l'intimité de la vie privée d'autrui en captant, enregistrant ou transmettant, sans le consentement de leur auteur, « *des paroles prononcées à titre privé ou confidentiel* ». Dans cette hypothèse, la vie privée s'incarne donc par des paroles que le locuteur ne réserve qu'à un ou plusieurs destinataires qu'il a préalablement choisis, voire qu'à lui-même. Les propos échangés doivent alors être tout aussi privés que le choix des interlocuteurs ne le laisse présager.

Par parole, il faut entendre toute expression d'une pensée manifestée en un langage articulé ou même en des gestes pour des sourds-muets (*V. R. MERLE et A. VITU, Droit pénal spécial, n° 1031*). Ce n'est pas la voix qui est protégée, ni même les sons proférés ou exprimés, comme la musique créée par un compositeur (*V. D. BECOURT, « Réflexions sur le projet de loi relatif à la protection de la vie privée », Gaz. pal. 1970, 1, doctr., p. 201*), les cris ou les bruits quelconques. La protection légale concerne les propos tenus, quelle que soit la langue utilisée.

Peu importe que les propos soient inaudibles (*Cass. crim., 19 mai 1981, n° 80-94.634, Bull. crim. n° 161 ; D. 1981, p. 544, note Mayer ; RSC. 1982, p. 125, obs. G. Levasseur*).

N'entrent donc pas dans le cadre de la vie privée tous les éléments qui ne font qu'autoriser l'identification de l'auteur d'un ou de plusieurs appels téléphoniques : son numéro de téléphone, ainsi que la date et l'heure des appels (*V. Cass. crim.,04 janvier 1974, Bull. crim. n°* 2 ; *directement, sur le fondement de l'incrimination de l'atteinte à l'intimité de la vie privée, V. Cass. crim., 16 janvier 1974, Bull. crim. n° 25*). De façon générale, ne constitue pas une atteinte à la vie privée le seul fait de poser sur la ligne téléphonique de quelqu'un un appareil permettant de recueillir différentes informations relatives à ses appels. Il en va différemment, bien sûr, lorsque le contenu desdits appels a été, au surplus, enregistré. Ne peuvent donc constituer des incarnations de la vie privée d'une personne une musique, fût-elle originale, des bruits, des cris ou des soupirs, seraient-ils la seule expression d'une situation elle-même très intime (*V.D. BECOURT, « Réflexions sur le projet de loi relatif à la protection de la vie privée », Gaz. Pal. 1970, 1, doctr. p. 201*). Mais la chambre criminelle de la Cour de Cassation française a pu décider que des paroles échangées entre personnes intimes, mais qui s'avérèrent inaudibles à l'issue de leur enregistrement, devaient malgré tout être perçues comme participant de la vie privée de chacune de ces personnes, la répression s'opérant, selon elle, « *quels que soient les résultats techniques de l'enregistrement* » (*Cass. crim., 19 mai 1981, Bull. crim. n° 161*).

125. Image d'une personne se trouvant dans un lieu privé. L'article 363 bis du Code pénal réprime également le fait, au moyen d'un procédé quelconque, volontairement de porter atteinte à l'intimité de la vie privée d'autrui en fixant, enregistrant ou transmettant, sans le consentement de celle-ci, « *l'image d'une personne se trouvant dans un lieu privé* ». Dans cette hypothèse, la vie privée d'une personne s'incarne donc par sa propre image, dont elle était en droit de penser qu'elle serait préservée du regard des autres en raison de sa présence dans un lieu privé. Par ailleurs, en dehors d'un lieu privé, c'est-à-dire dans la rue, il paraît quasiment impossible d'empêcher l'appréhension de l'image d'une personne.

L'image en cause est « *la dimension visible de la personne humaine* » (*F. ZENATI-CASTAING, Th. REVET, Manuel de droit des personnes, Paris, PUF, 2006, n° 321*), autrement dit son apparence. Il ne saurait être question, au-delà de cela, de l'image des biens qui appartiennent à une personne, dont la préservation ne représente, en réalité, qu'une dimension de la relation de propriété qu'ils entretiennent (*V. F. ZENATI-CASTAING, « Du droit de reproduire les biens », D. 2004, chron. p. 964*).

126. Image de la personne décédée. L'image de la personne est-elle susceptible de concerner une personne décédée, c'est-à-dire une image posthume ? La chambre criminelle de la Cour de Cassation française a-t-elle décidé que l'incrimination de l'article 226-1 du Code pénal pouvait également concerner l'image des personnes mortes : « *la fixation de l'image d'une personne, vivante ou morte, est prohibée sans autorisation préalable des personnes ayant pouvoir de l'accorder et [...] la diffusion ou la publication de ladite image sans autorisation entre nécessairement dans le champ d'application* » des textes du Code pénal qui les interdisent (*Cass. crim., 21 octobre 1980, Bull. crim. n° 262 ; D. 1981, p. 72, note R. Lindon ; RSC 1981, p. 878, obs. G. Levasseur*). Il s'agissait, en l'occurrence, de la publication par un magazine d'une photographie représentant un acteur sur son lit de mort, alors que ce dernier s'était, de son vivant, opposé à toute publicité posthume, et que ses ayants droit avaient pris soin de mettre publiquement en garde toute personne qui enfreindrait ces dernières volontés. Le droit pénal se situe, de la sorte, en dehors de la théorie de la personnalité juridique civile (*V. G. BEAUSSONIE, « Les bornes de la personnalité juridique en droit pénal », Dr. fam. 2012, dossier 5*). En effet, aux termes de l'article 1er du Code de la Famille : « *La personnalité commence à la naissance et cesse au décès* ». Ainsi, pour les personnes physiques, le décès coïncide avec la fin de la personnalité juridique.

Le législateur précise donc que seule « *l'image d'une personne se trouvant dans un lieu privé* » participe de la vie privée de cette personne. De la sorte, le lieu contribue tout autant que l'image à caractériser l'intimité et, partant, à justifier la protection pénale. Or, en dehors des évidences, qui conduisent à percevoir la rue comme un lieu public (*CA Paris, 5 février 1979, JCP G 1979, II, 19343, note R. Lindon*) et, à l'inverse, le domicile comme un lieu privé (*Cass. crim., 24 avr. 1985 : Bull. crim. n° 158 ; RSC 1986, p. 103, obs. G. Levasseur*), il n'est pas toujours simple de distinguer ce qui est privé de ce qui est public. Ainsi, les parties communes d'un immeuble sont un lieu privé (*CA Versailles, 2e ch., 9 juillet 1982, JurisData n° 1982-042717*). Ce n'est, en effet, que si un habitat collectif autorise l'accès au public, ce qui peut être le cas d'une cour d'immeuble, qu'il devra alors être considéré comme public. L'essentiel réside donc dans l'accès, possible pour tous ou, au contraire, réservé à quelques-uns (*J. RAVANAS, La protection des personnes contre la réalisation et la publication de leur image, Paris, LGDJ 1978, p. 90 s., 111 s., 119 s.*).

Le critère du lieu privé réside dans son accessibilité restreinte, réservée à certaines personnes dont il est nécessaire d'obtenir l'autorisation pour y pénétrer (*comp. Cass. crim., 28 novembre 2006, n° 06-81.200, inédit, JurisData n° 2006-036754 : « le lieu privé, au sens de l'article 226-1 du Code pénal, s'entend de l'endroit qui n'est ouvert à personne, sauf autorisation de celui qui l'occupe »).*

127. Procédés incriminés. « *Capter* », consiste à « *recevoir, recueillir, fixer des sons, des images, des ondes à l'aide d'appareils récepteurs spéciaux* ». Même si le terme n'est employé par l'article 363 bis du Code pénal que pour les paroles, il pourrait donc aussi bien concerner les images. Plus encore, il pourrait inclure la fixation et l'enregistrement de tous les supports de vie privée. Ainsi a pu être déclaré coupable de l'infraction un employeur qui avait clandestinement installé des micros dans son entreprise, afin d'entendre toutes les conversations de ses salariés, sans distinction entre leur caractère privé ou professionnel (*CA Paris, 19 mars 2002, Jurisdata n° 2002-181531 ; D. 2003, somm. p. 1533, obs. L. Marino*).

« *Fixer* » ou « *enregistrer* », c'est « *agir sur une chose en vue de la maintenir durablement dans un état donné* », autrement dit c'est conserver les paroles ou les images qui ont été préalablement captées. La fixation ou l'enregistrement représente également ce qui rend possible la transmission des paroles et des images personnelles.

La retranscription écrite de paroles prononcées à titre privé ou confidentiel, ou encore le dessin de l'image d'une personne se trouvant dans un lieu privé, peuvent-ils être perçus comme des formes de fixation ? La première hypothèse (retranscription écrite de paroles) ne pose pas vraiment de problème, en ce sens qu'elle concourt, au moins, à démontrer qu'une captation de telles paroles a été effectuée. Quant à la seconde (dessin de l'image d'une personne), la subjectivité inéluctable du dessinateur, quand bien même il prétendrait pratiquer le réalisme, empêche certainement de considérer qu'il puisse s'agir d'une simple fixation.

Le domaine principal de l'infraction paraît être celui des relations de travail, qu'il s'agisse pour l'employeur d'enregistrer les propos de ses salariés (*Cass. crim., 24 janvier 1995, n° 94-81.207 : JurisData n° 1995-001445 ; Dr. pén. 1995, comm. 118, obs. M. Véron*) ou, à l'inverse, pour les salariés d'enregistrer ceux de leur employeur (*Cass. crim., 08 décembre 1983, JurisData n° 1983-702774 ; Bull. crim. n° 333*).

Ainsi, constitue une atteinte à l'intimité de la vie privée, la mise en place par un employeur d'un dispositif de captation clandestine des conversations téléphoniques de ses salariés qui l'avait conduit nécessairement et volontairement à entendre, fût-ce, pour, le cas échéant, les interrompre, celles relatives à l'intimité d'autrui (*Cass. crim., 03 juin 1998, n° 97-83.241 ; A. LEPAGE, « Vie privée du salarié et droit pénal », Act. jur. pén. 2005, p. 09*).

« *Transmettre* », consiste à « *faire passer d'une personne à une autre* ». Il s'agit, en d'autres termes, de faire circuler les paroles ou l'image d'autrui de telle sorte qu'elles puissent être captées par quelqu'un d'autre. Souvent, la transmission est le relais nécessaire entre l'écoute et l'enregistrement dans le cas où l'enregistrement de l'écoute et l'appareil d'enregistrement lui-même sont dissociés. Il en est ainsi du micro caché dans un récepteur téléphonique et qui est assorti d'un procédé de transmission permettant de suivre à distance une conversation tenue dans une pièce et de l'enregistrer. De même, peut être punissable la simple transmission, en direct et en public, et sans enregistrement, d'un entretien intime (*V. R. BADINTER, « La protection de la vie privée contre l'écoute téléphonique clandestine », JCP G 1971, I, 2435*).

La captation, l'enregistrement ou la transmission de paroles ou de l'image d'une personne sans son consentement est sanctionnée indépendamment du résultat escompté. La Cour de Cassation française y a reconnu une infraction matérielle, indépendante de son résultat. Est ainsi punissable le simple fait d'utiliser l'un des moyens énoncés par la loi, même si, par exemple, aucun propos relatif à l'intimité de la personne concernée n'est révélé. Un arrêt de la Cour de Cassation française a rejeté le pourvoi tendant à contester l'atteinte à l'intimité de la vie privée au motif que « *les juges énoncent que, quelle qu'ait été la nature des informations recherchées, les branchements clandestins ont, par leur conception, leur objet et leur durée, nécessairement conduit leur auteur à pénétrer dans la vie privée des personnes écoutées, ainsi qu'il ressort d'un rapport d'expertise relatant le contenu des enregistrements, et ont impliqué, à chaque fois, des atteintes à l'intimité que l'intéressé a eu la conscience et la volonté de commettre ; Attendu qu'en l'état de ces énonciations, la cour d'appel a, sans insuffisance, caractérisé en tous ses éléments constitutifs, tant matériel qu'intentionnel, le délit dont elle a déclaré le prévenu coupable* » (*Cass. crim., 07 octobre 1997, n° 96-81.485 ; Jurisdata n° 1997-004434*). Le texte ne distingue pas selon que les paroles sont échangées directement ou par l'intermédiaire d'un appareil, qu'il s'agisse d'un téléphone ou de tout autre mode de communication partiellement ou exclusivement audio (exemple, audio ou visioconférence) (*N. CAZÉ-GAILLARDE, op. cit., n° 15*).

Le simple fait d'écouter les paroles d'autrui, sans l'aide d'un appareil conçu à cet effet, et ce par exemple derrière une porte ou une cloison, n'est pas punissable, faute d'enregistrement, de captation ou de transmission.

A été déclaré coupable d'atteinte à l'intimité de la vie privée, le directeur d'une entreprise qui, au moyen d'un interphone installé dans le local servant de cantine aux employées, avait écouté les conversations de celles-ci réunies en ces lieux à l'occasion du déjeuner, alors que ces conversations étaient relatives non seulement à la vie professionnelle, mais aussi à l'intimité de la vie privée de différentes personnes *(T. corr. St-Étienne, 19 avril 1977, D. 1978, p. 123, note R. Lindon.).*

L'utilisation d'un drone équipé de capteur (s) d'images et/ou de sons, survolant des personnes situées dans un « *lieu privé* », est constitutive de l'infraction, dès lors que les images et/ou sons sont enregistrés sur un support de stockage embarqué sur le drone (carte mémoire, disque dur, etc.) ou bien sur un serveur distant sur lequel ces données seront transmises (*En ce sens, M. BOURGEOIS et B. TOUZANNE, « Les aéronefs civils télépilotés avec capteurs : des « drones de droit », Comm. com. électr. n° 12, décembre 2015, étude 22* ; *J.-B. CHARLES et P. DUPONT, « Drones civils- Notion, cadre et régime », Juriscl. Transport, fasc. 962 ; J. GOJKOVIC-LETTE et G. HOUILLON, « La pratique du drone, entre sécurisation et répression », AJ pén. 2019. 135 ; R. HANICOTTE, « Une nouvelle catégorie d'OVNI juridique : les drones », Gaz. Pal. 13 nov. 2014, n° 317*).

128. Absence de consentement. L'article 363 bis alinéa 1er du Code pénal précise qu'il n'y a pas d'atteinte à l'intimité de la vie privée lorsque des paroles prononcées à titre privé ou confidentiel ont été captées, enregistrées ou transmises avec le consentement de leur auteur. On pense alors, aux émissions reproduisant ou diffusant des confidences volontairement consenties par des personnes. La divulgation d'une intimité la fait logiquement sortir du domaine privé, les informations ainsi dévoilées ne pouvant plus prétendre participer de la vie privée de la personne qu'elle concerne.

Propriétaire des informations relatives à sa personne, elle est logiquement libre d'autoriser un tiers à les appréhender, tiers qui, dans cette situation, ne commet aucune infraction. Par ailleurs, le consentement d'une personne à l'appréhension de ses paroles ou de son image par une autre personne marque la fin de la confidentialité de ces dernières, la protection ne se justifiant donc plus. D'après la haute juridiction de cassation française : « *la clandestinité est un élément constitutif essentiel du délit d'atteinte à l'intimité de la vie privée d'autrui, qui n'est caractérisé que lorsque la personne, dont les paroles ont été enregistrées sans son consentement est informée de leur captation ou de leur transmission* » (*Cass. crim., 04 mars 1997, n° 96-84.773, Jurisdata n° 1997-001033 ; Bull. crim. n° 83*).

Le consentement de la personne doit être libre et éclairé et avoir été donné antérieurement ou concomitamment à l'appréhension des paroles ou de l'image.

C'est au prévenu d'apporter, par tous moyens, la preuve qu'il avait obtenu le consentement de celui dont il a capté, fixé ou transmis les paroles ou l'image.

Mais devant la difficulté de rapporter la preuve du consentement, le législateur a établi une présomption. En effet, l'article 363 bis, alinéa 1er du Code pénal précise que « *lorsque les actes mentionnés au présent article ont été accomplis au vu et au su des intéressés sans qu'ils s'y soient opposés, alors qu'ils étaient en mesure de le faire, le consentement de ceux-ci est présumé* ». Autrement dit, c'est à la « *victime* » de démontrer son absence de consentement. Cette présomption simple de consentement se justifie par la conscience qu'avait la personne de l'appréhension par un tiers de ses paroles ou de son image et, par là même, de sa possibilité d'y faire obstacle, ce qu'elle n'a finalement pas fait. Encore faut-il qu'une telle possibilité soit réelle, la volonté de mettre fin au comportement d'une autre personne ne suffisant pas toujours à le faire.

- **La publication d'un montage avec les paroles ou l'image d'une personne**

- **Bibliographie**

A. CHAVANNE, La protection de la vie privée dans la loi du 17 juillet 1970, *RSC* 1971, p. 616
A. LEPAGE, « Vie privée du salarié et droit pénal », *Act. jur. pén.* 2005, p. 9.
E. DREYER, *Droit pénal spécial*, Paris, Ellipses, 3e éd. 2016, n° 550, p. 256.
F. MEURIS-GUERRERO, « Un deepfake au musée », *Comm. com. électr.* n° 11, novembre 2019, alerte 72.
G. BEAUSSONIE, « Protection pénale de la vie privée (C. pén., art. 226-1 et 226-2) », *Jurisclass. Comm.,* fasc. 56, 2016.
H. PELLETIER, « Les atteintes à la représentation des personnes », *Jurisclass. pén. Code,* art. 226-8 et 226-9, fasc. 20, 2016.
J. PRADEL, « Les dispositions de la loi du 17 juillet 1970 sur la protection de la vie privée », *D.* 1971, chron. p. 115.
R. LINDON, « Les dispositions de la loi du 17 juillet 1970 relative à la protection de la vie privée », *JCP* G. 1970, I, 2357, n° 19.
R. VOUIN, *Traité droit pénal spécial*, Paris, Dalloz, 6e éd. 1988, n° 260, p. 378.

- **Commentaire**

129. Incrimination. L'article 363 bis, alinéa 3 du Code pénal sanctionne celui qui publie par quelque moyen que ce soit, le montage réalisé avec les paroles ou l'image d'une personne sans son consentement s'il n'apparaît pas à l'évidence qu'il s'agit d'un montage ou s'il n'en est pas expressément fait mention (*Sur ce délit, V. H. PELLETIER, « Les atteintes à la représentation des personnes », Jurisclass. pén. Code, art. 226-8 et 226-9, fasc. 20, 2016).*

Cette incrimination, insérée au Code pénal par la loi n° 2016-29 du 08 novembre 2016, a pour but de protéger non pas l'intimité de la vie privée, mais la représentation de la personne à travers ses paroles et son image. Le but est d'éviter que ceux-ci soient déformés ou dénaturés. Ce qui est en cause, c'est le respect de la dignité imposant une restitution fidèle de l'image ou des paroles exclusives de toute dénaturation et ce, quelles que soient les conditions de leur enregistrement (*D. BECOURT, « Réflexions sur le projet de loi relatif à la protection de la vie privée », Gaz. pal. 1970, 1, doctr. p. 203*). L'incrimination de l'article 363 bis, alinéa 3 du Code pénal pourrait souvent trouver à s'appliquer en raison du développement des technologies de l'information et de la communication.

130. Notion de montage. Le *dictionnaire Larousse* définit le montage comme l'action de mettre ensemble, par des techniques appropriées, des éléments (textes, sons, images, photos, etc.) de diverses origines pour obtenir un effet particulier. Selon les *dictionnaires Littré et Robert,* le montage est le fait d'assembler les différentes parties d'un ensemble.

En France, lors des travaux préparatoires de la loi du 17 juillet 1970, il avait été proposé de définir le montage comme « *étant une manipulation malveillante d'une photographie, d'un film ou d'un enregistrement pris ensemble ou isolément, et effectuée par son ou ses auteurs avec la volonté de nuire, sur le plan de sa vie privée, à la victime dudit montage et de tirer un profit pécuniaire de celui-ci* » (*JOAN CR 1970, p. 2077*). Cette définition, apparaissant trop restrictive, avait été repoussée par l'Assemblée nationale.

Le montage constitue la « *manipulation ou le truquage d'un ou plusieurs films, photographies ou enregistrements* » (*J. PRADEL, « Les dispositions de la loi du 17 juillet 1970 sur la protection de la vie privée », D. 1971, chron. p. 115*) ou une « *manipulation de documents sonores reproduisant les paroles de quelqu'un ou d'images le représentant afin d'aboutir à un document en apparence unique et qui ne correspond pas à la réalité de ce qui a été vraiment dit ou vu* » (*A. CHAVANNE, « La protection de la vie privée dans la loi du 17 juillet 1970 », RSC 1971, p. 616*). Il est aussi défini comme un « *truquage photographique* » (*R. LINDON, « Les dispositions de la loi du 17 juillet 1970 relative à la protection de la vie privée », JCP G 1970, I, 2357, n° 19),* une «*manipulation d'images ou de sons, tout truquage ayant pour but de présenter au public une idée mensongère ou dénaturée de ce qui a été dit, fait ou vu en réalité* » (*R. MERLE et A. VITU, Traité de droit criminel, Droit pénal spécial, Paris, Cujas 1982, n° 2034, p. 1652*), des «*modifications que l'on peut faire subir au support du montage ou son utilisation dans un ensemble d'autres images ou d'autres textes* » (*R. VOUIN, Traité droit pénal spécial, Paris, Dalloz, 6e éd. 1988, n° 260, p. 378*), ou une « *manipulation de paroles ou d'images* » (*E. DREYER, Droit pénal spécial, Paris, Ellipses, 3e éd. 2016, n° 550, p. 256*).

Le montage renvoie à une idée de manipulation ou de truquage d'un ou plusieurs films, photographies ou enregistrements (*J. PRADEL, « Les dispositions de la loi du 17 juillet 1970 sur la protection de la vie privée », D. 1971, chron. p. 115 ; A. CHAVANNE, « La protection de la vie privée dans la loi du 17 juillet 1970 », RSC 1971, p. 616 ; R. LINDON, « Les dispositions de la loi du 17 juillet 1970 relative à la protection de la vie privée », JCP G. 1970, I, 2357, n° 19 ; R. VOUIN, Traité droit pénal spécial, Paris, Dalloz, 6e éd. 1988, n° 260, p. 378 ; E. DREYER, Droit pénal spécial, Paris, Ellipses, 3e éd. 2016, n° 550, p. 256).* Le délit peut être caractérisé, que les paroles ou l'image litigieuses concernent la vie privée de l'intéressé, sa vie publique ou sa vie professionnelle (*V. R. MERLE et A. VITU, Traité de droit criminel. Droit pénal spécial, Paris, Cujas 1982, n° 2034, p. 1652*).

Dans une espèce, un journaliste, qui effectuait une enquête, avait enregistré des paroles et des images à l'insu de ses interlocuteurs, au moyen d'une caméra cachée. Il en avait tiré un reportage, diffusé par une chaîne de télévision. La Cour de Cassation française, dans son arrêt du 30 mars 2016, a estimé que l'article 226-8 du Code pénal français ne réprime pas le montage en tant que tel, mais en ce qu'il tend à déformer de manière délibérée des images ou des paroles, soit par ajout, soit par retrait d'éléments étrangers à son objet (*Cass. crim., 30 mars 2016, n° 15-82.039 ; Jurisdata n° 2016-011107 ; Dr. pén. 2016, comm. 104, obs. Ph. Conte ; Comm. com. électr. 2016, comm. 62, obs. A. Lepage ; Légipresse, juin 2016, p. 352, comm. G. Beaussonie*). Les hauts magistrats ont précisé qu'en l'espèce, si le montage a consisté à effectuer des coupures et sélections de séquences, dans le but de montrer aux téléspectateurs certaines réalités des milieux d'extrême droite, ce procédé ne relevait d'aucune manipulation de nature à altérer le sens et la portée des images et paroles enregistrées (*A. LEPAGE, « Journalisme d'investigation - Journalisme d'investigation, montage et escroquerie », Comm. com. électr. n° 7-8, juillet 2016, comm. 62*).

La loi n'exige pas que le montage soit réalisé à partir de paroles ou d'images portant atteinte à l'intimité de la vie privée (*CA Paris, ch. 11, sect. A, 29 octobre 1997, n° 3373-97, Jurisdata n° 1997-023314*).

131. Technologies digitales. Les techniques de numérisation permettent désormais de modifier, sans difficulté, l'image d'une personne que l'on plonge alors dans un monde virtuel. En effet, grâce aux logiciels pouvant modifier le son et l'image (par exemple, *morphing*), des montages photos ou vidéos peuvent être aisément réalisés et diffusés sur internet. La numérisation, qui permet de modifier les traits d'une personne représentée sur une photo, conduit à créer ce qu'on pourrait appeler des « *personnes virtuelles* » (*En ce sens, rapport Conseil d'État sur internet et les réseaux numériques, 1998, doc. fr., p. 49*). La transformation de l'image, grâce à ces techniques, est justiciable du délit prévu par l'article 363 bis, alinéa 3 du Code pénal.

La technique du *deepfake* de nos jours un moyen privilégié permettant de réaliser des montages d'images ou de sons. Le mot *deepfake* (hypertrucage) est une contraction de « *deep learning* » et de « *fake* » que l'on pourrait traduire par « *faux profond* ». Un *deepfake* est un contenu (audio, vidéo, photo, etc.) altéré ou truqué grâce aux applications de l'intelligence artificielle.

L'intelligence artificielle (IA) constitue la capacité d'une machine non seulement à produire un comportement intelligent mais aussi à donner l'impression d'une réelle conscience de soi (*J. MUCCHIELLI, « Procès du carambolage du siècle : L'intelligence artificielle a-t-elle une éthique ? », D. actualité 05 octobre 2018 ; A. MENDOZA-CAMINADE, « Le droit confronté à l'intelligence artificielle des robots : vers l'émergence de nouveaux concepts juridiques », D. 2016, p. 445*). Le livre blanc Lexisnexis sur l'intelligence artificielle la définit comme un « ensemble de théories et de techniques visant à doter des systèmes informatiques de capacités cognitives comparables à celles de l'être humain » (*De l'intelligence artificielle à l'intelligence juridique, mettre les progrès technologiques au service des métiers du droit, septembre 2018, www.lexisnexis.fr/livreblanc-intelligence-artificielle*). Il s'agit de la capacité d'une unité fonctionnelle à exécuter des fonctions généralement associées à l'intelligence humaine, telles que le raisonnement et l'apprentissage. L'IA désigne les dispositifs technologiques visant à simuler et, in fine, remplacer l'intelligence humaine, donc à reproduire les capacités de l'homme à percevoir, discerner, comprendre, apprendre, raisonner, calculer, mémoriser, comparer, choisir etc. L' « artificiel » correspond à l'usage d'ordinateurs ou autres procédés électroniques, tandis que l'« intelligence » se rapporte au but d'imiter le comportement humain ou animal. L'IA emprunte ainsi à l'informatique, à la logique, aux mathématiques, à l'électronique, aux sciences cognitives, aux sciences de la communication et même à l'éthologie ainsi qu'à la neurobiologie (*B. BARRAUD, « Le droit en datas : comment l'intelligence artificielle redessine le monde juridique », RLDI n° 164, 1er novembre 2019, p. 49*).

L'IA permet diverses applications technologiques (médecine, justice prédictive, prévention des risques, montages d'images et de sons, etc.). Avec l'apparition de l'intelligence artificielle, il est impératif de garantir la sécurité de son utilisation (*Sur cette question, Cybersécurité au Sénégal. Enjeux et perspectives, livre blanc-2019, SAYT, p. 51*). En effet, les risques d'une utilisation malveillante de cette technologie sont réels.

Le phénomène du *deepfake* est une illustration parfaite des dangers que peuvent présenter les applications de l'IA. Il s'agit d'un contenu (audio, vidéo, photo, etc.) altéré ou truqué grâce aux applications de l'intelligence artificielle (*F. MEURIS-GUERRERO, « Un deepfake au musée », Comm. com. électr. n° 11, novembre 2019, alerte 72*). Cette pratique permet notamment de porter atteinte à l'image des personnes, de diffuser des fausses nouvelles et de favoriser des ingérences dans les proccessus électoraux. Le *deepfake* est une technique de synthèse d'images qui, en superposant des fichiers audio et vidéo existants sur d'autres, permet d'intervertir et de remplacer des visages, de reconstituer la voix d'une personne et de modifier un discours, voire de créer de toutes pièces des images ou vidéos extrêmement réalistes et crédibles, même pour un œil averti. Le terme désigne non seulement le contenu ainsi généré, mais aussi les technologies utilisées à cet effet (*F. MEURIS-GUERRERO, « Un deepfake au musée », Comm. com. électr. n° 11, novembre 2019, alerte 72*).

La pratique du *deepfake* repose sur la technique des GANs ou réseaux antagonistes génératifs. Il s'agit d'une technique de *Machine Learning* consistant à mettre en compétition deux algorithmes. Il est relativement facile de produire un contenu *deepfake* à l'aide de logiciels gratuits comme *deepfake* ou *fakeApp*.

Cette technique a d'abord été utilisée pour créer de faux films pornographiques mettant en scène des acteurs célèbres. Mais de plus en plus, elle sert à la diffusion de fausses informations (*fake news*). À partir d'images qui lui sont fournies, un premier algorithme dit générateur cherche à créer de fausses imitations aussi ressemblantes que possible. Un second algorithme, dit discriminateur, cherche quant à lui à détecter les faux le plus efficacement possible.

132. Publication du montage. Le simple fait de réaliser un montage n'est pas réprimé par la loi. C'est la publication de celui-ci, c'est-à-dire le fait de le rendre public, qui est punissable et ce par quelque moyen que ce soit, dès lors que l'intéressé n'a pas donné son consentement ou s'il n'apparaît pas à l'évidence qu'il s'agit d'un montage ou s'il n'en est pas fait expressément mention. La publication du montage est un élément constitutif de l'infraction prévue par l'article 363 bis, alinéa 2 du Code pénal. Ainsi, si celui qui a réalisé le montage ne fait que le conserver sans le rendre public, il n'est pas punissable.

Ainsi, est punissable la publication du montage, notamment par la voie de l'affichage, du livre, de la radio, de la télévision, du cinéma ou de l'internet (*H. PELLETIER, « Les atteintes à la représentation des personnes », Jurisclass. pén. code, art. 226-8 et 226-9, fasc. 20, 2016, n° 21*).

Par exemple, le fait d'adresser à une personne mariée la photographie de son conjoint en galante compagnie, alors que cette photographie est un montage, ne serait pas punissable, faute de publication. En revanche, si la photographie était publiée dans un journal, l'article 363 bis, aliné 2 serait inapplicable.

Toutefois, la chambre criminelle de la Cour de Cassation française a statué dans une affaire où une personne avait fait parvenir à un tiers en instance de divorce des photographies de la femme de ce dernier, la représentant apparemment dans sa vie privée, et dont les experts judiciaires avaient estimé qu'elles avaient été réalisées au moyen de montages. Les juges du fond ont retenu que le prévenu avait transmis ces montages en sachant qu'ils seraient utilisés à l'appui d'une procédure de divorce et qu'ils seraient notamment présentés à des témoins. Condamné, l'intéressé s'était pourvu en cassation, en faisant valoir qu'il ne pouvait y avoir en l'espèce « *publication* », les montages ne devant être présentés qu'à un nombre restreint de personnes au cours d'une procédure de divorce n'ayant pas un caractère public. La chambre criminelle a rejeté le pourvoi en considérant que la publicité était suffisamment caractérisée, ne serait-ce que parce qu'un certain nombre de personnes avaient vu les photographies, en particulier celles qui avaient accès au dossier. Elle a ainsi décidé que cette publicité n'était pas soumise aux exigences de l'article 23 de la loi du 29 juillet 1881 sur la presse et pouvait être restreinte (*Cass. crim., 30 janvier 1978, Bull. crim. 1978, n° 34 ; Rev. sc. crim. 1978, p. 864, obs. G. Levasseur ; Gaz. pal. 1978, 2, p. 467*). Ladite publicité donnée à des photomontages frauduleux peut dès lors être réalisée par le moyen de leur production dans une instance de divorce, alors qu'en raison même de leur fausseté, de tels montages ne pouvaient être valablement produits comme éléments de preuve à l'appui d'une instance judiciaire.

L'article 363 bis, alinéa 2 du Code pénal vise le fait de publier, par quelque voie que ce soit, le montage réalisé avec les paroles ou l'image d'une personne. Est par exemple punissable la publication, notamment par la voie de l'affichage, du livre, de la radio, de la télévision, du cinéma ou de l'internet. Il en est de même de la diffusion, pendant une campagne électorale, d'un tract sur lequel figure, sous forme de montage, la photographie d'une personne alors que celle-ci n'avait pas donné son consentement (*CA Aix-en-Provence, 09 novembre 1992, JurisData n° 1992-050027*).

133. Absence de consentement au montage. Il ne peut y avoir de délit d'atteinte à la représentation de la personne si celle-ci a consenti à la publication du montage litigieux. Ce consentement ne peut être tacite ; il doit être formulé de manière expresse.

Le délit n'est pas constitué si une personne a donné son consentement à ce que le montage avec ses paroles ou son image soit réalisé et soit publié. Cette disposition apparaît comme une dérogation au principe fondamental du droit pénal selon lequel le consentement de la victime ne fait pas disparaître l'infraction.

Le consentement ne fait toutefois disparaître l'infraction que s'il a été antérieur ou tout au moins concomitant au montage lui-même ou à la publication de ce montage. En outre, ce consentement doit émaner d'une personne qui a la liberté et la capacité d'en comprendre la portée.

C'est au prévenu de rapporter la preuve du consentement de la victime. Cette preuve peut être établie par tout moyen.

En énonçant que « *lorsque les actes mentionnés au présent article ont été accomplis au vu et au su des intéressés sans qu'ils s'y soient opposés, alors qu'ils étaient en mesure de le faire, le consentement de ceux-ci est présumé* », on pourrait penser que le législateur a voulu étendre la présomption de consentement au délit d'atteinte à l'intimité de la vie privée et à l'infraction de publication d'un montage avec les paroles ou l'image d'une personne.

Cependant, nous pensons que malgré la mauvaise rédaction du texte, la présomption de consentement ne concerne que l'infraction d'atteinte à l'intimité de la vie privée.

Ainsi, contrairement à l'article 363 bis, alinéa 1er du Code pénal qui prévoit une présomption du consentement lorsque les actes mentionnés à cet article ont été accomplis au vu et au su des intéressés sans qu'ils s'y soient opposés, alors qu'ils étaient en mesure de le faire, l'article 363 bis, alinéa 2 dudit code n'a pas repris cette disposition. Cela s'explique par le fait que le montage n'est, en principe, réalisé qu'hors la présence de l'intéressé.

134. Absence de montage évident ou de mention précisant qu'il s'agit d'un montage. Selon l'article 363 bis, alinéa 2, il n'y a pas de délit s'il apparaît à l'évidence qu'il s'agit d'un montage ou s'il en est fait expressément mention. La notion d'évidence est laissée à l'appréciation souveraine des juges du fond.

Ainsi, un arrêt de la Cour d'Appel de Toulouse du 26 février 1974 (*CA Toulouse, 26 février 1974, D. 1974 p. 736*), après avoir retenu que le montage incriminé se trouvait réalisé dès lors que l'insertion de la photographie dans le contexte d'images, de dessins ou de légendes en avait modifié la valeur artistique, relève que « *les moyens utilisés pour ce montage, à savoir l'agrandissement et le cadrage artistique de la photographie ainsi que son insertion dans un contexte publicitaire et, par conséquent, l'existence même du montage, apparaissent à l'évidence lorsqu'on regarde l'affiche* ». Il a été ainsi décidé que l'article 370 du Code pénal français était inapplicable en l'espèce.

En revanche, des prévenus ont été condamnés dès lors qu'il n'apparaissait pas distinctement que les photographies qu'ils avaient fait circuler au sein d'un lycée étaient des montages (*CA Douai, 13 février 1992, Jurisdata n° 1992-040290*).

L'arrêt précité de la Cour de Cassation (*Cass. crim., 30 mars 2016, préc.)* a approuvé la chambre de l'instruction qui, après avoir relevé que le reportage litigieux ne procédait d'aucune manipulation du sens des images et paroles enregistrées, a souverainement constaté que ledit reportage était à l'évidence le fruit d'un montage.

En outre, si, dans des journaux, sont publiés des montages de photographies de telle façon que le lecteur peut constater, d'une façon évidente, qu'il y a eu trucage, l'article 226-8 du Code pénal français n'est pas applicable. Dans un arrêt du 29 octobre 1997, la Cour d'Appel de Paris a déduit de plusieurs éléments de fait relevés dans une photographie représentant la famille princière de Monaco « *une absence d'authenticité qui impose le sentiment d'un montage manifeste et évident* ». Elle a confirmé la décision du tribunal déclarant, pour ce motif, non constitué le délit défini par l'article 226-8 du Code pénal français (*CA Paris, 29 octobre 1997, n° 3373-97, Jurisdata n° 1997-023314 ; Dr. pén. 1998, comm. 30, obs. M. Véron*).

Article 363 ter.-Les personnes déclarées responsables de l'infraction prévue à l'article précédent encourent, outre l'interdiction pour une durée de cinq ans au plus d'exercer directement l'activité professionnelle ou sociale dans l'exercice ou à l'occasion de laquelle l'infraction a été commise, les peines prévues par les articles 340 à 343 du présent code.

- **Les peines encourues**

- **Bibliographie**

A. CHAVANNE, La protection de la vie privée dans la loi du 17 juillet 1970, *RSC* 1971, p. 616
A. LEPAGE, « Vie privée du salarié et droit pénal », *Act. jur. pén.* 2005, p. 9.
E. DREYER, *Droit pénal spécial*, Paris, Ellipses, 3eme éd. 2016, n° 550, p. 256.
F. MEURIS-GUERRERO, « Un deepfake au musée », *Comm. com. électr.* n° 11, novembre 2019, alerte 72.
G. BEAUSSONIE, « Protection pénale de la vie privée (C. pén., art. 226-1 et 226-2) », *Jurisclass. Comm.,* fasc. 56, 2016.
H. PELLETIER, « Les atteintes à la représentation des personnes », *Jurisclass. pén. Code,* art. 226-8 et 226-9, fasc. 20, 2016.
J. PRADEL, « Les dispositions de la loi du 17 juillet 1970 sur la protection de la vie privée », *D.* 1971, chron. p. 115.
R. LINDON, « Les dispositions de la loi du 17 juillet 1970 relative à la protection de la vie privée », *JCP* G. 1970, I, 2357, n° 19.
R. VOUIN, *Traité droit pénal spécial*, Paris, Dalloz, 6eme éd. 1988.

- **Commentaire**

135. Peines prévues. Il faut préciser que les personnes déclarées responsables d'atteintes à l'intimité de la vie privée ou de publication d'un montage avec les paroles ou l'image d'une personne encourent, outre l'interdiction pour une durée de cinq ans au plus d'exercer directement l'activité professionnelle ou sociale dans l'exercice ou à l'occasion de laquelle l'infraction a été commise, les peines prévues par les articles 340 à 343 du présent code (*art. 363 ter du Code pénal*).

L'évocation des peines prévues par les articles 340 à 343 du présent code qui répriment respectivement la non-remise d'un enfant nouveau-né trouvé à l'officier de l'état civil et l'exposition, le délaissement d'un enfant ou d'un incapable hors d'état de se protéger en un lieu solitaire est difficilement compréhensible. En effet, les infractions prévues par l'article 363 bis du Code pénal sont punies d'un emprisonnement d'un an à cinq ans et d'une amende de 500 000 francs à 5 000 000 de francs. La référence faite par le législateur aux peines prévues par les articles 340 à 341 du Code pénal est d'autant plus curieuse que les peines prévues par ces derniers textes (un emprisonnement d'un mois à six mois et d'une amende de 20 000 à 75 000 francs CFA et un emprisonnement d'un an à trois ans et à une amende de 20 000 à 200 000 francs CFA) sont moins graves que celles contenues dans l'article 363 bis du Code pénal.

SECTION III.
DES INFRACTIONS INFORMATIQUES

136. Infractions informatiques. Les infractions informatiques visent deux types de manipulations des systèmes ou des données informatiques. Il s'agit de la falsification informatique et de la fraude informatique.

Article 431-29 Celui qui produit ou fabrique un ensemble de données numérisées par l'introduction, l'effacement ou la suppression frauduleuse de données informatisées stockées, traitées ou transmises par un système informatique, engendrant des données contrefaites, dans l'intention qu'elles soient prises en compte ou utilisées à des fins légales comme si elles étaient originales est puni d'un emprisonnement d'un an à cinq ans et d'une amende de 5 000 000 francs à 10 000 000 de francs ou de l'une de ces peines.

- **La falsification informatique**

- **Bibliographie**

C. ROBACZEWSKI, « Atteintes aux systèmes de traitement automatisé de données », *Juricl. pén.* code, art. 323-1 à 323-7, fasc. 20, 2018.
Ch. MEUNIER, « La loi du 28 novembre 2000 relative à la criminalité informatique ou le droit pénal et la procédure pénale à l'ère numérique », *Rev. (Belge) dr. pén.*, 2001, p. 620.
F. CHOPIN, « Cybercriminalité », *Rép. pén.*, Dalloz, V°, 2009.
H. DONNEDIEU DE VABRES, « La notion de document dans le faux en écriture », *RSC*, 1940, p. 159.
H. DONNEDIEU DE VABRES, « La notion de documents dans le faux en écriture, Examen critique du système constructif français », *RSC* 1940, p. 157.

J. DJOUDI, « Les fausses factures et le délit de faux », *RSC* 1996, p. 357.
M. VERON, « La répression du faux : du préjudice éventuel au préjudice virtuel », *Dr. pén.* 1999, chron.
M-A CHABIN, « L'ère numérique du faux », *Médium*, 2012/2 (N° 31), p. 46
M-A CHABIN, « Document trace et document source. La technologie numérique change-t-elle la notion de document ? », *Revue I3 4 (1)* :141-158. 05 juillet 2004.
O. LEROUX, « Le faux informatique », *JT* du 22 mai 2004, n° 6140, p. 510.
P. A. TOURE, « Cinq ans de droit pénal des technologies de l'information et de la communication (2008-2013) : chronique de jurisprudence sénégalaise », in *Cour suprême Bulletin des arrêts, Bulletin d'Information* 07-08, 2016, p. 117.
P. A. TOURE, *Le traitement de la cybercriminalité devant le juge : l'exemple du Sénégal*, Paris, l'Harmattan, 2012.
R. DIARRA, *La répression de la cybercriminalité en Afrique de l'Ouest*, Paris, l'Harmattan, 2021.
S. TEPI, *La cybercriminalité au Cameroun. Enjeux d'une législation en quête d'efficacité*, Paris, 2020.
W. JEANDIDIER, « Les truquages et usages frauduleux de cartes magnétiques », *JCP* G 1986, I, 3229.
Y. MAYAUD, *Code pénal commenté*, Paris, Dalloz, 1996, p. 818.

- **Commentaire**

137. Faux informatique. Face aux lacunes du droit commun du faux documentaire, les rédacteurs du Code pénal ont accueilli l'électronique dans le champ de l'infraction de faux, par la pénalisation du faux informatique. L'article 431-29 du Code pénal sanctionne celui qui produit ou fabrique un ensemble de données numérisées par l'introduction, l'effacement ou la suppression frauduleuse de données informatiques stockées, traitées ou transmises par un système informatique, engendrant des données contrefaites, dans l'intention qu'elles soient prises en compte ou utilisées à des fins légales comme si elles étaient originales (*sur le faux informatique, O. LEROUX, « Le faux informatique », JT du 22 mai 2004, n° 6140, p. 510)*. La création de cette incrimination spécifique était devenue une nécessité puisque les enregistrements et traces informatiques ne pouvaient être assimilés à des écrits, au sens du droit commun du faux.

(*H. DONNEDIEU DE VABRES, « La notion de document dans le faux en écriture », RSC, 1940, p. 159*).

En droit pénal belge, dans l'arrêt Bistel, rendu le 24 juin 1991, la Cour d'appel de Bruxelles a eu l'occasion de connaître d'une affaire concernant deux individus qui s'étaient introduits de façon illicite dans le serveur informatique du Premier Ministre belge au moyen d'un mot de passe détourné. Elle a écarté le délit de faux en soulignant que « *le mot de passe consistant à un code électronique utilisé par les prévenus ne constitue pas un écrit et, plus précisément, ne constitue pas un signe graphique au sens des articles 193 et suivants du Code pénal* ». Cette décision a mis en évidence les lacunes du droit pénal classique face au faux numérique (*Ch. MEUNIER, «La loi du 28 novembre 2000 relative à la criminalité informatique ou le droit pénal et la procédure pénale à l'ère numérique », Rev. (Belge) dr. pén., 2001, p. 620 ; M-A CHABIN, « L'ère numérique du faux », Médium, 2012/2 , n° 31), p. 46 ; M-A CHABIN, «Document trace et document source. La technologie numérique change-t-elle la notion de document ? », Revue I3 4 (1) :141-158, 05 juillet 2004 ; P. A. TOURE, Le traitement de la cybercriminalité devant le juge : l'exemple du Sénégal, Paris, l'Harmattan, 2012, n° 226 et s.*).

138. Actes d'altération de la vérité. L'infraction de falsification informatique protège l'authenticité des données informatiques, à l'image du faux du droit commun.

A l'image du faux de droit commun, la falsification informatique suppose que soit établi un acte d'altération de la vérité portant sur des données informatiques. L'altération de la vérité qu'implique le faux doit se manifester par des actes spécifiés par la loi pénale. Il s'agit de la production ou de la fabrication de données numériques engendrant des données contrefaites.

139. Objet de la falsification. Désormais, la falsification de documents informatiques, quelle que soit leur forme, tombe sous le coup de la loi pénale ; il en est ainsi des cartes à bande magnétique (*CA Paris, 06 mai 1997, n° 95-1057, JurisData n° 1997-021872*), des disquettes (*CA Paris, 24 mai 1996, n° 96-02020, JurisData n° 1996-021988*), des clefs USB, des CD-Rom, des DVD ou du disque dur d'un ordinateur.

La chambre criminelle de la Cour de Cassation française a jugé que la cour d'appel, ayant retenu la qualification de faux en présence de la falsification d'une carte magnétique, par la duplication sur une carte vierge des données informatiques contenues sur la bande magnétique d'une autre carte, avait justifié sa décision. En l'espèce, le juge du droit a refusé de faire droit au moyen faisant valoir que le faux n'est punissable que lorsqu'il s'est matérialisé par des signes visibles. Ce faisant, la haute juridiction a approuvé les juges du fond d'avoir estimé qu'il s'agit bien « *d'une écriture qui figure sur la piste magnétique de la carte, même si cette écriture, de forme moderne, nécessite un appareil adéquat pour pouvoir être lue* » (*Cass. crim., 21 février 1995, n° 93-85.008* ; *adde X. Delpech, « Fraude à la carte bancaire : aspects juridiques », D. 2000, p. 219 ; à titre d'illustration, Cass. crim., 28 novembre 2007, n° 07-81.025*).

En outre, il a été admis que des décomptes de remboursement informatisés établis, sur papier, à partir de données introduites dans un système de traitement automatisé entrent ainsi dans les prévisions du délit de faux (*Cass. crim., 24 janv. 2001, n° 00-83.915 : JurisData n° 2001-008885 ; Bull. crim. n° 24 ; D. 2001, inf. rap. p. 1283 ; JCP G 2001, IV, 1835 ; RTD com. 2001, p. 786, obs. B. Bouloc).* Il a également été admis que l'infraction de faux est susceptible de concerner de simples courriers électroniques fictifs *(Cass. crim., 14 mars 2014, n° 12-87.416 , Jurisdata n° 2014-004705 ; Bull. crim. n° 86 ; JCP E 2014, 1234, n° 18, note R. Mortier ; JCP G 2014, 449, note V. Wester-Ouisse ; D. 2014, p. 716, note T. Coustet ; D. 2014, p. 912, obs. J. Lasserre-Capdeville ; Bull. Joly Bourse 2014, p. 265, n° 5, note N. Rontchevsky ; Bull. Joly Bourse 2014, p. 313, n° 6, note D. Rebut ; LPA 16 avr. 2014, n° 76, p. 3 ; note E. de Lamaze ; RLDA 10/2014, n° 97, note F. Stasiak ; RSC 2015, p. 379, note F. Stasiak ; Adde Cass. crim., 27 juin 2018, n° 17-81.759, Jurisdata n° 2018-013795 ; Dr. pén. 2018, comm. 152, obs. P. Conte*).

L'infraction de l'article 431-29 du Code pénal est susceptible de concerner de simples courriers électroniques fictifs censés émanés de tiers et destinés à figurer dans la comptabilité d'une banque (*Cass. crim., 14 mars 2014, n° 12-87.416 : JurisData n° 2014-004705 ; Bull. crim. n° 86 ; JCP E 2014, 1234, n° 18, note R. Mortier ; JCP G 2014, 449, note V. Wester-Ouisse ; D. 2014, p. 716, note T. Coustet ; D. 2014, p. 912, obs. J. Lasserre-Capdeville ; Bull. Joly Bourse 2014, p. 265, n° 5, note N. Rontchevsky ; Bull. Joly Bourse 2014, p. 313, n° 6, note D. Rebut ; LPA 16 avr. 2014, n° 76, p. 3 ; note E. de Lamaze ; RLDA 10/2014, n° 97, note F. Stasiak ; RSC 2015, p. 379, note F. Stasiak ; adde Cass. crim., 27 juin 2018, n° 17-81.759 : JurisData n° 2018-013795 ; Dr. pén. 2018, comm. 152, obs. P. Conte*).

Le délit de falsification informatique peut aussi consister non seulement à falsifier un instrument de paiement originellement émis par un établissement financier agréé, mais également à créer frauduleusement un document ayant toute l'apparence d'une carte régulièrement émise (*V., en ce sens, crim. 7 sept. 2011, n° 11-84.462).*

Mais force est de constater que le dispositif de répression de la tentative en matière de falsification informatique n'est pas cohérent. En effet, la loi pénale sanctionne la tentative d'usage des données informatiques falsifiées (*art. 431-30 du Code pénal*), alors qu'étrangement la tentative de faux informatique principal n'est pas réprimée (*art. 431-29 du Code pénal*) (*sur l'ensemble de la question, V. P. A. TOURE, Le traitement de la cybercriminalité devant le juge : l'exemple du Sénégal,* n° 574).

- **Jurisprudence**

Constitue un faux, le fait pour des responsables de la chaîne logement de la Direction du Traitement automatique de l'Information (DTAI) de procéder à des manipulations portant sur des fichiers de gestion des logements conventionnés, par des modifications substantielles des montants des loyers conventionnés et validaient les virements correspondants au profit de certains bailleurs. Le caractère immatériel des fichiers informatiques ne saurait tenir en l'espèce dans la mesure où les données informatiques falsifiées avaient un support protégé dont seuls certains responsables de la DTAI avaient accès. Enfin, les données traitées même sous forme informatique entrent bien dans le champ de l'article 133 du Code pénal, dès lors qu'il s'agit effectivement d'écritures, c'est-à-dire une représentation des idées, par des mots et des chiffres ayant une incidence certaine, en l'espèce sur le Trésor public (**TGIHC Dakar, n° 499/ 2008 du 05 septembre 2008, affaire de la Direction du Traitement automatique de l'Information (DTAI), jugement *inédit* ; Sur cette affaire, P. A. TOURE, « Cinq ans de droit pénal des technologies de l'information et de la communication (2008-2013) : chronique de jurisprudence sénégalaise », in *Cour suprême Bulletin des arrêts, Bulletin d'Information* 07-08, 2016, p. 117**).

Commet le délit de falsification informatique, le fait pour une personne de falsifier des factures par l'établissement de factures doubles, mais différentes et de les avoir sauvegardées dans l'outil et le système informatique de la société Locasen. En effet, le prévenu a fait croire que les sommes consignées dans ces fichiers étaient la représentation exacte des sommes perçues auprès des clients. En procédant ainsi alors que ces données ont été contrefaites, le prévenu se rend coupable du délit de faux informatique (**TGIHC Dakar, 3e ch corr. n° 54 du 23 janvier 2018, MP et B. K., groupe LOCASEN Voyage c/ P. B. D. et O. N.,** ***inédit***).

Le dépôt fictif de sommes d'argent sur des comptes en accédant frauduleusement au système informatique de la PAMECAS, donc en le piratant, recoupe à la fois l'accès et le maintien frauduleux dans un système informatique avec suppression ou modification de données, l'introduction frauduleuse dans un système informatique en vue d'obtenir sans droit un bénéfice économique et la fabrication de données numérisées par l'introduction, l'effacement ou la suppression de données **(TGIHC Dakar, n° 30 du 14 janvier 2020, MP et l'Union des Mutuelles du Partenariat pour la Mobilisation de l'Epargne et du Crédit au Sénégal dite PAMECAS c/ Ch. AH. X. et autres : https://juricaf.org).**

L'accusé a reconnu que lors d'un cours d'infographie avoir copié la carte professionnelle de son beau-frère qu'il avait soustrait au préalable dans le véhicule de ce dernier qui était parti en mission ; il a par ce fait, procédé au copiage frauduleux des données informatiques de S. D. qui consomme par ricochet l'acte matériel de faux commis dans un document administratif en l'occurrence sur une carte professionnelle de police ; L. M. en compagnie de son ami a utilisé ladite carte pour commettre son forfait ; il est en conséquence atteint et convaincu de tous les chefs de faux et usage de faux dans un document administratif **(TGIHC Dakar, ch. crim. n°104 du 28 juilet 2021, MP c/ M. C. D. et autres,** ***inédit*****).**

Article 431-30.- Est puni des peines prévues à l'article précédent, celui qui, en connaissance de cause, fait usage ou tente de faire usage des données obtenues dans les conditions prévues à l'article précédent.

- **L'usage de données informatiques falsifiées**

- **Bibliographie**

C. GUÉRY, « De l'escroquerie et de l'usage de faux envisagés sous l'angle d'un régime dérogatoire à la prescription de l'action publique », *D.* 2012, p. 1838.

C. ROBACZEWSKI, « Atteintes aux systèmes de traitement automatisé de données », *J-cl. pén. code, art. 323-1 à 323-7*, fasc. 20, 2018.

F. CHOPIN, « Cybercriminalité », *Rép. pén.*, Dalloz, 2009.

P. A. TOURE, « Cinq ans de droit pénal des technologies de l'information et de la communication (2008-2013) : chronique de jurisprudence sénégalaise », in *Cour suprême Bulletin des arrêts, Bulletin d'Information* 07-08, 2016, p. 117.

P. A. TOURE, *Le traitement de la cybercriminalité devant le juge : l'exemple du Sénégal*, Paris, l'Harmattan, 2012.

S. TEPI, *La cybercriminalité au Cameroun. Enjeux d'une législation en quête d'efficacité*, Paris, 2020.

- **Commentaire**

140. Notion d'usage de faux. Le Code pénal n'a pas défini la notion d'usage de faux. Mais « *il est évident qu'une définition générale de l'élément matériel de l'usage de faux s'avère impossible, car tout dépend de la nature du faux utilisé. L'usage de faux consiste donc à se servir de l'écrit ou du support de la pensée conformément à sa nature et à sa destination normale* » (*V. M. Véron, note ss. Cass. crim., 18 décembre 2007, Dr. pén. 2008, comm. 45*).

La jurisprudence considère que le terme usage doit être entendu très largement au sens d'utilisation (*Cass. crim., 27 mai 1991, Bull. crim. 1991, n° 222 ; Cass. crim., 16 janv. 2019, n° 17-85.852, JurisData n° 2019-000328), de reproduction (Cass. crim., 27 juin 1988, n° 87-90.311 ; Cass. crim., 16 janv. 2019, n° 17-85.852, JurisData n° 2019-000328), de production en justice (Cass. crim., 25 janv. 1961, Bull. crim. 1961, n° 46 ; Cass. crim., 15 janv. 1969, Bull. crim. 1969, n° 30 ; Cass. crim., 6 décembre 1973, Bull. crim. 1973, n° 455 ; Cass. crim., 30 oct. 1975, Bull.*

crim. 1975, n° 235 ; Cass. crim., 16 févr. 1977, Bull. crim. 1977, n° 63 ; RSC 1977, p. 809, note A. Vitu. ; Cass. crim., 12 nov. 1979, Bull. crim. 1979, n° 313 ; Cass. crim., 25 nov. 1992 : Bull. crim. 1992, n° 391 ; Cass. crim., 16 nov. 1995 : Bull. crim. 1995, n° 354 ; Dr. pén. 1996, comm. 103, obs. M. Véron ; Cass. crim., 12 nov. 1998 : Bull. crim. 1998, n° 298 ; Cass. crim., 30 janv. 2002, n° 01-80.663 ;Cass. crim., 22 oct. 2003, préc. n° 43 ; JCP G 2004, IV, 1037 ; Gaz. Pal. 2004, 1, somm. p. 1325, note Y. Monnet). Ainsi, le délit d'usage de faux informatique est constitué dès que les données informatiques falsifiées auront été utilisées en toute connaissance de cause. Selon la chambre criminelle de la Cour de Cassation française, l'usage de faux se produit chaque fois « *qu'intervient un nouveau fait d'utilisation de la pièce fausse en vue du but auquel elle est destinée* » (*Cass. crim., 12 novembre 1979, n° 78-90.888, Bull. crim. 1979, n° 313 ; Cass. crim., 30 mars 1999 : Bull. crim. 1999, n° 58*).

Même si la définition retenue par la chambre criminelle de la Cour de Cassation est une définition ouverte, elle n'autorise pas les juges du fond à retenir le délit d'usage de faux lorsqu'une prévenue qui a volontairement laissé produire en justice des contrats de prêts sur lesquels cette dernière avait apposé la signature contrefaite de son époux. En l'espèce, les juges d'appel ont été censurés par la chambre criminelle de la Cour de Cassation faute de ne pas avoir caractérisé un fait positif d'utilisation imputable à la prévenue (*Cass. crim., 4 nov. 2010, n° 09-88.187, Jurisdata n° 2010-022605 ; Dr. pén. 2011, comm. 17, note M. Véron ; RTD com. 2011, p. 428, note B. Bouloc*).

Le faux et l'usage de faux constituent deux délits distincts. Il en résulte trois conséquences. Premièrement, l'agent qui fait usage du document falsifié est punissable quand bien même il ne serait pas l'auteur du faux (*Cass. crim., 05 mars 1990, Dr. pén. 1990, comm. 247, obs. M. Véron*).

Deuxièmement, l'agent qui fait usage du document falsifié est punissable quand bien même l'auteur du faux demeure inconnu (*Cass. crim., 5 mars 1990, ibid.)*.

Troisièmement, il est possible de poursuivre un agent pour usage de faux alors que les poursuites pour faux sont éteintes par l'accomplissement du délai de prescription *(Cass. crim., 13 juin 1978, Bull. crim. 1978, n° 95 ; Cass. crim., 14 octobre 1991 ; CA Paris, 24 mai 1996, n° 96-02020, Jurisdata n° 1996-021988 ; Cass. crim., 25 novembre 1992, n° 91-86.147, Bull. crim. 1992, n° 391*).

Ainsi, le raturage des signatures d'actes de cession de parts constitue l'élément matériel du délit de faux, tandis que le fait d'utiliser lesdits actes auprès de l'administration de l'enregistrement afin de leur conférer, par la certification des dates, une opposabilité aux tiers, vaut usage de faux (*Cass. crim., 11 décembre 1974, Bull. crim. 1974, n° 366*). En outre, la rédaction d'un faux procès-verbal d'assemblée générale constitue l'élément matériel du délit de faux, tandis que la reproduction dudit procès-verbal sur le registre des délibérations de l'assemblée générale constitue un usage de faux (*Cass. crim., 27 juin 1988, n° 87-90.311*) ;

La fabrication de factures sans cause, au nom d'une entreprise de pure façade ou d'une société fictive, constitue l'élément matériel du délit de faux en écriture de commerce tandis que leur comptabilisation constitue l'usage de faux (*Cass. crim., 19 octobre 1987, Bull. crim. 1987, n° 353*).

La confection d'un testament olographe constitue l'élément matériel du délit de faux en écriture privée tandis que le fait de se prévaloir du testament argué de faux dans des conclusions devant la juridiction civile, le fait de soumettre le document à une expertise amiable et le fait de solliciter une contre-expertise de l'écriture constituent autant d'actes d'usage de faux (*Cass. crim., 25 nov. 1992, Bull. crim. 1992, n° 391*).

141. Élément moral. L'usage de faux suppose que l'agent ait conscience de faire usage d'un support falsifié, autrement dit, que l'agent ait agi en connaissance de cause (*Cass. crim., 25 janvier 1961, Bull. crim. 1961, n° 47 ; Rapp. Cass. crim., 2 avril 2014, n° 13-80.563, Jurisdata n° 2014-006481 ; Dr. pén. 2014, comm. 102, note M. Véron ; RTD com. 2014, p. 879, note B. Bouloc)* ou ait eu connaissance de la fausseté du document utilisé *(Cass. crim., 11 décembre 1974 : Bull. crim. 1974, n° 366 ; Cass. crim., 13 juin 1978, Bull. crim. 1978, n° 95).*

Article 431-31.- Est puni d'un emprisonnement d'un an à cinq ans et d'une amende de 5 000 000 francs à 10 000 000 de francs ou de l'une de ces peines celui qui, intentionnellement, cause ou tente de causer un préjudice patrimonial à autrui :

a. par toute introduction, altération ou suppression, tout effacement de données informatiques;

b. par toute forme d'introduction frauduleuse à un système ou d'atteinte au fonctionnement d'un système informatique, en vue d'obtenir sans droit un bénéfice économique pour soi-même ou pour autrui frauduleusement, pour soi-même ou pour autrui, un avantage quelconque en s'introduisant dans un système informatique.

- **La fraude informatique**

- **Bibliographie**

A. M. LUCAS de LEYSSAC, « Fraude informatique : protection des systèmes de traitement automatisé de données, répression de la falsification de documents informatisés et mesures de prévention : loi du 5 janvier 1988 », *Dr. inf. et téléc.* n° 2, 1988. 22.

A. LECOURT, « La lutte contre la fraude à l'ère du numérique », *D. IP/IT* 2019, p. 60.

B. DOCQUI, « La loi du 15 mai 2006 : nouvelles définitions des infractions en matière de criminalité informatique », *Rev. dr. tech. inf. (ubiquité),* n° 26, 2006, p. 287.

C. ROBACZEWSKI, « Atteintes aux systèmes de traitement automatisé de données », *J-cl. pén.* code, art. 323-1 à 323-7, fasc. 20, 2018.

D. CHILSTEIN, « Les nouveaux défis du droit pénal : incriminations générales et spéciales à l'épreuve de l'économie numérique », in J. ROCHFELD (dir), *Les nouveaux défis du commerce électronique*, LGDJ, Paris 2010, p. 168.

F. CHOPIN, « Cybercriminalité », *Rép. pén.,* Dalloz, 2009.

J. LE MAUX, « La fraude à l'ère numérique », *Gestion,* vol. 44, n° 03, 2019, p. 48.

O. LEROUX, « Criminalité informatique », in H.D. BOSLY et Ch. DE VALKENEER (dir.), *Les infractions contre les biens,* 1ère édition, Bruxelles, Larcier, 2008, p. 401.

P. A. TOURE, *Le traitement de la cybercriminalité devant le juge : l'exemple du Sénégal*, Paris, l'Harmattan, 2012.

P. A. TOURE, « Cinq ans de droit pénal des technologies de l'information et de la communication (2008-2013) : chronique de jurisprudence sénégalaise », in *Cour suprême Bulletin des arrêts, Bulletin d'Information* 07-08, 2016, p. 117.
R. DIARRA, *La répression de la cybercriminalité en Afrique de l'Ouest*, Paris, l'Harmattan, 2021.
S. TEPI, *La cybercriminalité au Cameroun. Enjeux d'une législation en quête d'efficacité*, Paris, 2020.

- **Commentaire**

142. Structure de l'infraction. La fraude informatique « *a pour objet de rendre passible d'une sanction pénale toute manipulation abusive au cours d'un traitement de données en vue d'effectuer un transfert illicite de propriété* » *(Rapport explicatif de la convention sur la cybercriminalité, n° 86 ; A. LECOURT, « La lutte contre la fraude à l'ère du numérique », D. IP/IT 2019, p. 60*). Elle consiste à une adaptation de l'escroquerie lorsque l'avantage économique illicite a été obtenu par la tromperie d'une machine (dispositif électronique) (*O. LEROUX, « Criminalité informatique », in H.D. BOSLY et Ch. DE VALKENEER (dir.), Les infractions contre les biens, 1ère édition, Bruxelles, Larcier, 2008, p. 401) ; P. A. TOURE, Le traitement de la cybercriminalité devant le juge : l'exemple du Sénégal, Paris, l'Harmattan, 2012, n° 253 ; J. LE MAUX, « La fraude à l'ère numérique », Gestion, vol. 44, n° 03, 2019, p. 48 ; O. LEROUX, «Criminalité informatique », in H.D. BOSLY et Ch. DE VALKENEER (dir.), Les infractions contre les biens, 1ère édition, Larcier, 2008, p. 401 : « L'escroquerie de droit commun était une fraude consistant à tromper la confiance d'un tiers (...) l'escroc devrait s'être fait remettre ou délivrer un bien, ce qui impliquait un caractère volontaire qui ne pouvait être que le fait d'un être humain »).*

L'article 431-31 du Code pénal sanctionne pénalement « *celui qui, intentionnellement, cause ou tente de causer un préjudice patrimonial à autrui :*

a) par toute introduction, altération ou suppression, tout effacement de données informatiques ;

b) par toute forme d'introduction frauduleuse à un système ou d'atteinte au fonctionnement d'un système informatique, en vue d'obtenir sans droit un bénéfice économique pour soi-même ou pour autrui frauduleusement, pour soi-même ou pour autrui, un avantage quelconque en s'introduisant dans un système informatique ».

Par l'option de l'incrimination spécifique de la fraude informatique, inspirée par la convention sur la cybercriminalité (*art. 8 de la Convention de Budapest*) et par la loi belge du 28 novembre 2000 sur la criminalité informatique (*Sur cette loi belge, B. DOCQUI, « La loi du 15 mai 2006 : nouvelles définitions des infractions en matière de criminalité informatique », Rev. dr. tech. inf. (ubiquité), n° 26, 2006, p. 287*), modifiée par la loi du 15 mai 2006, les auteurs du Code pénal se sont démarqués du droit français. En effet, le Code pénal français ne comporte aucune incrimination particulière relative à la fraude informatique, qui est sanctionnée par les juridictions sur la base du droit commun de l'escroquerie (*D. CHILSTEIN, « Les nouveaux défis du droit pénal : incriminations générales et spéciales à l'épreuve de l'économie numérique », in J. ROCHFELD (dir), « Les nouveaux défis du commerce électronique », LGDJ, Paris 2010, p. 168*).

143. Actes prohibés. À l'exception de l'acte d'introduction de données informatiques, les actes matériels incriminés ne se différencient pas fondamentalement des atteintes à l'intégrité des données (l'altération, l'effacement ou la suppression de données informatisées) et des atteintes au fonctionnement des systèmes informatiques (l'entrave et l'action de fausser le fonctionnement du système informatique).La loi pénale prend en compte la diversité des manipulations informatiques susceptibles d'être perpétrées par les cybercriminels pour subtiliser le patrimoine d'autrui. Les actes matériels visés sont pour l'essentiel des manipulations à l'entrée du système, notamment l'introduction dans l'ordinateur de données inexactes et des ingérences dans le traitement des données (effacement, altération, atteinte au fonctionnement du système) (*Rapport explicatif de la convention sur la cybercriminalité, ibid)*.

144. Finalité : l'obtention d'un avantage économique. Les manipulations informatiques frauduleuses doivent avoir pour finalité « *l'obtention pour soi-même ou pour autrui d'un avantage* ». L'article 8 de la convention sur la cybercriminalité vise « *le fait intentionnel et sans droit de causer un préjudice patrimonial à autrui* ».

Mais le rapport explicatif de ladite convention de Budapest précise bien que « *les manipulations informatiques frauduleuses sont incriminées si elles occasionnent directement à autrui un préjudice économique ou matériel et si le délinquant a agi dans l'intention d'obtenir un avantage économique illégitime pour lui-même ou pour autrui* » (*Rapport explicatif de la Convention sur la cybercriminalité, n° 88*). La notion d' « *avantage quelconque* » est très large. Elle est susceptible d'englober aussi bien l'argent que les immobilisations corporelles ou incorporelles ayant une valeur économique.

En Belgique où la fraude informatique est expressément incriminée, les comportements couverts par cette incrimination sont très divers. La Cour de Cassation belge a confirmé que, depuis l'entrée en vigueur de l'article 504 quater du Code pénal, le fait de se procurer un avantage patrimonial frauduleux en manipulant des données informatiques ne devait plus être qualifié de vol à l'aide de fausses clefs, mais de fraude informatique (*Cass. (belge) 06 mai 2003 : disponible à l'adresse suivante : http://www.cass.be, cité également par J. SPREUTELS, F. ROGGEN et E. ROGER FRANCE, op. cit., p. 540*).

La qualification de fraude informatique a été appliquée par les tribunaux belges saisis d'affaires de « *skimming* ». Ce procédé frauduleux est très répandu en Europe de l'Est (Bulgarie et Roumanie, notamment). Il consiste en un « *piratage du distributeur automatique de billets (DAB*) à l'aide notamment de faux claviers et de micros-caméras » (*M. QUEMENER, « Cybercriminalité : la recherche de profit », in « La criminalité numérique », Cah. Sécurité, n° 06, octobre-décembre 2008, p. 143 ; du même auteur, M. QUEMENER, « Cybercriminalité, e-arnaques, transactions virtuelles et préjudices réels », Legalis.net, 2008-4, p. 44*). Cette technique consiste, pour les fraudeurs, à trafiquer un terminal de paiement, en plaçant un « *skimmer* » devant la fente où l'on introduit la carte. Le « *skimmer* » est un appareil discret destiné à lire et à copier la bande magnétique de la carte. Il est placé quelquefois à l'entrée des portes d'agence bancaire au-dessus du lecteur. Une caméra est également placée dans les lieux permettant de filmer l'introduction du code secret. Les données interceptées sont envoyées par un émetteur et enregistrées concomitamment par un receveur et une vidéo.

Par la suite, les fraudeurs transfèrent vers un ordinateur ces données. Grâce à ces informations, ils confectionnent de fausses cartes (cartes généralement blanches, appelées « *white plastic card* »*s*), avec lesquelles des sommes en espèces sont retirées des distributeurs.

En Belgique, les tribunaux correctionnels de Bruxelles, de Termonde et de Bruges ont jugé que le « *skimming* » constitue une fraude informatique au sens des dispositions de l'article 504 quater du Code pénal belge (*Trib.*

corr. Bruxelles, 6 janvier 2004, Trib. corr. Termonde, 07 juin 2004 ; Trib. corr. Bruges, 08 juin 2004, jugements inédits cités par J. SPREUTELS, F. ROGGEN et E. ROGER FRANCE, op. cit., p. 540).

145. Élément moral. L'infraction de fraude informatique suppose un dol général en ce que l'avantage économique résultant des manipulations informatiques doit être obtenu sans droit. Ce qui exclut par exemple du champ de la répression pénale les pratiques commerciales ordinaires légitimes effectuées dans l'intention d'obtenir un bénéfice économique, dans la mesure où les personnes qui s'y livrent ne sont pas animées d'une intention frauduleuse ou malhonnête.

L'infraction exige un dol spécial. Il est constitué par une intention frauduleuse spécifique résultant de l'usage de l'adverbe « *frauduleusement* » dans le texte d'incrimination. Il s'agit d'une intention particulière orientée vers l'obtention d'un avantage économique pour soi-même ou pour autrui. Le fraudeur doit être motivé par une volonté de porter illégitimement atteinte à la propriété d'autrui et être animé par l'appât du gain. Le *rapport explicatif de la convention de Budapest* confirme cette exigence d'un dol spécial. Il précise que, dans certains cas, un élément intentionnel spécifique supplémentaire fait partie intégrante de l'infraction. Ainsi, l'intention d'obtenir un bénéfice économique est un élément constitutif de l'infraction » (*Rapport explicatif de la Convention sur la cybercriminalité, n° 88*).

- **Jurisprudence**

Les prévenus, qui ont tiré profit d'une défaillance du système informatique de la Sentel Tigo, pour transférer frauduleusement du crédit sans être débités avant d'encaisser illicitement des fonds provenant de ces transferts au détriment de la Sentel, ont commis une fraude informatique (**CA Dakar, n° 729 du 18 mai 2015, MP et SENTEL c/ A. B. et M. TH., *inédit***).

Constitue une fraude informatique, le fait pour des personnes, en vue de se faire remettre des denrées alimentaires, d'accéder à un site de vente en ligne à l'aide de fausses identités avant de procéder à des paiements frauduleux par cartes bancaires (**CA Dakar, n° 252 du 29 mars 2016, MP et SEN Boutique c/ M. D., M. L. B., *inédit***).

Le fait pour une personne d'utiliser une carte de paiement falsifiée en accédant au terminal de paiement électronique de la SGBS installé dans une bijouterie et de se faire remettre des bijoux et des vêtements constitue le délit de fraude informatique. Le prévenu s'est procuré frauduleusement, à l'aide de cartes dupliquées, des bijoux en or et des vêtements pour lui-même ou autrui en s'introduisant dans le système informatique de la SGBS installé dans une bijouterie. En outre, sa mauvaise foi est manifeste puisqu'il n'est titulaire d'aucun compte réel dans les banques censées avoir émis les cartes utilisées (**CA Dakar, n° 978 du 13 décembre 2010, affaire Fulgence BAHI, *inédit* ; Sur cette affaire, P. A. TOURE, «Cinq ans de droit pénal des technologies de l'information et de la communication (2008-2013) : chronique de jurisprudence sénégalaise», in *Cour suprême Bulletin des arrêts, Bulletin d'Information* 07-08, 2016, p. 117**).

Le prévenu K. K., qui a acheté des films et des consoles de jeux au centre commercial Sea Plazza au moyen d'une fausse carte de crédit acquis en Russie via internet a commis le délit d'obtention d'un avantage économique au moyen d'une introduction frauduleuse dans un système informatique ; K.K. a pu obtenir un avantage économique au moyen d'une introduction frauduleuse dans un système informatique étant étendu qu'il s'est fait remettre des biens qu'il a payés avec une fausse carte de crédit, son propre compte étant censé être débité après introduction de ladite carte de crédit dans le terminal de paiement électronique de la boutique (**TGIHC Dakar, 02 mai 2012, affaire Kouakou Kouadio, *inédit* ; Sur cette affaire, P. A. TOURE, « Cinq ans de droit pénal des technologies de l'information et de la communication (2008-2013) : chronique de jurisprudence sénégalaise », in *Cour suprême Bulletin des arrêts, Bulletin d'Information* 7-8, 2016, p. 117**).

Les prévenus qui n'ont obtenu aucun avantage économique, ce qu'exige l'article 431-16 du Code pénal qui suppose l'obtention frauduleuse pour soi-même ou pour autrui un avantage quelconque par toute forme d'atteinte au fonctionnement d'un système informatique, ne sauraient être déclarés coupables de fraude informatique (**CA Dakar, n° 564 du 08 juin 2011, MPc/ L. O. O. -I. U.-E. K.- C. I. O., *inédit***).

Le prévenu qui avait, auprès d'une agence Wari, effectué frauduleusement un transfert d'une somme de 175 000 FCFA au profit d'une autre personne qui, l'a retiré constitue une obtention d'avantage par l'introduction dans un système informatique constitutive de fraude informatique (**CA Dakar, n° 298, 18 avril 2017, MP et V. S. B. c/ O. S. D., *inédit***).

Le fait pour le prévenu d'avoir confectionné de fausses cartes bancaires qu'il a utilisées pour débiter frauduleusement des comptes appartenant à des particuliers et se faire délivrer du matériel électroménager au sein du Centre Commercial « *Digital Planet* » constitue une fraude informatique. Il n'est pas contesté que les données à caractère personnel qui ont servi, par une opération pointue de clonage, à confectionner ces cartes électroniques proviennent du marché clandestin du trafic de données sur internet (**CA Dakar n° 1222 du 08 septembre 2015, MP et la Société CCBM c/ P. M. K.,** ***inédit***).

Le dépôt fictif de sommes d'argent sur des comptes en accédant frauduleusement au système informatique de la PAMECAS, donc en le piratant, recoupe à la fois l'accès et le maintien frauduleux dans un système informatique avec suppression ou modification de données, l'introduction frauduleuse dans un système informatique en vue d'obtenir sans droit un bénéfice économique **(TGIHC Dakar, n° 30 du 14 janvier 2020, MP et L'Union des Mutuelles du PAMECAS c/ Cheikh AH X et autres : https://juricaf.org).**

CHAPITRE III

DES AUTRES ABUS

146. Variété des infractions. Le Code pénal regroupe sous le chapitre III du titre IV intitulé « *les autres abus* », trois catégories d'infractions pénales, à savoir les abus de dispositifs, l'association de malfaiteurs informatiques et l'usurpation d'identité numérique.

Article 431-32.- Celui qui produit, vend, importe, détient, diffuse, offre, cède ou met à disposition un équipement, un programme d'informatique, tout dispositif ou donnée conçue ou spécialement adaptée pour commettre une ou plusieurs des infractions prévues par les articles 431-8 à 431-13 du présent code ou un mot de passe, un code d'accès ou des données informatisées similaires permettant d'accéder à tout ou partie d'un système informatique, est puni des peines prévues respectivement pour l'infraction elle-même ou pour l'infraction la plus sévèrement réprimée.

- **Les abus de dispositifs**

- **Bibliographie**

C. ROBACZEWSKI, « Atteintes aux systèmes de traitement automatisé de données », *J-cl. pén.* code, art. 323-1 à 323-7, fasc. 20, 2018.
D. BENICHOU, « Cybercriminalité. Jouer d'un nouvel espace sans frontière », *Act. jur. pén.* 2005, p. 224.
F. CHOPIN, « Cybercriminalité », *Rép. pén.,* Dalloz, V°, 2009.
J.-P. BUFFELAN, « La répression de la fraude informatique », *Expertises* 1988, p. 55.
P. A. TOURE, *Le traitement de la cybercriminalité devant le juge : l'exemple du Sénégal*, Paris, l'Harmattan, 2012.
R. DIARRA, *La répression de la cybercriminalité en Afrique de l'Ouest*, Paris, l'Harmattan, 2021.
S. TEPI, *La cybercriminalité au Cameroun. Enjeux d'une législation en quête d'efficacité*, Paris, 2020.

- **Commentaire**

147. Structure de l'infraction. L'article 431-32 du Code pénal pénalise la détention, l'offre, la cession ou la mise à disposition d'un équipement d'un programme informatique et de tout dispositif spécialement conçu ou adapté pour la commission d'infractions relatives aux systèmes ou aux données informatiques ou un mot de passe, un code d'accès ou des données informatiques similaires permettant d'accéder à tout ou partie d'un système informatique.

L'incrimination des abus de dispositifs permet de prévenir la commission de cyberdélits. Il s'agit en réalité de sanctionner, à titre autonome, des actes de complicité par fourniture de moyens, en permettant la répression du complice apportant son assistance dans la préparation de la commission d'une cyberinfraction, indépendamment d'un fait principal punissable (*D. BENICHOU, « Cybercriminalité. Jouer d'un nouvel espace sans frontière », Act. jur. pén. 2005, p. 224*). Les abus de dispositifs ont été spécifiquement conçus pour notamment lutter contre la prolifération des infections informatiques (virus, vers, *keyloggers*, etc.) sur les réseaux informatiques. Ils permettent de sanctionner l'importation, l'offre, la cession, la détention ou la mise à disposition de *malwares*, sans qu'il soit besoin que lesdites infections aient été introduites frauduleusement dans un système informatique (*F. CHOPIN, «Cybercriminalité », Rép. pén., Dalloz, V°, 2009, spéc. n° 36*).

Les *keyloggers* sont des logiciels mouchards enregistrant des frappes au clavier et les captures d'écran à l'insu de l'utilisateur. Il s'agit de techniques permettant de capter en temps réel les données informatiques s'affichant temporairement dans un système (*P. A. TOURE, Le traitement de la cybercriminalité devant le juge : l'exemple du Sénégal, Paris, l'Harmattan, 2012, n° 393*). Le *keylogger* est de puissant moyen technologique d'espionnage industriel et de surveillance de l'activité professionnelle. L'objectif des *keyloggers* est d'enregistrer et de restituer tout le travail qui a été réalisé par un utilisateur. Les touches enregistrées permettent effectivement de retracer, non seulement le travail courant, mais aussi de récupérer tous les identifiants, les mots de passe et les logins des utilisateurs. Un espion peut alors connaître les moindres faits et gestes de l'utilisateur de l'ordinateur.

Les *keyloggers* peuvent aussi être un outil de cybersurveillance des lieux de travail pour les entreprises puisqu'ils permettent de contrôler les activités des salariés pendant les heures de travail (*J.-E. RAY, « Droit du travail et TIC (I) », Dr. sociétés, 2007, p. 147*). Selon la CNIL, « *ce type de logiciel conduit celui qui l'utilise à pouvoir exercer une surveillance constante et permanente sur l'activité professionnelle des salariés concernés, mais aussi sur leur activité personnelle résiduelle effectuée à partir du poste informatique* ». Ainsi, les données enregistrées peuvent concerner aussi bien les courriels émis ou reçus, les conversations de messagerie instantanée ou des informations confidentielles sensibles telles qu'un numéro de carte bancaire ou les mots de passe des salariés lorsqu'ils accèdent, pendant leur temps de pause, à leur insu.

Constitue par exemple un abus de dispositifs, la détention et l'utilisation malveillante d'un « *keylogger* ».

Un arrêt de la Cour de Cassation rendu le 16 janvier 2018 a rejeté le pourvoi formé contre un arrêt ayant déclaré coupable d'abus de dispositifs un médecin qui, au prétexte de la défense de sa situation professionnelle et de sa réputation, a installé un « *keylogger* » sur les ordinateurs de deux de ses confrères. Ce procédé lui a permis d'espionner la frappe du clavier ainsi que les codes d'accès et d'accéder aux courriels échangés par les deux praticiens (*Cass. crim., 16 janvier 2018, n° 16-87.168, Jurisdata n° 2018-000269 ; Dr. pén. 2018, comm. 74, obs. P. Conte ; Comm. com. électr. 2018, comm. 30, obs. É. A. Caprioli*).

148. Exigence de la mauvaise foi. Il faut préciser que, même si cela ne ressort pas de la rédaction de l'article 431-32 du Code pénal, les abus de dispositifs constituent une infraction intentionnelle ; ce qui signifie que l'infraction n'est pas applicable lorsque l'importation, la détention, l'offre, la cession ou la mise à disposition de l'instrument, du programme informatique ou de toutes données est justifiée par des motifs légitimes. À cet égard, la recherche scientifique et le besoin de sécurisation des réseaux constituent des motifs légitimes justifiant la détention et l'utilisation de programmes destinés à la commission de cyberinfractions.

L'article 90-9 du Code de Procédure pénale prévoit que sous réserve du respect du principe de la loyauté de la preuve, le juge d'instruction ou l'officier de police judiciaire peut au cours des investigations, utiliser tous les procédés techniques, logiciels, programmes techniques informatiques nécessaires à l'identification des auteurs des infractions. Cette disposition semble habiliter les autorités policière et judiciaire à recourir à des *keyloggers* pour les besoins de l'identification des auteurs des infractions.

Par ailleurs, en France, il a été jugé que la détention involontaire d'un programme malveillant ne peut constituer le délit d'abus de dispositifs puisque tout délit suppose l'intention de le commettre (*Crim. 27 octobre 2009, n° 09-82.346, Act. jur. pén. 2010. 79, obs. G. Royer*).

La chambre criminelle a estimé que ne constitue pas un motif légitime la diffusion d'informations relatives à des failles informatiques sur un site internet accessible à tous alors même que ces informations risquaient d'être exploitées par des pirates informatiques et que l'auteur d'une telle diffusion n'agissait pas forcément uniquement en vue de sécuriser les réseaux, mais aussi dans son intérêt personnel professionnel, motif beaucoup moins légitime (*Crim. 27 octobre 2009, précité*).

Article 431-33.- Celui qui participe à une association formée ou à une entente établie en vue de préparer ou de commettre une ou plusieurs des infractions prévues par le présent titre, est puni des peines prévues respectivement pour l'infraction elle-même ou pour l'infraction la plus sévèrement réprimée.

- **L'association de malfaiteurs informatiques**

- **Bibliographie**

A. VITU et D. BEAUVAIS, « Participation à une association de malfaiteurs », *Jurisclass. pén. code,* art. 450-1 à 450-5, fasc. 20, 2018.
P. A. TOURÉ, « Le groupe criminel organisé en droit pénal sénégalais », in *Par le droit immobilier et au-delà, Mélanges en l'honneur de Daniel Tomasin*, Paris, Dalloz, 2022, p. 697 et s.
A. LABORDE, *Les associations de malfaiteurs*, 1894.
M. CULIOLI et P. GIOANNI, « Association de malfaiteurs », Rép. dr. pén.proc. pén., 2017.
C. CAMILLE, *Le crime d'association de malfaiteurs*, thèse, Lyon, 1912.
C. ROBACZEWSKI, « Atteintes aux systèmes de traitement automatisé de données », *J-cl. pén.* code, art. 323-1 à 323-7, fasc. 20, 2018.
F. CHOPIN, « Cybercriminalité », *Rép. pén.,* Dalloz, V°, 2009.
J. SAIZ, in « Cybercriminalité : quels enjeux pour les économies souterraines », rce-revue.com 28 mars 2014.
M. CULIOLI et P. GIOANNI, « Association de malfaiteurs », *Rép. dr. pén. proc. pén.*, Dalloz, 2017.
P. A. TOURE, *Le traitement de la cybercriminalité devant le juge : l'exemple du Sénégal*, Paris, l'Harmattan, 2012.
P. LEMOINE, « Le délit d'association de malfaiteurs et la circonstance de bande organisée », *Dr. pén.* 2007. 277 s.
R. DANIAULT, « L'association de malfaiteurs », *JCP* 1952. I. 1062.
R. MERLE et A. VITU, *Traité du droit criminel, droit pénal spécial*, tome I, Cujas, 1982.
S. TEPI, *La cybercriminalité au Cameroun. Enjeux d'une législation en quête d'efficacité*, Paris, 2020.

- **Commentaire**

149. Structure de l'infraction. L'article 431-33 du Code pénal énonce que la participation à une association formée ou à une entente établie en vue de préparer ou de commettre une ou plusieurs des infractions informatiques est punie des peines prévues respectivement pour l'infraction elle-même ou pour l'infraction la plus sévèrement réprimée.

Cette incrimination exige l'existence d'une résolution d'agir en vue de la commission de cyberinfractions, résolution extériorisée par des faits matériels caractérisant la préparation de ces infractions (*sur les infractions de groupes sur les réseaux, J. SAIZ, in « Cybercriminalité : quels enjeux pour les économies souterraines », rce-revue.com 28 mars 2014*). La résolution d'agir est indépendante des infractions que les membres de l'association préparent. Le législateur incrimine ainsi l'accomplissement d'actes préparatoires à la commission d'autres infractions qui, se situant avant même le commencement d'exécution, ne peuvent, dès lors, constituer une tentative punissable (*A. VITU et D. BEAUVAIS, « Participation à une association de malfaiteurs », Jurisclass. pén. code, art. 450-1 à 450-5, fasc. 20, 2018, n° 04*). La consommation de l'infraction se situe, comme en matière de complot, « *à un stade du processus criminel antérieur à la tentative* » (*A. PROTHAIS, Tentative et attentat, Paris, LGDJ 1995, n° 165*).

L'infraction prévue par l'article 431-33 du Code pénal constitue une transposition de l'association de malfaiteurs de droit commun à l'environnement digital (*R. DANIAULT, « L'association de malfaiteurs », JCP 1952. I. 1062, dossier Act. jur. pén.2004. 177 ; P. LEMOINE, « Le délit d'association de malfaiteurs et la circonstance de bande organisée », Dr. pén. 2007. 277 s. ; M. CULIOLI et P. GIOANNI, « Association de malfaiteurs », Rép. dr. pén. proc. pén, 2017*).

150. Notion de groupement ou entente. La caractéristique essentielle de la participation à une association de malfaiteurs réside dans l'existence d'un groupement formé ou d'une entente établie dans un but bien déterminé. L'incrimination suppose en effet que soit rapportée la preuve de la réunion d'un groupement ou d'une entente, dans le but de préparer une cyberinfraction, laquelle doit être concrétisée par un fait matériel (*C. ROBACZEWSKI, « Atteintes aux systèmes de traitement automatisé de données », Juriscl. pén. code, art. 323-1 à 323-7, fasc. 20, 2018, n° 19*).

Chaque participant au groupement ou à l'entente ne peut être déclaré coupable que s'il s'y est agrégé « *sciemment et volontairement* », c'est-à-dire en sachant le caractère délictueux du groupement et avec la volonté de collaborer efficacement à la poursuite du but visé par des malfaiteurs (*A. VITU, op. cit., n° 210)*.

La notion de « *groupement* » implique le caractère consenti, volontaire de l'union (*P. ROBERT, Dictionnaire alphabétique et analogique de la langue française, Le Robert, V° groupement*).

Quant à l'entente établie, elle doit être assimilée à celle qui forme un des éléments du complot : c'est-à-dire la « *résolution d'agir* » concertée et arrêtée entre deux ou plusieurs personnes.

Le mot « *groupement* » a un contenu plutôt statique, alors que le terme « *entente* » exprime le dynamisme d'un accord qui s'esquisse et se noue entre plusieurs individus en vue d'une action commune. Les notions de groupement et d'entente laissent aux tribunaux une large faculté pour apprécier, suivant les circonstances, les conditions dans lesquelles un accord sera considéré comme intervenu entre deux ou plusieurs individus pour préparer ou commettre des infractions graves. Ainsi, le délit pourra être parfaitement caractérisé indépendamment de tout commencement d'exécution d'un crime particulier, même en l'absence de faits matériels établissant que l'entreprise criminelle a effectivement débuté (*Crim. 21 juin 2006, rejet, n° 05-87.693)*.

L'entente punissable suppose en principe que la participation délictueuse a lieu en amont de la commission des atteintes aux systèmes de traitement informatique (*T. corr. Carpentras, 25 juin 2004, D. 2006. Pan. 792, obs. Le Stanc*).

Peu importe le nombre de participants, associés ou affiliés. À la différence du groupe criminel organisé, l'association de malfaiteurs ne suppose pas une organisation structurée (*Dr. pén. 2015, comm. 120, P. Conte*) (*En ce sens, P. A. TOURÉ, « Le groupe criminel organisé en droit pénal sénégalais », in Par le droit immobilier et au-delà, Mélanges en l'honneur de Daniel Tomasin, Paris, Dalloz, 2022, p. 697 et s.*).

Au Sénégal, la notion de groupe criminel organisé est le critère d'identification des infractions relatives à la criminalité organisée. Elle irrigue le nouveau dispositif pénal mis en place par la loi n° 2021-34 du 23 juillet 2021 modifiant la loi n° 65-61 du 21 juillet 1965 portant Code de Procédure pénale. En effet, la qualification de groupe criminel organisé présente un grand intérêt juridique puisqu'elle permet de caractériser une nouvelle catégorie d'infractions relative à la criminalité organisée et détermine l'applicabilité du régime pénal dérogatoire y relatif. En droit sénégalais, le législateur a procédé à une transposition fidèle de la définition de la notion de « *groupe criminel organisé* » prévue par l'article 2 de la convention des Nations Unies contre la criminalité transnationale organisée. Aux termes des dispositions de l'article 677-65, alinéa 2 du CPP : *« le groupe criminel organisé désigne un groupe structuré de trois personnes ou plus existant depuis un certain temps et agissant de concert dans le but de commettre une ou plusieurs des infractions ci-dessous spécifiées pour en tirer, directement ou indirectement, un avantage financier ou un autre avantage matériel* ».

Conformément au droit commun de l'association de malfaiteurs, le nombre de protagonistes ainsi que la durée de l'association ou du groupement sont indifférents, l'article 238 du CP évoquant un groupement formé ou toute entente établie « *quelle que soit sa durée ou le nombre de ses membres* ». Le concours de deux personnes, comme un couple, suffit (*A.-M. et J. LARGUIER, Droit pénal spécial, 8e éd., 1994, Mémentos Dalloz, p. 266 ; P. GATTEGNO, Droit pénal spécial, 7e éd., 2007, Dalloz, p. 560, note 1 ; crim. 29 octobre 1975, Bull. crim. n° 230, RSC 1986. 417, obs. A. Vitu; crim. 3 juin 2004, no 03-83.334, Dr. pén. 2004, com. 182, obs. Véron)*.

Peu importe aussi que les autres membres de l'association criminelle, à laquelle un individu a adhéré, n'aient pas tous été identifiés, du moment que ce groupement, son activité et ses buts ont été clairement établis (*Crim. 25 juin 1984, D. 1984. IR 480*). Peu importe aussi la durée de l'association ou de l'entente criminelle. Il suffit qu'à un moment donné, ses membres se soient entendus pour préparer la commission de l'un des cyberdélits. Ainsi, dans une affaire relative à un groupe d'internautes se retrouvant sur un forum et dont l'activité était l'échange de fichiers musicaux, de films et de logiciels, le Tribunal de grande instance de Lille a retenu le délit de participation à un groupe formé ou à une entente établie en vue de commettre des fraudes informatiques. Le tribunal a relevé que l'objectif des membres du groupe était en outre d'introduire dans les systèmes de traitement automatisé de données des fichiers contrefaisants (*TGI Lille, 29 janv. 2004 : www.legalis.net*).

Il faut que l'entente se concrétise par un ou plusieurs faits matériels (ex. : échange d'informations) ayant pour finalité de commettre des cyberinfractions (en ce sens, TGI Lille, 29 janv. 2004, foruminternet.org). Tel est le cas de celui qui participe à une entente formée en vue de conduire des entraves par déni de service contre des distributeurs d'énergie, notamment EDF, en mettant à disposition des internautes, une passerelle technique au fonctionnement simplifié dont il est locataire et gestionnaire destinée à leur permettre d'accéder à des sites de discussion, d'avoir connaissance des modalités concrètes d'opération du mouvement « *Anonymous* » (*Crim. 7 nov. 2017, n° 16-84.918, AJ pén. 2018. 44, obs. Thierry*). La participation à l'association de malfaiteurs est retenue même si le délit projeté n'a été ni réalisé, ni tenté. Le délit est donc constitué sans que ne soit exigée la preuve de la participation aux délits que l'association de malfaiteurs prépare (*V. à propos de l'association de malfaiteurs terroriste, Dr. pén. 2016, comm. 152, P. Conte*), sous réserve d'administrer la preuve de l'élément moral. Un arrêt de la Cour d'appel de Paris du 28 janvier 2010 (*CA Paris, pôle 4, ch. 11, 28 janvier 2010, Jurisdata n° 2010-001050 ; Dr. pén. 2010, chron. 10, n° 19, obs. A. Lepage*) a retenu le délit d'association de malfaiteurs informatiques à l'encontre de douze *hackers* qui, profitant d'une faille de la base de données du serveur, s'étaient introduit sur le site internet www.drogues.gouv.fr. Ils y avaient remplacé le communiqué annonçant la campagne nationale contre la banalisation de l'usage du cannabis par un texte intitulé « *le cannabis, j'en ai fumé !* » accompagné d'une photographie représentant une molécule de cannabis.

La participation à une association de malfaiteurs constituant un délit, sa tentative n'est plus punissable, en l'absence d'un texte spécial la prévoyant expressément, par application de l'article 3 du Code pénal. Le législateur n'a certainement pas voulu heurter le principe « *pas d'infraction sans activité matérielle* ».

151. Élément moral. L'élément moral réside dans la volonté d'apporter son concours au groupement ou à l'entente. La preuve de cet élément moral est aisément établie lorsque l'agent, qui a participé au groupement, a également participé à la réalisation de l'infraction projetée.

Il a été également jugé que, dès lors, que les participants n'ignoraient pas que les informations échangées avaient pour finalité de commettre des atteintes au système informatique, leur participation à l'entente est pénalement répréhensible (*T. corr. Carpentras, 25 juin 2004, n° 991/04, D. 2006. pan. 792, obs. Le Stanc*).

Ainsi, outre les délits d'accès, de maintien et d'entrave au fonctionnement d'un STAD, un prévenu s'est aussi rendu coupable de l'infraction d'association de malfaiteurs, car il avait diffusé, avant les attaques par déni de service dont avait été victime EDF, une vidéo sur sa chaîne YouTube incitant les internautes à y prendre part (*TGI Paris, 13 ch. corr., 28 septembre. 2016, Comm. com. électr. 2017, comm. 29, obs. É. A. Caprioli ; V. aussi CA Paris, pôle 4, ch. 11, 28 janv. 2010, n° 09/00927, Jurisdata n° 2010-001050 ; Dr. pén. 2010, chron. 10, n° 19, obs. A. Lepage*).

- **Jurisprudence**

Les agissements de personnes qui, pour se faire remettre des denrées alimentaires, ont accédé à un site de vente en ligne sous de fausses identités avant de procéder frauduleusement à des paiements par cartes bancaires, procèdent d'une entente par eux établie constitutive d'association de malfaiteurs informatiques, dès lors que les prévenus qui habitent dans le même quartier, ont opéré suivant le même modus operandi et servi les mêmes arguments pour se justifier (**CA Dakar, n° 252 du 29 mars 2016, MP et SEN Boutique c/ M. D., M. L. B.,** ***inédit***).

CHAPITRE IV.-

DES INFRACTIONS SE RAPPORTANT AU CONTENU

152. Catégorie d'infractions. Les infractions se rapportant au contenu sont les délits qui se traduisent par la diffusion de contenus illicites en ligne. Le législateur incrimine, au titre de ces infractions, la pornographie enfantine et les autres atteintes se rapportant au contenu qui désignent en réalité les actes de nature raciste et xénophobe par le biais des TIC.

SECTION PREMIÈRE.-
DE LA PORNOGRAPHIE ENFANTINE

138. Incriminations prévues. Le législateur a créé plusieurs infractions ayant pour objet de protéger pénalement les mineurs contre le phénomène de la pornographie enfantine. D'ailleurs, la loi n° 2016-29 du 08 novembre 2016 modifiant le Code pénal a procédé à une consolidation du dispositif pénal mis en place.

Article 431-34.- Celui qui produit, enregistre, offre, met à disposition, diffuse, transmet une image ou une représentation présentant un caractère de pornographie enfantine par le biais d'un système informatique, est puni d'un emprisonnement de cinq ans à dix ans et d'une amende de 5 000 000 francs à 10 000 000 de francs ou de l'une de ces peines.

- **L'enregistrement, l'offre, la diffusion ou la transmission d'une image ou d'une représentation de pornographie enfantine**

• **Bibliographie**

F. CHOPIN, « Cybercriminalité », *Rép. pén.*, Dalloz, V°, 2009.
M-L. RASSAT, « Mise en péril d'un mineur- Exploitation à caractère pornographique de l'image d'un mineur-Détention de matériel pornographique réalisé avec des mineurs-Consultation de sites de pornographie infantile-Diffusion de messages à caractère violent ou pornographique susceptibles d'être perçus par un mineur », Jurisclass. pén. Code, art. 227-23 et 227-24, fasc. 20, 1er mars 2017.
P. A. TOURE, *Le traitement de la cybercriminalité devant le juge : l'exemple du Sénégal*, Paris, l'Harmattan, 2012.

R. DIARRA, *La répression de la cybercriminalité en Afrique de l'Ouest*, Paris, l'Harmattan, 2021.
S. TEPI, *La cybercriminalité au Cameroun. Enjeux d'une législation en quête d'efficacité*, Paris, 2020.

- **Commentaire**

153. Structure de l'infraction. L'article 431-34 du Code pénal incrimine celui qui produit, enregistre, offre, met à disposition, diffuse, transmet une image ou une représentation présentant un caractère de pornographie enfantine par le biais d'un système informatique. Ces éléments matériels recoupent les activités des réseaux de pornographie enfantine et des éditeurs de contenus pédophiles qui conçoivent des sites web, enregistrent des images ou représentations de mineurs, avant de les mettre à la disposition des internautes.

Le terme « *diffusion* » désigne la distribution active du matériel de pornographie enfantine, notamment le fait d'envoyer à autrui des images de cette nature par mail ou via un réseau *peer to peer*.

L'offre, au contraire, est punissable, même si elle est faite à titre gratuit.

Le fait d'envoyer à autrui, de vendre ou d'offrir des supports pédopornographiques, tels que des photographies ou des revues, est couvert par la notion de « *transmission* » (*Rapport explicatif de la convention du Conseil de l'Europe sur la protection des enfants contre l'exploitation et les abus sexuels du 25 octobre 2007, n° 137*).

Aujourd'hui, les images de pornographie enfantine se développent sur le web, mais surtout sur le *dark web* ; il s'agit d'un ensemble de sites qui fonctionnent sur un réseau parallèle au web et qui sont inaccessibles avec un navigateur traditionnel. Il est possible de naviguer sur le Dark web à l'aide d'une application appelée Tor (*J.-P. PINTE, « Les jeunes et le dark web » : http://journals.openedition.org/terminal/3278*).

Un arrêt de la Cour d'appel de Paris du 24 avril 2007 a déclaré coupable de diffusion de l'image d'un mineur présentant un caractère pornographique un jeune homme qui avait eu une relation sexuelle consentante avec une jeune fille mineure. Il avait filmé à son insu leurs ébats sexuels avant de diffuser les images sur internet (*C.A Paris, 24 avril 2007, JurisData n° 2007-341490 ; Comm. com. électr, 2007, p. 158*).

La jurisprudence considère que doit être incriminée la diffusion de dessins ou d'images d'un mineur imaginaire ayant des relations sexuelles avec des femmes adultes *(Crim. 12 septembre 2007, n° 06-86.763, D. 2008. 827, note Lefranc*).

En revanche, la loi ayant pour but de réprimer la distribution, laisse nécessairement en dehors de ses prévisions une lettre adressée à une seule personne, qui a le caractère de correspondance personnelle, sans qu'il faille distinguer suivant que la remise a été faite par la poste ou par tout autre moyen (*Cass. crim., 18 juin 1908, Bull. crim. 1908, n° 251 ; Cass. crim., 19 décembre. 1908 : Bull. crim. 1908, n° 513 ; CA Paris, 1er février 1910, DP 1912, 2, p. 209 et la note ; T. corr. Chalon-sur-Saône, 14 février 1969, préc.)*.

L'infraction est cependant constituée dès que l'envoi a eu plusieurs destinataires et cela quel que soit l'habillage qui lui a été donné. C'est ainsi que le délit est constitué par le fait d'un envoi unique à une personne quelconque avec l'idée arrêtée de répandre ensuite le document en le faisant parvenir à tout venant (*CA Paris, 1er février 1910, préc.*). Ne peuvent être considérées comme des correspondances privées, dépourvues de tout caractère de publicité, des bulletins ronéotypés adressés à toute personne qui en fait la demande, la dénomination de « club » n'étant choisie que dans le but de masquer une activité illicite, et ne supprimant pas le caractère public des annonces contenues dans ces bulletins dont, au surplus, un exemplaire était envoyé à toute personne qui demandait des renseignements sur le club (*T. corr. Paris, 18 oct. 1973, Gaz. pal. 1975, 1, p. 32*).

Par une interprétation stricte, la Chambre criminelle de la Cour de Cassation considère que c'est uniquement la diffusion des images elles-mêmes qui constitue le délit et que la simple diffusion des moyens de se les procurer n'est pas incriminée. La cour régulatrice a jugé que l'envoi d'un message ne contenant que l'adresse d'un site (internet) et le lien permettant d'y accéder ne suffit pas à caractériser le délit de diffusion de l'image d'un mineur présentant un caractère pornographique (*Cass. crim., 12 septembre 2007, n° 06-86.763, Jurisdata n° 2007-040914 ; Dr. pén. 2007, comm. 152, M. Véron*).

Le délit est constitué lorsqu'un individu qui utilise deux logiciels d'échange et de partage de fichiers pour se connecter sur des sites internet pédophiles, se connecte sur le logiciel concerné et fait une requête par l'intermédiaire d'un moteur de recherche ; puis le système propose de télécharger les fichiers demandés. Ces fichiers sont systématiquement mis en partage durant le téléchargement. Le prévenu a prétendu avoir toujours cliqué sur le signe indiquant qu'il voulait empêcher la diffusion, mais il a été jugé qu'il est établi qu'il y a bien eu diffusion d'une image pornographique mettant en scène deux jeunes garçons manifestement mineurs pratiquant un acte sexuel (*CA Douai, 29 juin 2007, Jurisdata n° 344282*).

Article 431-35.- Celui qui se procure ou procure à autrui, importe ou fait importer, exporte ou fait exporter une image ou une représentation présentant un caractère de pornographie enfantine par le biais d'un système informatique, est puni d'un emprisonnement de cinq ans à dix ans et d'une amende de 5 000 000 francs à 10 000 000 de francs ou de l'une de ces peines.

- **L'action de se procurer ou de procurer a autrui une image ou une représentation de pornographie enfantine**

- **Bibliographie**

F. CHOPIN, « Cybercriminalité », *Rép. pén.*, Dalloz, 2009.
M-L. RASSAT, « Mise en péril d'un mineur- Exploitation à caractère pornographique de l'image d'un mineur-Détention de matériel pornographique réalisé avec des mineurs-Consultation de sites de pornographie infantile-Diffusion de messages à caractère violent ou pornographique susceptibles d'être perçus par un mineur », *Jurisclass. pén.* Code, art. 227-23 et 227-24, fasc. 20, 1er mars 2017.
P. A. TOURE, *Le traitement de la cybercriminalité devant le juge : l'exemple du Sénégal*, Paris, l'Harmattan, 2012.
R. DIARRA, *La répression de la cybercriminalité en Afrique de l'Ouest*, Paris, l'Harmattan, 2021.
S. TEPI, *La cybercriminalité au Cameroun. Enjeux d'une législation en quête d'efficacité*, Paris, 2020.

- **Commentaire**

154. Matérialité. L'article 431-35 du Code pénal pénalise l'action de se procurer ou de procurer à autrui, d'importer ou de faire importer, d'exporter ou de faire exporter une image ou une représentation présentant un caractère de pornographie enfantine par le biais d'un système informatique. Caractérise cette infraction, le téléchargement et l'envoi par mail d'images de pornographie enfantine via des réseaux *peer to peer* ou des forums de discussion (*Rapport explicatif de la convention sur la cybercriminalité, n° 97*).

Un arrêt de la Cour d'appel de Douai du 21 mars 2002 a jugé que constitue une importation d'images pédophiles, le fait pour une personne de télécharger des images ou représentations de mineur ayant un caractère pornographique en utilisant son ordinateur personnel (*CA Douai, 21 mars*

2002, Jurisdata n° 2002-177654 ; Comm. com. électr, juin 2003, p. 38, note A. Lepage).

Articles 341-36.- Est puni des peines prévues à l'article précédent, celui qui possède en connaissance de cause une image ou une représentation présentant un caractère de pornographie enfantine dans un système informatique ou dans un moyen quelconque de stockage de données informatiques.

- **La possession d'une image ou d'une représentation de pornographie enfantine**

- **Bibliographie**

F. CHOPIN, « Cybercriminalité », *Rép. pén.,* Dalloz, 2009.
M-L. RASSAT, « Mise en péril d'un mineur- Exploitation à caractère pornographique de l'image d'un mineur-Détention de matériel pornographique réalisé avec des mineurs-Consultation de sites de pornographie infantile-Diffusion de messages à caractère violent ou pornographique susceptibles d'être perçus par un mineur », *Jurisclass. pén.* Code, art. 227-23 et 227-24, fasc. 20, 1er mars 2017.
P. A. TOURE, *Le traitement de la cybercriminalité devant le juge : l'exemple du Sénégal*, Paris, l'Harmattan, 2012.
R. DIARRA, *La répression de la cybercriminalité en Afrique de l'ouest*, Paris, l'Harmattan, 2021.
S. TEPI, *La cybercriminalité au Cameroun. Enjeux d'une législation en quête d'efficacité*, Paris, 2020.

- **Commentaire**

155. Structure infractionnelle. La consultation d'images de pornographie enfantine est souvent suivie d'une détention ou de la possession de ces images. L'article 431-36, alinéa 1er du Code pénal, sanctionne celui qui possède en connaissance de cause une image ou une représentation présentant un caractère de pornographie enfantine dans un système informatique ou dans un moyen quelconque de stockage de données informatiques (*M-L. RASSAT, « Mise en péril d'un mineur-Exploitation à caractère pornographique de l'image d'un mineur-Détention de matériel pornographique réalisé avec des mineurs-Consultation de sites de pornographie infantile-Diffusion de messages à caractère violent ou pornographique susceptibles d'être perçus par un mineur », Jurisclass. pén. Code, art. 227-23 et 227-24, fasc. 20, 1er mars 2017 ; P. A. TOURE, Le traitement de la cybercriminalité devant le juge : l'exemple du Sénégal, Paris, l'Harmattan, 2012, n° 347 et s.*).

156. Notion de possession. La possession peut être définie comme la maîtrise de fait exercée sur le contenu de pornographie enfantine. Elle peut se faire, soit au moyen d'un système informatique, soit à l'aide d'un support quelconque de stockage de données informatiques. Il peut s'agir d'une disquette, d'une clé USB ou d'un disque optique compact ou même d'un téléphone portable (*Crim. 20 juin 2012, n° 12-81.729*). À l'heure de l'internet des objets et du cloud computing, il est de plus en plus usuel que les images ou représentations soient contenues dans un support électronique, notamment dans les disques durs des ordinateurs, les tablettes et autres supports.

L'internet des objets (IdO) est une manifestation de l'interpénétration entre le monde physique et le monde numérique (*Sur l'ensemble de cette question, V. Dossier : Les objets connectés : 4eme révolution industrielle, D. IP/IT 2016 p. 388 ; A. LEPAGE, « Première rencontre du droit pénal avec un drone », Comm. Com. électr. n° 07-08, juillet 2014, comm. 65 ; F. MEURIS-GUERRERO, « Objets connectés-Prévenir les failles de sécurité des objets connectés », Comm. com. électr. n° 04, avril 2019, alerte 34 ; C. LAVERDET, « Les enjeux juridiques de l'Internet des objets », JCP n° 23, 09 juin 2014, 670*). Un objet connecté est un objet du monde physique connecté à internet via un dispositif de liaison. Il comporte un système d'identification, de captation et de transmission des données alimentant une application «*intelligente*». Autrement dit, tout objet peut être connecté à internet par le biais de capteurs intégrés. La notion d'objet connecté renvoie à celle d'« *internet des objets* » (*Internet of Things)* (IdO), souvent présentée comme la troisième révolution de l'internet (le *Web 3.0*). Les objets connectés sont un ensemble d'objets disposant de capteurs et capables d'échanger des informations à courte ou longue distance (via Internet) avec des êtres humains ou entre eux. On les retrouve dans des secteurs aussi variés que la domotique (ampoules, thermostats, télévisions, enceintes, etc.), la sécurité physique (caméras de surveillance, serrures, détecteurs de fumée, porte-clés, etc.), la mobilité sous diverses formes (capteurs de vélos, voitures, poussettes, montres, lunettes, etc.), ou encore le bien-être (thermomètres, fourchettes, tensiomètres, capteurs cardiaques, etc.).

Quant au cloud computing, il offre aux entreprises et aux particuliers des solutions de délocalisation et d'externalisation de leurs données, à l'aide de logiciels spécifiques. Les services d'informatique des nuages peuvent être utilisés à l'aide d'applications de messagerie électronique sur le web (Yahoo, Gmail, etc.) ou de plateformes de stockage de photos, musique, vidéos, documents, (Dropbox, Google Drive, etc.) ou à par des applications de réseaux sociaux (Facebook, Twitter, etc.) (*V. E. SORDET, « Le Cloud computing, un objet juridique non identifié ? », Com.com. électr., n° 11, novembre 2011, étude 20 ; V. FAUTRERO, V. FERNANDEZ et S. KHALIL, « Le paradigme du cloud computing : au-delà de nouvelles solutions informatiques, un enjeu de gouvernance renouvelée des technologies numériques », Annales des Mines-Gérer et comprendre, 2018/3, n° 133, p. 13 ; M. MOSSE, « Quand le Cloud rime avec cybersécurité ; D. IP/IT 2016 p.16 ; E. SORDET, « La définition des contours juridiques du cloud computing », Com.com. électr., n° 11, novembre 2012, étude 18)*.

Ainsi, le lieu de stockage des images et représentations de mineurs à caractère pornographique est indifférent. Le contenant des images peut très bien se situer ailleurs qu'au domicile du prévenu, par exemple à son lieu de travail (*Cass. crim., 21 janvier 2009, n° 08-84.001*), les images ayant en l'occurrence été transférées par ce dernier de son ordinateur fixe professionnel vers son portable, puis de son portable vers son ordinateur fixe personnel (*V. à propos d'une consultation prohibée, Cass. crim., 05 janvier 2005, n° 04-82.524 , Jurisdata n° 2005-026727; Bull. crim. n° 09*).

Dans un contexte marqué par l'essor du *cloud computing*, les données pédopornographiques peuvent même être stockées dans un *cloud* (nuage). Dans ce cas, l'essentiel est de s'assurer que le prévenu a la maîtrise du contenant au moment où les images ont été appréhendées, notamment au moyen d'un code d'accès.

La chambre criminelle de la Cour de Cassation française, dans un arrêt du 05 janvier 2011, a jugé que le délit de détention et de diffusion d'images pornographiques de mineurs est établi à l'encontre d'un individu dont un CD ROM découvert dans le lecteur de l'unité centrale de son ordinateur a mis en évidence des images et des vidéos pornographiques représentant des mineurs et des actes de zoophilie (*Cass. crim. 05 janvier 2011, n° 10-80.710*).

Il n'y a aucune difficulté à considérer que l'infraction de possession d'image de pornographie enfantine est constituée lorsque le prévenu a utilisé plusieurs adresses pour se connecter à cent trois reprises sur un serveur payant localisé en Asie du sud-est diffusant du contenu pédopornographique, qu'il a par cette voie échangé des fichiers pédopornographiques dont une planche comportant trente-cinq fichiers d'enfants, de sexe féminin, nus, dans des positions à caractère pornographique (*Crim. 5 septembre 2018, n° 17-86.464*).

La Cour de Cassation française a précisé que le fait que les images de pornographie enfantine enregistrées ne l'ont pas été dans un but de diffusion est indifférent à la constitution de l'infraction (*Cass. crim. 06 mars 2013, n° 12-82.735 NP*).

157. Élément intentionnel. L'article 431-36 du Code pénal prévoit une infraction intentionnelle puisqu'il exige une possession « *en connaissance de cause* ». L'élément moral du délit résulte souvent des circonstances de l'espèce. Il s'agit notamment du nom des fichiers, des *cookies* de connexion c'est-à-dire, d'éléments matériels qui permettent de déduire que le comportement du prévenu est nécessairement délibéré (*Cass. crim. 28 mars 2012, n° 11-83.012*).

L'infraction peut résulter de la seule présence d'images de pornographie enfantine au domicile du prévenu dès lors qu'il ne peut établir qu'il en ignorait la présence (*CA Douai, 02 mai 2007, n° 06/03680, Jurisdata n° 2007-339891 ; CA Douai, 10 octobre 2007, n° 07/01165, Jurisdata n° 2007-349387).* Le détenteur d'un matériel trouvé dans un système informatique qui soutenait, sans le prouver, qu'il avait été introduit par un réparateur a été déclaré coupable du délit de possession d'une image ou d'une représentation de pornographie enfantine *(CA Douai, 21 mars 2002, n° 01/01133, JurisData n° 2002-177654).* Cet arrêt a confirmé la condamnation d'une personne ayant détenu sur le disque dur de son ordinateur des images représentant des mineurs dans des attitudes impudiques, stocké de telles images obtenues sur divers sites consultés au moyen d'un réseau internet et transmis aux fins de diffusion et diffusé lui-même, par le même canal, des images de ce type dans le cadre d'échanges pratiqués de manière habituelle avec les amateurs usagers de ces sites (*V. également, CA Grenoble, 11 mars 2009, n° 08/00699, Jurisdata n° 2009-002946).*

Article 431-37.- Est puni d'un emprisonnement de cinq ans à dix ans et d'une amende de 5 000 000 francs à 10 000 000 de francs ou de l'une de ces peines celui qui facilite sciemment à un mineur l'accès à des images, documents, sons ou représentations présentant un caractère de pornographie ou à des contenus manifestement illicites.

- **La facilitation de l'accès des mineurs à des contenus illicites**

- **Bibliographie**

F. CHOPIN, « Cybercriminalité », Rép. pén., Dalloz, 2009.
P. A. TOURE, *Le traitement de la cybercriminalité devant le juge : l'exemple du Sénégal,* Paris, l'Harmattan, 2012, n° 347 et s.
R. DIARRA, *La répression de la cybercriminalité en Afrique de l'Ouest*, Paris, l'Harmattan, 2021.
S. TEPI, *La cybercriminalité au Cameroun. Enjeux d'une législation en quête d'efficacité*, Paris, 2020.

- **Commentaire**

158. Incrimination. Face aux nouvelles possibilités de diffusion de contenus préjudiciables aux mineurs qu'offrent les nouveaux médias électroniques, l'article 431-37 du Code pénal pénalise la facilitation de l'accès à des images, documents ou représentations manifestement illicites (*P. A. TOURE, Le traitement de la cybercriminalité devant le juge : l'exemple du Sénégal, Paris, l'Harmattan, 2012, n° 356.*). Ce délit sanctionne celui qui facilite sciemment à un mineur l'accès à des images, documents, sons ou représentations présentant un caractère de pornographie ou à des contenus manifestement illicites (contenus violents, terroristes, racistes et xénophobes, etc.). Cette infraction est reprise par l'article 20 de la Directive du 19 août 2011 portant lutte contre la cybercriminalité dans l'espace de la CEDEAO. Ce texte communautaire vise « *le fait pour toute personne de faciliter l'accès à des images, des documents, du son ou une représentation présentant un caractère de pornographie à un mineur* » et par la convention de Malabo sur la cybersécurité et la protection des données à caractère personnel (*V. art. 29.3 c de la Convention de Malabo sur la cybersécurité et la protection des données à caractère personnel*).

L'acte de facilitation semble être assez large. L'infraction devrait avoir vocation à s'appliquer à tous les comportements ayant destinés à mettre à la disposition des mineurs des moyens d'accès à des contenus à caractère pornographique ou à des contenus manifestement illicites.

Article 431-38.- Celui qui propose intentionnellement, par le biais des technologies de l'information et de la communication, une rencontre avec un mineur, dans le but de commettre à son encontre une des infractions prévues par les articles 431-35 à 431-37 ou les infractions de viol, de pédophilie ou d'attentat à la pudeur est puni d'un emprisonnement de cinq ans à dix ans et d'une amende de 500 000 francs à 10 000 000 de francs ou de l'une de ces peines.

Lorsque la proposition sexuelle a été suivie d'actes matériels conduisant à ladite rencontre, le juge ne pourra ni prononcer le sursis à l'exécution de la peine, ni appliquer à l'auteur les circonstances atténuantes.

- **Les propositions sexuelles à un mineur par voie électronique**

- **Bibliographie**

A. LEPAGE, « Les dispositions concernant la communication dans la loi du 05 mars 2007 relative à la prévention de la délinquance », *Comm. com. électr.* 2007, étude 13.

A. PLANTEVIN, « Les propositions sexuelles faites à un mineur de 15 ans par un moyen de communication électronique », *Gaz. pal.* 26-27 octobre 2012, p. 24

A.-G. ROBERT, « Délit de propositions sexuelles faites à un mineur de quinze ans par un moyen de communication électronique », *RSC* 2008, chron. p. 867.

A-G. ROBERT, « Propositions sexuelles faites à un mineur de quinze ans par un moyen de communication électronique », *Jurisclass. pén.* code, art. 227-22-1, fasc. 20, 2021.

C. FRUTEAU, « Pédopornographie et communication électroniques : la protection du mineur renforcée par les lois du 05 mars 2007 », *Légipresse*, n° 247, décembre 2007, p. 172 et s.

E. DREYER, « Propositions sexuelles par SMS... effacés ! (crim. 20 février 2019, n° 18-82.334)», *RSC* 2019 p. 642.

P. A. TOURE, *Le traitement de la cybercriminalité devant le juge : l'exemple du Sénégal*, Paris, l'Harmattan, 2012.

Ph. BONFILS, « Les dispositions relatives au droit pénal des mineurs délinquants dans la loi prévention de la délinquance », *D.* 2007, chron. p. 1027.

Ph. CONTE, « La loi sur la prévention de la délinquance (loi n° 2007-297 du 05 mars 2007) : présentation des dispositions de droit pénal », *Dr. pén.* 2007, étude 7.

- **Commentaire**

159. Structure de l'infraction. L'article 431-38 du Code pénal, issu de la loi n° 2016-29 du 08 novembre 2016 modifiant le Code pénal, sanctionne celui qui propose intentionnellement, par le biais des technologies de l'information et de la communication, une rencontre avec un mineur, dans le but de commettre à son encontre une des infractions prévues par les articles 431-35 à 431-37 du Code pénal ou les infractions de viol, de pédophilie ou d'attentat à la pudeur.

Lorsque la proposition sexuelle a été suivie d'actes matériels conduisant à ladite rencontre, le juge ne pourra ni prononcer le sursis à l'exécution de la peine ni appliquer les circonstances atténuantes. Cette infraction n'est prévue par la Convention de Budapest. Elle est contenue dans l'article 20 de la convention du Conseil de l'Europe sur la protection des enfants contre l'exploitation et les abus sexuels du 25 octobre 2007. Il s'agit donc clairement de prévenir les comportements pédophiles sur internet en dissuadant toute personne majeure d'utiliser un moyen de communication électronique pour identifier et contacter un mineur aux fins d'abuser sexuellement de lui. L'article 431-38 du Code pénal institue ainsi une infraction obstacle dont la principale caractéristique est d'être consommée alors même que le résultat recherché, en l'occurrence l'atteinte sexuelle, n'a pas été atteint. Le choix de politique criminelle est en effet d'intervenir le plus en amont possible de l'iter criminis : au regard du résultat redouté, en l'occurrence l'atteinte sexuelle sur un mineur ; le simple fait de faire des propositions sexuelles, sans qu'il s'en soit nécessairement suivi une rencontre, est incriminé à titre autonome.

Le législateur sanctionne ainsi la pratique du *grooming* (mise en confiance) (*A-G. ROBER, « Propositions sexuelles faites à un mineur de quinze ans par un moyen de communication électronique », JurisClass. pén. code, art. 227-22-1, fasc. 20, 2009. ; A. PLANTEVIN, « Les propositions sexuelles faites à un mineur de 15 ans par un moyen de communication électronique », Gaz. Pal. 26-27 octobre 2012, p. 24 ; A.-G. ROBERT, « Délit de propositions sexuelles faites à un mineur de quinze ans par un moyen de communication électronique », RSC 2008, chron. p. 867 ; C. FRUTEAU, «Pédopornographie et communication électroniques : la protection du mineur renforcée par les lois du 05 mars*

2007 », Légipresse, n° 247, décembre 2007, p. 172 et s. ; P. A. TOURE, Le traitement de la cybercriminalité devant le juge : l'exemple du Sénégal, Paris, l'Harmattan, 2012, n° 349 ; E. DREYER, « Propositions sexuelles par SMS... effacés ! (crim. 20 février 2019, n° 18-82.334) », RSC 2019 p. 642).

L'infraction prévue par l'article 431-38 du Code pénal vise avant tout à prévenir des comportements beaucoup plus graves en réprimant de façon autonome la simple prise de contact avec des mineurs et en dissuadant les adultes de commettre des agressions sexuelles sur ces derniers (*V., en ce sens, PH. CONTE, « La loi sur la prévention de la délinquance : présentation des dispositions de droit pénal », Dr. pén. 2007, chron. 9 ; Ph. BONFILS, « Les dispositions relatives au droit pénal des mineurs délinquants dans la loi prévention de la délinquance», D. 2007, chron. p. 1027 ; Ph. CONTE, « La loi sur la prévention de la délinquance (loi n° 2007-297 du 05 mars 2007) : présentation des dispositions de droit pénal», Dr. pén. 2007, étude 7 ; A. LEPAGE, « Les dispositions concernant la communication dans la loi du 05 mars 2007 relative à la prévention de la délinquance », Comm. com. électr. 2007, étude 13)*.

Le délit de propositions sexuelles faites à un mineur par voie de communication électronique se rapproche du délit de corruption de mineur prévu par l'article 320 ter du Code pénal, par leur finalité commune, à savoir « *préserver le sentiment de pudeur des mineurs en les protégeant contre certains actes tendant à éveiller leurs pulsions sexuelles* » (*Ph. Conte, Droit pénal spécial, Paris, LexisNexis, 6e éd., 2019, n° 374*).

D'après la Cour d'appel de Dakar, la corruption de mineur consiste pour un individu à s'efforcer de profiter de la jeunesse et de l'inexpérience de sa victime pour l'initier à un vice, et à s'efforcer de l'en rendre esclave. Elle a jugé que le prévenu qui conviait régulièrement des enfants à des séances de nudité, leur exigeait de s'entre-sucer et de coucher sur papier, sous sa dictée, des scènes érotiques, fruit de son imagination, moyennant le versement d'une pièce de 500 francs en contrepartie de leur service, se rend coupable du délit de corruption de mineur (*CA Dakar, n° 85 du 20 janvier 2015, MP et Nd. S. et Consorts c/ C. E. B., inédit)*.

Toutefois, les incriminations diffèrent du point de vue de la volonté de l'auteur. En effet, l'infraction de corruption de mineur suppose, en dehors de l'accomplissement de l'acte obscène, la volonté de perpétrer celui-ci pour corrompre la victime (*V. M.-L. RASSAT, « Fait de favoriser la corruption d'un mineur », Juriscl. pén. Code, art. 227-22, fasc. 20, n° 15 à 19*). La chambre criminelle de la Cour de Cassation en a déduit que «*l'excitation de mineur à la débauche n'est pénalement répréhensible que si l'auteur des faits a eu en vue la perversion de la jeunesse, et pas seulement la satisfaction de ses propres passions* » (*Cass. crim., 14 nov. 1990, n° 90-80.152, JurisData n° 1990-704105*). Si le délit de corruption de mineur suppose l'intention de pervertir la sexualité du mineur, en l'absence de cette intention, les propositions sexuelles faites par un majeur à une mineure de quinze ans par un moyen de communication électronique peuvent être constituées (*Crim. 8 février 2017, n° 16-80.102*).

L'infraction désigne la préparation d'un enfant aux abus sexuels, motivée par le désir d'utiliser cet enfant pour assouvir des pulsions sexuelles. Il peut s'agir d'adultes tentant d'établir des relations d'amitié avec un enfant, souvent en se faisant passer pour un autre jeune, en entraînant l'enfant dans la discussion de questions intimes pour graduellement l'exposer à du matériel à contenu sexuel explicite afin de réduire sa résistance ou ses inhibitions.

Le support des propositions sexuelles peut être un courriel, un site, un blog, une vidéo ou un enregistrement audiodiffusé sur internet, etc. (*F. CHOPIN, op. cit., n° 113*).

160. Notion de propositions sexuelles. En utilisant l'expression « *faire des propositions* », le législateur indique clairement que l'auteur doit avoir eu lui-même l'initiative de la sollicitation sexuelle. Contrairement au délit d'atteintes sexuelles sur un mineur, qui reste caractérisé lorsque c'est le mineur qui a pris l'initiative de faire des avances, que le majeur avait le devoir de refuser (*Cass. crim., 29 mars 2006 : Bull. crim. 2006, n° 96 ; RSC 2006, p. 828, obs. Y. Mayaud)* ; l'infraction ne saurait être constituée à défaut d'initiative de l'auteur. Le simple fait d'accepter des propositions sexuelles faites par un mineur ne peut dès lors être réprimé qu'au titre de l'atteinte sexuelle, s'il s'en est suivi un acte de nature sexuelle. En revanche, il est indifférent que le premier contact par voie électronique ait été établi par la victime dès lors que c'est bien l'auteur qui a eu l'initiative des propositions sexuelles.

La proposition doit avoir un caractère sexuel. Autrement dit, l'auteur doit avoir proposé au mineur une rencontre avec une motivation sexuelle nature sexuelle. Le législateur prévoit que l'auteur de l'infraction doit avoir pour but de commettre à l'encontre du mineur une infraction de pornographie enfantine, une faliciliation de l'accès des mineurs à des contenus préjudiciables ou des infractions de viol, de pédophilie ou d'attentat à la pudeur (*M.-L. NIVOSE, « Des atteintes aux mœurs et à la pudeur aux agressions sexuelles », Dr. pén. 1995, chron. 27*).

La Cour d'appel d'Aix-en-Provence a retenu le délit de propositions sexuelles à un mineur à l'encontre d'un homme qui a dialogué sur un forum de discussion avec une fillette de dix ans et lui a demandé de se dénuder et de se livrer à des gestes obscènes devant la webcam (*CA Aix-en-Provence, 26 octobre 2011, n° 586/J/2011, Juris-data n° 032854*).

De même, se rend aussi coupable de propositions sexuelles faites à un mineur de quinze ans en utilisant un moyen de communication électronique, l'adulte se faisant passer pour une adolescente bisexuelle, demandait à ses victimes, par internet, de se déshabiller et de pratiquer des actes à caractère pornographique devant leur webcam. En l'espèce, l'adulte mettait en confiance les victimes en leur faisant parvenir des vidéos représentant une adolescente pour laquelle il se faisait passer, accomplissant également de tels actes. Il enregistrait ensuite les victimes et conservait les vidéos ainsi obtenues (*CA Colmar, 29 mai 2012, Gaz. pal. 2012. 2. 2701, note Lasserre-Capdeville*). De même, une cour d'appel a pu retenir le délit à l'encontre d'un homme qui avait tenu à une mineure âgée de 10 ans « *des discours de nature sexuelle* », lui avait demandé à plusieurs reprises « *d'effectuer des gestes à connotation sexuelle, notamment en lui demandant de se dénuder ou de se masturber, ces actes ayant été commis par le biais du réseau MSN* » (*CA Aix-en Provence, 19e ch. corr., 26 oct. 2011, préc.*).

Cependant, une cour d'appel a pu relaxer un surveillant de collège âgé de 18 ans poursuivi pour avoir fait des propositions sexuelles par SMS à une collégienne de 15 ans au motif que « *l'intention du législateur ne vise pas la répression de correspondance amoureuse, fussent-elles exprimées en termes crus, mais la protection des mineurs contre les réseaux pédophiles* » (*CA Paris, 5e ch. corr., 13 avr. 2012, n° 11/08470, JurisData n° 2012-018022)*.

Incriminer le simple fait de faire des propositions sexuelles à un mineur par la voie des communications électroniques revient à incriminer la pensée criminelle extériorisée. Aussi, les juges du fond doivent donc prendre soin de caractériser cet aspect de l'élément matériel de l'infraction en relevant le caractère suffisamment explicite des propositions réalisées.

161. Utilisation des technologies de l'information et de la communication. Le fait pour un majeur de faire des propositions sexuelles à un mineur n'est punissable que si l'infraction est réalisée par « *le biais des technologies de l'information et de la communication* ». Il s'agit d'un élément constitutif de l'infraction. Le fait de faire des propositions sexuelles à un mineur par une autre voie, telle une correspondance épistolaire, ne tombe donc pas sous le coup de la loi.

La création du délit de propositions sexuelles à mineur a pour objectif premier la lutte contre la pédophilie sur internet. Le moyen de communication électronique utilisé est ainsi largement envisagé et « *peu importe que la communication en cause soit publique ou non publique, voire effectuée à titre confidentiel* » (*E. Dreyer, note ss Cass. crim., 20 févr. 2019, n° 18-82.334, inédit : RSC 2019, p. 642*). Le support des propositions sexuelles peut donc tout aussi bien être un courriel, un site, un blog, une vidéo ou un enregistrement audio diffusé sur internet qu'un SMS ou un message envoyé sur un téléphone portable (*Cass. crim., 20 févr. 2019, préc. ; CA Douai, 9e ch. corr., 16 mars 2011, n° 10/02930, JurisData n° 2011-024286*).

162. Circonstance aggravante. Selon l'alinéa 2 de l'article 431-38 du Code pénal, lorsque la proposition sexuelle a été suivie d'actes matériels conduisant à ladite rencontre, le juge ne pourra ni prononcer le sursis à l'exécution de la peine ni appliquer à l'auteur les circonstances atténuantes.

Il a été jugé que le prévenu encourt l'aggravation de peine même si la rencontre n'a donné lieu à la commission d'aucune atteinte sexuelle (*pour un exemple, V. CA Toulouse, 3e ch. corr., 9 févr. 2011, n° 10/01461, JurisData n°2011-005369*).

Lorsque les propositions sexuelles entrainent la commission des infractions prévues par les articles 431-35 à 431-37 ou des infractions de viol, de pédophilie ou d'attentat à la pudeur, la nature d'infraction-obstacle du délit de propositions sexuelles par voie électronique commande de ne retenir que seules ces dernières infractions. De fait, les propositions sexuelles électroniquement transmises n'ont été que le moyen de commettre l'atteinte ou l'agression sexuelle qui a suivi ; elles ne s'en distinguent pas véritablement et s'analysent en une infraction-moyen devant à ce titre être absorbée par l'infraction-fin qu'est l'atteinte ou l'agression sexuelle (*En ce sens, V. A-G. ROBERT, « Propositions sexuelles faites à un mineur de quinze ans par un moyen de communication électronique », Jurisclass. pén. code, art. 227-22-1, fasc.*

20, 2021, n° 28). Bien qu'il s'agisse de faits successifs, localisables dans le temps à des périodes différentes, le cumul ne devrait en conséquence pas pouvoir être retenu, les faits procédant de manière indissociable d'une action unique caractérisée par une seule intention coupable (*en ce sens, E. Dreyer, note ss Cass. crim., 20 févr. 2019, n° 18-82.334, RSC 2019, p. 642*, critiquant le fait qu'en *espèce, les juges aient retenu le délit de propositions sexuelles par voie électronique en concours avec l'agression sexuelle qui a suivi à l'encontre de la même victime*).

163. Élément moral. Le délit de propositions sexuelles faites à un mineur est une infraction intentionnelle. L'infraction ne serait donc pas constituée si la proposition sexuelle adressée à un majeur venait à être reçue inopinément par un mineur.

L'infraction étant intentionnelle, elle suppose que l'auteur ait cru faire des propositions sexuelles à un mineur. Ce dernier pourrait dès lors invoquer une erreur de fait sur l'âge de la victime en prétendant avoir cru que le destinataire des propositions était majeur. Mais, la jurisprudence se montre traditionnellement très exigeante en considérant que celui qui se contente de se fier aux apparences et qui n'a pas sérieusement vérifié l'âge réel de la victime ne peut invoquer à son profit une erreur de fait exonératrice de responsabilité (*Cass. crim., 29 mars 2017, n° 16-82.192, Bull. crim. n° 105*).

Article 431-39.- Celui qui accède habituellement et sans motif légitime, à des contenus de pornographie enfantine est puni d'un emprisonnement de deux ans à cinq ans et d'une amende de 500 000 francs à 10 000 000 de francs ou de l'une de ces peines.

- **L'accès habituel a des contenus de pornographie enfantine**

- **Bibliographie**

A. FAYE, *L'habitude en droit pénal*, Thèse Université de Dakar, 1998, p. 04 et s.
P. A. TOURE, *Le traitement de la cybercriminalité devant le juge : l'exemple du Sénégal,* Paris, l'Harmattan, 2012.
V. CLAVERIE-ROUSSET, *L'habitude en droit pénal,* th. dactyl. Bordeaux IV, 2011.

- **Commentairse**

164. Matérialité de l'infraction. L'article 431-39 du Code pénal, issu de la loi n° 2016-29 du 08 novembre 2016, pénalise celui qui accède habituellement et sans motif légitime à des contenus de pornographie enfantine (*V. P. A. TOURE, Le traitement de la cybercriminalité devant le juge : l'exemple du Sénégal, Paris, l'Harmattan, 2012, n° 359*). Est donc érigé en infraction le fait de consulter de façon habituelle un service internet mettant à disposition des images ou représentations de mineurs à caractère pornographique. Cette infraction permet de condamner des personnes qui, jusque-là, échappaient à la répression parce qu'elles n'avaient, ni imprimé ni enregistré sur un support les images à caractère pornographique de mineurs consultées via un site web (*en ce sens crim. 5 janvier 2005, n° 04-82.524, AJ pén. 2005. 241, obs. Roussel*).

L'infraction prévue par l'article 431-39 du Code pénal vise à autoriser des poursuites à l'encontre de personnes qui regardent habituellement des images d'enfants sur des sites de pornographie enfantine, même sans réaliser un téléchargement, notamment en *streaming*.

Il s'agit d'une infraction d'habitude, c'est-à-dire d'une infraction qui suppose la réalisation de plusieurs actes qui, pris isolément, ne sont pas punissables. La consultation doit être «*habituelle*» pour être réprimée, c'est-à-dire qu'elle doit être répétée ; deux consultations suffisent pour caractériser l'habitude (*Sur la notion d'habitude, V. A. FAYE, L'habitude en droit pénal, Thèse Université de Dakar, 1998, p. 04 et s.)* Au surplus, sous l'angle probatoire, plusieurs consultations laissent nécessairement plus de traces qu'une seule.

165. Applications prétoriennes. L'infraction a été établie à l'encontre de l'internaute qui a consulté, via des sites web, pendant environ trois ans des images et vidéos à caractère pornographique concernant des mineurs, notamment des fillettes de moins de dix ans et des nourrissons (*CA Rennes, 17 mai 2011, RG n° 11/00411*). De même l'infraction est constituée à l'encontre d'une personne qui a régulièrement consulté plusieurs sites internet de nature pédopornographique (*CA Chambéry, 24 mars 2011, RG n° 10/00499*).

Il en est de même en cas de consultation de plusieurs sites de nature pédopornographiques en l'espace de quarante-huit heures (*CAA Nantes, 20 octobre 2011, n° 10NT00535*).

Article 431-40.- Les infractions prévues par la présente section, lorsqu'elles sont commises en bande organisée, sont punies du maximum de la peine prévue à l'article 431-34 du présent code.

- **Les infractions relatives à la pornographie enfantine commises en bande organisée**

- **Bibliographie**

A. MARON, « La lutte contre la délinquance organisée. Aspects de procédure pénale française », *R.I.D.P.,* vol. 69, 1998, p. 643.
C. GIRAULT, « Le droit pénal à l'épreuve de l'organisation criminelle », *RSC*, 1998, p. 715.
C. L. BLAKESLEY, « Les systèmes de justice criminelle face au défi du crime organisé », *RIDP*, n°69, 1998, p. 35.
DEBOVE (F.), «Vers un droit pénal de la criminalité organisée ? », *LPA*, n° 226, 12 novembre 2002, p. 6.
E. VERGES, « La notion de criminalité organisée après la loi du 09 mars 2004 », in Dossier *Criminalité organisée : une justice adaptée ?, Act. jur. pén.* 2003-2004, p. 181.
F. DEBOVE, « Vers un droit de la criminalité organisée ? », *LPA* 2002, n° 226, p. 4.
J. CEDRAS, « Les systèmes pénaux à l'épreuve du crime organisé », *R.I.D.P.,* n°69,1998, p. 341.
J. PRADEL et J. DALLEST, *La criminalité organisée. Droit français, droit international et droit comparé,* Paris, Lexisnexis, 2012.
J. SUSINI, « La bande criminelle », *RSC* 1957, p. 673.
J-C. PAYE, « Les définitions légales de l'organisation criminelle », *Courrier hebdomadaire du CRISP,* 2000/32, n° 1697, p. 5.
M. QUILLET, « Le crime organisé : du mythe à la réalité », *Rev. pénit.* 1999, p. 3.
P. A. TOURE, *Le traitement de la cybercriminalité devant le juge : l'exemple du Sénégal*, Paris, l'Harmattan, 2012.
S. QUERE, *Le crime organisé,* Paris, PUF, Que sais-je, 2001.

- **Commentaire**

166. Érection de la bande organisée en circonstance aggravante. Ce texte a érigé la bande organisée en circonstance aggravante des infractions relatives à la pornographie enfantine. En effet, il sanctionne les infractions relatives à la pornographie enfantine commises en bande organisée, du maximum de la peine prévue pour le délit d'enregistrement, d'offre, de diffusion ou de transmission d'images de pornographie enfantine (un emprisonnement de cinq ans à dix ans et une amende de 5 000 000 francs à 10 000 000 de francs ou de l'une de ces peines).

Jusqu'à une période récente, le droit pénal positif sénégalais ignorait la notion de criminalité organisée, le Code pénal et le Code de Procédure pénale n'ayant pas organisé un régime global y relatif (définition du groupe criminel, enquête, instruction et jugement des infractions relatives à la criminalité organisée). La criminalité organisée n'était appréhendée qu'indirectement dans le Code pénal à travers deux caractères fondamentaux du crime organisé, à savoir la pluralité d'agents pénaux et l'organisation criminelle en tant que structure de base de la criminalité organisée.

La réforme du Code pénal et du Code de Procédure pénale résultant de l'adoption des lois n° 2021-33 et 2021-34 du 23 juillet 2021 modifiant la loi n° 65-60 du 21 juillet 1965 portant Code pénal et la loi n° 65-61 du 21 juillet 1965 portant Code de Procédure pénale a réaménagé le dispositif pénal en vue de l'adapter aux évolutions de la criminalité. À la faveur de la réforme, le législateur a innové en organisant pour la première fois un régime pénal général relatif à la criminalité organisée.

La loi n° 2021-34 du 23 juillet 2021 modifiant la loi n° 65-61 du 21 juillet 1965 portant Code de Procédure pénale a inséré dans le Code de Procédure pénale un titre XVIII intitulé « De la procédure applicable à la criminalité organisée », comportant les articles 677-65 à 677-91, qui prévoit la procédure applicable à l'enquête, la poursuite, l'instruction et au jugement des crimes et des délits relevant de la criminalité organisée.

Le législateur n'a pas entrepris de définir le concept de criminalité organisée. Il a tout au plus choisi d'énumérer de façon exhaustive les infractions relevant de la criminalité organisée. Selon l'article 677-65 du Code de Procédure pénale, les infractions relatives à la criminalité organisée sont des infractions limitativement énumérées. Mais la procédure pénale dérogatoire relative à la criminalité organisée n'a vocation à s'appliquer que lorsque les infractions précitées sont commises « *par un groupe criminel organisé* ». En droit sénégalais, le législateur a pris le soin de définir la notion de « *groupe criminel organisé* », en procédant à une transposition fidèle de la définition du groupe criminel organisé prévue par l'article 2 de la convention des Nations Unies contre la criminalité transnationale organisée. Aux termes des dispositions de l'article 677-65, alinéa 2 du Code de Procédure pénale : « *le groupe criminel organisé désigne un groupe structuré de trois personnes ou plus existant depuis un certain temps et agissant de concert dans le but de commettre une ou plusieurs des infractions ci-dessous spécifiées pour en tirer, directement ou indirectement, un avantage financier ou un autre avantage matériel* ».

Ainsi, le droit sénégalais présente une particularité par rapport au droit français qui évoque à la place la notion de « bande organisée ». En France, la loi n° 2004-204 du 09 mars 2004 portant adaptation de la justice aux évolutions de la criminalité rattache la notion de criminalité organisée à celle de « bande organisée ». Cette notion qui constitue une circonstance aggravante a été systématisée dans le Code pénal français. Selon l'article 132-71 du Code pénal français, la bande organisée désigne « tout groupement formé ou toute entente établie en vue de la préparation, caractérisée par un ou plusieurs faits matériels, d'une ou plusieurs infractions ». Cette définition, quasi identique à celle du délit d'association de malfaiteurs de l'article 450-1 du Code pénal français, a confronté la jurisprudence criminelle française à des difficultés pour établir un départ entre la bande organisée et l'infraction d'association de malfaiteurs.

167. Notion de bande organisée. En tout état de cause, en France, le critère pertinent souvent isolé pour distinguer la criminalité organisée des autres formes de délinquance est souvent tiré de la bande organisée (*Sur la criminalité organisée, J. CEDRAS, « Les systèmes pénaux à l'épreuve du crime organisé », R.I.D.P., n°69,1998, pp. 341 ; E. VERGES, « La notion de criminalité organisée après la loi du 09 mars 2004 », in Dossier Criminalité organisée : une justice adaptée ?, Act. jur. pén. 2003-2004, p. 181 ; DEBOVE (F.), «Vers un droit pénal de la criminalité organisée ? », LPA, n° 226, 12 novembre 2002, p. 06 ; M. QUILLET, Le crime organisé : du mythe à la réalité, Rev. pénit. 1999. 31 ; C. GIRAULT, « Le droit pénal à l'épreuve de l'organisation criminelle », RSC, 1998, p. 715 ; J-C. PAYE, « Les définitions légales de l'organisation criminelle », Courrier hebdomadaire du CRISP, 2000/32 (n° 1697), p. 5 ; plus récemment, J. PRADEL et J. DALLEST, La criminalité organisée. Droit français, droit international et droit comparé, Paris, Lexisnexis, 2012 ; C. RIBEYRE, « La loi n° 2016-731 du 03 juin 2016 renforçant la lutte contre le crime organisé, le terrorisme et leur financement, et améliorant l'efficacité et les garanties de la procédure pénale-Et maintenant ? », Dr. pén. 2016, étude 17 ; L. CESONI, Criminalité organisée. Des représentations sociales aux définitions juridiques, 2005, éd. Georg ; C.*

L. BLAKESLEY, « Les systèmes de justice criminelle face au défi du crime organisé », RIDP, n°69, 1998, p. 35).

Dans le cadre de l'Union européenne, la bande organisée est définie, conformément à l'action commune 98/733/JAI du 21 décembre 1998, comme « une association structurée, de plus de deux personnes, établie dans le temps, et agissant de façon concertée en vue de commettre des infractions punissables d'une peine privative de liberté d'un maximum d'au moins quatre ans ou d'une peine plus grave ».

Cette définition est quasi identique à celle du délit d'association de malfaiteurs de l'article 450-1 du Code pénal français *(Sur la criminalité organisée, V. F. DEBOVE, « Vers un droit de la criminalité organisée ? », LPA 2002, n° 226, p. 4 ; J. DANET, « De la procédure à la répression de la criminalité organisée, ou laquelle est l'instrument de l'autre ? », Act. jur. pén. 2004. 192 ; E. VERGES, « La notion de criminalité organisée après la loi du 9 mars 2004 », Act. jur. pén. 2004, p. 181 ; S. QUERE, Le crime organisé, Paris, PUF, Que sais-je, 2001 ; H. MATSOPOULOU, « Les nouveaux moyens de preuve au service de la criminalité organisée, À propos de la loi n° 2016-731 du 03 juin 2016 », JCP G. 2016, 707*).

La notion de bande organisée suppose la conjonction de trois critères : l'existence d'un réseau relationnel, des actes préparatoires et une organisation structurée, celle-ci se caractérisant uniquement par une répartition des rôles entre les membres du groupe *(J. SUSINI, « La bande criminelle », RSC 1957, p. 673 ; A. MARON, « La lutte contre la délinquance organisée. Aspects de procédure pénale française », R.I.D.P., vol. 69, 1998, p. 643*).

L'appréciation du caractère organisé des relations entre les co-auteurs permet de distinguer la bande organisée de la circonstance aggravante de la réunion plus spontanée.

La bande organisée peut se cumuler avec l'association de malfaiteurs dans la mesure où celle-ci vise des faits de « préparation » d'un ou plusieurs crimes ou délits punis. La circonstance de la bande organisée s'applique à l'exécution des faits, mais suppose que les auteurs de l'infraction ont préparé, par des moyens matériels qui sous-entendent l'existence d'une certaine organisation, la commission du crime ou délit (*pour un exemple, V. cass. crim., 19 janvier 2010, n° 09-84.056, JurisData n° 2010-051422*). Autrement dit, la bande organisée suppose l'association de malfaiteurs ; il ne peut y avoir de bande organisée dans une action improvisée. En réalité, une association de malfaiteurs est bien souvent une bande organisée naissante. Une infraction commise en bande organisée est donc un crime ou un délit commis par des participants à une association de malfaiteurs (*ANGEVIN, « Circonstances aggravantes », J.-cl. pén. code, art. 132-71 à 132-80, fasc. 20, 2014, n° 34 ; M. LACAZE, « Association de malfaiteurs et circonstance aggravante de bande organisée : clarification des hypothèses de concours », AJ pén. 2019 p. 380*).

Le Conseil constitutionnel français, dans sa décision n° 2004-492 DC du 02 mars 2004, a d'ailleurs mis en exergue la préméditation qui caractérise la bande organisée et l'organisation structurée de ses membres, laquelle se distingue ainsi de la notion de réunion ou de la coaction. Dans une bande organisée, il y a souvent une hiérarchie, un ou plusieurs chefs et des exécutants. C'est la différence avec la circonstance aggravante de la réunion, qui est un ensemble d'individus sans organisation structurée. Par exemple, la circonstance aggravante de la bande organisée ne peut être retenue lorsqu'il y a constitution d'une équipe de plusieurs malfaiteurs, « dès lors que cette équipe ne correspond pas au critère supplémentaire de structure existant depuis un certain temps et qu'en l'espèce les équipes de malfaiteurs n'étaient pas toujours constituées de la même manière, mais de façon variable, avec trois, quatre ou cinq membres » (*Crim. 08 juillet 2015, n° 14-88.329, Bull. crim. n°172 ; D. 2015, p. 2541, note Parizot ; D. 2015. pan. 2465, obs. Herzog-Evans; Act. jur. pén. 2016. 141, obs. Porteron ; Dr. pén. 2015, n° 120, obs. Conte*).

SECTION II.-
DES AUTRES ATTEINTES SE RAPPORTANT AU CONTENU

168. Actes de nature raciste et xénophobe par le biais des TIC. Dans la société contemporaine de l'information, le réseau internet est de plus en plus utilisé en vue de diffuser à grande échelle des propos de nature raciste ou xénophobe au nom de la liberté d'expression. De tels comportements constituent en réalité des abus à la liberté d'expression en ligne (*N. DROIN, Les limitations à la liberté d'expression dans la loi sur la presse du 29 juillet 1881, Paris, LGDJ, coll. Fondation Varenne, vol. 35, 2010, p. 438 s. ; E. DERIEUX, « Lutte contre le racisme et liberté d'expression », Légipresse 1992, II, p. 87 ; B. AUROY et E. STELLA, « La liberté d'expression face aux réseaux sociaux », Dr. pén. 2017, n° 06, ét. 13 ; W. BENEDEK et M. KETTEMANN, « Restrictions à la liberté d'expression en ligne », in W. BENEDEK et M. KETTEMANN (dir),*

Liberté d'expression et internet, C. Strasbourg, Conseil de l'Europe, «Hors collection », 2014, p. 45).

Le discours raciste et xénophobe s'est particulièrement décomplexé sur les réseaux numériques. Face à ces dérives sectaires sur internet, le législateur pénal sénégalais, inspiré par le protocole additionnel à la convention sur la cybercriminalité relatif à l'incrimination d'actes racistes et xénophobes commis par le biais de systèmes informatiques du 28 janvier 2003 (*Sur l'ensemble de cette question, E. DAVID, Éléments de droit pénal international et européen, Bruxelles, Bruylant, 2009, p. 1432 ; A. JABER, Les infractions commises sur internet, Paris, L'Harmattan, 2009 ; B. TCHIKAYA, « Les infractions relatives aux télécommunications, à l'information et à l'internet », in H. ASCENCIO, E. DECAUX et A. PELLET (dir.), Droit international pénal, Paris, Pedone, 2e éd. 2012, p. 445*), a prévu de sanctionner les actes de nature raciste ou xénophobe diffusés par le biais d'un système informatique (*P. A. TOURE, Le traitement de la cybercriminalité devant le juge : l'exemple du Sénégal, Paris, l'Harmattan, 2012, n° 236 et 569*).

Le dispositif juridique mis en place a prévu plusieurs infractions pénales relatives aux actes de nature raciste et xénophobe par le biais des TIC.

Article 431-41.- Celui qui crée, télécharge, diffuse ou met à disposition sous quelque forme que ce soit des écrits, messages, photos, dessins ou toute autre représentation d'idées ou de théories, de nature raciste ou xénophobe, par le biais d'un système informatique, est puni d'un emprisonnement de six mois à sept ans et d'une amende de 500 000 francs à 10 000 000 de francs.

- **La création, le téléchargement ou la diffusion de matériel raciste et xénophobe par le biais d'un système informatique**

- **Bibliographie**

B. AUROY et E. STELLA, « La liberté d'expression face aux réseaux sociaux », *Dr. pén.* 2017, n° 06, ét. 13.

Ch. KORMAN, « Le délit de diffusion d'idées racistes », *JCP* G 1989, I, 3404.

E. DERIEUX, « Lutte contre le racisme et liberté d'expression », *Légipresse* 1992, II, p. 87.

E. DREYER, « La lutte contre les propos racistes et révisionnistes », in *Les médias et l'Europe*, Larcier, coll. Europe(s), 2009, p. 143.

N. DROIN, *Les limitations à la liberté d'expression dans la loi sur la presse du 29 juillet 1881*, Paris, LGDJ, coll. Fondation Varenne, vol. 35, 2010, p. 438 s.

P. A. TOURE, *Le traitement de la cybercriminalité devant le juge : l'exemple du Sénégal*, Paris, l'Harmattan, 2012.

R. DE GOUTTES, Les rapports entre la liberté de l'information et la convention internationale sur l'élimination de toutes les formes de discrimination raciale, in L'ONU et la presse, Paris, A. Pédone, 2001, p. 112.

R. DIARRA, *La répression de la cybercriminalité en Afrique de l'Ouest*, Paris, l'Harmattan, 2021.

S. TEPI, *La cybercriminalité au Cameroun. Enjeux d'une législation en quête d'efficacité*, Paris, 2020.

W. BENEDEK et M. KETTEMANN, « Restrictions à la liberté d'expression en ligne », in W. BENEDEK et M. KETTEMANN (dir), *Liberté d'expression et internet*, C. Strasbourg, Conseil de l'Europe, hors collection, 2014, p. 45.

- **Commentaire**

169. Incrimination. L'article 431-41 du Code pénal incrimine celui qui crée, télécharge, diffuse ou met à disposition sous quelque forme que ce soit des écrits, messages, photos, dessins ou toute autre représentation d'idées ou de théories, de nature raciste ou xénophobe par le biais d'un système informatique.

Par « *diffusion* », il faut entendre l'action consistant à disséminer du matériel raciste et xénophobe à autrui.

La « *mise à disposition* » désigne l'action consistant à mettre du matériel raciste et xénophobe en ligne pour qu'il soit utilisé par autrui (*Ch. KORMAN, « Le délit de diffusion d'idées racistes », JCP G 1989, I, 3404*). Cette expression englobe par ailleurs la création ou la compilation d'hyperliens visant à faciliter l'accès à ce matériel (*Rapport explicatif du protocole additionnel à la convention sur la cybercriminalité, relatif à l'incrimination d'actes racistes et xénophobes commis par le biais de systèmes informatiques, n°36).* Par exemple, l'échange du matériel raciste et xénophobe dans un chat-room et sa distribution dans des « *newsgroups* » ou des forums de discussion sont des exemples de mise à disposition au public d'un tel matériel (*V. E. DREYER, « La lutte contre les propos racistes et révisionnistes », in Les médias et l'Europe, Bruxelles, Larcier, coll. Europe(s), 2009, p. 143 ; R. DE GOUTTES, Les rapports entre la liberté de l'information et la convention internationale sur l'élimination de toutes les formes de discrimination raciale, in L'ONU et la presse, Paris, A. Pédone, 2001, p. 112*).

Article 431-42.- La menace faite, par le biais d'un système informatique, de commettre une infraction pénale envers une personne en raison de son appartenance à un groupe qui se caractérise par la race, la couleur, l'ascendance, l'origine nationale ou ethnique ou la religion ou envers un groupe de personnes qui se distingue par une de ces caractéristiques est puni d'un emprisonnement de six mois à sept ans et d'une amende de 500 000 francs à 10 000 000 de francs.

- **La menace avec motivation raciste par le biais d'un système informatique**

- **Bibliographie**

B. AUROY et E. STELLA, « La liberté d'expression face aux réseaux sociaux », *Dr. pén.* 2017, n° 06, ét. 13.

Ch. KORMAN, « Le délit de diffusion d'idées racistes », *JCP* G 1989, I, 3404.

E. DERIEUX, « Lutte contre le racisme et liberté d'expression », *Légipresse* 1992, II, p. 87.

E. DREYER, « La lutte contre les propos racistes et révisionnistes », in *Les médias et l'Europe*, Bruxelles, Larcier, coll. Europe(s), 2009, p. 143.

N. DROIN, *Les limitations à la liberté d'expression dans la loi sur la presse du 29 juillet 1881*, Paris, LGDJ, coll. Fondation Varenne, vol. 35, 2010, p. 438 s.

P. A. TOURE, *Le traitement de la cybercriminalité devant le juge : l'exemple du Sénégal*, Paris, l'Harmattan, 2012.

R. DE GOUTTES, Les rapports entre la liberté de l'information et la convention internationale sur l'élimination de toutes les formes de discrimination raciale, in L'ONU et la presse, Paris, A. Pédone, 2001, p. 112.

R. DIARRA, *La répression de la cybercriminalité en Afrique de l'Ouest*, Paris, l'Harmattan, 2021.

S. TEPI, *La cybercriminalité au Cameroun. Enjeux d'une législation en quête d'efficacité*, Paris, 2020.

W. BENEDEK et M. KETTEMANN, « Restrictions à la liberté d'expression en ligne », in W. BENEDEK et M. KETTEMANN (dir), *Liberté d'expression et internet*, C. Strasbourg, Conseil de l'Europe, hors collection, 2014, p. 45.

- **Commentaire**

170. Structure de l'infraction. L'infraction de menace avec une motivation raciste est prévue par l'article 431-42 du Code pénal. Ce texte pénalise la menace faite par le biais d'un système informatique de commettre une infraction pénale envers une personne en raison de son appartenance à un groupe qui se caractérise par la race, la couleur, l'ascendance, l'origine nationale ou ethnique ou la religion ou envers un groupe de personnes qui se distingue par une de ces caractéristiques.

La notion de « *menace* » n'est pas définie par le Code pénal (*sur les menaces, V. art. 290 et s. du Code pénal*). Mais elle peut se référer à une intimidation qui provoque la crainte chez la personne envers laquelle elle est dirigée que cette dernière risque d'être victime d'une infraction pénale grave ; cette infraction peut être une infraction qui porte atteinte à la vie, à l'intégrité physique ou aux biens de la victime ou de sa famille.

Pour être incriminée, la menace doit s'adresser, soit à une personne au motif qu'elle appartient à un groupe caractérisé par la race, la couleur, l'ascendance ou l'origine nationale ou ethnique ou la religion, dans la mesure où cette dernière sert de prétexte à l'un ou l'autre de ces éléments, soit à un groupe de personnes défini par l'une de ces caractéristiques. Il en résulte que la menace dirigée contre une personne individualisée par le biais d'un système informatique indépendamment à son appartenance à un groupe caractérisé par la race, la couleur, l'ascendance ou l'origine nationale ou ethnique ou la religion, ne tombe pas sous le coup de la loi pénale.

La menace ne doit pas nécessairement être publique. En effet, la loi couvre aussi la menace privée. Par exemple, la menace de mort proférée contre une personne par voie de courrier électronique est couverte par l'article 431-42 du Code pénal.

Article 431-43.- L'insulte commise par le biais d'un système informatique envers une personne en raison de son appartenance à un groupe qui se caractérise par la race, la couleur, l'ascendance, l'origine nationale ou ethnique ou la religion ou envers un groupe de personnes qui se distingue par une de ces caractéristiques est puni d'un emprisonnement de six mois à sept ans et d'une amende de 500 000 francs à 10 000 000 de francs.

- **L'insulte avec motivation raciste par le biais d'un système informatique**

- **Bibliographie**

B. AUROY et E. STELLA, « La liberté d'expression face aux réseaux sociaux », *Dr. pén.* 2017, n° 06, ét. 13.

Ch. KORMAN, « Le délit de diffusion d'idées racistes », *JCP* G 1989, I, 3404.

E. DERIEUX, « Lutte contre le racisme et liberté d'expression », *Légipresse* 1992, II, p. 87.

E. DREYER, « La lutte contre les propos racistes et révisionnistes », in *Les médias et l'Europe*, Bruxelles, Larcier, coll. Europe(s), 2009, p. 143.

N. DROIN, *Les limitations à la liberté d'expression dans la loi sur la presse du 29 juillet 1881*, Paris, LGDJ, coll. Fondation Varenne, vol. 35, 2010, p. 438 s.

P. A. TOURE, *Le traitement de la cybercriminalité devant le juge : l'exemple du Sénégal*, Paris, l'Harmattan, 2012.

R. DE GOUTTES, Les rapports entre la liberté de l'information et la convention internationale sur l'élimination de toutes les formes de discrimination raciale, in L'ONU et la presse, Paris, A. Pédone, 2001, p. 112.

R. DIARRA, *La répression de la cybercriminalité en Afrique de l'Ouest*, Paris, l'Harmattan, 2021.

S. TEPI, *La cybercriminalité au Cameroun. Enjeux d'une législation en quête d'efficacité*, Paris, 2020.

W. BENEDEK et M. KETTEMANN, « Restrictions à la liberté d'expression en ligne », in W. BENEDEK et M. KETTEMANN (dir), *Liberté d'expression et internet,* C. Strasbourg, Conseil de l'Europe, hors collection, 2014, p. 45.

- **Commentaire**

171. Incrimination. L'article 431-43 du Code pénal sanctionne l'insulte commise par le biais d'un système informatique envers une personne en raison de son appartenance à un groupe qui se caractérise par la race, la couleur, l'ascendance, l'origine nationale ou ethnique ou la religion ou envers un groupe de personnes qui se distingue par une de ces caractéristiques.

La notion d'« *insulte* » se réfère à toute expression outrageante, terme de mépris ou invective qui ne renferme l'imputation d'aucun fait (*V. Sur la définition de l'injure, art. 258 du Code pénal*). Il devrait clairement résulter de l'expression elle-même que l'insulte est liée à l'appartenance de la personne insultée à un groupe. En effet, cette appartenance qui se caractérise notamment par la race, la couleur, l'ascendance, l'origine nationale ou ethnique ou la religion, constitue en réalité un élément constitutif de l'infraction prévue par l'article 431-43 du Code pénal. L'insulte commise au moyen d'un système informatique indépendamment de l'appartenance de la personne à un groupe qui se caractérise par la race, la couleur, l'ascendance, l'origine nationale ou ethnique ou la religion n'est pas incriminée.

Article 431-44.- Celui qui, intentionnellement, nie, approuve ou justifie des actes constitutifs de génocide, de crimes contre l'humanité ou de crimes de guerre par le biais d'un système informatique est puni d'un emprisonnement de six mois à sept ans et d'une amende de 500 000 francs à 10 000 000 de francs.

- **La négation, l'approbation ou la justification du génocide, de crimes contre l'humanité ou de crimes de guerre par le biais d'un système informatique**

- **Bibliographie**

B. AUROY et E. STELLA, « La liberté d'expression face aux réseaux sociaux », *Dr. pén.* 2017, n° 06, ét. 13.

Ch. KORMAN, « Le délit de diffusion d'idées racistes », *JCP* G 1989, I, 3404.

E. DERIEUX, « Lutte contre le racisme et liberté d'expression », *Légipresse* 1992, II, p. 87.

E. DREYER, « La lutte contre les propos racistes et révisionnistes », in *Les médias et l'Europe*, Bruxelles, Larcier, coll. Europe(s), 2009, p. 143.

N. DROIN, *Les limitations à la liberté d'expression dans la loi sur la presse du 29 juillet 1881*, Paris, LGDJ, coll. Fondation Varenne, vol. 35, 2010, p. 438 s.

P. A. TOURE, *Le traitement de la cybercriminalité devant le juge : l'exemple du Sénégal*, Paris, l'Harmattan, 2012.

R. DE GOUTTES, Les rapports entre la liberté de l'information et la convention internationale sur l'élimination de toutes les formes de discrimination raciale, in L'ONU et la presse, Paris, A. Pédone, 2001, p. 112.

R. DIARRA, *La répression de la cybercriminalité en Afrique de l'Ouest*, Paris, l'Harmattan, 2021.

S. TEPI, *La cybercriminalité au Cameroun. Enjeux d'une législation en quête d'efficacité*, Paris, 2020.

W. BENEDEK et M. KETTEMANN, « Restrictions à la liberté d'expression en ligne », in W. BENEDEK et M. KETTEMANN (dir), *Liberté d'expression et internet,* C. Strasbourg, Conseil de l'Europe, hors collection, 2014, p. 45.

- **Commentaire**

172. Incrimination. L'article 431-44 du Code pénal incrimine celui qui, intentionnellement, nie, approuve ou justifie des actes constitutifs de génocide, de crimes contre l'humanité ou de crimes de guerre par le biais d'un système informatique.

Les rédacteurs du Code pénal ont estimé qu'il est important d'incriminer toute expression qui nie, minimise de manière grossière, approuve ou justifie des actes constitutifs de génocide ou de crimes contre l'humanité, tels que définis par le droit international et reconnus comme tels par une décision définitive du Tribunal militaire international établi par l'accord de Londres du 08 avril 1945.

Article 431-45.- En cas de condamnation, le tribunal prononce la confiscation des matériels, équipements, instruments, programmes informatiques ou tous dispositifs ou données appartenant au condamné ou ayant servi à commettre les infractions prévues à la présente section, sous réserve des droits des tiers de bonne foi.

- **La confiscation de matériels ou programmes**

- **Bibliographie**

B. AUROY et E. STELLA, « La liberté d'expression face aux réseaux sociaux », *Dr. pén.* 2017, n° 06, ét. 13.

Ch. KORMAN, « Le délit de diffusion d'idées racistes », *JCP* G 1989, I, 3404.

E. DERIEUX, « Lutte contre le racisme et liberté d'expression », *Légipresse* 1992, II, p. 87.

E. DREYER, « La lutte contre les propos racistes et révisionnistes », in *Les médias et l'Europe*, Bruxelles, Larcier, coll. Europe(s), 2009, p. 143

N. DROIN, *Les limitations à la liberté d'expression dans la loi sur la presse du 29 juillet 1881,* Paris, LGDJ, coll. Fondation Varenne, vol. 35, 2010, p. 438 s.

P. A. TOURE, *Le traitement de la cybercriminalité devant le juge : l'exemple du Sénégal*, Paris, l'Harmattan, 2012.

R. DE GOUTTES, Les rapports entre la liberté de l'information et la convention internationale sur l'élimination de toutes les formes de discrimination raciale, in L'ONU et la presse, Paris, A. Pédone, 2001, p. 112.

R. DIARRA, *La répression de la cybercriminalité en Afrique de l'Ouest*, Paris, l'Harmattan, 2021.

S. TEPI, *La cybercriminalité au Cameroun. Enjeux d'une législation en quête d'efficacité*, Paris, 2020.

W. BENEDEK et M. KETTEMANN, « Restrictions à la liberté d'expression en ligne », in W. BENEDEK et M. KETTEMANN (dir), *Liberté d'expression et internet*, C. Strasbourg, Conseil de l'Europe, hors collection, 2014, p. 45.

- **Commentaire**

173. Peines complémentaires obligatoires. En cas de condamnation pour une infraction relative aux actes de nature raciste et xénophobe par le biais des TIC, le tribunal prononce la confiscation des matériels, équipements, instruments, programmes informatiques ou tous dispositifs ou données appartenant au condamné ou avant servi à commettre les infractions, sous réserve des droits des tiers de bonne foi.

D'après la structure rédactionnelle de l'article 431-45 du Code pénal, les peines complémentaires prévues constituent des peines complémentaires obligatoires que le juge est tenu de prononcer en cas de condamnation pour une infraction relative aux actes de nature raciste et xénophobe par le biais d'un système informatique. En droit pénal général, la peine complémentaire est obligatoire, lorsque le juge est tenu par la loi de la prononcer (*A. LEPAGE et H. MATSOPOULOU, « Des peines complémentaires obligatoires déclarées conformes aux principes constitutionnels », JCP G 2010, 1149 ; L. LETURMY, «Constitutionnalité des peines accessoires et des peines complémentaires obligatoires, une conception à repenser du principe d'individualisation », Act. jur. pén. 2011, p. 280*).

CHAPITRE V.-

DES INFRACTIONS LIÉES AUX ACTIVITÉS DES PRESTATAIRES TECHNIQUES DE SERVICES DE COMMUNICATION AU PUBLIC PAR LA VOIE ÉLECTRONIQUE

174. Droit pénal des activités des prestataires techniques de services de communication au public par voie électronique. La communication par voie électronique renvoie à toute mise à disposition au public ou d'une catégorie de public, par un procédé de communication électronique ou magnétique, de signes, de signaux, d'écrits, d'images, de sons ou de messages de toute nature.

Plusieurs prestataires techniques interviennent dans le cadre de la communication électronique, notamment dans les activités relatives au commerce électronique (fournisseur d'accès, fournisseur d'hébergement, fournisseur d'édition, cybermarchand, etc.).

En effet, les transformations numériques ont favorisé l'avènement d'un e-commerce appelé commerce électronique (*J. ROCHFELD (dir.), Les nouveaux défis du commerce électronique, 2010, Paris, LGDJ; C CASTETS-RENARD, Droit de l'Internet, Paris, Montchrétien, 2010, p. 141 ; L. BOCHURBERG, Internet et commerce électronique, Paris, Delmas, 1999 ; Th. PATRICK, «L'émergence d'un droit européen du commerce électronique », RTD eur. 2000, p. 649 ; C. CASTETS-RENARD, « Commerce électronique », Rép. IP/IT comm., 2016*). Il s'agit de « *l'activité économique par laquelle une personne propose ou assure, à distance et par voie électronique, la fourniture de biens et la prestation de services* » (*V. art. 8 de la loi sénégalaise n° 2008-08 du 25 janvier 2008 sur les transactions électroniques)*. Cette activité couvre un champ très large, notamment les services consistant à fournir des informations en ligne, les communications commerciales, les outils de recherche, d'accès et de récupération de données ou d'hébergement d'informations, etc. (*J.-M. BRUGUIERE, « L'exécution du contrat électronique » in Le contrat électronique, Colloque Poitiers 10 mars 2005, Paris, LGDJ 2005 p. 71 ; « La protection du cyber-consommateur dans la loi pour la confiance dans l'économie numérique », RLDI janvier 2005, n° 1, p. 59).*

Le législateur pénal a prévu, dans le titre IV du Code pénal, un chapitre V intitulé « *Des infractions liées aux activités des prestataires techniques de services de communication au public par voie électronique* » qui contient des infractions spécifiques.

Article 431-46.- Celui qui présente aux personnes mentionnées au 2° de l'article 3 de la loi n° 2008-08 du 25 janvier 2008 sur les transactions électroniques, un contenu ou une activité comme étant illicite dans le but d'en obtenir le retrait ou d'en faire cesser la diffusion, alors qu'il sait cette information inexacte, est puni d'un emprisonnement de six mois à un an et d'une amende de 250 000 francs à 1 000 000 de francs ou de l'une de ces peines.

- **La dénonciation abusive d'un contenu ou d'une activité en ligne**

- **Bibliographie**

B. TABAKA, « Le rôle de l'internaute depuis la loi pour la confiance dans l'économie numérique », *Légipresse*, n° 228, janv.-févr., 2006, p. 5.
C. CASTETS-RENARD, « Le renouveau de la responsabilité délictuelle des intermédiaires de l'Internet », *D.* 2012, p. 827.
E. DREYER, « La responsabilité des internautes et éditeurs de sites à l'aune de la loi pour la confiance dans l'économie numérique », *Légipresse*, n° 214, septembre 2004, p. 94.
E. DREYER, « Interrogations sur la responsabilité pénale des fournisseurs d'hébergement », *Légipresse* 2004, n° 212, I, p. 183.
L. MARINO, « Responsabilités civile et pénale des fournisseurs d'accès et d'hébergement », *Jurisclass. Comm.,* fasc. 670, 2021.
L. THOUMYRE, « Comment les hébergeurs français sont devenus juges du manifestement illicite», *Juriscom.net,* 28 juillet 2004.
L. THOUMYRE, « Les hébergeurs en ombres chinoises. Une tentative d'éclaircissement sur les incertitudes de la LCEN», *RLDI,* mai 2005, n° 05, p. 62.
M. LEVY et E. ESKINAZI, « Les fournisseurs d'accès et d'hébergement face à la cybercriminalité », *Gaz. pal.*, 17-19 avril 2005, Doct. n° 109, p. 934.
M.P. REYNAUD, « Le fournisseur d'accès et la conservation des données engendrées par les communications électroniques », *Comm. com. électr.*, juin 2005, p. 20.
P. A. TOURE, *Le traitement de la cybercriminalité devant le juge : l'exemple du Sénégal*, Paris, l'Harmattan, 2012.
R. HARDOUIN, *La responsabilité limitée des prestataires techniques dans la loi pour la confiance dans l'économie numérique*, thèse Versailles, 2011.

R. HARDOUIN, « La responsabilité des intermédiaires techniques de l'Internet » in *Le Lamy droit des médias et de la communication*, dir. P. Sirinelli et Ch. Gavalda (†), étude 464, juin 2013.
W. DUHEN, La responsabilité extra-contractuelle du fournisseur d'accès à Internet, préf. J. Frayssinet, Presses Universitaires d'Aix-Marseille, coll. Droit de l'information et de la communication, 2013.

- **Commentaire**

175. Dispositif de signalement. Le législateur a prévu une obligation de mise en place d'un dispositif de signalement incombant aux intermédiaires techniques. Il résulte de l'article 3 5) de la loi n° 2008-08 du 25 janvier 2008 sur les transactions électroniques que les fournisseurs d'accès et d'hébergement doivent mettre en place un dispositif facilement accessible et visible permettant à toute personne de porter à leur connaissance des données relatives à l'apologie des crimes contre l'humanité, à l'incitation à la haine raciale ainsi qu'à la pornographie enfantine (*Sur cette question, E. BINOCHE, « Obligations et responsabilité des intermédiaires techniques : l'articulation entre référé de droit commun et référé de la loi du 21 juin 2004 (art. 6-I.8 LCEN) », Légicom, n° 35, 2006/1, 79, p. 83 ; L. THOUMYRE, « La responsabilité pénale et extracontractuelle des acteurs de l'internet », Lamy dr. médias et de la comm., juin 2007, n° 464-71 ; F. DONNAT, « Contenus illicites sur Internet et hébergeurs », Les Nouveaux Cahiers du Conseil constitutionnel, 2016/03, n° 52, p. 37 ; L. THOUMYRE, « Les hébergeurs en ombres chinoises. Une tentative d'éclaircissement sur les incertitudes de la LCEN», RLDI, mai 2005, n° 05, p. 62 ; également, R. HARDOIN, « La jurisprudence, les textes et la responsabilité des hébergeurs », RLDI, juin 2008, n° 39, p. 68 ; L. THOUMYRE, « La responsabilité pénale et extracontractuelle des acteurs de l'internet », Lamy dr. médias et de la comm., juin 2007, n° 464-74 ; L. THOUMYRE, « Comment les hébergeurs français sont devenus juges du manifestement illicite », Juriscom.net, 28 juillet 2004 ; P. A. TOURE, Le traitement de la cybercriminalité devant le juge : l'exemple du Sénégal, Paris, l'Harmattan, 2010, n° 486 et s.*).

176. Incrimination. Toutefois, il y a des risques que des dénonciations d'informations soient faites en vue d'en obtenir le retrait ou d'en faire cesser la diffusion de contenus tout à fait licites. Le législateur pénal a bien perçu ce risque. En effet, l'article 431-46 du Code pénal punit d'un emprisonnement de six mois à un an et d'une amende de 250 000 francs à

1 000 000 de francs ou de l'une de ces peines celui qui présente aux hébergeurs, un contenu ou une activité comme étant illicite dans le but d'en obtenir le retrait ou d'en faire cesser la diffusion, alors qu'il sait cette information inexacte.

Ce texte incrimine en réalité les dénonciations illicites et inexactes d'un contenu ou d'une activité en ligne faites à l'intermédiaire technique. Tombe par exemple sous le coup de la loi pénale le fait de dénoncer, de façon abusive, à un hébergeur, un site d'information en le présentant comme un site diffusant des contenus de nature terroriste.

Cette incrimination se rapproche de la dénonciation calomnieuse de droit commun prévu par l'article 362 du Code pénal.

Mais la particularité de l'infraction prévue par l'article 431-46 du Code pénal réside dans le fait la dénonciation est faite non pas à un officier de justice ou de police administrative ou à une autre autorité ayant le pouvoir d'y donner une suite, mais à un prestataire technique (l'hébergeur). En outre, le fait dénoncé porte sur un contenu ou une activité en ligne.

Article 431-47.- Est puni d'un emprisonnement de six mois à un an et d'une amende de 250 000 francs à 1 000 000 de francs ou de l'une de ces peines, toute personne exerçant l'une des activités définies aux points 1 et 2 de l'article 3 de la loi sur les transactions électroniques qui:

- **ne satisfait pas aux obligations définies au quatrième alinéa du point 5 de l'article 3 de la loi sur les transactions électroniques;**
- **ne conserve pas les éléments d'information visés à l'article 4 alinéa 1er de la loi susvisée;**
- **ne défère pas à la demande d'une autorité judiciaire d'obtenir communication desdits éléments.**

Article 431-48.- Toute personne exerçant l'activité définie à l'article 3 de la loi sur les transactions électroniques qui ne respecte pas les prescriptions de ce même article, est punie d'un emprisonnement de six mois à un an et d'une amende de 250 000 francs à 1 000 000 de francs ou de l'une de ces peines.

- **Le non-respect de l'obligation de concours à la lutte contre les contenus illicites**

- **Bibliographie**

B. TABAKA, « La conservation des données par les hébergeurs : quelles données pour quelle durée ?», *Légipresse*, n° 282, avril 2011, p. 246.
B. TABAKA, « Le rôle de l'internaute depuis la loi pour la confiance dans l'économie numérique », *Légipresse*, n° 228, janv.-févr., 2006, p. 5.
C. CASTETS-RENARD, « Le renouveau de la responsabilité délictuelle des intermédiaires de l'Internet », *D.* 2012, p. 827.
E. DREYER, « La responsabilité des internautes et éditeurs de sites à l'aune de la loi pour la confiance dans l'économie numérique », *Légipresse*, n° 214, septembre 2004, p. 94.
E. DREYER, « Interrogations sur la responsabilité pénale des fournisseurs d'hébergement », *Légipresse* 2004, n° 212, I, p. 183.
E.A CAPRIOLI, « Responsabilité des prestataires du commerce électronique et conservation des données aux fins de traçabilité », in *Traçabilité et responsabilité*, Paris, Economica, 2003, p. 118.
F. CHAFIOL-CHAUMONT, « Retour sur l'obligation de conservation des données d'identification après la parution du décret du 25 février 2011 », *RLDI*/ 71, n° 2364.
G. DESGENS-PASANAU, « Conservation des données. Plus de questions que de réponses », *Expertises*, juillet 2011, p. 255.
G. MATHIAS et A. C. LORRAIN, « Conservation des données de connexion : un projet de décret resserre la toile...ou comment l'ombre de "Big Brother" menace la confiance dans l'économie numérique », *RLDI*, juin 2007, n° 28, p. 41.
G. MATHIAS et A.C. LORRAIN, « Données de connexion : un état des lieux ou une première tentative de démêlage de la toile législative », *RLDI*, décembre 2005, n° 11, p. 48.
J. FRAYSSINET, La « traçabilité des personnes », in *La traçabilité* Dossier, *Dr. et patr.*, n° 93, mai 2001, p. 76.
J-F.MATTEI, « Traçabilité et responsabilité », in Ph. PEDROT (dir.), *Traçabilité et responsabilité*, Paris, Economica, 2003, p. 35.

L. MARINO, Responsabilités civile et pénale des fournisseurs d'accès et d'hébergement, *Jurisclass. Comm.,* fasc. 670, 2021.
M. LEVY et E. ESKINAZI, « Les fournisseurs d'accès et d'hébergement face à la cybercriminalité », *Gaz. pal*., 17-19 avril 2005, Doct. n° 109, p. 934.
M.P. REYNAUD, « Le fournisseur d'accès et la conservation des données engendrées par les communications électroniques », *Comm. com. électr*., juin 2005, p. 20.
P. A. TOURE, *Le traitement de la cybercriminalité devant le juge : l'exemple du Sénégal*, Paris, l'Harmattan, 2012.
Ph. PEDROT, « Traçabilité et protection des droits », in *La traçabilité* Dossier, *Dr. et patr*., n° 93, mai 2001, p. 83.
R. HARDOUIN, *La responsabilité limitée des prestataires techniques dans la loi pour la confiance dans l'économie numériqu*e, thèse Versailles, 2011.
R. HARDOUIN, La responsabilité des intermédiaires techniques de l'Internet in *Le Lamy droit des médias et de la communication,* dir. P. Sirinelli et Ch. Gavalda (†), étude 464, juin 2013.
S. GREGOIRE, « Le décret du 25 février 2011 relatif à la conservation et à la communication des données permettant d'identifier toute personne ayant contribué à la création d'un contenu mis en ligne. Premières lectures d'un décret attendu six ans… », *RLDI*/70, n° 2324.
S. ROUILLE-MIRZA et É. BARBRY, « Nouveaux moyens de communication, protection des mineurs et mesures techniques », *Légicom*, vol. 37, n° 01, 2007, p. 69.
T. AZZI, «La responsabilité des nouvelles plates-formes : éditeurs, hébergeurs ou autre voie ? in *Contrefaçon sur Internet. Les enjeux du droit d'auteur sur le WEB 2.0,* Paris, Lexisnexis, coll. IRPI, 2009, n° 33, p. 59.
W. DUHEN, « Réquisitions judiciaires et conservations des données de connexion par les opérateurs de communication en ligne », *Act. jur. pén*., 2011, p. 184 et s.
W. DUHEN, *La responsabilité extra-contractuelle du fournisseur d'accès à Internet*, préf. J. Frayssinet, Presses Universitaires d'Aix-Marseille, coll. Droit de l'information et de la communication, 2013.

- **Commentaire**

177. Concours à la lutte contre les contenus illicites. En principe, les intermédiaires techniques ne sont tenus à aucune obligation de surveillance générale. Aux termes de l'article 3 5), alinéa 1er de la loi sur les transactions électroniques, les fournisseurs d'accès et d'hébergement *ne sont pas soumis à une obligation générale de surveiller les informations qu'elles transmettent ou stockent, ni à une obligation générale de rechercher des faits ou des circonstances révélant des activités illicites* ».

Toutefois, ce texte a consacré une dispense de l'obligation de surveillance générale « *sans préjudice de toute activité de surveillance ciblée et temporaire demandée par l'autorité judiciaire* » (*E. DERIEUX, « Neutralité de l'internet. Fournisseurs d'hébergement. Impossible obligation générale, mais possibles obligations particulières de surveillance et de filtrage », RLDI, 2012, n° 81, p. 06*).

Cette obligation est particulièrement intéressante, puisque permettant aux prestataires de participer à la lutte contre les contenus illicites. Le législateur ne précise pas le contenu de cette obligation ciblée. Il est certain qu'une réquisition adressée par une autorité judiciaire à un prestataire aux fins de surveiller les informations diffusées dans un site qu'il héberge dans son serveur met à la charge de ce dernier l'obligation prévue par la loi.

Les prestataires techniques sont également tenus à une obligation de lutte contre les contenus illicites. L'article 3 5) de la loi n° 2008-08 du 25 janvier 2008 sur les transactions électroniques soumet les fournisseurs d'accès et d'hébergement à une obligation de concours à la lutte contre les contenus particulièrement graves du cyberespace. Selon ce texte, « *compte tenu de l'intérêt général attaché à la répression de l'apologie des crimes contre l'humanité, de l'incitation à la haine raciale ainsi que de la pornographie infantile [les fournisseurs d'accès et d'hébergement] doivent concourir à la lutte contre de tels agissements* ». Dans le choix des infractions énumérées, le législateur a fait un « *tri subjectif* ». Mais il est certain que les contenus visés par la loi sont ceux « *portant une atteinte particulièrement grave à la dignité de la personne humaine* » (*M. LEVY et E. ESKINAZI, op. cit., p. 934*).

L'article 15 du Code des Communications électroniques prévoit que les opérateurs doivent coopérer et contribuer activement à la lutte contre toutes formes de fraudes au Sénégal, et doivent notamment communiquer à l'Autorité de régulation et aux autorités judiciaires toutes les informations qu'elles demandent et prendre les mesures exigées par celles-ci.

178. Obligation de mise en place d'un dispositif de signalement. Le législateur a prévu une obligation de mise en place d'un dispositif de signalement incombant aux intermédiaires techniques. Il résulte de l'alinéa 4 de l'article 3 5) de la loi n° 2008-08 du 25 janvier 2008 que les prestataires « *doivent mettre en place un dispositif facilement accessible et visible permettant à toute personne de porter à leur connaissance ce type de données* ».

L'article 10 du décret n° 2008-719 du 30 juin 2008 relatif aux communications électroniques (*JORS, n° 6439 du 22 novembre 2008 ; www.gouv.sn*) précise que ce dispositif « *consiste à mettre à la disposition des utilisateurs un accès par le biais d'un formulaire de signalement d'abus permettant d'informer, soit le prestataire du service concerné, soit les autorités compétentes, tout contenu en ligne manifestement illicite ». Il s'agit d'un dispositif d'utilisation simple susceptible d'être vu et reconnu par un « internaute moyen* ». Sans doute, un lien hypertexte accessible depuis la page d'accueil d'un site en donnant accès, d'un simple clic, à des formulaires de signalement, est de nature à remplir le critère d'accessibilité et de visibilité du dispositif de signalement (*B. TABAKA, « Le rôle de l'internaute depuis la loi pour la confiance dans l'économie numérique », Légipresse, n° 228, janv.-févr., 2006, p. 5 ; Ch. FERAL-SCHUHL, op. cit., p. 704, n° 113-22 ; M. LEVY et E. ESKINAZI, ibid*). Il s'agit ainsi d'une plateforme facilement accessible aux internautes désirant effectuer des signalements de contenus manifestement illicites.

179. Obligation d'information prompte des autorités publiques. Les fournisseurs d'accès et d'hébergement ont une obligation d'informer promptement les autorités publiques compétentes des signalements qui leur sont faits et de rendre publics « *les moyens qu'ils consacrent à la lutte contre ces activités illicites* » (*V. art. 3 5) alinéa 1er de la loi sur les transactions électroniques*).

En réalité, cette obligation d'information des intermédiaires à l'égard des autorités judiciaires concerne toutes activités illicites qui leur seront signalées, mais également celles « *qu'exercent les destinataires de leurs services* » qui pourront leur être dénoncées par tous autres moyens (*En ce sens, M. LEVY et E. ESKINAZI, « Les fournisseurs d'accès et d'hébergement face à la cybercriminalité », Gaz. pal., 17-19 avril 2005, Doct. n° 109, p. 934*).

180. Obligation de publication des moyens de lutte contre les contenus illicites. Le législateur se contente de mettre à la charge des intermédiaires une obligation de rendre publics les moyens consacrés à la lutte contre ces activités illicites, sans préciser la consistance de ces « *moyens* ». En tout état de cause, l'usage législatif de l'adverbe « *également* » montre que cette obligation est indépendante de celle relative à la mise en place d'un dispositif de signalement. Le législateur a, sans doute, entendu faire jouer aux prestataires techniques un rôle actif dans la régulation de l'espace numérique (*M. LEVY et E. ESKINAZI, op. cit., p. 935)*.

181. Sanction pénale. Les manquements aux obligations de surveillance limitée des informations transmises ou stockées, de concours à la lutte contre des contenus illicites et d'information à l'égard des autorités judiciaires incombant aux prestataires sont érigés en infractions par l'article 431-41 du Code pénal. Ce texte incrimine tout fournisseur d'accès ou d'hébergement « *qui n'aura pas satisfait aux obligations définies au quatrième alinéa du point 5 de l'article 3 de la loi sur les transactions électroniques* ». En conséquence, toute violation de ces obligations légales est de nature à engager la responsabilité pénale des intermédiaires.

L'article 15 du Code des Communiactions électroniques précise qu'en cas de non respect par les opérateurs de leurs obligations de coopérer et contribuer activement à la lutte contre toutes formes de fraudes, ils « *s'exposent aux sanctions prévues par les dispositions légales et règlementaires en vigueur, y compris pénales, et pourront être tenus responsables de toute fraude dont la réalisation aura été possible en raison de leur manquement* ».

Il s'agit d'une infraction par omission par laquelle la loi prescrit de véritables obligations de faire à la charge des prestataires techniques ; ce qui est alors incriminé, c'est l'abstention ou l'inertie de ces prestataires.

Ce régime de responsabilité ne constitue pas un système de responsabilité pénale du fait des contenus illicites, à l'image du régime de la responsabilité allégée des prestataires. Il s'agit plutôt d'une forme de responsabilité autonome, les manquements aux obligations légales suffisant à engager la responsabilité pénale des intermédiaires.

Il semble que les prestataires visés par l'article 431-41 du Code pénal sont les personnes physiques puisqu'ils encourent une peine d'emprisonnement de six mois à un an et une amende de 250 000 francs à 1 000 000 de francs ou de l'une de ces peines.

Les prestataires constitués sous forme de personnes morales ne devraient voir leur responsabilité pénale engagée que dans les conditions prévues par l'article 45-1 du Code pénal. En d'autres termes, les actes qualifiés non-respect de l'obligation de concours à la lutte contre les contenus illicites doivent être accomplis par un organe ou un représentant de l'être moral pour son compte. Dans ces conditions, l'engagement de la responsabilité pénale de la personne morale n'exclut pas celle de la personne physique.

182. Non-respect de l'obligation de conservation des données de connexion. Les données de connexion posent des enjeux stratégiques de cybersécurité. En effet, en permettant dans certaines conditions de « *remonter jusqu'à l'auteur du contenu ou l'utilisateur du service* » ces « *mouchards électroniques* » constituent de puissants instruments d'investigations judiciaires contribuant à la lutte contre la cybercriminalité (*sur l'ensemble de cette question* (P. *REYNAUD, « Le fournisseur d'accès et la conservation des données engendrées par les communications électroniques », Comm. com. électr., juin 2005, p. 19*), (*J-F.MATTEI, « Traçabilité et responsabilité », in Ph. PEDROT (dir.), « Traçabilité et responsabilité », Economica, 2003, p. 35 ; J. FRAYSSINET, « La traçabilité des personnes sur Internet, une possible menace pour les droits et libertés », op. cit., p. 88 et s. ; du même auteur, La « traçabilité des personnes », in « La traçabilité » Dossier, Dr. et patr., n° 93, mai 2001, p. 76 ; Ph. PEDROT, « Traçabilité et protection des droits », in « La traçabilité » Dossier, Dr. et patr., n° 93, mai 2001, p. 83 ; également, E.A CAPRIOLI, « Responsabilité des prestataires du commerce électronique et conservation des données aux fins de traçabilité », op. cit., p. 114 et s*). La traçabilité des usagers du réseau, véritable « *fil d'Ariane de la responsabilité* » devient un outil dans le cadre de l'enquête pénale (*Ph. PEDROT, « De la trace à la traçabilité : des enjeux nouveaux pour des risques nouveaux », op. cit., p. 3 ; M. BRUSCHI, « La traçabilité, propos introductifs », in « La traçabilité » Dossier, Dr. et patr., n° 93, mai 2001, p. 56 : « Les nouvelles technologies de l'information permettent en effet d'assurer une traçabilité bien plus fiable que les miettes de pain et même les cailloux du Petit Poucet.* »).

Dans cette optique, la conservation des données de connexion contribue sans nul doute à l'identification et à la poursuite des cyberdélinquants.

183. Concept de données de connexion. La notion de données de connexion est encore appelée données de trafic. Le *rapport explicatif de la convention sur la cybercriminalité* voit dans ces informations « *toutes données ayant trait à une communication passant par un système informatique, produites par ce dernier en tant qu'élément de la chaîne de communication, avec indication des informations suivantes : origine,* *destination, itinéraire, heure, date, taille et durée de la communication ou type de service* » (*Rapport explicatif de la Convention sur la cybercriminalité, n° 209*).

Cette définition est reprise en substance par l'article 4 du Code des Communications électroniques qui définit la notion de données relatives au trafic comme « *toutes données ayant trait à une communication passant par un système informatique, produites par ce dernier en tant qu'élément de la chaîne de communication, indiquant l'origine, la destination, lfitinéraire, l'heure, la date, la taille et la durée de la communication ou le type de service sousjacent* ».

Ainsi, les notions de « *données de connexion* » ou de *« données de trafic »,* s'opposent aux données de contenu qui renseignent sur le « *contenu informatif de la communication* », c'est-à-dire sur le sens du message transmis par la communication. D'ailleurs, l'article 13 du décret sur les communications électroniques précise que «*les données conservées portent exclusivement sur les éléments permettant l'identification des utilisateurs des services fournis par les prestataires techniques* » et qu'elles « *ne peuvent en aucun cas porter sur le contenu des correspondances échangées ou des informations consultées* ». Seul « *le contenant des communications* » est visé par l'obligation de conservation et non leur contenu (G. *MATHIAS et A. C. LORRAIN, «Conservation des données de connexion : un projet de décret resserre la toile...ou comment l'ombre de "Big Brother" menace la confiance dans l'économie numérique », RLDI, juin 2007, n° 28, p. 41*). Les données de connexion sont, de façon générale, des informations engendrées par l'utilisation des réseaux de communications électroniques qui permettent d'identifier toute personne ayant participé à la création d'un contenu en ligne (*Sur la définition des données de connexion, G. MATHIAS et A.C. LORRAIN, « Données de connexion : un état des lieux ou une première tentative de démêlage de la toile législative », RLDI, décembre 2005, n° 11, p. 48*).

184. Obligation légale de conservation des données de connexion. Le législateur sénégalais a apporté dans l'article 4 de la loi sur les transactions électroniques, une importante dérogation au principe de la non-conservation des données à caractère personnel. Il résulte de l'alinéa 1er de ce texte que les fournisseurs d'accès et d'hébergement « *détiennent et conservent les données de nature à permettre l'identification de quiconque a contribué à la création du contenu ou de l'un des contenus des services dont elles sont prestataires* ». Ce texte met à la charge de ces prestataires une véritable « *obligation de résultat* ». L'obligation de conservation des données de connexion est reprise par le décret sur les communications électroniques. Selon l'article 12 du décret sur les communications électroniques « *les prestataires techniques ont une obligation de résultat en matière de conservation des données de nature à permettre l'identification de quiconque qui a contribué à la création du contenu en ligne* ».

L'article 39 du Code des Communications électroniques semble consacrer le même principe de conservation des données dites de trafic. Selon ce texte, les opérations tendant à effacer ou à rendre anonymes certaines catégories de données relatives au trafic peuvent être différées pour une durée maximale de deux (2) ans en vue de leur communication aux autorités judiciaires. Il ajoute qu'un décret, pris après avis de la Commission des données personnelles, détermine, dans les limites fixées, ces catégories de données et la durée de leur conservation, selon l'activité des opérateurs et la nature des communications.

185. Modalités de conservation des données de connexion. Conceptuellement, conserver des données de connexion consiste à « *maintenir intactes les données et à les préserver de toute altération, modification ou destruction* » (*E.A CAPRIOLI, « Responsabilité des prestataires du commerce électronique et conservation des données aux fins de traçabilité », in « Traçabilité et responsabilité », Economica, 2003, p. 118*). Selon le *rapport explicatif de la convention sur la cybercriminalité*, la mesure de conservation consiste à « *garder des données qui existent déjà sous une forme stockée et en les protégeant contre tout ce qui pourrait en altérer ou en dégrader la qualité ou l'état actuel* » (*Rapport explicatif de la Convention sur la cybercriminalité, n° 151*).

Les modalités d'application de l'obligation de conservation des données de connexion, à savoir les catégories de données pouvant être conservées, la durée et les modalités de leur conservation, doivent être précisées par décret, pris après avis de la Commission de Protection des Données Personnelles (CDP).

Les membres de la CDP ont été nommés par le décret n° 2011-392 du 29 juin 2011, modifiant le décret n° 2009-329 du 20 avril 2009 portant nomination des membres de la CDP.

En l'état actuel du droit positif sénégalais, le décret d'application visé par l'article 4 de la loi n° 2008-08 du 25 janvier 2008 sur les transactions électroniques n'a pas encore été adopté.

186. Sanction pénale de l'obligation de conservation des données de connexion. Les intermédiaires techniques ont l'obligation de déférer dans les meilleurs délais aux demandes des autorités judiciaires visant à obtenir, soit les données de nature à permettre l'identification de l'auteur d'un contenu qu'ils hébergent, soit les données portant sur l'identification des personnes utilisatrices des services qu'ils fournissent (*V. art. 14, aliéna 2 du décret sénégalais sur les communications électroniques*). L'obligation de conservation des données de connexion est pénalement sanctionnée par l'article 431-47 du Code pénal.

Le législateur a marqué son attachement au respect de cette obligation, puisque l'article 12 alinéa 2 du décret sur les communications électroniques précise que les prestataires « *engagent leur responsabilité par négligence, conformément à la loi sur la cybercriminalité, si les données qu'ils détiennent sont manifestement fantaisistes et ne permettent pas l'identification envisagée* ».

Cette solution de droit positif est conforme à un certain nombre d'arrêts rendus par la Cour d'appel de Paris. Cette juridiction, dans un arrêt rendu le 12 décembre 2007, a estimé que l'obligation de conservation n'est pas respectée lorsque l'hébergeur d'un site ne vérifie pas si les informations fournies par l'éditeur sont véridiques (*CA Paris, 12 décembre 2007, RLDI, 2008, n° 36, p. 26, comm. A. Saint-Martin ; également, CA Paris, 16 février 2005, disponible sur http://www.legalsi.net*). Cet arrêt a engagé la responsabilité civile d'un hébergeur au motif qu'« il est indéniable que les coordonnées déclarées de l'auteur du site contrefaisant (…) ne sont pas de nature à permettre l'identification de l'auteur du site litigieux » (*pour un commentaire de cet arrêt, V. « À propos de l'obligation de conservation des données relatives à l'identification », RLDI, n° 4, avril 2005, p. 39 ; CA Paris, 7 juin 2006, disponible sur http://www.legalsi.net : « En manquant à l'obligation légale mise à sa charge par les dispositions précitées (art.43-9 de la loi du 1er août 2000), la société (...) a commis une négligence, au sens de l'article 1383 du Code civil, et dès lors, engage sa responsabilité délictuelle puisqu'une telle négligence est constitutive d'une faute qui est en lien direct avec le préjudice subi. »).* Il revient en conséquence aux prestataires de vérifier si les informations qui leur sont fournies par les éditeurs sont exploitables au risque de voir leur responsabilité engagée.

Récemment, une ordonnance du tribunal de grande instance de Paris du 30 janvier 2013 a considéré que la société Bouygues Télécom, en tant que fournisseur d'accès à Internet, est tenue de communiquer les données d'identification relatives à l'adresse IP d'un utilisateur (*TGI Paris, ord. réf., 30 janv. 2013, n° 12/16787 : www.legalis.net*). Selon le président du tribunal, cette obligation demeure valable peu importe le caractère civil ou pénal de la juridiction ayant ordonné la communication des données (*É.A. CAPRIOLI, « Bouygues Télécom condamné pour ne pas avoir communiqué les données d'identification d'un de ses abonnés », Comm. Com. électr., n° 7, juillet 2013, comm. 85*).

187. Refus de communication des données conservées à l'autorité judiciaire. La mesure de conservation des données d'identification des créateurs de contenus en ligne constitue un puissant mécanisme d'investigation pour les autorités judiciaires. Elle concerne surtout le magistrat instructeur chargé d'identifier les personnes responsables des cyberinfractions. Le juge d'instruction (ou toute autre autorité judiciaire) peut, conformément à l'alinéa 3 de l'article 4 de la loi n° 2008-08 du 25 janvier 2008 sur les transactions électroniques, « *requérir la communication auprès des prestataires (fournisseurs d'accès et d'hébergement) les données ainsi conservées* ». Cette demande prend souvent la forme d'une réquisition judiciaire.

Au Sénégal, dans la pratique juridictionnelle des réquisitions de données de télécommunication, les juridictions d'instruction comme les juridictions de jugement adressaient des réquisitions aux fins de déterminer, notamment, le titulaire d'un numéro d'appel téléphonique, les appels émis ou l'utilisateur d'un numéro d'appel impliqué dans la commission d'une infraction de droit commun (vol, recel de portable, etc.).

En l'absence d'un cadre juridique de ces réquisitions, les opérateurs de télécommunications (la SONATEL) ne se conformaient pas toujours à leur obligation de communication des informations requises. Ce qui était de nature à entraver la bonne marche des investigations judiciaires.

En vue de remédier à cette situation, l'article 90-14 du Code de Procédure pénale énonce que pour les nécessités de l'information ou de l'enquête, le juge d'instruction ou l'officier de police judiciaire sur délégation judiciaire peut adresser des réquisitions aux opérateurs de télécommunication et aux fournisseurs de services ou de réseaux de télécommunications aux fins de communication de toutes informations utiles à l'enquête.

En outre, l'article 20 de la loi n° 2018-28 du 12 décembre 2018 portant Code des Communications électroniques précise que conformément aux dispositions des articles 90-11 et suivants du Code de Procédure pénale, les opérateurs et fournisseurs de services, sur demande des autorités judiciaires communiquent les données informatiques spécifiées en leur possession ou sous leur contrôle qui sont stockées dans un système informatique ou un support de stockage informatique, communiquent les données en leur possession ou sous leur contrôle relatives à leurs abonnés et répondent aux réquisitions aux fins de communication de toutes informations utiles à la manifestation de la vérité, stockées dans le ou les systèmes informatiques qu'ils administrent.

Ce texte ajoute que les opérateurs de communications électroniques et les fournisseurs de services ou de réseaux de communications électroniques sont tenus de mettre les informations requises à la disposition des autorités susmentionnées.

L'article 431-47 du Code pénal incrimine un fournisseur d'accès ou d'hébergement qui ne défère pas à la demande d'une autorité judiciaire d'obtenir communication des données de nature à permettre l'identification de quiconque a contribué à la création du contenu ou de l'un des contenus des services dont elles sont prestataires.

Ce texte sanctionne pénalement un prestataire technique qui ayant conservé des données de connexion refuse de les communiquer aux autorités judiciaires qui en demandent la communication.

Comme pour le non-respect de l'obligation de concours à la lutte contre les contenus illicites, la non-conservation des données de connexion et le refus de communication des données conservées à l'autorité judiciaire peuvent frapper les personnes physiques et les personnes morales dans les conditions prévues par l'article 45-1 du Code pénal.

188. Non-respect de l'obligation de mention d'un dispositif de filtrage dans les contrats. L'article 431-28 du Code pénal incrimine toute personne exerçant l'activité définie à l'article 3 de la loi sur les transactions électroniques qui ne respecte pas les prescriptions de ce même article. Il s'agit d'une incrimination très large qui recoupe nécessairement les comportements visés par l'article 431-47 du Code pénal qui sanctionne le non-respect de l'obligation de concours, la non-conservation des données de connexion et le refus de communication des données conservées à l'autorité judiciaire.

Mais l'infraction prévue par l'article 431-48 du Code pénal permet de saisir des comportements non prévus par l'article 431-47 du Code pénal. Il s'agit notamment du non-respect par les fournisseurs d'accès de leur obligation de mention d'un dispositif de filtrage dans les contrats les liant à leurs abonnés.

La lutte contre l'exposition des mineurs à des contenus illicites a servi de terrain de prédilection au développement des dispositifs de protection technique.

Le droit des transactions électroniques a mis à la charge des fournisseurs d'accès une obligation générale de mention d'un dispositif de filtrage dans les contrats les liant à leurs abonnés. Aux termes de l'article 3 1° de la loi n° 2008-08 du 25 janvier 2008 sur les transactions électroniques, « *les personnes dont l'activité est d'offrir un accès à des services au public par le biais des technologies de l'information et de la communication sont tenues de mentionner dans les contrats de leurs abonnés l'existence de moyens techniques permettant de restreindre l'accès à certains services ou au moins de les sélectionner* ».

Les modalités d'application de ce texte sont fixées par l'article 3 du décret n° 2008-719 du 30 juin 2008 relatif aux communications électroniques. Selon ce texte, les moyens techniques visés par la loi sur les transactions électroniques doivent être efficaces et accessibles en vue notamment d'identifier les erreurs commises dans la saisie des données, de les corriger le cas échéant et de rendre plus sûre la navigation des mineurs sur les réseaux. L'article 4 du décret n° 2008-719 du 30 juin 2008 précité précise que les fournisseurs d'accès « *doivent, d'une part, assurer la mise à jour régulière de ces moyens techniques et, d'autre part, en informer les utilisateurs* ».

189. Dispositifs de contrôle parental. Les dispositifs de filtrage auxquels fait référence la loi renvoient surtout les techniques d'autorégulation (autodéfense) que sont les dispositifs de contrôle parental expressément visés par le décret n° 2008-719 du 30 juin 2008 (*P. A. TOURE, Le traitement de la cybercriminalité devant le juge : l'exemple du Sénégal, Paris, l'Harmattan, 2012, n° 353 ; S. ROUILLE-MIRZA et É. BARBRY, « Nouveaux moyens de communication, protection des mineurs et mesures techniques », Légicom, vol. 37, n° 01, 2007, p. 69*).

Ces dispositifs de contrôle parental tendent à sécuriser la navigation des enfants. Ils constituent des programmes qui permettent aux parents de bloquer l'accès de leurs enfants mineurs à des contenus illicites et préjudiciables. Ces outils ont vocation à bloquer l'affichage de contenus manifestement illicites, notamment les matériels pornographiques, violents et attentatoires à la dignité humaine. Ces applications permettent de donner aux parents les outils techniques nécessaires pour créer un environnement en ligne adapté à l'âge de leurs enfants.

Le pouvoir de contrôle des parents sur la navigation de leurs enfants peut être fondé sur le droit de garde en tant qu'attribut de la puissance paternelle consacré par l'article 284 du Code de la Famille. Selon ce texte, la garde comporte le droit et le devoir pour celui qui exerce la puissance paternelle « *de surveiller les actes et les relations de l'enfant mineur* ».

Les prestataires doivent proposer aux parents une gamme complète d'outils simples d'utilisation. Il en est ainsi d'une protection par mot de passe, des listes de blocage, des dispositifs d'autorisation ou de vérification de l'âge et des filtres, afin de permettre aux parents de créer un espace en ligne plus sûr pour leurs enfants, notamment les plus jeunes (*sur ces dispositifs techniques, V. S. ROUILLE-MIRZA et E. BARBRY, «Nouveaux moyens de communication, protection des mineurs et mesures techniques », Legicom, 2007/01, n° 37, p. 69*). Ces dispositifs de contrôle parental peuvent être installés sur le poste de travail (CyberPatrol, PureSight, Optenet, CYBERsitter, etc.) ou être disponibles en ligne (AOL 8.0, MSN 8.0, Xooloo, etc.).

Il peut s'agir d'un consistant à bloquer l'accès des mineurs aux pages dont les adresses URL comportent des termes « *proscrits* » préalablement déterminés.

Les « *listes noires* » permettent une interdiction de l'accès à une liste de sites tenue à jour par l'éditeur, éventuellement enrichie par l'utilisateur.

Quant aux « *listes blanches* », elles constituent des dispositifs techniques les plus restrictifs. Elles assurent une restriction de l'accès à une liste de sites web jugés seulement acceptables (*Sur les aspects techniques des dispositifs de contrôle parental, V. Rapport I. FALQUE-PIERROTIN, internet, enjeux juridiques, Doc. française, Paris, 1997, coll. des rapports officiels, p. 47; FDI, Les enfants du net (1), l'exposition des mineurs aux contenus préjudiciables sur l'Internet, recommandation, rendue publique le 11 février 2004, p. 36 et s.*).

On peut citer les dispositifs de contrôle et de vérification d'âge. Il s'agit d'une technique qui permet de vérifier si l'internaute qui tente d'accéder à un contenu a effectivement l'âge requis grâce souvent à un numéro officiel. Il existe plusieurs techniques de vérification d'âge. Ainsi, de nombreux sites, proposant des contenus pornographiques, exigent de leurs visiteurs qu'ils s'identifient grâce à un numéro de carte bancaire. L'objectif est de certifier l'âge des internautes en contrôlant la validité de leurs numéros de carte bancaire.

Mais l'efficacité de ce dispositif n'est pas garantie. En effet, dans certains pays, les mineurs âgés de seize (16) ans peuvent disposer d'une carte bancaire. Même dans les pays où cette possibilité n'existe pas, ces derniers peuvent facilement se procurer un numéro de carte bancaire (*P. GUEYE, Criminalité organisée, terrorisme et cybercriminalité : réponses de politiques criminelles, Dakar, l'Harmattan, 2018, p. 344*).

Dans d'autres pays, le moyen d'authentification à distance de l'âge de l'internaute est souvent un identifiant officiel comme le numéro de la carte nationale d'identité ou celui du permis de conduire (*FDI, Les enfants du net (I) l'exposition des mineurs aux contenus préjudiciables sur l'internet, recommandation, rendue publique le 11 février 2004, p. 34*). La recommandation insiste sur les limites des dispositifs techniques comme moyens de prévenir l'accès des mineurs à des contenus pornographiques sur internet. En effet, d'une part, les cartes bancaires sont accessibles à certains mineurs puisqu'un mineur résolu à obtenir un code d'accès peut indubitablement s'en procurer.

D'autre part, le numéro de la carte d'identité, dont ne disposent pas tous les États, peut être recopié et circuler entre plusieurs usagers même mineurs. Ce système de contrôle de l'âge n'est pas également à l'abri de contournements. En effet, plusieurs numéros de carte d'identité ou de permis de conduire peuvent bien être copiés et être accessibles à des mineurs surtout sur le *Dark web* (*V. FDI, Les enfants du net (I) l'exposition des mineurs aux contenus préjudiciables sur l'internet, op. cit, p. 38*).

190. Sanction pénale. En vue d'assurer l'effectivité des mesures techniques, le législateur est intervenu pour sanctionner pénalement les manquements à l'obligation de mention d'un dispositif de filtrage dans les contrats. L'article 431-48 du Code pénal incrimine « *Toute personne exerçant l'activité définie à l'article 3 de la loi sur les transactions électroniques qui ne respecte pas les prescriptions de ce même article* ».

Cette disposition garantit une protection pénale de l'obligation du fournisseur d'accès de mention d'un dispositif de filtrage.

Article 431-49.- Toute personne exerçant l'activité définie à l'article 5 de la loi sur les transactions électroniques qui ne respecte pas les prescriptions prévues par ce texte, est punie d'un emprisonnement de six mois à un an et d'une amende de 250 000 francs à 1 000 000 de francs ou de l'une de ces peines.

- **Le non-respect de l'obligation d'identification des éditeurs de contenus**

- **Bibliographie**

A. COUSIN, « Sur quelques avancées du statut de l'éditeur en ligne », *RLDI*, n° 38, mai 2008, p. 17.
B. ADER, « Le statut de l'éditeur de presse en ligne », *Légipresse*, n° 258, janvier-février, 2009, Actualité, p. 1.
B. TABAKA, « Le rôle de l'internaute depuis la loi pour la confiance dans l'économie numérique », *Légipresse*, n° 228, janv.-févr., 2006, p. 5.
C. MANARA, « Création de site web », *J-Cl. comm.*, 2008, fasc. 4700.
Ch. FERAL-SCHUHL, Cyberdroit, le droit à l'épreuve de l'Internet, 5eme édition, mise à jour, Dalloz, 2008.
E. DREYER, « La responsabilité des internautes et éditeurs de sites à l'aune de la loi pour la confiance dans l'économie numérique », *Légipresse*, n° 214, septembre 2004, p. 94.
E. DROUARD et M. POUYAT, « De l'édition en ligne », *Légipresse*, n° 253, juillet-août 2008, p. 92.
L. THOUMYRE, « Les notions d'éditeur et d'hébergeur dans l'économie numérique », *D.* 2010. 837.
P. A. TOURE, *Le traitement de la cybercriminalité devant le juge : l'exemple du Sénégal*, Paris, l'Harmattan, 2012.
S. RAMBAUD, « Le blog, objet de multiples responsabilités », *Légipresse*, n° 225, octobre 2005, p. 104.

- **Commentaire**

191. Nécessaire identification des éditeurs de contenus. L'identification des auteurs d'infractions sur les réseaux numériques est une question fondamentale dans le cadre des investigations judiciaires (*En ce sens, B. PEREIRA, « La lutte contre la cybercriminalité : de l'abondance de la norme à sa perfectibilité », Revue internationale de droit économique, 2016/03 (t. XXX), p. 387*).

Pour lutter efficacement contre la cybercriminalité, il est indispensable pour les enquêteurs et les magistrats d'identifier les personnes responsables des cyberinfractions. Il importe, à cet effet, de ne pas négliger le rôle des intermédiaires dans la traçabilité des personnes dans le cyberespace. Conscient de ces enjeux, le législateur a créé à la charge des éditeurs de contenus une obligation générale d'identification pénalement sanctionnée.

192. Notion d'éditeur de contenus. La notion d'éditeur de contenus, contrairement à celle de fournisseur d'accès ou d'hébergement, n'est pas définie par la loi n° 2008-08 du 25 janvier 2008 sur les transactions électroniques. L'article 5 de cette loi fait référence aux « *personnes dont l'activité est d'éditer un service de communication au public par le biais des technologies de l'internet* », sans autres précisions. L'article 3 du Code de la Presse définit l'éditeur de services comme une personne morale, constituée sous forme de société ou d'association, qui édite un service de communication audiovisuelle, et qui en assume la responsabilité éditoriale.

L'éditeur de contenus encore appelé « *fournisseur de contenus* » est la « *personne physique ou morale qui, à titre professionnel ou non, édite et met en ligne de l'information, au sens le plus large du terme, à destination des internautes, en la publiant sur son site internet* » (*L. THOUMYRE, « La responsabilité pénale et extracontractuelle des acteurs de l'internet », Lamy Droit médias et de la communication, juin 2007, n° 464-30, mise à jour, Paris, Dalloz, 2008, p. 750, n°117-11*). L'activité d'édition de contenus « *consiste pour une personne à faire paraître, sous sa responsabilité, des contenus dont elle a la maîtrise éditoriale, la connaissance et l'initiative de leur publication* » (*E. DROUARD et M. POUYAT, « De l'édition en ligne », Légipresse, n° 253, juillet-août 2008, p. 92 ; B. ADER, « Le statut de l'éditeur de presse en ligne », Légipresse, n° 258, janvier-février, 2009, Actualité, p. 1*).

Le fournisseur de contenus édite et met en ligne de l'information à destination des internautes, en la publiant sur un support de communication électronique. Il doit être distingué de « *l'apporteur de contenus* » qui fournit directement l'information ; il s'agit notamment de l'internaute qui poste une réaction sur un forum, du journaliste qui écrit l'article destiné à être publié sur un journal en ligne ou encore de la personne qui fait un *twitt*. Ces derniers acteurs ne sont pas des intermédiaires dans la chaîne de diffusion de l'information en ligne (*sur ces précisions conceptuelles, J. BOSSAN, « Le droit pénal confronté à la diversité des intermédiaires de l'internet », RSC 2013, n° 26*).

Déterminant le contenu des informations en ligne, l'éditeur de contenu est, à ce titre, « *le responsable du contenu diffusé sur internet* » (*En ce sens, A. COUSIN, « Sur quelques avancées du statut de l'éditeur en ligne », RLDI, n° 38, mai 2008, p. 17*). En droit sénégalais, la responsabilité du fait des contenus qui circulent sur les réseaux incombe, en principe, à ceux qui en ont l'initiative et la maîtrise. L'article 179 du Code de la Presse énonce que l'éditeur et l'administrateur ont la maîtrise éditoriale du contenu publié dans leurs sites et réseaux sociaux.

193. Système d'identification des fournisseurs de contenus. Prenant en compte les enjeux qui s'attachent au statut d'éditeur, le législateur a mis en place un système d'identification des fournisseurs de contenus. L'obligation générale d'identification des éditeurs de contenus a pour siège les dispositions de l'article 5 de la loi n° 2008-08 du 25 janvier 2008 sur les transactions électroniques. Dans la mise en œuvre de cette obligation, ce texte distingue les éditeurs professionnels des éditeurs non professionnels.

194. Fournisseurs d'édition professionnels. Les éditeurs professionnels ont l'obligation de mettre à la disposition du public, « *dans un stand ouvert* », des informations relatives à leur identité. Le législateur ne précise pas ce qu'il entend par « *éditeurs professionnels* ». Mais selon certains auteurs, ils désignent les « *personnes qui éditent sur Internet à des fins professionnelles, soit parce qu'il s'agit de leur activité ou d'une vitrine de celle-ci* » (*B. TABAKA, ibid*). Il s'agit essentiellement des sites d'informations en ligne, par exemple, les sites d'information sénégalais comme pressafrik, Dakaractu, seneweb, etc.) et des sites marchands (e-Bay, par exemple) ou même des associations qui éditent sur Internet dans un cadre purement professionnel.

La doctrine a considéré que cette obligation d'identification s'applique également au blog à caractère professionnel assimilé à un site marchand soumis, à ce titre, à l'article 5 de la loi sur les transactions électroniques (*Ch. FERAL-SCHUHL, Cyberdroit, le droit à l'épreuve de l'Internet, 5e édition, mise à jour, Paris, Dalloz, 2008, p. 794, n°124-24*).

S'il s'agit de personnes physiques, elles devront mentionner leurs noms, prénoms, domiciles et numéros de téléphone, et si elles sont assujetties aux formalités d'inscription au registre du commerce et du crédit mobilier, le numéro de leur inscription.

S'agissant des sites de personnes morales, ils doivent indiquer des mentions similaires. Il s'agit de leur dénomination (ou leur raison sociale ou siège social), leur numéro de téléphone et, s'il s'agit d'entreprises assujetties aux formalités d'inscription au registre du commerce et du crédit mobilier ou au répertoire national des entreprises et associations, le numéro de leur inscription, leur capital social, adresse et siège social. À titre complémentaire, le texte impose aux éditeurs professionnels d'indiquer « *le nom du directeur ou du codirecteur de la publication du service de communication au public par voie électronique et, le cas échéant, celui du responsable de la rédaction* ». Cette mesure particulière rappelle la page « *mentions légales* » de l'ours figurant dans les publications écrites.

La loi impose aux sites professionnels de préciser le nom, la dénomination ou la raison sociale, l'adresse et le numéro de téléphone de leur fournisseur d'hébergement, dans la perspective de l'engagement de la responsabilité de ce prestataire (*En ce sens, B. TABAKA, ibid*).

195. Fournisseurs d'édition non professionnels. S'agissant des personnes qui éditent à titre non professionnel un site web, il s'agit notamment, selon la doctrine, des particuliers qui conçoivent un site, sous la seule réserve qu'ils n'agissent pas dans un cadre professionnel (*notamment, B. TABAKA, « Le rôle de l'internaute depuis la loi pour la confiance dans l'économie numérique », Légipresse, n° 228, janv. févr, 2006, p. 2*). Il peut également s'agir des blogueurs qui, dans la majorité des cas, n'exercent pas leur activité à titre professionnel (journaliste, avocat, magistrat, etc.) (*Sur l'ensemble de cette question du blog, S. RAMBAUD, « Le blog, objet de multiples responsabilités », Légipresse, n° 225, octobre 2005, p. 104 ; Ch. FERAL-SCHUHL, ibid*).

Les éditeurs non professionnels bénéficient d'une « *faculté d'anonymat* », en ce qu'ils « *peuvent ne tenir à la disposition du public, pour préserver leur anonymat, que le nom, la dénomination ou la raison sociale et l'adresse* » de leur fournisseur d'hébergement (*Sur cette faculté d'anonymat, C. MANARA, «Création de site web », Juriscl. comm., 2008, fasc. 4700, p. 7, n° 39 ; également, B. TABAKA, ibid*).

Mais l'exonération de l'obligation d'identification est soumise à une condition essentielle, puisqu'elle est subordonnée à la communication à l'hébergeur « *des éléments d'identification personnelle* », prévus pour les éditeurs professionnels. Ce prestataire est tenu à l'obligation de garder le secret professionnel sur les éléments d'identification personnelle qu'il a reçus, sous peine des sanctions prévues par l'article 363 du Code pénal.

Comment justifier la faculté d'anonymat offerte au fournisseur d'édition non professionnel ? Constitue-t-elle, comme on a pu l'écrire, « *une séquelle de l'esprit libertaire de l'Internet qui jure avec la philosophie nouvelle du texte tâchant de mieux lier liberté et responsabilité* » ? (*E. DREYER, « La responsabilité des internautes et éditeurs de sites à l'aune de la loi pour la confiance dans l'économie numérique », Légipresse, n° 214, septembre 2004, p. 94*). En réalité, la dispense accordée aux éditeurs non professionnels d'avoir à communiquer aux internautes leurs éléments d'identification personnelle est difficilement conciliable avec l'effort d'identification des éditeurs de contenus. Elle est de nature à entraver la bonne marche de certaines procédures pénales.

La victime d'une infraction en ligne commise par un amateur ayant décidé d'exercer sa faculté d'anonymat ne se verra-t-elle pas obligée de déposer une plainte avec constitution de partie civile, en vue d'obtenir du magistrat instructeur qu'il fasse injonction au fournisseur d'hébergement de révéler l'identité de l'éditeur ? Il est légitime de le penser (*sur une approche critique de cette faculté d'anonymat, E. DREYER, ibid*).

196. Obligation de fourniture de moyens techniques. Pour garantir l'efficacité du dispositif d'identification des éditeurs, l'article 4 alinéa 2 de la loi sur les transactions électroniques a mis à la charge des fournisseurs d'accès et d'hébergement une obligation de fournir aux éditeurs « *des moyens techniques permettant à celles-ci de satisfaire aux conditions d'identification* » prévues par la loi. D'ailleurs, dans un arrêt rendu le 12 décembre 2007, la Cour d'Appel de Paris a décidé que « *l'éditeur non professionnel ayant créé un blog était tenu de communiquer ses éléments d'identité à Google Inc.* », lequel prestataire était son hébergeur (*CA Paris, 12 décembre 2007, RLDI, 2008/34, n° 1149, obs. B. Auroux*).

197. Incrimination. L'obligation générale d'identification des éditeurs de contenus est pénalement sanctionnée par les dispositions de l'article 431-49 du Code pénal. Ce texte incrimine toute personne exerçant l'activité de fourniture d'édition (éditeur) qui ne respecte pas son obligation d'identification. Il s'agit d'une infraction d'omission.

Cette incrimination est particulièrement intéressante dans le cadre des investigations judiciaires. Elle permet de lever l'anonymat des véritables responsables des contenus illicites (éditeurs de contenus) qui sont susceptibles de voir leur responsabilité pénale engagée.

L'article 14 du décret n° 2008-719 du 30 juin 2008 précise, à ce propos, que les fournisseurs d'accès et d'hébergement doivent permettre aux autorités compétentes un accès facile, direct et permanent aux informations permettant l'identification des éditeurs de contenus visés à l'article 5 de la loi sur les transactions électroniques.

Article 431-50.- Tout directeur de publication est tenu de publier la réponse portant sur l'exercice du droit de réponse, en application de l'article 6 de la loi sur les transactions électroniques, vingt-quatre heures après la réception de la demande, sous peine d'une amende de 500 000 francs à 10 000 000 de francs, sans préjudice de toutes autres peines prévues par la législation en vigueur.

- **Le refus de publication de la réponse en ligne**

- **Bibliographie**

B. ADER, « Le droit de réponse en ligne », *Légicom*, 2011/1, n° 46, p. 95.
B. BEIGNER, B. DE LAMY, E. DREYER (dir.), *Traité de droit de la presse et des médias*, Paris, LexisNexis, 2009.
P. AUVRET, « L'évolution des droits de réponse , de la presse écrite à Internet », Gaz. Pal. 2001, 1, doctr. p. 974
P. AUVRET, « Le droit de réponse en ligne : jeu de miroirs », Gaz. Pal. 2006, 2, doctr. p. 3684
Ch. BIGOT, « L'exercice d'un droit de réponse et l'internet », *Gaz. pal.* Rec. 2002, p. 734.
Ch. BIGOT, « Pratique du droit de la presse », *Légipresse*, 2e éd., 2017.
CH. BIGOT, *Pratique du droit de la presse*, 2013, Victoires éditions.
CH. BIGOT, « Le droit de réponse relatif aux services de communication en ligne après l'entrée en vigueur du décret n° 2007-1527 du 24 octobre 2007 », *Gaz. pal.* 2008, 2, doctr. p. 2100.
E. DREYER, « Droit de réponse : refus d'insérer », *Rép. dr. pén. Proc. pén.* Dalloz, 2015.
E. DREYER, *Responsabilités civile et pénale des médias*, Paris, LexisNexis, 3e éd., 2012.
J. BOSSAN, « Droit de réponse de la communication audiovisuelle », *JCl. comm.*, fasc. 151, 2020
P. A. TOURE, *Le traitement de la cybercriminalité devant le juge : l'exemple du Sénégal*, Paris, l'Harmattan, 2012.
P. ADER, « Le droit de réponse de la loi de 1881 », *Légicom* n° 28, 2002, p. 25.
P. AUVRET, « Le droit de réponse en ligne : jeu de miroirs », *Gaz. pal.* Rec. 2006, n° 339, p. 2.
P. AUVRET, « L'évolution des droits de réponse », *Gaz. Pal.* Rec. 2001, n° 170, p. 3.
V. TOULEMON, « Le refus d'insérer et le droit de réponse en matière de presse », *JCP* 1967. I. 2082.

- **Commentaire**

198. Exercice du droit de réponse en ligne. Il résulte de l'article 6 de la loi sur les transactions électroniques que toute personne nommée ou désignée dans un service de communication au public utilisant les technologies de l'Internet dispose d'un droit de réponse, sans préjudice des demandes de modification ou d'opposition au message qu'elle peut adresser au service.

La demande d'exercice du droit de réponse est adressée au directeur de publication ou, lorsque la personne éditant à titre non professionnel a conservé l'anonymat, à la personne mentionnée au point 2 de l'article 3 de la loi sur les transactions électroniques qui la transmet sans délai au directeur de la publication. Elle est présentée au plus tard dans un délai de trois (3) mois à compter de la mise à disposition du public du message justifiant cette demande.

Le décret relatif aux communications électroniques pris pour l'application de la loi n° 2008-08 du 25 janvier 2008 sur les transactions électroniques fixe les modalités de mise en œuvre du droit de réponse en ligne.

Ainsi, la demande d'exercice du droit de réponse est adressée par lettre recommandée ou par tout autre moyen garantissant l'identité du demandeur et la preuve de la réception de la demande aux destinataires mentionnés à l'article 6 de la loi sur les transactions électroniques.Elle indique toutes les références relatives au message en cause, notamment, s'il est mentionné, le nom de l'auteur, l'emplacement du message, sa nature (écrit, son ou image), les passages contestés et la teneur de la réponse sollicitée *(V. art. 21 du décret relatif aux communications électroniques).*

L'article 22 du décret relatif aux communications électroniques énonce que la réponse est mise à la disposition du public par le directeur de publication dans des conditions similaires à celles du message en cause et présentée explicitement comme résultant de l'exercice du droit de réponse. Elle est soit publiée à la suite du message en cause, soit accessible à partir de celui-ci.

Lorsque le message n'est plus mis à la disposition du public, la réponse est accompagnée d'une référence à celui-ci, d'un rappel de la date et de la durée de sa mise à disposition du public.

La réponse demeure accessible durant la même période que celle pendant laquelle le message en cause est mis à disposition du public. La durée pendant laquelle la réponse est accessible ne peut être inférieure à quarante-huit heures (*art. 23 du décret relatif aux communications électroniques*).

199. Incrimination du refus de publication de la réponse. L'article 431-50 du Code pénal incrimine tout directeur de publication qui n'aura pas publié la réponse portant sur l'exercice du droit de réponse, en application de l'article 6 de la loi sur les transactions électroniques, vingt-quatre heures après la réception de la demande.

Le délit de refus de publication de la réponse portant sur l'exercice du droit de réponse implique donc qu'une demande d'insertion de réponse ait été préalablement transmise au directeur de publication et que celui-ci ait été dans l'obligation, au regard de l'article 6 de la loi sur les transactions électroniques, de publier une telle réponse. Le délit n'est, dès lors, pas constitué si une irrégularité entache la demande d'insertion. De même, le directeur de publication qui publie, en tout ou partie, une réponse dont il n'avait pas à accueillir la demande ne commet pas le délit.

L'infraction a pour particularité de n'avoir pour auteur que le directeur de publication, lequel doit pouvoir être identifié grâce aux informations fournies sur le site ou par l'intermédiaire de l'hébergeur. Dès lors, c'est bien lui qui doit faire l'objet d'une assignation et non l'hébergeur même en cas d'anonymat *(à propos de Wikipédia, CA Paris, pôle 1, ch. 3, 14 juin 2016, n° 15/20204 : Jurisdata n° 2016-015480 ; D. 2016, p. 2141, obs. Ch. Le Stanc)*.

C'est donc au directeur de publication qu'il appartient de procéder à l'insertion (*Cass. crim., 30 mai 1953, Bull. crim. n° 187 ; Cass. crim., 14 mars 1962, JCP G 1962, IV 62*). Le rédacteur en chef ou les administrateurs ne peuvent qu'être complices du directeur, dans les conditions du droit commun (*Cass. crim., 13 mars 1897, DP 1897, 1, p. 593 ; Cass. crim., 22 déc. 1953 : D. 1954, jurispr. p. 145, note G. Chavanon*). Le législateur punit donc celui qui s'est abstenu d'agir alors qu'il avait été saisi d'une demande régulière d'insertion d'une réponse (abstention dans la fonction et dans l'action).

L'article 25 du décret relatif aux communications électroniques précise que l'absence de désignation d'un directeur de publication n'entrave pas l'exercice du droit de réponse. En cas de litige, il appartient au juge de rechercher la personne qui assume réellement cette fonction.

200. Élément matériel. La diffusion d'une réponse, constituant une obligation de faire prévue par la loi, le refus d'insérer constitue une infraction d'omission reprochable au directeur de la publication.

L'infraction est consommée dès lors que la réponse n'est pas publiée dans les délais, et ce alors même que le directeur de la publication aurait retiré le message litigieux.

L'infraction recouvre deux modalités.

D'une part, elle est constituée dès lors que le directeur de publication n'a pas procédé à l'insertion alors que le droit de réponse a été exercé régulièrement. Le refus pur et simple est alors la forme la plus simple de l'infraction.

D'autre part, le refus d'insertion est aussi caractérisé, par assimilation, lorsque l'insertion n'a pas été effectuée conformément à l'obligation légale qui s'imposait au directeur de publication, tel est notamment le cas lorsque la réponse est tronquée, mais aussi lorsqu'elle est tardive (*V. TGI Paris, 17e ch., 1er mars 2013, Légipresse n° 304, avr. 2013, p. 202*), située à une place différente de celle du message mettant en cause la personne ou ne respectant pas les règles de mise à disposition du public *(E. DREYER, in Traité de droit de la presse et des médias, B. BEIGNER, B. DE LAMY, E. DREYER (dir.), Paris, Lexisnexis, 2009, n° 916)* . A ce propos, après l'entrée en vigueur de la loi du 29 juillet 1881, l'avocat général RONJAT s'exprima ainsi : « *Ce que la loi ordonne, c'est la publication de la réponse dans un délai et dans une forme déterminée ; et ce qui constitue le délit, c'est la publication du journal ne contenant pas la réponse dans la forme imposée par la loi* » (*Concl., DP 1884. 1. 370*).

Commet l'infraction de refus d'insertion d'un droit de réponse , le directeur de la publication d'un service de communication au public en ligne qui s'est abstenu de faire connaître à la société la suite qu'il entendait donner à la demande de publication de sa réponse formulée par cette dernière dans le délai prévu par la loi. L'insertion de la réponse a en outre été faite dans un onglet destiné aux seuls abonnés, dans un délai qu'il ne peut démontrer être celui exigé par la loi (*Cass. crim., 19 juin 2018, n° 17-80.527, JurisData n° 2018-010688*).

Le délit de non-insertion sera encore constitué si la réponse n'est pas située où la loi le prévoit, ou si elle n'est pas accessible, sur l'Internet, dans les conditions fixées par les textes. Ainsi, une réponse qui n'est insérée ni à la même place ni dans les mêmes caractères, n'est pas satisfaisante (*Cass. crim., 14 févr. 1889, DP 1890, 1, p. 187*).

201. Élément moral. La non-insertion de la réponse constitue un délit intentionnel. La solution a toujours été admise, même si son élément moral a, longtemps, été occulté (*V. Crim. 13 mars 1897, DP 1897. 1. 593 ; V. TOULEMON, « Le refus d'insérer et le droit de réponse en matière de presse », JCP 1967. I. 2082*).

Le refus de publication doit donc être de mauvaise foi. En matière de communication écrite, traditionnellement, la preuve de l'intention du directeur de publication se déduit du fait qu'il a reçu une demande d'insertion : son abstention est nécessairement punissable dès lors qu'aucun motif légitime ne peut l'expliquer. En effet, en tant que professionnel, son « *droit*» à l'erreur se trouve considérablement réduit (*V. DREYER, op. cit., n° 490 s.*). L'absence de présomption de responsabilité en la matière n'a donc guère de conséquences sur la situation du directeur de la publication.

Néanmoins, il sera plus fréquent, en matière de communication au public en ligne, que le directeur de la publication ne soit pas un professionnel. Dans cette hypothèse, les magistrats se départiront certainement de la sévérité dont ils font preuve pour caractériser la faute des hommes de l'art, en se montrant plus compréhensifs à l'égard des amateurs au moment d'apprécier l'erreur de fait ou de droit qu'ils pourraient avoir invoquée (*comp., en matière de diffamation, E. DREYER, Responsabilités civile et pénale des médias, préc., spéc. n° 591 à 594*).

Article 431-51.- Les dispositions de l'article 431-48 du présent code s'appliquent pour tout manquement à l'obligation d'information du consommateur prévue par l'article 10 de la loi sur les transactions électroniques

- **La méconnaissance de l'obligation d'information du consommateur**

- **Bibliographie**

C CASTETS-RENARD, *Droit de l'Internet,* Paris, Montchrétien, 2010, p. 141.
C. CASTETS-RENARD, « Commerce électronique », *Rép. IP/IT* comm., 2016.
Inforeg, « L'incontournable obligation d'information », *Cah. dr. entr.,* novembre 2016, part. 6
J. CALAIS-AULOY et F. STEINMETZ, *Le droit de la consommation*, Paris, Dalloz, 5eme éd., p. 57.
J. DREXL, « Le commerce électronique et la protection des consommateurs », *Rev. inter. dr. éco.* De Boeck, Bruxelles, 2002, p. 405 s.
J. ROCHFELD (dir.), *Les nouveaux défis du commerce électronique*, 2010, Paris, LGDJ.
J-M. BRUGUIERE, « Commerce électronique et protection du consommateur », *JurisClass. Comm.,* fasc. 860, 2019.
L. BOCHURBERG, *Internet et commerce électronique,* Paris, Delmas, 1999.
P. A. TOURE, *Le traitement de la cybercriminalité devant le juge : l'exemple du Sénégal*, Paris, l'Harmattan, 2012.
Th. PATRICK, « L'émergence d'un droit européen du commerce électronique », *RTD eur*. 2000, p. 649.
V. FAUCHOUX et P. DEPREZ, *Droit de l'internet*, Paris, Litec 2009.

- **Commentaire**

202. Droit à l'information du consommateur. Le déséquilibre entre les professionnels et les consommateurs tient souvent à l'inégalité en matière d'information. Les professionnels sont en effet présumés connaître les biens ou les services qu'ils mettent sur le marché. Il paraît, dès lors, tout à fait naturel de rétablir le déséquilibre au moyen du droit à l'information. Cette information permet de favoriser la transparence et le jeu de la concurrence. Lorsque le consommateur est mieux informé, son choix pour le produit ou le service dont le rapport qualité/prix est le plus intéressant, sera plus facile. L'information est également un facteur de confiance et de développement du commerce en ligne (*Sur ce constat, V. J. CALAIS-AULOY et F. STEINMETZ, Le droit de la consommation, Paris, Dalloz, 5e éd., p. 57 ; J-M. BRUGUIERE « Commerce électronique et protection du consommateur », Juris class.comm., fasc. 860, 2019, n° 8 ; Inforeg, «L'incontournable obligation d'information », Cah. dr. entr., novembre 2016, part. 6 ; J. DREXL, « Le commerce électronique et la protection des consommateurs », Rev. inter. dr. éco. De Boeck, Bruxelles, 2002, p. 405 s.*).

Ainsi, l'article 10 de la loi sur les transactions électroniques a créé une obligation d'information de la personne qui exerce l'activité de commerce électronique à l'égard du consommateur (*J. DREXL, « Le commerce électronique et la protection des consommateurs », Rev. inter. dr. éco. de Boeck, Bruxelles, 2002, p. 405 s.*). Selon ce texte, sans préjudice des autres obligations d'information prévues par les textes législatifs et réglementaires en vigueur, toute personne qui exerce l'activité de commerce électronique est tenue d'assurer à ceux à qui est destinée la fourniture de biens ou la prestation de services un accès facile, direct et permanent utilisant un standard ouvert certaines informations.

Concernant une personne physique, il s'agit de ses nom et prénom et, s'il s'agit d'une personne morale, sa raison sociale, l'adresse complète de l'endroit où elle est établie, son adresse de courrier électronique ainsi que son numéro de téléphone.

S'il s'agit d'une personne assujettie aux formalités d'inscription au registre du commerce et du crédit mobilier ou au répertoire national des entreprises et associations, les mentions concernent le numéro de son inscription, son capital social et l'adresse de son siège social.

Si elle est assujettie à la taxe sur la valeur ajoutée et immatriculée au répertoire national des entreprises et associations, doit être mentionné son numéro d'identification national des entreprises et associations (NINEA).

Si l'activité de la personne physique est soumise à un régime d'autorisation, le nom et l'adresse de l'autorité ayant délivré celle-ci.

Si elle est membre d'une profession réglementée, la référence aux règles professionnelles applicables, son titre professionnel, l'État membre dans lequel il a été octroyé ainsi que le nom de l'ordre ou de l'organisme professionnel auprès duquel elle est inscrite.

Toute personne qui exerce l'activité de commerce électronique doit, même en l'absence d'offre de contrat, dès lors qu'elle mentionne un prix, indiquer celui-ci de manière claire et non ambiguë, et notamment si les taxes et les frais de livraison sont inclus.

Le commerce électronique est l'activité économique par laquelle une personne propose ou assure, à distance et par voie électronique, la fourniture de biens et la prestation de services.

Entrent également dans le champ du commerce électronique les services tels que ceux consistant à fournir des informations en ligne, des communications commerciales, des outils de recherche, d'accès et de récupération de données, d'accès à un réseau de communication ou d'hébergement d'informations, même s'ils ne sont pas rémunérés par ceux qui les reçoivent.

203. Incrimination. Le législateur pénal incrimine la méconnaissance de l'obligation d'information du consommateur. Aux termes des dispositions de l'article 431-51 du Code pénal : « *Les dispositions de l'article 431-48 du présent code s'appliquent pour tout manquement à l'obligation d'information du consommateur prévue par l'article 10 de la loi sur les transactions électroniques* ». Ainsi, la loi pénale sanctionne la méconnaissance de l'obligation d'information du consommateur d'un emprisonnement de six mois à un an et d'une amende de 250 000 francs à 1 000 000 de francs ou de l'une de ces peines. Cette infraction est caractérisée dès lors que le cybermarchand ne fournit pas au cyberconsommateur les informations énumérées à l'article 10 de la loi sur les transactions électroniques. Il s'agit donc d'une infraction d'omission qui crée une véritable obligation de faire à la charge de la personne qui exerce l'activité de commerce électronique.

Le législateur sanctionne donc pénalement la violation de l'obligation d'information du cybermarchand en vue de garantir la protection du consommateur dans le commere électronique.

Article 431-52 Le refus d'un fournisseur électronique de biens ou de services de rembourser les montants reçus d'un consommateur qui exerce son droit de rétractation est passible d'un emprisonnement de six mois à un an et d'une amende de 250 000 francs à 1 000 000 de francs ou de lune de ces peines.

- **La méconnaissance du droit de rétractation du consommateur**

- **Bibliographie**

C CASTETS-RENARD, *Droit de l'Internet*, Paris, Montchrétien, 2010, p. 141.
C. CASTETS-RENARD, « Commerce électronique », *Rép. IP/IT comm.*, 2016.
J. ROCHFELD (dir.), *Les nouveaux défis du commerce électronique*, 2010, Paris, LGDJ.
J-M. BRUGUIERE, « Commerce électronique et protection du consommateur », *JurisClass. Comm.*, fasc. 860, 2019.
L. BOCHURBERG, *Internet et commerce électronique*, Paris, Delmas, 1999.
P. A. TOURE, *Le traitement de la cybercriminalité devant le juge : l'exemple du Sénégal*, Paris, l'Harmattan, 2012.
Th. PATRICK, « L'émergence d'un droit européen du commerce électronique », *RTD eur.* 2000, p. 649.
V. FAUCHOUX et P. DEPREZ, *Droit de l'internet*, Paris, Litec 2009.

- **Commentaire**

204. Consécration du droit de rétractation. Une des pièces essentielles de la protection du consommateur partie à un contrat conclu à distance est le droit de rétractation encore appelé « *droit de retour* ». Ce droit repose sur l'idée que le consommateur n'est pas en mesure, au vu d'images ou de descriptions, d'apprécier pleinement le produit ou le service offert en ligne et de s'engager en connaissance de cause (*J-M. BRUGUIERE «Commerce électronique et protection du consommateur », Jurisclass. comm., fasc. 860, 2019, n° 84*).

Le droit de rétractation du consommateur est consacré par article 12 du décret n° 2008-718 du 30 juin 2008, relatif au commerce électronique. Il résulte de ce texte que pour tout contrat conclu par voie électronique, le consommateur dispose d'un délai de sept jours ouvrables pour se rétracter, sans indication de motif et sans pénalités (*en ce sens V. déjà Cass. 1re civ., 23 juin 1993, Bull. civ. 1993, I, n° 232*). Il s'agit d'une dérogation au principe de la force obligatoire du contrat.

Le délai de rétractation est porté à trois mois lorsque le cybermarchand n'a pas satisfait aux obligations d'information à l'égard du cyberconsommateur.

Les délais d'exercice du droit de rétractation courent pour les services, à compter du jour de la conclusion du contrat et pour les produits, à compter de la réception du produit (*V. art. 14 du décret sur le commerce électronique*).

Quand le consommateur exerce son droit de rétractation, il ne peut être tenu qu'au paiement de la partie du prix, déterminée proportionnellement au service effectivement fourni par le fournisseur électronique de biens ou de services (*V. art. 21 du décret sur le commerce électronique*).

Mais le droit de rétractation est écarté dans certaines conditions (*J-M. BRUGUIERE, «Commerce électronique et protection du consommateur », Jurisclass.Comm., fasc. 860, 2019, n° 87*). Il en est ainsi, sauf convention contraire, pour les contrats de fournitures de services dont l'exécution a commencé avec le consentement du consommateur avant la fin du délai de rétractation. En effet, il ne serait pas équitable que le consommateur puisse se faire rembourser un service dont il a profité en partie même s'il est vrai, que ce n'est qu'à ce moment qu'il est en mesure d'apprécier la prestation. Il en est de même des contrats de fournitures de produits confectionnés selon ses spécifications ou qui, du fait de leur nature, ne peuvent pas être réexpédiés parce que susceptibles de se détériorer ou de se périmer rapidement et des contrats de fournitures d'enregistrements audio, de vidéo ou de logiciels informatiques descellés ou téléchargés directement par le consommateur. On comprend bien cette dernière limite au droit de rétraction, puisqu'il n'est pas acceptable qu'un consommateur qui reçoit l'exemplaire d'un logiciel puisse en faire une copie et, par la suite, exercer son droit de rétractation pour demander à être remboursé.

Enfin, le droit de rétractation est écarté dans les contrats de fournitures de journaux, périodiques et de magazines, des ventes conclues lors des enchères, des polices d'assurance de moins d'un mois et des services financiers dont le prix dépend des fluctuations du marché financier pouvant survenir durant la période de rétractation.

Lorsque le droit est régulièrement exercé, l'article 21 du décret sur le commerce électronique énonce que le consommateur ne peut être tenu qu'au paiement de la partie du prix, déterminée proportionnellement au service effectivement fourni par le fournisseur électronique de biens ou de services.

En outre, le fournisseur électronique de biens ou de services renvoie, au plus tard dans les quinze jours, au consommateur tous les montants reçus en accord avec le contrat conclu, excepté le montant la partie du prix, déterminée proportionnellement au service effectivement fourni. Ce délai court à partir de la date de réception de la notification de ladite rétractation envoyée par le consommateur (*V. FAUCHOUX et P. DEPREZ, Droit de l'internet, Paris, Litec 2009, p. 112*). Le remboursement doit être fait par le fournisseur électronique de biens ou de services sans frais et dans les mêmes conditions de paiement.

205. Incrimination. C'est précisément l'obligation de remboursement du fournisseur de biens ou de services que le législateur sanctionne pénalement. L'article 431-52 du Code pénal incrimine, en effet, le refus d'un fournisseur électronique de biens ou de services de rembourser les montants reçus d'un consommateur qui exerce son droit de rétractation. A l'image de plusieurs autres infractions relatives aux activités des prestataires techniques et au commerce électronique, cette infraction constitue une infraction par omission.

D'ailleurs, le législateur ajoute à cette sanction pénale une sanction de nature civile. L'article 22 du décret sur le commerce électronique précise que si le remboursement ne s'opère pas dans le délai, la somme due est, de plein droit, majorée, à compter du premier jour après l'expiration dudit délai, au taux légal en vigueur.

Article 431-53.- Est puni d'un emprisonnement d'un mois à un an et d'une amende de 500 000 francs à 10 000 000 de francs ou de l'une de ces peines, celui qui trompe l'acheteur sur l'identité, la nature ou l'origine du bien vendu, en livrant frauduleusement un bien autre que celui commandé et acheté par le consommateur.

- **La tromperie sur l'identité, la nature ou l'origine du bien vendu**

- **Bibliographie**

C CASTETS-RENARD, *Droit de l'Internet,* Paris, Montchrétien, 2010, p. 141.
C. CASTETS-RENARD, « Commerce électronique », *Rép. IP/IT comm.*, 2016.
J. ROCHFELD (dir.), *Les nouveaux défis du commerce électronique*, 2010, Paris, LGDJ.
J-M. BRUGUIERE, « Commerce électronique et protection du consommateur », *Jurisclass. Comm.*, fasc. 860, 2019.
L. BOCHURBERG, *Internet et commerce électronique,* Paris, Delmas, 1999.
P. A. TOURE, *Le traitement de la cybercriminalité devant le juge : l'exemple du Sénégal,* Paris, l'Harmattan, 2012.
Th. PATRICK, « L'émergence d'un droit européen du commerce électronique », *RTD eur.* 2000, p. 649.
V. FAUCHOUX et P. DEPREZ, *Droit de l'internet*, Paris, Litec 2009.

- **Commentaire**

206. Structure infractionnelle. L'article 431-53 du Code pénal sanctionne d'un emprisonnement d'un mois à un an et d'une amende de 500 000 francs à 10 000 000 de francs ou de l'une de ces peines, celui qui trompe l'acheteur sur l'identité, la nature ou l'origine du bien vendu, en livrant frauduleusement un bien autre que celui commandé et acheté par le consommateur.

Cette infraction a pour objet de garantir la protection pénale du cyberconsommateur à l'étape de l'exécution du contrat en ligne. En effet, les parties n'étant pas l'une en face de l'autre au moment de sa conclusion, il est à craindre que le cybermarchand trompe le cyberconsommateur sur l'identité, la nature ou l'origine du bien vendu.

L'incrimination prévue par l'article 431-53 du Code pénal prévoit une forme d'escroquerie portant sur des produits objet d'un contrat de vente en ligne. En effet, les tromperies sur le produit vendu pouvant être assimilées à des manœuvres frauduleuses pouvant entraîner la livraison d'un autre que celui commandé et acheté par le consommateur. D'ailleurs, il faut préciser le simple fait pour le cybermarchand de déployer des tromperies peut être considéré comme une tentative indépendamment de la livraison du bien au consommateur.

CHAPITRE VI.-

DES INFRACTIONS LIÉES A LA PUBLICITÉ PAR VOIE ÉLECTRONIQUE

207. Publicité en ligne. Dans la phase précontractuelle, la protection du cyberconsommateur exige une réglementation de la publicité par voie électronique. En effet, de nos jours, on assiste à un essor de la publicité en ligne. Pour la CNIL, la publicité sur internet ou publicité en ligne est « *le carburant de l'économie numérique* » (*CNIL, La publicité ciblée en ligne, 05 févr. 2009 ; F. VILLARET, « De la publicité traditionnelle à l'e-marketing », RLDI 2007, n°32*), si l'on sait que les données informatiques en constituent le moteur. Internet constitue un formidable instrument de prospection très compétitif et dans ce contexte, les données à caractère personnel sont devenues les principales cibles des activités de cybermarketing (*Ch. FERAL-SCHUHL, Cyberdroit. Le droit à l'épreuve de l'Internet, Paris, Dalloz, 5e édition, 2008, p. 245 ; L. GRYNBAUM, « La publicité et Internet » in Droit de la concurrence et Droit de la publicité : accords et désaccords : Colloque La Rochelle, 27 mai 2011, RLC 31/2012, p. 146*).

La publicité sur l'internet est susceptible de prendre plusieurs formes. Il peut s'agir tout d'abord de bandeaux publicitaires affichés généralement en bas ou en haut de l'écran que le consommateur-utilisateur active, en cliquant, afin d'obtenir des informations complémentaires de caractère promotionnel ou d'accéder à un forum de discussion qui pourra, le cas échéant, présenter une même nature.

La publicité peut ensuite prendre la figure de messages interstitiels, c'est-à-dire des messages qui s'affichent très rapidement en plein écran entre les pages de présentation d'un site.

Elle peut enfin prendre la forme de courriers électroniques, de forums de discussion, de sites web ou de référencement de sites à partir de moteur de recherche.

Pour assurer l'effectivité des règles relatives à la publicité en ligne, le Code pénal a prévu certaines infractions spécifiques à la publicité par voie électronique.

Article 431-54.- Est puni d'un emprisonnement de six mois à deux ans et d'une amende de 250 000 francs à 1 000 000 de francs ou de l'une de ces peines, celui qui méconnait les dispositions de l'article 15 de la loi sur les transactions électroniques relatives aux possibilités de bénéficier d'offres promotionnelles ou de participer à des concours ou à des jeux promotionnels, lorsque ces offres, concours ou jeux sont proposés par voie électronique.

- **La méconnaissance des conditions relatives aux offres promotionnelles, concours ou jeux promotionnels par voie électronique**

- **Bibliographie**

C CASTETS-RENARD, *Droit de l'Internet*, Paris, Montchrétien, 2010, p. 141.

C. CASTETS-RENARD, « Commerce électronique », *Rép. IP/IT comm.*, 2016.

Ch. FERAL-SCHUHL, *Cyberdroit. Le droit à l'épreuve de l'Internet,* Dalloz, 5e édition, 2008.

J. BEAUCHARD, « L'offre dans le commerce électronique » in *Le contrat électronique* : Colloque Poitiers 10 mars 2005, LGDJ 2005, p. 35 s.

J. ROCHFELD (dir.), *Les nouveaux défis du commerce électronique*, 2010, Paris, LGDJ.

J-M. BRUGUIERE, « Commerce électronique et protection du consommateur », *Jurisclass. Comm.,* fasc. 860, 2019.

L. BOCHURBERG, *Internet et commerce électronique*, Paris, Delmas, 1999.

L. GRYNBAUM, « La publicité et Internet » in *Droit de la concurrence et Droit de la publicité : accords et désaccords*, Colloque La Rochelle, 27 mai 2011, RLC 31/2012, p. 146.

P. A. TOURE, *Le traitement de la cybercriminalité devant le juge : l'exemple du Sénégal*, Paris, l'Harmattan, 2012.

Th. PATRICK, « L'émergence d'un droit européen du commerce électronique », *RTD eur.* 2000, p. 649.

V. FAUCHOUX et P. DEPREZ, *Droit de l'internet*, Paris, Litec 2009.

- **Commentaire**

208. Offres promotionnelles, concours ou jeux. L'article 15 de la loi sur les transactions électroniques énonce que les conditions auxquelles sont soumises la possibilité de bénéficier d'offres promotionnelles ainsi que celle de participer à des concours ou à des jeux promotionnels, lorsque ces offres, concours ou jeux sont proposés par voie électronique, doivent être clairement précisées et aisément accessibles.

209. Incrimination. Sous l'angle pénal, l'article 431-54 du Code pénal punit d'un emprisonnement de six mois à deux ans et d'une amende de 250 000 francs à 1 000 000 de francs ou de l'une de ces peines, celui qui méconnait les dispositions de l'article 15 de la loi sur les transactions électroniques relatives aux possibilités de bénéficier d'offres promotionnelles ou de participer à des concours ou à des jeux promotionnels, lorsque ces offres, concours ou jeux sont proposés par voie électronique. Ces messages doivent indiquer une adresse ou moyen électronique permettant effectivement au destinataire de transmettre une demande visant à obtenir que ces publicités cessent.

Ainsi, le législateur pénal incrimine le comportement de l'opérateur qui n'a pas précisé « *clairement* » les conditions auxquelles sont soumises la possibilité de bénéficier d'offres promotionnelles ainsi que celle de participer à des concours ou à des jeux promotionnels, lorsque ces offres, concours ou jeux sont proposés par voie électronique.

La loi pénale sanctionne également le fait pour l'opérateur de pas rendre aisément accessibles les conditions de ces offres, concours ou jeux.

Article 431-55.- Celui qui réalise des publicités ou des offres promotionnelles telles que rabais, primes ou cadeaux, ainsi que les concours ou les jeux promotionnels, adressés par courrier électronique, en violation de l'article 14 de la loi sur les transactions électroniques est puni d'un emprisonnement de six mois à deux ans et d'une amende de 250 000 francs à 1 000 000 de francs ou de l'une de ces peines.

- **Le défaut d'identification des publicités, concours ou jeux promotionnels adresses par courrier électronique**

- **Bibliographie**

C CASTETS-RENARD, *Droit de l'Internet*, Paris, Montchrétien, 2010, p. 141.
C. CASTETS-RENARD, « Commerce électronique », *Rép. IP/IT comm.*, 2016.
J. ROCHFELD (dir.), *Les nouveaux défis du commerce électronique*, 2010, Paris, LGDJ.
J-M. BRUGUIERE, « Commerce électronique et protection du consommateur », *JurisClass. Comm.,* fasc. 860, 2019.
L. BOCHURBERG, *Internet et commerce électronique*, Paris, Delmas, 1999.
P. A. TOURE, *Le traitement de la cybercriminalité devant le juge : l'exemple du Sénégal*, Paris, l'Harmattan, 2012.
Th. PATRICK, « L'émergence d'un droit européen du commerce électronique », *RTD eur.* 2000, p. 649.
V. FAUCHOUX et P. DEPREZ, *Droit de l'internet*, Paris, Litec 2009.

- **Commentaire**

210. Incrimination. L'article 14 de la loi sur les transactions électroniques énonce que les publicités, et notamment les offres promotionnelles, telles que les rabais, les primes ou les cadeaux, ainsi que les concours ou les jeux promotionnels, adressés par courrier électronique, doivent pouvoir être identifiées de manière claire et non équivoque sur l'objet du courrier dès leur réception par leur destinataire, ou en cas d'impossibilité technique, dans le corps du message.

L'obligation d'identification des publicités, concours ou jeux promotionnels adressés par courrier électronique est pénalement sanctionnée par le législateur.

L'article 431-55 du Code pénal incrimine quiconque aura réalisé des publicités, et notamment les offres promotionnelles, telles que les rabais, les primes ou les cadeaux, ainsi que les concours ou les jeux promotionnels, adressés par courrier électronique, en violation de l'article 14 de la loi sur les transactions électroniques. En d'autres termes, le législateur incrimine la réalisation de publicités faites par courrier électronique, sans procéder à l'identification claire et non équivoque de l'objet du courrier ou en cas d'impossibilité technique dans le corps du message.

Article 431-56.- Celui qui, intentionnellement, sans excuse légitime ou justification, déclenche la transmission d'un ou de plusieurs courriers électroniques par l'entremise d'un système informatique, avec l'intention de tromper les destinataires du ou des messages sur l'origine desdits messages est puni d'un emprisonnement de six mois à deux ans et d'une amende de 250 000 francs à 1 000 000 de francs ou de l'une de ces peines.

- **Le déclenchement frauduleux d'une transmission de courriers électroniques**

- **Bibliographie**

C CASTETS-RENARD, *Droit de l'Internet,* Paris, Montchrétien, 2010, p. 141.
C. CASTETS-RENARD, « Commerce électronique », *Rép. IP/IT comm.*, 2016.
Ch. FERAL-SCHUHL, *Cyberdroit. Le droit à l'épreuve de l'Internet*, Paris, Dalloz, édition 2020-2021, 8eme édition.
D. FOREST, « Le spamming en quête de régulation », *Expertises*, février 2003, p. 61.
F. BRUNTON, « Une histoire du spam. Le revers de la communauté en ligne », *La Découverte, Réseaux,* 2016/3 n° 197-198, p. 33.
G. HAAS et O. DE TISSOT, « Yo-yo législatif autour du spamming », *Legalis.net*, 2003, I, p. 7. A. L. DENOEUD, « Les communications commerciales électroniques non sollicitées », *RLDI* 2005, n°4.
H. LEBON, « Publipostage électronique : entre certitudes et incertitudes», *Gaz. pal*. 2002, 1, doctr. p. 29 s.
J. LE CLAINCHE, « Les pourriels : le droit dépassé par la technique », *RLDI* mai 2005, n° 5, p. 28.
J. ROCHFELD (dir.), *Les nouveaux défis du commerce électronique*, 2010, Paris, LGDJ.
J-M. BRUGUIERE, « Commerce électronique et protection du consommateur », *Jurisclass. Comm.*, fasc. 860, 2019.
L. BOCHURBERG, *Internet et commerce électronique,* Paris, Delmas, 1999.
L. MIGUEL-CHESTERKINE, « Quelle protection pour l'internaute contre le publipostage informatique», *LPA*, 23 février 2000, n° 38, p. 4.
P. A. TOURE, *Le traitement de la cybercriminalité devant le juge : l'exemple du Sénégal*, Paris, l'Harmattan, 2012.
S. GAUTHRONET et E. DROUARD, Communications commerciales non sollicitées et protection des données. Résumé des conclusions de

l'étude réalisée pour la Commission des Communautés européennes, Internal Market DG, Contract n° ETD/99/B5-3000/E/96.
V. FAUCHOUX et P. DEPREZ, *Droit de l'internet*, Paris, Litec 2009.
V. VARET, « Le cadre juridique du spam : état des lieux », *Comm. com. électr*, septembre 2002, p. 14.

- **Commentaire**

211. *Spamming*. Le *spamming* ou « *pollupostage* » est l'envoi massif, et parfois répété, de courriers électroniques non sollicités, le plus souvent à caractère commercial, à des personnes avec lesquelles l'expéditeur n'a jamais eu de contact et dont il a capté l'adresse électronique dans les espaces publics de l'internet : forums de discussion, listes de diffusion, annuaires, sites web, etc. (*Sur le spamming, D. FOREST, « Le spamming en quête de régulation », Expertises, février 2003, p. 61 ; V. VARET, « Le cadre juridique du spam : état des lieux », Comm. com. électr, septembre 2002, p. 14 ; L. MIGUEL-CHESTERKINE, « Quelle protection pour l'internaute contre le publipostage informatique », LPA, 23 février 2000, n° 38, p. 4 ; S. GAUTHRONET et E. DROUARD, Communications commerciales non sollicitées et protection des données. Résumé des conclusions de l'étude réalisée pour la Commission des Communautés européennes : Internal Market DG, Contract n° ETD/99/B5-3000/E/96 ; G. HAAS et O. DE TISSOT, « Yo-yo législatif autour du spamming », Legalis.net, 2003, I, p. 7 ; A. L. DENOEUD, « Les communications commerciales électroniques non sollicitées », RLDI 2005, n°4 ; J. LE CLAINCHE, « Les pourriels : le droit dépassé par la technique », RLDI mai 2005, n° 5, p. 28 ; H. LEBON, « Publipostage électronique : entre certitudes et incertitudes », Gaz. pal. 2002, 1, doctr. p. 29 s ; P. A. TOURE, Le traitement de la cybercriminalité devant le juge : l'exemple du Sénégal, Paris, l'Harmattan, 2012, n° 73 et 379 ; Ch. FERAL-SCHUIIL, Cyberdroit. Le droit à l'épreuve de l'Internet, Paris, Dalloz, édition 2020-2021, 8e édition, n° 212.61 ; M. QUEMENER et J. FERRY, Cybercriminalité. Défi mondial, Paris, Economica, 2e édition,2009, p. 80 ; F. BRUNTON, « Une histoire du spam. Le revers de la communauté en ligne », La Découverte, Réseaux, 2016/3 n° 197-198, p. 33*).

Il s'agit de l'envoi massif et automatique de messages électroniques non sollicités, généralement adressés à des fins publicitaires, voire frauduleuses (*V. en ce sens, la note d'orientation sur les spams, adoptée lors de la 12e réunion plénière du TCY, 02-03 décembre 2014*).

Le terme « *spamming* » serait issu d'un sketch des Monthy Python dans lequel le mot « *spam* », contraction de « *spice ham* », marque anglaise de charcuterie, est constamment répété afin de pousser les auditeurs à en devenir des consommateurs.

Il faut préciser que la jurisprudence admet que la pratique du *spamming* peut dans certains cas constituer une entrave au fonctionnement du système informatique.

Mais les juges interprètent très strictement cette incrimination. Ainsi, dans une affaire jugée par la Cour d'appel de Paris, du 18 décembre 2001, un homme était poursuivi pour entrave au fonctionnement d'un système de traitement par une société qui lui reprochait l'envoi massif de courriers électroniques non sollicités à ses clients. Le tribunal, comme la Cour d'appel de Paris, ont jugé que le délit d'entrave au fonctionnement du système informatique n'est pas caractérisé puisque l'envoi massif et simultané de messages non sollicités « *n'a pas perturbé de façon sensible le fonctionnement des moyens informatiques mis à la disposition de sa clientèle* » (*CA Paris, 12e ch. B, 18 décembre 2001, D. 2002, inf. rap. p. 940*).

212. Incrimination. En droit pénal sénégalais, l'article 431-56 du Code pénal semble incriminer de façon autonome une forme de *spamming*. En effet aux termes de ce texte : « *Celui qui, intentionnellement, sans excuse légitime ou justification, déclenche la transmission d'un ou de plusieurs courriers électroniques par l'entremise d'un système informatique, avec l'intention de tromper les destinataires du ou des messages sur l'origine desdits messages est puni d'un emprisonnement de six mois à deux ans et d'une amende de 250 000 francs à 1 000 000 de francs ou de l'une de ces peines* ».

Déjà, l'article 16 de la loi sur les transactions électroniques interdit la prospection directe par envoi de message au moyen d'un automate d'appel, d'un télécopieur ou d'un courrier électronique utilisant, sous quelque forme que ce soit, les coordonnées d'une personne physique qui n'a pas exprimé son consentement préalable à recevoir des prospections directes par ce moyen.

Selon la Délibération de la Commission de Protection des Données personnelles n°2014-20/CDP du 30 mai 2014 portant sur les conditions de la prospection directe « *par prospection directe, on entend toute sollicitation effectuée au moyen de l'envoi de message, quel qu'en soit le support ou la nature notamment commerciale, politique ou caritative, destinée à promouvoir, directement ou indirectement, des biens, des services ou l'image d'une personne vendant des biens ou fournissant des services. Cette définition couvre également les informations mises à la disposition du public par les opérateurs de télécommunications* ».

Contrairement au délit d'entrave au fonctionnement du système informatique, le législateur n'exige pas que la transmission des courriers altère le fonctionnement du système informatique visé. Il suffit simplement que la transmission soit réalisée de façon intentionnelle, sans excuse légitime ou justification et par l'entremise d'un système informatique.

Il faut préciser que le déclenchement de la transmission du message, pour être sanctionné, doit être effectué avec une intention particulière : celle « *de tromper les destinataires du ou des messages sur l'origine desdits messages* ».

Le délit de l'article 431-56 du Code pénal pourrait atteindre les cyberescrocs ou les phishers qui transmettent des mails à des internautes en leur faisant croire que les messages proviennent d'un service de loterie, d'un ex-président africain ou même d'une banque, en vue de leur soutirer de l'argent.

Mais il faut préciser que l'article 431-56 du Code pénal incrimine la transmission de ces messages à des fins frauduleuses indépendamment de la remise de sommes d'argent ou de données confidentielles. Le seul déclenchement de la transmission de courriers électroniques au moyen d'un système informatique, avec l'intention de tromper les destinataires des messages sur leur origine est pénalisé à titre autonome.

- **Délibération**

- **Délibération n°2014-20/CDP du 30 mai 2014 portant sur les conditions de la prospection directe**

LA COMMISSION DE PROTECTION DES PERSONNELLES DU SÉNÉGAL (CDP),

en sa session plénière le 30 mai 2014 sous la présidence du Dr Mouhamadou LO,

Président ;

Vu la Constitution ;

Vu la loi n°2008-12 du 25 janvier 2008 portant sur la protection des données à caractère personnel;

Vu la loi n°2008-08 du 25 janvier 2008 sur les transactions électroniques ;

Vu la loi n° 2008-11 du 25 janvier 2008 portant sur la cybercriminalité ;

Vu le décret n°2008-721 du 30 juin 2008 portant application de la loi n°2008-12 du 25 janvier 2008 ;

Vu la délibération n°2014-001 du 31 janvier 2014 portant règlement intérieur de la

Commission de protection des données personnelles ;

Vu le procès-verbal de la session plénière du 30 mai 2014 de la CDP ;

Recommande, après délibération, aux responsables de traitement de données à caractère personnel qui font ou qui envisagent de faire de la prospection directe, quel qu'en soit le support ou la nature, l'application des mesures suivantes :

I – OBJET DE LA DÉLIBÉRATION

La présente délibération a pour objet de rappeler les principes fondamentaux applicables aux opérations de prospection directe portant sur des données à caractère personnel.

Est considérée comme une donnée à caractère personnel toute information qui concerne une personne physique et permet de l'identifier directement ou indirectement (nom, prénom, adresse postale ou courriel, date de naissance, numéros de téléphone, de sécurité sociale, d'immatriculation, , de compte bancaire, adresse IP, ADN, empreintes, photos, vidéos, etc.).

Par prospection directe, on entend toute sollicitation effectuée au moyen de l'envoi de message, quel qu'en soit le support ou la nature notamment commerciale, politique ou caritative, destinée à promouvoir, directement ou indirectement, des biens, des services ou l'image d'une personne vendant des biens ou fournissant des services. Cette définition couvre également les informations mises à la disposition du public par les opérateurs de télécommunications.

II - PERSONNES CONCERNÉES

La présente délibération concerne tous les responsables de traitement de données à caractère personnel au Sénégal, y compris leurs partenaires. En application de l'article 4-5 de la loi du 25 janvier 2008 susmentionnée, le responsable du traitement est la « *personne physique ou morale, publique ou privée, tout autre organisme ou association qui, seul ou conjointement avec d'autres, prend la décision de collecter et de traiter des données à caractère personnel et en détermine les finalités* ».

Est également responsable celui qui fait appel à une société de services pour organiser ou réaliser une opération de prospection directe.

III – EXIGENCES LÉGALES EN MATIÈRE DE PROSPECTION DIRECTE

Le responsable d'un traitement qui fait ou qui envisage de faire de la prospection directe quel qu'en soit l'objet ou la nature, doit se conformer aux dispositions suivantes :

3.1 – Obligation de déclaration devant la CDP

Le responsable d'un traitement qui fait ou qui envisage de faire de la prospection directe quel qu'en soit l'objet ou la nature, doit obligatoirement procéder à la déclaration de tout fichier ou base de données constitué à des fins de prospection directe devant la CDP avant ladite opération en application de l'article 18 de la loi sur les données personnelles.

En application de l'article 24 du décret d'application n° 2008-721 du 30 juin 2008, les formalités déclaratives sont réputées accomplies à compter de la délivrance du récépissé par la CDP.

3.2 - Consentement de la personne concernée

En application de l'article 47 de la loi n°2008-12 du 25 janvier 2008 sur les données à caractère personnel et de l'article 16 de la loi n°2008-08 du 25 janvier 2008 sur les transactions électroniques, toute opération de prospection directe, quel qu'en soit l'objet et sous quelque forme que ce soit, notamment par SMS, par courrier électronique ou par téléphone, sans le consentement préalable, libre et éclairé de la personne concernée, est interdite.

La prospection directe ainsi prohibée se traduit par les cas de figure suivants :

- en cas de collecte directe des données personnelles, les personnes concernées doivent consentir expressément à recevoir des messages à des fins de prospection ;

- en cas de collecte indirecte des données personnelles, le responsable de traitement doit déclarer la base ou le fichier à la CDP avant d'adresser un message aux personnes concernées afin de requérir leur consentement. La réponse à ce message est gratuite et en l'absence de réponse, les données devront être supprimées automatiquement ;

- en cas d'utilisation de base de données détenue par d'autres prestataires, le responsable de traitement ne peut utiliser que les données des personnes ayant expressément exprimé leur consentement. À cet effet, il doit informer ses partenaires, notamment les fournisseurs de services à valeur ajoutée, de

l'obligation de respecter la législation avant toute prospection directe ;

- en cas d'utilisation de bases de données déjà constituées et pour lesquelles le consentement des personnes concernées n'était pas préalablement requis, le responsable de traitement doit déclarer la base ou le fichier à la CDP avant d'informer les intéressés par l'envoi d'un message sur les nouvelles possibilités d'utilisation de leurs données personnelles et de la faculté de s'y opposer.

3.3 – Licéité et loyauté de la collecte

Les responsables de traitement doivent s'assurer que les données collectées aux fins de prospection directe sont licites et loyales au sens de l'article 34 de la loi sur les données personnelles.

3.4 – Choix et respect d'une finalité et d'une durée légale de conservation

En application de l'article 35 de la loi sur les données personnelles, les données doivent être collectées pour des finalités déterminées, explicites et légitimes et ne peuvent pas être traitées ultérieurement de manière incompatible avec ces finalités.

Ainsi, la possibilité de faire de la prospection directe doit avoir été prévue lors de la déclaration auprès de la CDP. A défaut, il convient de procéder devant la

Commission à une déclaration modificative et de porter à la connaissance des personnes concernées toute utilisation non conforme à la finalité d'origine.

Par ailleurs, la durée de conservation des données personnelles traitées est dictée par la finalité du fichier objet de la prospection directe. Sauf consentement des personnes concernées, il est interdit de conserver des données pour une durée illimitée en vue

de procéder, à tout moment, à des opérations de prospection directe.

3.5 – Traitement de données sensibles

En application de l'article 40 de la loi sur les données personnelles, il est interdit de procéder à la collecte et à tout traitement qui révèlent l'origine raciale, ethnique ou régionale, la filiation, les opinions politiques, les convictions religieuses ou philosophiques, l'appartenance syndicale, la vie sexuelle (l'orientation sexuelle), les données génétiques ou plus généralement celles relatives à l'état de santé de la personne concernée.

En cas de prospection directe, le responsable du traitement doit veiller à ne pas cibler la consonance des noms des personnes, les lieux de naissance, les origines raciales ou ethniques, l'appartenance à une communauté religieuse ou les opinions politiques des personnes concernées.

3.6 - Droit à l'information

En application des articles 58 et 59 de la loi sur les données personnelles, lorsque les données traitées notamment à des fins de prospection directe sont collectées, soit directement auprès de la personne concernée, soit par l'intermédiaire d'un tiers, celle-ci doit être informée de la finalité, des catégories de données concernées, des destinataires en vue de pouvoir demander à ne plus figurer sur le fichier.

Aussi, en application de l'article 68 de la loi sur les données personnelles, la personne concernée a le droit d'être informée avant que des données la concernant ne soient, pour la première fois, communiquées à des tiers ou utilisées pour le compte de tiers à des fins de prospection.

3.7 - Droit d'opposition

En application des articles 68 de la loi sur les données personnelles et 61 de son décret d'application du 30 juin 2008, la personne faisant l'objet de prospection a le droit de se faire offrir expressément, sur le même support, la possibilité de s'opposer gratuitement et sans aucune justification, d'une part, à la réception de sollicitations et, d'autre part, à la communication de ses données à des tiers à des fins de prospection directe.

Cette opposition, dont la procédure doit être indiquée de manière claire dans le message objet de la prospection, a un effet immédiat dès que la demande est formulée.

Le droit d'opposition s'applique également aux informations mises à la disposition du public par les opérateurs de télécommunications.

3.8 - Droit d'accès

En application de l'article 62 de la loi sur les données personnelles, les personnes concernées ont accès à leurs données traitées à des fins de prospection directe.

IV – Obligations d'identification

Le responsable d'un traitement qui fait ou qui envisage de faire de la prospection directe quel qu'en soit l'objet ou la nature, doit préciser son identité ou celle de la personne pour le compte de laquelle la prospection est faite en application de l'article 16 de la loi sur les transactions électroniques.

V – Créneau horaire d'envoi des messages et information sur le respect des obligations déclaratives devant la CDP

En matière de prospection directe, la CDP recommande la mise en place d'un Code de conduite portant sur les heures d'envoi des messages, idéalement entre 9h et 19h, notamment des SMS.

La CDP recommande à tout responsable de traitement d'exiger et de s'assurer de ses partenaires le respect de la présente délibération, notamment l'accomplissement des formalités déclaratives préalables devant la Commission avant toute opération de prospection directe.

VI - Sanctions

En application des articles 29, 30 et 31 de la loi sur les données personnelles et 431-23 et 431-30 du Code pénal, des sanctions administratives, pécuniaires et pénales peuvent être prononcées, soit par la CDP, soit par les juridictions compétentes, à l'encontre des auteurs de prospection directe n'ayant pas respecté leurs obligations.

Le Président

Dr Mouhamadou LO

- **Note d'orientation sur les spams**

Introduction

Lors de sa 8e réunion plénière (décembre 2012), le Comité de la Convention Cybercriminalité (T-CY) a décidé de publier des notes d'orientation visant à faciliter l'usage et la mise en œuvre effectifs de la Convention de Budapest sur la cybercriminalité, notamment à la lumière des évolutions du droit, des politiques et des technologies.

Les notes d'orientation reflètent une analyse de l'application de la Convention de Budapest partagée par toutes ses Parties.

La présente note est consacrée à la question des spams. La Convention de Budapest «utilise une terminologie technologiquement neutre de façon que les infractions relevant du droit pénal matériel puissent s'appliquer aux technologies concernées tant actuelles que futures », et ce pour que des formes inédites de logiciels malveillants ou de délits restent malgré tout couvertes par la Convention. Cette note d'orientation montre comment différents articles de la Convention s'appliquent aux spams.

Dispositions pertinentes de la Convention de Budapest sur la cybercriminalité (STE n°185)

Le spam désigne en général l'envoi en masse de courriels non sollicités. Un message est envoyé à un nombre considérable d'adresses électroniques et l'identité personnelle du destinataire n'entre pas en ligne de compte car le message est adressé de la même manière à beaucoup d'autres destinataires, sans distinction. Des questions distinctes se posent concernant les points suivants: –

le contenu du spam; – l'acte d'envoyer un spam, et; – le dispositif utilisé pour transmettre un spam.

Le contenu du spam peut être illégal ou non. Lorsqu'il l'est (comme la proposition de médicaments contrefaits ou des offres financières frauduleuses), l'infraction peut relever de la législation nationale pertinente en la matière.

L'acte de transmettre un spam (y compris la transmission à grande diffusion de contenus non répréhensibles) peut constituer une infraction civile ou pénale dans certaines juridictions. La Convention ne couvre pas les spam dont le contenu n'est pas illégal et ne pas porter une atteinte à l'intégrité du système, mais qui peut-être être nuisibles aux utilisateurs finaux. Les outils utilisés pour transmettre des spams peuvent être illégaux en vertu de la Convention de Budapest, et les spams peuvent être associés à d'autres infractions qui ne sont pas mentionnées dans le tableau ci-dessous (voir, par exemple, les articles 7 et 8). Comme pour d'autres notes d'orientation, chaque disposition contient un critère d'intention (« sans autorisation», « avec une intention frauduleuse», etc.). Dans certains cas de spams, cette intention peut être difficile à prouver.

Déclaration du T-CY

La liste des articles présentée ci-dessus illustre les multiples infractions qui peuvent être commises au moyen des spams et les infractions liées aux spams. Par conséquent, le T-CY s'accorde à dire que les spams, sous leurs différents aspects, sont couverts par la Convention de Budapest.

CHAPITRE VII.-

DE L'USURPATION D'IDENTITÉ NUMÉRIQUE

Article 431-57.- Celui qui usurpe l'identité d'un tiers ou une ou plusieurs données permettant de l'identifier, en vue de troubler sa tranquillité ou celle d'autrui ou de porter atteinte à son honneur, à sa considération ou à son patrimoine est puni d'un emprisonnement de trois ans à sept ans et d'une amende de 500 000 francs à 2 000 000 de francs ou de l'une de ces peines.

- **L'usurpation d'identité numérique**

- **Bibliographie**

A. LEPAGE, « Le délit d'usurpation d'identité : questions d'interprétation », *JCP* G 2011, 913.

A. LEPAGE, « Un an de droit pénal des nouvelles technologies-octobre 2010-octobre 2011, *Dr. pén.*, n° 12, décembre 2011, chron. 10, n° 2 à 4.

D. FOREST, « L'identité numérique : un concept introuvable », *Expertises*, avril 2011, p. 135.

É. VERNY, « Usurpation d'identité (c. pén., art. 226-4-1) », *Jurisclass. comm.*, fasc. 58, 2018, n° 3

F. MATTATIA, «L'usurpation d'identité sur internet dans tous ses états », *RSC*, vol. 02, n° 02, 2014, p. 331.

F.-J. MATTHIOS, « La création d'un délit d'usurpation d'identité sur l'internet », *Gaz. pal.*, 26 juillet 2008, n° 208, p. 6.

L. SAENKO, « Le nouveau délit d'usurpation d'identité numérique », *RLDI*, juin 2011/72, n° 2400.

M. GRIGUER, « Le point sur la lutte contre l'usurpation d'identité numérique », CDE 2011, prat. 20

M. QUEMENER et Y. CHARPENEL, *Cybercriminalité. Droit pénal appliqué,* Paris, Economica, 2010.

M. QUEMENER, « Réseaux sociaux. Risques, sanctions et préventions. Problématiques juridiques autour du droit pénal, du droit du travail et de la vie privée », *Expertises*, janvier 2011, p. 24.

M. TELLER, « Les difficultés de l'identité numérique : quelle qualification juridique pour l'adresse IP ? », *D.* 2009, p. 1988.

N. RIAS, « Usurpation d'identité ou usage de données permettant d'identifier un tiers », *Jurisclass. pén.* code, art. 226-4-1, fasc. 20, 05 septembre 2018, n° 6.

R. MESA, « Le droit pénal général à l'épreuve de l'infraction digitalisée », *D.* 2022, p. 125.
P. A. TOURE, *Le traitement de la cybercriminalité devant le juge : l'exemple du Sénégal*, Paris, l'Harmattan, 2012.
S. REVEL, « Précision sur la notion d'usurpation d'identité ou l'inexistence de l'ubiquité », *Act. jur. pén.*, mai 2010, p. 218 et s.
Th. CASSUTO, « Usurpation d'identité numérique », *Act. jur. pén.*, mai 2010, p. 220 et s.
Th. VERBIEST, « La création d'un délit d'usurpation d'identité numérique » : www.droit-technologie.org.

- **Commentaire**

213. Évanescence de l'identité numérique. Depuis l'apparition de l'état civil, le nom patronymique est attribué à chaque personne à sa naissance, soit de manière autoritaire, soit sous le contrôle étroit de l'Administration. Nul ne peut s'attribuer à lui-même une identité complète reconnue par les autorités publiques.

Dans le monde virtuel, les attributs de la personnalité sont libres de choix sans l'intervention de l'autorité publique. Chaque personne désireuse d'accéder à internet doit créer une ou plusieurs adresses personnelles permettant d'être destinataire des informations qui la concernent. Or, ces adresses peuvent varier en fonction de nombreux facteurs : le fournisseur d'accès ou la façon dont la personne souhaite elle-même être identifiée. Ainsi, une plus grande liberté est laissée aux internautes qui choisissent eux-mêmes les attributs de leur identification, soit un nom suivi de la lettre @ et du fournisseur d'accès ou du propriétaire d'un nom de domaine, soit une suite numérique mnémotechnique, etc. (*CH. NAUDIN, « Cybercriminalité identitaire », in La criminalité numérique, Cah. séc., n° 06, octobre-décembre 2008, p. 42 ; A. KHATCHATOUROV, « La question des identités numériques à l'ère du RGPD : privacy ou protection des données ? », I2D-Information, données & documents, n° 01, 2019, p. 34).*

L'identité numérique est marquée par son caractère évanescent (*O. ITEANU, L'identité numérique en question, Paris, Eyrolles, 2008 ; S. BEN AMOR et L. GRANGET, «L'identité numérique. De la construction au suicide en 52 minutes », Les Cahiers du numérique, 2011/1 (vol. 7), p. 103) et constitue un concept mal borné (Sur cette question, D. FOREST, « L'identité numérique : un concept introuvable », Expertises, avril 2011, p. 135*). On est entrée dans « *l'ère des identités jetables* » (*O. ITEANU, L'identité numérique en question, Paris, Eyrolles, 2008, p. 14).*

Les réseaux électroniques génèrent souvent des atteintes à l'image des personnes. Les cyberdélinquants profitent souvent de l'anonymat que procurent l'internet et les réseaux numériques pour usurper l'identité de tiers. Au Sénégal, cette forme de criminalité identitaire se développe de plus en plus. En septembre 2013, la célèbre voyante dénommée Selbé NDOM a été victime d'usurpation d'identité. Une personne, à l'aide d'un faux profil Facebook, se faisait passer pour cette dernière et proposait à des tiers des services de voyance. Par ce moyen, le cybercriminel est parvenu à obtenir la remise de sommes d'argent via Wester Union (*S. S. GAYE, « Piratage et escroquerie Web : le bourreau des célébrités » : http://www.osiris.sn/Piratage-et-escroquerie-Web-Le.html*).

La e-réputation, encore appelée «*buzz positif* » ou «*négatif* », désigne la manière dont quelqu'un ou quelque chose est considéré dans le cyberespace. La réputation numérique est constituée des opinions favorables ou défavorables sur une personne ou une chose prévalant sur les réseaux numériques (*D. FORESTE, E-réputation : le droit applicable à la réputation en ligne, Paris, Gualino, coll. Droit en poche, 2014 ; G. DE LACOSTE LAREYMONDIE, Guide de l'e-réputation-Personal branding, visibilité sur Internet, réputation numérique, gestion des réseaux sociaux, Paris, Eyrolles, coll. Emploi et carrière, 2018 ; TH. BEAUVISAGE et K. MELLET, « Travailleurs du like, faussaires de l'e-réputation », La Découverte, Réseaux, 2016/3 n° 197-198, p. 69 ; E. WALLE, A. BENSOUSSAN et S. SAVAÏDES, « L'e-réputation sous le prisme du droit du travail », Gaz. pal., 15 octobre 2011, p. 26 ; I. SOSKIN, « Les nouvelles formes d'atteintes à la "réputation" et à "l'image" de la personne dans l'environnement numérique », Legipresse 2016, n° 336, p. 145 ; P. A. TOURE, Le traitement de la cybercriminalité devant le juge : l'exemple du Sénégal, Paris, l'Harmattan, 2012, n° 289).*

Le droit pénal sénégalais ignorait jusque-là le délit d'usurpation d'identité numérique. En effet, l'article 737 du Code de Procédure pénale sanctionne le délit d'usurpation d'identité classique incrimine «*quiconque a pris le nom d'un tiers, dans les circonstances qui ont déterminé ou auraient pu déterminer l'inscription d'une condamnation au casier judiciaire de celui-ci* ». L'article 738 du Code de Procédure pénale réprime le fait de prendre un faux nom ou une fausse qualité pour se faire délivrer un extrait de casier judiciaire d'un tiers (*Pour une application judiciaire de cette infraction, V. TGIHC Dakar, n° 0079 du 25 janvier 2018, MP et Mb. D.*

c/ G. MB., inédit). Il a été jugé que le fait pour une personne de se faire passer pour une autre personne pour récupérer un chèque constitue le délit prévu par l'article 737 du Code de Procédure pénale. Sous l'empire de la législation antérieure, lorsque les actes d'usurpation d'identité avaient pour effet de porter atteinte à la propriété d'une personne, les juges retenaient la qualification d'escroquerie. Ainsi, une personne a été déclarée coupable d'escroquerie pour avoir piraté le compte Facebook d'une voyante en soutirant des sommes d'argent à des tiers à qui elle proposait des services de voyance (*TGIHC Dakar, 02 octobre 2013, affaire Selbe NDOME, inédit)*.

214. Structure de l'infraction. L'article 431-57 du Code pénal, issu de la loi du 08 novembre 2016 modifiant le Code pénal, a créé le délit d'usurpation d'identité. Ce texte incrimine celui qui usurpe l'identité d'un tiers ou une ou plusieurs données permettant de l'identifier, en vue de troubler sa tranquillité ou celle d'autrui ou de porter atteinte à son honneur, à sa considération ou à son patrimoine (*sur l'identité d'usurpation numérique, F.-J. MATTHIOS, « La création d'un délit d'usurpation d'identité sur l'Internet», Gaz. pal., 26 juillet 2008, n° 208, p. 06 ; Th. VERBIEST, «La création d'un délit d'usurpation d'identité numérique » : www.droit-technologie.org; L. SAENKO, « Le nouveau délit d'usurpation d'identité numérique », RLDI, juin 2011/72, n° 2400 ; S. REVEL, «Précision sur la notion d'usurpation d'identité ou l'inexistence de l'ubiquité », Act. jur. pén., mai 2010, p. 218 et s. ; Th. CASSUTO, « Usurpation d'identité numérique », Act. jur. pén., mai 2010, p. 220 et s ; A. LEPAGE, « Un an de droit pénal des nouvelles technologies-octobre 2010-octobre 2011, Dr. pén., n° 12, décembre 2011, chron. 10, n° 02 à 04 ; M. GRIGUER, « Le point sur la lutte contre l'usurpation d'identité numérique », CDE 2011, prat. 20 ; A. LEPAGE, « Le délit d'usurpation d'identité : questions d'interprétation », JCP G. 2011, 913 ; É. VERNY, « Usurpation d'identité (c. pén., art. 226-4-1) », Jurisclass. comm., fasc. 58, 2018, n° 3 ; F. MATTATIA, «L'usurpation d'identité sur internet dans tous ses états », RSC, vol. 02, n° 02, 2014, p. 331*). De par sa structure, le délit d'usurpation d'identité est plus large que celui prévu en droit français, en ce qu'il protège aussi bien l'honneur et la considération que les biens des personnes dont l'identité a été usurpée (*Sur cette question, M. QUEMENER et Y. CHARPENEL, Cybercriminalité. Droit pénal appliqué, Paris, Economica, 2010, n° 414 ; également, M. QUEMENER, « Réseaux sociaux. Risques, sanctions et préventions. Problématiques juridiques autour du droit pénal, du droit du travail et de la vie privée », Expertises, janvier 2011, p. 24 ; M. TELLER,*

« Les difficultés de l'identité numérique : quelle qualification juridique pour l'adresse IP ? », D. 2009, p. 1988).

215. Notion d'identité numérique. Le législateur n'a pas cru nécessaire de définir les éléments de l'identité numérique qui constitue un concept mal borné (*sur cette question, D. FOREST, «L'identité numérique : un concept introuvable », Expertises, avril 2011, p. 135*).

Mais le terme « *identité* » devait être compris comme « *recouvrant les éléments d'identification classique, à savoir le nom, le prénom, la date de naissance, le lieu de naissance, le sexe, la situation familiale, le domicile, la profession* ».

La cyberidentité renvoie à tous les éléments d'identification en ligne, comme l'adresse *IP*, le pseudonyme, l'avatar (dans le métavers par exemple), le numéro de carte bancaire, etc.

L'identité peut couvrir également tous les identifiants électroniques de la personne, c'est-à-dire à la fois son nom, mais aussi son surnom ou son pseudonyme utilisé sur internet.

L'expression « *données de toute nature permettant d'identifier un tiers* » est encore plus accueillante que la notion de « *données personnelles* » (*A. LEPAGE, op. cit., JCP G 2011, 913*) . En effet, elle peut être le pseudonyme, le numéro de sécurité sociale, le numéro de compte bancaire, le numéro de téléphone ou encore l'adresse électronique. On peut ajouter, notamment, l'adresse *IP*, les codes d'accès, l'avatar, les logins et les mots de passe (*Sur cette question, O. ITEANU, L'identité numérique en question, Paris, Eyrolles, 2008 ; A. LEPAGE, « Le délit d'usurpation d'identité : questions d'interprétation », JCP G. 2011, 913*).

La Cour de Cassation française a déjà considéré, par une interprétation extensive, que le fait d'utiliser l'adresse électronique d'un tiers lorsqu'il s'en est suivi un risque de poursuites pénales pour cette personne constitue le délit d'usurpation d'identité au sens de l'article 434-23 du Code pénal (*Cass. crim., 20 janvier 2009, n° 08-83.255*).

216. Concept d'usurpation. Le terme « *usurpation* » renvoie au fait de s'attribuer sans droit, et donc de manière illégitime, l'identité d'un tiers, dans le but de se faire passer pour lui (*N. RIAS, «Usurpation d'identité ou usage de données permettant d'identifier un tiers », Jurisclass. pén. code, art. 226-4-1, fasc. 20, 05 septembre 2018, n° 06*). L'usurpation d'identité doit être distinguée de la fraude à l'identité. Ce dernier comportement se définit comme l'utilisation d'une fausse identité qui n'est pas forcément réelle ; même si l'objectif de ce dernier comportement est bien souvent l'appât du gain (*M. QUEMENER et J. FERRY, op. cit., p. 117*).

L'article 431-57 du Code pénal incrimine non seulement l'usurpation d'identité commise ou non sur un réseau de communication au public en ligne, mais aussi le simple usage des données, ce qui élargit encore le délit à d'autres comportements tels que, par exemple, le fait de diffuser l'adresse mail d'une personne physique ou morale en vue de troubler sa tranquillité par l'utilisation qui pourra en être faite.

Le concept « *usage* » est plus large que la notion d'usurpation. Il y a, en effet, usage par la seule utilisation de ce qui en constitue l'objet, indépendamment de la fin consistant à se faire passer pour autrui. Ainsi, il y a usage, et non pas usurpation, dans le fait de se servir des identifiants d'un tiers pour bénéficier des services qu'ils permettent d'obtenir sans que cette utilisation implique spécialement la volonté de se faire passer pour ce tiers. La finalité de l'usage, à l'inverse de celle de l'usurpation, peut donc consister en la satisfaction de besoins exclusivement matériels.

Le but de la loi est de permettre la répression de l'usurpation d'identité en tant que telle, sans qu'il ne soit besoin de justifier de la survenance d'un dommage. Sous ce rapport, l'article 431-57 du Code pénal, à l'image de l'article 226-4-1 du Code pénal français, a institué une infraction formelle consommée par la simple réalisation d'un fait (*En ce sens, L. SAENKO, « Le nouveau délit d'usurpation d'identité numérique », RLDI, juin 2011/72, n° 2400*). Le délit peut être constitué du moment que l'usurpation d'identité est réalisée « *en vue* » de troubler la tranquillité ou de porter atteinte à l'honneur ou au patrimoine de la victime, sans qu'il ne soit besoin que cela soit effectivement le cas.

Selon la note d'information de la convention de Budapest sur la cybercriminalité sur la fraude par usurpation d'identité numérique et hameçonnage adoptée les 04 et 05 juin 2013, l'usurpation d'identité consiste à obtenir et à utiliser de façon frauduleuse (à l'insu et sans le consentement de la personne concernée), les données personnelles d'une autre personne. Elle consiste à se faire passer pour un tiers, par un moyen électronique, en vue de troubler sa tranquillité ou celle d'autrui ou de porter atteinte à son honneur, à sa considération ou à son patrimoine.

Ainsi, celui qui crée un site internet présentant l'apparence du site officiel de la victime, reproduisant sa photographie ainsi que des éléments graphiques propres, mais diffusant des commentaires insultants et diffamatoires et permettant de publier sur Twitter ou Facebook de faux communiqués de la victime, se rend coupable du délit d'usurpation d'identité (*crim. 16 novembre. 2016, n° 16-80.207*).

La cyberusurpation d'identité suppose la collecte illicite et l'utilisation d'informations personnelles appartenant à des tiers. Elle est souvent le prélude à la commission d'infractions comme l'escroquerie ou la diffamation. En effet, les renseignements sur une personne réelle (noms, date de naissance, adresse actuelle, etc.) ou fictive peuvent ainsi être utilisés à mauvais escient pour commettre de nombreuses activités illicites (*V. la note d'information de la convention de Budapest sur la cybercriminalité sur la fraude par usurpation d'identité et hameçonnage adoptée par la réunion plénière du TC-Y les 04 et 05 juin 2013*).

- **Jurisprudence**

L'usurpation d'identité consiste de la part du prévenu, à utiliser frauduleusement les données à caractère personnel de la victime, aux fins de commettre un acte illicite en son nom; en l'espèce, ce délit est constitué dès lors que la preuve a été suffisamment apportée que le prévenu s'est servi des données d'identité de la victime pour parvenir à débiter le compte de la partie civile, notamment pour avoir libellé et encaissé le chèque volé au nom de ce dernier (**CA Dakar, n° 85 du 04 février 2020, MP et Mb. D. c/ G. F., *inédit***).

CHAPITRE VIII.-

DES ATTEINTES AUX BIENS EN RELATION AVEC LES TECHNOLOGIES DE L'INFORMATION ET DE LA COMMUNICATION

217. Intérêt juridique protégé. Le chapitre VIII du titre concernant les atteintes aux biens en relation avec les technologies de l'information et de la communication ne comporte qu'une seule disposition, à savoir l'article 431-58 du Code pénal relatif au délit de copiage frauduleux de données informatiques. Ce délit a été introduit dans notre arsenal répressif par la loi n° 2016-29 du 08 novembre 2016 modifiant le Code pénal.

Mais l'intégration de l'infraction de copiage frauduleux de données informatiques dans un titre intitulé « *Des atteintes aux biens en relation avec les technologies de l'information et de la communication* » nous parait assez curieuse, si l'on sait que cette infraction ne constitue pas une atteinte aux biens (vol, escroquerie, abus de confiance, recel chantage, etc.). En réalité, techniquement, le copiage frauduleux de données informatiques ne constitue pas un vol au sens classique du terme ; il constitue une infraction pénale autonome qui ne suppose pas la caractérisation d'un acte de soustraction frauduleuse d'une chose n'appartenant pas au prévenu (*V. art. 364 du Code pénal*). Il s'agit plus exactement d'une atteinte à la confidentialité des données informatiques qui trouve plus sa place dans les atteintes à la confidentialité des données informatiques, à côté de l'infraction d'interception frauduleuse de données informatiques. Il semble que l'intérêt juridique protégé par cette infraction est plutôt la confidentialité des données informatiques. En effet, par l'acte de copiage de données électroniques n'emporte pas une atteinte à la propriété sur les données, le propriétaire ne perdant que l'exclusivité sur l'information contenue dans le support électronique. L'acte de copiage de données aboutit à une sorte de partage de l'information. C'est tout le sens de l'aphorisme de M. BARLOW : « *Si je vous vends une information, nous sommes deux à la posséder* » (*J. P. BARLOW, cité par J.-F. CASILE, Le Code pénal à l'épreuve de la délinquance informatique, Thèse, Aix-Marseille, 2002, p. 380, n° 1058*).

- **Note d'orientation sur la fraude par usurpation d'identité et hameçonnage**

Adoptée lors de la 9e réunion plénière du T-CY (4-5 juin 2013)

Introduction

Lors de sa 8e session plénière (décembre 2012), le Comité de la Convention Cybercriminalité (T-CY) a décidé de publier des notes d'orientation destinées à faciliter l'usage et la mise en œuvre effectifs de la Convention de Budapest sur la cybercriminalité, y compris à la lumière des nouveautés juridiques, politiques ou techniques.

Les notes d'orientation reflètent une analyse de l'application de la Convention de Budapest partagée par toutes ses Parties. La présente note est consacrée à la question de la fraude par usurpation d'identité et hameçonnage («phishing») ou par des pratiques analogues. La Convention de Budapest « utilise une terminologie technologiquement neutre de façon que les infractions relevant du droit pénal matériel puissent s'appliquer aux technologies concernées tant actuelles que futures ». Cela vise à garantir que les nouvelles formes de criminalité seront toujours couvertes par la Convention. Cette note d'orientation montre dans quelle mesure différents articles de la Convention s'appliquent à l'usurpation d'identité par voie informatique en lien avec la fraude.

1. Usurpation d'identité et hameçonnage

Il n'existe pas de définition universellement acceptée de ce qui constitue une usurpation d'identité.

Malgré le caractère fluctuant de l'usage de cette notion, on entend communément par «usurpation d'identité» des infractions pénales qui consistent à obtenir et à utiliser de façon frauduleuse (à son insu et sans son consentement) les données personnelles d'une autre personne. Le terme « fraude à l'identité » est parfois employé comme synonyme, bien que cette notion englobe également le fait d'utiliser une fausse identité, qui n'est pas forcément réelle. Ces pratiques sont connues sous des appellations diverses: spear phishing ou «harponnage », SMiShing, pharming et vishing et hameçonnage d'une personne réelle ou fictive peuvent être utilisés à mauvais escient pour commettre de nombreux actes illicites.

La présente note d'orientation ne traite cependant que des usurpations d'identité liées à la fraude. Cela peut impliquer l'appropriation frauduleuse d'informations relatives à l'identité (par exemple nom, date de naissance, adresse actuelle ou adresses antérieures) d'une autre personne, à son insu et sans son consentement. Ces renseignements personnels sont ensuite utilisés pour obtenir des biens et services en son nom. Ce type d'agissements peut prendre plusieurs formes comme le «phishing», le «pharming», le « spear phishing», le « spoofing» ou toute autre conduite analogue visant, par exemple, à obtenir un mot de passe ou d'autres clés d'accès, souvent par le biais de courriers électroniques ou de sites web falsifiés. L'usurpation d'identité est un véritable fléau qui touche les gouvernements, les entreprises et les citoyens. Ce phénomène mine la confiance dans les technologies de l'information. La plupart des systèmes juridiques ne prévoient pas de délit spécifique d'usurpation d'identité. Les auteurs d'usurpation d'identité sont normalement inculpés de délits plus graves (comme la fraude financière). L'obtention d'une fausse identité implique normalement la commission d'une infraction, comme la falsification de documents ou l'altération de données informatiques. Une fausse identité facilite la perpétration de nombreux crimes dont l'immigration illégale, la traite des êtres humains, le blanchiment d'argent, le trafic de drogue et la fraude financière contre les gouvernements et le secteur privé, mais est généralement associée à la fraude. Sur le plan conceptuel, une usurpation d'identité peut se décomposer en trois étapes :

Phase 1 – L'obtention des renseignements personnels par des moyens divers tels que le vol physique, l'utilisation de moteurs de recherche, des attaques de l'intérieur ou de l'extérieur (accès illicite aux systèmes informatiques, Trojans, « keyloggers », logiciels espions et autres programmes malveillants), ou bien par le recours au hameçonnage ou à d'autres techniques d'ingénierie sociale.

Phase 2 – La possession et la cession des renseignements personnels (par exemple, la vente de ces informations à des tiers).

Phase 3 – L'utilisation des renseignements personnels pour se livrer à des activités frauduleuses ou commettre d'autres infractions, par exemple en prenant l'identité d'une autre personne pour exploiter des comptes en banque ou des cartes de crédit, ouvrir de nouveaux comptes, contracter des prêts et crédits, commander des biens et services ou diffuser des programmes malveillants. En conclusion: l'usurpation d'identité (y compris le hameçonnage et les conduites analogues) sert généralement à la préparation de nouveaux agissements criminels, comme la fraude informatique. Bien que l'usurpation d'identité ne constitue pas une infraction en elle-même, les services chargés de l'application des lois peuvent engager des poursuites pour les infractions connexes.

2. Interprétation de la pénalisation de la fraude par usurpation d'identité donnée par le T-CY au regard de la Convention de Budapest

La Convention de Budapest traite avant tout des actes criminels et n'aborde pas expressément les techniques ou technologies employées. En conséquence, elle ne contient pas de dispositions spécifiques relatives à l'usurpation d'identité ou au hameçonnage. Cependant, la pleine application des dispositions de droit matériel de la Convention permet aux Etats d'ériger en infraction pénale tout agissement lié à une usurpation d'identité. La Convention fait obligation aux Etats d'ériger en infraction pénale des agissements tels que l'accès illégal à un système informatique, l'interception illégale de données, l'atteinte à l'intégralité des données, l'atteinte à l'intégralité du système, l'abus de dispositifs et la falsification informatique.

3. Déclaration du T-CY

Le T-CY considère que ci-dessus sont illustrées l'étendue et les multiples éléments de pénalisation de l'usurpation d'identité et de l'hameçonnage ainsi que les dispositions pénales qui pourraient s'appliquer. Par conséquent, le T-CY s'accorde à dire que ces infractions, sous leurs différents aspects, sont couvertes par la Convention de Budapest.

Article 431-58.- Celui qui a copié frauduleusement des données informatiques qui ne lui appartiennent pas est puni d'un emprisonnement de six mois à deux ans et d'une amende de 250 000 francs à 1 000 000 de francs ou de l'une de ces peines.

- **Le copiage frauduleux de données informatiques**

- **Bibliographie**

A. MIHMAN et M-P. LUCAS DE LEYSSAC, « Vol », *Rép. dr. pén. proc. pén.*, Dalloz, avril 2016, n° 52.
B. BERGMANS, « Le vol d'information en droit comparé », *Rev. dr. pén. crim.*, 1988, p. 905.
E. DREYER, « Consécration provisoire du vol de données informatiques », *Act. jur. pén.* 2015. 413.
E. HIRSOUX, « La cybercriminalité et la défense des biens : un nouveau défi pour le Code pénal ?», in L. SAENKO (dir), *Le nouveau Code pénal 20 ans après, État des questions*, Paris, LGDJ 2014, p. 157.
F. VADILLO, « Quand la lutte antiterroriste fait évoluer la notion de vol : les modifications de l'article 323-3 du Code pénal introduites par l'article 16 de la loi du 13 novembre 2014 », *Gaz. pal.,* 15-16 avril 2015, p. 06.
H. MATSOPOULOU, « Vol par téléchargement de données informatiques », *RSC* 2015, p. 860.
L. SAENKO, « Vol par téléchargement de données numériques », *D.* 2015, p. 1466.
L. SAENKO, « La [quasi-] consécration du vol d'information », *RTD com.* 2017, p. 713.
O. DE MAISON ROUGE, « La longue reconnaissance juridique du vol de données», *Sécurité globale,* vol. 12, n° 4, 2017, p. 45.
S. JOUNIOT, « Vol : avatars d'une infraction protéiforme », *AJ pén.* 2019. 26.
P. A. TOURE, « Le vol d'information : virage ou mirage du droit pénal sénégalais ? », *Annales africaines*, mai 2014, p. 103.
P. A. TOURE, « Cinq ans de droit pénal des technologies de l'information et de la communication (2008-2013) : chronique de jurisprudence sénégalaise », in *Cour suprême Bulletin des arrêts, Bulletin d'Information* 07-08, 2016, p. 117.
P. A. TOURE, *Le traitement de la cybercriminalité devant le juge : l'exemple du Sénégal*, Paris, l'Harmattan, 2012.
PH. CONTE, « Vol d'informations », *Dr. pén.* 2015, comm. 123.
PH. CONTE, « Vol -Soustraction d'une information », *Dr. pén.* n° 10, octobre 2017, comm. 141.

S. DETRAZ, « Vol de données informatiques », *Gaz. pal.* 2015, n° 169, p. 8.
S. DETRAZ, R. OLLARD et J-Ch. SAINT-PAUL, « Contre le vol d'information », in V. MALABAT, B. DE LAMY et M. GIACOPELLI (dir.), *La réforme du Code pénal et du Code de procédure pénale. Opinio doctorum,* Paris, édition Dalloz, 2009, p. 109.
S. JACOPIN, « Le début d'une évolution sur la nature de la chose susceptible d'appropriation frauduleuse », *Dr. pén.* 2001, chron. 16.

- **Commentaire**

218. Consécration classique du vol d'information. À la faveur de l'ancienne loi n° 2008-11 du 25 janvier 2008 portant sur la cybercriminalité, le législateur avait consacré le vol l'information. Aux termes des dispositions de l'ancien article 431-53 du Code pénal issues de la loi du 25 janvier 2008 sur la cybercriminalité : « *La soustraction frauduleuse d'information au préjudice d'autrui est assimilée au vol* » (*Sur l'ensemble de cette question, V. B. BERGMANS, « Le vol d'information en droit comparé », Rev. dr. pén. crim., 1988, p. 905 ; J. PRADEL et Ch. FEUILLARD, « Les infractions commises au moyen de l'ordinateur », Rev. dr. pén et crim, 1985, p. 317 ; dans le même sens, J. DEVEZE, « Le vol des biens informatiques », JCP. 1985, I, 3210, n° ; 18 ; V. M. CHAWKRI, « Le vol d'informations : quel cadre juridique aujourd'hui ? » : http://www.droit-tic.com/pdf/vol_information.pdf; J. HUET et H. MAISL, Droit de l'informatique et des télécommunications, Paris, Litec, 1989, p. 869 et 870 ; S. DETRAZ, « Vol du contenu informationnel de fichiers informatiques », note sous cass. crim., 04 mars 2008, D. 2008, jur, p. 2213 ; D. CIOLINO-BERG, « Vol d'information sur internet », Comm. com. électr. novembre 2003, p. 21; S. DETRAZ, « Vol du contenu informationnel de fichiers informatiques », note sous cass. crim., 04 mars 2008, D. 2008, jur., p. 2213 ; S. DETRAZ, R. OLLARD et J-Ch. SAINT-PAUL, « Contre le vol d'information », in V. MALABAT, B. DE LAMY et M. GIACOPELLI (dir.), La réforme du Code pénal et du Code de procédure pénale. Opinio doctorum, Paris, édition Dalloz, 2009, p. 109 ; S. JACOPIN, « Le début d'une évolution sur la nature de la chose susceptible d'appropriation frauduleuse », Dr. pén. 2001, chron. 16 ; P. CONTE, « Vol d'informations », Dr. pén. 2015, comm. 123*).

Au Sénégal, l'accueil du vol d'information dans l'édifice pénal a été largement tributaire du recours au système de l'assimilation de la soustraction frauduleuse d'information au vol. En effet, l'ancien article 431-53 du Code pénal n'avait pas identifié la soustraction frauduleuse d'information au préjudice d'autrui au vol, mais l'avait simplement assimilé à ce délit (*V. P. A. TOURE, « Le vol d'information : virage ou mirage du droit pénal sénégalais ? », Annales africaines, mai 2014, p. 103 ; P. A. TOURE, Le traitement de la cybercriminalité devant le juge : l'exemple du Sénégal, Paris, l'Harmattan, 2012, n° 154 et s.)*

Déjà en droit sénégalais, l'analyse de certaines décisions rendues par les juridictions du fond révèle que sous l'empire de la législation antérieure, les juges ont admis la possibilité d'une soustraction portant sur des données informatiques indépendamment de leur support, en se fondant sur les dispositions de l'article 364 du Code pénal (*CA Dakar, n° 680 du 16 avril 2007, affaire de la Clinique du Cap, inédit ; TGI Thiès n° 1603, 23 décembre 2005, affaire « Mor Todjangué », inédit ; TGI Thiès, n° 505/2012 du 18 septembre 2012, affaire de l'Agence New Look Business, inédit. Sur ces affaires, P. A. TOURE, « Cinq ans de droit pénal des technologies de l'information et de la communication (2008-2013) : chronique de jurisprudence sénégalaise », in Cour suprême Bulletin des arrêts, Bulletin d'Information 07-08, 2016, p. 117*).

219. Contournement de l'exigence de la soustraction. Mais la possibilité d'un vol d'information supposait que soit établi par le juge un acte de soustraction, ce qui n'était pas sans poser problème. La caractérisation d'une dépossession du titulaire des données était difficile, lorsqu'elles sont seulement copiées depuis un système informatique, en raison de la faculté pour l'information numérisée de se retrouver dans plusieurs supports en même temps (*En ce sens, S. DETRAZ, R. OLLARD, J-Ch. SAINT-PAUL, « Contre le vol d'information », in V. MALABAT, B. DE LAMY et M. GIACOPELLI (dir.), « La réforme du code pénal et du code de procédure pénale. Opinio doctorum », édition Dalloz, 2009, p. 107*).

C'est certainement la raison pour laquelle, les législations contemporaines tendant de plus en plus à contourner l'exigence de la soustraction par l'incrimination spécifique, soit l'extraction, la reproduction ou la transmission frauduleuse de données contenues dans un système de traitement automatisé, soit le copiage frauduleux de données informatiques (*V. P. A. TOURE, op. cit., p. 126*).

En France, il ressort de l'article 323-3 du Code pénal, modifié par la loi n° 2014-1353 du 13 novembre 2014 renforçant les dispositions relatives à la lutte contre le terrorisme que « *le fait d'introduire frauduleusement des données dans un système de traitement automatisé, d'extraire, de détenir, de reproduire, de transmettre, de supprimer ou de modifier frauduleusement les données qu'il contient est puni de cinq ans d'emprisonnement et de 150 000 € d'amende »* (*Sur cette question, V. E. CHAUVIN et F. VADILLO, « Quand la lutte antiterroriste fait évoluer la notion de vol : les modifications de l'article 323-3 du Code pénal introduites par l'article 16 de la loi du 13 novembre 2014 », Gaz. pal. 16 avril 2015, p. 6 ; O. DE MAISON ROUGE, « La longue reconnaissance juridique du vol de données», Sécurité globale, vol. 12, n° 4, 2017, p. 45 ; A. MIHMAN et M-P. LUCAS DE LEYSSAC, « Vol », Rép. dr. pén. proc. pénal, Dalloz, avril 2016, n° 52*).

Dans l'affaire « Bluetouff », jugée le 20 mai 2015 (*Crim. 20 mai 2015, n° 14-81.336, D. 2015. 1466, note L. Saenko ; Gaz. pal. 2015, n°169, p. 08, note S. Detraz ; JCP 2015. 887, note G. Beaussonie ; Comm. com. électr 2015, comm. 74, obs. A. Caprioli ; Dr. pén. 2015, comm. 123, obs. Ph. Conte ; Act. jur. pén.. 2015. 413, obs. E. Dreyer; Dr. pén. 2015, chron. 10, obs. A. Lepage, § 15 ; Propr. intell. 2016, n° 58, p. 97, obs. M. Vivant*), un individu, qui avait eu fortuitement accès au système extranet de l'Agence nationale de sécurité sanitaire de l'alimentation, en avait profité pour télécharger des données numériques qu'il avait diffusées par la suite. La chambre criminelle de la Cour de Cassation a considéré que le téléchargement, effectué sans le consentement de leur propriétaire, de données que le prévenu savait protégées caractérise la soustraction frauduleuse constitutive du vol (*S. DETRAZ, « Vol de données informatiques », Gaz. pal. 2015, n° 169, p. 08 ; E. HIRSOUX, « La cybercriminalité et la défense des biens : un nouveau défi pour le Code pénal ? », in L. SAENKO (dir), Le nouveau Code pénal 20 ans après, État des questions, Paris, LGDJ 2014, p. 157 ; E. DREYER, « Consécration-provisoire du vol de données informatiques », Act. jur. pén.2015. 413 ; L. SAENKO, « Vol par téléchargement de données numériques », D. 2015. 1466 ; F. VADILLO, «Quand la lutte anti-terroriste fait évoluer la notion de vol : les modifications de l'article 323-3 du Code pénal introduites par l'article 16 de la loi du 13 novembre 2014 », Gaz. pal.,15-16 avril 2015, p. 06 ; H. MATSOPOULOU, « Vol par téléchargement de données informatiques », RSC 2015, p. 860*).

Dans un autre arrêt du 28 juin 2017, la Cour de Cassation française a eu l'occasion d'appliquer le délit de reproduction frauduleuse de données contenues dans un système de traitement automatisé. Dans cette espèce, à l'occasion d'un contentieux qui les oppose, un avocat avait téléchargé des documents concernant son associée et contenus dans des fichiers collectifs du cabinet, auxquels il avait accès grâce au système informatique commun sans avoir besoin d'un code personnel (*Cass. crim, 28 juin 2017, n° 16-81.113, JurisData n° 2017-012975 ; Dr. pén. 2017, comm. 141, obs. Ph. Conte ; Act. jur. pén. 2017, p. 448, note J. Lasserre Capdeville*). À l'insu de sa consœur, il s'est procuré clandestinement les doubles de sa correspondance et les avait remis au bâtonnier de l'Ordre des Avocats. La Chambre criminelle de la Cour de Cassation a jugé que le délit de reproduction frauduleuse de données contenues dans un système de traitement automatisé était constitué au motif que « *le libre accès à des informations personnelles sur un réseau informatique d'une entreprise n'est pas exclusif de leur appropriation frauduleuse par tout moyen de reproduction* » (*pour un commentaire de cet arrêt, V. PH. CONTE, « Vol -Soustraction d'une information », Dr. pén. n° 10, octobre 2017, comm. 141*).

220. Création d'un délit autonome. Au Sénégal, face aux difficultés juridiques posées par le vol d'information, la loi n° 2016-29 du 08 novembre 2016 modifiant le Code pénal a introduit dans le Code pénal un nouveau délit de copiage frauduleux de données informatiques appartenant à autrui. Aux termes de l'article 431-58 du Code pénal : « *Celui qui a copié frauduleusement des données informatiques qui ne lui appartiennent pas, est puni d'un emprisonnement de six mois à deux ans et d'une amende de 250 000 francs à 1 000 000 de francs ou de l'une de ces peines* ». Contrairement à l'ancienne infraction de vol d'information ainsi qu'au délit de vol de l'article 364 du Code pénal, la constitution du délit de copiage frauduleux de données n'est plus subordonnée à la caractérisation d'un acte matériel de soustraction frauduleuse. Cette infraction ne porte pas non plus sur une « *chose* », mais a pour assiette des données informatiques.

Le délit de l'article 431-58 du Code pénal se consomme par un acte matériel de copiage qui consiste à reproduire des données informatiques appartenant à autrui, notamment par téléchargement. Il n'est pas nécessaire que le propriétaire des données soit dépossédé des informations.

En outre, alors qu'en droit français, la loi n° 2014-1353 du 13 novembre 2014 a incriminé l'extraction, la reproduction, la détention ou la transmission frauduleuse de données « *contenues dans un système de traitement automatisé* », en droit sénégalais le copiage de données informatiques est réprimé indépendamment de leur stockage dans un système informatique. Le simple fait de reproduire des données contenues dans un support physique de stockage de données (clé USB, disque dur, etc.) ou stockées dans un cloud, indépendamment de leur traitement dans un système informatique, tombe sous le coup de la loi pénale.

La notion de données informatiques devrait être entendue au sens des dispositions de l'article 431-7 du Code pénal, c'est-à-dire « *toute représentation de faits, d'informations ou de concepts sous une forme qui se prête à un traitement informatique* ». La donnée informatique est la représentation numérisée de l'information, c'est-à-dire l'information ayant fait l'objet d'un traitement informatique (*P. A. TOURE, Le traitement de la cybercriminalité devant le juge : l'exemple du Sénégal, Paris, l'Harmattan, 2012, n° 88*). Il ne s'agit que d'un support électronique de l'information, en tant que message porteur de signification destiné à être communiqué. Ainsi, toute donnée informatique est une information, mais toute information n'est pas forcément une donnée électronique. La donnée informatique est une suite de chiffres intelligible qui, traduite par un programme informatique, permet la réalisation de certaines tâches (*L. SAENKO, « Vol par téléchargement de données numériques », D. 2015 p.1466.*). Elle peut se présenter sous forme d'image, de vidéo, de fichier ou de son, de SMS ou de courrier électronique, l'essentiel est qu'elle doit avoir une forme numérique.

- **Jurisprudence**

Pour ne pas retenir à la charge du prévenu le délit de vol, les juges d'appel constatent que la remise de la marchandise a été volontaire de la part du légitime détenteur ; cette marchandise n'a pas été l'objet d'un enlèvement par le prévenu ; en déduisant de ces constatations, l'inexistence de l'un des éléments constitutifs du délit, la soustraction frauduleuse , les juges du fond ont légalement justifié leur décision (**CS n° 2 du 07 janvier 1967, MP c/ K. S. et A. F., *RLJ*, *arrêts de la Cour suprême*, 1970, p. 24**).

En fixant les éléments qui caractérisent les diverses infractions, le législateur n'a pas pu déterminer les faits matériels qui constitueraient ces éléments ; dès lors c'est aux juges du fond qu'il appartient d'en constater l'existence et d'en apprécier la valeur, sous le contrôle de la Cour suprême ; l'un des éléments légaux du délit de vol consiste dans le caractère frauduleux de l'appréhension de la chose d'autrui ; s'il est vrai que la loi réprime la soustraction lorsqu'elle révèle l'intention de se comporter même momentanément en propriétaire, elle n'atteint pas celui qui, sans l'autorisation du propriétaire, utilise même abusivement la chose d'autrui sans avoir l'intention de l'en déposséder ; en l'espèce, l'erreur commise par M. K., et justement relevée par le tribunal sur l'étendue de ses pouvoirs relatifs à l'accomplissement des missions de délégué du personnel définies par l'article 189 du Code du Travail, et le but poursuivi par lui ne révèlent pas qu'il ait eu l'intention de dépouiller indûment le propriétaire et ne confèrent pas le caractère frauduleux à la soustraction qui lui est reproché (**CS Sénégal, n° 23 du 30 avril 1966, arrêt Mamadou Keita, *Penant*, n° 715, janvier février mars 1967, p. 109, Rapport G. ARRIGHI ; *RLJ*, arrêts de la Cour suprême, 1970, p. 40).**

Suite à une bagarre l'ayant opposé au frère de son ami Y. S. ., B. K., en quittant leur domicile situé aux HLM II, a emporté à leur insu, les clés d'un véhicule, deux téléphones portables et leurs chargeurs ainsi qu'une paire de chaussures, le tout appartenant à son ami, en guise de représailles suite à une bagarre ; il a restitué les clés de la voiture et pris l'engagement d'en faire autant pour le reste ; il n'est pas contesté que, jusqu'à la fameuse bagarre, les parties étaient des amis intimes ; s'il est vrai que le prévenu a soustrait frauduleusement les objets en cause, il ressort des propres déclarations de la victime consignées dans sa lettre plainte et le procès-verbal d'enquête qu'il l'en a informée par téléphone et a même eu à lui restituer les clés de la voiture ; si le comportement du prévenu est inacceptable et intolérable, il n'en demeure pas moins que l'intention frauduleuse fait en l'espèce manifestement défaut (**CA Dakar, n° 1179 du 05/08/2013, MP et Y. S. S. c/ B. K., in *Bulletin des arrêts rendus par la Cour d'appel de Dakar en matière pénale*, 2014, p. 151**).

- **Vol de service**

Le fait pour les prévenus d'utiliser des moyens frauduleux tels que des décodeurs pirates pour capter des programmes de Canal Horizon et de Walfadjri, qui sont des chaînes réservées à un public d'abonnés, au préjudice des exploitants traduit avec éloquence qu'ils ont soustrait frauduleusement des services qui sont des choses appartenant à ces derniers à leur insu et contre leur gré (**TGI Diourbel, n° 551 du 03 juin 2010, MP et M. T. c/ A. D. et autres, *inédit* ; *pour d'autres applications de l'infraction de vol par captation frauduleuse d'images ou de signaux, V. CA Dakar, ch. corr. n°825 du 05 juin 2015, MP c/ Mamadou DIOUF, inédit*).**

En changeant d'office les faits d'utilisation frauduleuse d'un réseau de télécommunication public ou privé, pour retenir contre les prévenus le délit de vol de service, sans avoir mis les parties en position de discuter cette nouvelle prévention, le premier juge n'a pas respecté les règles fondamentales du procès pénal ; au regard de toutes ces considérations il y a lieu de dire et juger que l'appel des prévenus est bien fondé, d'infirmer en toutes ses dispositions le jugement déféré et de décharger les prévenus des condamnations prononcées contre eux et d'ordonner la restitution de leur matériel saisi (**CA Dakar, n° 378 du 18 mars 2013, MP et M.T. c/ A. D. et autres, *inédit***).

Les agissements du prévenu qui a profité de l'inattention d'un boutiquier pour transférer du crédit téléphonique d'un montant de 54 000 francs CFA à un numéro qu'il a choisi ont eu pour effet d'entraîner le transfert du crédit téléphonique de la possession du boutiquier vers celle du bénéficiaire du transfert, puisque du crédit téléphonique d'un montant de 54 000 francs CFA a été effectivement débité du portable de transfert de la partie civile, ce qui a emporté une atteinte directe au corpus de sa possession sur le service du crédit téléphonique en tant qu'utilité économique. La dépossession du légitime propriétaire d'un crédit d'un montant de 54 000 francs CFA, résultant du transfert illicite, est constitutive d'un acte de soustraction au sens de l'article 364 du Code pénal. (**TGIHC Dakar, n° 5807 du 20 décembre 2012, affaire Oumar Tounkara, *inédit***).

- **Vol de données électroniques**

Le fait pour le prévenu de copier, après son montage, une pièce théâtrale destinée à être dupliquée en France et au Sénégal, de l'ordinateur de service de la société El Bachir Production, avant d'être diffusée et mise en vente, alors qu'elle n'était pas encore officiellement sortie constitue un vol. En copiant lesdites données dans un CD aux fins d'usage ultérieur sans le consentement de son légitime propriétaire, le prévenu a commis un vol tel que prévu par les dispositions de l'article 364 du Code pénal (**TGI Thiès n° 1603, 23 décembre 2005, *affaire « Mor Todjangué », inédit***).

Commet un vol d'information conformément à l'ancien article 431-53 du Code pénal, le prévenu qui a copié des données relatives à l'activité de l'agence New-Look Business, à sa clientèle, à son patrimoine et, ce, à l'insu de son employeur lequel a soutenu sans être contredit par le prévenu, qu'il avait interdit aux employés de faire des copies des informations allant jusqu'à installer un système de sécurité désactivé à chaque fois par celui-ci (**TGI Thiès, n° 505/2012 du 18 septembre 2012, affaire de l'Agence New-Look Business, *inédit***).

L'un des éléments constitutifs de ce délit suppose l'existence d'une chose objet de la soustraction ; cette chose non définie par la loi peut être matérielle ou immatérielle ; les données informatiques qui sont stockées sur certains supports qui en gardent la mémoire grâce à leur propriété notamment magnétique constituent comme l'énergie une chose immatérielle, sont donc susceptibles de vol (**TGIHC Dakar n° 1981 du 09 mai 2006, MP et Y. D. c/ M. D. et L. A. G. ND.,** ***inédit***).

Au sens de l'article 364 du Code pénal, l'un des éléments constitutifs du délit de vol, suppose l'existence d'une « *chose* », objet de la soustraction ; cette chose non définie par la loi, peut être matérielle ou immatérielle ; ainsi les données informatiques sont susceptibles de vol (**CA Dakar, n° 680 du 16 avril 2007, MP et Y. D. c/ M. D. et L. A. G. ND.,** ***inédit***).

CHAPITRE IX.-

DES INFRACTIONS COMMISES PAR TOUT MOYEN DE COMMUNICATION ÉLECTRONIQUE

221. Cyberespace : un moyen de réalisation d'infractions. L'informatisation de la société consécutive à l'avènement de la révolution numérique a fourni des opportunités nouvelles à la malveillance (*Sh. MORRIS, « L'ordinateur, instrument et facilitateur de criminalité », in La délinquance électronique, Problèmes politiques et sociaux, n° 953, octobre 2008, p. 49*). Le réseau internet constitue aujourd'hui un vecteur privilégié de multiplication des infractions pénales (*Sur l'ensemble de cette question l'étude du professeur A. LEPAGE, « Internet : un nouvel espace de délinquance », Act. jur. pén., n° 06, juin 2005, dossier, p. 217 et s.).* Les réseaux numériques sont devenus de nouveau instrument de commission d'infractions.

Ce schéma spécifique d'implication des nouvelles technologies dans le processus délictuel met en relief un lien moins étroit entre ces technologies et le phénomène criminel, caractéristique d'une forme de criminalité informatique dite « *aspécifique* », par opposition à la criminalité informatique spécifique. À la réflexion, les technologies digitales ne sont qu'un moyen de faciliter la commission d'activités frauduleuses qui pourraient être réalisées par d'autres moyens, notamment par la presse, le cinéma, etc. (*O. LEROUX, « Criminalité informatique », in H. D. BOSLY et Ch. DE VALKENEER (Dir.), « Les infractions contre les biens », 1ere édition, Paris, Larcier, 2008, p. 375 : « La criminalité informatique aspécifique englobe les infractions pour la réalisation desquelles l'informatique n'est utilisée que comme outil. Ces infractions consistent le plus souvent à une adaptation technologique d'infractions préexistantes en droit commun » ; R. GASSIN, « Le droit pénal de l'informatique », DS 1986, chron. p. 36*).

Dans la société contemporaine, le réseau internet est souvent considéré comme un espace privilégié permettant aux cybercriminels de soutirer les fonds d'autrui à l'aide de maniements électroniques ou de mises en scène, c'est-à-dire un outil d'obtention de fonds. Les transformations numériques ont favorisé la perpétration de comportements inquiétants portant atteinte aux biens.

222. Principe de neutralité technologique. Mais malgré la nouveauté du moyen technologique employé par les délinquants, il serait excessif de considérer que le système pénal est mal adapté à ces nouvelles pratiques frauduleuses des cybercriminels. Lorsque l'instrument électronique est utilisé pour obtenir la remise de fonds, les incriminations traditionnelles constituent « *une structure d'accueil suffisante pour assurer la répression de tels agissements* » (*R. GASSIN, op. cit., p. 39 ; J. DEVEZE, «La fraude informatique : aspects juridiques », JCP, 1987, Doct. n° 3289, n° 07 et s. ; J. DEVEZE, « Les qualifications pénales applicables aux fraudes informatiques », in 18eme Congrès AFDP, Le droit criminel face aux technologies modernes de la communication, Paris, Economica, et ADI, 1986, p. 193 et s. ; J. PRADEL et Ch. FEUILLARD, « Les infractions commises au moyen de l'ordinateur », Rev. dr. pén. et crim., 1985, p. 311 et s.; A. LUCAS, Le droit de l'informatique, Paris, PUF, 1987, n° 413 ; P. SARGOS et M. MASSE, « Le droit pénal spécial né de l'informatique», in Informatique et droit pénal, travaux de l'Institut de sciences criminelles, Poitiers, Cujas, 1981, p. 29*). Cette « *capacité d'absorption* » des incriminations traditionnelles tient au fait que l'utilisation des moyens technologiques à des fins infractionnelles s'inscrit dans un processus délictueux plus vaste et incriminé en tant que tel (*D. CHILSTEIN, «Les nouveaux défis du droit pénal : incriminations générales et spéciales à l'épreuve de l'économie numérique », in J. ROCHFELD (dir), Les nouveaux défis du commerce électronique, Paris, LGDJ, 2010, p. 168*). En effet, du point de vue de la technique législative, la plupart des textes d'incrimination des infractions de droit commun (vol, escroquerie, abus de confiance, recel, chantage, etc.) ne procèdent pas à une description précise des moyens utilisés par les délinquants pour commettre leurs méfaits. Tout au plus, le législateur a érigé certains moyens spécifiques en circonstances aggravantes (usage de fausses clés, port d'armes, appel public à l'épargne, etc.).

Aussi, en droit pénal commun, en raison du principe de la neutralité technologique qui permet « *de subsumer [le numérique] sous des règles qui lui préexistaient et dont la portée le dépasse* », la mise en œuvre et l'utilisation des nouveaux moyens résultant des technologies digitales, ne perturbent-elles pas sensiblement l'opération de qualification pénale (*A. LEPAGE, « Internet : un nouvel espace de délinquance », Act. jur. pén., n° 06, juin 2005, dossier, p. 219*). En effet, « dès lors que les termes de l'incrimination générale ne sont pas définis de façon trop étroite, elle pourra s'appliquer sans que la modalité technique de sa réalisation y fasse obstacle» (*D. CHILSTEIN, «Les nouveaux défis du droit pénal :*

incriminations générales et spéciales à l'épreuve de l'économie numérique », in J. ROCHFELD (dir), Les nouveaux défis du commerce électronique, Paris, LGDJ, 2010, p. 168). Par conséquent, par une interprétation téléologique, les tribunaux répressifs ont la possibilité, en se conformant à la *ratio legis* des incriminations, d'adapter les textes pénaux classiques (*sur le vol, l'escroquerie, l'abus de confiance, le chantage et l'extorsion de fonds, etc.)* à la spécificité du moyen numérique utilisé (*B. FILLON, « La réception de l'innovation technologique en droit pénal », RSC, avril-juin 1990, p. 276*).

223. Intervention législative. Néanmoins, au-delà du principe de la neutralité technologique, certaines infractions réalisées au moyen des TIC ne peuvent être saisies sans une intervention législative.

C'est certainement pourquoi le Code pénal a prévu, dans le titre IV intitulé « *infractions liées aux technologies de l'information et de la communication* » un chapitre IX relatif aux infractions commises par tout moyen de communication électronique qui comporte des infractions commises par le biais de moyens électroniques ainsi que des sanctions encourues en cas de commission d'infractions par un moyen de communication électronique.

Ainsi, le législateur pénal a intégré les moyens de communication électronique dans les moyens de diffusion publique (*art. 431-59*) ; il a aussi créé le délit d'outrage aux bonnes mœurs par un moyen de communication électronique (*art. 431-60*) et a prévu des peines complémentaires en cas de commission d'infraction par un moyen de communication électronique (*art. 431-61 et 431-62*).

Article 431-59.- Sont considérés comme moyens de diffusion publique au sens de l'article 248 du présent code, les moyens de communication électronique.

- **La prise en compte des moyens de communication électronique dans les moyens de diffusion publique**

- **Bibliographie**

A. LEPAGE, « Précisions sur la communauté d'intérêts », *Comm. com. électr.* 2009, comm. 102. Th. CASSUTO, « Vie privée, vie publique et cybercriminalité », *Sécurité globale*, 2008/4, n° 6, p. 45.

B. BEIGNIER, B. DE LAMY et E. DREYER (dir), *Traité de droit de la presse et des médias*, Paris, Litec, 2009.

E. BAILLY et E. DAOUD, « Cybercriminalité et réseaux sociaux : la réponse pénale », *Act. jur. pén.*, 2012, p. 252.

E. DERIEUX, « La notion de "publication" en droit de la communication », in *Droit et Actualité Études offertes à Jacques Béguin,* Paris, LexisNexis, 2005, p. 124.

J. THERON, « De la communauté d'intérêts », *RTD Civ.*, janvier-mars 2009, p. 19.

J.-Ph. HUGOT, « Infractions de presse et réseaux intranet », *Légicom*, février 2002, n° 27, p. 41.

N. MALLET-POUJOL, « La notion de publication sur l'internet et son incidence concernant la prescription des délits en ligne », in *Le droit de la presse : une spécialité légitime ou dépassée* ?, Actes du forum Légipresse du 29 septembre 2005, *Légicom*, n° 35, 2006, p. 57.

P. A. TOURE, « Les infractions commises par tous moyens de diffusion publique à l'épreuve du cyberespace », in *Justice et intégration, Mélanges en l'honneur du professeur Ndiaw DIOUF,* Cotonou, édition du CREDIJ et éditions de l'ERSUMA, 2020, tome I : la Justice, p. 661 et s.

P. A. TOURE, *Le traitement de la cybercriminalité devant le juge : l'exemple du Sénégal*, Paris, l'Harmattan, 2010.

P. A. TOURE, *Droit pénal général sénégalais*, tome 1, Dakar, l'Harmattan 2023

P. AUVRET, « Les éléments communs aux délits de la loi de 1881 » in *Droit de la presse*, Paris, éd. Litec, fasc. 122, p. 24.

Ph. HUGOT, « Infractions de presse et réseaux intranet », *Légicom* 2002, n° 27, p. 41.

R. DIARRA, *La répression de la cybercriminalité en Afrique de l'ouest*, Paris, l'Harmattan, 2021.

R. HARDOUIN, « Facebook ou l'établissement de la frontière entre espace public et sphère privée», *RLDI*, janvier 2011, n° 67, 2209, p. 54.
R. MESA, « Le droit pénal général à l'épreuve de l'infraction digitalisée », *D.* 2022, p. 125.
Th. CASSUTO, « Vie privée, vie publique et cybercriminalité », *Sécurité globale*, 2008/4, n° 6, p. 45.
Th. FOURREY, « Twitter et le droit de la presse », *RLDI* 2014, n° 109.
Y. MAYAUD, « Communauté d'intérêts », *RSC* 1998, p. 104.

- **Commentaire**

224. Liberté d'expression en ligne. L'internet est devenu un espace d'expression pour le meilleur et pour le pire. La liberté d'expression est revigorée par les technologies numériques.

Au Sénégal, les réseaux électroniques comme internet sont devenus de véritables moyens de communication permettant, avec une extrême rapidité, de diffuser à l'échelle mondiale des idées, des sentiments, des opinions de toutes sortes *(B. BEIGNIER, B. DE LAMY et E. DREYER (dir), Traité de droit de la presse et des médias, Paris, Litec, 2009, p. 1230 ; E. BAILLY et E. DAOUD, « Cybercriminalité et réseaux sociaux : la réponse pénale », Act. jur. pén., 2012, p. 252 ; J.-Ph. HUGOT, « Infractions de presse et réseaux intranet », Légicom, février 2002, n° 27, p. 41).* L'internet est de plus en plus la principale source d'informations du public.

225. Abus à la liberté d'expression en ligne. L'avènement récent du *Web 2.0*, espace de liberté par essence facilitant l'intervention d'internautes amateurs dans le cadre d'une logique interactive et dynamique, a favorisé des abus à la liberté de la presse (*B. BEIGNIER, B. DE LAMY et E. DREYER (dir), Traité de droit de la presse et des médias, Paris, Litec, 2009, p. 1230 ; E. BAILLY et E. DAOUD, « Cybercriminalité et réseaux sociaux : la réponse pénale », Act. jur. pén., 2012, p. 252 ; D. Verville et J-P LAFRANCE, « L'art de bavarder sur Internet », in Réseaux, volume 17, n° 97, 1999, Internet, un nouveau mode de communication ?, p. 179*).

Le succès des *blogs*, des forums de discussion et, plus généralement, des platesformes du *Web 2.0* entraîne une multiplication des moyens d'expression, tout le monde pouvant s'y exprimer. Avec les réseaux sociaux, la haine et le harcèlement, qui étaient autrefois ralentis par la pression naturelle du corps social, se sont libérés en s'appuyant sur la liberté d'expression (*En ce sens, L. SAENKO, «Nouvelles technologies et liberté d'expression : le droit pénal (perdu) entre adaptation et innovation», Arch. pol. crim., 2018/1, n° 40, p. 55 ; A. GRANCHET, « La liberté d'expression face au défi numérique et sécuritaire », Légipresse 2015, n° 33, p. 648 ; H. OBERDORFF, « La liberté d'expression à l'ère numérique en Europe», Politeia, 2017, n° 31, p. 193 ; A. JOMNI, «Du discours de haine en ligne au cyberterrorisme : quelles régulations possibles ? », D. IP/IT 2017 p. 563 ; I. BOYER, « La haine en ligne à l'heure des nouvelles formes de gouvernance », D. IP/IT 2020 p. 546 ; Dossier : La liberté d'expression à l'épreuve de la haine en ligne, D. IP/IT 2020 p.530*).

Si ces tribunes sont, par nature, des espaces de libre communication, elles sont souvent une source de dérives et le support de nombreux abus à la liberté d'expression (*B. CINELLI, Droit du Web 2.0. 2011/12, Paris, Hachette, 2011, p. 08 ; « I-expo 2007. Les nouvelles valeurs de l'information à l'heure du Web 2.0 », Documentaliste-Sciences de l'Information, 2007/3 (vol. 44), p. 249 ; L. QUONIAM et Ch.-V BOUTET. « Web 2.0, la révolution connectique », document numérique, vol. vol. 11, n° 01, 2008, p. 133 ; M. QUEMENER et J. FERRY, Cybercriminalité. Défi mondial, Paris, Economica, 2e édition, 2009, p. 139*).

Récemment, l'avènement de la messagerie privée dite *Whatsapp* a renouvelé le débat des abus à la liberté d'expression en ligne. En effet, se réfugiant souvent derrière la nature privée de groupes de discussion ou d'amis crées, des personnes mal intentionnées postent des photos ou des vidéos licencieuses, voire pornographiques ou même des montages d'images de personnes (*J. RAVANAS, La protection des personnes contre la réalisation et la publication de leur image, Paris, LGDJ, 1978 ; J.-P. ANCEL, « Image et vie privée », Gaz. pal. 1994, 02, doctr. p. 992 ; C. STRUGALA, «La protection de la personnalité à l'épreuve du numérique», RLDI, 2010/66, n°2182*). Avec la rapidité de circulation des informations dans le cyberespace, les contenus préjudiciables à la vie privée et aux bonnes mœurs, initialement confinés à un groupe d'amis, finissent par être distillés dans les réseaux sociaux (Facebook, Instagram, etc.), dans les autres réseaux de communication (Imo, You tube etc.) et voire même sur le web.

Le réseau des réseaux est devenu un puissant vecteur de commission d'infractions de presse (*En ce sens, P. A. TOURE, Le traitement de la cybercriminalité devant le juge : l'exemple du Sénégal, Paris, l'Harmattan, 2010, p. 314*). Les nombreux forums de discussion organisés dans les sites d'information, comme rewmi.com et seneweb.com, etc. sont souvent une occasion de propager des messages illicites ou attentatoires à l'honneur et à la dignité des personnes. Il s'agit notamment de cas de diffamation, d'injures, de diffusion de fausses nouvelles, d'offense au Chef de l'État. La question se pose de savoir si la liberté d'expression « *numérique* » ne s'est pas transformée en une « *sur-liberté* ».

L'article 8 de la Constitution du Sénégal garantit à tous les citoyens les libertés individuelles fondamentales, notamment la liberté d'opinion, la liberté d'expression et liberté de la presse.

Mais ces libertés doivent s'exercer dans les conditions prévues par la loi. D'ailleurs, l'article 10 de la loi fondamentale, qui consacre la liberté d'expression, énonce que chacun a le droit d'exprimer et de diffuser librement ses opinions par la parole, la plume ou l'image « *pourvu que l'exercice de ces droits ne porte atteinte ni à l'honneur et à la considération d'autrui, ni à l'ordre public* ».

226. Infractions commises par tous moyens de diffusion publique. Les infractions commises par tous moyens de diffusion publique ont pour siège la section VI du chapitre IV, du titre premier, du livre troisième du Code pénal intitulé : « *Des infractions commises par tous moyens de diffusion publique* » (*V. art. 248 à 269 du CPP*). Ce chapitre du Code pénal, inspiré des dispositions de la loi française du 29 juillet 1881 sur la liberté de la presse, regroupe une variété d'incriminations pénales limitativement énumérées par le législateur, à savoir la diffamation, la diffusion de fausses nouvelles, l'injure publique, l'apologie de crime ou délit, la provocation suivie ou non suivie d'effets, l'offense au chef de l'État, etc. (*Sur les infractions de presse, A. LEPAGE, « Le Code pénal et la loi du 29 juillet 1881 sur la liberté de la presse », in V. MALABAT, B. DE LAMY et M. GIACOPELLI (dir.), « La réforme du Code pénal et du Code de procédure pénale. Opinio doctorum », éditions Dalloz, 2009, p. 135 et s ; J. GENTHIAL, « Les principales infractions en matière de presse », Rev. pol. nat., janv. 1972, p. 29 ; O. SEYE, « La procédure en matière de délits de presse », Nouvelles Annales africaines, n° 2, 2008, p. 349*).

Les infractions commises par tous moyens de diffusion publique ne doivent pas être confondues aux infractions de presse au sens strict du terme. En effet, ces dernières infractions commises par voie de presse (presse écrite, audiovisuelle ou presse en ligne) ne constituent qu'une catégorie d'infractions commises par des moyens de diffusion publique.

En effet, les délits commis par tous moyens de diffusion publique n'ont pas toujours pour support la presse ; ils peuvent être réalisés par des cris ou menaces proférées dans des lieux ou réunions publics (*art. 248 du CP*). Les infractions commises par tous moyens de diffusion publique ont pour objet de réprimer les « *abus à la liberté d'expression* », liberté publique proclamée par la Constitution du Sénégal et par les instruments fondamentaux de protection des droits de l'homme (*Sur l'ensemble de cette question, D. NDOYE, La liberté d'opinion et d'expression au Sénégal. La doctrine politique et les textes, éditions du Caford, 2003, p. 3 et s. ; P. A. TOURE, Droit pénal général sénégalais, tome 1, Dakar, l'Harmattan 2023, n° 213*).

227. Exigence de la publicité. En matière de presse, « *c'est la publication qui fait le délit* », écrivait BARBIER, dès 1911 dans son *Code expliqué de la presse* (*BARBIER, Code expliqué de la presse, 2e édition, 1911, tome I, n° 243)*. Les infractions commises par tous moyens de diffusion publique ont un élément en commun : c'est la publication. Cette notion constitue l'élément constitutif essentiel conditionnant l'application du régime dérogatoire de ces infractions spécifiques (prescription abrégée, exigence de la plainte préalable, responsabilité en cascade, exclusion de la procédure de flagrant délit, etc.) (*P. AUVRET, « Les éléments communs aux délits de la loi de 1881 » in Droit de la presse, Paris, éd. Litec, fasc. 122, p. 24 ; B. BEIGNIER, B. DE LAMY et E. DREYER (dir), Traité de droit de la presse et des médias, Paris, Litec, 2009, p. 1233 : « Ces infractions de presse ne sont constituées que si les actes ont reçu une certaine publicité (...) L'acte de publicité est fondamental pour qualifier l'infraction de presse » ; E. DERIEUX, « La notion de "publication" en droit de la communication », in Droit et Actualité Études offertes à Jacques Béguin, Paris, LexisNexis, 2005, p. 124 ; P. A. TOURE, « Les infractions commises par tous moyens de diffusion publique à l'épreuve du cyberespace », in Justice et intégration, Mélanges en l'honneur du professeur Ndiaw DIOUF, Cotonou, édition du CREDIJ et éditions de l'ERSUMA, 2020, tome I : la Justice, p. 661 et s.*).

Aux termes de l'article 248 du Code pénal, « *sont considérés comme moyens de diffusion publique : la radiodiffusion, la télévision, le cinéma, la presse, l'affichage, l'exposition, la distribution d'écrits ou d'images de toutes natures, les discours, chants, cris ou menaces proférés dans des lieux ou réunions publics, et généralement tout procédé technique destiné à atteindre le public* ». Selon la Cour d'appel de Dakar « *en tant que délit de presse, la diffamation « suppose une certaine publicité et doit se réaliser par l'un des moyens définis à l'article 248 du Code pénal » (CA Dakar, ch.corr. n° 567 du 07 août 2017, MP c A. Th., inédit).*

228. Critère de la communauté d'intérêts. Pour établir un départ entre le message présentant un caractère public, susceptible de consommer le délit de presse relevant du droit de la communication et le message privé soumis au droit des télécommunications, les juges ont eu recours au critère fondamental de la « *communauté d'intérêts* » *(Sur l'ensemble de cette question, J. THERON, « De la communauté d'intérêts», RTD civ., janvier-mars 2009, p. 19 ; Y. MAYAUD, « Communauté d'intérêts RSC 1998, p. 104 ; A. LEPAGE, « Précisions sur la communauté d'intérêts », Comm. com. électr. 2009, comm. 102 ; Th. CASSUTO, « Vie privée, vie publique et cybercriminalité », Sécurité globale, 2008/4, n° 6, p. 45 ; P. A. TOURE, Le traitement de la cybercriminalité devant le juge : l'exemple du Sénégal, Paris, l'Harmattan, 2010, p. 319 et s.; P. A. TOURE, « Les infractions commises par tous moyens de diffusion publique à l'épreuve du cyberespace », in Justice et intégration, Mélanges en l'honneur du professeur Ndiaw DIOUF, Cotonou, édition du CREDIJ et éditions de l'ERSUMA, 2020, tome I : la Justice, p. 661 et s.)*. La Cour de Cassation française a rappelé, dans un arrêt rendu par sa chambre criminelle le 27 mai 1999, que « *la diffusion d'un écrit n'est une distribution publique (...) que si les destinataires de cet écrit sont étrangers à un groupement de personnes liées par une communauté d'intérêts* » (*Cass. crim. 27 mai 1999, Bull. crim., n° 112 ; aussi Cass. civ. 24 janvier 2002, Bull. civ. II, n° 2 ; D. 2002 .IR. 1179*). Ainsi, le message public constitutif du délit de presse est celui adressé à un public inconnu et imprévisible, par opposition à celui destiné à des personnes liées par une communauté d'intérêts, comme une entreprise, une association ou tout groupement de droit ou de fait poursuivant un but commun.

Elle juge qu'il n'y a pas publicité lorsque la distribution de tracts a été faite « *à un groupe de personnes liées par une communauté d'intérêts* » (*Crim. 04 janvier 1990, n° 85-94.880, Bull. crim. n° 10)*. En revanche, la chambre criminelle s'est fondée sur « *la multiplicité des destinataires des écrits diffamatoires et sur l'absence de communauté d'intérêts entre eux* » pour retenir le caractère public de la diffamation (*Crim. 26 février 2008, n° 07-84.846, CCE 2008. Comm. 71*) ou encore sur le fait que les propos sont «*accessibles à tous les utilisateurs* » (*Crim. 07 février 2017, n° 15-86.916*). Aussi, « *la diffusion litigieuse sur le réseau internet, à destination d'un nombre illimité de personnes nullement liées par une communauté d'intérêts, constitue un acte de publicité commis dès lors que l'information a été mise à la disposition des éventuels utilisateurs du site»* (*Crim, 16 octobre 2001, n° 00-85.728*). Cette communauté d'intérêts se définit « *comme un groupe de personnes liées par une appartenance commune, des aspirations et des objectifs partagés, et formant une entité suffisamment fermée pour ne pas être perçue comme des tiers par rapport à l'auteur des propos mis en cause* » (*Crim. 28 avril 2009, n° 08-85.249*).

En matière d'injure, ne constituent pas des injures publiques celles diffusées sur un compte de réseau social accessible aux seules personnes agréées, en nombre très restreint, par l'auteur des propos injurieux et qui forment entre elles une communauté d'intérêts (*Cass. civ. 1re, 10 avril 2013, no 11-19.530, D. 2013. Actu. 1004*). Aussi, le dialogue entre quelques personnes au moyen d'un service de messagerie instantanée relève de la confidentialité des communications. Les propos qui y sont tenus devant s'apprécier dans leur contexte non seulement intrinsèque, mais extrinsèque, ils ne peuvent être qualifiés d'injures non publiques (*CA Aix en Provence, 7 mai 2013, D. 2013. Actu. 1550, obs. Manara*).

Le critère de la communauté d'intérêts est présent dans la jurisprudence pénale sénégalaise. Un arrêt de la Cour d'Appel de Dakar rendu le 12 janvier 2007 a déjà énoncé « *qu'il est de jurisprudence que les relations verbales et épistolaires entre personnes qui sont liées par une communauté d'intérêts, quelle qu'en soit la nature en vue de leur information sur un objet concernant cet intérêt ne sont susceptibles d'aucune incrimination* » (*CA Dakar ch. corr., n° 70 du 12 janvier 2007, MP et K. T. S. c/M. D., inédit*).

229. Modernisation des moyens de diffusion publique. Le législateur a levé toute ambigüité sur l'applicabilité du droit pénal de la presse à l'environnement électronique en intégrant de façon explicite les moyens de communication électronique dans les moyens de diffusion publique. Il résulte de l'article 431-59 du Code pénal, issu de la loi du 08 novembre 2016, que sont considérés comme moyens de diffusion publique au sens de l'article 248 dudit code les moyens de communication électronique *(P. A. TOURE, Le traitement de la cybercriminalité devant le juge : l'exemple du Sénégal, Paris, l'Harmattan, 2010, p. 321 ; P. A. TOURE, « Les infractions commises par tous moyens de diffusion publique à l'épreuve du cyberespace », in Justice et intégration, Mélanges en l'honneur du professeur Ndiaw DIOUF, Cotonou, édition du CREDIJ et éditions de l'ERSUMA, 2020, tome I : la Justice, p. 661 et s.).*

La technique législative employée par le législateur pour intégrer les moyens de communication électronique dans les moyens de diffusion publique est très curieuse. En effet, la loi a prévu un texte autonome qui considère les moyens de communication électronique comme des moyens de diffusion publique, c'est-à-dire comme des moyens de publicité, au sens des dispositions de l'article 248 du Code pénal. Il eut été de meilleure technique législative de procéder tout simplement à la modification des dispositions de l'article 248 du Code pénal, qui est le siège légal de l'énumération des moyens de diffusion publique, par l'inclusion des supports de communication dans lesdits moyens.

L'article 341-7 du Code pénal définit la communication électronique comme toute mise à la disposition du public ou d'une catégorie de public, par un procédé électronique ou magnétique, de signes, de signaux, d'écrits, d'images, de sons ou de messages de toute nature (*V. G. VERCKEN, «Aperçu rapide des nouvelles définitions de la communication et des services dans la LEN », Cah. Lamy droit de l'informatique et des réseaux, juillet 2004, p. 19*). La communication électronique est composée de la communication au public par voie électronique, d'une part et de la correspondance privée, d'autre part. Cette définition très large est susceptible de couvrir toutes les formes de communication via les réseaux numériques, comme les services de l'internet (web, forums de discussion, *mail listing*, les réseaux sociaux ou même dans certains cas le courrier électronique) *(N. MALLET-POUJOL, « La notion de publication sur l'internet et son incidence concernant la prescription des délits en ligne », in Le droit de la presse : une spécialité légitime ou dépassée ?, Actes du forum Légipresse du 29 septembre 2005, Légicom, n° 35, 2006, p. 57).* Constituant une mise à la disposition du public de messages, les moyens de communication doivent en principe présenter un caractère public.

230. Portée de la modernisation des moyens de diffusion publique. Mais il ne faut pas exagérer la portée de l'intégration des moyens de communication électronique dans les moyens de diffusion publique. En effet, en principe, le web, les forums de discussion ouverts au public (*Sur l'ensemble de la question, C. ROJINSKI, « Forums de discussion », J-Cl. comm., 2008, fasc. 4750, n° 18 et s. ; N. MALLET-POUJOL, « La notion de publication sur l'internet et son incidence concernant la prescription des délits en ligne », Légicom, n° 35, 2006, p. 62 et s. ; P. AUVRET, « Application de la loi de 1881 à la communication en ligne », J-cl. comm., 2006, fasc. 4860, n° 29), les blogs (G. KESSLER, « Aspects juridiques du* *blog », D. 2006, p. 446 ; P. A. TOURE, « Les infractions commises par tous moyens de diffusion publique à l'épreuve du cyberespace », in Justice et intégration, Mélanges en l'honneur du professeur Ndiaw DIOUF, Cotonou, édition du CREDIJ et éditions de l'ERSUMA, 2020, tome I : la Justice, p. 661 et s.*), les plateformes de partage (*YouTube, DailyMotion, Picasa, Flickr ou PhotoBucket, SoundCloud, Expat-Dakar, etc.*), les réseaux sociaux en général (Facebook, Twitter, Instagram, Snapshat ou Linkeldin) peuvent être considérés comme des moyens de publicité (*B. BARRAUD, « Droit du web participatif (blogs, forums, wikis, réseaux sociaux, plateformes de partage) », Jurisclass. Comm., fasc. 600, 2018, n° 49 ; Th. FOURREY, « Twitter et le droit de la presse », RLDI 2014, n° 109, p. 67 s.; E. NETTER, « La responsabilité juridique de l'utilisateur de Twitter », JCP G 2013, 65, p. 102 s. ; R. HARDOUIN, « Facebook ou l'établissement de la frontière entre espace public et sphère privée », RLDI, janvier 2011, n° 67, 2209, p. 54 ; R. HARDOUIN, « Facebook ou l'établissement de la frontière entre espace public et sphère privée », RLDI, janvier 2011, n° 67, 2209, p. 54 ; Th. FOURREY, op. cit, p. 67*). Mais il faut dire que la caractérisation de la publicité dans les réseaux sociaux dépend largement du système de paramétrage utilisé par l'utilisateur. En effet, la condition de la publicité n'est réunie que lorsque les contenus postés sont paramétrés de sorte que toute personne puisse y avoir accès.

Déjà, dans l'affaire Robert SAGNA, jugée par le Tribunal de grande instance de Ziguinchor le 06 janvier 2004, bien avant l'adoption de la loi sur la cybercriminalité, les juges avaient déjà considéré que : « *l'outil Internet en cause qui constitue un réseau international permettant à des personnes habitant divers endroits du monde et disposant d'ordinateurs de communiquer entre elles» constitue un procédé technique destiné à atteindre le public » (TGI Ziguinchor, 06 janvier 2004, Affaire Robert SAGNA, jugement inédit ; sur cette affaire, L. DIEME, « Un mandat d'arrêt international contre le propriétaire de senegalaisement.com» : http://www.osiris.sn/article822. html (consultéle 23 mars 2010) ; « L'internaute français Christian Costeaux condamné à un an de prison et 600 millions de dommages et intérêts » : http://www.osiris.sn/article824.html (consulté le 23 mars 2010) ; P. A. TOURE, Le traitement de la cybercriminalité devant le juge : l'exemple du Sénégal, Paris, l'Harmattan, 2010, p. 324*).

Cette interprétation était légitimée par la généralité des dispositions de l'article 248 du Code pénal qui énumère parmi les moyens de diffusion publique « *tout procédé technique destiné à atteindre le public* ».

Après l'adoption de la loi du 25 janvier 2008 portant sur la cybercriminalité, le Tribunal correctionnel de Dakar a confirmé cette solution. Dans l'affaire Momar NDAO, jugée le 15 décembre 2011, la Société Nationale des Télécommunications (SONATEL) reprochait au prévenu d'avoir publié dans le site « osiris.sn » un article dans lequel il lui reprochait, dans le cadre du décret sur les appels entrants, d'avoir fait partie des opérateurs ayant encaissé la somme de cinq milliards de francs CFA, malgré la suspension dudit décret. Les magistrats ont jugé que le réseau internet utilisé pour diffuser les propos diffamatoires constitue un moyen de diffusion publique, pour être un procédé technique destiné à atteindre le public *(TGIHC Dakar, n° 752 du 15 décembre 2011, affaire Momar Ndao, inédit ; également, CA Dakar, ch. corr. n° 193 du 08 mars 2017, MP et Eric GBODOSSOU-PROMETRA c/ Charles Katy DIOUF, inédit ;* Dans cette affaire très médiatisée des jeunes filles de Grand Yoff, le tribunal correctionnel de Dakar a considéré que le world wide web, en tant que service de l'internet, qui a servi de vecteur de transmission de la vidéo montrant des jeunes filles se livrant à des agissements sexuellement explicites *« constitue un moyen de diffusion publique, c'est-à-dire un instrument de communication numérique par voie électronique ») (TGIHC Dakar, n° 2715 du 19 juin 2012, affaire des jeunes filles de Grand Yoff, inédit).*

Toutefois, les réseaux fermés, comme les intranets *(Ph. HUGOT, « Infractions de presse et réseaux intranet », Légicom 2002, n° 27, p. 41)* et le courrier électronique relèvent en principe de la correspondance privée et échappent, à ce titre, au régime des infractions de presse *(V. notamment, F. BITAN, « Courrier électronique », J-cl. comm., 2006, fasc. 4740, n° 62 et s. ; X. LINANT DE BELLEFONDS, « Le petit courriel », Comm. com. électr. 2000, repère 3 ; M. QUEMENER et J. FERRY, Cybercriminalité. Défi mondial, Paris, Economica, 2e édition, 2009, p. 36 ; P. A. TOURE, Le traitement de la cybercriminalité devant le juge : l'exemple du Sénégal, Paris, l'Harmattan, 2010, p. 327 et s. ; P. A. TOURE, « Les infractions commises par tous moyens de diffusion publique à l'épreuve du cyberespace », in Justice et intégration, Mélanges en l'honneur du professeur Ndiaw DIOUF, Cotonou, édition du CREDIJ et éditions de l'ERSUMA, 2020, tome I : la Justice, p. 661 et s.*).

Il a été également jugé que le site leral.net, par lequel des allégations diffamatoires ont été postées constitue « *un moyen de communication et de diffusion publique, librement accessible sur internet* » (*TGIHC Dakar n° 26 avril 2012, MP et S. L. N. c/ D. D., S. A. B. D. et GIE L., inédit*).

La jurisprudence sénégalaise a eu l'occasion, en mettant en œuvre le critère de la communauté d'intérêts, de limiter l'assimilation du courrier électronique à un moyen privé de communication. Dans une décision rendue le 16 mars 2010 dans l'affaire Palluci, le Tribunal correctionnel de Dakar a jugé que le fait pour un peintre français d'envoyer par mail des photographies obscènes à une dizaine de personnes qui ne sont pas liées par une communauté d'intérêts, constitue une diffusion publique d'images contraires aux bonnes mœurs (*TGIHD Dakar, n° 1159 du 16 mars 2010, affaire Palluci, inédit.* Ce jugement a été confirmé sur ce point par un arrêt de la Cour d'appel de Dakar du 25 mars 2011 *(CA Dakar, n° 356 du 25 mars 2011, affaire PALUCCI, inédit ; dans le même sens, CA Dakar, ch. corr. n° 833 du 16 juin 2014, MP c / O. Th. D., inédit*).

- **Jurisprudence**

En tant que délit de presse, la diffamation suppose une certaine publicité et doit se réaliser par l'un des moyens définis à l'article 248 du Code pénal (**CA Dakar, ch.corr. n° 567 du 07 août 2017, MP c/ A. Th., *inédit***).

Le Code pénal ne punit la diffamation que lorsqu'elle a été commise par l'un des moyens de diffusion publique énumérés par l'article 248 du Code pénal ; il s'en infère que l'allégation ou l'imputation qui n'est pas assortie de la publicité dans les conditions et formes prévues expressément par les textes de loi susvisés ne constitue pas le délit de diffamation. La distribution d'écrits est considérée comme un moyen de diffusion publique ; il est également constant que le prévenu a demandé au destinataire de la lettre d'en faire une large diffusion. Toutefois que pour apprécier la distribution secrète en tant que mode de publicité donc comme constitutif d'un des éléments du délit de diffamation, il faut tenir compte dans le cas d'espèce des situations imposées nécessairement par les rapports sociaux.

Il est de jurisprudence que les relations verbales et épistolaires entre personnes qui sont liées par une communauté d'intérêts, quelle qu'en soit la nature en vue de leur information sur un objet concernant cet intérêt ne sont susceptibles d'aucune incrimination (**CA Dakar, n° 70 du 12 janvier 2007, MP et K. T. S. c/M. D., *inédit***).

L'outil internet en cause qui constitue un réseau international permettant à des personnes habitant divers endroits du monde et disposant d'ordinateurs de communiquer entre elles constitue un procédé technique destiné à atteindre le public. Le fait pour une personne de diffuser sur son site dénommé «sénégalaisement.com » des propos diffamatoires à l'encontre de Robert SAGNA, maire de Ziguinchor selon lesquels, le maire se livrerait à une concurrence déloyale dans l'irrespect des casamançais et que la gérante de l'hôtel Hibiscus, théâtre d'un viol et d'un vol a été condamnée pour une affaire de drogue constitue une diffamation (**TGI Ziguinchor, 06 janvier 2004, Affaire Robert SAGNA, jugement *inédit***).

L'imputation est l'affirmation faite personnellement alors que l'allégation est faite sur la base de propos tenus d'une autre personne. Le délit de diffamation publique s'articule sur des faits susceptibles d'être prouvés et débattus publiquement.

Les allégations publiées dans le site leral.net présentant S. L. N. comme une personne qui ne croit en rien pour avoir dans le cadre d'une audience avec M. N. demandé une somme de 900 000 000 francs CFA pour soutenir la candidature de Abdoualye WADE en 2012, sont de nature à porter atteinte à son honneur et à sa considération. S'il est vrai que le journaliste qui détient des informations d'intérêt général peut ou doit les livrer au public, il n'en demeure pas moins qu'il doit toujours être en mesure, le moment venu, de prouver leur véracité.

Le site en ligne leral.net, dans lequel les allégations sont postées, constitue un moyen de communication et de diffusion publique, librement accessible sur internet (**TGIHC Dakar n° 26 avril 2012, MP et S. L. N. c/ D. D., S. A. B. D. et GIE Leral, *inédit***).

Constitue une diffamation le fait pour un prévenu de publier dans le site « osiris.sn » un article dans lequel il reprochait à la SONATEL, dans le cadre du décret sur les appels entrants, d'avoir fait partie des opérateurs ayant encaissé la somme de cinq milliards de francs CFA, malgré la suspension dudit décret. En effet, le réseau internet utilisé pour diffuser les propos diffamatoires constitue un moyen de diffusion publique, pour être un procédé technique destiné à atteindre le public (**TGIHC Dakar, n° 752 du 15 décembre 2011, affaire Momar Ndao, *inédit* ; également, CA Dakar, ch. corr. n° 193 du 08 mars 2017, MP et E. G.-Prometra c/ Ch. K. D., *inédit***).

.Le world wide web, en tant que service de l'internet, qui a servi de vecteur de transmission d'une vidéo montrant des jeunes filles se livrant à des agissements sexuellement explicites constitue un moyen de diffusion publique, c'est-à-dire un instrument de communication numérique par voie électronique (**TGIHC Dakar, n° 2715 du 19 juin 2012, affaire des jeunes filles de Grand Yoff, *inédit***).

Le mail reste un moyen de communication privée à condition que son contenu revête un caractère purement confidentiel, c'est-à-dire non accessible à des tiers ; lorsqu'il y a plusieurs destinataires, il faudrait que ceux-ci soient unis par une communauté d'intérêts. En l'espèce, les écrits incriminés ont été envoyés par mail par le prévenu à des personnes dont il n'est pas établi qu'elles forment une communauté d'intérêts ; dès lors ils sont exclusifs de tout caractère confidentiel. Dans ces écrits, le prévenu est traité comme un délinquant, auteur de plusieurs infractions à caractère économique et financier. Les imputations diffamatoires sont réputées faites de mauvaise foi ; il suit de là que l'auteur ne peut échapper à la condamnation qu'en justifiant de sa bonne foi, preuve qui se fait par la démonstration de la légitimité du but poursuivi, de l'absence d'animosité personnelle contre la victime, du sérieux de l'enquête et de la prudence dans les propos. Le prévenu n'a pas su faire la preuve de cette démonstration ; le ton de l'article a dépassé le seuil d'objectivité et de prudence requis pour l'exercice normal du droit d'informer les autorités ou les destinataires ; l'intention de nuire et l'acharnement contre la partie civile sont si manifestes que le prévenu a multiplié les sorties, plaintes et dénonciations contre celle-ci et les autres personnes citées dans le mail. Les éléments constitutifs de la diffamation sont ainsi réunis (**CA Dakar, ch. corr. 1 n° 833 du 16 juin 2014, MP et M. S. O. M. c/ O. TH. D., *inédit***).

Article 431-60.- Est puni d'un emprisonnement de cinq ans à dix ans et d'une amende de 500 000 francs à 10 000 000 de francs ou de l'une de ces deux peines celui qui, par un moyen de communication électronique :

a.fabrique ou détient en vue d'en faire commerce, distribution, location; affiche ou exposition;

b.importe ou fait importer, exporte ou fait exporter, transporte ou fait transporter sciemment aux mêmes fins;

c.affiche, expose ou projette aux regards du public;

d.vend, loue, met en vente ou en location, même non publiquement;

e.offre, même à titre gratuit, même non publiquement, directement ou par moyen détourné;

f.distribue ou remet; en vue de leur distribution, tous imprimés, tous écrits, dessins, affiches, gravures, peintures, photographies, films ou clichés, matrices ou reproductions photographies, emblèmes, tous objets ou images contraires aux bonnes mœurs.

- **Les outrages aux bonnes mœurs par un moyen de communication éléctronique**

- **Bibliographie**

C. AMBROISE-CASTEROT, « Le livre II du Code pénal : miroir de l'évolution des mœurs », in *Essais de philosophie pénale et de criminologie*, vol. 10, *La cohérence des châtiments*, 2012, Dalloz, p. 63 et s.

D. MAYER, « De quelques aspects de la dépénalisation actuelle en France : en matière de mœurs », *RSC* 1989, p. 442.

GOLLETY, « De quelques difficultés en matière de répression de l'outrage aux bonnes mœurs par la voie du livre », *RSC* 1948, p. 828 et s.

M.-L. RASSAT, « De la création d'un « outrage sexiste et sexuel », *Dr. pén.* 2018, comm. 7.

N. DROUIN, « Outrages aux femmes et propos sexistes (misogynes) à l'épreuve de la loi sur la presse du 29 juillet 1881 », *RSC* 2017, p. 481.

Ph. CONTE, « Les outrages aux bonnes mœurs de l'ancien au nouveau Code pénal », in *Liberté de la presse et droit pénal*, PU Aix-Marseille, 1994, p. 192.

R. MERLE et A. VITU, *Traité du droit criminel, droit pénal spécial* , tome I, Cujas, 1982.

R. MESA, « Le droit pénal général à l'épreuve de l'infraction digitalisée », *D.* 2022, p. 125.
R. VOUIN, *Droit pénal spécial,* Paris, Dalloz, 1988.
V. TELLIER-CAYROL, « Non à l'outrage sexiste ! », *D.* 2018, p. 425.

- **Commentaire**

231. Incrimination. L'article 431-60 du Code pénal incrimine les outrages aux bonnes mœurs réalisés par un moyen de communication électronique. Ainsi, le législateur reprend les éléments constitutifs du délit d'outrage aux bonnes mœurs de droit commun prévus par l'article 256 du Code pénal en exigeant que l'infraction soit commise par un moyen de communication électronique.

En incriminant l'outrage aux bonnes mœurs, la loi pénale sanctionne tout ce qui favorise la propagation de l'immoralité, sa reproduction ou son expression, par l'écrit ou l'image. Alors que c'est l'atteinte physique à la personne que réprime l'attentat à la pudeur, l'outrage public à la pudeur sanctionne le spectacle impudique (*R. VOUIN, Droit pénal spécial, Paris, Dalloz, 1988, 321*). Il ne s'agit pas seulement de réprimer les publications obscènes », c'est-à-dire les écrits immoraux, mais plus largement toute propagande en faveur de l'immoralité.

232. Objets visés par la loi. La loi vise tous imprimés, tous écrits, dessins, affiches, gravures, peintures, photographies, films ou clichés, matrices ou reproductions photographiques, emblèmes, tous objets ou images contraires aux bonnes mœurs.

Par « *écrits* », on entend des livres, journaux, catalogues, prospectus, tracts, toutes sortes, périodiques ou non. Les images sont toutes les reproductions d'un objet, par le dessin ou même la sculpture (*CA Paris, 30 avril 1974, G.P., 1975.1.29*). La liste légale n'est pas limitative, et le mot « *objet* » permet d'y intégrer des choses qui n'auraient pas été expressément visées dans l'énumération, par exemple des bandes magnétiques.

233. Notion de bonnes mœurs. La notion de bonnes mœurs n'est pas définie par le législateur. Il s'agit d'une notion standard qui est abandonnée à l'appréciation du juge. On dit souvent que le contenu de la notion de bonnes mœurs varie en fonction de l'évolution des mœurs. Il semble que la notion de bonnes mœurs aille en se rétrécissant chaque jour. La société admet aujourd'hui, ce qui pouvait faire frémir autrefois (*R. VOUIN, Droit pénal spécial, Paris, Dalloz, 1988, n° 321*). Il a été jugé que la notion de bonnes mœurs implique la permanence de valeurs que les tribunaux ont pour mission de faire respecter (*CA Paris, 13 novembre 1973, Gaz. pal. 1974, somm. 114*). Elle est susceptible d'évoluer avec le temps. et que la distinction entre ce qui est permis et défendu doit être faire uniquement en fonction de l'état d'évolution des mœurs à une époque définie et dans un lieu déterminé (*CA Besançon , 29 janvier 1976, JCP 1977, II. 18640, note Delpech*).

Dans l'arbitrage qui lui incombe, le tribunal doit se référer à l'état de la société contemporaine et doit tenir compte de toutes les manifestations d'opinion exprimées sous des formes diverses et notamment de l'émoi ressenti par de nombreuses associations qui se sont regroupées pour faire connaître leurs sentiments (*TGI Paris, 8 novembre 1976, D. 1977, p. 320, note Rolland ; JCP 1979. II. 19044, note Blin*).

Au Sénégal, malgré l'évolution des mœurs, les juges correctionnels dans leur arbitrage se montrent particulièrement attachés aux valeurs permenantes et positives de la société sénégalaise, de sorte que la notion de bonnes mœurs n'a pas connu un effritement notoire (*V. notamment, CA Dakar, n° 264 du 26 avril 2010, MP et P. C. c/ L. C. D., inédit ; CA Dakar, n° 954 du 10 septembre 2012, MP et D. D. et c/ Kh. Mb. et autres, inédit*).

En tout état de cause, constitue le délit d'outrage aux bonnes mœurs tout ce qui tend à dégrader le sens moral en éveillant, hors de propos, l'instinct vers des fins anormales.

L'outrage est un élément essentiel constitué par la recherche systématique de l'incitation directe ou indirecte à la perversion et à la corruption de l'esprit public (*CA Bordeaux, 18 juin 1974, Gaz. pal. 1975. I. 26*).

En réalité, le but de la loi est de protéger la pudeur publique, non seulement contre l'étalage effronté de la débauche sexuelle, ce qui relève de l'obscénité, mais encore contre l'expression de la pensée, quelle que soit la forme qu'elle revêt lorsque s'arrangeant toute licence, elle en arrive à atteindre les règles de décence et de convenance communément reçues et dont la violation provoque l'indignation collective et la réprobation publique (*CA Paris, 12 mars 1958, D. 1958, p. 608, note F.G.*).

L'expression « *contraires aux bonnes mœurs* » permet d'atteindre ce qui, sans être spécifiquement licencieux, fait appel aux instincts et appétits grossiers (*TC Valence, 21 octobre 1955, D. 1956, p. 151 ; Gaz. pal. 1955, 2. 429*).

Pour citer quelques exemples, la jurisprudence a vu un outrage aux bonnes mœurs dans la vente de photos ou d'images représentant des couples qui se livrent à des relations sexuelles (*Crim., 12 mai 1939, G.P., 1939.2.50; 10 juillet 1973, D., 1972.242, note Maury, JCP, note Blin; crim. 5 février 1974, G.P., 1974.2. Somm., 206),* dans l'exposition de photos de femmes nues dans des poses mettant en évidence leurs parties sexuelles ou dans des attitudes évocatrices de scènes de débauche *(Crim., 3 janv. 1958, B., 3 ; CA Rennes, 11 janv. 1949, D., 1949.242, RSC, 1949, p. 571*) et dans la vente d'ouvrages décrivant minutieusement des accouplements et des ébats érotiques (*Crim., 24 janvier 1957, n° 84, G.P., 1957.1.377*).

234. Activité incriminée. Pour décrire l'activité condamnable, le législateur utilise dans l'article 431 du Code pénal des termes très larges. La loi punit quiconque fabrique ou détient en vue d'en faire commerce, distribution, location, affiche ou exposition, importe ou fait importer, exporte ou fait exporter, transporte ou fait transporter sciemment aux mêmes fins, affiche, expose ou projette aux regards du public, vend, loue, met en vente ou en location, même non publiquement, offre, même à titre gratuit, même non publiquement, directement ou par moyen détourné, distribue ou remet en vue de leur distribution des écrits, images ou objets contraires bonnes mœurs.

La condition de publicité n'est requise que pour l'affichage, l'exposition ou la projection aux regards du public (*crim., 10 février 1944, Bull. crim. n° 146*). Cette condition est importante, puisque faute d'une exposition à la vue de personnes se trouvant dans un lieu public, l'infraction ne pourrait être constituée (*crim., 21 octobre 1936, Gaz. pal. 1936.2.847*).

Sont au contraire passibles des peines, même non publiquement commises, la vente et la location, la mise en vente ou en location et l'offre, même à titre gratuit. L'offre doit s'entendre de la proposition de remettre en propriété.

La notion de distribution a parfois donné lieu à des difficultés d'interprétation. L'envoi d'une lettre obscène à une seule personne, par la poste ou autrement, demeure une correspondance privée impunissable, mais il devient une distribution s'il est fait à plusieurs personnes.

235. Moyen de communication électronique. La particularité du délit prévu par l'article 431-60 du Code pénal par rapport au délit d'outrage aux bonnes mœurs de droit commun réside dans le fait que cette infraction doit être commise par un moyen de communication électronique. L'article 341-7 du Code pénal définit la communication électronique comme toute mise à la disposition du public ou d'une catégorie de public, par un procédé électronique ou magnétique, de signes, de signaux, d'écrits, d'images, de sons ou de messages de toute nature. La communication électronique est composée de la communication au public par voie électronique, d'une part et de la correspondance privée, d'autre part. Cette définition, très large, est susceptible de couvrir toutes les formes de communication via les réseaux numériques, comme les services de l'internet (web, forums de discussion, mail listing, les réseaux sociaux, ou même dans certains cas, le courrier électronique).

236. Intention coupable. Le délit d'outrage aux bonnes mœurs est un délit intentionnel. L'intention coupable renvoie à l'intention délictueuse ou la volonté d'accomplir l'acte reproché, sachant que l'écrit, l'image ou l'objet est contraire aux bonnes mœurs. Cette intention coupable réside dans la conscience d'atteindre les règles de décence et de convenance communément reçues et dont la violation provoque l'indignation collective et la réprobation publique (*Crim. 23 juin 1928 ; DP 1928 1. 161*).

Mais la loi ne prend pas en considération le mobile auquel son auteur a obéi (*Crim. 3 mars 1955, Bull. crim., n° 137.* Peu importe le mobile, notamment le lucre, la propagande immorale désintéressée, la plaisanterie ou le désir de ruiner la réputation d'autrui.

- **Jurisprudence**

Le prévenu, qui s'était présenté aux plaignantes comme un gérant d'une agence de mannequinat s'était proposé de les former, leur avait proposé chacune d'entretenir des relations sexuelles avec elles afin de rectifier leurs démarches pour maximiser leurs chances d'être sélectionnées. N'ayant pas eu gain de cause, il les a menacées de publier leurs photos à moitié nues sur internet si toutefois elles ne s'exécutaient pas. Mettant à exécution sa menace, il a traité Kh. D. de lesbienne sur sa page Facebook. Il se rend ainsi coupable de diffusion de photographies contraires aux bonnes mœurs (**CA Dakar, n° 266 du 05 avril 2016, MP et M. P. D., Kh. c/ A. T. C., *inédit***).

Le professeur d'informatique, qui après avoir pris en photo une fille nue, a sous la menace de divulguer les photos prises, a continué à abuser d'elle jusqu'à son départ pour le Canada où étant il a continué son chantage pour l'obliger à lui parler en l'insultant et en lui rappelant qu'il détenait toujours les photos compromettantes. Ce comportement est constitutif d'une offre et caractérise le délit d'outrage aux bonnes mœurs (**CA Dakar n° 476 du 14 juin 2016, MP et N. A. S. rep. par sa mère c/ A. S., *inédit***).

Les agissements d'une personne qui a produit et envoyé des missives injurieuses à une autre personne qu'elle soupçonnait d'être le nouvel amant de son ex-copin sont constitutifs du délit de diffusion d'images contraires aux bonnes mœurs.

Toutefois, les écrits injurieux, pour n'avoir pas été distribués publiquement, mais envoyés personnellement à B. Nd., constituent non pas une injure publique, mais plutôt une injure non publique au sens de l'article 11 du Code des Contraventions (**CA Dakar n° 742 du 06 décembre 2016, MP et Y. M. D., B. ND. c/ Mb. K. ND., *inédit***).

Les nommés Kh. M., P. D. G., M. R. DIA et A. S. S. ont été déclarés coupables, la première d'outrage public aux bonnes mœurs à l'aide d'un moyen de communication par voie électronique, les autres de complicité du dit délit ; Kh. M., a reconnu avoir filmé D. D. tout nu au moyen d'un téléphone portable muni d'une carte mémoire ; sa version est concordante à celle de la partie civile; il est constant comme résultant des déclarations des prévenus que Kh. a mis à la disposition de R. D. et S. S. le film moyennant remise par ce dernier des sommes d'argent que la dame a estimé être une avance sur la somme de 5 000 000 (cinq millions) de francs CFA promis entre autres avantages ; Kh. a déclaré avec persistance devant la cour de céans qu'elle avait accepté le rôle qu'elle a joué pour bénéficier des promesses faites ; elle tombe ainsi dans le champ d'application de l'article 431-59 du Code pénal qui commence par qualifier du délit visé la fabrication la détention en vue d'en faire commerce, distribution, location, affichage ou exposition.

Le fait d'invoquer l'ignorance de la destination du film à l'internet relève d'un argument inopérant, les éléments constitutifs du délit étant suffisamment constitués à son encontre ; il ressort des débats, à l'analyse des déclarations des prévenus, que les nommés P. D. G., R. D. et A. S. S. ont eu une série de rencontres avec Kh. M. dans la période du 18 mars au 02 avril 2010, notamment aux restaurants Ngouly et Gaïndé ; en outre, A. S. S. a manifesté durant cette période un intérêt certain à l'obtention du film, remettant ainsi de l'argent à cet effet à Kh. M. ; R. D. s'est montré très actif et présent à propos de la circulation du film, sa proximité ou familiarité avec Kh. aidant ; P. D. G. a participé comme les autres aux rencontres et il y a lieu d'observer que Khadija a déclaré devant la Cour de céans que c'est lui qui l'a appelée le 18 mars 2010 pour la convier à la première rencontre au cours de laquelle le trio présent lui a fait la proposition du rôle qu'elle a joué ; G. n'a démenti ni l'appel ni la présence à la rencontre ; en outre, il est opportun de savoir dans quel intérêt ces individus s'agitaient autour du film jusqu'à versement d'argent ; il importe en plus de relever leur stratégie consistant à faire croire qu'à leur rencontre avec Kh. au Ngouly le film existait alors, comme l'a soutenu Kh., c'est après cette rencontre que ledit film supposé être confectionné le 26 mars 2010 l'a été ; en outre, les appels intempestifs entre Kh. et ses co-prévenus durant la période sus-indiquée ainsi que les messages envoyés sur son portable par R. D. notamment exprimant des termes injurieux et menaçants ; Kh. a expliqué d'ailleurs ces échanges et messages par son désir d'entrer en possession du reliquat de son dû après avoir reçu une avance d'un montant de 400.000 francs CFA ; Il est ainsi suffisamment établi que les nommés P. D. G., M. R. D. et A. S. S. ont été les instigateurs du film qui par la suite s'est retrouvé sur internet après être parvenu à leurs mains ; leur participation a commencé avec la confection du film à la première rencontre avec Kh. au restaurant Ngouly ; ils sont ainsi passibles des dispositions des articles 45 et 46 du Code pénal en plus de celles susvisées (**CA Dakar, n° 954 du 10 septembre 2012, MP et D. D. et c/ Kh. Mb. et autres, *inédit***).

L'article 431-59 du Code pénal issu de la loi n° 2008-11 du 25 janvier 2008 relative à la cybercriminalité incrimine quiconque aura distribué par un moyen quelconque toutes reproductions photographiques ou images contraires aux bonnes mœurs; les photos prises en tenue de plage dans le cadre d'une intimité tout en étant contraires aux bonnes mœurs lorsqu'elles sont diffusées à des tiers qui n'étaient pas intéressés à l'intimité ne sont pas tout autant pornographiques, la diffusion de telles photos visant à porter atteinte à la moralité de la personne concernée ; il y a lieu en conséquence de faire application, de l'article 431-59 du Code pénal **(TGIHC Dakar, n° 356 du 25 mars 2011, affaire PALACCI, *inédit* ; CA Dakar, ch. corr. n° 833 du 16 juin 2014, MP c / O. Th. D., *inédit*).**

L'article 256 du Code pénal vise et punit quiconque aura, entre autres actes, offert, même à titre gratuit, même non publiquement sous quelque forme que ce soit, directement ou par moyen détourné, tous imprimés, écrits, dessins, affiches, gravures et tous objets ou images contraires aux bonnes mœurs. En l'espèce le prévenu a reconnu avoir exhibé au mari de P. C. des images d'une femme présentée comme étant cette dernière et des messages faisant état de façon obscène et insolente de relations intimes entre lui et cette même femme ; il s'ensuit dès lors que les actes constitutifs du délit d'outrage aux bonnes mœurs sont suffisamment caractérisés à l'encontre du prévenu, actes répréhensibles, heurtant la moralité et l'éthique ainsi que la pudeur dont jouit naturellement la relation intime (**CA Dakar, n° 264 du 26 avril 2010, MP et P. C. c/ L. D., *inédit***).

Le fait pour une femme qui pouvait accéder aux mails de son époux, de poster sur internet une photo d'une maîtresse de ce dernier montrant ses seins constitue une distribution de photos contraires aux bonnes mœurs constitutive d'outrage aux bonnes mœurs. En effet, la photo provenant de la boîte mail de l'amant et distribuée par la rivale montrant des seins constitue une représentation à des fins indécentes. Toutefois, cette photo n'est pas destinée à des fins pornographiques, à savoir provoquer des excitations sexuelles à des destinataires (**TGIHC Dakar, ch. corr. n° 1045 du 19 décembre 2013, MP et M. Th. S. c/ Nd. F. MB., *inédit***).

Il résulte de l'article 431-59 du Code pénal issu de la loi n° 2008-11 du 25 janvier 2008 relative à la cybercriminalité que quiconque aura distribué par un moyen quelconque toutes reproductions photographiques ou images contraires aux bonnes mœurs sera puni d'un emprisonnement de 6 mois à 7 ans, d'une amende 500 000 à 10 000 000 F ou l'une de ses deux peines seulement ; les photos prises en tenue de plage dans le cadre d'une intimité tout en étant contraires aux bonnes mœurs lorsqu'elles sont diffusées à des tiers qui n'étaient pas intéressés à l'intimité ne sont pas tout autant pornographiques, la diffusion de telles photos visant à porter atteinte à la moralité de la personne concernée ; il y a lieu en conséquence de faire application, de l'article 431-59 du Code pénal ; l'une des photos est accompagnée de le mention « *la petite amie du DG de la Sococim* » ; la diffusion d'un tel imprimé est prévue et punie par le texte précité **(CA Dakar n° 356 du 25 mars 2011, affaire PALACCI, *inédit*).**

Constitue un outrage aux bonnes mœurs le fait pour une personne d'ouvrir sur Facebook et sur Messenger un compte où elle a affiché la photo nue d'une femme présentée comme une prostituée et d'envoyer des messages injurieux à partir de ces comptes (**CA Dakar, n° 297 du 15 juillet 2019, MP c/ P. A. D., *inédit***).

Article 431-61.- En cas de condamnation pour une infraction commise par le biais d'un moyen de communication électronique, la juridiction peut, à titre de peines complémentaires :

- **interdire d'émettre des messages de communication électronique;**
- **interdire, à titre provisoire ou définitif, l'accès au site ayant servi à commettre l'infraction ou son hébergement;**
- **ordonner l'utilisation de tous moyens techniques disponibles pour empêcher l'accès au site.**

La juridiction peut en outre faire injonction à toute personne légalement responsable du site ayant servi à commettre l'infraction, à toute personne qualifiée, de mettre en œuvre les moyens techniques nécessaires en vue d'assurer le respect des mesures prévues à l'alinéa précédent.

La violation des interdictions, prononcées par la juridiction, est punie d'un emprisonnement de six mois à trois ans et d'une amende de 500 000 francs à 2 000 000 de francs.

Article 431-62.- En cas de condamnation à une infraction commise par le biais d'un moyen de communication électronique, le juge ordonne à titre complémentaire la diffusion au frais du condamné, par extrait, de la décision sur ce même support.

La publication prévue à l'alinéa précédent doit être exécutée dans les quinze jours suivant le jour où la condamnation est devenue définitive.

Le condamné qui ne fait pas diffuser ou qui ne diffuse pas l'extrait prévu au premier alinéa ci-dessus est puni des peines par l'article 278 bis du présent code.

Si dans le délai de quinze jours après que la condamnation est devenue définitive, le condamné n'a pas diffusé ou fait diffuser cet extrait, les peines prévues au présent article sont portées au double.

- **Les peines complémentaires en matière d'infractions commises par le biais d'un moyen de communication électronique**

- **Bibliographie**

A. BEZIZ-AYACHE, « Peines complémentaires », *Rép. dr. pén. proc. pén.* Dalloz, 2019.
J.-P. CÉRÉ, « Peines (nature et prononcé)», *Rép. dr. pén. proc. pén.* Dalloz, 2019.
L. LETURMY, « Constitutionnalité des peines accessoires et des peines complémentaires obligatoires, Une conception à repenser du principe d'individualisation », *AJP* 2011, p. 280.
P. A. TOURE, *Le traitement de la cybercriminalité devant le juge : l'exemple du Sénégal*, Paris, l'Harmattan, 2012.

- **Commentaire**

237. Peines complémentaires classiques. La loi n° 77-87 du 10 août 1977 modifiant le Code pénal a modifié les articles 277, 278 et a inséré dans ledit code un article 278 bis.

L'article 277 du Code pénal prévoit qu'en cas de condamnation pour certaines infractions commises par tous moyens de diffusion publique, le juge pourra prononcer la confiscation de tous supports de publication saisis et dans tous les cas ordonner la saisie et la suppression ou la destruction de tous exemplaires édités. Toutefois, la suppression ou la destruction ne pourra s'appliquer qu'à certaines parties des exemplaires saisis.

238. Applications jurisprudentielles. Au Sénégal, le juge répressif a déjà été confronté aux difficultés de transposition de ces peines complémentaires aux infractions commises sur internet dans l'affaire Robert Sagna. Dans cette espèce, jugée par le Tribunal correctionnel de Ziguinchor le 06 janvier 2004, une personne a été prévenue d'avoir diffusé sur son site dénommé « sénégalaisement com », des propos diffamatoires à l'encontre de Robert Sagna maire de Ziguinchor. Le prévenu a été déclaré coupable de diffamation et condamné à un an d'emprisonnement ferme.

Mais les avocats constitués pour les victimes ont sollicité à l'audience le retrait des propos diffamatoires des sites du prévenu sous astreinte comminatoire de quinze millions (15 000 000) de francs par jour de retard à compter du jugement.

Le juge pénal a accédé à cette demande sur le fondement d'une interprétation très extensive des dispositions de l'article 277 du Code pénal. On peut lire dans l'attendu du jugement que : « *le texte de l'article 277 du Code pénal semble exclure de son champ d'application les diffusions de propos diffamatoires sur un site internet, comme c'est le cas en l'espèce, puisque le législateur parle de la saisie, de la suppression ou de destruction d'exemplaires édités ou de certaines parties des exemplaires saisies. Mais attendu que le Tribunal considère que le texte de l'article 277 du Code pénal doit être interprété à la lumière de l'article 248 du même Code qui a une conception large de la notion de diffusion publique ; que ce texte cite, entre autres moyens de diffusion publique, tout procédé technique destiné à atteindre le public ; c'est le cas comme en l'espèce de l'outil Internet (...) ; que dans ces conditions la peine complémentaire prévue par l'article 277 devait s'appliquer à tout propos diffamatoire véhiculé par les moyens de diffusion publique prévus par l'article 248 du même Code qui a une conception large de la notion de moyens de diffusion publique* ». Le juge pénal a ainsi ordonné le retrait des propos diffamatoires du site web du prévenu.

Cette analyse du juge, pour le moins curieuse, s'accommode très mal du principe de la légalité criminelle.

En effet, d'une part, l'article 277 du Code pénal n'est pas applicable en l'espèce. En effet, la mesure de confiscation des supports de la publication saisis envisagée par ce texte n'est pas prévue en matière de diffamation commise contre un particulier, comme en l'espèce. En effet, l'article 261 alinéa 1e du Code pénal n'est pas visé par l'article 277 de ce Code.

D'autre part, à supposer ce texte applicable, la motivation du juge est difficilement conciliable avec le principe de l'interprétation stricte des normes pénales. Le texte prévoit « *la confiscation de tous supports de publication saisis et (...) la suppression ou la destruction de tous ou parties des exemplaires édités* » ; c'est-à-dire la confiscation des supports matériels de la diffamation (journaux, livres etc.). Mais ce texte n'évoque pas « *le retrait* » des propos diffamatoires du site.

En tout état de cause, cette interprétation très extensive ne saurait se justifier par le lien que le tribunal semble établir entre la généralité des dispositions de l'article 248 du Code pénal relatif à l'énumération des moyens de diffusion publique et le recours à la mesure de retrait des contenus diffamatoires en ligne. Quel rapport y a t-il entre l'énumération des procédés techniques destinés à atteindre le public dans les moyens de publicité et le pouvoir du juge d'ordonner le retrait des contenus illicites en ligne ?

Par ailleurs, il est légitime de se poser des questions sur l'effectivité de cette mesure de «*retrait* » ordonnée. Qui va l'exécuter ? Le prévenu non comparant qui serait le propriétaire du site ? Le prestataire ayant hébergé le site incriminé ? Et comment opérer techniquement le retrait des données ?

Récemment, dans un autre jugement rendu par le Tribunal de grande instance hors classe de Dakar le 16 mars 2010 dans une affaire très médiatisée (*TGIHC Dakar, n° 1159 du 16 mars 2010, affaire Palucci, inédit*) , un peintre français a été déclaré coupable de distribution d'images contraires aux bonnes mœurs, conformément à l'article 431-59 du Code pénal. Le prévenu avait envoyé, par courrier électronique, à une dizaine de personnes des photos obscènes de sa concubine à partir d'une adresse électronique qu'il a ouverte pour la circonstance.

Mais le tribunal, en vue de « *faire cesser le trouble causé par l'infraction* », a décidé d'ordonner la destruction des photos litigieuses, en l'absence de tout fondement légal.

239. Peines complémentaires de l'article 431-61 du Code pénal. Les affaires précitées ont eu le mérite de révéler l'urgence de la création de nouvelles peines accessoires ou complémentaires spécifiques aux infractions commises par le biais de l'internet.

Aussi, les rédacteurs de l'ancienne loi n° 2008-11 du 25 janvier 2008 sur la cybercriminalité ont-ils inséré dans le Code pénal un article 431-64 ainsi conçu : « *s'il y a condamnation pour une infraction commise par le biais d'un support de communication numérique, la juridiction peut prononcer, à titre de peines complémentaires, l'interdiction d'émettre des messages de communication numérique, l'interdiction à titre provisoire ou définitif de l'accès au site ayant servi à commettre l'infraction, en couper l'accès par tous moyens techniques disponibles ou même en interdire l'hébergement* ».

À la faveur de l'adoption de la loi n° 2016-29 du 08 novembre 2016 modifiant le Code pénal, ce texte est devenu l'article 431-61 du Code pénal. Selon ce dernier texte, en cas de condamnation pour une infraction commise par le biais d'un moyen de communication électronique, la juridiction peut, à titre de peines complémentaires, interdire d'émettre des messages de communication électronique, interdire, à titre provisoire ou définitif, l'accès au site ayant servi à commettre l'infraction ou son hébergement ou ordonner l'utilisation de tous moyens techniques disponibles pour empêcher l'accès au site.

Ce texte, conçu en référence aux dispositions de l'article 277 du Code pénal, a investi le juge pénal de nouveaux pouvoirs coercitifs tendant à prévenir ou à faire cesser l'infraction sur les réseaux, à l'image des prérogatives reconnues par la législation civile à la juridiction des référés en vue notamment de faire cesser un trouble manifestement illicite (*V. art. 247 et s. du Code de Procédure civile).* La procédure de référé classique est bien adaptée au monde des réseaux, puisqu'elle introduit de la souplesse et de la célérité à l'action du juge. D'ailleurs, en France, la plupart des affaires jugées et impliquant des cyberinfractions l'ont été en matière civile et suivant la procédure de référé.

D'ailleurs, l'article 3 6) de la loi sur les transactions électroniques a instauré une procédure de référé spécifique aux réseaux électroniques. Ce texte habilite le juge compétent à prescrire en référé à tout fournisseur d'hébergement ou à défaut à un fournisseur d'accès, toute mesure de filtrage ou de blocage « *propre à prévenir un dommage ou à faire cesser un dommage occasionné par le contenu d'un service de communication au public en ligne* ».

Toutefois, l'exercice de l'action civile en réparation du dommage causé par une infraction en ligne devant la juridiction civile est subordonné à l'existence d'un intérêt direct et personnel résultant de la commission d'une infraction, conditions que les victimes ne réunissent pas toujours.

En outre, certaines infractions ne comportent pas de victime et empêchent, de ce fait, le recours à la procédure de référé pour faire cesser l'infraction. C'est tout l'intérêt de l'instauration des peines complémentaires tendant à faire cesser le trouble en ligne en matière pénale.

Le Conseil d'État français soutenait déjà dans son rapport que : « *de tels pouvoirs devraient être étendus aux juges du fond qui prononceraient donc, à titre de peines accessoires, l'interdiction d'hébergement ou d'accès (...)* ».

Mais à la différence des peines complémentaires prévues par l'article 277 du Code pénal, qui ne s'appliquent qu'aux infractions de presse, les mesures prévues par l'article 431-61 du Code pénal concernent toute « *infraction commise par le biais d'un moyen de communication électronique» (infractions de presse, contrefaçon en ligne, diffusion d'images pornographiques, etc.)*

240. Modalités de mise en œuvre. S'agissant de la mise en œuvre technique de ces sanctions, l'alinéa 2 de l'article 431-61 du Code pénal précise que : « *le juge peut faire injonction à toute personne responsable légalement du site ayant servi à commettre l'infraction, à toute personne qualifiée de mettre en œuvre les moyens techniques nécessaires en vue de garantir, l'interdiction d'accès, d'hébergement ou la coupure de l'accès au site incriminé* ». L'intervention des intermédiaires techniques est primordiale en vue d'assurer l'efficacité de ces mesures. C'est certainement la raison pour laquelle la loi pénale a érigé en infraction la violation des interdictions prononcées par le juge. L'alinéa 3 de l'article 431-61 du Code pénal prévoit que la violation des interdictions prononcées par la juridiction est punie d'un emprisonnement de six mois à trois ans et d'une amende de 500 000 francs à 2 000 000 de francs.

Toutefois, dans une société de l'information mondialisée l'efficience de ces mesures n'est pas toujours garantie. En effet, des possibilités de contournement de tels dispositifs existent (Dark web, VPN, etc.) et un éditeur de contenus illicites peut toujours se faire héberger dans des pays où la législation est plus favorable. D'ailleurs, au Sénégal, la plupart des sites d'information, comme rewmi.com, pressafrik.com etc. sont hébergés à l'étranger.

241. Publication de la décision judiciaire sur un support électronique. Au-delà de la mesure de cessation du trouble causé par l'infraction en ligne, la loi a également prévu la publication de la décision judiciaire sur un support électronique.

Dans le souci de rendre les sanctions prononcées sur les réseaux numériques plus effectives, le législateur a érigé en peine complémentaire obligatoire la publicité des décisions judiciaires de condamnation sur un support électronique pour les infractions commises par le biais d'un support de communication numérique.

C'est ce qui ressort de l'article 431-62 du Code pénal. Aux termes de ce texte : « *En cas de condamnation à une infraction commise par le biais d'un moyen de communication électronique, le juge ordonne à titre complémentaire la diffusion au frais du condamné, par extrait, de la décision sur ce même support.*

La publication prévue à l'alinéa précédent doit être exécutée dans les quinze jours suivant le jour où la condamnation est devenue définitive ».

Ce texte est une transposition à l'univers électronique de la mesure de publication du jugement de condamnation aux frais du condamné dans un journal, prévue par l'article 278 bis du Code pénal. Le Conseil d'État avait déjà, dans son rapport précité, souhaité l'extension de la mesure de publication de la décision aux « *nouveaux supports, mais aussi à de nouvelles infractions* ».

La haute juridiction administrative a énoncé que « *si l'infraction a été commise sur un support de communication au public, le juge peut prononcer à titre complémentaire la diffusion de la décision sur ce même support* » (*Rapport du Conseil d'État, ibid*). Mais la mesure prévue par l'article 431-62 du Code pénal a un champ beaucoup plus large puisqu'elle couvre toutes les infractions commises via un support de communication numérique.

La diffusion de la décision de condamnation se fait par extrait de la décision « *sur ce même support* », c'est-à-dire sur le support numérique ayant servi à la réalisation de l'infraction. Ainsi, la condamnation pour diffamation commise sur un site web donnera lieu à une diffusion du jugement de condamnation sur le même site.

La loi a prévu que la personne condamnée qui ne fera pas diffuser ou qui ne diffusera pas l'extrait de la décision est punie des peines par l'article 278 bis du Code pénal, à savoir une amende de 20 000 à 500 000 francs.

Le dernier alinéa de l'article 431-62 du Code pénal prévoit un dédoublement des peines « *si dans le délai de quinze jours (15) jours après que la condamnation soit devenue définitive, le condamné n'a pas diffusé ou fait diffuser cet extrait* ».

En droit pénal de la propriété littéraire et artistique, la publication des jugements de condamnation est également prévue par le législateur en matière de contrefaçon. En effet, il résulte des dispositions de l'article 149 de la loi du 25 janvier 2008 sur le droit d'auteur et les droits voisins que « *le tribunal peut également ordonner, aux frais du condamné, l'affichage du jugement prononçant la condamnation, ainsi que sa publication intégrale ou par extraits dans les journaux ou sur les services de communication au public en ligne qu'il désigne, sans que les frais de cette publication puissent excéder le montant maximum de l'amende encourue* ».

- **Jurisprudence**

Le texte de l'article 277 du Code pénal semble exclure de son champ d'application les diffusions de propos diffamatoires sur un site internet comme c'est le cas en l'espèce, puisque le législateur parle de la saisie et suppression ou de destruction d'exemplaires édités ou de certaines parties des exemplaires saisies. Mais le tribunal considère que le texte de l'article 277 du Code pénal doit être interprété à la lumière de l'article 248 du même code qui a une conception large de la notion de diffusion publique ; ce texte cite, entre autres moyens de diffusion publique, tout procédé technique destiné à atteindre le public ; c'est le cas comme en l'espèce de l'outil internet. Dans ces conditions la peine complémentaire prévue par l'article 277 devait s'appliquer à tout propos diffamatoire véhiculé par les moyens de diffusion publique prévus par l'article 248 du même code qui a une conception large de la notion de moyens de diffusion publique (**TGI Ziguinchor, 06 janvier 2004, Affaire Robert SAGNA, jugement *inédit*).**

En cas de condamnation pour outrage aux bonnes mœurs, le tribunal est habilité à ordonner la destruction des photos licencieuses envoyées par mail à des personnes non liées par une communauté d'intérêts (**TGIHC Dakar, n° 1159 du 16 mars 2010, affaire Palucci, *inédit***).

ANNEXES

LA LOI N° 2008-41 DU 20 AOUT 2008 PORTANT SUR LA CRYPTOLOGIE (JORS N° 6441 DU 06 DÉCEMBRE 2008).

CHAPITRE VI : SANCTIONS PÉNALES

242. Droit de la cryptologie. Compte tenu des enjeux que pose la cryptologie, la loi n° 2008-41 du 20 août 2008 portant sur la cryptologie (*JORS n° 6441 du 06 décembre 2008*) a instauré un dispositif spécifique relatif aux opérations relatives à la cryptologie. En effet, cette loi a pour objet de fixer les conditions générales d'utilisation, de fourniture, d'importation et d'exportation des moyens et des prestations de cryptologie. L'utilisation et la fourniture de moyens ou de prestations de cryptologie sont soumises à des procédures d'autorisation, de déclaration ou d'agrément («*Régimes de déclaration et d'autorisation en matière de cryptologie* », *Sem. jur. Entreprise et affaires n° 23, 07 juin 2007, act. 282*).

Article 20.- Il est créé une annexe III dans le Code pénal intitulée « *Les infractions pénales en matière de cryptologie* » ainsi rédigée.

243. Infractions relatives à la cryptologie. Le législateur a pris le soin de protéger pénalement le dispositif mis en place en prévoyant des infractions spécifiques aux prestations de cryptologie.

Toutefois, la technique législative utilisée par les rédacteurs de la loi sur la cryptologie pour prévoir cet arsenal pénal est très maladroite. En effet, l'article 20 de la loi n° 2008-41 du 20 août 2008 précitée a créé une annexe III insérée au Code pénal intitulé «*Les infractions pénales en matière de cryptologie* » comportant les articles 1er à 8. Ce procédé pourrait laisser penser que le Code pénal comporte des annexes, alors qu'il n'en est rien.

En réalité, il n'est pas recommandé en légistique de créer des infractions pénales par l'insertion d'une annexe. Il aurait été de meilleure technique législative d'insérer directement les infractions relatives à la cryptologie dans le dispositif même de la loi sur la cryptologie ou du Code pénal et non de les annexer à ce code.

Le législateur a prévu des conditions préalables ainsi que des infractions relatives à la cryptologie.

- **Conditions préalables**

244. Notion de cryptologie. Les informations stockées dans les systèmes d'information peuvent bénéficier d'une protection technique au moyen de la cryptologie (*Sur la cryptologie, V. G. CHATILLON, « Le régime français de la cryptologie : comment la déchiffrer ? », Cahiers Lamy, octobre 2000, p. 1 et s. ; TH. PIETTE-COUDOL, « Actualité du régime documentaire de la cryptologie », RLDI, n° 29, juillet 2007 ; M-J. DURAND-RICHARD et Ph. GUILLOT, Cryptologie et mathématiques : une mutation des enjeux, Paris, L'Harmattan, 2014 ; S. CALE, « Le guide sur l'utilisation de moyens de chiffrement à l'étranger », Sécurité et stratégie, 2016/3 (23), p. 70*). La cryptologie (*étymologiquement, la « science du secret »*) est la science des informations secrètes. Elle met en œuvre des moyens et des prestations qui permettent de transformer, à l'aide de conventions secrètes, des informations claires en informations inintelligibles pour des tiers ou à réaliser l'opération inverse grâce à des moyens matériels ou logiciels conçus à cet effet (*G. CHATILLON, « Le régime français de la cryptologie : comment la déchiffrer ? », Cahiers Lamy, octobre 2000, p. 01 et s. ; TH. PIETTE-COUDOL, « Actualité du régime documentaire de la cryptologie », RLDI, n° 29, juillet 2007 ; V. SEDALLIAN, Les problèmes posés par la législation française en matière de chiffrement », DIT, n° 98/04 ; O. EYMARD, « Questions de cryptologie», Délibérée, 2018/1, n° 03, p. 60 ; S. CALE, « Le guide sur l'utilisation de moyens de chiffrement à l'étranger », Sécurité et stratégie, 2016/3 (23), p. 70*).

La cryptologie est définie par la loi n° 2008-41 du 20 août 2008 sur la cryptologie portant sur la cryptologie comme la « *science relative à la protection et à la sécurité des informations notamment pour la confidentialité, l'authentification, l'intégrité et la non-répudiation des données transmises* ». Elle constitue une solution technique incontournable pour protéger les échanges contre d'éventuelles atteintes à leur intégrité. Elle est composée de la cryptographie et de la cryptanalyse.

La cryptographie est l'étude des moyens et produits de chiffrement permettant de rendre illisibles des informations afin de garantir l'accès à un seul destinataire authentifié ; son objet est de coder les messages.

La cryptanalyse vise à les décoder *(Sur cette question, V. O. EYMARD, « Questions de cryptologie », Délibérée, 2018/1, n° 03, p. 06 ; P. A. TOURE, Le traitement de la cybercriminalité devant le juge : l'exemple du Sénégal, Paris, l'Harmattan, 2012, n° 89*).

Au Sénégal, à ce jour, la cryptologie est utilisée dans plusieurs secteurs, notamment dans l'Administration, les télécommunications et le secteur informatique, plus précisément au niveau des centres d'appels, de certaines sociétés de transfert d'argent et pour les besoins des paiements électroniques et de la sécurisation des œuvres de l'esprit par le recours aux mesures techniques de protection (*V. l'exposé des motifs de la loi n° 2008-41 du 20 août 2008 portant sur la cryptologie ; P. A. TOURE, Le traitement de la cybercriminalité devant le juge : l'exemple du Sénégal, Paris, l'Harmattan, 2012, n° 89*).

Longtemps réservée aux seuls domaines militaire, diplomatique et gouvernemental, la cryptologie n'a été accessible à l'entreprise privée que récemment. À l'ère du tout numérique, le chiffrement des données tend à s'imposer comme un outil indispensable de protection de la vie privée. La cryptologie se présente ainsi comme une technique indispensable à la construction d'un système d'échanges numériques sécurisé et à la protection des données. Beaucoup d'applications ou de logiciels de messagerie en direct utilisent les ressources de la cryptologie, les plus connues étant Telegram Messenger, Whatsapp et Signal. La superposition des couches de cryptage donne une accessibilité et une lisibilité des informations limitées.

Le fonctionnement de la *blockchain* repose sur la cryptologie, la sécurité, l'intégrité et la confidentialité des données étant assurées par des mécanismes cryptographiques (*Sur la blockchain, H. DE VAUPLANE, « La blockchain et le droit », JCP E 2016, 1480 ; D. LEGEAIS, « L'apport de la blockchain au droit bancaire », RD bancaire et fin. 2017, FABRIZI-RACINE, « La blockchain : (R) évolution d'État ? », JCP A 2017, 2306 ; dossier 05, La blockchain, RTD com. 2016, p. 830 ; J. LUU et C.-W. WALKER, « La blockchain et la nature de la monnaie », Banque octobre 2016 ; G. KOLIFRATH et M. GOUPY, « Blockchain : les enjeux en droit français », RISF 2017/4, p. 19 ; K. LAGHAR, A. REYGROBELL et J. SUTOUR et B. ZABALA, « Les sirènes de la blockchain : mirage ou terre promise ? », Banque et droit, octobre 2017, p. 07*).

Mais la technique cryptologique fait débat, puisque le secret qu'elle permet sert aussi des desseins criminels (*O. EYMARD, op. cit, p. 63*). Elle peut, en effet, encourager la délinquance sur les réseaux dès lors que les fichiers de pornographie enfantine ou les données contenant des logiciels malveillants demeurent sous forme illisible à l'aide de l'outil cryptologique. De même, les trafiquants de drogue peuvent négocier en toute tranquillité et les terroristes conspirer par voie électronique sans risque d'interception. Ces particularités technologiques de la cryptologie rendent très ardue la bonne conduite des investigations « *forensiques* ». Aussi, l'État a pendant longtemps justifié le contrôle de la cryptologie en invoquant sa mission de sécurité publique et de défense nationale.

La cryptologie, qui favorise une communication parfaitement indéchiffrable, est considérée aujourd'hui comme un enjeu de sécurité intérieure et extérieure, malgré le développement de son utilisation civile et commerciale (*T. GILLY, « La sécurité intérieure. Un concept en mutation », R.I.C.P.T., 1998, n°02, p. 155*).

Il existe plusieurs techniques de cryptographie. On peut citer le hachage, le chiffrement et la signature numérique.

Le hachage est une fonction qui permet de calculer une signature unique d'un fichier afin d'être comparé pour être authentifié. Il est par exemple utilisé pour comparer le contenu retrouvé dans un smartphone avec celui d'un espace de stockage (*cloud*).

Le chiffrement est dit symétrique ou asymétrique. Le chiffrement symétrique permet de chiffrer et de déchiffrer un fichier avec une seule clé (ou code). C'est le cas d'un document protégé par un mot de passe. Le chiffrement asymétrique repose sur l'utilisation d'une paire de clés : l'une publique, l'autre privée. Par exemple, lors d'échanges de faux documents entre le faussaire et le commanditaire : le commanditaire, connaissant la clé publique, l'utilise pour chiffrer les documents ; le faussaire utilise quant à lui la clé privée pour accéder aux documents. La signature numérique (ou signature électronique) est un mécanisme à double clé (publique et privée) permettant de garantir l'intégrité d'un document électronique et d'en authentifier l'auteur (*Sur cette question, V. O. EYMARD, «Questions de cryptologie», Délibérée, 2018/1, n° 03, p. 06 ;*

P. A. TOURE, Le traitement de la cybercriminalité devant le juge : l'exemple du Sénégal, Paris, l'Harmattan, 2012, n° 89).

245. Notion de moyen de cryptologie. Un moyen de cryptologie est défini comme l'ensemble des outils scientifiques et techniques (matériel ou logiciel) qui permettent de chiffrer et/ou de déchiffrer (*V. art. 3 de la loi sur la cryptologie*). Il s'agit de tout matériel ou logiciel conçu ou modifié pour transformer des données qu'il s'agisse d'informations ou de signaux, à l'aide de convention secrète ou pour réaliser l'opération inverse avec ou sans convention secrète.

Dans un arrêt rendu le 16 avril 2019 par la Cour d'appel de Paris, un individu était interpellé en possession de produits stupéfiants dans son véhicule, de trois téléphones portables et de cinq puces (*CA Paris, 16 avril 2019, n° 18/09267).* Lors de sa garde à vue, les enquêteurs lui demandaient de communiquer le code de déverrouillage de l'un de ses téléphones afin de pouvoir en examiner le contenu.

Devant son refus, il était renvoyé devant le tribunal correctionnel, entre autres, pour avoir refusé de remettre aux autorités judiciaires ou de mettre en œuvre une convention secrète de déchiffrement d'un moyen de cryptologie. Les juges ont relaxé un prévenu du chef de refus de remise d'une convention secrète de déchiffrement cryptologique.

Selon la Cour d'appel, si le code de déverrouillage d'un téléphone portable permet d'accéder à ses données, et donc aux messages qu'il contient, il ne permet en revanche pas de déchiffrer des données ou messages cryptés et ne saurait donc être qualifié de convention secrète de déchiffrement ou d'un moyen de cryptologie » (*P. DE COMBLES DE NAYVES, « Le code de déverrouillage d'un téléphone n'est pas une convention de déchiffrement», AJ pén. 2019. 439 ; W. AZOULAY, « Cryptologie : un code de téléphone n'est pas une convention secrète de déchiffrement», D. actu. 03 octobre 2019*).

Article premier. Quiconque n'aura pas satisfait à l'obligation de communication à la Commission nationale de cryptologie d'une description des caractéristiques techniques du moyen de cryptologie dans les conditions prévues à l'article 9 de la loi sur la cryptologie sera puni d'un emprisonnement de six (6) mois à deux (2) ans et d'une amende de 400 000 francs à 2 000 000 francs ou de l'une de ces deux peines seulement.

- **La non-communication des caractéristiques techniques du moyen cryptologique**

- **Bibliographie**

«Régimes de déclaration et d'autorisation en matière de cryptologie », *Sem. jur. Entreprise et affaires* n° 23, 07 juin 2007, act. 282.
CH. FERAL-SCHUHL, *Cyberdroit. Le droit à l'épreuve de l'internet*, Paris, Dalloz, 7e édition, 2018.
G. CHATILLON, « Le régime français de la cryptologie : comment la déchiffrer ? », *Cahiers Lamy,* octobre 2000, p. 01 et s.
O. EYMARD, « Questions de cryptologie », *Délibérée*, 2018/1, n° 03, p. 60.
P. A. TOURE, *Le traitement de la cybercriminalité devant le juge : l'exemple du Sénégal*, Paris, l'Harmattan, 2012.
P. de COMBLES DE NAYVES, « Le code de déverrouillage d'un téléphone n'est pas une convention de déchiffrement », *AJ pén.* 2019, p. 439.
S. CALE, « Le guide sur l'utilisation de moyens de chiffrement à l'étranger », *Sécurité et stratégie*, 2016/3 (23), p. 70.
TH. PIETTE-COUDOL, « Actualité du régime documentaire de la cryptologie », *RLDI*, n° 29, juillet 2007.
V. SEDALLIAN, Les problèmes posés par la législation française en matière de chiffrement », *DIT*, n° 98/04.
W. AZOULAY, « Cryptologie : un code de téléphone n'est pas une convention secrète de déchiffrement», *D. actu.* 03 octobre 2019.

- **Commentaire**

246. Structure de l'infraction. L'article 1er de l'annexe III au Code pénal incrimine quiconque n'aura pas satisfait à l'obligation de communication à la Commission nationale de cryptologie d'une description des caractéristiques techniques du moyen de cryptologie dans les conditions prévues par la loi sur la cryptologie.

En effet, l'article 14, alinéa 2 de la loi sur la cryptologie énonce que le prestataire ou la personne procédant à la fourniture ou à l'importation d'un service de cryptologie tient à la disposition de la Commission nationale de cryptologie une description des caractéristiques techniques de ce moyen de cryptologie. Les prestataires de services de cryptologie sont assujettis au secret professionnel. Cette infraction constitue un délit d'abstention. C'est précisément l'absence de communication de la description des caractéristiques techniques du moyen de cryptologie qui est sanctionnée pénalement par le législateur.

La formule « *moyen de cryptologie n'assurant pas exclusivement des fonctions d'authentification ou de contrôle d'intégrité* » vise la cryptologie à des fins de confidentialité soumise au régime de la déclaration (*CH. FERAL-SCHUHL, Cyberdroit. Le droit à l'épreuve de l'internet, Paris, Dalloz, 7e édition, 2018, p. 1215*).

Article 2 1) Quiconque aura fourni ou importé un moyen de cryptologie n'assurant pas exclusivement des fonctions d'authentification ou de contrôle d'intégrité sans satisfaire à l'obligation de déclaration préalable auprès da la Commission nationale de cryptologie prévue à l'article 14 de la loi sur la cryptologie, sera puni d'un emprisonnement de six (6) mois à cinq (5) ans et d'une amende de 400 000 francs à 5 000 000 francs ou de l'une de ces deux peines seulement.

- **La non-déclaration d'un moyen de cryptologie à la commission nationale de cryptologie**

- **Bibliographie**

«Régimes de déclaration et d'autorisation en matière de cryptologie », *Sem. jur. Entreprise et affaires* n° 23, 07 juin 2007, act. 282.
CH. FERAL-SCHUHL, *Cyberdroit. Le droit à l'épreuve de l'internet*, Paris, Dalloz, 7e édition, 2018.
G. CHATILLON, « Le régime français de la cryptologie : comment la déchiffrer ? », *Cahiers Lamy,* octobre 2000, p. 01 et s.
O. EYMARD, « Questions de cryptologie », *Délibérée*, 2018/1, n° 03, p. 60.
P. A. TOURE, *Le traitement de la cybercriminalité devant le juge : l'exemple du Sénégal*, Paris, l'Harmattan, 2012.
P. de COMBLES DE NAYVES, « Le code de déverrouillage d'un téléphone n'est pas une convention de déchiffrement », *AJ pén.* 2019, p. 439.
S. CALE, « Le guide sur l'utilisation de moyens de chiffrement à l'étranger », *Sécurité et stratégie*, 2016/3 (23), p. 70.
TH. PIETTE-COUDOL, « Actualité du régime documentaire de la cryptologie », *RLDI*, n° 29, juillet 2007.
V. SEDALLIAN, Les problèmes posés par la législation française en matière de chiffrement », *DIT*, n° 98/04.
W. AZOULAY, « Cryptologie : un code de téléphone n'est pas une convention secrète de déchiffrement », *D. actu.* 03 octobre 2019.

- **Commentaire**

247. Matérialité de l'infraction. La loi pénale sanctionne celui qui aura fourni ou importé un moyen de cryptologie n'assurant pas exclusivement des fonctions d'authentification ou de contrôle d'intégrité sans satisfaire à l'obligation de déclaration préalable auprès de la Commission Nationale de Cryptologie (CNC). Elle prévoit ainsi une infraction d'omission. C'est, en effet, le défaut de déclaration du moyen cryptologique n'assurant pas exclusivement des fonctions d'authentification ou de contrôle d'intégrité qui est incriminé.

L'article 12 de la loi sur la cryptologie a posé le principe de la liberté de fourniture, d'importation et d'exportation des moyens de cryptologie assurant exclusivement des fonctions d'authentification ou de contrôle d'intégrité. Lorsque les moyens de cryptologie assurent exclusivement des fonctions d'authentification ou de contrôle d'intégrité, une déclaration est nécessaire à la Commission nationale de Cryptologie. En effet, l'article 14, alinéa 1er de la loi sur la cryptologie énonce que la fourniture ou l'importation d'un moyen de cryptologie n'assurant pas exclusivement des fonctions d'authentification ou de contrôle d'intégrité est soumise à une déclaration préalable auprès de la Commission nationale de Cryptologie.

Article 2 2).- Quiconque aura fourni des prestations de cryptologie sans avoir obtenu préalablement l'agrément de la Commission nationale de cryptologie prévu à l'article 16 de la loi sur la cryptologie, sera puni d'un emprisonnement d'un (1) an à cinq (5) ans et d'une amende de 1 000 000 francs à 20 000 000 francs ou de l'une de ces deux peines seulement.

- **La fourniture de prestations de cryptologie sans l'agrément préalable de la commission nationale de cryptologie**

- **Bibliographie**

«Régimes de déclaration et d'autorisation en matière de cryptologie », *Sem. jur. Entreprise et affaires* n° 23, 07 juin 2007, act. 282.
CH. FERAL-SCHUHL, *Cyberdroit. Le droit à l'épreuve de l'internet*, Paris, Dalloz, 7e édition, 2018.
G. CHATILLON, « Le régime français de la cryptologie : comment la déchiffrer ? », *Cahiers Lamy,* octobre 2000, p. 01 et s.
O. EYMARD, « Questions de cryptologie », *Délibérée*, 2018/1, n° 03, p. 60
P. A. TOURE, *Le traitement de la cybercriminalité devant le juge : l'exemple du Sénégal*, Paris, l'Harmattan, 2012
P. de COMBLES DE NAYVES, « Le code de déverrouillage d'un téléphone n'est pas une convention de déchiffrement », *AJ pén.* 2019. 439
S. CALE, « Le guide sur l'utilisation de moyens de chiffrement à l'étranger », *Sécurité et stratégie*, 2016/3 (23), p. 70
TH. PIETTE-COUDOL, « Actualité du régime documentaire de la cryptologie », *RLDI*, n° 29, juillet 2007
V. SEDALLIAN, Les problèmes posés par la législation française en matière de chiffrement », *DIT*, n° 98/04
W. AZOULAY, « Cryptologie : un code de téléphone n'est pas une convention secrète de déchiffrement», *D. actu.* 03 octobre 2019.

- **Commentaire**

248. Incrimination. La loi érige en infraction le fait de fournir des prestations de cryptologie sans avoir obtenu préalablement l'agrément de la Commission Nationale de Cryptologie. C'est la fourniture de prestations de cryptologie sans obtenir au préalable l'agrément de la Commission nationale de Cryptologie qui est incriminée. En effet, les organismes exerçant des prestations de cryptologie doivent être agréés par la Commission nationale de Cryptologie (*V. art. 16 de la loi sur la* *cryptologie*). Une prestation de cryptologie vise à transformer à l'aide de codes secrets des informations ou des signaux clairs en informations ou signaux inintelligibles pour des tiers ou à réaliser l'opération inverse, grâce à des moyens, matériels ou logiciels conçus à cet effet (*V. art. 3 de la loi sur la cryptologie*).

Le prestataire de cryptologie est la personne physique ou morale qui fournit une prestation de cryptologie.

Les conditions de délivrance de l'agrément aux organismes exerçant des prestations de cryptologie ainsi que leurs obligations sont fixées par décret (*V. art. 17 de la loi sur la cryptologie*).

Article 3.- Quiconque aura exporté un moyen de cryptologie n'assurant pas exclusivement des fonctions d'authentification ou de contrôle d'intégrité sans avoir obtenu préalablement l'autorisation de la Commission nationale de cryptologie prévue à l'article 15 de la loi sur la cryptologie, sera puni d'un emprisonnement d'un (1) an à cinq (5) ans et d'une amende de 1 000 000 francs à 20 000 000 francs ou de l'une de ces deux peines seulement.

- **Le transfert ou l'exportation d'un moyen de cryptologie sans l'autorisation de la commission nationale de cryptologie**

- **Bibliographie**

«Régimes de déclaration et d'autorisation en matière de cryptologie », *Sem. jur. Entreprise et affaires* n° 23, 07 juin 2007, act. 282.

CH. FERAL-SCHUHL, *Cyberdroit. Le droit à l'épreuve de l'internet*, Paris, Dalloz, 7e édition, 2018.

G. CHATILLON, « Le régime français de la cryptologie : comment la déchiffrer ? », *Cahiers Lamy,* octobre 2000, p. 01 et s.

O. EYMARD, « Questions de cryptologie », *Délibérée*, 2018/1, n° 03, p. 60.

P. A. TOURE, *Le traitement de la cybercriminalité devant le juge : l'exemple du Sénégal*, Paris, l'Harmattan, 2012.

P. de COMBLES DE NAYVES, « Le code de déverrouillage d'un téléphone n'est pas une convention de déchiffrement », *AJ pén.* 2019, p. 439.

S. CALE, « Le guide sur l'utilisation de moyens de chiffrement à l'étranger », *Sécurité et stratégie*, 2016/3 (23), p. 70.

TH. PIETTE-COUDOL, « Actualité du régime documentaire de la cryptologie », *RLDI*, n° 29, juillet 2007.

V. SEDALLIAN, Les problèmes posés par la législation française en matière de chiffrement », *DIT*, n° 98/04.

W. AZOULAY, « Cryptologie : un code de téléphone n'est pas une convention secrète de déchiffrement », *D. actu.* 03 octobre 2019.

- **Commentaire**

249. Incrimination. Le Code pénal sanctionne pénalement celui qui aura transféré vers un pays tiers ou exporté un moyen de cryptologie n'assurant pas exclusivement des fonctions d'authentification ou de contrôle d'intégrité sans avoir obtenu préalablement l'autorisation de la Commission Nationale de Cryptologie.

Cette disposition se comprend puisque, sauf dispositions contraires, l'exportation d'un moyen de cryptologie n'assurant pas exclusivement des fonctions d'authentification ou de contrôle d'intégrité est soumise à l'autorisation de la CNC (*V. art. 15 de la loi sur la cryptologie*).

Article 4.- Quiconque aura mis à la disposition d'autrui un moyen de cryptologie ayant fait l'objet d'une interdiction d'utilisation et de mise en circulation en application de l'article 19 de la loi sur la cryptologie sera puni d'un emprisonnement d'un (1) an à cinq (5) ans et d'une amende de 1 000 000 francs à 20 000 000 francs ou de l'une de ces deux peines seulement.

- **La mise à disposition d'un moyen de cryptologie faisant l'objet d'une interdiction d'utilisation et de mise en circulation**

- **Bibliographie**

«Régimes de déclaration et d'autorisation en matière de cryptologie », *Sem. jur. E. et A.* n° 23, 07 juin 2007, act. 282.
CH. FERAL-SCHUHL, *Cyberdroit. Le droit à l'épreuve de l'internet*, Paris, Dalloz, 7e édition, 2018.
G. CHATILLON, « Le régime français de la cryptologie : comment la déchiffrer ? », *Cahiers Lamy,* octobre 2000, p. 01 et s.
O. EYMARD, « Questions de cryptologie », *Délibérée*, 2018/1, n° 03, p. 60.
P. A. TOURE, *Le traitement de la cybercriminalité devant le juge : l'exemple du Sénégal*, Paris, l'Harmattan, 2012.
P. DE COMBLES DE NAYVES, « Le code de déverrouillage d'un téléphone n'est pas une convention de déchiffrement », *AJ pén.* 2019. 439.
S. CALE, « Le guide sur l'utilisation de moyens de chiffrement à l'étranger », *Sécurité et stratégie*, 2016/3 (23), p. 70.
TH. PIETTE-COUDOL, « Actualité du régime documentaire de la cryptologie », *RLDI*, n° 29, juillet 2007.
V. SEDALLIAN, Les problèmes posés par la législation française en matière de chiffrement », *DIT*, n° 98/04.
W. AZOULAY, « Cryptologie : un code de téléphone n'est pas une convention secrète de déchiffrement », *D. actu.* 03 octobre 2019.

- **Commentaire**

250. Matérialité. L'infraction sanctionne quiconque aura mis à la disposition d'autrui un moyen de cryptologie ayant fait l'objet d'une interdiction d'utilisation et de mise en circulation en application de l'article 19 de la loi sur la cryptologie. Ce dernier texte prévoit que lorsqu'un prestataire de services de cryptologie, même à titre gratuit, ne respecte pas les obligations auxquelles il est assujetti en application de la loi sur la cryptologie, la Commission Nationale de Cryptologie peut, après audition de l'intéressé, prononcer à son encontre, au titre des sanctions administratives, l'interdiction d'utiliser ou de mettre en circulation le moyen de cryptologie concerné.

Ce que le législateur pénal incrimine c'est précisément la mise à disposition d'autrui d'un moyen de cryptologie ayant fait l'objet d'une interdiction d'utilisation et de mise en circulation.

Article 5.- Quiconque aura fait obstacle au déroulement des enquêtes prévues à l'article 5 de la loi sur la cryptologie ou refusé de fournir des informations ou documents y afférents sera puni d'emprisonnement d'un (1) an à cinq (5) ans et d'une amende de 1 000 000 francs à 20 000 000 francs ou de l'une de ces deux peines seulement.

- **L'obstacle au déroulement des enquêtes de la Commission nationale de cryptologie**

- **Bibliographie**

«Régimes de déclaration et d'autorisation en matière de cryptologie », *Sem. jur. Entreprise et affaires* n° 23, 07 juin 2007, act. 282.
CH. FERAL-SCHUHL, *Cyberdroit. Le droit à l'épreuve de l'internet*, Paris, Dalloz, 7e édition, 2018.
G. CHATILLON, « Le régime français de la cryptologie : comment la déchiffrer ? », *Cahiers Lamy,* octobre 2000, p. 01 et s.
O. EYMARD, « Questions de cryptologie », *Délibérée*, 2018/1, n° 03, p. 60.
P. A. TOURE, *Le traitement de la cybercriminalité devant le juge : l'exemple du Sénégal*, Paris, l'Harmattan, 2012.
P. DE COMBLES DE NAYVES, « Le code de déverrouillage d'un téléphone n'est pas une convention de déchiffrement », *AJ pén.* 2019, p. 439.
S. CALE, « Le guide sur l'utilisation de moyens de chiffrement à l'étranger », *Sécurité et stratégie*, 2016/3 (23), p. 70.
TH. PIETTE-COUDOL, « Actualité du régime documentaire de la cryptologie », *RLDI*, n° 29, juillet 2007.
V. SEDALLIAN, Les problèmes posés par la législation française en matière de chiffrement », *DIT*, n° 98/04.
W. AZOULAY, « Cryptologie : un code de téléphone n'est pas une convention secrète de déchiffrement », *D. actu.* 03 octobre 2019.

- **Commentaire**

251. Structure de l'infraction. Malgré, la rédaction malheureuse de la loi sur la cryptologie qui qualifie la Commission Nationale de Cryptologie (CNC) d'« *autorité administrative* », à la lumière des attributions dévolues à cet organisme qu'il constitue une autorité administrative indépendante, à l'image de la Commission de Protection des données personnelles. La CNC, dans l'accomplissement de sa mission, dispose de pouvoirs d'investigations. Elle est compétente pour mener des enquêtes et procéder à des contrôles sur les prestataires de services de cryptologie ainsi que sur les produits fournis (*V. art. 5 de la loi sénégalaise sur la cryptologie*).

Le Code pénal prévoit un délit obstacle qui frappe quiconque aura entravé le déroulement des enquêtes menées par la Commission Nationale de Cryptologie ou refusé de fournir des informations ou documents y afférents. La création de ce délit obstacle a pour objet de faciliter l'accomplissement de la mission de la Commission Nationale de Cryptologie.

Article 6.- Quiconque aura mis en place un accès dérobé à des données ou à un système informatique sans l'autorisation de l'utilisateur légitime, sera puni d'un emprisonnement de deux (2) ans à cinq (5) ans et d'une amende de 2 000 000 francs à 30 000 000 francs ou de l'une de ces deux peines seulement.

- **L'accès dérobé a des données ou a un système informatique sans l'autorisation de l'utilisateur légitime**

- **Bibliographie**

«Régimes de déclaration et d'autorisation en matière de cryptologie », *Sem. jur. Entreprise et affaires* n° 23, 07 juin 2007, act. 282.
CH. FERAL-SCHUHL, *Cyberdroit. Le droit à l'épreuve de l'internet*, Paris, Dalloz, 7e édition, 2018.
G. CHATILLON, « Le régime français de la cryptologie : comment la déchiffrer ? », *Cahiers Lamy,* octobre 2000, p. 01 et s.
O. EYMARD, « Questions de cryptologie », *Délibérée*, 2018/1, n° 03, p. 60
P. A. TOURE, *Le traitement de la cybercriminalité devant le juge : l'exemple du Sénégal*, Paris, l'Harmattan, 2012.
P. de COMBLES DE NAYVES, « Le code de déverrouillage d'un téléphone n'est pas une convention de déchiffrement », *AJ pén.* 2019. 439.
S. CALE, « Le guide sur l'utilisation de moyens de chiffrement à l'étranger », *Sécurité et stratégie*, 2016/3 (23), p. 70.
TH. PIETTE-COUDOL, « Actualité du régime documentaire de la cryptologie », *RLDI*, n° 29, juillet 2007.
V. SEDALLIAN, Les problèmes posés par la législation française en matière de chiffrement », *DIT*, n° 98/04.
W. AZOULAY, « Cryptologie : un code de téléphone n'est pas une convention secrète de déchiffrement », *D. actu.* 03 octobre 2019.

- **Commentaire**

252. Incrimination. L'article 6 de l'annexe III au Code pénal incrimine la mise en place d'un accès dérobé à des données ou à un système informatique sans l'autorisation de l'utilisateur légitime. Cette incrimination se rapproche du délit d'accès frauduleux à un système informatique, à la différence qu'elle vise également l'accès aux données informatiques contenues dans le système.

En outre, l'article 6 de l'annexe III au Code pénal sanctionne le fait de mettre en place un accès dérobé à des données ou à un système informatique sans l'autorisation de l'utilisateur légitime et non l'accès au système ou aux données qui y sont contenues.

253. Notion d'accès dérobé. L'article 3 de la loi n° 2008-41 du 20 août 2008 portant sur la cryptologie définit l'accès dérobé comme un mécanisme permettant de dissimuler un accès à des données ou à un système informatique sans l'autorisation de l'utilisateur légitime.

L'accès dérobé aux données ou au système informatique est souvent réalisé au moyen d'un *rootkit*, encore appelé outil de dissimulation d'activité, qui est un programme ou un ensemble de programmes permettant à une personne de maintenir un accès et un contrôle illégitime du système informatique en y dissimulant ses activités. Un *rootkit* est ainsi un logiciel qui pénètre dans un système d'exploitation et maintient un accès frauduleux le plus discrètement possible grâce à plusieurs mécanismes de dissimulation, comme l'effacement de traces, le masquage de l'activité et des communications, etc. Un outil de dissimulation d'activité n'a pour but que de permettre un accès quelconque à la machine hôte (*V. le glossaire de l'ANSSI*).

L'activité dissimulée peut être une activité sur le système de fichiers (création, lecture, écriture), une activité en réseau ou une activité en mémoire.

Certains *rootkits* sont très difficiles à détecter et résistent même au formatage puisqu'ils peuvent s'introduire directement dans le noyau d'un système d'exploitation ou dans le *BIOS*. Le BIOS, qui vient de l'anglais « *Basic Input Output System* » (*en français « système élémentaire d'entrée/sortie* »), est un ensemble de fonctions, contenu dans la mémoire morte (ROM) de la carte mère d'un ordinateur, lui permettant d'effectuer des opérations de base, lors de sa mise sous tension.

L'installation de ces programmes nécessite que le système soit préalablement compromis (par un cheval de Troie ou une intrusion). Les programmes précités modifient souvent les commandes usuelles de l'administrateur, afin de dissimuler toute trace de leur présence. Ils effectuent aussi fréquemment plusieurs opérations au niveau du noyau du système d'exploitation, comme l'installation de portes dérobées ou la capture des frappes clavier, etc.

Il faut préciser que la prévision de l'infraction d'accès dérobé à des données ou a un système informatique, au titre des infractions relatives à la cryptologie, parait très curieuse. En effet, ce délit ne constitue pas une infraction relative à la cryptologie, mais semble relever des infractions relatives aux systèmes ou aux données informatiques.

Article 7.- Peuvent en outre être prononcées, les peines complémentaires suivantes :

1) la confiscation des outils qui ont servi à commettre l'infraction ou qui en sont le produit;

2) l'interdiction d'exercer une fonction publique ou une activité professionnelle liée à la cryptologie pour une durée de cinq (5) ans au plus ;

3) la fermeture de l'un ou des établissements de l'entreprise ayant servi à commettre les faits incriminés pour une durée de (5) cinq ans au plus ;

4) l'exclusion des marchés publics pour une durée de cinq (5) ans au plus.

Les peines complémentaires s'appliquent à toute personne physique ou morale coupable de l'une des infractions prévues par la présente loi.

- **Les peines complémentaires**

- **Bibliographie**

«Régimes de déclaration et d'autorisation en matière de cryptologie », *Sem. jur. Entreprise et affaires* n° 23, 07 juin 2007, act. 282.

CH. FERAL-SCHUHL, *Cyberdroit. Le droit à l'épreuve de l'internet*, Paris, Dalloz, 7e édition, 2018.

G. CHATILLON, « Le régime français de la cryptologie : comment la déchiffrer ? », *Cahiers Lamy,* octobre 2000, p. 01 et s.

O. EYMARD, « Questions de cryptologie », *Délibérée*, 2018/1, n° 03, p. 60.

P. A. TOURE, *Le traitement de la cybercriminalité devant le juge : l'exemple du Sénégal*, Paris, l'Harmattan, 2012.

P. de COMBLES DE NAYVES, « Le code de déverrouillage d'un téléphone n'est pas une convention de déchiffrement », *AJ pén.* 2019, p. 439.

S. CALE, « Le guide sur l'utilisation de moyens de chiffrement à l'étranger », *Sécurité et stratégie*, 2016/3 (23), p. 70.

TH. PIETTE-COUDOL, « Actualité du régime documentaire de la cryptologie », *RLDI*, n° 29, juillet 2007.

V. SEDALLIAN, Les problèmes posés par la législation française en matière de chiffrement », *DIT*, n° 98/04.

W. AZOULAY, « Cryptologie : un code de téléphone n'est pas une convention secrète de déchiffrement», *D. actu.* 03 octobre 2019.

- **Commentaire**

254. Peines complémentaires. L'article 7 de l'annexe III au Code pénal prévoit en matière d'infractions relatives à la cryptologie des peines complémentaires spécifiques. Il s'agit de la confiscation des outils qui ont servi à commettre l'infraction ou qui en sont le produit, l'interdiction d'exercer une fonction publique ou une activité professionnelle liée à la cryptologie pour une durée de cinq ans au plus, la fermeture de l'un ou des établissements de l'entreprise ayant servi à commettre les faits incriminés pour une durée de cinq ans au plus et l'exclusion des marchés publics pour une durée de cinq ans au plus.

Ce texte précise que les peines complémentaires s'appliquent à toute personne physique ou morale coupable de l'une des infractions relatives à la cryptologie.

Mais l'applicabilité des peines complémentaires aux personnes morales est rendue possible par la consécration d'un principe général de responsabilité pénale des personnes morales dans le Code pénal.

En effet, l'article 45-1 du Code pénal a prévu un régime de responsabilité pénale des personnes morales applicable à toutes les infractions et a fixé les conditions de mise en œuvre de la responsabilité pénale des êtres moraux (*Sur la responsabilité pénale des personnes morales, J.-H. ROBERT, «La responsabilité pénale des personnes morales », Dr. pén. 2000, hors-série n° 3, p. 20 ; D. GUERIN, « L'introduction en droit français de la responsabilité pénale des personnes morales », LPA 11 décembre 1996, n° 149, p. 04 ; J.-C. SAINT-PAU, «La responsabilité pénale d'une personne physique agissant en qualité d'organe ou représentant d'une personne morale » in Mélanges B. Bouloc, Paris, Dalloz 2007, p. 1011 ; P. A. TOURÉ, « Réflexion critique sur le principe de l'irresponsabilité pénale des personnes morales (de droit privé et de droit public), in Bulletin d'information de la Cour suprême, n° 15-16, mars 2020, p. 99 et s. ; G. ROUJOU DE BOUBEE, « La responsabilité pénale des personnes morales, essai d'un bilan », in Mélanges offerts à André Decocq, Paris, Litec 2004, p. 535 ; G. COUTURIER, « Répartition des responsabilités entre personnes morales et personnes physiques », Rev. sociétés 1993, p. 307 ; B. BOULOC, « Le domaine de la responsabilité pénale des personnes morales », Rev. sociétés 1993, p.*

291 ; F. DESPORTES, « Le nouveau régime de la responsabilité pénale des personnes morales», JCP E 1993, I, 219 ; E. DREYER, «Irresponsabilité ou responsabilité pénale des personnes morales de droit public ? », JCP G 2016, 1256 ; F. GARTNER, «L'extension de la répression pénale aux personnes publiques », RFD adm. 1994, p. 126 ; A. LEVY, « L'état de la jurisprudence sur la responsabilité pénale des personnes publiques dix ans après l'entrée en vigueur du Code pénal de 1994 », Dr. adm. 2004, étude 12 ; J. TRICOT, « Le droit pénal à l'épreuve de la responsabilité des personnes morales : l'exemple français », RSC 2012, p. 19 ; O. SAUTEL , « La mise en œuvre de la responsabilité pénale des personnes morales, entre litanie et liturgie », D. 2002, p. 1147 ; du même auteur, «La responsabilité pénale des personnes morales», LPA 18 juin 2008, p. 7 ; F. MEYER, «Réflexions sur la responsabilité pénale des personnes morales de droit public à la lumière des premières applications jurisprudentielles », RFD adm. 1999, p. 920 ; P. A. TOURE, Droit pénal général sénégalais, tome 2, Dakar, l'Harmattan 2023 ; P. A. TOURE, « La responsabilité pénale des personnes morales en droit sénégalais : contribution à l'étude de l'article 45-1 du Code pénal », Rev. sén.dr., n° 01, août 2023, p. 97). Ainsi, les conditions d'engagement de la responsabilité pénale des personnes morales en matière de cryptologie sont justiciables du régime prévu par l'article 45-1 du Code pénal.

Article 8.- Toute infraction liée à la cryptologie sera constatée sur procès-verbal dressé par les officiers de police judiciaire, les agents de l'Administration des Douanes, les agents assermentés de l'Agence de Régulation des Télécommunications et des Postes ou ceux du Service Technique Central des Chiffres et de la Sécurité des télécommunications.

- **La constatation des infractions relatives à la cryptologie**

- **Bibliographie**

«Régimes de déclaration et d'autorisation en matière de cryptologie », *Sem. jur. Entreprise et affaires* n° 23, 07 juin 2007, act. 282.
CH. FERAL-SCHUHL, *Cyberdroit. Le droit à l'épreuve de l'internet*, Paris, Dalloz, 7e édition, 2018.
G. CHATILLON, « Le régime français de la cryptologie : comment la déchiffrer ? », *Cahiers Lamy,* octobre 2000, p. 01 et s.
O. EYMARD, « Questions de cryptologie », *Délibérée*, 2018/1, n° 03, p. 60.
P. A. TOURE, *Le traitement de la cybercriminalité devant le juge : l'exemple du Sénégal*, Paris, l'Harmattan, 2012.
P. de COMBLES DE NAYVES, « Le code de déverrouillage d'un téléphone n'est pas une convention de déchiffrement », *AJ pén.* 2019, p. 439.
S. CALE, « Le guide sur l'utilisation de moyens de chiffrement à l'étranger », *Sécurité et stratégie*, 2016/3 (23), p. 70.
TH. PIETTE-COUDOL, « Actualité du régime documentaire de la cryptologie », *RLDI*, n° 29, juillet 2007.
V. SEDALLIAN, Les problèmes posés par la législation française en matière de chiffrement », *DIT*, n° 98/04.
W. AZOULAY, « Cryptologie : un code de téléphone n'est pas une convention secrète de déchiffrement », *D. actu.* 03 octobre 2019.

- **Commentaire**

255. Agents habilités. L'article 8 de l'annexe III au Code pénal détermine les agents habilités à constater sur procès-verbal les infractions relatives à la cryptologie. Il s'agit des officiers de police judiciaire, des agents de l'Administration des Douanes, des agents assermentés de l'Agence de Régulation des Télécommunications et des Postes ou ceux du Service Technique Central des Chiffres et de la Sécurité des télécommunications.

D'ailleurs, l'article 45 du décret n° 2010-1209 du 13 septembre 2010 portant application de la loi n° 2008-41 du 20 août 2008 sur la cryptologie énonce que les agents assermentés doivent présenter leur ordre de mission délivré par la Commission nationale de cryptologie et, le cas échéant, leur habilitation à procéder à des contrôles.

LOIS SPÉCIALES RELATIVES À LA CYBERCRIMINALITÉ

LOI UNIFORME N° 2008-48 DU 3 SEPTEMBRE 2008 RELATIVE À LA RÉPRESSION DES INFRACTIONS EN MATIÈRE DE CHÈQUE, DE CARTE BANCAIRE ET D'AUTRES INSTRUMENTS ET PROCÉDÉS ÉLECTRONIQUES DE PAIEMENT.

EXPOSE DES MOTIFS

Le conseil des Ministres de l'Union Monétaire Ouest Africaine (UMOA) réuni en session ordinaire le 29 septembre 1995 à Bamako avait approuvé et proposé aux États membres, pour adoption un projet de « Loi uniforme relative aux instruments de paiement : chèque, carte de paiement et de retrait, lettre de change et billet à ordre ». Ce projet de loi s'inscrivait dans le cadre de l'harmonisation des législations des États membres de l'UMOA en matière monétaire, bancaire et financière dont le principe est établi à l'article 22 du Traité du 14 novembre 1973 constituant l'UMOA.

Cette loi uniforme prévoyait notamment dans son édifice répressif l'incrimination et la sanction des atteintes liées aux chèques (articles 83 et suivants) ainsi que celles relatives aux cartes de paiement et de retrait (articles 106 et suivants).

La réforme des systèmes de paiement initiée par la Banque Centrale en 1999 s'est traduite en particulier par l'adoption par le Conseil des MinistreS de l'UEMOA, le 19 septembre 2002, du Règlement n° 15/2002/CM/UEMOA relatif aux systèmes de paiement dans les États membres de l'Union Economique et Monétaire Ouest Africaine (ci-après « le Règlement n° 15/2002/CM/UEMOA »).

Ce texte, qui consacre le cadre légal de la modernisation des systèmes de paiement dans l'espace UEMOA, abroge et remplace en article 244 la loi uniforme relative aux instruments de paiement précitée, à l'exception de ses dispositions pénales. Ainsi, le règlement a reconduit les incriminations pénales, contenues dans la loi uniforme et érigé de nouvelles incriminations afférentes aux fraudes, abus et contrefaçons sur les cartes bancaires et autres instruments électroniques de paiement.

S'agissant des sanctions, dans le souci de ne pas retarder la réalisation de la réforme, et compte tenu du fait q'un règlement communautaire ne peut contenir de sanctions pénales, une technique propre au droit pénal des affaires, qui est celle de la pénalité par référence, encore appelée renvoi pénal, a été utilisée dans le Règlement. Elle a consisté en un renvoi aux dispositions pénales prévues aux articles 83 et suivants de la loi uniforme sur les instruments de paiement.

Le choix de cette approche, nonobstant le caractère peu adapté des sanctions pénales, était dicté par un impératif de célérité. Il fallait, en effet éviter que des délais d'adoption dans tous les États de l'Union d'une nouvelle loi uniforme ou de révision de l'ancienne Loi, n'entraînent des lenteurs dans le processus de modernisation des systèmes de paiement dans les États membres des l'UEMOA.

En même temps qu'il reconduisait la plupart des incriminations pénales, contenues dans la loi uniforme sur les instruments de paiement, le Règlement n° 15/2002/CM/UEMOA, avait en ses articles 143 et suivants, dans un souci de modernisation du droit pénal des instruments de paiement scripturaux de l'UEMOA, érigé en infractions les fraudes, abus et contrefaçons sur les cartes bancaires et autres instruments électroniques de paiement.

Toutefois cette technique du renvoi n'est pas exempte d'inconvénients. D'une part elle s'accommode mal de la rigueur et de la précision du droit pénal, fondées sur le principe de la légalité des délits et des peines. D'autre part, elle rend difficiles l'interprétation et l'application de l'édifice répressif des instruments de paiement de l'UEMOA, caractérisées par une dispersion des incriminations entre la loi uniforme (articles 83 à 90) et le règlement n° 15/2002/CM/UEMOA (articles 143 à 148), ainsi que par de fréquents renvois de ce dernier aux sanctions prévues par la loi uniforme.

Par ailleurs, le dispositif répressif contenu dans la loi uniforme sur les instruments de paiement s'est révélé, à l'épreuve du temps, inadapté au nouveau cadre juridique et institutionnel tracé par le Règlement n° 15/2002/CM/UEMOA, en raison des nouveaux enjeux liés à la vie des affaires.

Enfin, il y a lieu de signaler que les incriminations relatives à l'utilisation des chèques prévues par les articles 83 et suivants de la loi uniforme continuent à renvoyer à ses dispositions civiles substantielles, qui pourtant ont été expressément abrogées par l'article 244 du Règlement n° 15/2002/CM/UEMOA.

La mise en place du cadre règlementaire et conventionnel de la modernisation des systèmes de paiement étant quasiment achevée, il s'est avéré nécessaire d'élaborer un autre projet de loi uniforme prenant en compte l'ensemble des incriminations prévues par le Règlement n° 15/2002CM/UEMOA et consacré exclusivement aux sanctions pénales des infractions sur les instruments de paiement scripturaux.

Par ailleurs, le présent projet de loi uniforme renforce les sanctions pénales en instaurant la fixité des peines d'emprisonnement qui sont encourues en cas d'infraction et les assortissant d'une amende. Cette fixité qui est la tendance au niveau international dans ce domaine permet également une répression uniforme des infractions en matière de chèque, carte bancaire et autres instruments et procédés électroniques de paiement dans tous les États membres de l'Union. Le caractère plus répressif du nouveau projet de loi est dicté par l'importance des dommages susceptibles d'être causés par les faits réprimés.

L'aggravation des sanctions se justifie, en outre, par le caractère peu dissuasif des peines prévues par la précédente loi uniforme, qui vont de 1 à 5 ans d'emprisonnement, le montant des amendes étant de 100.000 francs CFA à 5.000.000 francs CFA ou de l'une de ces deux peines seulement.

En outre, il convient de noter que le Règlement n° 15/2002/CM/UEMOA précité établit un traitement préventif de l'émission de chèque sans provision grâce au dispositif de Centralisation des Incidents de Paiement qui permet à l'autre de régulariser, sous peine d'interdiction bancaire d'émettre des chèques. De ce fait, le projet de loi ne réprime que les infractions intentionnelles sur les instruments de paiement scripturaux.

Ainsi, le présent projet de loi uniforme, qui met fin à tous les inconvénients susvisés, concerne toutes les infractions en matière de chèques de cartes bancaires et des autres instruments et procédés électroniques de paiement. Il corrige les renvois et définit des sanctions pénales précises. En conséquence, le dispositif répressif est en harmonie avec les nouvelles dispositions du Règlement n° 15/2002/CM/UEMOA.

À l'instar de l'ancienne loi uniforme susmentionnée relative aux instruments de paiement : chèque, carte de paiement et de retrait, lettre de change et billet à ordre, le présent projet de loi uniforme ne prévoit pas de dispositions destinées à réprimer les infractions en matière d'effets de commerce autres que le chèque (lettre de change et billet à ordre). En effet, la sanction de ces infractions relève du code pénal de chaque État membre de l'Union qui les réprime généralement sous l'appellation de faux en écritures de commerce et de banque.

Au-delà, il institue des incriminations nouvelles. En effet, les articles 4 et 16 du présent projet de loi ont érigé en infraction la fabrication, l'acquisition, la détention, la cession, ou la mise à disposition d'équipements, d'instruments, de programmes informatiques ou de toutes données conçus ou spécialement adaptés pour commettre les infractions de contrefaçon et chèques et de cartes bancaires.

Par ailleurs, la tentative des délits de contrefaçon et de falsification de chèques, de cartes bancaires et autres instruments électroniques de paiement, est désormais incriminée par les articles 3, alinéa 1 et 16, alinéa 2 du présent projet de Loi uniforme.

Enfin, il organise la protection de la confidentialité des informations centralisées par la Banque Centrale, en application des articles 127 à 130 du Règlement n°15/2002/CM/UEMOA, par l'adoption de nouvelles incriminations pénales inscrites en ses articles 12 à 14. Il s'agit du détournement de ces informations, de leur finalité, de la centralisation des informations à la place de la BCEAO, sauf autorisation expresse, et de la diffusion sans autorisation préalable des informations centralisées obtenues de la Banque Centrale.

L'Assemblée nationale a adopté en sa séance du vendredi 25 juillet 2008 ;

Le Sénat a adopté en sa séance du vendredi 22 août 2008 ;

Le Président de la République promulgue la loi dont la teneur suit ;

TITRE PRÉLIMINAIRE. - TERMINOLOGIE

Article premier. - Au sens de la présente loi, il faut entendre par :

« Autres instruments et procédés électroniques de paiement » : tous instruments ou procédés concourant à la réalisation d'une opération de paiement électronique autre que la carte bancaire ;

« Banque Centrale » ou « BCEAO » : la Banque Centrale des États de l'Afrique de l'Ouest ;

« Carte bancaire » : une carte de paiement et / ou de retrait ;

« Carte de paiement » : une carte émise par les organismes visés à l'article 42 du Règlement n°15/2002/CM/UEMOA relatif aux systèmes de paiement dans les États membres de l'Union Economique et Monétaire Ouest Africaine (UEMOA) et permettant à son titulaire de retirer ou virer des fonds, au sens qui lui est donné par l'article 1er dudit Règlement ;

« Carte de retrait » : une carte émise par les organismes visés à l'article 42 du Règlement dont la ou l'une des fonctions principales est de permettre le retrait de fonds dans les distributeurs automatiques de billets et les guichets automatiques de banque ;

« Données informatiques » : toute représentation de faits, d'informations ou de concepts sous une forme qui se prête à un traitement informatique ;

« Opération de paiement électronique » : toute opération de paiement effectuée à l'aide d'une carte à piste(s) magnétiques(s) ou incluant un microprocesseur, auprès d'un équipement terminal de paiement électronique (TPE) ou terminal de vente (TPV). N'est pas une opération de paiement électronique :

Le paiement par chèque garanti par une carte bancaire ;

Le paiement par carte selon des procédures mécaniques (facturettes).

« Porte-monnaie électronique » : une carte de paiement prépayée, c'est-à-dire sur laquelle une certaine somme d'argent a été chargée, permettant d'effectuer des paiements électroniques de montants limités, au sens qui lui est donné par l'article 1er du Règlement ;

« Règlement » : le Règlement n° 15/2002/CM/UEMOA relatif aux systèmes de paiement dans les États membres de l'Union Economique et Monétaire Ouest Africaine (UEMOA) ;

« Système informatique » : tout logiciel, dispositif isolé ou ensemble de dispositifs interconnectés ou apparentés qui assure ou dont un ou plusieurs éléments assurent, en exécution d'un programme, un traitement automatisé de données ;

« UEMOA » : l'Union Economique et Monétaire Ouest Africaine ;

« UMOA » : l'Union Monétaire Ouest Africaine.

TITRE PREMIER. - DE LA RÉPRESSION DES INFRACTIONS LIÉES A L'UTILISATION DU CHÈQUE.

Art. 2. - Est puni d'un emprisonnement de trois ans et d'une amende de deux millions (2.000.000) de francs CFA :

a) le tireur ou mandataire qui, en connaissance de cause, émet un chèque domicilié sur un compte clôturé ;

b) le tireur qui, après l'émission d'un chèque, retire tout ou partie de la provision, par transfert, virement ou quelque moyen que ce soit, dans l'intention de porter atteinte aux droits d'autrui ;

c) le tireur qui au mépris de l'injonction qui lui est adressée en application de l'article 115 du Règlement émet un ou plusieurs chèques ;

d) le mandataire qui, en connaissance de cause, émet un ou plusieurs chèques dont l'émission est interdite à son mandant, en application de l'article 115 du Règlement ;

e) toute personne qui fait défense au tiré de payer en dehors des cas prévus par l'article 84, alinéa 3 du Règlement :

f) toute personne qui accepte de recevoir ou d'endosser, en connaissance de cause, un chèque sans provision ;

g) toute personne qui, en connaissance de cause, fait usage d'un chèque volé.

La tentative des infractions énumérées ci-dessus est punie comme le délit consommé.

L'amende visée à l'alinéa 1er peut être portée à cinq millions (5.000.000) de francs CFA si le tireur est commerçant ou récidiviste.

Art. 3. - Est puni d'un emprisonnement de cinq ans et d'une amende de cinq millions 5.000.000) de francs CFA :

a) toute personne qui contrefait, falsifie ou tente de contrefaire ou de falsifier un chèque ;

b) toute personne qui en connaissance de cause, fait usage ou tente de faire usage d'un chèque contrefait ou falsifié ;

c) toute personne qui, en connaissance de cause, accepte de recevoir un chèque contrefait ou falsifié.

Art. 4. - Est puni d'un emprisonnement de sept ans et d'une amende de dix millions (10 000 000) de francs CFA quiconque en connaissance de cause, fabrique, acquiert, détient, cède, offre ou met à disposition des matières, machines, appareils, équipements, instruments, programmes informatiques ou toutes données conçus ou spécialement adaptés pour commettre les infractions prévues au point a) de l'article 3 ci-dessus.

La tentative des infractions énumérées ci-dessus est punie comme le délit consommé.

Art. 5. - La confiscation, aux fins de destruction, des chèques contrefaits ou falsifiés, est obligatoire dans les cas prévus aux articles 2 à 4 de la présente loi.

Est également obligatoire la confiscation des matières, machines, appareils, équipements, instruments, programmes informatiques ou de toute donnée qui servent ou sont destinés à servir à la fabrication desdits chèques, sauf lorsqu'ils sont utilisés à l'insu du propriétaire.

Art. 6. - Dans tous les cas prévus aux articles 2 et 3 de la présente loi, la juridiction compétente en application de l'article 113 du Règlement, interdit au condamné, pour une durée d'un (01) à cinq (05) ans, d'émettre des chèques autres que ceux qui permettent exclusivement le retrait de fonds par le tireur auprès du tiré ou ceux qui sont certifiés.

Cette interdiction peut être déclarée exécutoire par provision. Elle est assortie d'une injonction adressée au condamné d'avoir à restituer aux banquiers qui les avaient délivrées les formules de chèque en sa possession et en celle de ses mandataires.

La juridiction compétente peut ordonner, aux frais du condamné, la publication de l'extrait de la décision portant interdiction dans les journaux qu'elle désigne et selon les modalités qu'elle fixe.

Tout banquier informé de l'interdiction par la Banque Centrale conformément aux articles 127 et 129 du Règlement, doit s'abstenir de délivrer au condamné et à ses mandataires des formules de chèques autres que celles mentionnées à l'alinéa 2 du présent article.

Lorsque la condamnation est prononcée à la suite d'un incident de paiement constaté sur un compte collectif avec ou sans solidarité, l'interdiction prévue à l'alinéa 2 du présent article est, de plein droit, applicable aux autres titulaires en ce qui concerne ledit compte.

Art. 7. - Est puni d'un emprisonnement de cinq ans et d'une amende de deux millions (2.000.000) de francs CFA, en application de l'article 6, alinéa 1er de la présente Loi :

- le tireur qui émet un ou plusieurs chèques en violation de l'interdiction prononcée ;

- le mandataire qui, en connaissance de cause, émet un plusieurs chèques dont l'émission est interdite à son mandant.

Art. 8. - Les faits visés aux articles 2 et 3 de la présente loi sont considérés, pour l'application des dispositions concernant la récidive, comme constituant une infraction de même nature, en cas de récidive, le double de l'amende prévue aux articles précités est prononcé.

Art. 9. - À l'occasion des poursuites pénales exercées contre le tireur, le porteur qui s'est constitué partie civile est recevable à demander devant la juridiction pénale compétente une somme égale au montant du chèque, sans préjudice, le cas échéant, de tous les dommages et intérêts, il peut, néanmoins, s'il le préfère, agir en paiement de sa créance devant la juridiction civile ou commerciale.

Art. 10. - Est passible d'une amende de trois millions (3.000.000) de francs CFA le tiré qui, hors les cas mentionnés à l'article 84, alinéa 3 du Règlement, refuse le paiement d'un chèque au motif que le tireur y a fait opposition.

Art. 11. - Est passible d'une amende de trois millions (3.000.000) de francs CFA ;

a) le tiré qui indique une provision inférieure à la provision existante et disponible ;

b) le tiré qui rejette un chèque pour insuffisance ou indisponibilité de la provision sans indiquer, lorsque tel est le cas, que le chèque a été émis au mépris d'une injonction adressée en application de l'article 115 du Règlement ou en violation d'une interdiction prononcée en application de l'article 6 alinéa 1er de la présente loi ;

c) le tiré qui n'a pas déclaré, dans les conditions prévues à l'article 127 du Règlement, les incidents de paiement ainsi que les infractions prévues par les articles 2 (a) à (g), 3 et 7 de la présente loi ;

d) le tiré qui contrevient aux dispositions des articles 113, 115, 123 du Règlement et de l'article 6, alinéa 2 de la présente loi ;

e) le tiré qui contrevient aux dispositions des articles 43 et 45 du Règlement.

Dans les cas visés aux points a, b, c, d et e, le tiré personne morale peut être attrait par la victime devant la juridiction saisie de l'action publique pour chèque impayé, en réparation du préjudice lié aux fautes sus indiquées.

Art. 12. - Est puni emprisonnement de trois ans et d'une amende de dix millions (10.000.000) de francs CFA, quiconque utilise à d'autres fins que celles prévues par les dispositions du Règlement, les informations centralisées par la Banque centrale en application des articles 127 à 130 dudit Règlement.

Art. 13. - Est puni d'un emprisonnement de trois ans et d'une amende de dix millions (10 000 000) de francs CFA, quiconque assure, en lieu et place de la Banque Centrale, sauf autorisation expresse de la BCEAO, la centralisation des informations prévues par les articles 127 à 130 du Règlement.

Art. 14. - Est puni d'un emprisonnement de trois ans et d'une amende de dix millions (10 000 000) de francs CFA quiconque diffuse sans l'autorisation préalable de la Banque Centrale, des informations obtenues en application de l'article 129, alinéa 7 du Règlement.

TITRE II. - DE LA RÉPRESSION DES INFRACTIONS RELATIVES AUX CARTES BANCAIRES ET AUTRES INSTRUMENTS ET PROCÉDÉS ÉLECTRONIQUES DE PAIEMENT

Art. 15. - Est puni d'une amende de deux millions (2 000 000) de francs CFA :

a) tout émetteur qui délivre une carte de paiement en violation de l'article 139 alinéa 1er et 2 du Règlement. La juridiction compétente ordonne le retrait de la carte ;

b) tout émetteur qui s'abstient d'informer dans les délais requis la Banque Centrale de l'existence d'un abus constaté dans l'utilisation de la carte de paiement ou qui ne respecte pas les dispositions de l'article 140 du Règlement.

Art. 16. - Sont punis d'un emprisonnement de cinq ans et d'une amende de dix millions (10 000 000) de francs CFA :

a) ceux qui contrefont, falsifient ou tentent de contrefaire ou de falsifier une carte bancaire ou tout autre instrument électronique de paiement ;

b) ceux qui, en connaissance de cause, font usage ou tentent de faire usage d'une carte bancaire ou de tout autre instrument électronique de paiement contrefait, falsifié ou obtenu frauduleusement ;

c) ceux qui, en connaissance de cause, acceptent de recevoir un paiement au moyen d'une carte bancaire ou de tout autre instrument électronique de paiement contrefait, falsifié ou obtenu frauduleusement ;

d) ceux qui détiennent, en connaissance de cause, une carte bancaire ou tout autre instrument électronique de paiement contrefait, falsifié ou obtenu frauduleusement.

Art. 17. - Est puni d'un emprisonnement de sept ans et d'une amende de dix millions (10 000 000) de francs CFA, quiconque, en connaissance de cause, fabrique, acquiert, détient, cède, offre ou met à disposition des équipements, instruments, programmes informations ou toutes données conçus ou spécialement adaptés pour commettre les infractions prévues à l'article 16 point a) de la présente loi.

La tentative des infractions énumérées ci-dessus est punie comme le délit consommé.

Art. 18. - Sont punis d'un emprisonnement de cinq ans et d'une amende de dix millions (10 000 000) de francs CFA ceux qui :

a) utilisent sans autorisation et, en connaissance de cause, des données d'identification pour le lancement ou le traitement d'une opération de paiement électronique,

b) utilisent, en connaissance de cause, des données d'identification fictives pour le lancement ou le traitement d'une opération de paiement électronique ;

c) manipulent des données ou des informations portant sur des comptes ou d'autres données d'identification, en vue du lancement ou traitement d'une opération de paiement électronique :

d) transmettent sans y être autorisés des données d'identification en vue du lancement ou du traitement d'une opération de paiement électronique,

e) fabriquent, manient, détiennent ou utilisent sans autorisation un équipement spécifique, en vue ;

- de la fabrication ou de l'altération d'une carte bancaire, d'un porte-monnaie électronique ou partie de ceux-ci ;
- du lancement ou du traitement d'une opération de paiement électronique ;
- de la modification ou de l'altération de toute information ou de donnée afférente à tout instrument ou opération de paiement électronique.

f) détiennent sans y être autorisés et, en connaissance de cause, un élément ou une partie d'une carte bancaire ou tout autre instrument de paiement électronique.

La tentative des infractions énumérées ci-dessus est punie comme le délit consommé.

Les mêmes peines sont appliquées à toute personne impliquée, en qualité de complice par aide ou instigation, aux auteurs des infractions ci-dessus visées et supposant une intention délictueuse ou qui obtient, en connaissance de cause, des valeurs ou des avantages pécuniaires provenant desdites infractions.

Art. 19. - Sont punis d'un emprisonnement de cinq ans et d'une amende de dix millions (10 000 000) de francs CFA ceux qui utilisent sciemment une carte bancaire ou tout autre instrument et procédé électronique de paiement après :

- l'expiration de sa durée de validité, dans une intention frauduleuse ;
- opposition pour perte, vol, utilisation frauduleuse ou ouverture d'une procédure collective contre le bénéficiaire.

Sont punis des mêmes peines, ceux qui, malgré l'injonction de restitution reçue, continuent à utiliser la carte bancaire ou tout autre instrument et procédé électronique de paiement irrégulièrement détenu.

Art. 20. - Sont punis d'un emprisonnement de cinq ans et d'une amende de dix millions (10 000 000) de francs CFA ceux qui effectuent, en connaissance ce cause, ou font effectuer, tentent d'effectuer ou de faire effectuer un transfert d'argent ou de valeur monétaire, dans le but de se procurer un avantage économique illégal ou de le procurer à une autre personne en :

a) introduisant, altérant, effaçant ou supprimant des données informatiques ;

b) perturbant le fonctionnement d'un logiciel ou d'un système informatique.

Art. 21. - Sont punis d'un emprisonnement de cinq ans et d'une amende de dix millions (10 000 000) de francs CFA ceux qui, en connaissance de cause, fabriquent, reçoivent, obtiennent, vendent, cèdent, détiennent ou tentent de fabriquer, recevoir, obtenir, vendre, céder ou détenir illégalement :

a) des équipements, instruments, articles, logiciels ou tout autre moyen spécialement adapté pour commettre les infractions visées à l'article 20 de la présente loi ;

b) des équipements, instruments, articles, logiciels ou tout autre moyen spécialement adapté pour commettre les infractions visées au point e) de l'article 18 de la présente loi ;

c) des logiciels destinés à la commission des infractions visées à l'article 20 de la présente loi.

Art. 22. - La confiscation, aux fins de destruction des cartes de paiement ou de retrait contrefaites ou falsifiées, est obligataire dans les cas prévus aux articles 16 à 19 et 21 de la présente loi.

Est également obligatoire la confiscation des matières, machines, appareils, instruments programmes informatiques ou de toutes données qui servent ou sont destinés à la fabrication desdits objets, sauf lorsqu'ils sont utilisés à l'insu du propriétaire.

Art. 23. - Les infractions prévues dans la présente Loi constituent des délits.

Les décisions prononcées sur les intérêts civils sont exécutoires par provision, sur minute et avant enregistrement.

Les décisions rendues en application de la présente Loi sont notifiées sans délai à la Banque Centrale à la diligence du Ministère public.

La Banque Centrale est tenue de diffuser auprès des établissements émetteurs l'ensemble des décisions de justice, selon des modalités qu'elle définit.

TITRE III. - DISPOSITIONS FINALES.

Art. 24.- La présente loi, qui abroge toutes les dispositions contraires notamment celles des articles 83 à 90 et 106 à 108 de la loi n° 96-13 du 28 août 1996 sur les instruments de paiement, sera exécutée comme loi de l'État.

La présente loi sera exécutée comme loi de l'État.

Fait à Dakar, le 3 septembre 2008

- **Les infractions relatives aux cartes bancaires et aux autres instruments électroniques de paiement**

- **Bibliographie**

G. BLANLUET, « La monnaie électronique- définition- nature juridique », *Rev. dr. banc. fin.*, n° 02, mars-avril 2001, p. 135.

D. BOUNIE et S. SORIANO, « La monnaie électronique. Principes, fonctionnement et organisation », Les *Cahiers du numérique*, vol. 04, n° 01, 2003, p. 71.

F. M. SAWADOGO et A. TRAORE, *Instruments de paiement et de crédit dans l'espace UEMOA*, édition 2014.

W. JEANDIDIER, « Les trucages et usages frauduleux de cartes magnétiques », in 18e Congrès A.F.D.P, *Le droit criminel face aux technologies modernes de la communication*, Paris, Economica, et A.D.I, 1986, p. 221

J-C. PAILLES, « Les systèmes de paiement électronique sur internet », *Les Cahiers du numérique*, vol. vol. 04, n° 01, 2003, p. 45

LASSERRE CAPDEVILLE, « La répression de la fraude à la carte bancaire : état des lieux », *Banque et Droit* 2005, n° 10, p. 26 et s.

Y. RANDOUX, « Cybercriminalité et cartes bancaires à puce un enjeu stratégique pour la preuve dans les transactions électroniques » :

https://www.aef.asso.fr/telecharger-article/...et-cartes-bancaires...un.../pdf).
P. TRESCASES, « Cartes bancaires et technologies : le système CB », *Les Cahiers du numérique*, vol. 04, n° 01, 2003, pp. 177
F. PAGET, « Fraude financière et opérations bancaires en ligne : menaces et contre-mesures » : http://www.bulletin-numismatique.fr/
P. GAZE, « Nouveaux moyens de paiement : nouveaux risques ? », *Les Cahiers du numérique*, vol. 04, n° 1, 2003, p. 93
A. MASSET, « Utilisation abusive et frauduleuse de cartes de paiement et de cartes de crédit », *JT*, 1987, p. 137 et s.
Y. GERARD, « L'utilisation frauduleuse des instruments de paiement », *JCP* E 2010, 1034
A. HONTEYRIE, « Perte ou vol d'une carte bancaire, quel régime probatoire », *D.* 2009, p. 1492

- **Commentaire**

256. Criminalité relative aux instruments électroniques de paiement. Les infractions relatives aux cartes bancaires, notamment les cartes bancaires à puces, constituent une composante majeure de la cybercriminalité financière (*Y. RANDOUX, « Cybercriminalité et cartes bancaires à puce un enjeu stratégique pour la preuve dans les transactions électroniques » : https://www.aef.asso.fr/telecharger-article/...et-cartes-bancaires...un.../pdf*). Les criminels fréquentent et alimentent de nombreux sites de *carding*, permettant de créer de fausses cartes virtuelles. Ils y achètent ou vendent des accès à des comptes bancaires, des numéros de cartes volées, des copies de pistes magnétiques et des profils personnels complets (*P. TRESCASES, « Cartes bancaires et technologies : le système CB », Les Cahiers du numérique, vol. vol. 04, n° 01, 2003, pp. 177 ; F. PAGET, « Fraude financière et opérations bancaires en ligne : menaces et contre-mesures » : http://www.bulletin-numismatique.fr/bn/bn069/images/mcafee2009.pdf*).

Sur internet, notamment sur le *Dark web*, des sites ou des forums de discussion proposent des générateurs de numéros de cartes bancaires, des échanges d'informations sur le clonage de cartes bancaires et des méthodes de montage de puces (*Sur cette question, M. QUEMENER et J. FERRY, Cybercriminalité. Défi mondial, Paris, Economica, 2e édition, 2009, p. 186. ; J. LASSERRE CAPDEVILLE, « La répression de la fraude à la carte bancaire : état des lieux », Banque et Droit 2005, n° 10, p. 26 et s.*).

257. Instruments électroniques de paiement. Les instruments électroniques de paiement désignent la carte bancaire, le porte-monnaie électronique et le télépaiement. Selon l'article 1er de la loi uniforme du 03 septembre 2008, le porte-monnaie électronique désigne « *une carte de paiement prépayée, c'est-à-dire sur laquelle une certaine somme d'argent a été chargée, permettant d'effectuer des paiements électroniques de montants limités* ». Il s'agit en réalité d'une carte à puce ressemblant à une carte bancaire classique stockant des unités électroniques libellées dans une devise, émises par un établissement de crédit contre le débit immédiat d'un compte bancaire. Son utilisation ne requiert pas en principe la composition d'un code confidentiel, tout porteur du porte-monnaie, même illégitime, peut l'utiliser. Le porte-monnaie électronique est selon une doctrine autorisée une véritable monnaie électronique. (V. *en ce sens, G. BLANLUET, « La monnaie électronique- définition- nature juridique », Rev. dr. banc. fin., n° 02, mars-avril 2001, p. 135 ; D. BOUNIE, et S. SORIANO, « La monnaie électronique. Principes, fonctionnement et organisation », Les Cahiers du numérique, vol. 04, n° 01, 2003, p. 71 ; F. M. SAWADOGO et A. TRAORE, Instruments de paiement et de crédit dans l'espace UEMOA, édition 2014, n° 242 et s.*).

Le télépaiement est « *un procédé technique qui permet de transférer un ordre de paiement à distance par l'utilisation d'instruments ou de mécanismes d'émission d'ordre sans contact physique entre les différents intervenants (participants)* » (*article 1er du Règlement n° 15 du 19 septembre 2002 relatif aux systèmes de paiement dans les États membres de l'Union Economique et Monétaire Ouest Africaine*).

258. Droit pénal des instruments électroniques de paiement. Dans l'espace de l'Union Monétaire Ouest africaine (UMOA), loi uniforme n° 2008-48 du 3 septembre 2008 relative à la répression des infractions en matière de chèque, de carte bancaire et d'autres instruments et procédés électroniques de paiement (*JORS, n° 6453, du 07 février 2009, p. 120*) a pris en compte toutes les infractions en matière de chèques, de cartes bancaires et d'instruments et de procédés électroniques de paiement prévues par le Règlement n° 15/2002CM/UEMOA relatif aux systèmes de paiement dans les États membres de l'Union Economique et Monétaire Ouest Africaine.

Les articles 15 et s. de la loi du 03 septembre 2008 précitée ont prévu un dispositif de répression des fraudes portant sur les instruments électroniques de paiement (*P. GAZE, « Nouveaux moyens de paiement : nouveaux risques ? », Les Cahiers du numérique, vol. vol. 04, n° 1, 2003, p. 93 ; A. MASSET, « Utilisation abusive et frauduleuse de cartes de paiement et de cartes de crédit », JT, 1987, p. 137 et s. ; Y. GERARD, « L'utilisation frauduleuse des instruments de paiement », JCP E 2010, 1034*). Ces textes se substituent aux anciens articles 143 et s. du Règlement n° 15 du 19 septembre 2002 précité. En effet, les articles 143 et s. de ce règlement communautaire prévoyaient les infractions en matière de carte bancaire et autres instruments électroniques de paiement en renvoyant aux peines prévues par les articles 83 et 84 de l'ancienne loi uniforme n° 96-13 du 28 août 1996, expressément abrogés par l'article 24 de la loi uniforme du 03 septembre 2008. Il en résulte que les infractions prévues par les articles 143 et s. du règlement communautaire sont désormais dépourvues de base légale.

L'article 16 de la loi uniforme du 03 septembre 2008 incrimine la contrefaçon, la falsification ou la tentative de contrefaçon ou de falsification d'une carte bancaire ou tout autre instrument électronique de paiement, l'usage ou la tentative d'usage d'une carte bancaire ou de tout autre instrument électronique de paiement contrefait, falsifié ou obtenu frauduleusement.

Les actes constitutifs de *carding* peuvent être qualifiés de falsification de carte bancaire et d'usage d'une carte bancaire falsifiée (sur le carding, *P. A. TOURE, Le traitement de la cybercriminalité devant le juge : l'exemple du Sénégal, Paris, l'Harmattan, 2012, n° 250*).

Parmi les actes de fraude portant sur les cartes bancaires, le *carding* constitue une technique très répandue. Il s'agit du « *piratage de la carte bancaire par diverses techniques matérielles, logicielles ou subversives, aux fins d'obtenir et de revendre les données de cartes bancaires, de s'en servir pour effectuer des achats frauduleux au préjudice du porteur légal* » (*M. QUEMENER, ibid ; M. QUEMENER, Criminalité économique et financière à l'ère numérique, Paris, Économica, 2015, p. 236 ; P. A. TOURE, Le traitement de la cybercriminalité devant le juge : l'exemple du Sénégal, Paris, l'Harmattan, 2012, n° 250*).

La technique du *carding* peut être définie comme une escroquerie au moyen d'une carte bancaire sans déposséder le titulaire du support matériel (la carte). En effet, c'est une fraude qui permet, via un logiciel et un lecteur de carte à puce, de récupérer directement sur une carte bancaire les données personnelles de son utilisateur, en vue de leur utilisation frauduleuse ou non. Cette fraude est facilitée quand un automate de paiement ou de retrait ou un système de traitement automatisé de données ou encore un serveur ou un réseau est piraté en vue de dupliquer des cartes bancaires (*F. CHOPIN, « La cybercriminalité », Rép. pén, Dalloz, mai 2009, n° 202*).

Le *carding* peut résulter d'un vol ou de la perte de la carte bancaire. À la suite de la copie des pistes magnétiques de la carte, les données récupérées sont recopiées sur de fausses cartes ou *white plastics*, qui seront utilisées à des fins de fraude.

Le *carding* se décline souvent en trois étapes, à savoir le *coding*, qui n'est autre que le piratage des données, le *vending*, c'est-à-dire la revente des numéros de cartes bancaires et des informations sur le titulaire et le *cashing* qui regroupe les échanges financiers délictueux comme les escroqueries et le blanchiment d'argent. Une fois les informations sur la carte bancaire récupérées, il s'agira simplement de les monnayer discrètement.

La loi du 03 septembre 2008 précitée réprime également le fait d'accepter, de recevoir un paiement au moyen d'une carte bancaire ou de tout autre instrument électronique de paiement contrefait, falsifié ou obtenu frauduleusement.

La loi frappe aussi de peines correctionnelles, le simple fait de détenir une carte bancaire ou tout autre instrument électronique de paiement contrefait, falsifié ou obtenu frauduleusement (*A. HONTEYRIE, «Perte ou vol d'une carte bancaire, quel régime probatoire », D. 2009, p. 1492*). En outre, l'article 18 de la loi du 03 septembre 2008 sanctionne ceux qui « *détiennent sans y être autorisées et en connaissance de cause un élément ou une partie d'une carte bancaire ou tout autre instrument de paiement électronique* ».

En vue de prévenir la commission d'actes frauduleux, la loi uniforme érige en infractions certains abus de dispositifs spécifiques. L'article 17 de ladite loi uniforme susvisée punit quiconque, en connaissance de cause, fabrique, acquiert, détient, cède, offre ou met à disposition des instruments, programmes ou informations conçus pour commettre des actes de contrefaçon, de falsification ou de tentative de contrefaçon ou de falsification de carte bancaire ou autre instrument électronique de paiement.

Le législateur sanctionne la tentative des infractions énumérées aux articles 15 à 16 de la loi uniforme comme le délit consommé

L'article 18 e) la loi uniforme précitée réprime la fabrication, le maniement, la détention ou l'utilisation sans autorisation d'un équipement spécifique, en vue de la fabrication ou de l'altération d'une carte bancaire, d'un porte-monnaie ou partie de ceux-ci.

- **Jurisprudence**

Le fait pour une personne d'utiliser le logiciel «*Avertis* » qu'il a lui-même proposé et vendu à ses clients en changeant les mots de passe pour accéder directement aux comptes de certains d'entre eux en y tirant diverses sommes reversées constitue un usage d'une carte bancaire ou de tout autre instrument électronique de paiement contrefait, falsifié ou obtenu frauduleusement, dès lors que de fausses écritures électroniques ont été à l'origine des retraits frauduleux (**CA Dakar n° 413 du 24 mars 2015, MP et M. B. D. et Crédit du Sénégal c/ A. L. D. et autres, *inédit***)

La loi n° 2008-09 du 25 janvier 2008 sur le droit d'auteur et les droits voisins

Article 142. -Violation du droit d'exploitation

Est punie d'un emprisonnement de six mois à deux ans et d'une amende de un million à cinq millions de francs CFA la violation du droit de communication au public, du droit de reproduction, du droit de distribution ou du droit de location.

Article 143.- Diffusion, importation et exportation d'exemplaires illicites.

Est punie des mêmes peines la diffusion, l'importation et l'exportation d'exemplaires illicites.

Article 144.- Violation du droit moral.

Est punie des mêmes peines la violation du droit moral de l'auteur et l'artiste interprète.

- **Les infractions relatives au droit d'auteur (contrefaçon)**

- **Bibliographie**

A. BENSAMOUN et J. GROFFE, « Création numérique », *Rép. IP/IT et comm*, octobre 2013

A. FRANCON, « Les sanctions pénales de la violation du droit moral », in *Mélanges Burst*, Litec, 1997, p. 171.

A. LUCAS, *Droit d'auteur et numérique*, Paris, Litec 1998.

B. EDELMAN, « Les bases de données ou le triomphe des droits voisins », *D.* 2000, chron. p. 89, n° 18.

B. MICHAUX, « L'originalité en droit d'auteur, une notion davantage communautaire après l'arrêt Infopaq », A & M 2009/5, p. 473.

B. WARUSFEL, « La protection des bases de données en question : un autre débat sur la propriété intellectuelle européenne », *Propr. intell.* 2004, p. 896.

C. COLOMBERT, « Propriété littéraire et artistique, Droit d'auteur. Règles générales, contrefaçon et infractions aux droits voisins : éléments constitutifs », *J-Cl. pénal, fasc.* 336-1, 11, 1991.

Ch. CARON, « Droit moral et multimédia », *Légicom* 1995, n° 8, p. 44.

Ch. CARON, *Droit d'auteur et droits voisins*, Paris Litec, 2006.

Ch. D. DJOMGA, *La contrefaçon des logiciels dans l'espace OAPI. Étude comparée de l'accord révisé et des législations du Sénégal, du*

Gabon, de la Côte d'Ivoire et du Cameroun, éditions ISIS, Yaoundé, octobre 2011.
D. WAFO, « La protection par le droit d'auteur du logiciel en Afrique noire : le pénible éveil », *Penant*, n° 818, mai à septembre 1995.
F. MACREZ, *Créations informatiques : bouleversement des droits de propriété intellectuelle ? Essai sur la cohérence des droits*, Paris, Litec, 2011, p. 20, n° 7.
F. PELLEGRINI, « L'originalité des œuvres logicielles », *RIDA* 2/2017, p. 45.
G. GAVIN, « Vers une sanction pénale du droit moral », *RIDA* avril 1961, p. 3.
G. KOUAMNTOS, « Le droit de reproduction et l'évolution de la technique », *RIDA*, 1978, n° 98, p. 4.
G. LESOURD, « Violation du droit moral de l'auteur », *JCP* 1967, I, 2067.
J. HUET, « La protection des logiciels : pratiques passées, régime actuel, difficultés futures », *Expertises*, juin-juillet 1986, n° 86, p. 174, n° 03.
M.VIVANT, « Recueils, bases, banques de données, compilations, collections…l'introuvable notion ? », *D.* 1995, Chron. p. 197.
N. MALLET-POUJOL, « Protection des bases de données », *JCl. comm.*, fasc. 6080, 2010, n° 30 et 32.
O. PIGNATARI et A. COUSIN, « L'originalité des logiciels », *D. IP/IT* 2016, p. 248.
P. A. TOURE, *Le traitement de la cybercriminalité devant le juge : l'exemple du Sénégal*, Paris, l'Harmattan, 2012.
P. GAUDRAT « Du logiciel-support à l'illicéité de la copie privée numérique. Chronique d'une subversion annoncée (1re partie) », *RTD com.* 2001. 890.
P. GAUDRAT « Du logiciel-support à l'illicéité… (2eme partie) », *RTD com.* 2002. 55.
P. GAUDRAT, « Forme numérique et propriété intellectuelle », *RTD com.* 2000, p. 910.
R. DIARRA, *La répression de la cybercriminalité en Afrique de l'ouest*, Paris, l'Harmattan, 2021.
V. BESSON, M. LAGARDE et C. PAPAIS, « Le dévoiement de la notion d'originalité en droit d'auteur. L'avènement d'un flou artistique », *RIDA* 04/2016, p. 03 à 163.
V.-L. BENABOU, « L'originalité, un janus juridique », in *Mélanges A. Lucas,* Paris, LexisNexis, 2014, p. 17.

X. DESJEUX, « Logiciel, originalité et activité créative dans la loi du 03 juillet 1985 », *Expertises*, 1986, p. 32
Y. GAUBIAC, « Les nouveaux moyens techniques de reproduction et le droit d'auteur », *RIDA*, 1984, p. 23 et s.
Y. GENDREAU, « Le droit de reproduction et l'internet », *RIDA* octobre 1998, p. 41.

- **Commentaire**

259. Délit de contrefaçon dans la législation sénégalaise. Au Sénégal, sous l'empire de la législation pénale antérieure, la protection des attributs des auteurs d'œuvres de l'esprit en général était assurée par le délit de contrefaçon. Pour reprendre l'expression du professeur CARON, cette infraction « *est au droit d'auteur ce que le vol est aux biens corporels* » (*Ch. CARON, op. cit., p. 385, n° 486 ; C. COLOMBERT, « Propriété littéraire et artistique, Droit d'auteur. Règles générales, contrefaçon et infractions aux droits voisins : éléments constitutifs », J-cl. pén., fasc. 336-1, 11, 1991, n° 03*). La contrefaçon est une atteinte à la propriété qu'à l'auteur sur l'œuvre qu'il a lui-même conçue et réalisée ; c'est une violation du droit, pour cet auteur, de conserver l'exclusivité sur ses œuvres, de n'en concéder à autrui la jouissance, la reproduction ou l'imitation que s'il a consenti lui-même expressément.

La contrefaçon était prévue par les articles 397 à 401 du Code pénal.

L'infraction de contrefaçon réprimait essentiellement la violation des droits patrimoniaux, à savoir le droit de reproduction et le droit de représentation. La question était très discutée de savoir si la violation du droit moral du titulaire pouvait engager la responsabilité pénale de son auteur sous la qualification de contrefaçon (*G. GAVIN, « Vers une sanction pénale du droit moral », RIDA avril 1961, p. 3 ; G. LESOURD, « Violation du droit moral de l'auteur », JCP 1967, I, 2067 ; A. FRANCON, « Les sanctions pénales de la violation du droit moral », in Mélanges Burst, Litec, 1997, p. 171*).

La loi n° 2008-09 du 25 janvier 2008 sur les droits d'auteur et les droits voisins a abrogé les dispositions des articles 397 à 401 du Code pénal et a procédé à une refonte du droit pénal de la propriété littéraire et artistique (*V. art.162 de la loi n° 2008-09 du 25 janvier 2008, sur les droits d'auteur et les droits voisins*). Désormais, la répression des atteintes aux droits des auteurs d'œuvres de l'esprit relève des articles 142 à 144 de la loi n° 2008-

09 du 25 janvier 2008. Ces textes érigent désormais en infraction la violation des droits patrimoniaux et moraux de l'auteur.

260. Avènement des créations informatiques. Les transformations digitales ont vu émerger, à côté des œuvres de l'esprit classiques du droit d'auteur, articulées autour du triptyque écrit (œuvres littéraires), musique (œuvres musicales) et art (œuvres artistiques), des créations favorisées par la numérisation (*logiciels, bases de données, sites web, jeux vidéo*). Ces œuvres ne s'adressent pas directement au sens, mais n'en demeurent pas moins des outils techniques indispensables à la société moderne *(J. HUET, « La protection des logiciels : pratiques passées, régime actuel, difficultés futures», Expertises, juin-juillet 1986, n° 86, p. 174, n° 03*).

Avec l'avènement de la micro-informatique et du réseau internet, les utilisations irrégulières des créations informatiques prennent des formes d'une grande variété (copies, plagiat, pillage de programmes informatiques, reproductions illicites de bases de données ou de sites web). Ces pratiques sont de plus en plus banalisées dans le cyberespace (*H. MAUREL-INDART, « Techniques du plagiat », Médium, vol. 32-33, n° 03, 2012, p. 249*).

Les créations informatiques regroupent « *l'ensemble des créations en rapport avec le processus de traitement automatique des informations* » (*Sur cette définition, F. MACREZ, Créations informatiques : bouleversement des droits de propriété intellectuelle ? Essai sur la cohérence des droits, Paris, Litec, 2011, p. 20, n° 07*). Elles renvoient essentiellement aux logiciels, aux bases de données et aux œuvres multimédias (jeux vidéo, pages web et sites internet, CD Rom).

Mais la répression des atteintes aux droits des auteurs des créations informatiques suppose au préalable de qualifier ces créations d'œuvres de l'esprit.

261. Intégration des logiciels dans la liste des œuvres de l'esprit. Les logiciels constituent un ensemble d'instructions exprimées en langage informatique qui tendent à faire accomplir des fonctions par un système de traitement de l'information. Un programme informatique est un ensemble ordonné d'instructions pouvant être exécutées par l'ordinateur pour obtenir le résultat attendu.

Il existe plusieurs catégories de logiciels (logiciels de bases, d'exploitation, d'application, etc.) qui correspondent à autant de fonctions (*Sur ces difficultés, Ch. D. DJOMGA, La contrefaçon des logiciels dans l'espace OAPI. Étude comparée de l'accord révisé et des législations du Sénégal, du Gabon, de la Côte d'Ivoire et du Cameroun, éditions ISIS, Yaoundé, octobre 2011, p. 18 et s. ; D. WAFO, « La protection par le droit d'auteur du logiciel en Afrique noire : le pénible éveil », Penant, n° 818, mai à septembre 1995, p. 156 et s*).

Le Sénégal a adopté la loi n° 2008-09 du 25 janvier 2008 sur les droits d'auteur et les droits voisins (*JORS n° 6407 du 10 mai 2008, p. 451*) en vue notamment de « *respecter ses obligations internationales [et de] mettre sa législation en conformité avec certaines conventions* » (*V. l'exposé des motifs de la loi n° 2008-09 du 25 janvier 2008 sur les droits d'auteur et les droits voisins*). Aux termes des dispositions de l'article 6 de cette loi intitulé « *liste énonciative des œuvres de l'esprit protégeables* » « *sont considérées comme œuvres de l'esprit au sens de la présente loi les créations intellectuelles de forme dans le domaine littéraire et artistique, notamment :*

1° les œuvres du langage, qu'elles soient littéraires, scientifiques ou techniques, y compris les programmes d'ordinateur, et qu'elles soient écrites ou orales ».

En droit d'auteur sénégalais, les programmes d'ordinateur sont assimilés à des œuvres de langage de nature technique écrites et exprimées en langage informatique perceptibles aux informaticiens et destinées à une machine (*F. MACREZ, « Logiciels : le cumulard de la propriété intellectuelle » in J.-M. BRUGUIERE (dir), L'articulation des droits de propriété intellectuelle, Paris, Dalloz, 2011, p. 45*).

262. Originalité du logiciel. Conformément au droit commun du droit d'auteur, la protection des logiciels par le droit de propriété littéraire et artistique est subordonnée à la condition classique de l'originalité du programme. L'exigence de l'originalité est expressément posée par l'article 7, alinéa 1er de la loi n° 2008-09 du 25 janvier 2008 sur les droits d'auteur et les droits voisins. Aux termes de ce texte: « *Les œuvres de l'esprit ne peuvent bénéficier de la protection que si elles sont originales* » (*X. DESJEUX, « Logiciel, originalité et activité créative dans la loi du 03 juillet 1985 », Expertises, 1986, p. 32 ; V.-L. BENABOU, « L'originalité, un janus juridique », in Mélanges A. Lucas, Paris, Lexisnexis, 2014, p. 17 ; B. MICHAUX, « L'originalité en droit d'auteur, une notion davantage communautaire après l'arrêt Infopaq », A & M 2009/5, p. 473 ; V. BESSON, M. LAGARDE et C. PAPAIS, « Le dévoiement de la notion d'originalité en droit d'auteur. L'avènement d'un flou artistique », RIDA*

04/2016, p. 03 à 163 ; F. PELLEGRINI, « L'originalité des œuvres logicielles », RIDA 2/2017, p. 45 ; O. PIGNATARI et A. COUSIN, « L'originalité des logiciels », D. IP/IT 2016, p. 248).

En droit d'auteur sénégalais, le législateur a pris le soin de définir la notion d'originalité. L'alinéa 2 de l'article 7 de la loi n° 2008 du 25 janvier 2008 énonce en effet que « *l'originalité s'entend de la marque de la personnalité de l'auteur* ». L'originalité est l'expression de la personnalité de l'auteur. Une œuvre est originale lorsqu'elle exprime le caractère unique d'un individu. L'œuvre logicielle doit exprimer un choix du programmeur dans l'association des langages informatiques révélant sa personnalité (*CA Paris, Pôle 05, 05 mai 2017, n° 16/08788, RTD com. 2017, p. 343, obs. F. Pollaud-Dulian ; Comp. Cass. crim., 27 mai 2008, préc. n° 27*). Le critère le plus décisif de l'originalité du logiciel est tiré des choix arbitraires et originaux de l'auteur. L'œuvre logicielle doit exprimer un choix du programmeur dans l'association des langages informatiques révélant sa personnalité.

Les éléments du logiciel protégés portent sur le matériel de conception préparatoire, le code source écrit par le programmeur et le code objet compilé qui en résulte lequel est destiné à être exécuté sur la machine (*Sur cette question, Ch. D. DJOMGA, La contrefaçon des logiciels dans l'espace OAPI. Étude comparée de l'accord révisé et des législations du Sénégal, du Gabon, de la Côte d'Ivoire et du Cameroun, édition ISIS, Yaoundé, octobre 2011, p. 30 et s.*).

Le code source est une suite d'instructions formulées dans un langage de programmation évolué («*Java* », par exemple) compréhensible par les informaticiens, mais inexécutable par la machine.

Le code objet est le résultat d'une compilation du code source en langage binaire à destination de la machine.

263. Énumération des bases de données dans les œuvres de l'esprit. Le développement des bases de données constitue un fait majeur du marché de l'information. La base de données est une « *création-outil* », utilitaire, qui nécessite souvent des investissements importants pour sa réalisation. Dans une société où l'information a une valeur stratégique, les bases de données, qui traitent, classent et rendent accessible l'information par des moyens divers en vue d'en permettre la communication, ont fini par acquérir une grande importance (*D. FOREST et G. KAUFMAN, Droit de l'informatique, Paris, Gualino Lextenso édition, 2010, p. 31*).

L'article 2 de l'Annexe VII de l'Accord du 24 février 1999 portant révision de l'Accord de Bangui du 02 mars 1977 instituant une Organisation africaine de la propriété intellectuelle (OAPI) relatif à la propriété littéraire et artistique se contente d'une brève définition. Selon ce texte « *une base de données est une compilation de données ou de faits*». Il s'agit d'un recueil d'œuvres, de données ou d'autres éléments indépendants, disposés de manière systématique ou méthodique, et individuellement accessibles par des moyens électroniques ou par tout autre moyen (*M. VIVANT, «Recueils, bases, banques de données, compilations, collections...l'introuvable notion ? », D. 1995, Chron. p. 197*).

Dans l'Accord de Bangui révisée le 24 février 1999 et en droit international du droit d'auteur, seule une protection des bases de données par le droit d'auteur est prévue. Selon l'article 6 de l'Accord précité, « *les recueils d'œuvres (...) ou de simples faits ou données, telles que (...) les bases de données, qu'elles soient reproduites sur support exploitable par machine ou sous toute autre forme, qui, par le choix, la coordination ou la disposition des matières, constituent des créations intellectuelles* ».

Aux termes de l'article 8, alinéa 3 de la loi n° 2008 du 25 janvier 2008 : « *sont également protégés à ce titre les anthologies et recueils d'œuvres ou de données diverses, tels que les bases de données, qu'elles soient reproduites sur support exploitable par machine ou sous toute autre forme, qui, par le choix ou la disposition des matières, constituent des œuvres originales* ».

Il résulte de ce texte que la base de données est élevée au rang d'œuvre dérivée encore appelée « *œuvre composite* ». Il s'agit d'une « *œuvre nouvelle à laquelle est incorporée une œuvre préexistante sans la collaboration de l'auteur de cette dernière* ». Cette définition de l'œuvre composite est donnée par l'article 113-2, alinéa 2 du Code de Propriété intellectuelle français. Ces créations renvoient, dans le cadre d'une « *création plurale successive* », à des œuvres dans lesquelles se sont incorporées dans le temps plusieurs créations préexistantes et indépendantes, en dehors de toute collaboration entre les auteurs de ces créations. Elles désignent notamment, les traductions, les adaptations, les anthologies et les bases de données.

La Cour de Justice des communautés européennes a eu l'occasion de préciser les contours de la définition (*CJCE 9 novembre 2004, Fixtures Marketing Ltd c/ Oy Veikkaus Ab, aff. C-444/02, RTD com. 2005. 90, obs.*

Pollaud-Dulian ; CCE 2005. Comm. 2, note Caron ; RIDA 2005, n° 205, p. 381 ; JCP E 2005. 1216. no 14, obs. Sardain; JCP 2005. I. 101, no 3, obs. Caron). Elle a décidé que la notion de base de données « *vise tout recueil comprenant des œuvres, des données ou d'autres éléments, séparables les uns des autres sans que la valeur de leur contenu s'en trouve affectée, et comportant une méthode ou un système, de quelque nature que ce soit, permettant de retrouver chacun de ses éléments constitutifs* ». Par ailleurs, la Cour a précisé qu'il faut que « *les éléments indépendants constitutifs de ce recueil soient disposés de façon systématique ou méthodique et individuellement accessibles d'une manière ou d'une autre* ».

Les critères de la séparabilité des éléments et de l'accessibilité à la donnée sont ainsi deux points cardinaux de la notion de base de données. La base de données est donc une création complexe dont certains éléments-l'organisation, la structure-pourront recevoir la protection du droit d'auteur.

264. Originalité des bases de données. Conformément aux principes généraux du droit d'auteur, pour prétendre à la protection, les bases de données doivent présenter un caractère d'originalité. Il s'agit, comme en matière de logiciel, de la marque de la personnalité du producteur de la banque de données. Cette exigence s'articule essentiellement autour du critère fondamental tiré des choix arbitraires faits par l'auteur (*M. VIVANT, « Recueils, bases, banques de données, compilations, collections... : l'introuvable notion ? », D. 1995, chron. p. 197 ; B. WARUSFEL, « La protection des bases de données en question : un autre débat sur la propriété intellectuelle européenne », Propr. intell. 2004, p. 896 ; B. EDELMAN, « Les bases de données ou le triomphe des droits voisins », D. 2000, chron. p. 89, n° 18 ; N. MALLET-POUJOL, « Protection des bases de données », JCl. comm., fasc. 6080, 2010, n° 30 et 32*). L'article 8 de la loi n° 2008 du 25 janvier 2008 sur le droit d'auteur et les droits voisins évoque à ce sujet « *le choix ou la disposition des matières* », comme critère de l'originalité de la base de données. L'originalité peut se manifester dans la structure (c'est-à-dire dans l'organisation de la base) ou dans la composition (c'est-à-dire dans le choix des contenus), voire dans les deux simultanément.

La jurisprudence met souvent en avant le critère tiré de « *l'apport créatif et intellectuel* » (*T. com. Lyon 30 juillet 1993 ; PA 28 avril 1995, n° 95, p. 14, note Latreille*) pour caractériser l'originalité des bases de données dans plusieurs espèces (*M. LECARDONNEL, « Quelques critères pour apprécier les conditions de protection d'une base de données », Expertises, janvier 2010, p. 27*). Par exemple, l'ensemble des annonces du site leboncoin.fr, répertoriées selon des règles de diffusion, classées par région, département, ville et par rubriques thématiques a été qualifié de base de données en ce qu'il est organisé selon une «*architecture élaborée de classement des données collectées* » (*TGI Paris, 1er septembre 2017, n° 17/06908, LBC France c/ Entreparticuliers.com, JurisData n° 2017-021150 ; Propr. industr. 2018, p. 35, obs. J. Larrieu ; RLDI 2017, n° 142, p. 17, obs. L. Costes ; RJDA 2018, p. 111, obs. A. Migalski et A. Vichnievsky ; LEPI 2017, p. 3 obs. A. Lebois*). Au Sénégal, des sites web, comme Expat-Dakar, devraient être qualifiés de bases de données.

265. Répression pénale des atteintes au droit d'auteur. L'intégration des créations informatiques dans la liste des œuvres de l'esprit présente un grand intérêt. Elle rend possible la sanction pénale des atteintes dirigées contre ces œuvres. À cet égard, la loi n° 2008-09 du 25 janvier 2008 sur les droits d'auteur et les droits voisins a procédé à une refonte du droit pénal sénégalais de la propriété littéraire et artistique. L'article 162 de ce texte a expressément abrogé les dispositions des articles 397 à 401 du Code pénal. Désormais, la répression des atteintes aux droits des auteurs d'œuvres de l'esprit relève des articles 142 à 144 de la loi n° 2008-09 du 25 janvier 2008. Ces textes érigent en infraction la violation des droits patrimoniaux et moraux de l'auteur.

Sur le plan de l'élément matériel, le délit de contrefaçon portant sur les créations informatiques peut recouper trois actes matériels. Il s'agit de la violation des droits patrimoniaux (article 142), de la violation du droit moral des auteurs (article 144) et de la diffusion, de l'importation et de l'exportation d'exemplaires illicites (article 143).

266. Violation des droits patrimoniaux. Les techniques de téléchargement et de mise à disposition d'œuvres numériques constituent les actes matériels du délit de violation du droit d'exploitation (droit de reproduction et droit de communication au public) prévu par l'article 142 du la loi du 25 janvier 2008 sur le droit d'auteur et les droits voisins.

267. Présomption de mauvaise foi. Il faut d'emblée relever que sur le plan de l'élément moral, une jurisprudence française datant de la fin du XIXe siècle a posé une présomption de mauvaise foi du contrefacteur. Les décisions rendues relatives aux échanges de fichiers *P2P* rappellent qu'« *en matière de contrefaçon, l'existence de l'élément intentionnel résulte de la matérialité même du délit, sauf preuve de sa bonne foi par le prévenu* »

(*TGI de Meaux, 21 avril 2005, RLDI, juillet-août 2005, p. 13 et s.; TGI Pontoise, 2 février 2005, juriscom.net, comm. com. électr., 2005, comm. 139, obs. Ch. Caron ; RLDI 2005/3, n° 80, obs. F. Macrez ; D. 2005, p. 849, note C. Rojinsky et S. Canevet; TGI Vannes, 29 avril 2004, Comm. com. électr., 2004, p. 27, n° 86, obs. C. Caron ; Légipressse, n° 215, octobre 2004, p. 180 et s., obs. A. Robin : « L'élément intentionnel est présumé dans le délit de contrefaçon. La seule exploitation d'une œuvre sans l'autorisation de l'auteur et en méconnaissance de ses droits implique qu'un tel acte a été accompli sciemment, sauf preuve contraire »*).

268. Téléchargement, numérisation et acte de reproduction. La notion d'acte de reproduction a la capacité de s'adapter sans difficulté aux nouvelles techniques numériques (*En ce sens, Y. GAUBIAC, «Les nouveaux moyens techniques de reproduction et le droit d'auteur », RIDA, 1984, p. 23 et s. ; G. KOUAMNTOS, « Le droit de reproduction et l'évolution de la technique », RIDA, 1978, n° 98, p. 04 ; Y. GENDREAU, « Le droit de reproduction et l'internet », RIDA octobre 1998, p. 41*). En effet, l'article 35 de la loi du 25 janvier 2008 prévoit que le droit de reproduction est le droit exclusif pour l'auteur « *d'autoriser la fixation de son œuvre, par un procédé quelconque, sous une forme matérielle permettant de la communiquer au public. Ce droit s'applique, que la reproduction de l'œuvre soit totale ou partielle, qu'elle porte sur l'œuvre elle-même ou sur une œuvre qui en dérive, notamment par voie de traduction et d'adaptation* ».

En France, un arrêt de la Cour d'appel de Paris du 1er février 2010 a eu l'occasion considérer le téléchargement descendant (*downloading*) comme un acte de reproduction (*CA Paris, 1er février 2010, RLDI, 2010/58, n° 1909*). En l'espèce, un internaute avait téléchargé et mis en partage, via le logiciel *peer to peer Limewire*, des fichiers contenant des œuvres musicales. L'arrêt a énoncé clairement « *qu'il est incontestable que le téléchargement constitue un acte de reproduction, à raison du copiage des œuvres et de leur stockage sur le disque dur d'un ordinateur* » (*Sur une critique de cette assimilation, O. PIGNATARI, « Téléchargement illicite d'œuvres musicales : l'articulation toujours délicate avec les données personnelles et le rejet persistant de la copie privée », RLDI, mai 2010, n° 60, 1970*).

En outre, la « *scannérisation* » d'un livre, qui est une modalité de numérisation, constitue une reproduction au sens légal du terme (*M. VIVANT, « Mise en mémoire sur ordinateurs des œuvres protégées par le droit d'auteur », in Travaux de l'association Henri Capitant, « Les nouveaux moyens de reproduction », p. 327 ; dans le même sens, V. TGI Paris, 17 décembre 2002, D. 2003, n° 30, 2089*). Il en est de même, en principe, de l'acte de téléchargement (*downloading*), sans mise à disposition au public. En effet, il constitue un enregistrement d'une œuvre dans une mémoire de masse *(J. CEDRAS, « Un aspect de la cybercriminalité en droit français : le téléchargement illicite d'œuvres protégées par le droit d'auteur », RIDP, 2006, p. 600.)*, que ce soit sur disque dur puis sur disquette ou dans des éléments périphériques (*TGI Pontoise, 02 février 2005, disponible à www.juriscom.net. Parlant du téléchargement, les juges retiennent qu'« il s'agit d'un acte de reproduction, chaque fichier d'une œuvre numérique étant copié pour être stocké sur le disque dur de l'internaute qui le réceptionne »*). D'ailleurs, le jugement du Tribunal de grande instance de Paris rendu le 18 décembre 2009, dans l'affaire Google recherche de livres énonce que la numérisation d'un livre sans l'autorisation de l'auteur constitue le délit de contrefaçon (*F.-M. PIRIOU, «La numérisation des livres sans autorisation constitue un délit de contrefaçon » ; TGI, Paris, 18 décembre 2009, affaire « Google recherche de livres », Comm. com. électr. n° 05, mai 2010, étude 11*).

269. Exception de copie privée dans l'environnement numérique. En droit commun du droit d'auteur, le législateur a posé une exception majeure au droit de reproduction appelée exception de copie privée prévue par l'article 40 de la loi du 25 janvier 2008 sur le droit d'auteur et les droits voisins. Selon ce texte, « *l'auteur ne peut interdire la reproduction destinée à un usage strictement personnel et privé* ».

Mais avec l'irruption du numérique, la grande facilité de réalisation des copies, qui sont presque identiques aux originaux, est devenue une menace pour l'exploitation des œuvres. Elle est de nature à fragiliser l'exception de copie privée. On a parlé ainsi dans le cyberespace d'une « *crise de la copie privée* » (*Sur la crise de l'exception de copie privée, Y. GAUBIAC et J. GINSBURG, « L'avenir de la copie privée numérique en Europe », Comm. com. électr. 2000, étude 1 ; F. SARDAIN, « Repenser la copie privée numérique, des créations numériques », JCP, E, 2003, p. 584 ; A. LATREILLE, « La copie privée démythifiée », RTD. com., 2004, p. 403*).

Dans un tel contexte, une question d'importance vient à l'esprit : l'exception de copie privée peut-elle s'appliquer dans l'univers électronique ? En particulier, les internautes se livrant par exemple à la pratique des échanges de fichiers numériques sur internet peuvent-ils invoquer, pour leur défense, l'exception de copie privée ? Cette question de la mise en œuvre de l'exception de copie privée dans l'environnement numérique a suscité des débats en doctrine et des hésitations jurisprudentielles (*Sur l'ensemble de cette question, Ch. FERAL-SCHUHL, « La mise en œuvre de l'exception de copie privée dans l'environnement numérique », RLDI, octobre 2006, p. 25 ; V. notamment, TGI Vannes, 29 avril 2004, Comm. com. électr. 2004, p. 27, n° 86, obs. C. Caron ; Légipresse, n° 215, octobre 2004, p. 180 et s., obs. A. Robin ; TGI Rodez, 13 octobre 2004, juriscom.net, D. 2004, note Larrieu ; Comm. com. électr. 2004, comm. 152, note Ch. Caron*).

270. Exigence de la licéité de la source. L'exigence de la licéité de la source pour le bénéfice de l'exception de copie privée a été posée par un arrêt de la Cour d'appel de Paris du 20 septembre 2005, à propos de logiciels et de jeux vidéo (*Sur cette question, S. DUSSOLIER « L'utilisation légitime de l'œuvre : un nouveau sésame pour le bénéfice des exceptions en droit d'auteur ? », Comm. com. électr., 2005, étude. 38 ; C. COLIN, Vers un droit d'utilisation des œuvres ?, Thèse Paris XI, 2008, n° 473, p. 286 ; A. SINGH et Th. DEBIESSE, « Réseaux P2P : pertinence et définition de la source licite », RLDI, 2006/18, n° 554, p. 75 et s. ; P. GAUDRAT « Du logiciel-support à l'illicéité de la copie privée numérique. Chronique d'une subversion annoncée (1re partie) », RTD com. 2001. 890 ;*

P. GAUDRAT « Du logiciel-support à l'illicéité... (2e partie) », RTD com. 2002, p. 55). Les juges, pour écarter l'exception de copie privée invoquée par le prévenu, ont soutenu que « *l'illégalité de la source corrompait toutes les utilisations ultérieures* » (*CA Paris, 20 septembre 2005, Comm. com. électr. 2006, n° 2, février, comm. Ch. Caron, n° 23, p. 32*).

Cette position jurisprudentielle a été entérinée par deux arrêts de principe de la Cour de Cassation rendus respectivement les 30 mai 2006 (*Cass. crim, 30 mai 2006, JCP, éd. G. 2006, II, 10124, note Ch. Caron*) et le 07 juin 2006 (*Cass. crim, 07 juin 2006, arrêt disponible à l'adresse suivante : http //www.juriscom.net/document /cass2006530.pdf. ; plus récemment, CA Paris, 1er février 2010, RLDI, 2010/58, n° 1909 : « Il est incontestable que l'exception de copie privée n'est pas applicable au téléchargement, le but de l'utilisation du logiciel peer to peer étant justement le partage et l'échange de fichiers entre internautes constituant un réseau ».*).

Le premier arrêt a cassé l'arrêt de la Cour d'appel de Montpellier du 10 mars 2005, qui confirmait la relaxe d'un internaute poursuivi du chef de contrefaçon, pour avoir gravé sur cédéroms des œuvres cinématographiques, après les avoir téléchargées sur internet. La haute juridiction énonce que « *l'exception de copie privée prévue par l'article L. 122-5 2° du Code de la Propriété intellectuelle, en ce qu'elle constitue une dérogation au monopole de l'auteur sur son œuvre, suppose, pour pouvoir être retenue, que sa source soit licite et nécessairement exempte de toute atteinte aux prérogatives des titulaires de droits sur l'œuvre concernée* ». À la suite de l'arrêt de cassation du 30 mai 2006, l'affaire fut renvoyée devant la cour d'appel d'Aix-en-Provence qui, par une décision en date du 05 septembre 2007, a décidé que le fait de stocker sur son disque dur ou de graver sur CD des œuvres téléchargées n'est pas illicite et relève de l'exception de copie privée (*V. CA Aix-en-Provence, 05 septembre 2007; Comm. com. électr., 2007, comm., n° 130, note Ch. CARON ; Prop. Intell. 2008, n° 26, obs. A. Lucas, RLDI, 2007/26, n° 844, obs. L. Costes. Pour un commentaire de cet arrêt, V. NISATO, « Licéité de la source et copie privée : le doute persiste », Légipresse, n° 247, décembre 2007, p. 250*). Seuls les « *utilisateurs légitimes* » peuvent bénéficier de l'exception au droit exclusif (*V. en ce sens, M. VIVANT, « Quel régime pour le téléchargement ? », RLDI, octobre 2006, p. 7 ; également, P. SIRINELLI et M. VIVANT, « Arrêt de Montpellier du 10 mars 2005 : ce n'est pas le Peyrou ! », RLDI, 2005/5, n° 133 ; M. VIVANT et J-M BRUGUIERE, Droit d'auteur, 1ère édition, Paris, Précis, Dalloz, 2009, p. 399*).

En France, la loi du 20 décembre 2011 a modifié l'article L. 122-5 du Code de Propriété intellectuelle. Ce texte précise désormais que l'exception ne vise que les copies « *réalisées à partir d'une source licite* ». Trois ans plus tard, cette exigence de licéité de la source a été consacrée par la Cour de Justice de l'Union européenne dans son arrêt du 10 avril 2014 (*CJUE, 10 avril 2014, ACI, n° 17*).

271. Atteintes au droit de reproduction. Les atteintes au droit de reproduction peuvent aussi porter sur les créations informatiques. Ainsi, constitue ainsi une atteinte au droit de reproduction, les reproductions à l'identique et les imitations de créations informatiques. Le développement des technologies numériques favorise souvent les actes de pillage de programmes d'ordinateur.

Les reproductions à l'identique des œuvres numériques peuvent se traduire par des copies serviles de logiciels (reproduction du programme source ou du code objet) ou des extractions de bases de données ou des reproductions de sites web.

Mais il arrive souvent qu'une création informatique ne soit pas reproduite à l'identique, mais simplement imitée sans l'autorisation de l'auteur. Ce qui vise les adaptations, traductions et modifications apportées à l'œuvre sans l'accord du titulaire des droits.

272. Exclusion de l'exception de copie privée. Il est classique de relever que les reproductions destinées à l'usage privé constituent une exception au droit de reproduction.

Mais compte tenu du particularisme des créations informatiques, le législateur a organisé un régime dérogatoire qui exclut expressément en la matière l'exception de copie privée. C'est du moins ce qui résulte des dispositions de l'article 40, alinéa 2 de la loi n° 2008-09 du 25 janvier 2008 qui énonce que l'exception de copie privée ne s'applique pas à la reproduction d'une base de données électronique et à la reproduction d'un programme d'ordinateur.

Cette solution constitue une transposition en droit sénégalais du droit communautaire qui répugne à autoriser la copie privée des œuvres informatiques, si aisée à réaliser. Par conséquent, le cybercriminel qui réalise une copie d'un logiciel ou d'une base de données pour un usage privé encourt les sanctions pénales de l'article 142 de la loi n° 2008-09 du 25 janvier 2008 sur le droit d'auteur et les droits voisins.

273. Admission de la copie de sauvegarde de logiciel. Toutefois, l'article 41 de la loi n° 2008 09 du 25 janvier 2008 réduit la portée de l'exclusion de l'exception de copie privée. Ce texte pose, en effet, le principe de l'admission de la copie de sauvegarde d'un logiciel, qui dispense le copieur de toute sanction pénale.

Selon ce texte, « *le programme d'ordinateur peut donner lieu, de la part de l'utilisateur légitime, à une copie de sauvegarde destinée à remplacer l'original* » (*A. LUCAS, J. DEVEZE et J. FRAYSSINET, op. cit., p. 334, n° 550*). Ce droit à la copie de sauvegarde, nécessaire à la préservation du logiciel, a pour but de protéger l'acquéreur légitime (*Sur l'exigence jurisprudentielle d'une acquisition légitime du logiciel pour bénéficier de la copie de sauvegarde, CA Paris, 20 septembre 2005, Comm. com. électr., 2005, comm. 23, obs. Ch. Caron*) d'un programme contre la destruction de son exemplaire (*En ce sens, Ch. CARON, op. cit., p. 302, n° 386*).

274. Atteintes au droit de communication au public. Le droit de communication au public a pour siège l'article 34 de la loi du 25 janvier 2008 sur le droit d'auteur et les droits voisins. Ce texte définit cet attribut comme « *le droit exclusif d'autoriser la communication de son œuvre au public par tout procédé, notamment par voie de radiodiffusion, de distribution par câble ou par satellite, de mise à disposition sur demande de manière que chacun puisse avoir accès à l'œuvre de l'endroit et au moment qu'il choisit individuellement* ».

Cette prérogative, qui postule une indifférence du moyen de communication de l'œuvre, a vocation à appréhender les nouvelles techniques de transmission numériques des œuvres. (*TH. DESURMONT, « Qualification juridique de la transmission numérique», RIDA, 1996, n° 170, p. 57 : « Il semble bien que la transmission d'une œuvre par voie numérique n'est pas d'une nature telle qu'elle soit rebelle à l'application des droits déjà définis aujourd'hui, qui constituent ainsi des outils juridiques suffisants pour lui donner une qualification appropriée (...) À cet égard, la transmission numérique nous apparaît fondamentalement comme un acte de communication publique » ; Ch. CARON, Droit d'auteur et droits voisins, Paris, Litec, 2006, p. 246, n° 309 . Selon cet auteur la définition du droit de communication au public est « très ouverte et susceptible de résister aux progrès de la technique »*.).

En effet, la communication peut être directe (cas du spectacle vivant) ou indirecte, c'est-à-dire qu'elle peut s'effectuer grâce à l'intervention d'un moyen de transmission, le vecteur de communication étant indifférent. La transmission numérique est donc prise en compte dans la définition de la communication. Les transmissions réalisées au moyen du réseau internet (mise en ligne, téléchargement ascendant, etc.) constituent une communication au sens légal du terme (*Sur cette solution, T. com. Paris, 03 mars 1997, JCP, éd. E, 1997, I, 657, obs. M. Vivant et Ch. L Stanc ; Légipresse 1997, n° 142, III, p. 85, obs. Ch. Caron*).

Mais certaines formes de communication modernes des œuvres échappent à la qualification de public. Il en est ainsi de l'œuvre envoyée en tant que pièce jointe à un courrier destiné à une personne qui constitue une communication privée (*En ce sens, Ch. CARON, Droit d'auteur et droits voisins, Paris, Litec, 2006, p. 249, n° 312*). Dans l'ordonnance de référé rendue par le président du Tribunal de grande instance de Paris le 10 juin 1997, il a été jugé que la diffusion de l'ouvrage *Cent mille milliards de poèmes* de Raymond QUENEAU, par le biais d'un réseau intranet réservé à l'usage d'un groupe de chercheurs, ne s'analyse pas en une communication de l'œuvre au public (*TGI Paris, réf., 10 juin 1997, D. 1998, p. 621, note Edelman*).

Une jurisprudence constante estime que l'acte de téléchargement dit ascendant (« *uploading* »), consistant pour l'internaute, après avoir copié les fichiers, à les mettre à la disposition des autres membres du réseau, s'analyse en une communication de l'œuvre au public. Le Tribunal de grande instance de Pontoise, dans un jugement du 02 février 2005 (*Ph. AMBLARD, « Condamnation pour contrefaçon d'un internaute à Pontoise : faire un exemple faute de mieux ! » : http://www.juriscom.net/pro/visu.php?ID=642*), a condamné un internaute pour avoir téléchargé, par le biais des réseaux *peer to peer*, environ dix mille œuvres musicales (30 gigas de données) et mis ces fichiers à la disposition des autres membres du réseau (*TGI Pontoise, 02 février 2005, juriscom.net, Comm. com. électr. 2005, comm.139, obs. Ch. Caron ; RLDI 2005/3, n°80, obs. F. Macrez; D. 2005, p. 849, note C. Rojinsky et S. Canevet ; sur cette décision, Ch. CARON, « Et si le droit d'auteur n'existait pas sur internet et ailleurs ? (à propos de TGI Pontoise 2 février 2005) », D. 2005, p. 513. Selon le professeur CARON, le tribunal de grande instance de Pontoise « lance un message fort : le droit d'auteur s'applique sur internet comme ailleurs » ; sur cette décision, F. MACREZ, « À l'abordage des pirates. À propos du jugement du TGI de Pontoise du 02 février 2005 », RLDI, 2005, n° 80, p. 14 ; également, TGI Bayonne, corr., 15 novembre 2005 : http://www.juriscom.net/jpt/visu.php?ID=768; dans le même sens, TGI Le Havre, 20 septembre 2005, RLDI, 2005/9, p. 5 ; RLDI 2005/10, n° 277, p. 16. Ce jugement a déclaré coupable de contrefaçon un utilisateur du réseau peer to peer, pour avoir mis à la disposition du public des fichiers reproduisant des œuvres musicales appartenant au répertoire de la Société des auteurs-compositeurs de musique (SACEM) ; sur cette décision, F. MACREZ, « Les pirates en galère...(TGI Le Havre : nouvelle condamnation de la pratique du peer to peer) », RLDI, décembre 2005, n° 305, p. 6 ; récemment, CA Paris, 1er février 2010, RLDI, 2010/58, n° 1909. Dans cette espèce, un internaute avait téléchargé et mis en partage, via le logiciel peer to peer « Limewire », des fichiers contenant des œuvres musicales. Pour caractériser la contrefaçon, les juges ont estimé que le téléchargement ascendant (uploading) constitue incontestablement « un acte de représentation à raison de la communication au public d'œuvre par télédiffusion »*).

S'agissant des œuvres numériques, notamment les sites web reproduits ou les bases des données, elles sont souvent communiquées au public grâce à l'internet. C'est souvent au moyen des liens hypertextes profonds que l'acte de communication de l'œuvre au public est réalisé, comme en atteste la technique du *framing* ou cadrage. Cette pratique consiste à afficher le contenu de la page d'un site (site lié) dans le cadre d'un autre site qui établit le lien (site liant). L'internaute, en cliquant sur le lien, a ainsi accès au contenu intégral du site lié entouré du cadre du site liant.

Dans une affaire jugée par le Tribunal de grande instance de Paris le 25 juin 2009, la société Easyvoyage avait mis en place sur son site un lien « *voyanet.com* ». Lorsque l'on cliquait sur ce lien, une fenêtre s'ouvrait reposant sur un jeu de deux cadres, dont l'un reprenait la page d'accueil du site voyanet.com (*TGI Paris, 25 juin 2009 : www.legalis.net*). Les juges ont estimé que ce procédé constituait un acte de communication du site au public et que la contrefaçon du site était constituée, en l'absence d'autorisation donnée par le titulaire du site lié.

275. Violation des droits moraux. À l'heure de l'interconnexion des réseaux numériques, les nouvelles techniques que sont le multimédia, la numérisation ainsi que l'hypertextualisation des contenus notamment, posent de nouveaux problèmes liés à la mise en œuvre des droits moraux des titulaires d'œuvres de l'esprit dans l'univers électronique (*Sur l'ensemble de la question du droit moral dans l'univers numérique, A. LUCAS, Droit d'auteur et numérique, Paris, Litec 1998, n° 459 ; Ch. CARON, «Droit moral et multimédia », Légicom 1995, n° 8, p. 44 ; P. BOIRON et C DUCHEVET, « Droit moral de l'auteur dans l'univers numérique : la fin de la conception personnaliste ? », Légipresse 2002, n° 195, II, p. 121*).

Certains auteurs se sont d'ailleurs interrogés sur la nécessité de repenser le droit moral dans le cyberespace (*S. DANGU, « Multimédia faut-il repenser le droit moral ? », Cahier Lamy de droit de l'informatique, n° 74, octobre 1995*).

Malgré certaines difficultés de mise en œuvre, la grande souplesse du droit moral autorise une transposition des prérogatives extrapatrimoniales des titulaires des œuvres dans l'environnement électronique. L'article 144 de la loi n° 2008-09 du 25 janvier 2008 punit d'un emprisonnement de six mois à deux ans et d'une amende d'un million à cinq millions de francs CFA « *la violation du droit moral de l'auteur et de l'artiste-interprète* ». Les prérogatives du droit moral sont le droit de divulgation, le droit de repentir, le droit au respect de l'œuvre et le droit de paternité.

276. Atteinte au droit de divulgation. Les nouvelles techniques de diffusion numérique favorisent des atteintes au droit de divulgation. Ainsi, la diffusion d'une œuvre sur internet sans l'autorisation de l'auteur caractérise l'atteinte à ce droit moral. C'est du moins ce qui a été jugé dans l'affaire FERRAT. Dans cette espèce, le Tribunal de grande instance de Paris a jugé que Jean FERRAT avait subi une atteinte à son droit de divulgation, vingt-trois (23) de ses chansons ayant été diffusées sur le réseau sans son autorisation.

Il peut également y avoir atteinte au droit moral si le mode de diffusion de l'œuvre n'a pas été expressément choisi par son auteur (*TGI Nanterre, 23 janvier 2002, affaire Ferrat, Expertises mars 2002, p. 89, décision consultable à l'adresse suivante : http//www.legalis.net=*).

277. Difficultés de mise en œuvre du droit de repentir. La mise en œuvre du droit de retrait et de repentir peut être très problématique dans le cyberespace. Ce droit permet à l'auteur, qui a cédé ses droits patrimoniaux à un cessionnaire pour que ce dernier l'exploite, de modifier son œuvre. Il vise essentiellement, dans l'environnement analogique, le retrait des exemplaires physiques (ouvrages, disques, etc.) sur lesquels l'œuvre est reproduite. Appliqué à l'internet, son application se heurte à des difficultés. Comment, en effet, modifier efficacement une œuvre divulguée à travers les réseaux, qui a été généralement copiée et déjà accessible au public ? (*Sur ces difficultés, Ch. CARON, Droit d'auteur et droits voisins, Paris Litec, 2006, p. 222, n° 287*).

278. Multiplication des atteintes au droit au respect de l'œuvre. Les atteintes au droit au respect de l'œuvre ont été généralisées dans l'environnement cybernétique en raison des diverses formes de manipulations que suscitent les nouvelles techniques numériques. On assiste à une « *érosion* » du droit au respect de l'œuvre dans le cyberespace (*Ch. CARON, op. cit., p. 203, n° 265*). Selon l'article 31 de la loi du 25 janvier 2008 sur le droit d'auteur et les droits voisins, le droit au respect de l'œuvre est le droit pour l'auteur de ne subir aucune modification de son œuvre sans son consentement donné par écrit. Ce texte ajoute que nul ne doit la rendre accessible au public sous une forme ou dans des circonstances susceptibles d'en altérer le sens ou la perception.

Ces atteintes peuvent être matérielles, c'est-à-dire qu'elles peuvent consister en des modifications, adjonctions, maltraitances, destructions ou reproductions de mauvaise qualité. À la sacralité et à l'intangibilité des beaux-arts classiques, s'opposent de nos jours la malléabilité et la « *désacralité* » des œuvres qu'implique leur numérisation.

Un arrêt de la Cour d'appel de Paris a jugé qu'une numérisation de mauvaise qualité de la musique d'un film sur un support DVD constitue une atteinte au droit au respect de l'œuvre (*CA Paris 29 juin 2001, RIDA 2002, n° 191, p. 299*).

Les juges français se sont prononcés sur un cas de numérisation d'une chanson, par sa transformation en sonnerie de téléphone portable. Dans l'ordonnance du président du Tribunal de grande instance de Paris du 11 octobre 2001 (*TGI Paris, réf., 11 octobre 2001, Affaire MC Solaar, Expertises, février 2005, n° 256, p. 79 ; dans le même sens, TGI Paris, 07 novembre 2003, Légipresse 2004, III, p. 38, note Hugot)*, rendue à propos de l'affaire MC Solaar, le chanteur de rap reprochait à la société Media Consulting d'avoir porté atteinte à son droit au respect de l'intégralité de ses chansons « *Hasta la Vista* » et « *Solaar pleure* ».

Cette société les avait numérisées en les transformant en sonneries téléphoniques (*D. FOREST, «Téléchargement de sonneries musicales sur les mobiles : pour qui sonnent les droits ? », Les Échos, février 2005, n° 256, p. 70 ; G. HAAS, « Sonneries musicales sur les portables et droit d'auteur : des conflits en perspectives », Les Échos, 23 novembre 2001).*

La décision du Président du Tribunal de Paris, qualifiant ces agissements d'atteinte au droit au respect de l'œuvre, a été confirmée par l'arrêt de la Cour d'Appel de Paris du 16 septembre 2005. Cet arrêt a considéré que l'exploitation des œuvres « *sous forme de sonneries téléphoniques réalise une amputation significative des développements de celles-ci et constitue une violation au droit absolu que les auteurs ont au respect de leurs œuvres* » (*CA Paris 16 septembre 2005, affaire MC Solaar, Comm. com. électr. 2005/ 11, n° 170, comm. Ch. Caron, p. 24*).

Les atteintes spirituelles au respect des œuvres existent lorsque le message qu'elles véhiculent est violé. Le dévoiement de l'œuvre peut résulter de sa citation dans une page web d'un parti politique sans le consentement préalable de l'auteur ou même de l'insertion d'une œuvre dans un site à caractère pornographique. La Cour d'Appel de Paris a décidé que le fait d'insérer l'image d'une œuvre dans un film érotique constitue une atteinte au respect dû à l'œuvre (*CA Paris, 14 juin 1994, Juris-data, n° 0220088*).

Le délit de violation du droit au respect de l'œuvre est constitué dans des hypothèses d'atteintes matérielles, notamment en cas de modifications, de

« *maltraitances* », de destructions ou de reproductions de mauvaise qualité des œuvres numériques. Ces types d'atteintes matérielles sont fréquemment dirigés contre les produits multimédias, comme les sites web, l'interactivité permettant au consommateur de modifier l'œuvre. Il devient, en quelque sorte, lui-même auteur et ne se contente plus d'apprécier passivement les œuvres (*Ch. CARON, ibid*).

L'infraction de violation du droit moral est également établie dans les cas d'atteintes dites spirituelles qui altèrent, non pas le corps de l'œuvre, mais son esprit. Il s'agit essentiellement des hypothèses où l'environnement de l'œuvre est en contradiction avec la personnalité de l'auteur. L'insertion d'une œuvre dans une compilation ne postule pas toujours la violation du droit au respect de l'œuvre. Les créations actuelles, notamment les sites web et les CDroms, constituent par essence des œuvres composites. Elles font coexister sur un même support des œuvres de nature différente, ce qui est de nature à heurter le respect dû à l'esprit de la création informatique.

Les atteintes spirituelles sont plus difficiles à établir s'agissant des programmes informatiques. En effet, il serait fort délicat pour l'auteur programmeur de prouver que le changement ou la modification de quelques lignes du code source de l'œuvre logicielle a eu pour effet d'altérer sa personnalité telle qu'elle s'exprime dans cette œuvre.

Article 145.- Atteintes aux mesures techniques

1. La neutralisation des mesures techniques de protection visées par l'article 125 est punie d'un emprisonnement d'un mois à trois mois et d'une amende de cinq cent mille francs CFA.

2. L'atteinte aux informations sur le régime des droits par un des actes énumérés par l'article 126.3 commise en connaissance de cause, est punie des mêmes peincs.

- **Les atteintes aux mesures techniques de protection et d'informations numériques sur les œuvres de l'esprit**

- **Bibliographie**

A. LATREILLE et T. MAILLARD, « Mesures techniques de protection et d'information », *J-cl. propr. littér. artist,* 2007, fasc. 1660.
A. LATREILLE, « Le cadre légal des mesures techniques de protection et d'information », *D.* 2006, p. 2171.

C. BERNAULT, « La tentation de régulation technique du droit d'auteur», *RLDI* 2006, n° 15, p. 56.
C. CASTETS-RENARD, *Droit de l'internet*, Paris, Montchrétien, édition, 2010.
C. ROJINSKY, « La copie privée, point d'équilibre du droit d'auteur », *Expertises*, juillet 2005, p. 255.
E.A. CAPRIOLI, « Mesures techniques de protection et d'information des droits d'auteur », *Comm. com. électr.*, novembre 2008, p. 25.
F. BOURGUET et C. BAYONA PHILIPPINE, « Mesures techniques de protection et contrôle des droits dans l'économie numérique », in *La propriété intellectuelle et la transformation de numérique de l'économie,* INPI, 2015, p. 23.
G. GOMME, « Réflexions sur l'impact des mesures techniques de protection des œuvres », *Lamy droit de l'informatique et des réseaux,* éd. 2003, n° 162, p. 1.
G. KESSLER, « Le rôle des mesures techniques dans la lutte contre le téléchargement illicite », *D.* 2005, Chron. p. 2527.
P. A. TOURE, *Le traitement de la cybercriminalité devant le juge : l'exemple du Sénégal*, Paris, l'Harmattan, 2012.
S. DUSSOLIER, « L'introuvable interface entre exceptions au droit d'auteur et mesures techniques de protection », *Comm. com. électr.*, novemvre 2006, p. 21.
S. DUSSOLIER, *Droit d'auteur et protection des œuvres dans l'univers numérique*, Bruxelles, Larcier, 2006, p. 35 et s.

- **Commentaire**

279. Consécration légale. Devant la généralisation des atteintes massives au droit d'auteur dans l'environnement électronique, la loi n° 2008-09 du 25 janvier 2008 sur le droit d'auteur et les droits voisins (*JORS, n° 6407 du 10 mai 2008, p. 451*) a jeté d'une sécurisation pénale du droit d'auteur articulée autour d'une régulation technique des atteintes au monopole des auteurs (*Sur cette nouvelle approche, C. BERNAULT, « La tentation de régulation technique du droit d'auteur », RLDI 2006, n° 15, p. 56 ; C. CASTETS-RENARD, Droit de l'internet, Paris, Montchrétien, édition, 2010, p. 274.* Le législateur a ainsi consacré les mesures techniques de protection et des informations numériques ainsi que les mesures d'informations sous forme électronique sur le régime des droits (*P. A. TOURE, Le traitement de la cybercriminalité devant le juge : l'exemple du Sénégal, Paris, l'Harmattan, 2012, n° 280 et s.*)

280. Mesures techniques de protection et des informations numériques. La réception des mesures techniques de protection et des informations électroniques en droit de propriété littéraire et artistique constitue une innovation majeure de la loi n° 2008-09 du 25 janvier 2008 (*Sur la question des mesures techniques de protection, G. GOMME, «Réflexions sur l'impact des mesures techniques de protection des œuvres», Lamy droit de l'informatique et des réseaux, éd. 2003, n° 162, p. 01 ; G. KESSLER, « Le rôle des mesures techniques dans la lutte contre le téléchargement illicite », D. 2005, chron. p. 2527 ; E.A. CAPRIOLI, «Mesures techniques de protection et d'information des droits d'auteur», Comm. com. électr., novembre 2008, p. 25 ; S. DUSSOLIER, «L'introuvable interface entre exceptions au droit d'auteur et mesures techniques de protection », Comm. com. électr., novemvre 2006, p. 21 ; du même auteur, Droit d'auteur et protection des œuvres dans l'univers numérique, Bruxelles, Larcier, 2006, p. 35 et s. ; A. LATREILLE, « Le cadre légal des mesures techniques de protection et d'information », D. 2006, p. 2171 ; F. BOURGUET et C. BAYONA PHILIPPINE, « Mesures techniques de protection et contrôle des droits dans l'économie numérique», in La propriété intellectuelle et la transformation de numérique de l'économie, INPI, 2015, p. 239*).

Il s'agit de nouvelles possibilités techniques données aux titulaires d'empêcher les actes de contrefaçon et de contrôler les modalités d'utilisation de leurs œuvres dans le cyberespace.

Ces nouvelles mesures techniques sont prévues par le titre III de la loi du 25 janvier 2008 dont le chapitre premier réglemente les « *mesures techniques de protection et d'information* ». L'article 125 de la loi n° 2008-09 du 25 janvier 2008 se contente de poser le principe selon lequel « *les titulaires de droit d'auteur et de droits voisins peuvent mettre en œuvre, dans l'exercice de leurs droits, des mesures techniques en vue d'empêcher ou de limiter l'accomplissement, à l'égard de leurs œuvres, interprétations, phonogrammes, vidéogrammes ou programmes, d'actes qu'ils n'ont pas autorisés et qui ne sont pas permis par la loi* ». Ce texte ne précise pas ce qu'il faut entendre par « *mesures techniques* ».

En droit français, l'article L. 331-5 du Code de Propriété intellectuelle issu de la loi DADVSI, les définit comme «*toute technologie, dispositif, composant qui, dans le cadre normal de son fonctionnement, est destiné à empêcher ou limiter les utilisations non autorisées par les titulaires d'un droit d'auteur ou d'un droit voisin du droit d'auteur* » (*A. LATREILLE et T. MAILLARD, «Mesures techniques de protection et d'information», J-*

cl. propr. littér.artist, 2007, fasc. 1660, n° 03). En France, les mesures techniques de protection sont réputées efficaces lorsque l'utilisation des œuvres est contrôlée par les titulaires de droits grâce à l'application d'un code d'accès, d'un procédé de protection, tel que le cryptage.

Les mesures techniques ont des fonctions diverses : soit, elles interdisent soit, elles limitent des actes commis en fraude aux droits des titulaires d'un droit d'auteur ou d'un droit voisin du droit d'auteur. La mesure technique est à l'œuvre ce que le verrou et la serrure sont à une porte. Elle protège et rend efficace le monopole des auteurs, mais ne relève pas en tant que tel du monopole (*Ch. CARON, op. cit., p. 260, n° 326*).

281. Typologie des mesures techniques de protection. Les mesures techniques de protection, couramment désignées sous le sigle anglo-saxon DRM (*Digitals Rights Management*), renvoient aux techniques de cryptage, de brouillage et d'accès à une œuvre de sorte qu'elle ne puisse pas, en principe, faire aisément l'objet d'une communication au public ou d'une reproduction. Avec ce système, l'accès au contenu de l'œuvre est soumis à la satisfaction de l'exigence d'une utilisation licite (*P. A. TOURE, Le traitement de la cybercriminalité devant le juge : l'exemple du Sénégal, Paris, l'Harmattan, 2012, n° 282*). L'utilisateur a besoin d'un code d'accès qui ne lui sera fourni que lorsqu'il aura administré la preuve du paiement de la rémunération exigée. Ces dispositifs techniques sont très variés. Au titre des mesures techniques de protection, on peut citer la cryptographie et le tatouage.

282. Cryptographie. La cryptographie consiste à transformer des données, qu'il s'agisse d'informations ou de signaux, à l'aide de conventions secrètes ou pour réaliser l'opération inverse avec ou sans convention secrète. Elle permet de garantir la confidentialité, l'intégrité et l'authenticité des informations.

Dans le domaine de la protection technique des contenus, les techniques fondées sur la cryptographie sont employées pour distribuer et stocker les contenus protégés et contrôler les actes d'utilisation ou d'accès aussi bien dans des solutions matérielles (décodeurs, clefs matérielles ou dongle, etc.) que logicielles (logiciels avec contrôle d'accès, applications distribuées, etc.) (*Sur ces questions, Ph. CHANTEPIE, M. HERUBEL et F. TARRIER, Mesures techniques de protection des œuvres et DRMS : un état des lieux, rapp. n° 2003-02, Ministère de la Culture et de la Communication, Paris, doc. fr., 2003*).

Au Sénégal, les plateformes de téléchargement de musique en ligne utilisent souvent des mesures techniques de protection (*L. FISCAL et Al. « Le déploiement de la musique en ligne ». Entreprises et histoire, vol. 43, n° 02, 2006, p. 93*). On peut citer la plateforme de téléchargement de musique « *Musik Bi* » (www.musikbi.com) (signifiant la musique en wolof), qui est le premier site de téléchargement légal de musique en Afrique via SMS avec des titres de près de deux cents (200) artistes déjà disponibles. Les chansons coûtent entre 300 et 500 francs CFA. Dans cette plateforme, la musique est accessible via le téléphone portable. Elle présente le mérite de s'affranchir de la carte bleue, qui est un moyen de paiement encore peu utilisé au Sénégal, puisque la musique s'achète avec le crédit téléphonique.

Au titre des mesures limitant les copies d'œuvres, on peut citer l'espace de vente de musique numérique en ligne proposant des fichiers en format Windows Media Audio (WMA) lancé en France par Virgin en avril 2002. Ce système limite considérablement les possibilités de copie. En effet, le fichier téléchargé ne peut être gravé que deux fois sur un CD et ne peut être transféré plus de dix fois vers un baladeur numérique (*Sur ces dispositifs, CH. FERAL-SCHUHL, Cyberdroit. Le droit à l'épreuve de l'internet, Paris, Dalloz, 7e édition, 2018, p. 872 et s.*)

D'autres dispositifs dits anti-copie ont pour objet d'empêcher la copie ou la lecture de l'œuvre sur un ordinateur. On peut citer le système baptisé *Key2audio* mis au point par Sony en 2002. Cette technologie de première génération empêche la lecture sur ordinateur du CD de musique et neutralise de la sorte les copies. Il en est de même du dispositif dit *Cactus* élaboré par la société *Midbar*.

Force est de constater qu'au Sénégal, malgré leur consécration légale, les mesures techniques de protection ne sont pas encore développées dans la pratique.

L'intérêt des mesures techniques pour l'industrie culturelle est d'éviter de subir une perte ou un manque à gagner sur son chiffre d'affaires qui résulterait de la présence sur le marché de produits contrefaisants et qui concurrenceraient ses propres produits. Ainsi, les mesures techniques, en plus d'être un moyen de gestion de l'actif intellectuel, constituent de puissants outils technologiques permettant de prévenir des actes de contrefaçon sur les œuvres de l'esprit (*I. SARR, « La sécurisation en Afrique des droits de propriété intellectuelle sur les contenus diffusés sur internet » : http://www.caren conf.com)*.

283. Mesures techniques de protection et exception de copie privée. En France, bien avant l'entrée en vigueur de la loi DADVSI, les mesures techniques de protection, notamment les dispositifs anti-copies, avaient agité le débat de leur articulation avec les exceptions au monopole de l'auteur, comme l'exception de copie privée (*Sur l'ensemble de la question, I. VAILLANT et J. B. GONTHIER, L'articulation des exceptions au droit d'auteur et des mesures techniques de protection face à l'harmonisation (Directive droit d'auteur du 22 mai 2001), Mémoire DEA, Montpellier, 2002 ; M. VIVANT et G. VERCKEN, « Copie privée et mesures techniques : un équilibre encore à trouver », Légipresse 2005, II, p. 233, n° 227 ; P. A. TOURE, Le traitement de la cybercriminalité devant le juge : l'exemple du Sénégal, Paris, l'Harmattan, 2012, n° 283*). Elles ont suscité une très vive résistance de la part des associations de consommateurs qui y voyaient une atteinte à leur « *droit* » de réaliser une copie conformément au droit commun du droit d'auteur.

La jurisprudence s'est vite saisie de la discussion. Dans l'affaire Mulholland Drive, le Tribunal de grande instance de Paris s'est prononcé pour la première fois sur la validité des mesures techniques de protection des œuvres au regard de la copie privée (*TGI Paris, 30 avril 2004, affaire « Mulholland Drive », Comm. com. électr., juillet-août 2004, n° 07, comm. 85, note Ch. Caron ; JCP, édit. G., 2004, II, 10135, note C. Greiger, Légipresse 2004, III, 148, note M. Vivant et G. Greiger ; aussi, D. MELISON, « Les oscillations du pendule ou le retour en grâce de la copie privée », RLDI 2005/5, p. 14 et s. ; L. MERZEAU, « Copier-Coller », Médium, vol. 32-33, n° 03, 2012, p. 310. Dans cette espèce, L'Union française des consommateurs (UFC) et un consommateur reprochaient aux sociétés Universal Picture Video France, Studio Canal Images et Studio Canal d'avoir inséré un dispositif anti-copie sur le DVD du film Mulholland Drive de David LYNCH*).

Le tribunal a rappelé que la copie privée est une exception légale aux droits d'auteur et non pas un droit qui serait reconnu de manière absolue à l'usager. Il a jugé ainsi que *« la copie d'une œuvre filmographique éditée sur support numérique ne peut ainsi porter atteinte à l'exploitation normale de l'œuvre* ». Frappé d'appel, ce jugement a été infirmé par un arrêt de la Cour d'appel de Paris du 22 avril 2005 (*CA Paris, 22 avril 2005, affaire « Mulholland Drive », Comm. com. électr., 2005, p. 26 et s. ; Légipresse 2005, III, p. 148, note M. Vivant et G. Vercken ; également, C. CASTETS RENARD, « Le retour en grâce de la copie privée », note sous CA Paris, 22 avril 2005, D. 2005, p. 1573 ; V.-L. BENABOU, « Les routes vertigineuses de la copie privée au pays des protections, techniques à propos de l'arrêt Mulholland Drive » : http://www.juriscom.net/uni/visu.php?ID=703.*), au motif que l'existence d'une copie privée en son principe ne fait pas échec à l'exploitation normale de l'œuvre.

Un arrêt remarqué de la Cour de Cassation du 28 février 2006 (*Cass. civ. 28 février 2006 : http://www.juriscom.net/jpt/visu.php?ID=799)* a cassé l'arrêt de la cour d'appel. L'attendu principal de l'arrêt précise que « *l'exception de copie privée prévue aux articles L. 122-5 et L. 211-3 du Code de la Propriété intellectuelle, tels qu'ils doivent être interprétés à la lumière de la Directive européenne susvisée, ne peut faire obstacle à l'insertion, dans les supports sur lesquels est reproduite une œuvre protégée, de mesures techniques de protection destinées à en empêcher la copie, lorsque celle-ci aurait pour effet de porter atteinte à l'exploitation normale de l'œuvre, laquelle doit s'apprécier en tenant compte de l'incidence économique qu'une telle copie peut avoir dans le contexte de l'environnement numérique* ».

Un autre arrêt rendu le 4 avril 2007, sur des bases processuelles différentes, a refusé aux consommateurs la possibilité d'intenter une action fondée sur l'exception de copie privée, au motif qu'elle ne peut être fondée sur un droit. Cette solution a été reprise dans une autre affaire jugée par la première chambre civile de la Cour de Cassation *(également, CA Paris, 04 avril 2007, comm. com. électr. 2007, comm. 68, note Ch. Caron; RLDI, mai 2007, n° 880, note O. Pignatari ; aussi, cass. civ. 27 novembre 2008, RTD com, 2009, p. 131, obs. F. Polland-Dulian*).

Dans le second arrêt Mulholland Drive, la Cour de Cassation a clarifié sa position. Elle a jugé que «*la copie privée ne constitue pas un droit, mais une exception légale [...] [et] qu'une telle copie, si elle pouvait être opposée en défendre à une action, notamment en contrefaçon, dès lors que les conditions légales en seraient remplies, ne pouvait être invoquée au soutien d'une action formée à titre principal* » (*Cass. 1ère civ., 19 juin 2008, n° 07-14.277, Jurisdata n° 2008-044405 ; Comm. com. électr. 2008, comm. 102, Ch. Caron ; RLDI 2008, n° 1322*).

Ainsi, dans la recherche d'un point d'équilibre entre les mesures techniques de protection et l'exception de copie privée, la jurisprudence française a affirmé la primauté des mesures techniques de protection, subordonnée à la condition que la copie ait pour effet de porter atteinte à l'exploitation normale de l'œuvre (*C. ROJINSKY, « La copie privée, point d'équilibre du droit d'auteur », Expertises, juillet 2005, p. 255*).

284. Mesures d'informations sous forme électronique sur le régime des droits. La mesure d'information sous forme électronique sur le régime des droits est définie par l'alinéa 2 de l'article 126 de la loi du 25 janvier 2008. Il s'agit de « *toute information fournie par un titulaire de droits qui permet d'identifier une œuvre, une interprétation, un phonogramme, un vidéogramme, un programme ou un titulaire de droit, toute information sur les conditions et modalités d'utilisation d'une œuvre, d'une interprétation, d'un phonogramme, d'un vidéogramme ou d'un programme, ainsi que tout numéro ou code représentant tout ou partie de ces informations* » (*P. A. TOURE, Le traitement de la cybercriminalité devant le juge : l'exemple du Sénégal, Paris, l'Harmattan, 2012, n° 285*).

Ces informations peuvent consister en un numéro ou code fourni par le titulaire et qui en détermine les modalités et les conditions d'utilisation. Les mesures d'information, en permettant l'identification des œuvres numériques, remplissent en quelque sorte le rôle de « *plaque d'immatriculation des œuvres* » (*Ch. CARON, op. cit., p. 261, n° 327*).

Au titre des solutions technologiques permettant une identification électronique des œuvres, on peut citer la technique du tatouage numérique ou scellé numérique, qui intègre dans l'œuvre des données se rapportant à son régime. L'utilisateur peut accéder à ces données sur un site créé à cet effet et prendre connaissance des conditions particulières imposées par l'auteur. Par exemple, l'Agence pour la protection des programmes (APP) a créé un numéro international d'identification, *inter Deposit Digital Number* (IDDN), qui permet d'identifier les œuvres et de lutter contre les phénomènes de reproduction et de diffusion non autorisés.

Au Sénégal, au titre des mesures techniques d'information, on peut citer la technologie de l'hologramme mise en place par l'ancien Bureau Sénégalais du Droit d'Auteur (BSDA) permettant l'identification des œuvres dans l'environnement analogique (*V. « L'application d'un système de sécurité : l'hologramme » : www.bsda.sn*).

285. Répression pénale des atteintes aux mesures techniques de protection et d'informations numériques. Le législateur a prévu un dispositif de protection pénale des mesures techniques ayant pour siège les dispositions de l'article 145 de la loi n° 2008-09 du 25 janvier 2008 précitée.

En premier lieu, l'alinéa 1er de ce texte, reprenant l'article L. 335-3-1 du Code de propriété intellectuelle français, a érigé en infraction pénale punie d'un emprisonnement d'un mois à trois mois et d'une amende de cinq cent mille francs CFA, « *la neutralisation des mesures techniques de protection* ».

L'élément matériel du délit est donc la neutralisation d'une mesure technique qui, de nos jours, est un comportement récurrent facilité par les techniques de décodage et de décryptage réalisées au moyen de logiciels spécifiques.

En second lieu, l'alinéa 2 de l'article 145 de la loi de 2008 a créé un délit spécifique d'atteinte aux informations sous forme numérique qui réprime « *l'atteinte aux informations sur le régime des droits par un des actes énumérés par l'article 126.3, commise en connaissance de cause* ». Selon ce dernier texte, « *est illicite le fait, sans l'autorisation du titulaire du droit d'auteur ou du titulaire du droit voisin concerné, d'accomplir l'un des actes suivants, en sachant ou en ayant des raisons valables de penser qu'il entraîne, permet, facilite ou dissimule une atteinte à un droit d'auteur ou à un droit voisin :*

a) supprimer ou modifier tout élément d'information sous forme électronique ;

b) distribuer, importer aux fins de distribution, communiquer au public sous quelque forme que ce soit une œuvre, une interprétation, un phonogramme, un vidéogramme, un programme dont un élément d'information sous forme électronique a été supprimé ou modifié ».

L'alinéa 4 de l'article 126 de la loi n° 2008-09 du 25 janvier 2008 précise que lorsque l'auteur d'un des actes énumérés à l'alinéa 3 de ce texte avait connaissance de ce que cet acte était de nature à entraîner, à faciliter ou à dissimuler une atteinte à un droit d'auteur ou à un droit voisin, les sanctions pénales encourues sont celles prévues par l'article 145 de ladite loi.

À titre de peines complémentaires facultatives, l'article 148 de la loi du 25 janvier 2008 prévoit, en cas de condamnation, notamment pour l'une des atteintes aux mesures techniques et aux informations numériques, que le tribunal ordonne la destruction de tous les exemplaires illicites ainsi que la confiscation du matériel spécialement installé en vue de la réalisation du délit.

Le tribunal pourra également ordonner, aux frais du condamné, l'affichage du jugement prononçant la condamnation ainsi que sa publication intégrale ou par extraits dans les journaux ou sur les services de communication au public en ligne qu'il désigne (*V. art. 149 de la loi du 25 janvier 2008 sur le droit d'auteur et les droits voisins*).

Le législateur s'est particulièrement attaché à appréhender pénalement tous les comportements qui sont susceptibles de porter atteinte aux mesures techniques et aux informations numériques.

Les infractions pénales, réprimant les atteintes aux mesures techniques et aux informations sous forme électronique relatives aux œuvres, ne protègent pas en réalité le monopole des auteurs. Mais elles assurent plutôt une protection contre l'atteinte à un élément de ce monopole. En conséquence, sur le plan pénal, ces atteintes ne constituent pas à proprement parler des actes de contrefaçon au sens d'atteintes au droit de propriété intellectuelle.

La doctrine contemporaine estime, en effet, que le droit pénal des atteintes aux mesures techniques et aux informations sous forme électronique institue un délit de « *quasi-contrefaçon* » (*Ch. CARON, op. cit, p. 398, n° 501*).

TEXTES INTERNATIONAUX RELATIFS À LA CYBERCRIMINALITÉ

CONVENTION SUR LA CYBERCRIMINALITÉ BUDAPEST, 23.XI.2001

Préambule

Les Etats membres du Conseil de l'Europe et les autres Etats signataires,

Considérant que le but du Conseil de l'Europe est de réaliser une union plus étroite entre ses membres;

Reconnaissant l'intérêt d'intensifier la coopération avec les autres Etats parties à la Convention;

Convaincus de la nécessité de mener, en priorité, une politique pénale commune destinée à protéger la société de la criminalité dans le cyber-espace, notamment par l'adoption d'une législation appropriée et par l'amélioration de la coopération internationale;

Conscients des profonds changements engendrés par la numérisation, la convergence et la mondialisation permanente des réseaux informatiques;

Préoccupés par le risque que les réseaux informatiques et l'information électronique soient utilisés également pour commettre des infractions pénales et que les preuves de ces infractions soient stockées et transmises par le biais de ces réseaux;

Reconnaissant la nécessité d'une coopération entre les États et l'industrie privée dans la lutte contre la cybercriminalité et le besoin de protéger les intérêts légitimes liés au développement des technologies de l'information ;

Estimant qu'une lutte bien menée contre la cybercriminalité requiert une coopération internationale en matière pénale accrue, rapide et efficace;

Convaincus que la présente Convention est nécessaire pour prévenir les actes portant atteinte à la confidentialité, l'intégrité et la disponibilité des systèmes informatiques, des réseaux et des données ainsi que l'usage frauduleux de tels systèmes, réseaux et données, en assurant l'incrimination de ces comportements, tels que décrits dans la présente Convention, et l'adoption de pouvoirs suffisants pour permettre une lutte efficace contre ces infractions pénales, en en facilitant la détection, l'investigation et la poursuite, tant au plan national qu'au niveau international, et en prévoyant des dispositions matérielles en vue d'une coopération internationale rapide et fiable ;

Gardant à l'esprit la nécessité de garantir un équilibre adéquat entre les intérêts de l'action répressive et le respect des droits de l'homme fondamentaux, tels que garantis dans la Convention de sauvegarde des droits de l'homme et des libertés fondamentales du Conseil de l'Europe (1950), dans le Pacte international relatif aux droits civils et politiques des Nations Unies (1966), ainsi que dans d'autres conventions internationales applicables en matière de droits de l'homme, qui réaffirment le droit de ne pas être inquiété pour ses opinions, le droit à la liberté d'expression, y compris la liberté de rechercher, d'obtenir et de communiquer des informations et des idées de toute nature, sans considération de frontière, ainsi que le droit au respect de la vie privée;

Conscients également de la protection des données personnelles, telle que la confère, par exemple, la Convention de 1981 du Conseil de l'Europe pour la protection des personnes à l'égard du traitement automatisé des données à caractère personnel ;

Considérant la Convention des Nations Unies relative aux droits de l'enfant et la Convention de l'Organisation Internationale du Travail sur les pires formes de travail des enfants (1999) ;

Tenant compte des conventions existantes du Conseil de l'Europe sur la coopération en matière pénale, ainsi que d'autres traités similaires conclus entre les Etats membres du Conseil de l'Europe et d'autres Etats, et soulignant que la présente Convention a pour but de les compléter en vue de rendre plus efficaces les enquêtes et procédures pénales portant sur des infractions pénales en relation avec des systèmes et données informatiques, ainsi que de permettre la collecte des preuves électroniques d'une infraction pénale ;

Se félicitant des récentes initiatives destinées à améliorer la compréhension et la coopération internationales aux fins de la lutte contre la criminalité dans le cyber-espace, et notamment des actions menées par les Nations Unies, l'OCDE, l'Union européenne et le G8;

Rappelant la Recommandation n°(85) 10 concernant l'application pratique de la Convention européenne d'entraide judiciaire en matière pénale relative aux commissions rogatoires pour la surveillance des télécommunications, la Recommandation n° R (88) 2 sur des mesures visant à combattre la piraterie dans le domaine du droit d'auteur et des droits voisins, la Recommandation n° R(87) 15 visant à réglementer l'utilisation de données à caractère personnel dans le secteur de la police, la Recommandation n° R (95) 4 sur la protection des données à caractère personnel dans le domaine des services de télécommunication, eu égard notamment aux services téléphoniques et la Recommandation n° R (89) 9 sur la criminalité en relation avec l'ordinateur, qui indique aux législateurs nationaux des principes directeurs pour définir certaines infractions informatiques, ainsi que la Recommandation n° R (95) 13 relative aux problèmes de procédure pénale liés à la technologie de l'information;

Eu égard à la Résolution n° 1, adoptée par les Ministres européens de la Justice à leur 21e Conférence (Prague, juin 1997) qui recommande au Comité des

Ministres de soutenir les activités menées par le Comité européen pour les problèmes criminels (CDPC) concernant la cybercriminalité afin de rapprocher les législations pénales nationales et de permettre l'utilisation de moyens d'investigation efficaces en matière d'infractions informatiques, ainsi qu'à la Résolution N°3, adoptée lors de la 23e Conférence des Ministres européens de la Justice (Londres, juin 2000), qui encourage les parties aux négociations à poursuivre leurs efforts afin de trouver des solutions adaptées permettant au plus grand nombre d'Etats d'être parties à la Convention et reconnaît la nécessité de disposer d'un mécanisme rapide et efficace de coopération internationale qui tienne dûment compte des exigences spécifiques de la lutte contre la cybercriminalité;

Prenant également en compte le Plan d'action adopté par les Chefs d'Etat et de gouvernement du Conseil de l'Europe à l'occasion de leur Deuxième Sommet (Strasbourg, 10 - 11 octobre 1997) afin de chercher des réponses communes au développement des nouvelles technologies de l'information, fondées sur les normes et les valeurs du Conseil de l'Europe ; Sont convenus de ce qui suit:

Chapitre I - Terminologie

Article 1 – Définitions

Aux fins de la présente Convention, l'expression:

a. «système informatique» désigne tout dispositif isolé ou ensemble de dispositifs interconnectés ou apparentés, qui assure ou dont un ou plusieurs éléments assurent, en exécution d'un programme, un traitement automatisé de données;

b. «données informatiques» désigne toute représentation de faits, d'informations ou de concepts sous une forme qui se prête à un traitement informatique, y compris un programme de nature à faire en sorte qu'un système informatique exécute une fonction; c. «fournisseur de service» désigne :

i. toute entité publique ou privée qui offre aux utilisateurs de ses services la possibilité de communiquer au moyen d'un système informatique ;

ii. toute autre entité traitant ou stockant des données informatiques pour ce service de communication ou ses utilisateurs ;

d. «données relatives au trafic» désigne toutes données ayant trait à une communication passant par un système informatique, produites par ce dernier en tant qu'élément de la chaîne de communication, indiquant l'origine, la destination, l'itinéraire, l'heure, la date, la taille et la durée de la communication ou le type du service sous-jacent.

Chapitre II - Mesures à prendre au niveau national

Section 1 - Droit pénal matériel

Titre 1 - Infractions contre la confidentialité, l'intégrité et la disponibilité des données et systèmes informatiques

Article 2 - Accès illégal

Chaque Partie adopte les mesures législatives et autres qui se révèlent nécessaires pour ériger en infraction pénale, conformément à son droit interne, l'accès intentionnel et sans droit à tout ou partie d'un système informatique. Une Partie peut exiger que l'infraction soit commise en violation des mesures de sécurité, dans l'intention d'obtenir des données informatiques ou dans une autre intention délictueuse, ou soit en relation avec un système informatique connecté à un autre système informatique.

Article 3 - Interception illégale

Chaque Partie adopte les mesures législatives et autres qui se révèlent nécessaires pour ériger en infraction pénale, conformément à son droit interne, l'interception intentionnelle et sans droit, effectuée par des moyens techniques, de données informatiques, lors de transmissions non publiques, à destination, en provenance ou à l'intérieur d'un système informatique, y compris les émissions électromagnétiques provenant d'un système informatique transportant de telles données informatiques. Une Partie peut exiger que l'infraction soit commise dans une intention délictueuse ou soit en relation avec un système informatique connecté à un autre système informatique.

Article 4 - Atteinte à l'intégrité des données

1. Chaque Partie adopte les mesures législatives et autres qui se révèlent nécessaires pour ériger en infraction pénale, conformément à son droit interne, le fait, intentionnel et sans droit, d'endommager, d'effacer, de détériorer, d'altérer ou de supprimer des données informatiques.

2. Une Partie peut se réserver le droit d'exiger que le comportement décrit au paragraphe 1 entraîne des dommages sérieux.

Article 5 - Atteinte à l'intégrité du système

Chaque Partie adopte les mesures législatives et autres qui se révèlent nécessaires pour ériger en infraction pénale, conformément à son droit interne, l'entrave grave, intentionnelle et sans droit, au fonctionnement d'un système informatique, par l'introduction, la transmission, l'endommagement, l'effacement, la détérioration, l'altération et la suppression de données informatiques.

Article 6 – Abus de dispositifs

1. Chaque Partie adopte les mesures législatives et autres qui se révèlent nécessaires pour ériger en infraction pénale, conformément à son droit interne, lorsqu'elles sont commises intentionnellement et sans droit:

a. la production, la vente, l'obtention pour utilisation, l'importation, la diffusion ou d'autres formes de mise à disposition

i. d'un dispositif, y compris un programme informatique, principalement conçu ou adapté pour permettre la commission de l'une des infractions établies conformément aux articles 2-5 ci-dessus ;

ii. d'un mot de passe, d'un code d'accès ou des données informatiques similaires permettant d'accéder à tout ou partie d'un système informatique dans l'intention qu'ils soient utilisés afin de commettre l'une ou l'autre des infractions visées par les articles 2 – 5 ; et

b. la possession d'un élément visé aux paragraphes (a) (1) ou (2) ci-dessus dans l'intention qu'il soit utilisé afin de commettre l'une ou l'autre des infractions visées par les articles 2 – 5. Une Partie peut exiger en droit interne qu'un certain nombre de ces éléments soit détenu pour que la responsabilité pénale soit engagée.

2. Le présent article ne saurait être interpréter comme imposant une responsabilité pénale lorsque la production, la vente, l'obtention pour utilisation, l'importation, la diffusion ou d'autres formes de mise à disposition mentionnées au paragraphe 1 du présent article n'a pas pour but de commettre une infraction établie conformément à l'Article 2 à 5 de la présente Convention, comme en cas d'essais autorisés ou de protection d'un système informatique.

3. Chaque Partie peut se réserver le droit de ne pas appliquer le paragraphe 1 du présent article, à condition que cette réserve ne porte pas sur la vente, la distribution ou toute autre mise à disposition des éléments mentionnés au paragraphe 1 (a)(2).

Titre 2 - Infractions informatiques

Article 7 - Falsification informatique

Chaque Partie adopte les mesures législatives et autres qui se révèlent nécessaires pour ériger en infraction pénale, conformément à son droit interne, l'introduction, l'altération, l'effacement ou la suppression intentionnels et sans droit de données informatiques, engendrant des données non authentiques, dans l'intention qu'elles soient prises en compte ou utilisées à des fins légales comme si elles étaient authentiques, qu'elles soient ou non directement lisibles et intelligibles. Une Partie peut exiger en droit interne une intention frauduleuse ou une intention délictueuse similaire pour que la responsabilité pénale soit engagée.

Article 8 - Fraude informatique

Chaque Partie adopte les mesures législatives et autres qui se révèlent nécessaires pour ériger en infraction pénale, conformément à son droit interne, le fait intentionnel et sans droit de causer un préjudice patrimonial à autrui par:

a. l'introduction, l'altération, l'effacement ou la suppression de données informatiques,

b. toute forme d'atteinte au fonctionnement d'un système informatique, dans l'intention, frauduleuse ou délictueuse, d'obtenir sans droit un bénéfice économique pour soi-même ou pour autrui.

Titre 3 - Infractions se rapportant au contenu

Article 9 – Infractions se rapportant à la pornographie enfantine

1. Chaque Partie adopte les mesures législatives et autres qui se révèlent nécessaires pour ériger en infraction pénale, conformément à son droit interne, les comportements suivants lorsqu'ils sont commis intentionnellement et sans droit:

a. la production de pornographie enfantine en vue de sa diffusion par le biais d'un système informatique ;

b. l'offre ou la mise à disposition de pornographie enfantine par le biais d'un système informatique;

c. la diffusion ou la transmission de pornographie enfantine par le biais d'un système informatique;

d. le fait de se procurer ou de procurer à autrui de la pornographie enfantine par le biais d'un système informatique;

e. la possession de pornographie enfantine dans un système informatique ou un moyen de stockage de données informatiques.

2. Aux fins du paragraphe 1 ci-dessus, la «pornographie enfantine» comprend toute matière pornographique représentant de manière visuelle :

a. un mineur se livrant à un comportement sexuellement explicite;

b. une personne qui apparaît comme un mineur se livrant à un comportement sexuellement explicite;

c. des images réalistes représentant un mineur se livrant à un comportement sexuellement explicite.

3. Aux fins du paragraphe 2 ci-dessus, le terme «mineur» désigne toute personne âgée de moins de 18 ans. Une Partie peut toutefois exiger une limite d'âge inférieure, qui doit être au minimum de 16 ans.

4. Une Partie peut se réserver le droit de ne pas appliquer, en tout ou en partie, les paragraphes 1 (d) et 1 (e) et 2 (b) et 2 (c).

Titre 4 - Infractions liées aux atteintes à la propriété intellectuelle et aux droits connexes

Article 10 - Infractions liées aux atteintes à la propriété intellectuelle et aux droits connexes

1. Chaque Partie adopte les mesures législatives et autres qui se révèlent nécessaires pour ériger en infraction pénale, conformément à son droit interne, les atteintes à la propriété intellectuelle définie par la législation de ladite Partie, conformément aux obligations que celle-ci a souscrites en application de la Convention universelle sur le droit d'auteur révisée à Paris le 24 juillet 1971, de la Convention de Berne pour la protection des œuvres littéraires et artistiques, de l'Accord sur les aspects commerciaux des droits de propriété intellectuelle et du traité de l'OMPI sur la propriété intellectuelle, à l'exception de tout droit moral conféré par ces Conventions, lorsque de tels actes sont commis délibérément, à une échelle commerciale et au moyen d'un système informatique.

2. Chaque Partie adopte les mesures législatives et autres qui se révèlent nécessaires pour ériger en infraction pénale, conformément à son droit interne, les atteintes aux droits connexes définis par la législation de ladite Partie, conformément aux obligations que celle-ci a souscrites en application de la Convention internationale sur la protection des artistes interprètes ou exécutants, des producteurs de phonogrammes et des organismes de radiodiffusion faite à Rome (Convention de Rome), de l'Accord sur les aspects commerciaux des droits de propriété intellectuelle et du Traité de l'OMPI sur les interprétations, exécutions et phonogrammes, à l'exception de tout droit moral conféré par ces Conventions, lorsque de tels actes sont commis délibérément, à une échelle commerciale et au moyen d'un système informatique.

3. Une Partie peut, dans des circonstances bien délimitées, se réserver le droit de ne pas imposer de responsabilité pénale au titre des paragraphes 1 et 2 du présent article, à condition que d'autres recours efficaces soient disponibles et qu'une telle réserve ne porte pas atteinte aux obligations internationales incombant à cette Partie en application des instruments internationaux mentionnés aux paragraphes 1 et 2 du présent article.

Titre 5 – Autres formes de responsabilité et de sanctions

Article 11 - Tentative et complicité

1. Chaque Partie adopte les mesures législatives et autres qui se révèlent nécessaires pour ériger en infraction pénale, conformément à son droit interne, toute complicité lorsqu'elle est commise intentionnellement en vue de la perpétration d'une des infractions établies en application des articles 2 à 10 de la présente Convention, dans l'intention qu'une telle infraction soit commise.

2. Chaque Partie adopte les mesures législatives et autres qui se révèlent nécessaires pour ériger en infraction pénale, conformément à son droit interne, toute tentative intentionnelle de commettre l'une des infractions établies en application des articles 3 à 5, 7, 8, 9 (1) a et 9 (1) c de la présente Convention.

3. Chaque Partie peut se réserver le droit de ne pas appliquer, en tout ou en partie, le paragraphe 2 du présent article.

Article 12 – Responsabilité des personnes morales

1. Chaque Partie adopte les mesures législatives et autres qui se révèlent nécessaires pour faire en sorte que les personnes morales puissent être tenues pour responsables des infractions établies en application de la présente Convention, lorsqu'elles sont commises pour leur compte par toute personne physique, agissant soit individuellement, soit en tant que membre d'un organe de la personne morale, qui exerce un pouvoir de direction en son sein, sur les bases suivantes :

a. un pouvoir de représentation de la personne morale;

b. une autorité pour prendre des décisions au nom de la personne morale;

c. une autorité pour exercer un contrôle au sein de la personne morale.

2. Outre les cas déjà prévus au paragraphe 1, chaque Partie adopte les mesures nécessaires pour s'assurer qu'une personne morale puisse être tenue pour responsable lorsque l'absence de surveillance ou de contrôle de la part d'une personne physique mentionnée au paragraphe 1 a rendu possible la commission des infractions visées au paragraphe 1 pour le compte de ladite personne morale par une personne physique agissant sous son autorité.

3. Selon les principes juridiques de la Partie, la responsabilité d'une personne morale peut être pénale, civile ou administrative.

4. Cette responsabilité est établie sans préjudice de la responsabilité pénale des personnes physiques ayant commis l'infraction.

Article 13 – Sanctions et mesures

1. Chaque Partie adopte les mesures législatives et autres qui se révèlent nécessaires pour faire en sorte que les infractions pénales établies en application des articles 2 - 11 soient passibles de sanctions effectives, proportionnées et dissuasives, comprenant des peines privatives de liberté.

2. Chaque Partie veille à ce que les personnes morales tenues pour responsables en application de l'article 12 fassent l'objet de sanctions ou mesures pénales ou non pénales effectives, proportionnées et dissuasives, comprenant des sanctions pécuniaires.

Section 2 – Droit procédural

Titre 1 – Dispositions communes

Article 14 – Portée d'application des mesures du droit de procédure

1. Chaque Partie adopte les mesures législatives et autres qui se révèlent nécessaires pour instaurer les pouvoirs et procédures prévus dans la présente section aux fins d'enquêtes ou de procédures pénales spécifiques.

2. Sauf disposition contraire figurant à l'Article 21, chaque Partie applique les pouvoirs et procédures mentionnés dans le paragraphe 1 :

a. aux infractions pénales établies conformément aux articles 2-11 de la présente Convention ;

b. à toutes autres infractions pénales commises au moyen d'un système informatique ; et

c. à la collecte des preuves électroniques de toute infraction pénale.

3. a. Chaque Partie peut se réserver le droit de n'appliquer les mesures mentionnées à l'Article 20 qu'aux infractions ou catégories d'infractions spécifiées dans la réserve, pour autant que l'éventail de ces infractions ou catégories d'infractions ne soit pas plus réduit que celui des infractions auxquelles elle applique les mesures mentionnées à l'article 21. Chaque Partie envisagera de limiter une telle réserve de manière à permettre l'application la plus large possible de la mesure mentionnée à l'article 20.

b. Lorsqu'une Partie, en raison des restrictions imposées par sa législation en vigueur au moment de l'adoption de la présente Convention, n'est pas en mesure d'appliquer les mesures visées aux articles 20 et 21 aux communications transmises dans un système informatique d'un fournisseur de services qui

i. est mis en œuvre pour le bénéfice d'un groupe d'utilisateurs fermé, et

ii. n'emploi pas les réseaux publics de télécommunications et qui n'est pas connecté à un autre système informatique, qu'il soit public ou privé, cette Partie peut réserver le droit de ne pas appliquer ces mesures à de telles communications. Chaque Partie envisagera de limiter une telle réserve de manière à permettre l'application la plus large possible de la mesure mentionnée aux articles 20 et 21.

Article 15 – Conditions et sauvegardes

1. Chaque Partie veille à ce que l'instauration, la mise en œuvre et l'application des pouvoirs et procédures prévus dans la présente section soient soumises aux conditions et sauvegardes prévues par son droit interne, qui doit assurer une protection adéquate des droits de l'homme et des libertés, en particulier des droits établis conformément aux obligations que celle-ci a souscrites en application de la Convention de sauvegarde des droits de l'homme et des libertés fondamentales

du Conseil de l'Europe (1950) et du Pacte international relatif aux droits civils et politiques des Nations Unies (1966) ou d'autres instruments internationaux applicables concernant les droits de l'homme, et qui doit intégrer le principe de la proportionnalité.

2. Lorsque cela est approprié eu égard à la nature du pouvoir ou de la procédure concerné, ces conditions et sauvegardes incluent, entre autres, une supervision judiciaire ou d'autres formes de supervision indépendante, des motifs justifiant l'application ainsi que la limitation du champ d'application et de la durée du pouvoir ou de la procédure en question.

3. Dans la mesure où cela est conforme à l'intérêt public, en particulier à la bonne administration de la justice, chaque Partie examine l'effet des pouvoirs et procédures dans cette Section sur les droits, responsabilités et intérêts légitimes des tiers.

Titre 2 – Conservation rapide de données informatiques stockées

Article 16 – Conservation rapide de données informatiques stockées

1. Chaque Partie adopte les mesures législatives et autres qui se révèlent nécessaires pour permettre à ses autorités compétentes d'ordonner ou d'imposer d'une autre manière la conservation rapide de données électroniques spécifiées, y compris des données relatives au trafic, stockées au moyen d'un système informatique, notamment lorsqu'il y a des raisons de penser que celles-ci sont particulièrement susceptibles de perte ou de modification.

2. Lorsqu'une Partie fait application du paragraphe 1 ci-dessus, au moyen d'une injonction ordonnant à une personne de conserver des données stockées spécifiées se trouvant en sa possession ou sous son contrôle, cette Partie adopte les mesures législatives et autres qui se révèlent nécessaires pour obliger cette personne à conserver et protéger l'intégrité desdits données pendant une durée aussi longue que nécessaire, jusqu'à maximum 90 jours, afin de permettre aux autorités compétentes d'obtenir leur divulgation. Une Partie peut prévoir qu'une telle injonction soit renouvelée par la suite.

3. Chaque Partie adopte les mesures législatives et autres qui se révèlent nécessaires pour obliger le gardien des données ou une autre personne chargée de conserver celles-ci à garder le secret sur la mise en œuvre desdites procédures pendant la durée prévue par son droit interne.

4. Les pouvoirs et procédures mentionnés dans le présent article doivent être soumis aux articles 14 et 15.

Article 17 – Conservation et divulgation rapides de données relatives au trafic

1. Afin d'assurer la conservation des données relatives au trafic en application de l'article 16, chaque Partie adopte les mesures législatives et autres qui se révèlent nécessaires pour:

a. veiller à la conservation rapide de ces données relatives au trafic, qu'un seul ou plusieurs fournisseurs de service aient participé à la transmission de cette communication; et

b. assurer la divulgation rapide à l'autorité compétente de la Partie, ou à une personne désignée par cette autorité, d'une quantité de données relatives au trafic suffisante pour permettre l'identification des fournisseurs de service et de la voie par laquelle la communication a été transmise.

2. Les pouvoirs et procédures mentionnés dans le présent article doivent être soumis aux articles 14 et 15.

Titre 3 – Injonction de produire

Article 18 – Injonction de produire

1. Chaque Partie adopte les mesures législatives et autres qui se révèlent nécessaires pour habiliter ses autorités compétentes à ordonner :

a. à une personne présente sur son territoire de communiquer les données informatiques spécifiées, en la possession où sous le contrôle de cette personne, et stockées dans un système informatique ou un support de stockage informatique; et

b. à un fournisseur de services offrant des prestations sur le territoire de la Partie, de communiquer les données en sa possession ou sous son contrôle relatives aux abonnés et concernant de tels services;

2. Les pouvoirs et procédures mentionnés dans le présent article doivent être soumis aux articles 14 et 15.

3. Aux fins du présent article, l'expression « données relatives aux abonnés » désigne toute information, contenue sous forme de données informatiques ou sous toute autre forme, détenue par un fournisseur de service et qui se rapporte aux abonnés de ses services, autres que des données relatives au trafic ou au contenu, et permettant d'établir:

a. le type de service de communication utilisé, les dispositions techniques prises à cet égard et la période de service ;

b. l'identité, l'adresse postale ou géographique et le numéro de téléphone de l'abonné, et tout autre numéro d'accès, les données concernant la facturation et le paiement, disponibles sur la base d'un contrat ou d'un arrangement de service;

c. toute autre information relative à l'endroit où se trouvent les équipements de communication, disponible sur la base d'un contrat ou d'un arrangement de service.

Titre 4 – Perquisition et saisie de données informatiques stockées

Article 19 – Perquisition et saisie de données informatiques stockées

1. Chaque Partie adopte les mesures législatives et autres qui se révèlent nécessaires pour habiliter ses autorités compétentes à perquisitionner ou à accéder d'une façon similaire :

a. à un système informatique ou à une partie de celui-ci ainsi qu'aux données informatiques qui y sont stockées ; et

b. à un support du stockage informatique permettant de stocker des données informatiquessur son territoire.

2 Chaque Partie adopte les mesures législatives et autres qui se révèlent nécessaires pour veiller à ce que, lorsque ses autorités perquisitionnent ou accèdent d'une façon similaire à un système informatique spécifique ou à une partie de celui-ci, conformément au paragraphe 1 (a), et ont des raisons de penser que les données recherchées sont stockées dans un autre système informatique ou dans une partie de celui-ci situé sur son territoire, et que ces données sont légalement accessibles à partir du système initial ou disponibles pour ce système initial, lesdites autorités soient en mesure d'étendre rapidement la perquisition ou un d'un accès d'une façon similaire à l'autre système.

3. Chaque Partie adopte les mesures législatives et autres qui se révèlent nécessaires pour habiliter ses autorités compétentes à saisir ou à obtenir d'une façon similaire les données informatiques pour lesquelles l'accès a été réalisé en application des paragraphes 1 ou 2. Ces mesures incluent les prérogatives suivantes:

a. saisir ou obtenir d'une façon similaire un système informatique ou une partie de celui-ci ou un support de stockage informatique ;

b. réaliser et conserver une copie de ces données informatiques ;

c. préserver l'intégrité des données informatiques stockées pertinentes ; et

d. rendre inaccessibles ou enlever ces données informatiques du système informatique consulté.

4. Chaque Partie adopte les mesures législatives et autres qui se révèlent nécessaires pour habiliter ses autorités compétentes à ordonner à toute personne connaissant le fonctionnement du système informatique ou les mesures appliquées pour protéger les données informatiques qu'il contient de fournir toutes les informations raisonnablement nécessaires, pour permettre l'application des mesures visées par les paragraphes 1 et 2.

5. Les pouvoirs et procédures mentionnés dans cet article doivent être soumis aux articles 14 et 15.

Titre 5 – Collecte en temps réel de données informatiques

Article 20 – Collecte en temps réel des données relatives au trafic

1. Chaque Partie adopte les mesures législatives et autres qui se révèlent nécessaires pour habiliter ses autorités compétentes à :

a. collecter ou enregistrer par l'application de moyens techniques existant sur son territoire ;

b. obliger un fournisseur de services, dans le cadre de ses capacités techniques existantes, à :

i. collecter ou enregistrer par l'application de moyens techniques existant sur son territoire, ou

ii. prêter aux autorités compétentes son concours et son assistance pour collecter ou enregistrer, en temps réel, les données relatives au trafic associées à des communications spécifiques transmises sur son territoire au moyen d'un système informatique.

2. Lorsqu'une Partie, en raison des principes établis de son ordre juridique interne, ne peut adopter les mesures énoncées au paragraphe 1(a), elle peut à la place, adopter les mesures législatives et autres qui se révèlent nécessaires pour assurer la collecte ou l'enregistrement en temps réel des données relatives au trafic associées à des communications spécifiques transmises sur son territoire par l'application de moyens techniques existant sur ce territoire.

3. Chaque Partie adopte les mesures législatives et autres qui se révèlent nécessaires pour obliger un fournisseur de services à garder secrets le fait que l'un quelconque des pouvoirs prévus dans le présent article a été exécuté, ainsi que toute information à ce sujet.

4. Les pouvoirs et procédures mentionnés dans le présent article doivent être soumis aux articles 14 et 15.

Article 21 – Interception de données relatives au contenu

1. Chaque Partie adopte les mesures législatives et autres qui se révèlent nécessaires pour habiliter ses autorités compétentes relativement à un éventail d'infractions graves à définir en droit interne, à :

a. collecter ou à enregistrer par l'application de moyens techniques existant sur son territoire ; et

b. obliger un fournisseur de services, dans le cadre de ses capacités techniques existantes, à :

i. collecter ou à enregistrer par l'application de moyens techniques existant sur son territoire , ou

ii. prêter aux autorités compétentes son concours et son assistance pour collecter ou enregistrer, en temps réel, les données relatives au contenu de communications spécifiques sur son territoire, transmises au moyen d'un système informatique.

2. Lorsqu'une Partie, en raison des principes établis de son ordre juridique interne, ne peut adopter les mesures énoncées au paragraphe 1(a), elle peut à la place adopter les mesures législatives et autres qui se révèlent nécessaires pour assurer la collecte ou l'enregistrement en temps réel des données relatives au contenu de communications spécifiques transmises sur son territoire par l'application de moyens techniques existant sur ce territoire.

3. Chaque Partie adopte les mesures législatives et autres qui se révèlent nécessaires pour obliger un fournisseur de services à garder secrets le fait que l'un quelconque des pouvoirs prévus dans le présent article a été exécuté, ainsi que toute information à ce sujet.

4. Les pouvoirs et procédures mentionnés dans le présent article doivent être soumis aux articles 14 et15.

Section 3 – Compétence

Article 22 – Compétence

1. Chaque Partie adopte les mesures législatives et autres qui se révèlent nécessaires pour établir sa compétence à l'égard de toute infraction pénale établie conformément aux articles 2 – 11 de la présente Convention, lorsque l'infraction est commise:

a. sur son territoire ;

b. à bord d'un navire battant pavillon de cette Partie ;

c. à bord d'un aéronef immatriculé dans cette Partie ;

d. par un de ses ressortissants, si l'infraction est punissable pénalement là où elle a été commise ou si l'infraction ne relève de la compétence territoriale d'aucun Etat.

2. Chaque Partie peut se réserver le droit de ne pas appliquer, ou de n'appliquer que dans des cas ou conditions spécifiques, les règles de compétence définies aux paragraphes 1b – 1d du présent article ou dans une partie quelconque de ces paragraphes.

3. Chaque Partie adopte les mesures qui se révèlent nécessaires pour établir sa compétence à l'égard de toute infraction mentionnée à l'article 24, paragraphe 1 de la présente Convention, lorsque l'auteur présumé de l'infraction est présent sur

son territoire et ne peut être extradé vers une autre Partie au seul titre de sa nationalité, après une demande d'extradition.

4. La présente Convention n'exclut aucune compétence pénale exercée par une Partie conformément à son droit interne.

5. Lorsque plusieurs Parties revendiquent une compétence à l'égard d'une infraction présumée visée dans la présente Convention, les Parties concernées se concertent, lorsque cela est opportun, afin de décider quelle est celle qui est la mieux à même d'exercer les poursuites.

Chapitre III – Coopération internationale

Section 1 – Principes généraux

Titre 1 – Principes généraux relatifs à la coopération internationale

Article 23 – Principes généraux relatifs à la coopération internationale

Les Parties coopèrent conformément aux dispositions du présent chapitre, en application des instruments internationaux pertinents sur la coopération internationale en matière pénale, des arrangements reposant sur des législations uniformes ou réciproques et de leur droit national, dans la mesure la plus large possible les unes avec les autres, aux fins d'investigations ou de procédures concernant les infractions pénales liées à des systèmes et données informatiques ou pour recueillir les preuves sous forme électronique d'une infraction pénale.

Titre 2 – Principes relatifs à l'extradition

Article 24 – Extradition

1\. a. Le présent article s'applique à l'extradition entre les Parties pour les infractions pénales définies conformément aux articles 2 à 11 de la présente Convention, à condition qu'elles soient punissables dans la législation des deux Parties concernées par une peine privative de liberté pour une période maximale d'au moins un an, ou par une peine plus sévère.

b. Lorsqu'il est exigé une peine minimale différente, sur la base d'un traité d'extradition tel qu'applicable entre deux ou plusieurs parties, y compris la Convention européenne d'extradition (STE n° 24), ou d'un arrangement reposant sur des législations uniformes ou réciproques, c'est la peine minimum prévue par ce traité ou cet arrangement qui s'applique.

2\. Les infractions pénales décrites au paragraphe 1 du présent article sont considérées comme incluses en tant qu'infractions pouvant donner lieu à extradition dans tout traité d'extradition existant entre ou parmi les Parties. Les Parties s'engagent à inclure de telles infractions comme infractions pouvant donner lieu à extradition dans tout traité d'extradition pouvant être conclu entre ou parmi elles.

3. Lorsqu'une Partie conditionne l'extradition à l'existence d'un traité et reçoit une demande d'extradition d'une autre Partie avec laquelle elle n'a pas conclu de traité d'extradition, elle peut considérer la présente Convention comme fondement juridique pour l'extradition au regard de toute infraction pénale mentionnée au paragraphe 1 du présent article.

4. Les Parties qui ne conditionnent pas l'extradition à l'existence d'un traité reconnaissent les infractions pénales mentionnées au paragraphe 1 du présent article comme des infractions pouvant donner lieu entre elles à l'extradition.

5. L'extradition est soumise aux conditions prévues par le droit interne de la Partie requise ou par les traités d'extradition en vigueur, y compris les motifs pour lesquels la Partie requise peut refuser l'extradition.

6. Si l'extradition pour une infraction pénale mentionnée au paragraphe 1 du présent article est refusée uniquement sur la base de la nationalité de la personne recherchée ou parce que la Partie requise s'estime compétente pour cette infraction, la Partie requise soumet l'affaire, à la demande de la Partie requérante, à ses autorités compétentes aux fins de poursuites, et rendra compte en temps utile de l'issue de l'affaire à la Partie requérante. Les autorités en question prendront leur décision et mèneront l'enquête et la procédure de la même manière que pour toute autre infraction de nature comparable conformément à la législation de cette Partie.

7. a. Chaque Partie communique au Secrétaire général du Conseil de l'Europe, au moment de la signature ou du dépôt de son instrument de ratification, d'acceptation, d'approbation ou d'adhésion, le nom et l'adresse de chaque autorité responsable de l'envoi ou de la réception d'une demande d'extradition ou d'arrestation provisoire, en l'absence de traité.

b. Le Secrétaire général du Conseil de l'Europe établit et tient à jour un registre des autorités ainsi désignées par les Parties. Chaque Partie doit veiller en permanence à l'exactitude des données figurant dans le registre.

Titre 3 – Principes généraux relatifs à l'entraide

Article 25 – Principes généraux relatifs à l'entraide

1. Les Parties s'accordent l'entraide la plus large possible aux fins d'investigations ou de procédures concernant les infractions pénales liées à des systèmes et des données informatiques ou afin de recueillir les preuves sous forme électronique d'une infraction pénale.

2. Chaque Partie adopte également les mesures législatives et autres qui se révèlent nécessaires pour s'acquitter des obligations énoncées aux articles 27 à 35.

3. Chaque Partie peut, en cas d'urgence, formuler une demande d'entraide ou les communications s'y rapportant par des moyens rapides de communication, tels

que la télécopie ou le courrier électronique, pour autant que ces moyens offrent des conditions suffisantes de sécurité et d'authentification (y compris le cryptage si nécessaire), avec confirmation officielle ultérieure si l'Etat requis l'exige. L'Etat requis accepte la demande et y répond par n'importe lequel de ces moyens rapides de communication.

4. Sauf disposition contraire expressément prévue dans les articles du présent Chapitre, l'entraide est soumise aux conditions fixées par le droit interne de la Partie requise ou par les traités d'entraide applicables, y compris les motifs sur la base desquels la Partie requise peut refuser la coopération. La Partie requise ne doit pas exercer son droit de refuser l'entraide concernant les infractions visées aux articles 2 à 11 au seul motif que la demande porte sur une infraction qu'elle considère comme de nature fiscale.

5. Lorsque, conformément aux dispositions du présent chapitre, la Partie requise est autorisée à subordonner l'entraide à l'existence d'une double incrimination, cette condition sera considérée comme satisfaite si le comportement constituant l'infraction, en relation avec laquelle l'entraide est requise, est qualifié d'infraction pénale par son droit interne, que le droit interne classe ou non l'infraction dans la même catégorie d'infractions ou qu'il la désigne ou non par la même terminologie que le droit de la Partie requérante.

Article 26 – Information spontanée

1. Une Partie peut, dans les limites de son droit interne et en l'absence de demande préalable, communiquer à une autre Partie des informations obtenues dans le cadre de ses propres enquêtes lorsqu'elle estime que cela pourrait aider la Partie destinataire à engager ou à mener à bien des enquêtes ou des procédures au sujet d'infractions pénales établies conformément à la présente Convention, ou lorsque ces informations pourraient aboutir à une demande formulée par cette Partie au titre du présent chapitre.

2. Avant de communiquer de telles informations, la Partie qui les fournit peut demander qu'elles restent confidentielles ou ne soient utilisées que sous certaines conditions. Si la Partie destinataire ne peut faire droit à cette demande, elle doit en informer l'autre Partie, qui devra alors déterminer si les informations en question devraient néanmoins être fournies. Si la Partie destinataire accepte les informations aux conditions prescrites, elle sera liée par ces dernières.

Titre 4 – Procédures relatives aux demandes d'entraide en l'absence d'accords internationaux applicables

Article 27 – Procédures relatives aux demandes d'entraide en l'absence d'accords internationaux applicables

1. En l'absence de traité d'entraide ou d'arrangement reposant sur des législations uniformes ou réciproques en vigueur entre la Partie requérante et la Partie requise, les dispositions des paragraphes 2 à 9 du présent article s'appliquent. Elles ne s'appliquent pas lorsqu'un traité, un arrangement ou une législation de ce type existent, à moins que les Parties concernées ne décident d'appliquer à la place tout ou partie du reste de cet article.

2. a. Chaque Partie désigne une ou plusieurs autorités centrales chargées d'envoyer les demandes d'entraide ou d'y répondre, de les exécuter ou de les transmettre aux autorités compétentes pour leur exécution;

b. les autorités centrales communiquent directement les unes avec les autres;

c. chaque Partie, au moment de la signature ou du dépôt de ses instruments de ratification, d'acceptation, d'approbation ou d'adhésion, communique au Secrétaire général du Conseil de l'Europe les noms et adresses des autorités désignées en application du présent paragraphe;

d. le Secrétaire général du Conseil de l'Europe établit et tient à jour un registre des autorités centrales désignées par les Parties. Chaque Partie veille en permanence à l'exactitude des données figurant dans le registre.

3. Les demandes d'entraide sous le présent article sont exécutées conformément à la procédure spécifiée par la Partie requérante, sauf lorsqu'elle est incompatible avec la législation de la Partie requise.

4. Outre les conditions ou motifs de refus prévus à l'Article 25, paragraphe 4, l'entraide peut être refusée par la Partie requise :

a. si la demande porte sur une infraction que la Partie requise considère comme étant de nature politique ou liée à une infraction de nature politique ; ou

b. si la Partie requise estime que le fait d'accéder à la demande risquerait de porter atteinte à sa souveraineté, à sa sécurité, à son ordre public ou à d'autres intérêts essentiels.

5. La Partie requise peut surseoir à l'exécution de la demande si cela risquerait de porter préjudice à des enquêtes ou procédures conduites par ses autorités.

6. Avant de refuser ou de différer sa coopération, la Partie requise examine, après avoir le cas échéant consulté la Partie requérante, s'il peut être fait droit à la demande partiellement ou sous réserve des conditions qu'elle juge nécessaires.

7. La Partie requise informe rapidement la Partie requérante de la suite qu'elle entend donner à la demande d'entraide. Elle doit motiver son éventuel refus d'y faire droit ou l'éventuel ajournement de la demande. La Partie requise informe

également la Partie requérante de tout motif rendant l'exécution de l'entraide impossible ou étant susceptible de la retarder de manière significative.

8. La Partie requérante peut demander que la Partie requise garde confidentiels le fait et l'objet de toute demande formulée au titre du présent chapitre restent confidentiels, sauf dans la mesure nécessaire à l'exécution de ladite demande. Si la Partie requise ne peut faire droit à cette demande de confidentialité, elle doit en informer rapidement la Partie requérante, qui devra alors déterminer si la demande doit néanmoins être exécutée.

9. a. En cas d'urgence, les autorités judiciaires de la Partie requérante peuvent adresser directement à leurs homologues de la Partie requise les demandes d'entraide ou les communications s'y rapportant. Dans de tels cas, copie est adressée simultanément aux autorités centrales de la Partie requise par le biais de l'autorité centrale de la Partie requérante

b. Toute demande ou communication formulée au titre du présent paragraphe peut l'être par l'intermédiaire de l'Organisation internationale de police criminelle (Interpol).

c. Lorsqu'une demande a été formulée en application de l'alinéa (a) du présent article et que l'autorité n'est pas compétente pour la traiter, elle la transmet à l'autorité nationale compétente et en informe directement la Partie requérante.

d. Les demandes ou communications effectuées en application du présent paragraphe qui ne supposent pas de mesure de coercition peuvent être directement transmises par les autorités compétentes de la Partie requérante aux autorités compétentes de la Partie requise.

e. Chaque Partie peut informer le Secrétaire général du Conseil de l'Europe, au moment de la signature ou du dépôt de son instrument de ratification, d'acceptation, d'approbation ou d'adhésion, que, pour des raisons d'efficacité, les demandes faites sous ce paragraphe devront être adressées à son autorité centrale.

Article 28 – Confidentialité et restriction d'utilisation

1. En l'absence de traité d'entraide ou d'arrangement reposant sur des législations uniformes ou réciproques en vigueur entre la Partie requérante et la Partie requise, les dispositions du présent article s'appliquent. Elles ne s'appliquent pas lorsqu'un traité, un arrangement ou une législation de ce type existent, à moins que les Parties concernées ne décident d'appliquer à la place tout ou partie du présent article.

2. La Partie requise peut subordonner la communication d'informations ou de matériels en réponse à une demande à la condition :

a. que ceux-ci restent confidentiels lorsque la demande d'entraide ne pourrait être respectée en l'absence de cette condition; ou

b. qu'ils ne soient pas utilisés aux fins d'enquêtes ou de procédures autres que celles indiquées dans la demande.

3. Si la Partie requérante ne peut satisfaire à l'une des conditions énoncées au paragraphe 2, elle en informe rapidement la Partie requise, qui détermine alors si l'information doit néanmoins être fournie. Si la Partie requérante accepte cette condition, elle sera liée par celle-ci.

4. Toute Partie qui fournit des informations ou du matériel soumis à l'une des conditions énoncées au paragraphe 2 peut exiger de l'autre Partie qu'elle lui communique des précisions, en relation avec cette condition, quant à l'usage fait de ces informations ou de ce matériel.

Section 2– Dispositions spécifiques

Titre 1 – Entraide en matière de mesures provisoires

Article 29 – Conservation rapide de données informatiques stockées

1. Une Partie peut demander à une autre Partie d'ordonner ou d'imposer d'une autre façon la conservation rapide de données stockées au moyen d'un système informatique se trouvant sur le territoire de cette autre Partie, et au sujet desquelles la Partie requérante a l'intention de soumettre une demande d'entraide en vue de la perquisition ou de l'accès par un moyen similaire, de la saisie ou de l'obtention par un moyen similaire, ou de la divulgation desdites données.

2. Une demande de conservation faite en application du paragraphe 1 doit préciser :

a. l'autorité qui demande la conservation ;

b. l'infraction faisant l'objet de l'enquête et un bref exposé des faits qui s'y rattachent ;

c. les données informatiques stockées à conserver et la nature de leur lien avec l'infraction ;

d. toutes les informations disponibles permettant d'identifier le gardien des données informatiques stockées ou l'emplacement du système informatique ;

e. la nécessité de la mesure de conservation ; et

f. le fait que la Partie entend soumettre une demande d'entraide en vue de la perquisition ou de l'accès par un moyen similaire, de la saisie ou de l'obtention par un moyen similaire, ou de la divulgation des données informatiques stockées.

3. Après avoir reçu la demande d'une autre Partie, la Partie requise doit prendre toutes les mesures appropriées afin de procéder sans délai à la conservation des données spécifiées, conformément à son droit interne. Pour pouvoir répondre à une telle demande, la double incrimination n'est pas requise comme condition préalable à la conservation.

4. Une Partie qui exige la double incrimination comme condition pour répondre à une demande d'entraide visant la perquisition ou l'accès similaire, la saisie ou l'obtention par un moyen similaire ou la divulgation des données peut, pour des infractions autres que celles établies conformément aux articles 2 à 11 de la présente Convention, se réserver le droit de refuser la demande de conservation au titre du présent article dans le cas où elle a des raisons de penser qu'au moment de la divulgation, la condition de double incrimination ne pourra pas être remplie.

5. En outre, une demande de conservation peut être refusée uniquement :

a. si la demande porte sur une infraction que la Partie requise considère comme étant de nature politique ou liée à une infraction de nature politique ; ou

a. si la Partie requise estime que le fait d'accéder de la demande risquerait de porter atteinte à sa souveraineté, à sa sécurité, à l'ordre public ou à d'autres intérêts essentiels.

6. Lorsque la Partie requise estime que la conservation simple ne suffira pas pour garantir la disponibilité future des données, compromettra la confidentialité de l'enquête de la Partie requérante ou nuira d'une autre façon à celle-ci, elle en informe rapidement la Partie requérante, qui décide alors s'il convient néanmoins d'exécuter la demande.

7. Toute conservation effectuée en réponse à une demande visée au paragraphe 1 sera valable pour une période d'au moins 60 jours afin de permettre à la Partie requérante de soumettre une demande en vue de la perquisition ou de l'accès par un moyen similaire, de la saisie ou de l'obtention par un moyen similaire, ou de la divulgation des données. Après la réception d'une telle demande, les données doivent continuer à être conservées en attendant l'adoption d'une décision concernant la demande.

Article 30 – Divulgation rapide de données conservées

1. Lorsqu'en exécutant une demande de conservation de données relatives au trafic concernant une communication spécifique formulée en application de l'article 29, la Partie requise découvre qu'un fournisseur de services dans un autre Etat a participé à la transmission de cette communication, la Partie requise divulgue rapidement à la Partie requérante une quantité suffisante de données concernant le trafic, aux fins d'identifier ce fournisseur de service et la voie par laquelle la communication a été transmise.

2. La divulgation de données relatives au trafic en application du paragraphe 1 peut être refusée seulement:

a. si la demande porte sur une infraction que la Partie requise considère comme étant de nature politique ou liée à une infraction de nature politique ; ou

b. si elle considère que le fait d'accéder à la demande risquerait de porter atteinte à sa souveraineté, à sa sécurité, à son ordre public ou à d'autres intérêts essentiels.

Titre 2 – Entraide concernant les pouvoirs d'investigation

Article 31 – Entraide concernant l'accès aux données stockées

1. Une Partie peut demander à une autre Partie de perquisitionner ou d'accéder de façon similaire, de saisir ou d'obtenir de façon similaire, et de divulguer des données stockées au moyen d'un système informatique se trouvant sur le territoire de cette autre Partie, y compris les données conservées conformément à l'article 29.

2. La Partie requise satisfait à la demande en appliquant les instruments internationaux, les arrangements et les législations évoqués à l'article 23 et en se conformant aux dispositions pertinentes du présent chapitre.

3. La demande doit être satisfaite aussi rapidement que possible dans les cas suivants:

a. il y a des raisons de penser que les données pertinentes sont particulièrement sensibles aux risques de perte ou de modification ; ou

b. les instruments, arrangements et législations évoqués au paragraphe 2 prévoient une coopération rapide.

Article 32 – Accès transfrontière à des données stockées, avec consentement ou lorsqu'elles sont accessibles au public

Une Partie peut, sans l'autorisation d'une autre Partie, :

a. accéder à des données informatiques stockées accessibles au public (source ouverte), quelle que soit la localisation géographique de ces données; ou

b. accéder à, ou recevoir au moyen d'un système informatique situé sur son territoire, des données informatiques stockées situées dans un autre Etat, si la Partie obtient le consentement légal et volontaire de la personne légalement autorisée à lui divulguer ces données au moyen de ce système informatique.

Article 33 – Entraide dans la collecte en temps réel de données relatives au trafic

1. Les Parties s'accordent l'entraide dans la collecte en temps réel de données relatives au trafic, associées à des communications spécifiées sur leur territoire, transmises au moyen d'un système informatique. Sous réserve des dispositions du paragraphe 2, cette entraide est régie par les conditions et procédures prévues en droit interne.

2. Chaque Partie accorde cette entraide au moins à l'égard des infractions pénales pour lesquelles la collecte en temps réel de données concernant le trafic serait disponible dans une affaire analogue au niveau interne.

Article 34 – Entraide en matière d'interception de données relatives au contenu

Les Parties s'accordent l'entraide, dans la mesure permise par leurs traités et lois internes applicables, pour la collecte ou l'enregistrement en temps réel de données relatives au contenu de communications spécifiques transmises au moyen d'un système informatique.

Titre 3 – Réseau 24/7

Article 35 – Réseau 24/7

1. Chaque Partie désigne un point de contact joignable 24 heures sur 24, sept jours sur sept, afin d'assurer la fourniture d'une assistance immédiate pour des investigations concernant les infractions pénales liées à des systèmes et données informatiques ou pour recueillir les preuves sous forme électronique d'une infraction pénale. Cette assistance englobera la facilitation, ou, si le droit et la pratique internes le permettent, l'application directe des mesures suivantes : a. apport de conseils techniques;

b. conservation des données conformément aux articles 29 et 30 ; et

c. recueil de preuves, apport d'informations à caractère juridique, et localisation des suspects.

2. a. Le point de contact d'une Partie pourra correspondre avec le point de contact d'une autre Partie selon une procédure accélérée.

b. Si le point de contact désigné par une Partie ne dépend pas de l'autorité ou des autorités de cette Partie responsables de l'entraide internationale ou de l'extradition, le point de contact veillera à pouvoir agir en coordination avec cette ou ces autorités selon une procédure accélérée.

3. Chaque Partie fera en sorte de disposer d'un personnel formé et équipé en vue de faciliter le fonctionnement du réseau.

Chapitre IV – Clauses finales

Article 36 – Signature et entrée en vigueur

1. La présente Convention est ouverte à la signature des Etats membres du Conseil de l'Europe et des Etats non membres qui ont participé à son élaboration.

2. La présente Convention est soumise à ratification, acceptation ou approbation. Les instruments de ratification, d'acceptation ou d'approbation sont déposés auprès du Secrétaire général du Conseil de l'Europe.

3. La présente Convention entrera en vigueur le premier jour du mois qui suit l'expiration d'une période de trois mois après la date à laquelle cinq Etats, incluant au moins trois Etats membres du Conseil de l'Europe, auront exprimé leur consentement à être liés par la Convention, conformément aux dispositions des paragraphes 1 et 2.

4. Pour tout Etat signataire qui exprimera ultérieurement son consentement à être lié par la

Convention, celle-ci entrera en vigueur le premier jour du mois qui suit l'expiration d'une période de trois mois après la date de l'expression de son consentement à être lié par la Convention conformément aux dispositions des paragraphes 1 et 2.

Article 37 – Adhésion à la Convention

1. Après l'entrée en vigueur de la présente Convention, le Comité des Ministres du Conseil de l'Europe peut, après avoir consulté les Etats contractants à la Convention et en avoir obtenu l'assentiment unanime, inviter tout Etat non membre du Conseil et n'ayant pas participé à son élaboration à adhérer à la présente Convention. La décision est prise à la majorité prévue à l'article 20.d du Statut du Conseil de l'Europe et à l'unanimité des représentants des Etats contractants ayant le droit de siéger au Comité des Ministres.

2. Pour tout Etat adhérent à la Convention conformément au paragraphe 1 ci-dessus, la

Convention entrera en vigueur le premier jour du mois qui suit l'expiration d'une période de trois mois après la date de dépôt de l'instrument d'adhésion près le Secrétaire général du Conseil de l'Europe.

Article 38 – Application territoriale

1. Tout Etat peut, au moment de la signature ou au moment du dépôt de son instrument de ratification, d'acceptation, d'approbation ou d'adhésion, désigner le ou les territoires sur lesquels s'appliquera la présente Convention.

2. Tout Etat peut, à tout autre moment par la suite, par déclaration adressée au Secrétaire général du Conseil de l'Europe, étendre l'application de la présente Convention à tout autre territoire désigné dans la déclaration. La Convention entrera en vigueur à l'égard de ce territoire le premier jour du mois qui suit l'expiration d'une période de trois mois après la date de réception de la déclaration par le Secrétaire général.

3. Toute déclaration faite en application des deux paragraphes précédents peut être retirée, en ce qui concerne tout territoire désigné dans cette déclaration, par notification adressée au Secrétaire général du Conseil de l'Europe. Le retrait prendra effet le premier jour du mois qui suit l'expiration d'une période de trois mois après la date de réception de ladite notification par le Secrétaire général.

Article 39 – Effets de la Convention

1. L'objet de la présente Convention est de compléter les traités ou accords multilatéraux ou bilatéraux applicables existant entre les Parties, y compris les dispositions:

- de la Convention européenne d'extradition ouverte à la signature le 13 décembre 1957 à Paris [STE n°24];

- de la Convention européenne d'entraide judiciaire en matière pénale ouverte à la signature le 20 avril 1959 à Strasbourg [STE n°30];

- du Protocole additionnel à la Convention européenne d'entraide judiciaire en matière pénale ouvert à la signature le 17 mars 1978 à Strasbourg [STE n°99].

2. Si deux ou plusieurs Parties ont déjà conclu un accord ou un traité relatif aux matières traitées par la présente Convention ou si elles ont autrement établi leurs relations sur ces sujets, ou si elles le feront à l'avenir, elles ont aussi la faculté d'appliquer ledit accord ou traité ou d'établir leurs relations en conséquence, au lieu de la présente Convention. Toutefois, lorsque les Parties établiront leurs relations concernant les matières faisant l'objet de la présente Convention d'une manière différente de celle y prévue, elles le feront d'une manière qui ne soit pas incompatible avec les objectifs et principes de la Convention.

3. Rien dans la présente Convention n'affecte d'autres droits, restrictions, obligations et responsabilités d'une Partie.

Article 40 – Déclarations

Par déclaration écrite adressée au Secrétaire général du Conseil de l'Europe, tout Etat peut, au moment de la signature ou du dépôt de son instrument de ratification, d'acceptation, d'approbation ou d'adhésion, déclarer qu'il se prévaut de la faculté d'exiger, le cas échéant, un ou plusieurs éléments supplémentaires tels que prévus aux Articles 2, 3, 6, paragraphe 1(b), 7, 9, paragraphe 3 et 27, paragraphe 9 (e).

Article 41 – Clause fédérale

1. Un État fédéral peut se réserver le droit d'honorer les obligations aux termes du Chapitre II de la présente Convention dans la mesure où celles-ci sont compatibles avec les principes fondamentaux qui gouvernent les relations entre son gouvernement central et les États constituants ou autres entités territoriales analogues, à condition qu'il soit en mesure de coopérer sur la base du Chapitre III.

2. Lorsqu'il fait une réserve prévue au paragraphe 1, un Etat fédéral ne saurait faire usage des termes d'une telle réserve pour exclure ou diminuer de manière substantielle ses obligations en vertu du chapitre II. En tout état de cause, il se dote de moyens étendus et effectifs permettant la mise en oeuvre des mesures prévues par ledit chapitre.

3. En ce qui concerne les dispositions de cette Convention dont l'application relève de la compétence législative de chacun des Etats constituants ou autres entités territoriales analogues, qui ne sont pas, en vertu du système constitutionnel de la fédération, tenus de prendre des mesures législatives, le

gouvernement fédéral porte, avec son avis favorable, lesdites dispositions à la connaissance des autorités compétentes des Etats constituants, en les encourageant à adopter les mesures appropriées pour les mettre en oeuvre.

Article 42 – Réserves

Par notification écrite adressée au Secrétaire général du Conseil de l'Europe, tout Etat peut, au moment de la signature ou du dépôt de son instrument de ratification, d'acceptation, d'approbation ou d'adhésion, déclarer qu'il se prévaut de la ou les réserves prévues aux Article 4, paragraphe 2, Article 6, paragraphe 3, Article 9, paragraphe 4, Article 10, paragraphe 3, Article 11, paragraphe 3, Article 14, paragraphe 3, Article 22, paragraphe 2, Article 29, paragraphe 4, et à l'article 41, paragraphe 1. Aucune autre réserve ne peut être faite.

Article 43 – Statut et retrait des réserves

1. Une Partie qui a fait une réserve conformément à l'Article 42 peut la retirer en totalité ou en partie par notification adressée au Secrétaire général. Ce retrait prend effet à la date de réception de ladite notification par le Secrétaire général. Si la notification indique que le retrait d'une réserve doit prendre effet à une date précise, et si cette date est postérieure à celle à laquelle le Secrétaire général reçoit la notification, le retrait prend effet à cette date ultérieure.

2. Une Partie qui a fait une réserve comme celles mentionnées à l'Article 42 retire cette réserve, en totalité ou en partie, dès que les circonstances le permettent.

3. Le Secrétaire général du Conseil de l'Europe peut périodiquement demander aux Parties ayant fait une ou plusieurs réserves comme celles mentionnées à l'Article 42 des informations, sur les perspectives de leur retrait.

Article 44 – Amendements

1. Des amendements à la présente Convention peuvent être proposés par chaque Partie, et sont communiqués par le Secrétaire général du Conseil de l'Europe aux États membres du Conseil de l'Europe, aux États non membres ayant pris part à l'élaboration de la présente Convention, ainsi qu'à tout État y ayant adhéré ou ayant été invité à y adhérer conformément aux dispositions de l'article 37.

2. Tout amendement proposé par une Partie est communiqué au Comité européen pour les problèmes criminels (CDPC), qui soumet au Comité des Ministres son avis sur ledit amendement.

3. Le Comité des Ministres examine l'amendement proposé et l'avis soumis par le Comité européen pour les problèmes criminels (CDPC) et, après consultation avec les Etats non membres parties à la présente Convention, peut adopter l'amendement.

4. Le texte de tout amendement adopté par le Comité des Ministres conformément au paragraphe 3 du présent article est communiqué aux Parties pour acceptation.

5. Tout amendement adopté conformément au paragraphe 3 du présent article entre en vigueur le trentième jour après que toutes les Parties ont informé le Secrétaire général de leur acceptation.

Article 45 – Règlement des différends

1. Le Comité européen pour les problèmes criminels du Conseil de l'Europe est tenu informé de l'interprétation et de l'application de la présente Convention.

2. En cas de différend entre les Parties sur l'interprétation ou l'application de la présente Convention, les Parties s'efforceront de parvenir à un règlement du différend par la négociation ou par tout autre moyen pacifique de leur choix, y compris la soumission du différend au Comité européen pour les problèmes criminels, à un tribunal arbitral qui prendra des décisions qui lieront les Parties au différend, ou à la Cour internationale de justice, selon un accord commun entre les Parties concernées.

Article 46 – Concertation des Parties

1. Les Parties se concertent périodiquement, au besoin, afin de faciliter :

a. l'usage et la mise en œuvre effectifs de la présente Convention, y compris l'identification de tout problème en la matière, ainsi que les effets de toute déclaration ou réserve faite conformément à la présente Convention;

b. l'échange d'informations sur les nouveautés juridiques, politiques ou techniques importantes observées dans le domaine de la criminalité informatique et la collecte de preuves sous forme électronique ;

c. l'examen de l'éventualité de compléter ou d'amender la Convention.

2. Le Comité européen pour les problèmes criminels (CDPC) est tenu périodiquement au courant du résultat des concertations mentionnées au paragraphe 1.

3. Le Comité européen pour les problèmes criminels (CDPC) facilite, au besoin, les concertations mentionnées au paragraphe 1 et adopte les mesures nécessaires pour aider les Parties dans leurs efforts visant à compléter ou amender la Convention. Au plus tard à l'issue d'un délai de trois ans à compter de l'entrée en vigueur de la présente Convention, le Comité européen pour les problèmes criminels (CDPC) procèdera, en coopération avec les Parties, à un réexamen de l'ensemble des dispositions de la Convention et proposera, le cas échéant, les aménagement appropriés.

4. Sauf lorsque le Conseil de l'Europe les prend en charge, les frais occasionnés par l'application des dispositions du paragraphe 1 sont supportés par les Parties de la manière qu'elles déterminent.

5. Les Parties sont assistées par le Secrétariat du Conseil de l'Europe dans l'exercice de leurs fonctions découlant du présent article.

Article 47 – Dénonciation

1 Toute Partie peut, à tout moment, dénoncer la présente Convention par notification au Secrétaire général du Conseil de l'Europe.

2 La dénonciation prendra effet le premier jour du mois qui suit l'expiration d'une période de trois mois après la date de réception de la notification par le Secrétaire général.

Article 48 – Notification

Le Secrétaire général du Conseil de l'Europe notifie aux États membres du Conseil de l'Europe, aux États non membres ayant pris part à l'élaboration de la présente Convention, ainsi qu'à tout État y ayant adhéré ou ayant été invité à y adhérer :

a. toute signature;

b. le dépôt de tout instrument de ratification, d'acceptation, d'approbation ou d'adhésion;

c. toute date d'entrée en vigueur de la présente Convention conformément à ses articles 36 et 37 ;

d. toute déclaration faite en application des Articles 40 et 41 ou toute réserve faite en application de l'article 42 ;

e. tout autre acte, notification ou communication ayant trait à la présente Convention.

En foi de quoi, les soussignés, dûment autorisés à cet effet, ont signé la présente Convention.

Fait à Budapest, le 23 novembre 2001, en français et en anglais, les deux textes faisant également foi, et en un seul exemplaire qui sera déposé dans les archives du Conseil de l'Europe. Le Secrétaire général du Conseil de l'Europe en communiquera copie certifiée conforme à chacun des Etats membres du Conseil de l'Europe, aux Etats non membres qui ont participé à l'élaboration de la Convention et à tout Etat invité à y adhérer.

- **La convention mère de Budapest sur la cybercriminalité**

- **Bibliographie**

A. SEGER, « La convention de Budapest comme cadre mondial », in « Coopérartion contre la cybercriminalité », Conférence Octopus Interface, 23-25 mars 2010.
E. WERY, « La convention internationale sur la cybercriminalité entre en vigueur » : www.droit-technologie.org
G. DE VEL, « La convention sur la cybercriminalité », in G. CHATILLON (dir), *Le droit international de l'internet,* Bruyant, Bruxelles, 2002, p. 237 et s.
G. DE VEL,, « Un instrument juridique pionnier : la convention sur la cybercriminalité du Conseil de l'Europe », in *La délinquance électronique*, Problèmes politiques et sociaux, n° 953, octobre 2008, p. 707.
J. COSTE, « La convention du Conseil de l'Europe du 08 novembre 2001 : premier traité international contre la cybercriminalité », *Lamy Droit de l'informatique et des réseaux*, n° 142, décembre 2001, p. 1.
J. FORGERON et V. PRAT, « Le projet de loi portant approbation de la convention sur la cybercriminalité », *Gaz. pal.* , 22 janvier 2004, n° 22, p. 80.
P. A. TOURE, « Adoption des conventions de Budapest et de Malabo : Un pas important de la cybersécurité et de la cybercriminalité » : osiris.com
K. BARTHOLIN, « La convention de Budapest sur la cybercriminalité du 23 novembre 2001 » in I. BOUHADANA et W. GILLES (dir.), *Cybercriminalité, cybermenaces et cyberfraudes*, Paris, Institut du Monde et du Développement, 2012, p. 95.
M. QUÉMÉNER, « Les 10 ans de la convention de Budapest : constat et perspectives », *Expert. syst. inf.* janv. 2012, n° 365, doctr., p. 20.
R. CARRAL et S. BOUCHIN, « La convention internationale sur la cybercriminalité est entrée en vigueur », *Option finance*, n° 781, 2004, p. 27.
S. LE GUILLAS, « Convention du Conseil de l'Europe sur la cybercriminalité», *Gaz. pal.*, 08 mai 2002, p. 24.

- **Commentaire**

286. Adoption de la convention de Budapest. Les travaux qui ont précédé l'élaboration de la convention de Budapest ont commencé en 1997, année de création d'un Comité d'experts sur la criminalité dans le cyberespace. En plus des membres du Comité, des experts des États-Unis, d'autres pays du G8, dont le Canada et le Japon, se sont joints au comité d'experts initial durant le processus de négociation. Le comité a produit vingt-cinq (25) projets de textes successifs au cours de son mandat qui a pris fin en décembre 2000.

La version définitive du projet de convention et du rapport explicatif y afférent a été présentée pour approbation au comité européen pour les problèmes criminels en juin 2001.

La convention sur la cybercriminalité a finalement été ouverte à la signature des États le 23 novembre 2001 à l'occasion de la conférence internationale sur la cybercriminalité *(Sur la convention sur la cybercriminalité, S. LE GUILLAS, « Convention du Conseil de l'Europe sur la cybercriminalité », Gaz. pal., 08 mai 2002, p. 24 ; G. DE VEL, « La convention sur la cybercriminalité », in G. CHATILLON (dir), « Le droit international de l'internet », Bruyant, Bruxelles, 2002, p. 237 et s. ; du même auteur, « Un instrument juridique pionnier : la convention sur la cybercriminalité du Conseil de l'Europe », in La délinquance électronique, Problèmes politiques et sociaux, n° 953, octobre 2008, p. 707 ; R. CARRAL et S. BOUCHIN, « La convention internationale sur la cybercriminalité est entrée en vigueur », Option finance, n° 781, 2004, p. 27 ; E. WERY, « La convention internationale sur la cybercriminalité entre en vigueur » : www.droit-technologie.org.; K. BARTHOLIN, « La convention de Budapest sur la cybercriminalité du 23 novembre 2001 » in I. BOUHADANA et W. GILLES (dir.), Cybercriminalité, cybermenaces et cyberfraudes, Paris, Institut du Monde et du Développement, 2012, p. 95).L'entrée en vigueur de cette convention était subordonnée à sa ratification par cinq (5) États, dont au moins trois (3) États membres du Conseil de l'Europe*).

La convention est effectivement entrée en vigueur 1er juillet 2004. En septembre 2019, soixante quatre (64) Etats sont devenus parties à la convention de Budapest, dont la France et huit (8) Etats ont été invités à adhérer à cette convention (*J. FORGERON et V. PRAT, « Le projet de loi portant approbation de la convention sur la cybercriminalité », Gaz. pal. , 22 janvier 2004, n° 22, p. 80. La France a effectivement ratifié la convention de Budapest ainsi que le protocole additionnel relatif aux actes racistes et xénophobes. V. la loi n° 2005-493 du 19 mai 2005 autorisant l'approbation de la convention sur la cybercriminalité et du protocole additionnel à cette convention, relatif à l'incrimination d'actes de nature raciste et xénophobe commis par le biais de systèmes informatiques, JO, n° 116, du 20 mai 2005*). Quatre (4) Etats non membres ont participé aux négociations en vue de l'adoption de ce traité. Il s'agit de l'Afrique du Sud, du Canada, des États-Unis et du Japon *(Sur ces chiffres, M. QUEMENER, « Cybercriminalité : aspects stratégiques et juridiques », in De la cybercriminalité à la cyberguerre, Rev. déf. nat. et séc coll., mai 2008, p. 13*).

La convention de Bupadest constitue une convention de justice pénale qui s'intéresse à la répression de la cybercriminalité, puisqu'elle prévoit des incriminations, des principes directeurs de sanction, des outils d'investigation et de coopération internationale contre le phénomène cybercriminel.

287. Dimension internationale de la convention. La convention européenne sur la cybercriminalité, adoptée dans le cadre du Conseil de l'Europe, n'en constitue pas moins le premier traité international visant à apporter des réponses pénales aux problèmes soulevés par la criminalité du cyberespace (*X. LE CERF, « Lutter contre la cybercriminalité : le projet de convention du Conseil de* *l'Europe sur la cybercriminalité » : http : //www.juriscom.com*). Ouverte à la signature des États non membres du Conseil de l'Europe ayant participé à son élaboration, la convention de Budapest est également ouverte aux autres États non membres, par le mécanisme du droit international public qu'est l'adhésion (V. art. 37 de la convention de Bupapest). L'adhésion, encore appelée « *accession* », est définie comme la procédure « *par laquelle un État qui n'a pas participé à la négociation devient partie au traité par une déclaration unilatérale faite conformément aux dispositions du traité* » (*S. BASTID, Les traités dans la vie internationale, conclusions et effets, Paris, Economica, p. 68 ; également, V. D. CARREAU, «Traité international », Rép. Internat., Dalloz, 1998, p. 7, n° 38*).

Il résulte de l'article 37 de la Convention de Budapest, intitulé « *Adhésion à la convention* », qu'après son entrée en vigueur, « le Comité des Ministres du Conseil de l'Europe peut, après avoir consulté les États contractants à la Convention et en avoir obtenu l'assentiment unanime, inviter tout État non membre du Conseil et n'ayant pas participé à son élaboration à adhérer à la présente convention ».

Il en résulte que le traité de Budapest est le seul instrument international contraignant relatif à la cybercriminalité. Il sert de lignes directrices pour tout pays élaborant une législation exhaustive sur la cybercriminalité et offre un cadre de coopération internationale aux Etats parties. Il s'agit d'une convention à portée universelle puisqu'elle est pleinement ouverte, tout État pouvant y adhérer, pour peu qu'il soit disposé à en respecter les termes (*J. COSTE, « La convention du Conseil de l'Europe du 08 novembre 2001 : premier traité international contre la cybercriminalité », Lamy Droit de l'informatique et des réseaux, n° 142, décembre 2001, p. 1 ; ND. A. KODJO, Cyberdroit. Télécom, internet, contrats de e-commerce. Une contribution du droit congolais, Kinshasa, Presses universitaires du Congo, 2009, p. 326 ; A. SEGER, « La convention de Budapest comme cadre mondial », in « Coopérartion contre la cybercriminalité », Conférence Octopus Interface, 23-25 mars 2010, précitée ; TH. CASSUTO, « Nouvelles perspectives dans la lutte contre la cybercriminalité », Sécurité globale, vol. 15, n° 3, 2018, p. 29*). Le Comité des Ministres du Conseil de l'Europe peut, de sa propre initiative ou sur demande, après avoir consulté tous les États contractants, qu'il s'agisse ou non d'États membres inviter un État non membre, qui n'a pas participé à l'élaboration de la convention, à y adhérer.

288. Procédure d'adhésion à la Convention de Budapest. Mais la procédure d'adhésion prévue par la convention ne se résume pas à une manifestation unilatérale de volonté de l'État qui y adhére. Elle est subordonnée à « l'assentiment unanime » des États contractants à la convention que le Comité des Ministres du Conseil de l'Europe a, à cet effet, l'obligation de consulter. D'après le rapport explicatif de la Convention, « si un État contractant élève une objection à l'adhésion de l'État non membre, le Comité des Ministres ne l'inviterait pas, en règle générale, à adhérer à la Convention » (*Rapport explicatif de la Convention de Budapest, n° 306*). .Ce droit de veto des États contractants tient au fait que ces derniers doivent pouvoir décider avec quels États non membres ils vont établir des relations conventionnelles.

Toutefois, en vertu des pratiques coutumières, aucun droit de veto n'est habituellement accordé aux États parties non membres du Conseil de l'Europe au cours du processus d'adhésion, le Comité des Ministres pouvant même passer outre le refus opposé par un État partie non membre (*Rapport explicatif de la Convention de Budapest, ibid*). Selon l'article 37 de la Convention, la décision officielle d'inviter un État non membre à adhérer à la Convention est prise par les représentants des parties contractantes ayant le droit de siéger au Comité des Ministres à la majorité des deux tiers et par une décision unanime des représentants des parties contractantes ayant le droit de siéger au Comité.

L'article 37.2 de la Convention précise que pour l'État adhérent, la Convention n'entrera en vigueur que « *le premier jour du mois qui suit l'expiration d'une période de trois mois après la date de dépôt de l'instrument d'adhésion près le secrétaire général du Conseil de l'Europe* ».

Par une loi n° 2016-16 du 06 juillet 2016 (*JORS n° 6960 du 03 septembre 2016, p. 1193*), l'Assemblée nationale du Sénégal a autorisé le Président de la République à adhérer à la convention de Budapest. Notre pays a effectivement adhéré à la convention de Budapest le 16 décembre 2016 et cette convention est entrée en vigueur au Sénégal, à la suite du dépôt de l'instrument d'adhésion au Secrétariat général du Conseil de l'Europe, le 1er avril 2017 (*P. A. TOURE, « Adoption des conventions de Budapest et de Malabo : Un pas important de la cybersécurité et de la cybercriminalité»:www.osiris.sn/Adoption-des-Conventions-de.html*).

En Afrique, à la suite du Sénégal, l'Ile Maurice, le Maroc, le Ghana et le Cap-vert ont effectivement adhéré à la convention de Budapest.

Récemment, le Burkina Faso, le Bénin, le Niger et la République du Congo et ont exprimé leur volonté d'adhérer à la convention de Budapest.

289. Notes d'orientation. La convention européenne est accompagnée de notes d'orientation visant à faciliter son interprétation et sa mise en œuvre à la lumière des évolutions du droit, des politiques et des technologies. Ont peut citer notamment :

- la note d'orientation sur les *spams* ;
- la note d'orientation sur les dispositions de la convention de Budapest visant les *botnets;*
- la note d'orientation sur les attaques visant les infrastructures d'information critiques;

- la note d'orientation sur la notion de « système informatique » ;
- la note d'orientation sur les nouvelles formes de logiciels malveillants;
- la note d'orientation sur les attaques DDOS ;
- la note d'orientation sur la fraude par usurpation d'identité et hameconnage, etc.

PROTOCOLE ADDITIONNEL A LA CONVENTION SUR LA CYBERCRIMINALITE, RELATIF A L'INCRIMINATION D'ACTES DE NATURE RACISTE ET XENOPHOBE COMMIS PAR LE BIAIS DE SYSTEMES INFORMATIQUES, STRASBOURG, 28.I.2003

Préambule

Les Etats membres du Conseil de l'Europe et les autres Etats parties à la Convention sur la cybercriminalité, ouverte à la signature à Budapest le 23 novembre 2001, signataires du présent Protocole;

Considérant que le but du Conseil de l'Europe est de réaliser une union plus étroite entre ses membres;

Rappelant que tous les êtres humains sont nés libres et égaux en dignité et en droits;

Soulignant la nécessité de garantir une mise en œuvre exhaustive et efficace de tous les droits de l'homme sans distinction ni discrimination, tels qu'énoncés dans les instruments européens et autres instruments internationaux;

Convaincus que des actes de nature raciste et xénophobe constituent une violation des droits de l'homme, ainsi qu'une menace pour l'Etat de droit et la stabilité démocratique;

Considérant que le droit national et le droit international nécessitent de prévoir une réponse juridique adéquate à la propagande de nature raciste et xénophobe diffusée par le biais des systèmes informatiques;

Conscients que la propagande de tels actes est souvent criminalisée par les législations nationales;

Ayant égard à la Convention sur la cybercriminalité qui prévoit des moyens flexibles et modernes de coopération internationale, et convaincus de la nécessité d'harmoniser la lutte contre la propagande raciste et xénophobe;

Conscients de ce que les systèmes informatiques offrent un moyen sans précédent de faciliter la liberté d'expression et de communication dans le monde entier;

Reconnaissant que la liberté d'expression constitue l'un des principaux fondements d'une société démocratique, et qu'elle est l'une des conditions essentielles de son progrès et de l'épanouissement de chaque être humain;

Préoccupés toutefois par le risque que ces systèmes informatiques soient utilisés à mauvais escient ou de manière abusive pour diffuser une propagande raciste et xénophobe;

Convaincus de la nécessité d'assurer un bon équilibre entre la liberté d'expression et une lutte efficace contre les actes de nature raciste et xénophobe;

Reconnaissant que ce Protocole ne porte pas atteinte aux principes établis dans le droit interne concernant la liberté d'expression;

Tenant compte des instruments juridiques internationaux pertinents dans ce domaine, et en particulier de la Convention de sauvegarde des Droits de l'Homme et des Libertés fondamentales et de son Protocole n° 12 relatif à l'interdiction générale de la discrimination, des conventions existantes du Conseil de l'Europe sur la coopération en matière pénale, en particulier de la Convention sur la cybercriminalité et de la Convention internationale des Nations Unies du 21 décembre 1965 sur l'élimination de toutes les formes de discrimination raciale, l'Action commune du 15 juillet 1996 de l'Union européenne adoptée par le Conseil sur la base de l'article K.3 du traité sur l'Union européenne concernant l'action contre le racisme et la xénophobie;

Se félicitant des récentes initiatives destinées à améliorer la compréhension et la coopération internationales aux fins de la lutte contre la cybercriminalité, ainsi que celle contre le racisme et la xénophobie;

Prenant également en compte le Plan d'action adopté par les chefs d'Etat et de gouvernement du Conseil de l'Europe à l'occasion de leur 2e Sommet, tenu à Strasbourg les 10 et 11 octobre 1997, afin de chercher des réponses communes au développement des nouvelles technologies de l'information, fondées sur les normes et les valeurs du Conseil de l'Europe,

Sont convenus de ce qui suit:

Chapitre I – Dispositions communes

Article 1 – But

Le but du présent Protocole est de compléter, pour les Parties au Protocole, les dispositions de la Convention sur la cybercriminalité, ouverte à la signature à Budapest le 23 novembre 2001 (appelé ci-après « la Convention ») eu égard à l'incrimination des actes de nature raciste et xénophobe diffusés par le biais de systèmes informatiques.

Article 2 – Définition

1 Aux fins du présent Protocole, l'expression:

«matériel raciste et xénophobe» désigne tout matériel écrit, toute image ou toute autre représentation d'idées ou de théories qui préconise ou encourage la haine, la discrimination ou la violence, contre une personne ou un groupe de personnes, en raison de la race, de la couleur, de l'ascendance ou de l'origine nationale ou ethnique, ou de la religion, dans la mesure où cette dernière sert de prétexte à l'un ou l'autre de ces éléments, ou qui incite à de tels actes.

2 Les expressions et termes employés dans ce Protocole sont interprétés de la même manière qu'ils le sont dans la Convention.

Chapitre II – Mesures à prendre au niveau national

Article 3 –Diffusion de matériel raciste et xénophobe par le biais de systèmes informatiques

1 Chaque Partie adopte les mesures législatives et autres qui se révèlent nécessaires pour ériger en infractions pénales, dans son droit interne, lorsqu'ils sont commis intentionnellement et sans droit, les comportements suivants:

la diffusion ou les autres formes de mise à disposition du public, par le biais d'un système informatique, de matériel raciste et xénophobe.

2 Une Partie peut se réserver le droit de ne pas imposer de responsabilité pénale aux conduites prévues au paragraphe 1 du présent article lorsque le matériel, tel que défini à l'article 2, paragraphe 1, préconise, encourage ou incite à une discrimination qui n'est pas associée à la haine ou à la violence, à condition que d'autres recours efficaces soient disponibles.

3 Sans préjudice du paragraphe 2 du présent article, une Partie peut se réserver le droit de ne pas appliquer le paragraphe 1 aux cas de discrimination pour lesquels elle ne peut pas prévoir, à la lumière des principes établis dans son ordre juridique interne concernant la liberté d'expression, les recours efficaces prévus au paragraphe 2.

Article 4 – Menace avec une motivation raciste et xénophobe

Chaque Partie adopte les mesures législatives et autres qui se révèlent nécessaires pour ériger en infraction pénale, dans son droit interne, lorsqu'il est commis intentionnellement et sans droit, le comportement suivant:

la menace, par le biais d'un système informatique, de commettre une infraction pénale grave, telle que définie par le droit national, envers (i) une personne en raison de son appartenance à un groupe qui se caractérise par la race, la couleur, l'ascendance ou l'origine nationale ou ethnique, ou la religion dans la mesure où cette dernière sert de prétexte à l'un ou l'autre de ces éléments, ou (ii) un groupe de personnes qui se distingue par une de ces caractéristiques.

Article 5 – Insulte avec une motivation raciste et xénophobe

1 Chaque Partie adopte les mesures législatives et autres qui se révèlent nécessaires pour ériger en infraction pénale, dans son droit interne, lorsqu'il est commis intentionnellement et sans droit, le comportement suivant:

l'insulte en public, par le biais d'un système informatique, (i) d'une personne en raison de son appartenance à un groupe qui se caractérise par la race, la couleur, l'ascendance ou l'origine nationale ou ethnique, ou la religion dans la mesure où cette dernière sert de prétexte à l'un ou l'autre de ces éléments, ou (ii) d'un groupe de personnes qui se distingue par une de ces caractéristiques.

2 Une Partie peut:

a soit exiger que l'infraction prévue au paragraphe 1 du présent article ait pour effet d'exposer la personne ou le groupe de personnes visées au paragraphe 1 à la haine, au mépris ou au ridicule;

b soit se réserver le droit de ne pas appliquer, en tout ou en partie, le paragraphe 1 du présent article.

Article 6 –Négation, minimisation grossière, approbation ou justification du génocide ou des crimes contre l'humanité

1 Chaque Partie adopte les mesures législatives qui se révèlent nécessaires pour ériger en infractions pénales, dans son droit interne, lorsqu'ils sont commis intentionnellement et sans droit, les comportements suivants:

la diffusion ou les autres formes de mise à disposition du public, par le biais d'un système informatique, de matériel qui nie, minimise de manière grossière, approuve ou justifie des actes constitutifs de génocide ou de crimes contre l'humanité, tels que définis par le droit international et reconnus comme tels par une décision finale et définitive du Tribunal militaire international, établi par l'accord de Londres du 8 août 1945, ou par tout autre tribunal international établi par des instruments internationaux pertinents et dont la juridiction a été reconnue par cette Partie.

2 Une Partie peut:

a soit prévoir que la négation ou la minimisation grossière, prévues au paragraphe 1 du présent article, soient commises avec l'intention d'inciter à la haine, à la discrimination ou à la violence contre une personne ou un groupe de personnes, en raison de la race, de la couleur, de l'ascendance ou de l'origine nationale ou ethnique, ou de la religion, dans la mesure où cette dernière sert de prétexte à l'un ou l'autre de ces éléments;

b soit se réserver le droit de ne pas appliquer, en tout ou en partie, le paragraphe 1 du présent article.

Article 7 – Aide et complicité

Chaque Partie adopte les mesures législatives et autres qui se révèlent nécessaires pour ériger en infraction pénale, en vertu de son droit interne, lorsqu'il est commis intentionnellement et sans droit, le fait d'aider à perpétrer une infraction telle que définie dans ce Protocole, ou d'en être complice, avec l'intention qu'une telle infraction soit commise.

Chapitre III – Relations entre la Convention et ce Protocole

Article 8 – Relations entre la Convention et ce Protocole

1 Les articles 1, 12, 13, 22, 41, 44, 45 et 46 de la Convention s'appliquent, mutatis mutandis, à ce Protocole.

2 Les Parties étendent le champ d'application des mesures définies aux articles 14 à 21 et 23 à 35 de la Convention, aux articles 2 à 7 de ce Protocole.

Chapitre IV – Dispositions finales

Article 9 – Expression du consentement à être lié

1 Le présent Protocole est ouvert à la signature des Etats signataires de la Convention, qui peuvent exprimer leur consentement à être liés par:

a la signature sans réserve de ratification, d'acceptation ou d'approbation; ou

b la signature sous réserve de ratification, d'acceptation ou d'approbation, suivie de ratification, d'acceptation ou d'approbation.

2 Un Etat ne peut signer le présent Protocole sans réserve de ratification, d'acceptation ou d'approbation ni déposer un instrument de ratification, d'acceptation ou d'approbation s'il n'a pas déjà déposé ou ne dépose pas simultanément un instrument de ratification, d'acceptation ou d'approbation de la Convention.

3 Les instruments de ratification, d'acceptation ou d'approbation sont déposés près le Secrétaire général du Conseil de l'Europe.

Article 10 – Entrée en vigueur

1 Le présent Protocole entrera en vigueur le premier jour du mois qui suit l'expiration d'une période de trois mois après la date à laquelle cinq Etats auront exprimé leur consentement à être liés par le Protocole conformément aux dispositions de l'article 9.

2 Pour tout Etat qui exprimera ultérieurement son consentement à être lié par le Protocole, celui-ci entrera en vigueur le premier jour du mois qui suit l'expiration d'une période de trois mois après la date de sa signature sans réserve de ratification, d'acceptation ou d'approbation ou du dépôt de son instrument de ratification, d'acceptation ou d'approbation.

Article 11 – Adhésion

1 Après l'entrée en vigueur du présent Protocole, tout Etat qui a adhéré à la Convention pourra adhérer également au Protocole.

2 L'adhésion s'effectuera par le dépôt, près le Secrétaire général du Conseil de l'Europe, d'un instrument d'adhésion qui prendra effet le premier jour du mois qui suit l'expiration d'une période de trois mois après la date de son dépôt.

Article 12 – Réserves et déclarations

1 Les réserves et les déclarations formulées par une Partie concernant une disposition de la Convention s'appliqueront également à ce Protocole, à moins que cette Partie n'exprime l'intention contraire au moment de la signature ou au moment du dépôt de son instrument de ratification, d'acceptation, d'approbation ou d'adhésion.

2 Par notification écrite adressée au Secrétaire général du Conseil de l'Europe, toute Partie peut, au moment de la signature ou du dépôt de son instrument de ratification, d'acceptation, d'approbation ou d'adhésion, déclarer qu'il se prévaut de la ou des réserves prévues aux articles 3, 5 et 6 du présent Protocole. Une Partie peut aussi formuler, par rapport aux dispositions de ce Protocole, les réserves prévues à l'article 22, paragraphe 2, et à l'article 41, paragraphe 1, de la Convention, sans préjudice de la mise en œuvre faite par cette Partie par rapport à la Convention. Aucune autre réserve ne peut être formulée.

3 Par notification écrite adressée au Secrétaire général du Conseil de l'Europe, toute Partie peut, au moment de la signature ou du dépôt de son instrument de ratification, d'acceptation, d'approbation ou d'adhésion, déclarer qu'il se prévaut de la possibilité de prévoir des éléments additionnels, tels que **prévus à l'article 5, paragraphe 2.a, et à l'article 6, paragraphe 2.a, de ce Protocole.**

Article 13 – Statut et retrait des réserves

1 Une Partie qui a fait une réserve conformément à l'article 12 ci-dessus retire cette réserve, en totalité ou en partie, dès que les circonstances le permettent. Ce retrait prend effet à la date de réception d'une notification de retrait par le Secrétaire général du Conseil de l'Europe. Si la notification indique que le retrait d'une réserve doit prendre effet à une date précise, et si cette date est postérieure à celle à laquelle le Secrétaire général reçoit la notification, le retrait prend effet à cette date ultérieure.

2 Le Secrétaire général du Conseil de l'Europe peut périodiquement demander aux Parties ayant fait une ou plusieurs réserves en application de l'article 12 des informations sur les perspectives de leur retrait.

Article 14 – Application territoriale

1 Toute Partie peut, au moment de la signature ou au moment du dépôt de son instrument de ratification, d'acceptation, d'approbation ou d'adhésion, désigner le ou les territoires auxquels s'appliquera le présent Protocole.

2 Toute Partie peut, à tout autre moment par la suite, par déclaration adressée au Secrétaire général du Conseil de l'Europe, étendre l'application de ce Protocole à tout autre territoire désigné dans la déclaration. Le Protocole entrera en vigueur à l'égard de ce territoire le premier jour du mois qui suit l'expiration d'une

période de trois mois après la date de réception de la déclaration par le Secrétaire Général.

3 Toute déclaration faite en application des deux paragraphes précédents peut être retirée, en ce qui concerne tout territoire désigné dans cette déclaration, par notification adressée au Secrétaire général du Conseil de l'Europe. Le retrait prendra effet le premier jour du mois qui suit l'expiration d'une période de trois mois après la date de réception de ladite notification par le Secrétaire général.

Article 15 – Dénonciation

1 Toute Partie peut, à tout moment, dénoncer le présent Protocole par notification au Secrétaire général du Conseil de l'Europe.

2 La dénonciation prendra effet le premier jour du mois qui suit l'expiration d'une période de trois mois après la date de réception de la notification par le Secrétaire général.

Article 16 – Notification

Le Secrétaire général du Conseil de l'Europe notifiera aux Etats membres du Conseil de l'Europe, aux Etats non-membres ayant participé à l'élaboration du présent Protocole, ainsi qu'à tout Etat y ayant adhéré ou ayant été invité à y adhérer:

a toute signature; b le dépôt de tout instrument de ratification, d'acceptation, d'approbation ou d'adhésion;

c toute date d'entrée en vigueur du présent Protocole conformément à ses articles 9, 10 et 11; d tout autre acte, notification ou communication ayant trait au présent Protocole.

En foi de quoi, les soussignés, dûment autorisés à cet effet, ont signé le présent Protocole.

Fait à Strasbourg, le 28 janvier 2003, en français et en anglais, les deux textes faisant également foi, en un seul exemplaire qui sera déposé dans les archives du Conseil de l'Europe. Le Secrétaire général du Conseil de l'Europe en communiquera copie certifiée conforme à chacun des Etats membres du Conseil de l'Europe, aux Etats non-membres ayant participé à l'élaboration du présent Protocole et à tout Etat invité à y adhérer.

- **Le premier protocole additionnel à la convention de Budapest**

  - **Commentaire**

290. Premier protocole additionnel à la convention. La négociation de la convention sur la cybercriminalité n'a pas été un « *long fleuve tranquille* » (*G. DE VEL, « La convention sur la cybercriminalité », in G.*

CHATILLON (dir), Le droit international de l'internet, Bruyant, Bruxelles, 2002, p. 238 ; G. DE VEL, « Un instrument juridique pionnier : la convention sur la cybercriminalité du Conseil de l'Europe », in La délinquance électronique, Problèmes politiques et sociaux, n° 953, octobre 2008, p. 707). Le comité de rédaction de la convention, appuyé par les délégations européennes, avait examiné la possibilité d'inclure dans la convention mère les infractions de contenu et la diffusion de propagande raciste par le biais des systèmes informatiques. Les âpres négociations n'ont pas pu aboutir à un consensus sur la criminalisation de tels comportements. Certaines délégations (États-Unis, Canada et Japon) avaient émis de sérieuses réserves, en invoquant le principe de la liberté d'expression (*V.-L. BENABOU, « Faut-il une harmonisation minimale du droit ? », in G. CHATILLON (dir), Le droit international de l'internet, Bruyant, Bruxelles 2002, p. 180*).

Compte tenu de la complexité de la question, il a été décidé que le comité soumettrait au Comité européen pour les problèmes criminels, la suggestion d'élaborer un protocole additionnel à la convention de Budapest. Cette option a conduit à l'adoption du protocole additionnel à la convention sur la cybercriminalité relatif à l'incrimination d'actes racistes et xénophobes commis par le biais de systémes informatiques du 28 janvier 2003.

Mais ce texte n'a jamais été signé par les États-Unis au nom du premier amendement de la Constitution américaine consacrant le principe de liberté.

291. Adhésion au premier protocole à la convention de Budapest. Par une loi n° 2016-16 du 06 juillet 2016 (*JORS n° 6960 du 03 septembre 2016, p. 1193*), l'Assemblée nationale du Sénégal a autorisé le Président de la République à adhérer au premier protocole additionnel relatif à l'incrimination d'actes racistes et xénophobes commis par le biais de systémes informatiques du 28 janvier 2003.

Notre pays a effectivement adhéré à ce protocole le 16 décembre 2016 et cet instrument international est entré en vigueur au Sénégal, à la suite du dépôt de l'instrument d'adhésion au Secrétariat général du Conseil de l'Europe, le 1er avril 2017

Le législateur a transposé en droit sénégalais les actes racistes et xénophobes en ligne en incorporant dans le Code pénal une section II intitulée « *Des autres atteintes se rapportant au contenu* », comportant les article 431-41 à 431-45.

DEUXIEME PROTOCOLE ADDITIONNEL A LA CONVENTION SUR LA CYBERCRIMINALITE RELATIF AU RENFORCEMENT DE LA COOPERATION ET DE LA DIVULGATION DE PREUVES ELECTRONIQUES

STRASBOURG, 12.V.2022

Préambule

Les États membres du Conseil de l'Europe et les autres États Parties à la Convention sur la cybercriminalité (STE n° 185; ci-après « la Convention »), ouverte à la signature à Budapest le 23 novembre 2001, signataires du présent Protocole,

Gardant à l'esprit la portée et l'impact de la Convention dans le monde entier;

Rappelant que la Convention est déjà complétée par le Protocole additionnel relatif à l'incrimination d'actes de nature raciste et xénophobe commis par le biais de systèmes informatiques (STE n° 189), ouvert à la signature à Strasbourg le 28 janvier 2003 (ci-après le « Premier Protocole »), pour ce qui est des Parties audit Protocole;

Prenant en compte les traités existants du Conseil de l'Europe relatifs à la coopération en matière pénale ainsi que d'autres accords et arrangements relatifs à la coopération en matière pénale conclus entre les Parties à la Convention;

Compte tenu également de la Convention pour la protection des personnes à l'égard du traitement automatisé des données à caractère personnel (STE n° 108) telle qu'amendée par son Protocole d'amendement (STCE n° 223), ouvert à la signature à Strasbourg le 10 octobre 2018, et auquel tout État peut être invité à adhérer;

Reconnaissant l'utilisation croissante des technologies de l'information et de la communication, y compris des services internet, et l'augmentation de la cybercriminalité, qui constitue une menace pour la démocratie et l'État de droit, et que de nombreux États considèrent également comme une menace pour les droits de l'homme;

Reconnaissant également le nombre croissant de victimes de la cybercriminalité et l'importance d'obtenir justice pour ces victimes;

Rappelant que les gouvernements ont le devoir de protéger la société et les personnes contre le crime commis non seulement dans le monde réel mais aussi dans le monde virtuel, notamment en diligentant des enquêtes et des poursuites criminelles effectives;

Conscients que les preuves recueillies sous forme électronique de toute infraction pénale sont de plus en plus stockées sur des systèmes informatiques situés dans des juridictions étrangères, multiples ou inconnues, et convaincus que des mesures supplémentaires sont nécessaires pour obtenir légalement ces preuves afin de permettre une réponse effective par la justice pénale et de défendre l'État de droit;

Reconnaissant la nécessité d'une coopération accrue et plus efficace entre les États et le secteur privé et que, dans ce contexte, une plus grande clarté ou sécurité juridique est nécessaire pour les fournisseurs de services et autres entités concernant les circonstances dans lesquelles ils peuvent répondre à des demandes directes de divulgation de données électroniques émanant des autorités de justice pénale d'autres Parties;

Entendant donc renforcer encore la coopération concernant la cybercriminalité et le recueil de preuves sous forme électronique d'une infraction pénale aux fins d'enquêtes ou de procédures pénales spécifiques grâce à des outils supplémentaires relevant d'une entraide plus efficiente et d'autres formes de coopération entre autorités compétentes; de la coopération en situation urgente; et de la coopération directe entre autorités compétentes et fournisseurs de services et autres entités qui possèdent ou contrôlent les informations pertinentes;

Convaincus que des conditions et garanties effectives en matière de protection des droits de l'homme et des libertés fondamentales sont bénéfiques pour une coopération transfrontalière efficace aux fins de la justice pénale, y compris entre les secteurs public et privé;

Reconnaissant que la collecte de preuves électroniques pour les enquêtes pénales concerne souvent des données à caractère personnel, et reconnaissant l'exigence, dans de nombreuses Parties, de protéger la vie privée et les données à caractère personnel afin de satisfaire à leurs obligations constitutionnelles et internationales; et

Conscients de la nécessité de garantir que les mesures de justice pénale effective concernant la cybercriminalité et le recueil de preuves sous forme électronique sont soumises à des conditions et des garanties pour la protection appropriée des droits de l'homme et des libertés fondamentales, y compris des droits découlant d'obligations que les États ont contractées conformément à des instruments internationaux applicables en matière de droits de l'homme consacrés dans la Convention de sauvegarde des Droits de l'Homme et des Libertés fondamentales de 1950 du Conseil de l'Europe (STE n° 5), dans le Pacte international relatif aux droits civils et politiques des Nations Unies de 1966, dans la Charte africaine des droits de l'homme et des peuples de 1981, dans la Convention américaine relative aux droits de l'homme de 1969 et dans d'autres traités internationaux relatifs aux droits de l'homme;

Sont convenus de ce qui suit:

Chapitre I - Dispositions communes

Article 1 – But

Le présent Protocole a pour but de compléter:

a la Convention entre les Parties au présent Protocole; et

b le Premier Protocole entre les Parties au présent Protocole qui sont aussi Parties au Premier Protocole.

Article 2 – Champ d'application

1 Sauf dispositions contraires prévues au présent Protocole, les mesures qu'il énonce s'appliquent:

a pour ce qui concerne les Parties à la Convention qui sont Parties au présent Protocole, à des enquêtes ou procédures pénales spécifiques concernant des infractions pénales liées à des données et systèmes informatiques, ainsi qu'au recueil de preuves d'une infraction pénale sous forme électronique; et

b pour ce qui concerne les Parties au Premier Protocole qui sont Parties au présent Protocole, à des enquêtes ou procédures pénales spécifiques concernant les infractions pénales établies dans le Premier Protocole.

2 Chaque Partie adopte les mesures législatives ou autres pouvant se révéler nécessaires pour s'acquitter des obligations entérinées dans le présent Protocole.

Article 3 – Définitions

1 Les définitions indiquées aux articles 1 et 18, paragraphe 3, de la Convention s'appliquent au présent Protocole.

2 Aux fins du présent Protocole, les définitions supplémentaires ci-dessous s'appliquent:

a l'expression « autorité centrale » s'entend de l'autorité ou des autorités désignées en vertu d'un traité ou d'un arrangement d'entraide reposant sur des législations uniformes ou réciproques en vigueur entre les Parties concernées, ou, à défaut, de l'autorité ou des autorités désignées par une Partie aux termes de l'article 27, paragraphe 2. a., de la Convention;

b l'expression « autorité compétente » signifie une autorité judiciaire, administrative ou autre autorité chargée de l'application de la loi habilitée par le droit interne à ordonner, autoriser ou entreprendre l'exécution de mesures visées par le présent Protocole aux fins du recueil ou de la production de preuves concernant des enquêtes ou procédures pénales spécifiques;

c le terme « urgence » signifie une situation présentant un risque grave et imminent pour la vie ou la sécurité d'une personne physique;

d par « données à caractère personnel » on entend les informations relatives à une personne physique identifiée ou identifiable;

e l'expression « Partie transférante » désigne la Partie qui transmet les données en réponse à une demande ou dans le cadre d'une équipe d'enquête commune, ou, aux fins de la section 2 du chapitre II, une Partie sur le territoire de laquelle se trouve un prestataire de services en mesure de transmettre ou une entité fournissant des services d'enregistrement de noms de domaine.

Article 4 – Langue

1 Les demandes, les injonctions et les renseignements qui les accompagnent présentés à une Partie doivent être rédigés dans une langue acceptable pour la Partie requise ou la Partie à laquelle ils sont notifiés en vertu de l'article 7, paragraphe 5, ou être accompagnés d'une traduction dans cette langue.

2 Les injonctions visées à l'article 7 et les demandes visées à l'article 6 et toute information qui les accompagne seront:

a rédigées dans une langue de l'autre Partie dans laquelle le fournisseur de services ou l'entité les accepte en vertu d'une procédure nationale comparable;

b rédigées dans une autre langue acceptable pour le fournisseur de services ou l'entité; ou

c accompagnées d'une traduction dans l'une des langues visées aux paragraphes 2.a ou 2.b.

Chapitre II - Mesures de coopération renforcée

Section 1 – Principes généraux applicables au chapitre II

Article 5 – Principes généraux applicables au chapitre II

1 Conformément aux dispositions du présent chapitre, les Parties s'assurent la coopération mutuelle la plus large possible.

2 La section 2 de ce chapitre se compose des articles 6 et 7. Elle prévoit des procédures renforçant la coopération directe avec les fournisseurs et les entités sur le territoire d'une autre Partie. La section 2 s'applique, qu'il existe ou non un traité ou un arrangement d'entraide reposant sur des législations uniformes ou réciproques en vigueur entre les Parties concernées.

3 La section 3 du présent chapitre est constituée des articles 8 et 9. Elle prévoit des procéduresvisant à renforcer la coopération internationale entre les autorités pour la divulgation de données informatiques stockées. La section 3 s'applique, qu'il existe ou non un traité ou un arrangement d'entraide reposant sur des législations uniformes ou réciproques en vigueur entre la Partie requérante et la Partie requise.

4 La section 4 du présent chapitre est constituée de l'article 10. Elle prévoit des procédures relatives à l'entraide d'urgence. La section 4 s'applique qu'il existe ou non un traité ou un arrangement d'entraide reposant sur des législations uniformes ou réciproques en vigueur entre la Partie requérante et la Partie requise.

5 La section 5 du présent chapitre est constituée des articles 11 et 12. La section 5 s'applique en l'absence de traité ou d'arrangement d'entraide reposant sur des législations uniformes ou réciproques en vigueur entre la Partie requérante et la Partie requise. Les dispositions de la section 5 ne s'appliquent pas lorsqu'un traité ou un arrangement de ce type existe, sauf dans les cas prévus à l'article 12, paragraphe 7. Toutefois, les Parties concernées peuvent convenir d'appliquer à la place les dispositions de la section 5 si le traité ou arrangement ne l'interdit pas.

6 Lorsque, conformément aux dispositions du présent Protocole, la Partie requise est autorisée à subordonner la coopération à l'existence d'une double incrimination, cette condition est considérée comme satisfaite si le comportement constituant l'infraction pour laquelle l'entraide est requise est qualifié d'infraction pénale par son droit interne, que le droit interne classe ou non l'infraction dans la même catégorie d'infractions ou qu'il la désigne ou non par la même terminologie que le droit de la Partie requérante.

7 Les dispositions du présent chapitre ne restreignent pas la coopération entre les Parties, ou entre les Parties et les fournisseurs de services ou d'autres entités, par le biais d'autres accords, arrangements, pratiques ou le droit interne applicables.

Section 2 – Procédures renforçant la coopération directe avec les fournisseurs et les entités dans les autres Parties

Article 6 – Demande d'informations concernant l'enregistrement d'un nom de domaine

1 Chaque Partie adopte les mesures législatives et autres nécessaires pour habiliter ses autorités compétentes aux fins d'enquêtes ou procédures pénales spécifiques, à émettre auprès d'une entité fournissant des services d'enregistrement de noms de domaine située sur le territoire d'une autre Partie une demande d'informations en la possession ou sous le contrôle de l'entité en vue d'identifier ou de contacter la personne ayant enregistré un nom de domaine.

2 Chaque Partie adopte les mesures législatives et autres qui se révèlent nécessaires pour permettre à une entité située sur son territoire de divulguer de telles informations en réponse à une demande introduite en vertu du paragraphe 1, sous réserve des conditions raisonnables prévues par le droit interne.

3 La demande visée au paragraphe 1 contient:

a. la date d'émission de la requête, l'identité et les coordonnées de l'autorité émettrice compétente;

b. le nom de domaine pour lequel les informations sont demandées et une liste détaillée des informations demandées, y compris les éléments de données particuliers;

c. une mention déclarant que la demande est émise en vertu du présent Protocole et que l'information est nécessaire du fait de la pertinence qu'elle revêt pour une enquête ou procédure pénale spécifique; et qu'elle ne sera utilisée que dans le cadre de cette enquête ou procédure pénale spécifique; et

d. le délai et le moyen de divulgation de ces informations et toutes autres instructions procédurales spéciales.

4 Si l'entité le juge acceptable, une Partie peut présenter une demande au titre du paragraphe 1 sous forme électronique. Des niveaux appropriés de sécurité et d'authentification peuvent être exigés.

5 Si une entité visée au paragraphe 1 ne coopère pas, la Partie requérante peut lui demander de motiver la non-divulgation des informations demandées. La Partie requérante peut envisager une consultation avec la Partie sur le territoire de laquelle l'entité est située en vue de déterminer les mesures disponibles pour obtenir les informations.

6 Chaque Partie, au moment de la signature de ce Protocole ou du dépôt de son instrument de ratification, d'acceptation ou d'approbation, ou à tout autre moment, communique au Secrétaire général du Conseil de l'Europe l'autorité désignée aux fins de consultation en vertu du paragraphe 5.

7 Le Secrétaire général du Conseil de l'Europe établit et tient à jour un registre des autorités désignées par les Parties en vertu du paragraphe 6. Chaque Partie veille à ce que les informations qu'elle a fournies pour le registre soient exactes à tout moment.

Article 7 – Divulgation de données relatives aux abonnés

1 Chaque Partie adopte les mesures législatives et autres qui se révèlent nécessaires pour habiliter ses autorités compétentes à adresser directement à un fournisseur de services sur le territoire d'une autre Partie une injonction de produire des données spécifiées et stockées relatives à des abonnés, en la possession ou sous le contrôle du fournisseur, lorsque ces informations sont nécessaires à des enquêtes ou des procédures pénales spécifiques menées par la Partie émettrice.

2 a Chaque Partie adopte les mesures législatives et autres qui se révèlent nécessaires pour qu'un fournisseur de services sur son territoire communique des données relatives aux abonnés en réponse à une injonction adressée en application du paragraphe 1.

b Au moment de la signature de ce Protocole ou du dépôt de son instrument de ratification, d'acceptation ou d'approbation, une Partie peut – en ce qui concerne les injonctions adressées aux fournisseurs de services sur son territoire – faire la déclaration suivante: « l'injonction adressée en application de l'article 7, paragraphe 1, doit être émise par un procureur ou une autre autorité judiciaire, sous la supervision de cette autorité ou sous une autre forme de supervision indépendante. »

3 L'injonction, adressée en application du paragraphe 1, doit comprendre:

a l'autorité émettrice et la date d'émission;

b une déclaration indiquant que l'injonction est émise en vertu du présent Protocole;

c le nom et l'adresse du ou des fournisseurs de services visés;

d la ou les infractions faisant l'objet de l'enquête ou de la procédure pénale;

e l'autorité qui sollicite les données spécifiques relatives aux abonnés, s'il ne s'agit pas de l'autorité émettrice; et

f les données spécifiques relatives aux abonnés qui sont demandées, au moyen d'une description détaillée.

4 L'injonction adressée en application du paragraphe 1 doit être accompagnée des informations complémentaires suivantes:

a le fondement juridique interne qui habilite l'autorité à adresser une injonction;

b la mention des dispositions juridiques et des sanctions applicables à l'infraction qui est à l'origine d'une enquête ou de poursuites;

c les coordonnées de l'autorité à laquelle le fournisseur de services doit communiquer les données relatives aux abonnés, à laquelle il peut demander de plus amples informations ou adresser toute autre réponse;

d le délai et le mode de communication des données relatives aux abonnés;

e l'indication d'une éventuelle demande de conservation des données précédemment formulée, en précisant la date de conservation et tout numéro de référence applicable;

f tout type d'instructions spéciales en matière de procédure; et

g le cas échéant, une déclaration selon laquelle la notification simultanée a été faite conformément au paragraphe 5; et

h toute autre information qui pourrait aider à obtenir la divulgation des données relatives aux abonnés.

5 a Une Partie peut, au moment de la signature de ce Protocole ou du dépôt de son instrument de ratification, d'acceptation ou d'approbation, ou à tout autre

moment, notifier au Secrétaire général du Conseil de l'Europe qu'elle exige, lorsqu'une injonction est adressée en application du paragraphe 1 à un fournisseur de services sur son territoire, dans chaque cas ou dans certaines circonstances déterminées, la communication simultanée de l'injonction, des informations complémentaires et d'un résumé des faits relatifs à l'enquête ou à la procédure.

b Qu'une Partie exige ou non la communication d'informations prévue au paragraphe 5.a, elle peut, dans certaines circonstances déterminées, demander au fournisseur de services de consulter les autorités de la Partie avant de divulguer les données demandées.

c Les autorités informées en application du paragraphe 5.a ou consultées en application du paragraphe 5.b peuvent, dans les plus brefs délais, enjoindre au fournisseur de services de ne pas divulguer les données demandées, si:

i cette divulgation risque de porter préjudice à des enquêtes ou procédures pénales menées sur le territoire de cette Partie; ou

ii les conditions ou les motifs de refus visés aux articles 25, paragraphe 4, et 27, paragraphe 4, de la Convention s'appliquent parce que les données relatives aux abonnés ont fait l'objet d'une demande d'entraide.

d Les autorités informées en application du paragraphe 5.a ou consultées en application du paragraphe 5.b:

i peuvent demander des informations complémentaires à l'autorité visée au paragraphe 4.c aux fins de l'application du paragraphe 5.c et ne les divulgueront pas au fournisseur de services sans le consentement de cette autorité; et

ii doivent informer rapidement l'autorité visée au paragraphe 4.c si le fournisseur de services a reçu pour instruction de ne pas divulguer les données demandées et doivent motiver cette décision.

e Une Partie doit désigner une autorité unique pour recevoir la communication prévue au paragraphe 5.a et exécuter les tâches décrites aux paragraphes 5.b, 5.c. et 5.d. La Partie communique au Secrétaire général du Conseil de l'Europe, au moment où la notification au Secrétaire général prévue au paragraphe 5.a est faite pour la première fois, les coordonnées de cette autorité.

f Le Secrétaire général du Conseil de l'Europe établit et tient à jour un registre des autorités désignées par les Parties conformément au paragraphe 5.e et note si elles exigent la communication d'informations prévue au paragraphe 5.a et dans quelles circonstances.

Chaque Partie veille en permanence à l'exactitude des données figurant dans le registre.

6 Si le fournisseur de services le juge acceptable, une Partie peut soumettre une injonction en vertu du paragraphe 1 et des informations supplémentaires en vertu du paragraphe 4 sous forme électronique. Une Partie peut fournir la notification et les informations supplémentaires en vertu du paragraphe 5 sous forme électronique. Des niveaux appropriés de sécurité et d'authentification peuvent être exigés.

7 Si un fournisseur de services informe l'autorité visée au paragraphe 4.c qu'il ne divulguera pas les données demandées relatives aux abonnés ou s'il ne divulgue pas les données relatives aux abonnés en réponse à une injonction adressée en application du paragraphe 1 dans les trente jours suivant sa réception ou dans le délai prévu au paragraphe 4.d, la plus longue période étant retenue, les autorités compétentes de la Partie émettrice peuvent ensuite demander l'exécution de leur injonction uniquement au moyen de l'article 8 ou d'autres formes d'entraide. Les Parties peuvent demander au fournisseur de services de motiver son refus de divulguer les données relatives aux abonnés qui font l'objet de l'injonction.

8 Une Partie peut, au moment de la signature de ce Protocole ou du dépôt de son instrument de ratification, d'acceptation ou d'approbation, déclarer qu'une Partie émettrice doit solliciter la divulgation de données relatives aux abonnés auprès du fournisseur de services avant de la demander en vertu de l'article 8, à moins que la Partie émettrice ne fournisse une explication raisonnable justifiant de ne pas l'avoir fait.

9 Au moment de la signature de ce Protocole ou du dépôt de son instrument de ratification, d'acceptation ou d'approbation, une Partie peut:

a se réserver le droit de ne pas appliquer cet article; ou

b si la divulgation de certains types de numéros d'accès en vertu de cet article était incompatible avec les principes fondamentaux de son ordre juridique interne, se réserver le droit de ne pas appliquer cet article à ces numéros.

Section 3 – Procédures renforçant la coopération internationale entre autorités pour la divulgation de données informatiques stockées

Article 8 – Donner effet aux injonctions d'une autre Partie ordonnant la production accélérée de données relatives aux informations sur les abonnés et au trafic

1 Chaque Partie adopte les mesures législatives et autres qui se révèlent nécessaires pour habiliter ses autorités compétentes à délivrer une injonction à présenter dans le cadre d'une demande à une autre Partie aux fins d'ordonner à un fournisseur de services sur le territoire de la Partie requise de communiquer

a des informations relatives à un abonné, et

b des données relatives au trafic spécifiées et stockées, en la possession ou sous le contrôle dudit fournisseur de services, lorsque ces informations et données sont nécessaires pour des enquêtes ou procédures pénales spécifiques menées par la Partie.

2 Chaque Partie adopte les mesures législatives et autres qui se révèlent nécessaires pour donner effet à une injonction visée au paragraphe 1 soumise par une Partie requérante.

3 Dans sa demande, la Partie requérante soumet l'injonction visée au paragraphe 1, les informations qui l'accompagnent et toute instruction procédurale spéciale à la Partie requise.

a L'injonction spécifie:

i l'autorité émettrice et la date d'émission de la requête;

ii une déclaration selon laquelle l'injonction est soumise en vertu du présent Protocole;

iii le nom et l'adresse du ou des fournisseurs de services à laquelle elle doit être notifiée;

iv la ou les infractions visées par l'enquête ou les poursuites pénales;

v l'autorité à l'origine de la demande d'informations ou de données, si elle est différente de l'autorité ayant délivré l'injonction; et

vi de manière détaillée les informations ou les données spécifiques demandées.

b Les informations fournies à l'appui de l'injonction pour aider la Partie requise à lui donner effet et qui ne doivent pas être divulguées au fournisseur de services sans le consentement de la Partie requérante incluent:

i les fondements juridiques en droit interne qui donnent à l'autorité le pouvoir d'émettre l'injonction;

ii les dispositions légales et les sanctions applicables pour la ou les infractions objet de l'enquête ou des poursuites;

iii la raison pour laquelle la Partie requérante pense que le fournisseur de services est en possession des données ou les contrôle;

iv une synthèse des faits liés à l'enquête ou aux poursuites;

v la pertinence des informations ou données pour l'enquête ou les poursuites;

vi les éléments permettant de contacter une ou des autorités pour de plus amples informations;

vii si la conservation des informations ou des données a déjà été demandée, auquel cas le document précisera la date de la demande et la cote de référence; et viii si les informations ou les données ont déjà été demandées par d'autres moyens et si oui, de quelle manière.

c La Partie requérante peut demander que la Partie requise suive des instructions procédurales spécifiques.

4 Une Partie peut déclarer au moment de la signature du Protocole ou lors du dépôt de son instrument de ratification, d'acceptation, ou d'approbation, et à tout autre moment, que des informations supplémentaires sont nécessaires pour donner effet à des injonctions soumises en vertu du paragraphe 1.

5 La Partie requise accepte les demandes sous forme électronique; toutefois, avant de les accepter, elle peut exiger des niveaux de sécurité et d'authentification appropriés.

6 a À compter de la date de réception de toutes les informations visées aux paragraphes 3 et 4, la Partie requise s'emploie raisonnablement à notifier l'injonction au fournisseur de servicesdans les quarante-cinq jours au plus en lui ordonnant de produire les informations en retour dans les:

i vingt jours pour des informations relatives à l'abonné; et

ii quarante-cinq jours pour les données relatives au trafic.

b La Partie requise procède sans tarder à la transmission à la Partie requérante des informations ou données produites.

7 Si la Partie requise n'est pas en mesure d'appliquer sous la forme requise les instructions visées au paragraphe 3.c, elle en informe sans délai la Partie requérante et, au besoin, spécifie les conditions qui lui permettraient d'appliquer les instructions, à la suite de quoi la Partie requérante détermine si la demande doit malgré tout être exécutée.

8 La Partie requise peut invoquer les motifs visés à l'article 25, paragraphe 4, ou à l'article 27, paragraphe 4, de la Convention pour refuser l'exécution d'une demande ou peut imposer les conditions qu'elle estime nécessaires pour permettre l'exécution de la demande. La Partie requise peut invoquer les raisons visées à l'article 27, paragraphe 5, de la Convention pour ajourner l'exécution d'une demande. La Partie requise notifie dès que possible le refus, les conditions ou l'ajournement à la Partie requérante. La Partie requise notifie également à la Partie requérante les autres circonstances pouvant retarder de manière significative l'exécution de la demande.

L'article 28, paragraphe 2.b de la Convention s'applique au présent article.

9 a Si la Partie requérante ne peut se conformer à une condition imposée par la Partie requise en vertu du paragraphe 8, elle en informe rapidement la Partie requise. La Partie requise détermine alors si les informations ou le matériel devraient néanmoins être fournis.

b Si la Partie requérante accepte la condition, elle est liée par celle-ci. La Partie requise qui fournit des informations ou du matériel soumis à une telle condition peut exiger de la Partie requérante qu'elle explique, en relation avec cette condition, l'utilisation qui a été faite de ces informations ou de ce matériel.

10 Au moment de la signature de ce Protocole ou lors du dépôt de son instrument de ratification, d'acceptation, ou d'approbation, chaque Partie communique au Secrétaire général du Conseil de l'Europe et tient à jour les coordonnées des autorités désignées:

a pour soumettre une injonction visée par le présent article; et

b pour recevoir une injonction visée par le présent article.

11 Une Partie peut, au moment de la signature de ce Protocole ou lors du dépôt de son instrument de ratification, d'acceptation ou d'approbation, déclarer qu'elle exige que les demandes des autres Parties visées par le présent article soient transmises par l'autorité ou les autorités centrales de la Partie requérante, ou par toute autre autorité désignée d'un commun accord entre les Parties concernées.

12 Le Secrétaire général du Conseil de l'Europe établit et tient à jour un registre des autorités désignées par les Parties en vertu du paragraphe 10. Chaque Partie veille à ce que les coordonnées portées au registre soient en permanence correctes.

13 Au moment de la signature de ce Protocole ou lors du dépôt de son instrument de ratification, d'acceptation ou d'approbation, une Partie peut se réserver le droit de ne pas appliquer le présent article aux données relatives au trafic.

Article 9 – Divulgation accélérée de données informatiques stockées en situation d'urgence

1 a Chaque Partie adopte les mesures législatives et autres pouvant se révéler nécessaires, en cas d'urgence, pour que son point de contact du Réseau 24/7 visé à l'article 35 de la Convention (« point de contact ») puisse transmettre une demande à un Point de contact dans une autre Partie et recevoir une demande de ce dernier pour une assistance immédiate en vue de l'obtention par un fournisseur de services situé sur le territoire de la Partie concernée de la divulgation accélérée de données informatiques stockées spécifiées qui sont en la possession ou sous le contrôle dudit fournisseur de services, sans requête d'entraide judiciaire.

b Une Partie peut, au moment de la signature de ce Protocole ou au moment du dépôt de son instrument de ratification, d'acceptation ou d'approbation, déclarer qu'elle n'exécutera pas de demandes introduites en vertu du paragraphe 1.a pour la divulgation d'informations relatives à l'abonné seulement.

2 Chaque Partie adopte les mesures législatives et autres pouvant se révéler nécessaires pour habiliter, conformément au paragraphe 1:

a ses autorités à demander des données à un fournisseur de services situé sur son territoire à la suite d'une demande émise en vertu du paragraphe 1;

b un fournisseur de services sur son territoire à divulguer les données demandées à ses autorités en réponse à une demande émise en vertu de l'alinéa 2.a; et

c ses autorités à fournir les données demandées à la Partie requérante.

3 La demande introduite en vertu du paragraphe 1:

a spécifie l'autorité compétente qui cherche des données et la date à laquelle la demande a été faite;

b contient une déclaration selon laquelle la demande est émise en vertu du présent Protocole;

c précise le nom et l'adresse du/des fournisseur(s) de services en possession des données recherchées ou qui en ont le contrôle;

d précise la ou les infractions faisant l'objet de l'enquête ou des procédures pénales et indique la référence à ses dispositions légales et les sanctions applicables;

e mentionne suffisamment de faits démontrant que la situation est urgente et comment les données demandées sont liées à la situation;

f s'accompagne d'une description détaillée des données demandées;

g précise les éventuelles instructions procédurales; et

h mentionne toute autre information pouvant aider à obtenir la divulgation des données demandées.

4 La Partie requise accepte des demandes sous forme électronique. Une Partie peut également accepter des demandes transmises oralement et peut exiger une confirmation sous forme électronique. Elle peut exiger des niveaux appropriés de sécurité et d'authentification avant d'accepter la demande.

5 Une Partie peut, au moment de la signature de ce Protocole ou du dépôt de son instrument de ratification, d'acceptation ou d'approbation, déclarer qu'elle exige des Parties requérantes que celles-ci, après l'exécution de la demande, lui soumettent la demande et toutes informations supplémentaires transmises à l'appui de cette dernière, selon le format et le canal, qui peut couvrir une demande d'entraide judiciaire, spécifiés par la Partie requise.

6 La Partie requise informe la Partie requérante selon une procédure accélérée de sa détermination concernant la demande visée au paragraphe 1 et, au besoin, spécifie les éventuelles conditions dans lesquelles elle fournirait les données et toutes autres formes de coopération qui peuvent être utilisées.

7 a Si une Partie requérante ne peut se conformer à une condition imposée par la Partie requise en vertu du paragraphe 6, elle en informe rapidement la Partie

requise. La Partie requise détermine alors si les informations ou les documents devraient néanmoins être fournis. Si la Partie requérante accepte la condition, elle est liée par celle-ci.

b La Partie requise qui fournit des renseignements ou du matériel soumis à une telle condition peut exiger de la Partie requérante qu'elle explique, en relation avec cette condition, l'utilisation qui a été faite de ces renseignements ou de ce matériel.

Section 4 – Procédures relatives à la demande d'entraide urgente

Article 10 – Demande d'entraide urgente

1 Chaque Partie peut demander une entraide judiciaire par les moyens les plus rapides lorsqu'elle estime qu'il y a urgence. Une demande d'entraide en vertu du présent article doit présenter, outre les autres contenus requis, une description des faits étayant l'existence d'une situation urgente et une explication de la manière dont l'entraide demandée est liée à cette situation.

2 La Partie requise accepte une telle demande d'entraide sous forme électronique. Elle peut exiger des niveaux de sécurité et d'authentification appropriés avant de l'accepter.

3 La Partie requise peut, par les moyens les plus rapides, demander un complément d'information afin d'évaluer la demande d'entraide. La Partie requérante fournit ce complément d'information par les moyens les plus rapides.

4 Après avoir conclu à l'existence d'une situation urgente et s'être assuré que les autres conditions de l'entraide sont satisfaites, la Partie requise répond à la demande d'entraide par les moyens les plus rapides.

5 Chaque Partie veille à ce qu'une personne de son autorité centrale ou d'autres autorités responsables des demandes d'entraide soit disponible vingt-quatre heures sur vingt-quatre, sept jours sur sept, pour répondre à une demande présentée en vertu du présent article.

6 L'autorité centrale ou les autres autorités responsables des demandes d'entraide des Parties requérante et requise peuvent décider de prévoir que les résultats de l'exécution d'une demande d'entraide effectuée en vertu du présent article, ou une copie préliminaire de ces résultats, peuvent être transmis à la Partie requérante par un canal autre que celui utilisé pour la transmission la demande.

7 Lorsqu'il n'existe pas de traité ou d'arrangement d'entraide sur la base des législations uniformes ou réciproques en vigueur entre la Partie requérante et la Partie requise, l'article 27, paragraphes 2.b et 3 à 8, et l'article 28, paragraphes 2 à 4, de la Convention s'appliquent au présent article.

8 Lorsqu'un tel traité ou arrangement existe, le présent article est complété par les dispositions de ce traité ou arrangement, à moins que les Parties concernées

ne décident d'un commun accord d'appliquer à la place l'une ou la totalité des dispositions de la Convention visées au paragraphe 7 du présent article.

9 Chaque Partie peut, au moment de la signature de ce Protocole ou lors du dépôt de son instrument de ratification, d'acceptation ou d'approbation, déclarer que des demandes d'entraide peuvent aussi être adressées directement par ses autorités judiciaires, ou par le biais de l'Organisation internationale de police criminelle (INTERPOL) ou du point de contact 24/7 établi au titre de l'article 35 de la Convention. Dans de tels cas, une copie est envoyée en même temps à l'autorité centrale de la Partie requise par le truchement de l'autorité centrale de la Partie requérante.

Lorsqu'une demande est adressée directement à une autorité judiciaire de la Partie requise et que celle-ci n'est pas compétente pour traiter la demande, elle transmet la demande à l'autorité nationale compétente et en informe directement la Partie requérante.

Section 5 – Procédures relatives à la coopération internationale en l'absence d'accords internationaux applicables

Article 11 – Vidéoconférence

1 Une Partie requérante peut demander, et la Partie requise peut autoriser, le recueil de la déposition d'un témoin ou d'un expert par vidéoconférence. La Partie requérante et la Partie requise se concertent pour faciliter la résolution de tous problèmes pouvant se poser concernant l'exécution de la demande, y compris le cas échéant le choix de la Partie qui dirige l'opération; les autorités et personnes qui seront présentes; si l'une des Parties ou les deux doivent demander au témoin ou à l'expert de prêter un serment particulier, lui dispenser des avertissements ou des instructions; la manière de questionner le témoin ou l'expert; la manière dont les droits du témoin ou de l'expert seront dûment garantis; le traitement des revendications de privilèges ou d'immunité; le traitement des objections aux questions ou réponses; et la question de savoir si l'une des Parties ou les deux assurent des services de traduction, d'interprétation et de transcription.

2 a Les autorités centrales de la Partie requise et de la Partie requérante communiquent directement entre elles aux fins du présent article. Une Partie requise peut accepter une demande sous forme électronique. Elle peut exiger des niveaux appropriés de sécurité et d'authentification avant d'accepter la demande.

b La Partie requise informe la Partie requérante des raisons pour lesquelles la demande n'a pas été exécutée ou a été retardée. L'article 27, paragraphe 8, de la Convention s'applique au présent article. Sans préjudice de toute autre condition qu'une Partie requise peut imposer conformément au présent article, les paragraphes 2 à 4 de l'article 28 de la Convention s'appliquent au présent article.

3 Une Partie requise fournissant son assistance au titre de cet article veille aux mesures nécessaires pour obtenir la présence de la personne dont le témoignage ou la déposition est requis. Le cas échéant, la Partie requise peut, dans la mesure où son droit le lui permet, prendre les mesures nécessaires pour obliger un témoin ou un expert à comparaître dans la Partie requise à l'endroit, à la date et à l'heure fixées.

4 Les procédures concernant la conduite de la vidéoconférence spécifiées par la Partie requérante sont appliquées, à moins qu'elles ne soient incompatibles avec le droit interne de la Partie requise.

En cas d'incompatibilité, ou si la procédure n'a pas été spécifiée par la Partie requérante, la Partie requise applique la procédure prévue dans son droit interne sauf s'il en a été convenu autrement par les Parties requérante et requise.

5 Sans préjudice d'une éventuelle compétence en vertu du droit interne de la Partie requérante, lorsque, durant la vidéoconférence, le témoin ou l'expert:

a fait intentionnellement une fausse déclaration alors que la Partie requise a, conformément à son droit interne, intimé à la personne auditionnée de dire la vérité dans sa déposition;

b refuse de témoigner alors que la Partie requise a, conformément à son droit interne, astreint une telle personne à le faire; ou

c commet tout autre acte interdit par le droit interne de la Partie requise au cours de l'audition; il encourt dans la Partie requise la même sanction que si l'acte avait été commis dans le cadre des procédures prévues par le droit interne de cette dernière.

6 a À moins que la Partie requérante et la Partie requise en aient décidé autrement, la Partie requise supporte tous les coûts liés à l'exécution d'une demande d'entraide en vertu de cet article, sauf:

i les honoraires d'un témoin expert;

ii les coûts de traduction, d'interprétation et de transcription; et

iii les dépenses exceptionnelles.

b Si l'exécution d'une demande est susceptible d'entraîner des dépenses de nature exceptionnelle, la Partie requérante et la Partie requise se concertent pour déterminer dans quelles conditions la demande sera exécutée.

7 Lorsque la Partie requérante et la Partie requise en conviennent:

a les dispositions du présent article peuvent être appliquées dans le but de réaliser des audioconférences;

b la technologie de la vidéoconférence peut être utilisée à des fins, ou pour des auditions, différentes de celles visées au paragraphe 1, y compris en vue de l'identification de personnes ou d'objets.

8 Lorsqu'une Partie requise choisit d'autoriser l'audition d'un suspect ou d'un inculpé, elle peut poser des conditions et garanties particulières pour ce qui est du recueil du témoignage ou de la déposition de la personne, ou prévoir des notifications ou applications de mesures procédurales concernant cette personne.

Article 12 – Équipes communes d'enquête et enquêtes communes

1 Lorsqu'une coordination renforcée est considérée comme particulièrement utile, d'un commun accord, les autorités compétentes de deux ou plusieurs Parties peuvent établir et faire fonctionner une équipe commune d'enquête sur leurs territoires pour faciliter les enquêtes ou les poursuites.

Les autorités compétentes sont déterminées par les Parties respectives concernées.

2 Les procédures et modalités régissant le fonctionnement d'équipes communes d'enquête, telles que leurs objectifs spécifiques; leur composition; leurs fonctions; leur durée et toute éventuelle prolongation; leur emplacement; leur organisation; le recueil, la transmission et l'utilisation des informations ou preuves; les conditions de confidentialité et les conditions de l'implication des autorités participantes d'une Partie dans des mesures d'enquête se déroulant sur le territoire d'une autre Partie, font l'objet d'un accord entre les autorités compétentes concernées.

3 Une Partie peut déclarer, au moment de la signature de ce Protocole ou du dépôt de son instrument de ratification, d'acceptation ou d'approbation, que son autorité centrale doit être signataire de l'accord portant création de l'équipe ou y souscrire d'une autre manière.

4 Ces autorités compétentes et participantes communiquent directement entre elles, mais les Parties peuvent convenir d'un commun accord d'autres canaux de communication appropriés lorsque des circonstances exceptionnelles requièrent une coordination plus centrale.

5 Lorsque des mesures d'enquête doivent être prises sur le territoire de l'une des Parties concernées, les autorités participantes de cette Partie peuvent demander à leurs propres autorités de prendre ces mesures sans que les autres Parties aient à soumettre une demande d'entraide.

Ces mesures doivent être mises en œuvre par les autorités de cette Partie sur son territoire aux mêmes conditions que celles s'appliquant en droit interne à une enquête nationale.

6 L'utilisation d'informations ou de preuves fournies par les autorités participantes d'une Partie aux autorités participantes d'autres Parties concernées

peut être refusée ou limitée dans les conditions prévues à l'accord décrit aux paragraphes 1 et 2. Si un tel accord ne prévoit pas de conditions pour le refus ou la limitation de cette utilisation, les Parties peuvent utiliser les informations ou preuves fournies:

a aux fins pour lesquelles l'accord a été conclu;

b pour détecter, enquêter et poursuivre des infractions pénales autres que celles pour lesquelles l'accord a été conclu, sous réserve du consentement préalable des autorités qui ont fourni ces informations ou preuves. Le consentement ne sera toutefois pas requis lorsque les principes juridiques fondamentaux de la Partie utilisant les informations ou preuves exigent qu'elle divulgue ces dernières pour protéger les droits d'une personne poursuivie dans le cadre d'une procédure pénale. Dans ce cas, les autorités concernées doivent le notifier sans retard indu aux autorités qui ont fourni les informations ou preuves; ou

c pour leur permettre de prévenir une urgence. Dans ce cas, les autorités participantes qui ont reçu les informations ou preuves doivent le notifier dans les plus brefs délais aux autorités participantes qui les ont fournies, sauf autre accord.

7 En l'absence d'accord tel que visé aux paragraphes 1 et 2, des enquêtes conjointes peuvent être mises en œuvre selon des modalités convenues au cas par cas. Ce paragraphe s'applique qu'il existe ou non un traité ou un arrangement d'entraide sur la base des législations uniformes ou réciproques en vigueur entre les Parties concernées.

Chapitre III – Conditions et garanties

Article 13 – Conditions et garanties

Conformément à l'article 15 de la Convention, chaque Partie veille à ce que l'établissement, la mise en œuvre et l'application des pouvoirs et procédures prévus dans le présent Protocole soient soumis aux conditions et garanties prévues par son droit interne, qui doit assurer la protection adéquate des droits de l'homme et des libertés.

Article 14 – Protection des données à caractère personnel

1 Champ d'application

a Sauf disposition contraire des paragraphes 1.b et c, chaque Partie traite les données à caractère personnel qu'elle reçoit au titre du présent Protocole conformément aux paragraphes 2 à 15 du présent article.

b Si, au moment de la réception de données à caractère personnel en vertu du présent Protocole, la Partie transférante et la Partie destinataire sont toutes deux liées par un accord international établissant un cadre global entre ces Parties pour la protection des données à caractère personnel, applicable au transfert de données à caractère personnel aux fins de la prévention, de la détection, de l'investigation et de la poursuite d'infractions pénales, et qui prévoit que le traitement des données à caractère personnel en vertu de cet accord est conforme aux exigences de la législation sur la protection des données des Parties concernées, les termes de cet accord s'appliquent, pour les mesures relevant du champ d'application de cet accord, aux données à caractère personnel reçues en vertu de ce Protocole en lieu et place des paragraphes 2 à 15, sauf accord contraire entre les Parties concernées.

c Si la Partie transférante et la Partie destinataire ne sont pas mutuellement liées par un accord décrit au paragraphe 1.b, elles peuvent déterminer d'un commun accord que le transfert de données à caractère personnel en vertu du présent Protocole peut avoir lieu sur la base d'autres accords ou arrangements entre les Parties concernées en lieu et place des paragraphes 2 à 15.

d Chaque Partie considère que le traitement des données à caractère personnel conformément aux paragraphes 1.a et 1.b répond aux exigences de son cadre juridique de protection des données à caractère personnel pour les transferts internationaux de données à caractère personnel, et aucune autre autorisation de transfert n'est requise en vertu de ce cadre juridique. Une Partie ne peut refuser ou empêcher les transferts de données vers une autre Partie en vertu du présent Protocole que pour des raisons de protection des données: dans les conditions énoncées au paragraphe 15, lorsque le paragraphe 1.a s'applique; ou aux termes d'un accord ou d'un arrangement visé aux paragraphes 1.b ou c, lorsque l'un de ces paragraphes s'applique.

e Aucune disposition du présent article n'empêche une Partie d'appliquer des garanties plus strictes au traitement par ses propres autorités des données à caractère personnel reçues en vertu du présent Protocole.

2 But et utilisation

a La Partie destinataire de données à caractère personnel traite lesdites données aux fins prévues à l'article 2. Elle ne procède pas à d'autres traitements des données à caractère personnel dans un but incompatible avec cet article, et elle ne traite pas non plus les données lorsque son cadre juridique ne l'autorise pas. Le présent article ne porte pas atteinte à la capacité de la Partie opérant le transfert d'imposer des conditions supplémentaires en vertu du présent Protocole dans une situation spécifique; toutefois, ces conditions n'incluent pas des conditions génériques de protection des données.

b La Partie destinataire veille, dans le cadre de son droit interne, à ce que les données à caractère personnel demandées et traitées soient pertinentes et qu'elles ne soient pas excessives au regard de la finalité de ce traitement.

3 Qualité et intégrité

Chaque Partie prend des mesures raisonnables pour veiller à ce que les données à caractère personnel soient conservées de manière aussi exacte et complète et soient aussi actuelles qu'il est nécessaire et approprié pour qu'elles puissent être traitées conformément à la loi, compte tenu des buts dans lesquels elles sont traitées.

4 Données sensibles

Le traitement par une Partie de données à caractère personnel révélant l'origine ethnique ou raciale, les opinions politiques, les croyances religieuses ou autres, ou l'affiliation syndicale, ainsi que le traitement de données génétiques, de données biométriques considérées comme sensibles compte tenu des risques qu'elles comportent; ou de données à caractère personnel concernant la santé ou la sexualité; ne peut avoir lieu que moyennant des garanties appropriées pour se prémunir contre le risque d'effets préjudiciables injustifiés résultant de l'utilisation de ces données, en particulier contre la discrimination illicite.

5 Durées de conservation

Chaque Partie conserve les données à caractère personnel uniquement pour la durée nécessaire et appropriée, aux fins du traitement des données prévu au paragraphe 2. Pour s'acquitter de cette obligation, la Partie prévoit dans le cadre de son droit interne des durées de conservation spécifiques ou une révision périodique de l'opportunité de continuer à conserver les données.

6 Décisions automatisées

Les décisions ayant un effet défavorable significatif sur les intérêts pertinents de l'individu concerné par les données à caractère personnel ne peuvent pas être fondées uniquement sur un traitement automatisé des données à caractère personnel, sauf autorisation dans le droit interne et avec des garanties appropriées qui prévoient la possibilité d'obtenir une intervention humaine.

7 Sécurité des données et incidents de sécurité

a Chaque Partie s'assure de disposer de mesures technologiques, physiques et organisationnelles appropriées pour la protection des données à caractère personnel, en particulier contre la perte ou l'accès, la divulgation, l'altération ou la destruction accidentels ou non autorisés (« incident lié à la sécurité »).

b Dès qu'il est pris connaissance d'un incident de sécurité entraînant un risque significatif de préjudice matériel ou non matériel à des personnes ou à l'autre Partie, la Partie qui a reçu les données en évalue sans tarder la probabilité de survenance et l'importance, et prend rapidement les mesures appropriées pour atténuer ce préjudice. Ces mesures prennent la forme d'une notification à l'autorité transférante ou, aux fins du chapitre II, section 2, à l'autorité ou aux autorités désignées conformément au paragraphe 7.c. Cependant, la notification peut prévoir des restrictions appropriées concernant la transmission ultérieure de la notification; elle peut être différée ou omise lorsqu'elle risque de porter atteinte à la sécurité nationale, ou être retardée lorsque cette notification peut mettre en danger des opérations visant à protéger la sécurité publique. Ces mesures doivent également inclure une notification à la personne concernée, à moins que la Partie n'ait pris des mesures appropriées afin qu'il n'y ait plus de risque significatif. La notification à la personne concernée peut être différée ou omise dans les conditions énoncées au paragraphe 12.a.i. La Partie qui reçoit la notification peut demander une consultation et un complément d'information concernant l'incident et la réponse qui a été mise en œuvre.

c Chaque Partie, au moment de la signature de ce Protocole ou du dépôt de son instrument de ratification, d'acceptation ou d'approbation, indique au Secrétaire général du Conseil de l'Europe quelles sont l'autorité ou les autorités qui reçoivent la notification visée au paragraphe 7.b, aux fins de la section 2 du chapitre II; celles-ci peuvent être modifiées ultérieurement.

8 Tenue des registres

Chaque Partie tient des registres ou se dote d'autres moyens appropriés pour montrer comment il est accédé aux données à caractère personnel d'un individu et comment celles-ci sont utilisées et divulguées dans un cas spécifique.

9 Partage ultérieur au sein d'une Partie

a Lorsqu'une autorité d'une Partie fournit des données à caractère personnel reçues initialement en vertu du présent Protocole à une autre autorité de cette Partie, cette dernière les traite conformément au présent article, sous réserve du paragraphe 9.b.

b Nonobstant le paragraphe 9.a, une Partie qui a fait une réserve en vertu de l'article 17 peut fournir des données à caractère personnel qu'elle a reçues à ses États constitutifs ou à des entités territoriales similaires, à condition que la Partie ait mis en place des mesures pour que les autorités qui reçoivent les données continuent à les protéger efficacement en assurant un niveau de protection des données comparable à celui offert par le présent article.

c En cas d'indications d'une application incorrecte du présent paragraphe, la Partie transférante peut demander une consultation et des informations pertinentes sur ces indications.

10 Transfert ultérieur vers un autre État ou vers une organisation internationale

a La Partie recevant les données à caractère personnel ne peut les transférer à un autre État ou à une organisation internationale qu'avec l'autorisation préalable de l'autorité qui les lui a communiquées ou, aux fins de la section 2 du chapitre II, de l'autorité ou des autorités désignées en vertu du paragraphe 10.b.

b Chaque Partie communique au Secrétaire général du Conseil de l'Europe, au moment de la signature de ce Protocole ou lors du dépôt de son instrument de ratification, d'acceptation ou d'approbation, l'autorité ou les autorités aux pouvoirs d'autorisation aux fins de la section 2 du chapitre II; ces informations peuvent être modifiées ultérieurement.

11 Transparence et notification

a Chaque Partie assure les notifications par publication de notifications générales ou par notification spécifique à l'individu dont les données à caractère personnel ont été recueillies, concernant:

i la base juridique et le(s) but(s) du traitement;

ii toute durée de conservation ou de révision telle que visée au paragraphe 5, le cas échéant;

iii les destinataires ou les catégories de destinataires auxquels ces informations sont divulguées; et

iv l'accès, les rectifications ainsi que les recours possibles.

b Une Partie peut soumettre toute exigence de notification personnelle à des restrictions raisonnables en vertu de son cadre juridique national conformément aux conditions énoncées au paragraphe 12.a.i.

c Lorsque le droit interne de la Partie transférante exige que l'individu dont les données ont été fournies à une autre Partie soit informé personnellement, la Partie transférante prend des mesures pour que l'autre Partie soit informée au moment du transfert de cette exigence et des coordonnées appropriées. La notification personnelle n'est pas effectuée si l'autre Partie a demandé que la fourniture des données demeure confidentielle, dans la mesure où les conditions de restriction définies au paragraphe 12.a.i s'appliquent. Dès que ces restrictions ne s'appliquent plus et que la notification personnelle peut être effectuée, l'autre Partie prend des mesures pour que la Partie transférante soit informée. Si elle n'a pas encore été informée, la Partie transférante peut faire des demandes à la Partie destinataire qui informera la Partie transférante si la restriction doit être maintenue.

12 Accès et rectification

a Chaque Partie veille à ce que toute personne dont les données à caractère personnel ont été reçues en application du présent Protocole ait le droit de demander et d'obtenir, conformément aux procédures établies dans son cadre juridique interne et sans retard excessif:

i l'accès à une copie écrite ou électronique de la documentation conservée sur cette personne, contenant ses données à caractère personnel et les informations disponibles indiquant la base juridique et les finalités du traitement, les périodes de conservation et les destinataires ou catégories de destinataires des données (« accès »), ainsi que les informations concernant les possibilités de recours disponibles à condition que l'accès dans un cas particulier puisse être soumis à l'application de restrictions proportionnées autorisées par son cadre juridique interne, nécessaires, au moment de la décision, pour protéger les droits et libertés d'autrui ou d'importants objectifs d'intérêt public général et qui tiennent dûment compte des intérêts légitimes de la personne concernée;

ii la rectification lorsque les données à caractère personnel de la personne sont inexactes ou ont été traitées de manière inappropriée; la rectification doit inclure, selon ce qui est approprié et raisonnable compte tenu des motifs de la demande de rectification et du contexte particulier du traitement, la correction, le complément, l'effacement ou l'anonymisation, la restriction du traitement ou le blocage.

b Si l'accès ou la rectification est refusé ou restreint, la Partie en informe la personne concernée sous une forme écrite qui peut être envoyée par voie électronique, sans retard excessif, en informant l'individu du refus ou de la restriction. Elle indique les motifs de ce refus ou de cette restriction et fournit des informations sur les voies de recours disponibles. Les frais d'accès doivent être limités à ce qui est raisonnable et non excessif.

13 Recours judiciaire et non-judiciaire

Chaque Partie dispose d'un système permettant d'offrir des recours judiciaires et non judiciaires effectifs pour assurer la réparation des violations des garanties énoncées dans le présent article.

14 Supervision

Chaque Partie dispose d'une ou de plusieurs autorités publiques qui, ensemble ou séparément, exercent des fonctions et des compétences de supervision indépendantes et effectives à l'égard des mesures établies dans le présent article. Les fonctions et compétences exercées ensemble ou séparément par ces autorités comprennent des pouvoirs d'enquête, le pouvoir de donner suite aux plaintes, et la capacité de prendre des mesures correctives.

15 Consultation et suspension

Une Partie peut suspendre le transfert de données à caractère personnel à une autre Partie si elle dispose de preuves substantielles que celle-ci viole de manière systématique ou flagrante les dispositions du présent article ou qu'une violation flagrante est imminente. Cette suspension n'interviendra qu'à l'expiration d'un préavis raisonnable, et pas avant d'avoir engagé une période raisonnable de consultation sans parvenir à une résolution. Toutefois, une Partie peut suspendre provisoirement les transferts en cas de violation systématique ou flagrante présentant un risque important et imminent pour la vie ou la sécurité d'une personne physique, ou de préjudice financier ou de réputation pour cette personne, auquel cas cette Partie en informe l'autre et entame des consultations avec celle-ci immédiatement après. Si les délais de consultation ne permettent pas de trouver une solution, l'autre Partie peut suspendre les transferts si elle dispose de preuves substantielles que la suspension par la première Partie qui a procédé à la suspension était contraire aux termes du présent paragraphe. La Partie qui a procédé à la suspension la lève dès qu'il a été remédié à la violation justifiant la suspension; toute suspension réciproque est levée à ce moment. Toutes les données à caractère personnel transférées avant la suspension continuent à être traitées conformément au présent Protocole.

Chapitre IV –Clauses finales

Article 15 – Effets de ce Protocole

1 a L'article 39, paragraphe 2, de la Convention s'applique au présent Protocole.

b En ce qui concerne les Parties qui sont membres de l'Union européenne: ces Parties peuvent, dans leurs relations mutuelles, appliquer les lois de l'Union européenne régissant les questions traitées dans le présent protocole.

c Le paragraphe 1.b n'affecte pas la pleine application du présent Protocole entre les Parties qui sont membres de l'Union européenne et les autres Parties.

2 L'article 39, paragraphe 3, de la Convention s'applique au présent Protocole.

Article 16 – Signature et entrée en vigueur

1 Le présent Protocole est ouvert à la signature des Parties à la Convention, qui peuvent exprimer leur consentement à être liés par:

a la signature sans réserve de ratification, d'acceptation ou d'approbation; ou

b la signature sous réserve de ratification, d'acceptation ou d'approbation, suivie de ratification, d'acceptation ou d'approbation.

2 Les instruments de ratification, d'acceptation ou d'approbation sont déposés près le Secrétaire général du Conseil de l'Europe.

3 Le présent Protocole entre en vigueur le premier jour du mois qui suit l'expiration d'une période de trois mois après la date à laquelle cinq Parties à la Convention auront exprimé leur consentement à être liées par ce Protocole conformément aux dispositions des paragraphes 1 et 2 du présent article.

4 Pour toute Partie à la Convention qui exprime ultérieurement son consentement à être lié par ce Protocole, celui-ci entre en vigueur le premier jour du mois qui suit l'expiration d'une période de trois mois après la date à laquelle la Partie a exprimé son consentement à être liée par le Protocole, conformément aux dispositions des paragraphes 1 et 2 de cet article.

Article 17 – Clause fédérale

1 Un État fédéral peut se réserver le droit d'assumer les obligations découlant du présent Protocole conformément à ses principes fondamentaux régissant les relations entre son gouvernement central et les États constitutifs ou autres entités territoriales similaires, à condition que:

a ce Protocole s'applique au gouvernement central de l'État fédéral;

b une telle réserve n'affecte pas les obligations de fournir la coopération demandée par les autres Parties conformément aux dispositions du chapitre II; et

c les dispositions de l'article 13 s'appliquent aux États constitutifs de l'État fédéral ou aux autres entités territoriales similaires.

2 Une autre Partie peut empêcher les autorités, les fournisseurs ou les entités sur son territoire de transférer des données à caractère personnel en réponse à une demande ou une injonction présentée directement par un État constitutif ou une autre entité territoriale similaire d'un État fédéral qui a formulé une réserve en vertu du paragraphe 1, à moins que l'État fédéral ne notifie au Secrétaire général du Conseil de l'Europe qu'un État constitutif ou une autre entité territoriale similaire applique les obligations du présent Protocole applicables à cet État fédéral. Le Secrétaire général du Conseil de l'Europe établit et tient à jour un registre de ces notifications.

3 Une autre Partie n'empêche pas les autorités, les fournisseurs ou les entités sur son territoire de coopérer avec un État constitutif ou une autre entité territoriale similaire en raison d'une réserve formulée en vertu du paragraphe 1, si un ordre ou une demande a été soumis par l'intermédiaire du gouvernement central ou si un accord relatif à une équipe commune d'enquête en vertu de l'article 12 est conclu avec la participation du gouvernement central. Dans ces situations, le gouvernement central assure l'exécution des obligations applicables de ce Protocole, étant entendu que, en ce qui concerne la protection des données à caractère personnel fournies aux États constitutifs ou aux entités territoriales similaires, seuls les termes de l'article 14, paragraphe

9, ou, le cas échéant, les termes d'un accord ou d'un arrangement décrit à l'article 14, paragraphes 1.b ou 1.c, s'appliquent.

4 En ce qui concerne les dispositions du présent Protocole dont l'application relève de la compétence des États constitutifs ou d'autres entités territoriales similaires, qui ne sont pas tenus par le système constitutionnel de la fédération de prendre des mesures législatives, le gouvernement central informe les autorités compétentes de ces États desdites dispositions avec son avis favorable, en les encourageant à prendre les mesures appropriées pour leur donner effet.

Article 18 – Application territoriale

1 Ce Protocole s'applique au(x) territoire(s) spécifiés dans une déclaration faite par une Partie en vertu de l'article 38, paragraphes 1 ou 2, de la Convention pour autant que cette déclaration n'ait pas été retirée en vertu de l'article 38, paragraphe 3.

2 Une Partie peut, au moment de la signature de ce Protocole ou lors du dépôt de son instrument de ratification, d'acceptation ou d'approbation, déclarer que ce

Protocole ne s'applique pas à un ou plusieurs territoires spécifiés dans la déclaration de la Partie en vertu de l'article 38, paragraphes 1 et/ou 2, de la Convention.

3 Une déclaration en vertu du paragraphe 2 de cet article peut, concernant tout territoire qui y est spécifié, être retirée par notification adressée au Secrétaire général du Conseil de l'Europe. Le retrait devient effectif le premier jour du mois suivant l'expiration d'une période de trois mois après la date de la réception de cette notification par le Secrétaire général.

Article 19 – Réserves et déclarations

1 Par notification écrite adressée au Secrétaire général du Conseil de l'Europe, toute Partie à la Convention peut, au moment de la signature ou du dépôt de son instrument de ratification, d'acceptation, ou d'approbation, déclarer qu'elle se prévaut de la ou des réserves prévues à l'article 7, paragraphes 9.a et 9.b, à l'article 8, paragraphe 13 et à l'article 17 du présent Protocole.

Aucune autre réserve ne peut être formulée.

2 Par notification écrite adressée au Secrétaire général du Conseil de l'Europe, toute Partie à la Convention peut, au moment de la signature de ce Protocole ou du dépôt de son instrument de ratification, d'acceptation ou d'approbation, faire la ou les déclarations prévues à l'article 7, paragraphes 2.b et 8, à l'article 8, paragraphe 11, à l'article 9, paragraphes 1.b et 5, à l'article 10, paragraphe 9, à l'article 12, paragraphe 3, et à l'article 18, paragraphe 2 du présent Protocole.

3 Par notification écrite adressée au Secrétaire général du Conseil de l'Europe, toute Partie à la Convention fait toute(s) déclaration(s), notifications ou communications visées à l'article 7, paragraphes 5.a et 5.e, à l'article 8, paragraphes 4, 10.a et 10.b, à l'article 14, paragraphes 7.c et 10.b, et à l'article 17, paragraphe 2, du présent Protocole selon les modalités qui y sont spécifiées.

Article 20 – Statut et retrait des réserves

1 Une Partie qui a fait une réserve conformément à l'article 19, paragraphe 1, retire cette réserve, en totalité ou en partie, dès que les circonstances le permettent. Ce retrait prend effet à la date de réception d'une notification par le Secrétaire général du Conseil de l'Europe. Si la notification indique que le retrait d'une réserve doit prendre effet à une date précise, et si cette date est postérieure à celle à laquelle le Secrétaire général reçoit la notification, le retrait prend effet à cette date ultérieure.

2 Le Secrétaire général du Conseil de l'Europe peut périodiquement demander aux Parties ayant fait une ou plusieurs réserves en application de l'article 19, paragraphe 1, des informations sur les perspectives de leur retrait.

Article 21 – Amendements

1 Toute Partie au Protocole peut proposer des amendements, qui sont communiqués par le Secrétaire général du Conseil de l'Europe, aux États membres du Conseil de l'Europe et aux États Parties et signataires de la Convention ainsi qu'à tout État ayant été invité à adhérer à la Convention.

2 Tout amendement proposé par une Partie est communiqué au Comité européen sur les problèmes criminels (CDPC) qui soumet au Comité des Ministres son avis sur cet amendement proposé.

3 Le Comité des Ministres examine l'amendement proposé et l'avis soumis par le CDPC et, après consultation avec les Parties à la Convention, peut adopter l'amendement.

4 Le texte de tout amendement adopté par le Comité des Ministres conformément au paragraphe 3 est transmis aux Parties à ce Protocole pour acceptation.

5 Tout amendement adopté conformément au paragraphe 3 entre en vigueur le trentième jour après que toutes les Parties à ce Protocole ont informé le Secrétaire général qu'elles acceptent l'amendement.

Article 22 – Règlement des différends

L'article 45 de la Convention s'applique au présent Protocole.

Article 23 – Consultations des Parties et évaluation de la mise en œuvre

1 L'article 46 de la Convention s'applique au présent Protocole.

2 Les Parties évaluent périodiquement l'utilisation et la mise en œuvre effectives des dispositions du présent Protocole. L'article 2 du Règlement intérieur du Comité de la Convention sur la cybercriminalité tel que révisé le 16 octobre 2020 s'applique mutatis mutandis. Les Parties réexaminent initialement et peuvent modifier les procédures de cet article telles qu'elles s'appliquent au présent Protocole par consensus cinq ans après l'entrée en vigueur du présent Protocole.

3 L'examen de l'article 14 débute lorsque dix Parties à la Convention ont exprimé leur consentement à être liées par le présent Protocole.

Article 24 – Dénonciation

1 Toute Partie peut, à tout moment, dénoncer le présent Protocole par notification au Secrétaire général du Conseil de l'Europe.

2 Ladite dénonciation prendra effet le premier jour du mois suivant l'expiration d'une période de trois mois après la date de réception de la notification par le Secrétaire général.

3 La dénonciation de la Convention par une Partie au présent Protocole constitue une dénonciation du présent Protocole.

4 Les informations ou éléments de preuve transférés avant la date de prise d'effet de la dénonciation continuent d'être traités conformément au présent Protocole.

Article 25 – Notification

Le Secrétaire général du Conseil de l'Europe notifie aux États membres du Conseil de l'Europe, aux Parties à la Convention et Signataires de la Convention, et à tout État qui a été invité à adhérer à la Convention:

a toute signature;

b le dépôt de tout instrument de ratification, d'acceptation ou d'approbation;

c la date d'entrée en vigueur du présent Protocole conformément à l'article 16, paragraphes 3 et 4;

d toutes déclarations ou réserves formulées conformément à l'article 19 ou retrait de réserves formulé conformément à l'article 20;

e tout autre acte, notification ou communication concernant le présent Protocole.

En foi de quoi, les soussignés, dûment autorisés, ont apposé leur signature au bas du présent Protocole.

Fait à Strasbourg, le 12 mai 2022, en français et en anglais, les deux textes faisant également foi, en un seul exemplaire qui est déposé dans les archives du Conseil de l'Europe. Le Secrétaire général du Conseil de l'Europe communiquera une copie certifiée conforme à chacun des États membres du Conseil de l'Europe, aux Parties et Signataires de la Convention, ainsi qu'à tout État invité à adhérer à la Convention.

- **Le deuxième protocole à la convention mère sur la cybercriminalité**

- **Commentaire**

292. Adoption du deuxième protocole à la convention mère. Lors de sa 17e réunion plénière (juin 2017), le Comité de la convention sur la cybercriminalité (T-CY) a adopté un cahier des charges pour la préparation d'un deuxième protocole additionnel à la convention de Budapest (*V. Recommandation autorisant la participation aux négociations sur un deuxième protocole additionnel à la convention sur la cybercriminalité du Conseil de l'Europe STE n° 185*). L'objectif de ce protocole est de consolider la coopération internationale en matière de cybercriminalité et d'étendre en particulier, les cas d'accès unilatéral aux données notamment aux hypothèses où leur lieu de stockage n'est pas connu. Les négociations sur le deuxième protocole ont débuté en juin 2017.

Deux Etats africains, également parties à la convention de Budapest, à savoir le Sénégal et l'Ile Maurice, ont participé au groupe de travail chargé de la rédaction de ce deuxième protocole additionnel.

Le deuxième protocole additionnel encadre notamment les équipes d'enquête commune, les demandes d'entraide d'urgence, la langue des demandes d'entraide internationale et des injonctions, les injonctions de produire internationale et la coopération directe des autorités judiciaires avec des fournisseurs de services (les GAFAM).

Le Sénégal n'a pas encore adhéré à ce deuxième protocole additionnel à la convention mère sur la cybercriminalité.

CONVENTION DE L'UNION AFRICAINE SUR LA CYBER SECURITE ET LA PROTECTION DES DONNEES A CARACTERE PERSONNEL

Préambule

Les États membres de l'Union africaine :

Guidés par l'Acte Constitutif de l'Union africaine adopté en 2000;

Considérant que la présente Convention portant adoption d'un cadre juridique sur la cybersécurité et la protection des données à caractère personnel prend en charge les engagements actuels des États membres de l'Union Africaine aux plans sous régional, régional et international en vue de l'édification de la Société de l'Information ;

Rappelant qu'elle vise à la fois à définir les objectifs et les grandes orientations de la société de l'Information en Afrique et à renforcer les législations actuelles des États membres et des Communautés Économiques Régionales (CER) en matière de Technologies de l'Information et de la Communication.

Réaffirmant l'attachement des États membres aux libertés fondamentales et aux droits de l'homme et des peuples contenus dans les déclarations, conventions et autres instruments adoptés dans le cadre de l'Union Africaine et de l'Organisation des Nations Unies ;

Considérant que la mise en place d'un cadre normatif sur la cyber sécurité et la protection des données à caractère personnel tient compte des exigences de respect des droits des citoyens, garantis en vertu des textes fondamentaux de droit interne et protégés par les Conventions et Traités internationaux relatifs aux droit de l'Homme particulièrement la Charte africaine des droits de l'Homme et des Peuples ;

Convaincus de la nécessité de mobiliser l'ensemble des acteurs publics et privés (États, collectivités locales, entreprises du secteur privé, organisations de la société civile, médias, institutions de formation et de recherche etc.) en faveur de la cybersécurité.

Réitérant les principes de l'Initiative Africaine de la Société de l'Information (AISI) et du Plan d'Action Régional Africain pour l'Économie du Savoir (PARAES) ;

Conscients qu'elle est destinée à régir un domaine technologique particulièrement évolutif et en vue répondre aux attentes exigeantes des nombreux acteurs aux intérêts souvent divergents, la présente convention détermine les règles de sécurité essentielles à la mise en place d'un espace numérique de confiance pour les transactions électroniques, la protection des données à caractère personnel et la lutte contre la cybercriminalité ;

Ayant à l'esprit que les principaux défis au développement du commerce électronique en Afrique sont liés à des problèmes de sécurité dont notamment :

- les insuffisances qui affectent la réglementation en matière de reconnaissance juridique des communications de données et de la signature électronique ;
- l'absence de règles juridiques spécifiques protectrices des consommateurs, des droits de propriété intellectuelle, des données à caractère personnel et des systèmes d'informations ;
- l'absence de législations relatives aux téléservices et au télétravail ;
- l'application des techniques électroniques aux actes commerciaux et administratifs ;
- les éléments probants introduits par les techniques numériques (horodatage, certification, etc.).
- les règles applicables aux moyens et prestations de cryptologie ;
- l'encadrement de la publicité en ligne ;
- l'absence de législations fiscale et douanière appropriées au commerce électronique.

Convaincus que ce constat justifie l'appel à la mise en place d'un cadre normatif approprié correspondant à l'environnement juridique, culturel, économique et social africain ; que l'objet de cette convention vise donc à assurer la sécurité et le cadre juridique nécessaires à l'émergence de l'économie du savoir en Afrique.

Soulignant que sur un autre plan, la protection des données à caractère personnel ainsi que de la vie privée se présente donc comme un enjeu majeur de la société de l'information, tant pour les pouvoirs publics que pour les autres parties prenantes ; que de cette protection nécessite un équilibre entre l'usage des technologies de l'information et de la communication et la protection de la vie privée des citoyens dans leur vie quotidienne ou professionnelle tout en garantissant la libre circulation des informations.

Préoccupés par l'urgence de la mise en place d'un dispositif permettant de faire face aux dangers et risques nés de l'utilisation de l'informatique et des fichiers sur les individus dans le souci de respecter la vie privée et les libertés tout en favorisant la promotion et le développement des TIC dans les pays membres de l'Union Africaine ;

Considérant que l'ambition de la présente convention est de répondre aux besoins de législation harmonisée dans le domaine de la cybersécurité dans les États membres de l'Union africaine ; qu'elle vise à mettre en place, dans chaque État partie, un dispositif permettant de lutter contre les atteintes à la vie privée susceptibles d'être engendrées par la collecte, le traitement, la transmission, le stockage et l'usage des données à caractère personnel ; qu'elle garantit, en proposant un type d'ancrage institutionnel, que tout traitement, sous quelque forme que ce soit, respecte les libertés et droits fondamentaux des personnes physiques tout en prenant également en compte les prérogatives des États, les droits des collectivités locales, les intérêts des entreprises ; tout en prenant en compte les meilleures pratiques reconnues au niveau international.

Considérant que la protection pénale du système de valeurs de la société de l'information s'impose comme une nécessité dictée par des considérations de sécurité ; qu'elle se manifeste essentiellement par le besoin d'une législation pénale appropriée à la lutte contre la cybercriminalité en général et au blanchiment de capitaux en particulier ;

Conscients qu'il est nécessaire, face à l'actualité de la cybercriminalité qui constitue une véritable menace pour la sécurité des réseaux informatiques et le développement de la société de l'information en Afrique, de fixer les grandes orientations de la stratégie de répression de la cybercriminalité, dans les pays membres de l'Union Africaine, en prenant en charge leurs engagements actuels aux plans sous régional, régional et international ;

Considérant que la présente Convention vise en droit pénal substantiel à moderniser les instruments de répression de la cybercriminalité, par l'élaboration d'une politique d'adoption d'incriminations nouvelles spécifiques aux TIC, l'adaptation de certaines incriminations, des sanctions et du régime de responsabilité pénale en vigueur dans les États Membres à l'environnement des technologies de l'information et de la communication ;

Considérant qu'en outre, en droit pénal procédural, elle fixe d'une part le cadre de l'aménagement de la procédure classique relativement aux technologies de l'information et de la communication et précise d'autre part les conditions de l'institution de procédures spécifiques à la cybercriminalité.

Rappelant la décision Assembly/AU/Decl.1(XIV) de la 14ème session ordinaire de l'Assemblée des Chefs d'États et de Gouvernements de l'Union africaine sur les technologies de l'information et de la communication en Afrique : défis et perspectives pour le développement, tenu à Addis-Abeba (Éthiopie) du 31 janvier au 2 février 2010.

Tenant compte de la Déclaration d'Oliver Tambo adoptée par la conférence extraordinaire de l'Union Africaine des ministres en charge de la Communication et des Technologies de l'Information à Johannesburg le 05 novembre 2009.

Rappelant les dispositions de la Déclaration d'Abidjan adoptée le 22 Février 2012 et celle d'Addis-Abeba adoptée le 22 juin 2012 sur l'harmonisation des Cyber-législations en Afrique.

ONT CONVENU DE CE QUI SUIT :

Article 1 : Définitions

Au sens de la présente Convention, les différentes expressions suivantes sont définies comme suit :

chiffrement : toute technique qui consiste à transformer des données numériques en un format inintelligible en employant des moyens de cryptologie ;

code de conduite : ensemble des règles élaborées par le responsable du traitement afin d'instaurer un usage correct des ressources informatiques, des réseaux et des communications électroniques de la structure concernée et homologué par l'Autorité de protection.

commerce électronique : l'acte d'offrir, d'acheter, ou de fournir des biens et des services via les systèmes informatiques et les réseaux de télécommunications comme le réseau Internet ou tout autre réseau utilisant des moyens électroniques, optiques ou d'autres supports analogues permettant des échanges d'informations à distance.

Commission : la Commission de l'Union Africaine

communication au public par voie électronique : :toute mise à disposition du public ou de catégories de public, par un procédé de communication électronique, de signes, de signaux, d'écrits, d'images, de sons ou de messages de toute nature qui n'ont pas le caractère d'une correspondance privée ;

communication électronique : toute transmission au public ou d'une catégorie de public, par un procédé de communication électronique ou magnétique, de signes, de signaux, d'écrits, d'images, de sons ou de messages de toute nature ;

(La présente) Convention : la Convention de l'Union Africaine sur la Cybersécurité et la protection des données à caractère personnel.

conventions secrètes : les clés non publiées nécessaires à la mise en œuvre d'un moyen ou d'une prestation de cryptologie pour les opérations de chiffrement ou de déchiffrement ;

communication électronique indirecte : tout message de texte, de voix, de son, d'image envoyé via un réseau de communication électronique et stocké sur le réseau ou sur un terminal de communication jusqu'à réception dudit message.

consentement de la personne concernée : toute manifestation de volonté expresse, non équivoque, libre, spécifique et informée par laquelle la personne concernée ou son représentant légal, judiciaire ou conventionnel accepte que ses données à caractère personnel fassent l'objet d'un traitement manuel ou électronique.

courrier électronique : tout message, sous forme de texte, de voix, de son ou d'image, envoyé par un réseau public de communication, stocké sur un serveur du réseau ou dans l'équipement terminal du destinataire, jusqu'à ce que ce dernier le récupère ;

cryptologie : la science relative à la protection et à la sécurité des informations notamment pour la confidentialité, l'authentification, l'intégrité et la non répudiation ;

cryptologie (Moyens de): l'ensemble des outils scientifiques et techniques (matériel ou logiciel) qui permettent de chiffrer et/ou de déchiffrer ;

cryptologie (Prestation de): toute opération visant la mise en œuvre, pour le compte de soi ou d'autrui, des moyens de cryptologie ;

cryptologie (Activité de): toute activité ayant pour but la production, l'utilisation, l'importation, l'exportation ou la commercialisation des moyens de cryptologie

dépasser un accès autorisé : le fait d'accéder à un système d'information et d'utiliser un tel accès pour obtenir ou modifier des données dans une partie de l'ordinateur ou le titulaire n'est pas autorisé d'y accéder ;

destinataire d'un traitement des données à caractère personnel : toute personne habilitée à recevoir communication de ces données autre que la personne concernée, le responsable du traitement, le sous-traitant et les personnes qui, en raison de leurs fonctions, sont chargés de traiter les données.

dispositif de création de signature électronique : ensemble d'éléments logiciels ou matériels permettant la création d'une signature électronique

dispositif de vérification de signature électronique : ensemble d'éléments logiciels ou matériels permettant la vérification d'une signature électronique ;

dommage : toute atteinte à l'intégrité ou à la disponibilité des données, d'un programme, d'un système ou d'une information ;

données à caractère personnel : toute information relative à une personne physique identifiée ou identifiable directement ou indirectement, par référence à un numéro d'identification ou à un ou plusieurs éléments, propres à son identité

données informatisées : toute représentation de faits, d'informations ou de concepts sous une forme qui se prête à un traitement informatique ;

données sensibles : toutes les données à caractère personnel relatives aux opinions ou activités religieuse, philosophique, politique, syndicale, à la vie sexuelle ou raciale, à la santé, aux mesures d'ordre social, aux poursuites, aux sanctions pénales ou administratives.

données dans le domaine de la santé : toute information concernant l'état physique et mental d'une personne concernée, y compris les données génétiques précitées.

double criminalité : une infraction punie à la fois dans l'État où un suspect est détenu et un État demandant que le suspect soit remis ou transféré.

État membre (ou États membres) : le (les) État(s) Membre(s) de l'Union Africaine État partie (ou États parties) État membre (ou les États membres) qui a (ont) ratifié ou accéder à la présente Convention

fichier de données à caractère personnel : tout ensemble structuré de données accessibles selon des critères déterminés, que cet ensemble soit centralisé, décentralisé ou réparti de manière fonctionnelle ou géographique.

information : tout élément de connaissance susceptible d'être représenté à l'aide de conventions pour être utilisé, conservé, traité ou communiqué. L'information peut être exprimée sous forme écrite, visuelle, sonore, numérique, ou autre ;

infrastructure critique de TIC/Cyberespace : Infrastructure TIC/cyber qui est essentielle aux services vitaux pour la sureté publique, la stabilité économique, la sécurité nationale, la stabilité internationale et pour la pérennité et la restauration du cyberespace critique ;

interconnexion des données à caractère personnel : tout mécanisme de connexion consistant en la mise en relation de données traitées pour une finalité déterminée avec d'autres données traitées pour des finalités identiques ou non, ou liées par un ou plusieurs responsables de traitement.

mineur ou enfant : toute personne physique âgée de moins de 18 ans au sens de la Charte Africaine sur les droits et le bien-être de l'Enfant et de la convention des Nations Unies sur les droits de l'enfant;

moyen de paiement électronique : moyen permettant à son titulaire d'effectuer des opérations de paiement électroniques en ligne ;

pornographie infantile : toute représentation visuelle d'un comportement sexuellement explicite y compris toute photographie, film, vidéo, image que ce soit fabriquée ou produite par voie électronique, mécanique ou par autres moyens où :

- la production de telles représentations visuelles implique un mineur,
- ces représentations visuelles sont une image numérique, une image d'un ordinateur ou une image générée par un ordinateur où un mineur est engagé dans un comportement sexuellement explicite ou lorsque des

images de leurs organes sexuels sont produites ou utilisées à des fins principalement sexuelles et exploitées à l'insu de l'enfant ou non

- cette représentation visuelle a été créée, adaptée ou modifiée pour qu'un mineur engage dans un comportement sexuellement explicite.

prestataire de services de cryptologie : toute personne, physique ou morale, qui fournit une prestation de cryptologie ;

personne concernée : toute personne physique qui fait l'objet d'un traitement des données à caractère personnel.

prospection directe : tout envoi de message destiné à promouvoir, directement ou indirectement, des biens, des services ou l'image d'une personne vendant des biens ou fournissant des services ; elle vise aussi toute sollicitation effectuée au moyen de l'envoi de message, quel qu'en soit le support ou la nature notamment commerciale, politique ou caritative, destinée à promouvoir, directement ou indirectement, des biens, des services ou l'image d'une personne vendant des biens ou fournissant des services.

raciste et xénophobe en matière des technologies de l'information et de la communication : tout matériel écrit, toute image ou toute autre représentation d'idées ou de théories qui préconise ou encourage la haine, la discrimination ou la violence contre une personne ou un groupe de personnes, en raison de la race, de la couleur, de l'ascendance ou de l'origine nationale ou ethnique ou de la religion,

responsable du traitement : toute personne physique ou morale, publique ou privée, tout autre organisme ou association qui, seul ou conjointement avec d'autres, prend la décision de collecter et de traiter des données à caractère personnel et en détermine les finalités ;

signature électronique : une donnée sous forme électronique, qui est jointe ou liée logiquement à d'autres données électroniques et qui sert de procédé d'identification ;

sous-traitant : toute personne physique ou morale, publique ou privée, tout autre organisme ou association qui traite des données pour le compte du responsable du traitement ;

système informatique : Tout dispositif électronique, magnétique, optique, électrochimique ou tout autre dispositif de haut débit isolé ou interconnecté qui performe la fonction de stockage de données ou l'installation de communications. Ces communications sont directement liées à ou fonctionnent en association avec d'autre(s) dispositif(s) ;

tiers : toute personne physique ou morale, publique ou privée, tout autre organisme ou association autre que la personne concernée, le responsable du traitement, le sous-traitant et les personnes qui, placés sous l'autorité directe du responsable du traitement ou du sous-traitant, sont habilités à traiter les données ;

traitement des données à caractère personnel : toute opération ou ensemble d'opérations effectuées ou non à l'aide de procédés automatisés ou non, et appliquées à des données, telles que la collecte, l'exploitation, l'enregistrement, l'organisation, la conservation, l'adaptation, la modification, l'extraction, la sauvegarde, la copie, la consultation, l'utilisation, la communication par transmission, la diffusion ou toute autre forme de mise à disposition, le rapprochement ou l'interconnexion, ainsi que le verrouillage, le cryptage, l'effacement ou la destruction des données à caractère personnel.

UA : **l'Union Africaine**

CHAPITRE I: LES TRANSACTIONS ELECTRONIQUES

Section I: Le commerce électronique

Article 2 : Champ d'application du commerce électronique

1. Les États membres veillent à ce que l'activité de commerce électronique s'exerce librement dans tous les États parties qui ratifient ou adhèrent à la présente Convention à l'exclusion des domaines suivants :

a) les jeux d'argent, mêmes sous forme de paris et de loteries, légalement autorisés ;

b) les activités de représentation et d'assistance en justice ; les activités exercées par les notaires ou les autorités équivalentes en application des textes en vigueur.

2. Sans préjudice des autres obligations d'information prévues par les textes législatifs et réglementaires en vigueur dans les États membres de l'Union Africaine, les États Parties veillent à ce que toute personne qui exerce le commerce électronique est tenue d'assurer à ceux à qui est destinée la fourniture des biens ou la prestation de services un accès facile, direct et permanent utilisant un standard ouvert aux informations suivantes :

a) s'il s'agit d'une personne physique, le prestataire doit indiquer ses nom et prénom et, s'il s'agit d'une personne morale, sa raison sociale; son capital, son numéro d'inscription au registre des sociétés ou association,

b) l'adresse complète de l'endroit où elle est établie, son adresse de courrier électronique, ainsi que son numéro de téléphone ;

c) si elle est assujettie aux formalités d'inscription des entreprises ou au répertoire national des entreprises et associations, le numéro de son inscription, son capital social et l'adresse de son siège social;

d) si elle est assujettie aux taxes, le numéro d'identification fiscal

e) si son activité est soumise à un régime d'autorisation, le nom et l'adresse de l'autorité ayant délivré celle-ci ainsi que la référence de l'autorisation;

f) si elle est membre d'une profession réglementée, la référence aux règles professionnelles applicables, son titre professionnel, l'État membre de l'Union Africaine dans lequel il a été octroyé ainsi que le nom de l'ordre ou de l'organisme professionnel auprès duquel elle est inscrite.

3. Toute personne physique ou morale qui exerce l'activité de commerce électronique doit, même en l'absence d'offre de contrat, dès lors qu'elle mentionne un prix, indiquer celui-ci de manière claire et non ambiguë, et notamment si le prix inclut les taxes, les frais de livraison et autres charges.

Article 3 : La responsabilité contractuelle du fournisseur de biens ou de services électroniques

L'activité de commerce électronique est soumise à la loi de l'État partie sur le territoire duquel la personne qui l'exerce est établie, sous réserve de la commune intention de cette personne et de celle à qui sont destinés les biens ou services.

Article 4 : Publicité par voie électronique

1. Sans préjudice de l'article 3, toute publicité, sous quelque forme que ce soit, accessible par un service de communication en ligne, doit pouvoir être clairement identifiée comme telle. Elle doit rendre clairement identifiable la personne physique ou morale pour le compte de laquelle elle est réalisée.

2. Les conditions auxquelles sont soumises la possibilité de bénéficier d'offres promotionnelles ainsi que celle de participer à des concours ou à des jeux promotionnels, lorsque ces offres, concours ou jeux sont proposés par voie électronique, doivent être clairement précisées et aisément accessibles.

3. Les États parties de l'Union Africaine s'engagent à interdire la prospection directe via n'importe quelle forme de communication indirecte utilisant sous quelque forme que ce soit, les coordonnées d'une personne physique qui n'a pas exprimé son consentement préalable à recevoir des prospections directes par ce moyen.

4. Nonobstant les dispositions de l'article 4.2, la prospection directe par courrier électronique est autorisée si :

a) les coordonnées du destinataire ont été recueillies directement auprès de lui ;

b) le destinataire ayant donné son consentement au prospecteur d'être contacté par ses partenaires ;

c) la prospection directe concerne des produits ou services analogues fournis par la même personne physique ou morale.

5. Les États Parties s'engagent à interdire l'émission, à des fins de prospection directe, des messages via n'importe quelle forme de communication indirecte, sans indiquer de coordonnées valables auxquelles le destinataire puisse utilement transmettre une demande tendant à obtenir que ces communications cessent sans frais autres que ceux liés à la transmission de celle-ci.

6. Les États Parties s'engagent à interdire la dissimulation de l'identité de la personne pour le compte de laquelle la publicité accessible par un service de communication en ligne est émise

Section II : Les obligations conventionnelles sous forme électronique

Article 5 : Les contrats électroniques

1. Les informations qui sont demandées en vue de la conclusion d'un contrat ou celles qui sont adressées au cours de son exécution peuvent être transmises par moyen électronique si leurs destinataires ont accepté l'usage de ce moyen. L'utilisation des communications électroniques est présumée recevable sauf si le bénéficiaire a déjà exprimé sa préférence pour un autre moyen de communication.

2. Le fournisseur qui propose, à titre professionnel, par voie électronique, la fourniture de biens ou la prestation de services, met à disposition les conditions contractuelles applicables directement ou indirectement, d'une manière qui permette leur conservation et leur reproduction conformément aux législations nationales.

3. Pour que le contrat soit valablement conclu, le destinataire de l'offre doit avoir eu la possibilité de vérifier le détail de sa commande notamment du prix avant de confirmer celle-ci pour exprimer son acceptation.

4. La personne qui offre ses produits et services doit accuser réception sans délai injustifié et par voie électronique de la commande qui lui a été ainsi adressée.

La commande, la confirmation de l'acceptation de l'offre et l'accusé de réception sont considérés comme reçus lorsque les parties auxquelles ils sont adressés peuvent y avoir accès.

5. Il peut être dérogé aux dispositions des articles 5.3 et 5.4 de la présente Convention dans les conventions conclues entre professionnels (B2B).

6. a. Toute personne physique ou morale exerçant l'activité définie au premier alinéa de l'Article 2.1 de la présente Convention est responsable de plein droit à l'égard de son cocontractant de la bonne exécution des obligations résultant du contrat, que ces obligations soient à exécuter par elle-même ou par d'autres prestataires de services, sans préjudice de son droit de recours contre ceux-ci.

b. Toutefois, elle peut s'exonérer de tout ou partie de sa responsabilité en apportant la preuve que l'inexécution ou la mauvaise exécution du contrat est imputable, soit au cocontractant, soit à un cas de force majeure.

Article 6 : L'écrit sous forme électronique

1. Sans préjudice des dispositions légales en vigueur dans l'État Partie, nul ne peut être contraint de poser un acte juridique par voie électronique.

2. a. Lorsqu'un écrit est exigé pour la validité d'un acte juridique, chaque État Partie membre établit les conditions légales pour l'équivalence fonctionnelle entre les communications électroniques et les versions papiers, lorsque la réglementation interne en vigueur exige un écrit pour la validité d'un acte juridique.

b. Lorsque l'écrit sur papier est soumis à des conditions particulières de lisibilité ou de présentation, l'écrit sous forme électronique doit répondre à des exigences équivalentes.

c. L'exigence d'un envoi en plusieurs exemplaires est réputée satisfaite sous forme électronique si l'écrit peut être reproduit sous une forme matérielle par le destinataire.

3. Il est fait exception aux dispositions de l'Article 6.2 de la présente Convention pour :

a) les actes sous seing privé relatifs au droit de la famille et des successions ; et

b) les actes sous seing privé relatifs à des sûretés personnelles ou réelles, de nature civile ou commerciale en conformité avec les législations nationales, sauf s'ils sont passés par une personne pour les besoins de sa profession.

4. La remise d'un écrit sous forme électronique est effective lorsque le destinataire, après en avoir pris connaissance, en accuse réception.

5. Eu égard à leurs fonctions fiscales, les factures doivent faire l'objet d'un écrit permettant d'assurer la lisibilité, l'intégrité et la pérennité du contenu. L'authenticité de l'origine doit également être garantie.

Parmi les méthodes susceptibles d'être mises en œuvre pour atteindre les finalités fiscales de la facture et assurer que ses fonctions ont été satisfaites figure la réalisation de contrôles de gestion qui établiraient une piste d'audit fiable entre une facture et une livraison de biens ou de services.

Outre le type de contrôles de gestion décrits au § 1er, les méthodes suivantes constituent des exemples de technologies permettant d'assurer l'authenticité de l'origine et l'intégrité du contenu d'une facture électronique:

a) une signature électronique qualifiée, telle que définie à l'article 1 ;

b) un échange de données informatisées (EDI), compris comme le transfert électronique, d'un ordinateur à un autre, de données commerciales et administratives sous la forme d'un message EDI structuré conformément à une norme agréée, pour autant que l'accord relatif à cet échange prévoie l'utilisation de procédures garantissant l'authenticité de l'origine et l'intégrité des données. ».

6. L'écrit sous forme électronique est admis en preuve au même titre que l'écrit sur support papier et a la même force probante que celui-ci, sous réserve que puisse être dûment identifiée la personne dont il émane et qu'il soit établi et conservé dans des conditions de nature à en garantir l'intégrité.

Section III : La sécurisation des transactions électroniques

Article 7 : Assurer la sécurité des transactions électroniques

1. a. Le fournisseur doit permettre à ces clients d'effectuer leurs paiements en utilisant un moyen de paiement électronique approuvé par l'État selon la réglementation en vigueur de chaque État Partie.

b. Le fournisseur de biens ou prestataire de services par voie électronique qui réclame l'exécution d'une obligation doit en prouver l'existence et, lorsqu'il se prétend libéré, doit prouver que l'obligation est inexistante ou éteinte.

2. Lorsque les dispositions légales des pays membres n'ont pas fixé d'autres principes, et à défaut de convention valable entre les parties, le juge règle les conflits de preuve littérale en déterminant par tous moyens possibles le titre le plus vraisemblable, quel qu'en soit le support.

3. a. La copie ou toute autre reproduction d'actes passés par voie électronique à la même force probante que l'acte lui-même lorsqu'elle est certifiée conforme par des organismes agréés par une autorité - de l'État Partie.

b. La certification donne lieu, le cas échéant, à la délivrance d'un certificat de conformité.

4. a. Une signature électronique créée par un dispositif sécurisé que le signataire puisse garder sous son contrôle exclusif et qui repose sur un certificat numérique est admise comme signature au même titre que la signature manuscrite.

b. La fiabilité de ce procédé est présumée, jusqu'à preuve contraire, lorsque la signature électronique est créée par un dispositif sécurisé de création de signature, qu'elle garantit l'intégrité de l'acte et que l'identification du signataire en est assurée.

CHAPITRE II : LA PROTECTION DES DONNEES A CARACTERE PERSONNEL

Section I: la protection des données à caractère personnel

Article 8: L'objet de la présente Convention sur les données à caractère personnel

1. Chaque État partie s'engage à mettre en place un cadre juridique ayant pour objet de renforcer les droits fondamentaux et les libertés publiques, notamment la protection des données physiques et de réprimer toute infraction relative à toute atteinte à la vie privée sans préjudice du principe de la liberté de circulation des données à caractère personnel.

2. Ce dispositif doit garantir que tout traitement, sous quelque forme que ce soit, respecte les libertés et droits fondamentaux des personnes physiques tout en prenant en compte les prérogatives de l'État, les droits des collectivités locales et les buts pour lesquels les entreprises ont été créées.

Article 9: Le champ d'application de la Convention

1. Sont soumises à la présente Convention :

a) Toute collecte, tout traitement, toute transmission, tout stockage ou toute utilisation des données à caractère personnel effectués par une personne physique, par l'État, les collectivités locales, les personnes morales de droit public ou de droit privé ;

b) Tout traitement automatisé ou non de données contenues ou appelées à figurer dans un fichier, à l'exception des traitements mentionnés à l'Article 9.2 de la présente Convention ;

c) Tout traitement mis en œuvre sur le territoire d'un État Partie de l'Union Africaine ;

d) Tout traitement des données concernant la sécurité publique, la défense, la recherche et la poursuite d'infractions pénales ou la sûreté de l'État, sous réserve des dérogations définies par des dispositions spécifiques fixées par d'autres textes de loi en vigueur.

2. La présente Convention ne s'applique pas :

a) aux traitements de données mis en œuvre par une personne physique dans le cadre exclusif de ses activités personnelles ou domestiques, à condition toutefois que les données ne soient pas destinées à une communication systématique à des tiers ou à la diffusion

b) aux copies temporaires faites dans le cadre des activités techniques de transmission et de fourniture d'accès à un réseau numérique, en vue du stockage automatique, intermédiaire et transitoire des données et à seule fin de permettre à d'autres destinataires du service le meilleur accès possible aux informations transmises.

Article 10 : Les formalités préalables à la mise en œuvre des traitements des données à caractère personnel

1. Sont dispensés des formalités préalables :

a) les traitements mentionnés à l'article 9.2 de la présente Convention;

b) les traitements ayant pour seul objet la tenue d'un registre qui est destiné à un usage exclusivement privé;

c) les traitements mis en œuvre par une association ou tout organisme à but non lucratif et à caractère religieux, philosophique, politique ou syndical dès lors que ces données correspondent à l'objet de cette association ou de cet organisme, qu'elles ne concernent que leurs membres et qu'elles ne doivent pas être communiquées à des tiers.

2. En dehors des cas prévus à l'article 10.1 ci-dessus et aux Article 10.4 et 10.5 de la présente Convention, les traitements de données à caractère personnel font l'objet d'une déclaration auprès de l'autorité de protection.

3. Pour les catégories les plus courantes de traitement des données à caractère personnel dont la mise en œuvre n'est pas susceptible de porter atteinte à la vie privée ou aux libertés, l'autorité nationale de protection établit et publie des normes destinées à simplifier ou à exonérer l'obligation de déclaration.

4. Sont mis en œuvre après autorisation de l'autorité nationale de protection :

a) les traitements des données à caractère personnel portant sur des données génétiques et sur la recherche dans le domaine de la santé ;

b) les traitements des données à caractère personnel portant sur des données relatives aux infractions, condamnations ou mesures de sûreté ;

c) les traitements des données à caractère personnel ayant pour objet une interconnexion de fichiers, telle que définie à l'Article 15 de la présente Convention les traitements portant sur un numéro national d'identification ou tout autre identifiant de la même nature ;

d) les traitements des données à caractère personnel comportant des données biométriques ;

e) les traitements des données à caractère personnel ayant un motif d'intérêt public notamment à des fins historiques, statistiques ou scientifiques.

5. Les traitements des données à caractère personnel opérés pour le compte de l'État, d'un établissement public ou d'une collectivité locale ou d'une personne morale de droit privé gérant un service public sont décidés par acte législatif ou réglementaire pris après avis motivé de l'autorité nationale de protection.

Ces traitements portent sur :

a) la sûreté de l'État, la défense ou la sécurité publique ;

b) la prévention, la recherche, la constatation ou la poursuite des infractions pénales ou l'exécution des condamnations pénales ou des mesures de sûreté ;

c) le recensement de la population ;

d) les données à caractère personnel faisant apparaître, directement ou indirectement, les origines raciales, ethniques ou régionales, la filiation, les opinions politiques, philosophiques ou religieuses ou l'appartenance syndicale des personnes, ou qui sont relatives à la santé ou à la vie sexuelle.

6. Les demandes d'avis, les déclarations et les demandes d'autorisations doivent préciser :

a) l'identité et l'adresse du responsable du traitement ou, si celui-ci n'est pas établi sur le territoire d'un pays membre de l'Union africaine, celles de son représentant dûment mandaté ;

b) la ou les finalités du traitement ainsi que la description générale de ses fonctions ;

c) les interconnexions envisagées ou toutes autres formes de mise en relation avec d'autres traitements

d) les données à caractère personnel traitées, leur origine et les catégories de personnes concernées par le traitement ;

e) la durée de conservation des données traitées ;

f) le ou les services chargés de mettre en œuvre le traitement ainsi que les catégories de personnes qui, en raison de leurs fonctions ou pour les besoins du service, ont directement accès aux données enregistrées ;

g) les destinataires habilités à recevoir communication des données ;

h) la fonction de la personne ou le service auprès duquel s'exerce le droit d'accès ;

i) les dispositions prises pour assurer la sécurité des traitements et des données ;

j) l'indication du recours à un sous-traitant ;

k) les transferts de données à caractère personnel envisagés à destination d'un pays tiers non membre de l'Union africaine, sous réserve de réciprocité.

7. L'autorité nationale de protection se prononce dans un délai fixe à compter de la réception de la demande d'avis ou d'autorisation. Toutefois, ce délai peut être prorogé ou non sur décision motivée de l'autorité nationale de protection.

8. L'avis, la déclaration ou la demande d'autorisation peut être adressé à l'autorité nationale de protection par voie électronique ou par voie postale.

9. L'autorité nationale de protection peut être saisie par toute personne, agissant par elle-même, par l'entremise de son avocat ou par toute autre personne physique ou morale dûment mandatée.

Section II : Le cadre institutionnel de la protection des données à caractère personnel

Article 11: Statut, composition et organisation des autorités nationales de protection des données à caractère personnel

1. a. Chaque État Partie s'engage à mettre en place une autorité chargée de la protection des données à caractère personnel.

b. L'autorité nationale de protection est une autorité administrative indépendante chargée de veiller à ce que les traitements des données à caractère personnel soient mis en œuvre conformément aux dispositions de la présente Convention.

2. L'autorité nationale de protection informe les personnes concernées et les responsables de traitement de leurs droits et obligations.

3. Sans préjudice aux dispositions de l'article– 11.6, chaque État Partie détermine la composition de l'autorité nationale chargée de la protection des données à caractère personnel.

4. Des agents assermentés, conformément aux dispositions en vigueur dans les États parties, peuvent être appelés à participer à la mise en œuvre des missions de vérification.

5. a. Les membres de l'autorité nationale de protection sont soumis au secret professionnel conformément aux textes en vigueur dans chaque pays membre.

b. Chaque autorité nationale de protection établit un règlement intérieur qui précise, notamment, les règles relatives aux délibérations, à l'instruction et à la présentation des dossiers.

6. La qualité de membre d'une autorité nationale de protection est incompatible avec la qualité de membre du Gouvernement, de l'exercice des fonctions de dirigeants d'entreprise, de la détention de participation dans les entreprises du secteur des technologies de l'information et de la communication.

7. a. Sans préjudice des législations nationales, les membres des autorités nationales de protection jouissent d'une immunité totale pour les opinions émises dans l'exercice ou à l'occasion de l'exercice de leur fonction.

b. Dans l'exercice de leur attribution, ils ne reçoivent d'instruction d'aucune autorité.

8. Les États parties s'engagent à doter les autorités nationales de protection des moyens humains, techniques et financiers nécessaires à l'accomplissement de leur mission.

Article 12: Attributions des autorités nationales de protection

1. Les autorités nationales de protection sont chargées de veiller à ce que les traitements des données à caractère personnel soient mis en œuvre conformément aux dispositions de la présente Convention dans les États Partis de l'Union africaine.

2. Les autorités nationales de protection s'assurent que les Technologies de l'Information et de la Communication ne comportent pas de menace au regard des libertés publiques et de la vie privée des citoyens. A ce titre, elles sont chargées de :

a) répondre à toute demande d'avis portant sur un traitement de données à caractère personnel ;

b) informer les personnes concernées et les responsables de traitement de leurs droits et obligations ;

c) autoriser les traitements de fichiers dans un certain nombre de cas, notamment les fichiers sensibles ;

d) recevoir les formalités préalables à la création de traitements des données à caractère personnel ;

e) recevoir les réclamations, les pétitions et les plaintes relatives à la mise en œuvre des traitements des données à caractère personnel et informer leurs auteurs des suites données à celles-ci ;

f) informer sans délai l'autorité judiciaire pour certains types d'infractions dont elles ont connaissance ;

g) procéder, par le biais de son personnel ou autre expert requis, à des vérifications portant sur tout traitement des données à caractère personnel;

h) prononcer des sanctions, administratives et pécuniaires, à l'égard des responsables de traitement ;

i) mettre à jour un répertoire des traitements des données à caractère personnel et à la disposition du public;

j) conseiller les personnes et organismes qui font les traitements des données à caractère personnel ou qui procèdent à des essais ou expériences de nature à aboutir à de tels traitements ;

k) autoriser les transferts transfrontaliers de données à caractère personnel ;

l) faire des suggestions susceptibles de simplifier et d'améliorer le cadre législatif et réglementaire à l'égard du traitement des données;

m) mettre en place des mécanismes de coopération avec les autorités de protection des données à caractère personnel de pays tiers ;

n) participer aux négociations internationales en matière de protection

o) des données à caractère personnel ; établir, selon une périodicité bien définie, un rapport d'activités remis aux autorités compétentes de l'État Partie.

3. Les autorités nationales de protection peuvent prononcer les mesures suivantes:

a) un avertissement à l'égard du responsable du traitement ne respectant pas les obligations découlant de la présente Convention ;

b) une mise en demeure de faire cesser les manquements concernés dans le délai qu'elle fixe.

4. Si le responsable du traitement ne se conforme pas à la mise en demeure qui lui a été adressée, Les autorités nationales de protection peuvent prononcer à son encontre, après procédure contradictoire, les sanctions suivantes :

a) un retrait provisoire de l'autorisation accordée ;

b) le retrait définitif de l'autorisation ;

c) une amende pécuniaire.

5. En cas d'urgence, lorsque la mise en œuvre d'un traitement ou l'exploitation de données à caractère personnel entraîne une violation de droits et libertés fondamentaux, les autorités nationales de protection, après procédure contradictoire, peuvent décider :

a) l'interruption de la mise en œuvre du traitement ;

b) le verrouillage de certaines données à caractère personnel traitées ;

c) l'interdiction temporaire ou définitive d'un traitement contraire aux dispositions de la présente Convention.

6. Les sanctions et décisions prises par les autorités nationales de protection sont susceptibles de faire l'objet d'un recours.

Section III: Les obligations relatives aux conditions de traitements de données à caractère personnel

Article 13 : Les principes de base gouvernant le traitement des données à caractère personnel

Principe 1 : Le principe de consentement et de légitimité du traitement des données à caractère personnel

Le traitement des données à caractère personnel est considéré comme légitime si la personne concernée donne son consentement. Toutefois, il peut être dérogé à cette exigence du consentement lorsque le traitement est nécessaire :

a) au respect d'une obligation légale à laquelle le responsable du traitement est soumis ;

b) à l'exécution d'une mission d'intérêt public ou relevant de l'exercice de l'autorité publique, dont est investi le responsable du traitement ou le tiers auquel les données sont communiquées;

c) à l'exécution d'un contrat auquel la personne concernée est partie ou à l'exécution de mesures précontractuelles prises à sa demande ;

d) à la sauvegarde de l'intérêt ou des droits et libertés fondamentaux de la personne concernée.

Principe 2 : Le principe de la licéité et de la loyauté du traitement des données à caractère personnel

La collecte, l'enregistrement, le traitement, le stockage et la transmission des données à caractère personnel doivent se faire de manière licite, loyale et non frauduleuse.

Principe 3 : Le principe de finalité, de pertinence, de conservation du traitement des données à caractère personnel

a) Les données doivent être collectées pour des finalités déterminées, explicites et légitimes et ne peuvent pas être traitées ultérieurement de manière incompatible avec ces finalités.

b) Elles doivent être adéquates, pertinentes et non excessives au regard des finalités pour lesquelles elles sont collectées et traitées ultérieurement.

c) Elles doivent être conservées pendant une durée qui n'excède pas la période nécessaire aux finalités pour lesquelles elles ont été collectées ou traitées.

d) Au-delà de cette période requise, les données ne peuvent faire l'objet d'une conservation qu'en vue de répondre spécifiquement à un traitement à des fins historiques, statistiques ou de recherches en vertu des dispositions légales.

Principe 4: Le principe d'exactitude des données à caractère personnel

Les données collectées doivent être exactes et, si nécessaire, mises à jour. Toute mesure raisonnable doit être prise pour que les données inexactes ou incomplètes, au regard des finalités pour lesquelles elles sont collectées et traitées ultérieurement, soient effacées ou rectifiées.

Principe 5: Le principe de transparence des données à caractère personnel

Le principe de transparence implique une information obligatoire de la part du responsable du traitement portant sur les données à caractère personnel.

Principe 6: Le principe de confidentialité et de sécurité des traitements de données à caractère personnel

a. Les données à caractère personnel doivent être traitées de manière confidentielle et être protégées, notamment lorsque le traitement comporte des transmissions de données dans un réseau.

b. Lorsque le traitement est mis en œuvre pour le compte du responsable du traitement, celui-ci doit choisir un sous-traitant qui apporte des garanties suffisantes. Il incombe au responsable du traitement ainsi qu'au soustraitant de veiller au respect des mesures de sécurité définies dans la présente Convention.

Article 14: les principes spécifiques relatifs au traitement de données sensibles

1. Les États Parties s'engagent à interdire la collecte et tout traitement qui révèlent l'origine raciale, ethnique ou régionale, la filiation, les opinions politiques, les convictions religieuses ou philosophiques, l'appartenance syndicale, la vie sexuelle, les données génétiques ou plus généralement celles relatives à l'état de santé de la personne concernée.

2. L'interdiction visée à l'Article 14.1 ne s'applique pas pour les catégories de traitements suivantes lorsque:

a) le traitement des données à caractère personnel porte sur des données manifestement rendues publiques par la personne concernée ;

b) la personne concernée a donné son consentement par écrit, quel que soit le support, à un tel traitement et en conformité avec les textes en vigueur ;

c) le traitement des données à caractère personnel est nécessaire à la sauvegarde des intérêts vitaux de la personne concernée ou d'une autre personne dans le cas où la personne concernée se trouve dans l'incapacité physique ou juridique de donner son consentement ;

d) le traitement, notamment des données génétiques, est nécessaire à la constatation, à l'exercice ou à la défense d'un droit en justice ;

e) une procédure judiciaire ou une enquête pénale est ouverte ;

f) le traitement des données à caractère personnel s'avère nécessaire pour un motif d'intérêt public notamment à des fins historiques, statistiques ou scientifiques ;

g) le traitement est nécessaire à l'exécution d'un contrat auquel la personne concernée est partie ou à l'exécution de mesures précontractuelles prises à la demande de la personne concernée pendant la période précontractuelle ;

h) le traitement est nécessaire au respect d'une obligation légale ou réglementaire à laquelle le responsable du traitement est soumis ;

i) le traitement est nécessaire à l'exécution d'une mission d'intérêt public ou est effectué par une autorité publique ou est assigné par une autorité publique au responsable du traitement ou à un tiers, auquel les données sont communiquées;

j) le traitement est effectué dans le cadre des activités légitimes d'une fondation, d'une association ou de tout autre organisme à but non lucratif et à finalité politique, philosophique, religieuse, mutualiste ou syndicale. Toutefois, le traitement doit se rapporter aux seuls membres de cet organisme ou aux personnes entretenant avec lui des contacts réguliers liés à sa finalité et que les données ne soient pas communiquées à des tiers sans le consentement des personnes concernées.

3. Le traitement des données à caractère personnel réalisé aux fins de journalisme, de recherche ou d'expression artistique ou littéraire est admis lorsqu'il est mis en œuvre aux seules fins d'expression littéraire et artistique ou d'exercice, à titre professionnel, de l'activité de journaliste ou chercheur, dans le respect des règles déontologiques de ces professions.

4. Les dispositions de la présente Convention ne font pas obstacle à l'application des dispositions des législations nationales relatives à la presse écrite ou au secteur de l'audiovisuel ainsi que du code pénal qui prévoient les conditions d'exercice du droit de réponse et qui préviennent, limitent, réparent et, le cas échéant, répriment les atteintes à la vie privée et à la réputation des personnes physiques.

5. Aucune décision impliquant une appréciation sur le comportement d'une personne ou produisant des effets juridiques à l'égard d'une personne ne peut avoir pour fondement un traitement automatisé des données à caractère personnel destiné à définir le profil de l'intéressé ou à évaluer certains aspects de sa personnalité.

6. a. Le responsable d'un traitement ne peut transférer des données à caractère personnel vers un État non-Partie de l'Union Africaine que si cet État assure un niveau de protection suffisant de la vie privée, des libertés et droits fondamentaux des personnes à l'égard du traitement dont ces données font ou peuvent faire l'objet.

b. La précédente interdiction ne s'applique pas lorsqu'avant tout transfert des données à caractère personnel vers ce pays tiers, le responsable du traitement doit préalablement solliciter l'autorisation de l'autorité nationale de protection.

Article 15: L'interconnexion des fichiers comportant des données à caractère personnel

L'interconnexion des fichiers visée à l'article 10.4 de la présente Convention doit permettre d'atteindre des objectifs légaux ou statutaires présentant un intérêt légitime pour les responsables des traitements. Elle ne peut pas entraîner de discrimination ou de réduction des droits, libertés et garanties pour les personnes concernées ni être assortie de mesures de sécurité appropriées et doit en outre tenir compte du principe de pertinence des données faisant l'objet de l'interconnexion.

Section IV : Les droits conférés à la personne dont les données font l'objet d'un traitement

Article 16: Droit à l'information

Le responsable du traitement doit fournir à la personne physique dont les données font l'objet d'un traitement, au plus tard, lors de la collecte et quels que soient les moyens et supports employés, les informations suivantes :

a) son identité et, le cas échéant, celle de son représentant;

b) la ou les finalités déterminées du traitement. auquel les données sont destinées;

c) les catégories de données concernées ;

d) le ou les destinataires auxquels les données sont susceptibles d'être communiquées ;

e) le fait de pouvoir demander à ne plus figurer sur le fichier ;

f) l'existence d'un droit d'accès aux données la concernant et de rectification de ces données ;

g) la durée de conservation des données ;

h) l'éventualité de tout transfert de données à destination de pays tiers.

Article 17 : Droit d'accès

Toute personne physique dont les données à caractère personnel font l'objet d'un traitement peut demander au responsable de ce traitement sous forme de questions :

a) les informations permettant de connaître et de contester le traitement;

b) la confirmation que des données à caractère personnel la concernant font ou ne font pas l'objet de traitement ;

c) la communication des données à caractère personnel qui la concernent ainsi que de toute information disponible quant à l'origine de celles-ci ;

d) des informations relatives aux finalités du traitement, aux catégories de données à caractère personnel traitées et aux destinataires ou aux catégories de destinataires auxquels les données sont communiquées.

Article 18: Droit d'opposition

Toute personne physique a le droit de s'opposer, pour des motifs légitimes, à ce que des données à caractère personnel la concernant fassent l'objet d'un traitement.

Elle a le droit, d'une part, d'être informée avant que des données la concernant ne soient pour la première fois communiquées à des tiers ou utilisées pour le compte de tiers à des fins de prospection et, d'autre part, de se voir expressément offrir le droit de s'opposer, gratuitement, à ladite communication ou utilisation.

Article 19: Droit de rectification et de suppression

Toute personne physique peut exiger du responsable d'un traitement que soient, selon les cas, rectifiées, complétées, mises à jour, verrouillées ou supprimées les données à caractère personnel la concernant, qui sont inexactes, incomplètes, équivoques, périmées, ou dont la collecte, l'utilisation, la communication ou la conservation est interdite.

Section V : Les obligations du responsable de traitement de données à caractère personnel

Article 20: Les obligations de confidentialité

Le traitement des données à caractère personnel est confidentiel. Il est effectué exclusivement par des personnes qui agissent sous l'autorité du responsable du traitement et seulement sur ses instructions.

Article 21 : Les obligations de sécurité

Le responsable du traitement est tenu de prendre toute précaution utile au regard de la nature des données et, notamment, pour empêcher qu'elles soient déformées, endommagées, ou que des tiers non autorisés y aient accès.

Article 22: Les obligations de conservation

Les données à caractère personnel ne doivent pas être conservées au-delà de la période requise pour les fins en vue desquelles elles ont été recueillies et traitées.

Article 23: Les obligations de pérennité

a. Le responsable du traitement est tenu de prendre toute mesure utile pour assurer que les données à caractère personnel traitées pourront être exploitées quel que soit le support technique utilisé.

b. Il doit particulièrement s'assurer que l'évolution de la technologie ne sera pas un obstacle à cette exploitation.

CHAPITRE III : PROMOTION DE LA CYBERSECURITE ET LUTTE CONTRE LA CYBERCRIMINALITE

Section I : Mesures de Cyber sécurité à prendre au niveau national

Article 24: Cadre de la cyber sécurité nationale

1. **Politique nationale**

Chaque État Partie s'engage en collaboration avec les parties prenantes, à se doter d'une politique nationale de cyber sécurité qui reconnaisse l'importance de l'infrastructure essentielle de l'information (IEI) pour la nation, qui identifie les risques auxquels elle est confrontée en utilisant une approche tous risques et qui définit dans les grandes lignes la façon dont les objectifs seront mis en œuvre.

2. **Stratégie nationale**

Les États Parties s'engagent à adopter les stratégies qu'ils jugent appropriées et suffisantes pour mettre en œuvre la politique nationale de cyber sécurité, spécifiquement dans le domaine de la réforme législative et du développement, de la sensibilisation et du développement des capacités, du partenariat publicprivé et de la coopération internationale, pour ne citer que ceux-ci. Les stratégies devront établir des structures organisationnelles et se fixer des objectifs ainsi que des délais pour mener à bien tous les aspects de la politique de cyber sécurité, tout en posant les bases d'une gestion effective des incidents et de la coopération internationale.

Article 25: Mesures légales

1. **Législations contre la cybercriminalité**

Chaque État Partie s'engage à adopterles mesures législatives et/ou réglementaires qu'il jugera efficaces en considérant comme infractions criminelles substantielles des actes qui affectent la confidentialité, l'intégrité, la disponibilité et la survivance des systèmes technologies de l'information et de la communication et les données qu'ils traitent et des infrastructures réseau sous-jacentes, ainsi que les mesures procédurales qu'il jugera efficaces pour rechercher et poursuivre les contrevenants. Les États Parties s'engagent à prendre en considération le choix du langage utilisé dans les meilleures pratiques internationales.

2. **Les autorités réglementaires nationales**

Chaque État Partie s'engage à adopter les mesures législatives et/ou réglementaires qu'il jugera nécessaires pour conférer la responsabilité spécifique aux institutions - qu'elles soient nouvellement créées ou préexistantes – ainsi qu'aux officiels désignés de ces institutions, afin de leur impartir l'autorité statutaire et la capacité légale à agir dans tous les aspects de l'application de la cyber sécurité, y compris mais sans s'y limiter, la réponse aux incidents et la coordination et la coopération en matière de justice réparatrice, les investigations en criminalistique, la poursuite, etc.

3. Droits des citoyens

En adoptant des mesures législatives et/ou réglementaires en matière de cyber sécurité ou en créant le cadre d'application de celle-ci, chaque État Partie veillera à ce que les mesures adoptées n'entravent pas les droits des citoyens garantis en vertu de la constitution nationale, droits internes et protégés par les conventions internationales, particulièrement la Charte africaine des droits de l'Homme et des Peuples, ainsi que les droits fondamentaux tels que le droit à la liberté d'expression, le droit au respect de la vie privée et le droit à une instruction équitable, entre autres.

4. Protection des infrastructures critiques

Chaque État Partie s'engage à adopter des mesures législatives et/ou réglementaires qu'il jugera nécessaires pour identifier les secteurs considérés comme sensibles pour sa sécurité nationale et le bien-être de l'économie et des systèmes technologies de l'information et de la communication désignés pour fonctionner dans ces secteurs comme constituant des infrastructures critiques de l'information, en proposant à cet égard une sanction plus sévère pour les activités criminelles sur les systèmes TIC dans ces secteurs et également des dispositions pour améliorer la vigilance, la sécurité et la gestion.

Article 26 : Système national de la cyber sécurité

1. Culture de cyber sécurité

a) Chaque État Partie s'engage à promouvoir la culture de la sécurité chez toutes les parties prenantes – gouvernements, entreprises et société civile – qui développent, possèdent, gèrent, mettent en service et utilisent les systèmes et les réseaux d'information. La culture de la sécurité devra mettre l'accent sur la sécurité dans le développement des systèmes et des réseaux d'information et sur l'adoption de nouvelles façons de penser et de se comporter lors de l'utilisation des systèmes d'information et lors des communications ou des transactions à travers les réseaux.

b) Dans le cadre de la promotion de la culture de sécurité, les États Parties peuvent adopter les mesures suivantes : mettre en place un plan de cyber sécurité pour les systèmes gérés par leurs gouvernements ; élaborer et mettre en œuvre des programmes et des initiatives de sensibilisation sur la sécurité pour les utilisateurs des systèmes et des réseaux ; inciter au développement d'une culture de la sécurité dans les entreprises ; favoriser l'engagement de la société civile ; lancer un programme de sensibilisation nationale détaillé et complet pour les internautes, les petites entreprises, les écoles et les enfants.

2. Rôle des gouvernements

Chaque État Partie s'engage à être le garant d'un leadership pour le développement de la culture de la sécurité à l'intérieur de ses frontières. Les États membres s'engagent à sensibiliser, assurer l'éducation et la formation ainsi que la diffusion des informations au public.

3. Partenariat Public-Privé

Chaque État Partie s'engage à développer un partenariat public-privé en tant que modèle afin d'engager l'industrie, la société civile et le monde universitaire dans la promotion et le renforcement d'une culture de la cyber sécurité.

4. Éducation et Formation

Chaque État Partie s'engage à adopter des mesures de renforcement des capacités afin de proposer des formations couvrant tous les domaines de la cyber sécurité aux différents acteurs de la Société de l'information et à fixer des normes pour le secteur privé.

Les États Parties s'engagent à promouvoir le renforcement technique des professionnels des technologies de l'information et de la communication à l'intérieur et à l'extérieur des instances gouvernementales par le biais de la certification et de la normalisation des formations ; la catégorisation des qualifications professionnelles et le développement et la distribution de matériel en fonction des besoins.

Article 27 : Structures nationales de suivi de la cyber sécurité

1. Gouvernance de la cyber sécurité

a) Chaque État Partie s'engage à adopter des mesures nécessaires pour mettre en place un dispositif institutionnel approprié pour une prise en charge de la gouvernance de la cyber sécurité.

b) Les mesures préconisées au titre du paragraphe 1 du présent article doivent établir un fort leadership et un engagement dans les divers aspects de la cyber sécurité des institutions et des groupes professionnels compétents de l'État Partie. À cet égard, les États Parties s'engagent à prendre des dispositions pour:

i) établir une responsabilité claire en matière de cyber sécurité à tous les niveaux du gouvernement en définissant précisément les rôles et les responsabilités ;

ii) exprimer un engagement manifeste en matière de cybersécurité, qui soit public et transparent ;

iii) encourager le secteur privé, en sollicitant son engagement et sa participation dans des initiatives dirigées par le gouvernement aux fins de promouvoir la cybersécurité.

c) La gouvernance de la cybersécurité devra être établie en fonction d'un cadre national qui soit en mesure de répondre aux défis perçus et à toute question relative à la sécurité de l'information au niveau national dans le plus grand nombre possible de domaines de la cybersécurité.

2. Le cadre institutionnel

Chaque État membre s'engage à adopter des mesures qu'il jugera nécessaires aux fins de créer des institutionscompétentes pour lutter contre la cybercriminalité ; de mener une veille, une réponse aux incidents et aux alertes ; d'assurer la coordination nationale et transfrontalière des problèmes de cybersécurité et également la coopération mondiale.

Article 28 : Coopération internationale

1. **Harmonisation**

Les États Parties s'engagent à garantir que les mesures législatives et/ou réglementaires adoptées pour lutter contre la cybercriminalité renforcent la possibilité d'harmonisation régionale de ces mesures et respectent le principe de la double incrimination.

2. **Entraide judiciaire**

Les États Parties qui n'ont pas de conventions d'assistance mutuelle en matière de cybercriminalité s'engagent à encourager la signature des conventions d'entraide judiciaire en conformité avec le principe de la double incrimination tout en favorisant les échanges d'informations ainsi que le partage efficient des données entre les organisations des États membres sur une base bilatérale et multilatérale.

3. **Échange d'informations**

Les États Parties s'engagent à encourager la mise en place des institutions qui échangent des informations sur les cybermenaces et sur l'évaluation de la vulnérabilité telles que les équipes de réaction d'urgence en informatique (CERT : Computer Emergency Response Teams) ou les équipes de réaction aux incidents de sécurité informatique (CSIRTS : Computer Security Incident Response Teams).

4. **Moyen de la coopération**

Les États Parties s'engagent à se prévaloir de moyens existants pour la coopération internationale aux fins de répondre aux cybermenaces, à améliorer la cybersécurité et à stimuler le dialogue entre les parties prenantes. Ces moyens pourraient être internationaux, intergouvernementaux ou régionaux, ou basés sur des partenariats privés et publics. »

Section II : Dispositions pénales

Article 29 : Les infractions spécifiques aux Technologies de l'Information et de la Communication

1. **Atteintes aux systèmes informatiques**

Les État Parties s'engagent à prendre des mesures législatives et/ou réglementaires nécessaires en vue d'ériger en infraction pénale le fait :

a) d'accéder ou de tenter d'accéder frauduleusement dans tout ou partie d'un système informatique ou de dépasser un accès autorisé ;

b) d'accéder ou de tenter d'accéder frauduleusement dans tout ou partie d'un système informatique ou de dépasser un accès autorisé avec l'intention de commettre une nouvelle infraction ou faciliter une telle infraction ;

c) de se maintenir ou de tenter de se maintenir frauduleusement dans tout ou partie d'un système informatique ;

d) d'entraver, fausser ou tenter d'entraver ou de fausser le fonctionnement d'un système informatique ;

e) d'introduire ou tenter d'introduire frauduleusement des données dans un système informatique;

f) d'endommager ou de tenter d'endommager, d'effacer ou tenter d'effacer, de détériorer ou tenter de détériorer, d'altérer ou tenter d'altérer, de modifier ou tenter de modifier frauduleusement des données informatiques.

Les États Parties s'engagent par ailleurs à :

g) adopter des règles qui imposent aux vendeurs de produits des technologies de l'information et de la communication de faire réaliser, par des experts et des chercheurs en sécurité informatique indépendants, un essai de vulnérabilité et une évaluation de la garantie de sécurité, et de divulguer aux consommateurs toutes les vulnérabilités décelées dans les produits ainsi que les solutions recommandées pour y remédier.

h) prendre des mesures législatives et/ou réglementaires nécessaires en vue d'ériger en infraction pénale le fait sans droit, de produire, vendre, importer, détenir, diffuser, offrir, céder ou mettre à disposition un équipement, un programme informatique, tout dispositif ou donnée conçue ou spécialement adaptée pour commettre des infractions ou un mot de passe, un code d'accès ou des données informatisées similaires permettant d'accéder à tout ou partie d'un système informatique.

2. Atteintes aux données informatisées

Les État Parties s'engagent à prendre des mesures législatives et/ou réglementaires nécessaires en vue d'ériger en infraction pénale le fait de :

a) intercepter ou tenter d'intercepter frauduleusement par des moyens techniques des données informatisées lors de leur transmission non publique à destination, en provenance ou à l'intérieur d'un système informatique.

b) introduire, altérer, effacer ou supprimer intentionnellement et sans droit des données informatiques, engendrant des données non authentiques, dans l'intention qu'elles soient prises en compte ou utilisées à des fins légales comme si elles étaient authentiques, qu'elles soient ou non directement lisibles et intelligibles. Une Partie peut exiger en droit interne une intention frauduleuse ou une intention délictueuse similaire pour que la responsabilité pénale soit engagée.

c) en connaissance de cause, faire usage des données obtenues de manière frauduleuse.

d) obtenir frauduleusement, pour soi-même ou pour autrui, un avantage quelconque, par l'introduction, l'altération, l'effacement ou la suppression de données informatisées ou par toute forme d'atteinte au fonctionnement d'un système informatique.

e) même par négligence, procéder ou faire procéder à des traitements de données à caractère personnel sans avoir respecté les formalités préalables à leur mise en œuvre.

f) participer à une association formée ou à une entente établie en vue de préparer ou de commettre une ou plusieurs des infractions prévues dans la présente convention.

3. Infractions se rapportant au contenu

1. Les État Parties s'engagent à prendre des mesures législatives et/ou réglementaires nécessaires en vue d'ériger en infraction pénale le fait de :

a) produire, enregistrer, offrir, fabriquer, de mettre à disposition, de diffuser, de transmettre une image ou une représentation présentant un caractère de pornographie infantile par le biais d'un système informatique.

b) procurer ou de procurer à autrui, d'importer ou de faire importer, d'exporter ou de faire exporter une image ou une représentation présentant un caractère de pornographie infantile par le biais d'un système informatique.

c) posséder une image ou une représentation présentant un caractère de pornographieinfantile dans un système informatique ou dans un moyen quelconque de stockage de données informatisées.

d) faciliter et donner l'accès à des images, des documents, du son ou une représentation présentant un caractère de pornographie à un mineur.

e) créer, télécharger, diffuser ou de mettre à disposition sous quelque forme que ce soit des écrits, messages, photos, dessins ou toute autre représentation d'idées ou de théories, de nature raciste ou xénophobe, par le biais d'un système informatique.

f) Commettre une menace par le biais d'un système informatique, de commettre une infraction pénale envers une personne en raison de son appartenance à un groupe qui se caractérise par la race, la couleur, l'ascendance ou l'origine nationale ou ethnique, ou la religion dans la mesure où cette appartenance sert de prétexte à l'un ou l'autre de ces éléments, ou un groupe de personnes qui se distingue par une de ces caractéristiques ;

g) Proférer une insulte commise par le biais d'un système informatique envers une personne en raison de son appartenance à un groupe qui se caractérise par la race, la couleur, l'ascendance ou l'origine nationale ou ethnique, ou l'appartenance sert de prétexte à l'un ou l'autre de ces éléments, ou un groupe de personnes qui se distingue par une de ces caractéristiques ;

h) Nier délibérément, d'approuver ou de justifier des actes constitutifs de génocide ou de crimes contre l'humanité par le biais d'un système informatique ;

2. Les État Parties s'engagent à prendre des mesures législatives et/ou réglementaires nécessaires en vue d'ériger en infraction pénale les infractions prévues par la présente Convention.

Lorsqu'elles ont été commises en bande organisée, elles seront punies du maximum de la peine prévue pour l'infraction concernée ;

3. Les État Parties s'engagent à prendre des mesures législatives et/ou réglementaires nécessaires pour faireen sortequ'en cas de condamnation, que les tribunaux nationaux puissent prononcer la confiscation des matériels équipements, instruments, programmes informatiques ou tous dispositifs ou données appartenant au condamné et ayant servi à commettre les infractions mentionnées dans cette Convention.

4. Infractions se rapportant aux mesures de sécurisation des échanges électroniques

Les État Parties s'engagent à prendre des mesures législatives et/ou réglementaires nécessaires pour faire en sorte que la preuve numérique en matière pénale soit admise à établir les infractions aux lois pénales internes sous réserve qu'elle soit apportée au cours des débats et discutée devant le juge et que puisse être dûment identifiée la personne dont elle émane et qu'elle soit établie et conservée dans des conditions de nature à en garantir l'intégrité.

Article 30 : L'adaptation de certaines infractions aux Technologies de l'Information et de la Communication

1. Atteintes aux biens

a) Les État Parties s'engagent à prendre des mesures législatives et/ou réglementaires nécessaires en vue d'ériger en infraction les atteintes juridiques aux biens, à savoir le vol, l'escroquerie, le recel, l'abus de confiance, l'extorsion de fonds, le chantage portant sur les données informatiques.

b) Les État Parties s'engagent à prendre des mesures législatives et/ou réglementaires nécessaires en vue d'ériger en circonstance aggravante l'utilisation des technologies de l'information et de la communication en vue de commettre des infractions comme le vol, l'escroquerie, le recel, l'abus de confiance, l'extorsion de fonds, le terrorisme, le blanchiment de capitaux.

c) Les État Parties s'engagent à prendre des mesures législatives et/ou réglementaires nécessaires en vue d'inclure expressément « les moyens de communication numérique par voie électronique » à l'image d'Internet dans l'énumération des moyens de diffusion publique prévus dans leurs textes pénaux.

d) Les État Parties s'engagent à prendre des mesures législatives criminelles nécessaires en vue de restreindre l'accès aux systèmes protégés qui ont été considérés comme infrastructure critique de la défense nationale en raison des données critiques de sécurité nationale qu'ils contiennent.

2. Responsabilité pénale pour les personnes morales

Les État Parties s'engagent à prendre des mesures législatives nécessaires pour faire en sorte que les personnes morales autres que l'État, les collectivités locales et les établissements publics puissent être tenues pour responsables des infractions prévues par le présente Convention, commises pour leur compte par leurs organes ou représentants. La responsabilité des personnes morales n'exclut pas celle des personnes physiques auteurs ou complices des mêmes faits.

Article 31 L'adaptation de certaines sanctions aux Technologies de l'Information et de la Communication

1. Sanctions pénales

a) Les État Parties s'engagent à prendre des mesures nécessaires pour faire en sorte que les infractions prévues par la présente Convention soient passibles de sanctions pénales effectives, proportionnées et dissuasives.

b) Les État Parties s'engagent à prendre des mesures nécessaires pour faire en sorte que les infractions prévues par la présente Convention soient passibles de peines appropriées selon sa législation nationale.

c) Les État Parties s'engagent à prendre des mesures nécessaires pour faire en sorte qu'une personne morale déclarée responsable au sens de la présente Convention, soit passible de peines effectives, proportionnées et dissuasives, qui comprennent des amendes pénales.

2. Autres sanctions pénales

a) Les État Parties s'engagent à prendre des mesures nécessaires pour faire en sorte qu'en cas de condamnation pour une infraction juridiction d'instruction ou de jugement saisi puisse prononcer à titre accessoire des peines complémentaires.

b) Les État Parties s'engagent à prendre des mesures nécessaires pour faire en sorte qu'en cas de condamnation pour une infraction commise par le biais d'un support de communication numérique, le juge puisse ordonner à titre complémentaire obligatoire la diffusion au frais du condamné, par extrait, de la décision sur ce même support, et selon des modalités précisées dans les législations des États Membres.

c) Les État Parties s'engagent à prendre des mesures législatives nécessaires pour faire en sorte que la violation du secret stocké dans un système d'information soit punie des mêmes peines applicables au délit de violation du secret professionnel.

3. Droit procédural

a) Les État Parties s'engagent à prendre des mesures nécessaires pour faire en sorte que lorsque des données stockées dans un système informatique ou dans un support permettant de conserver des données informatisées sur le territoire d'un État Partie, sont utiles à la manifestation de la vérité, la juridiction saisie puisse opérer une perquisition ou accéder à un système informatique ou à une partie de celui-ci ou dans un autre système informatique, dès lors que ces données sont accessibles à partir du système initial ou disponibles pour le système initial.

b) Les État Parties s'engagent à prendre des mesures nécessaires pour faire en sorte que lorsque le autorité judiciaire en charge de l'instruction découvre dans un système informatique des données stockées qui sont utiles pour la manifestation de la vérité, mais que la saisie du support ne paraît pas souhaitable, ces données, de même que celles qui sont nécessaires pour les comprendre, soient copiées sur des supports de stockage informatique pouvant être saisis et placés sous scellés, selon des modalités prévues dans les législations des États Parties.

c) Les État Parties s'engagent à prendre des mesures nécessaires pour faire en sorte que les autorités judiciaires puissent, pour les nécessités de l'enquête ou de l'exécution d'une délégation judiciaire, procéder aux opérations prévues par la présente Convention.

d) Les État Parties s'engagent à prendre des mesures nécessaires pour faire en sorte que si les nécessités de l'information l'exigent, notamment lorsqu'il y a des raisons de penser que des données informatisées archivées dans un système informatique sont particulièrement susceptibles de perte ou de modification, le autorité judiciaire en charge de l'instruction puisse faire injonction à toute personne de conserver et de protéger l'intégrité des données en sa possession ou sous son contrôle, pendant une durée de deux ans maximum, pour la bonne marche des investigations judiciaires. Le gardien des données ou une toute autre personne chargée de conserver celles-ci est tenu d'en garder le secret.

e) Les État Parties s'engagent à prendre des mesures nécessaires pour faire en sorte que si les nécessités de l'information l'exigent le autorité judiciaire en charge de l'instruction puisse utiliser les moyens techniques appropriés pour collecter ou enregistrer en temps réel, les données relatives au contenu de communications spécifiques sur son territoire, transmises au moyen d'un système informatique ou obliger un fournisseur de services, dans le cadre de ses capacités techniques à collecter ou à enregistrer, en application de moyens techniques existant sur son territoire ou ceux des États Parties, ou à prêter aux autorités compétentes son concours et son assistance pour collecter ou enregistrer lesdites données informatisées.

CHAPITRE IV: DISPOSITIONS FINALES

Article 32 : Mesures à prendre au niveau de l'Union Africaine

Le Président de la Commission informe l'Assemblée en ce qui concerne la mise en œuvre et le suivi de mécanisme opérationnel de la présente Convention. Le mécanisme de suivi à mettre en place veillera à:

a) promouvoir et encourager sur le continent l'adoption et l'application de mesures de renforcement de la cybersécurité dans les téléservices et de lutte contre la cybercriminalité et les atteintes aux droits de la personne dans le cyberespace ;

b) rassembler des documents et des informations sur les besoins en cybersécurité ainsi que sur la nature et l'ampleur de la cybercriminalité et les atteintes aux droits de la personne dans le cyberespace ;

c) élaborer des méthodes pour analyser les besoins en cybersécurité ainsi que sur la nature et l'ampleur de la cybercriminalité et les atteintes aux droits de la personne dans le cyberespace et diffuser l'information, et sensibiliser l'opinion publique sur les effets négatifs de ces phénomènes ;

d) conseiller les gouvernements Africains sur la manière de promouvoir la cybersécurité et de lutter contre le fléau de la cybercriminalité et les atteintes aux droits de la personne dans le cyberespace au niveau national ;

e) recueillir des informations et procéder à des analyses sur la conduite et le comportement délictueux des usagers des réseaux et des systèmes d'informations opérant en Afrique, et diffuser ces informations auprès des autorités nationales compétentes ;

f) élaborer et promouvoir l'adoption de codes de conduite harmonisés à l'usage des agents publics en matière de cybersécurité ;

g) établir des partenariats avec la Commission et la Cour africaines des droits de l'homme et des peuples, la société civile africaine, les organisations gouvernementales, intergouvernementales et non gouvernementales, afin de faciliter le dialogue sur la lutte contre la cybercriminalité et les atteintes aux droits de la personne dans le cyberespace ;

h) soumettre des rapports réguliers au Conseil Exécutif de l'Union Africaine sur les progrès réalisés par chaque État partie dans l'application des dispositions de la présente Convention ;

i) s'acquitter de toute autre tâche relative à la cybercriminalité et les atteintes aux droits de la personne dans le cyberespace que peuvent lui confier les organes délibérants de l'Union africaine.

Article 33 : Dispositions de sauvegarde

Les dispositions de la présente Convention ne peuvent être interprétées de manière non conforme aux principes pertinents du droit international, y compris le droit coutumier international.

Article 34 : Règlement des différends

1. Tout différend né de l'application de la présente Convention est réglé à l'amiable, par voie de négociation directe entre les États Parties concernés.

2. Si le différend ne peut être réglé par voie de négociation directe, les États Parties s'efforcent de le régler par d'autres moyens pacifiques, y compris les bons offices, la médiation et la conciliation, ou tout autre moyen pacifique agréé par les Parties. À cet égard, les États Parties sont encouragés à recourir aux procédures et mécanismes de règlement des différends mis en place dans le cadre de l'Union.

Article 35 : Signature, ratification et adhésion

La présente Convention est ouverte à tous les États membres de l'Union, pour signature, ratification et adhésion, conformément à leurs procédures constitutionnelles respectives.

Article 36 : Entrée en vigueur

La présente Convention entre en vigueur trente (30) jours après la réception, par le Président de la Commission de l'Union africaine, du quinzième (15ème) instrument de ratification ou d'adhésion.

Article 37 : Amendement

1. Tout État Partie peut soumettre des propositions d'amendement ou de

2. Les propositions d'amendement ou de révision sont soumises au Président de la Commission de l'Union africaine, qui les transmet aux États Parties dans un délai de trente (30) jours suivant leur réception.

3. La Conférence de l'Union, sur recommandation du Conseil exécutif de l'Union, examine ces propositions à sa prochaine session, sous réserve que tous les États Parties en aient été notifiés trois (3) mois au moins avant le début de la session.

4. La Conférence de l'Union adopte les amendements, conformément à son Règlement intérieur.

5. Les amendements ou révisions entrent en vigueur conformément aux dispositions de l'article 36 ci-dessous.

Article 38 : Dépositaire

1. Les instruments de ratification ou d'adhésion sont déposés auprès du Président de la Commission de l'Union africaine.

2. Tout État Partie peut dénoncer la présente Convention en notifiant, par écrit, son intention un (1) an à l'avance au Président de la Commission de l'Union africaine.

3. Le Président de la Commission de l'Union africaine notifie aux États membres toute signature de la présente Convention, le dépôt de tout instrument de ratification ou d'adhésion, ainsi que son entrée en vigueur.

4. Le Président de la Commission notifie également aux États membres les demandes d'amendement ou de retrait de la Convention, ainsi que les réserves à celle-ci.

5. Dès l'entrée en vigueur de la présente Convention, le Président de la Commission de l'Union africaine l'enregistre auprès du Secrétaire général de l'Organisation des Nations unies, conformément à l'article 102 de la Charte des Nations unies.

6. La présente Convention, rédigée en quatre (4) textes originaux en Arabe, en Anglais, en Français et en Portugais, tous les quatre (4) textes faisant également foi, est déposée auprès du Président de la Commission de l'Union africaine, qui en transmet une copie certifiée conforme à chaque État membre dans sa langue officielle.

EN FOI DE QUOI, NOUS, Chefs d'État et de gouvernement de l'Union africaine, ou nos représentants dûment autorisés, avons adopté la présente Convention.

Adopté par la 23e Session Ordinaire de la Conférence de l'Union à

Malabo, le 27 juin 2014

- **Convention de Malabo sur la cybersécurité et la protection des données à caractère personnel**

- **Bibliographie**

B. BOUTROS-GHALI, *L'Organisation de l'unité africaine,* Paris, Armand Colin, coll. « U », 1969, 197 p

B. TCHIKAYA, « Union africaine. Organisation panafricaine » *Jurisclass. dr. inter.*, fasc. 165-10, 2021

B. TCHIKAYA, *Droit de l'Union africaine*, Paris, éd. LGDJ, 2018, 361 p

D. BATTU, « La cybersécurité en Afrique » : http://www.smart-webzine.com/la-cybersecurite-en-afrique-4234

P. A. TOURE, « La convention de Malabo du 27 juin 2014 sur la cybersécurité et la protection des données à caractère personnel : une nouvelle approche de la gouvernance de la cybercriminalité en Afrique ? », in *Administrer la justice. Transcender les frontières du droit, Mélanges en l'honneur du juge Kéba Mbaye*, Toulouse, Presse de l'Université de Toulouse 1 Capitole, 2018, p. 167

P.-F. GONIDEC, « Existe-t-il un droit international africain ? », *Revue africaine de droit international et comparé,* n° 2, 1993, p. 243-259.

- **Commentaire**

293. Objectifs de l'UA. L'Union africaine (UA) est la première des organisations régionales interétatiques par le nombre d'États membres. Elle est une organisation continentale à laquelle ont adhéré les États membres qui composent les pays du continent africain. Elle a été officiellement fondée en 2002 pour prendre le relais de l'Organisation de l'Unité africaine (OUA) (*B. BOUTROS-GHALI, L'Organisation de l'unité africaine, Paris, Armand Colin, coll. « U », 1969, 197 p*) et compte aujourd'hui 55 États et son siège est fixé à Addis-Abéba (Éthiopie) (*B. TCHIKAYA, « Union africaine. Organisation panafricaine » Jurisclass. dr. inter., fasc. 165-10, 2021 ; A. YUSUF et F. OUGUERGOUZ, L'Union africaine, manuel sur l'organisation panafricaine, Paris, éd. A. Pedone, 2020, 496 p ; P.-F. GONIDEC, « Existe-t-il un droit international africain ? », Revue africaine de droit international et comparé, n° 2, 1993, p. 243-259 ; B. TCHIKAYA, Droit de l'Union africaine, Paris, éd. LGDJ, 2018, 361 p.)* L'UA s'inscrit dans la vision « d'une Afrique intégrée, prospère et pacifique, dirigée par ses propres citoyens et représentant une force dynamique sur la scène internationale ». Selon l'Acte constitutif de l'Union africaine et le protocole sur les amendements à l'Acte constitutif de l'Union africaine, l'UA a pour objectifs de réaliser une plus grande unité et solidarité entre les pays africains et entre les peuples d'Afrique, de défendre la souveraineté, l'intégrité territoriale et l'indépendance des États membres, d'encourager la coopération internationale et de promouvoir la paix, la sécurité et la stabilité sur le continent.

294. Initiatives de cybersécurité de l'UA. Dans l'espace de l'Union africaine, la forte volonté politique en faveur de la cybersécurité s'est manifestée par l'adoption de plusieurs documents de stratégie. Il en est ainsi du Plan d'action régional africain pour l'économie du savoir (PARAES).

Ce document prend en compte des axes stratégiques relatifs à la sécurité des personnes et des biens dans la société de l'information.

La session extraordinaire des Ministres de l'Union africaine chargés des TIC, tenue le 05 novembre 2009 à Johannesburg (Afrique du Sud), a adopté la Déclaration d'Oliver Tambo. Cette Déclaration a exhorté la Commission de l'Union africaine d'adopter, en collaboration avec la Commission Economique des Nations Unies pour l'Afrique (CEA), dans le cadre de *l'African Information Society Initiative* (AISI), une convention africaine sur la cybersécurité.

Lors de la 14e session ordinaire de l'Assemblée des Chefs d'Etats et de Gouvernements de l'Union africaine sur les technologies de l'information et de communication en Afrique, tenue à Addis-Abéba (Ethiopie) du 31 janvier au 02 février 2010, les Etats membres se sont engagés à procéder à l'harmonisation de leurs législations en matière de TIC.

L'option de rapprocher les législations africaines a été également réaffirmée dans la Déclaration d'Abidjan du 22 février 2012 ainsi que dans celle d'Addis-Abéba adoptée le 22 juin 2012 sur l'harmonisation des cyberlégislations en Afrique.

295. Adoption de la convention de Malabo. Conscients des enjeux liés à la cybercriminalité en Afrique, les Chefs d'Etats et de Gouvernements de l'Union africaine, réunis les 26 et 27 juin 2014 à Malabo (Guinée Equatoriale), lors de la 23eme session ordinaire du Sommet de l'UA, ont adopté la convention africaine sur la cybersécurité et la protection des données à caractère personnel[1].

La convention de Malabo sur la cybersécurité et la protection des données à caractère personnel vise « à définir les objectifs et les grandes orientations de la société de l'information en Afrique et à renforcer les législations actuelles des Etats membres et des communautés économiques régionales (CER) en matière de technologies de l'information et de la communication » *(« Internet: adoption de la convention de l'Union Africaine sur la cybersécurité et la protection des données à caractère personnel » : http://www.sn; D. BATTU,« La cybersécurité en Afrique »:http://www.smart-webzine.com/la-cybersecurite-en-afrique-4234*).

Cette convention constitue une innovation majeure de la stratégie de lutte contre la cybercriminalité en Afrique. Elle retient une approche très large de la cybersécurité impliquant la lutte contre la cybercriminalité, la protection des données à caractère personnel et l'encadrement des transactions électroniques. La convention de Malabo comporte quatre chapitres : un chapitre premier relatif aux transactions électroniques (art. 2 à 7), un chapitre II sur la protection des données à caractère personnel (art. 8 à 23), un chapitre III concernant la promotion de la cyberséurité et la lutte contre la cybercriminalité (art. 24 à 31) et un chapitre IV relatif aux dispositions finales (art. 32 à 38).

Face à l'actualité du phénomène de la cybercriminalité, qui constitue une sérieuse menace pour la sécurité des réseaux et le développement de la société de l'information, le chapitre III de la convention fixe les grandes orientations de la stratégie de lutte contre la cybercriminalité et de la promotion de la cybersécurité dans les Etats membres de l'UA (*P. A. TOURE, « La convention de Malabo du 27 juin 2014 sur la cybersécurité et la protection des données à caractère personnel : une nouvelle approche de la gouvernance de la cybercriminalité en Afrique ? », in Administrer la justice. Transcender les frontières du droit, Mélanges en l'honneur du juge Kéba Mbaye, Toulouse, Presse de l'Université de Toulouse 1 Capitole, 2018, p. 167*).

Mais la convention de Malabo présente la particularité d'être une convention « fermée » puisque seuls les Etats members de l'Union africaine peuvent y adhérer ; ainsi elle constitue un instrument continental de lutte contre la cybercriminalité. En outre, la convention africaine sur la cybersécurité et la protection des donénes à caractère personnel se contente de poser des principes de coopération entre les Etats membres sans prévoir des mécanismes concrets de coopération, à l'image du réseau 24/7 de la Convention de Budapest, des outils d'entraide comme la perquisition transfrontière, ainsi qu'un réaménagement du mécanisme de l'extradition (*en ce sens, P. A. TOURE, « La convention de Malabo du 27 juin 2014 sur la cybersécurité et la protection des données à caractère personnel : une nouvelle approche de la gouvernance de la cybercriminalité en Afrique ? », ibid*).

La convention africaine de Malabo, ouverte à la ratification et à l'adhésion de tous les Etats membres, n'est pas encore entrée en vigueur. Elle n'aura force obligatoire que trente (30) jours après la réception du quinzième instrument de ratification par le Président de la Commission de l'UA (*V. art. 36 de la convention de Malabo du 27 juin 2014*).

La convention de Malabo est entrée en vigueur à la faveur de sa ratification par la Mauritanie et du dépôt de l'instrument de ratification le 09 mai 2023. La Mauritanie est devenue le quinzième Etat partie à cette convention. Les Etats memmbres de l'Union africaine parties à la convention de Malabo sont : l'Angolo, le Bénin, le Cameroun, le Cape Verde, le Tchad, la Côte d'Ivoire, les Comoros, le Congo, Djibouti, la Gambie, le Ghana, la Guinée-Bissau, la Guinée (Conakry), le Mozambique, la Mauritanie, les Iles Maurice, la Namibie, le Niger, le Rwanda, l'Afrique du Sud, le Sénégal, la Sierra Leone, le Sao Tomé & Principe, le Soudan, le Togo, la Tunisie et la Zambie.

DIRECTIVE C/DIR/1/08/11 PORTANT LUTTE CONTRE LA CYBERCRIMINALITE DANS L'ESPACE DE LA CEDEAO

LE CONSEIL DES MINISTRES,

VU les Articles 10, 11 et 12 du Traité de la CEDEAO tel qu'amendé, portant création du Conseil des Ministres et définissant sa composition et ses fonctions ;
VU les articles 27, 32 et 33 dudit Traité relatifs à la science et à la technologie, et aux domaines des communications et des télécommunications ;
VU l'article 57 dudit Traité relatif à la coopération judiciaire et juridique qui prescrit que les Etats membres s'engagent à promouvoir la coopération judiciaire en vue d'harmoniser les systèmes judiciaires et juridiques;
VU l'Acte additionnel A/SA 1/01/07 du 19 janvier 2007 de la CEDEAO relatif à l'harmonisation des politiques et du cadre réglementaire du secteur des Technologies de l'Information et de la Communication (TIC) ;
VU l'Acte Additionnel A/SA.1/01/10 relatif à la protection des données à caractère personnel dans l'espace CEDEAO ;
VU l'Acte Additionnel A/SA.2/01/10 relatif aux transactions électroniques dans l'espace CEDEAO ;
VU la Convention A/P1/7/92 de la CEDEAO relative à l'entraide judiciaire en matière pénale ;
VU la Convention A/P1/8/94 de la CEDEAO relative à l'Extradition ;
VU l'Accord de coopération en matière de police criminelle entre les Etats membres de la CEDEAO qui prescrit la mise en commun des compétences et partage d'expérience par les services de sécurité en vue d'accélérer de façon efficace les enquêtes policières ;
CONSIDERANT que l'utilisation des Technologies de l'Information et de la Communication entre autres l'Internet ou la cybernétique a engendré la recrudescence d'actes répréhensibles de tous ordres ;
NOTANT que la cybercriminalité est un phénomène nouveau qui nécessite la définition des infractions spécifiques, lesquelles doivent être rattachées consubstantiellement aux infractions classiques, tels que le vol, l'escroquerie, le recel, le chantage en raison de la nature du préjudice causé au moyen de l'utilisation de l'Internet ;
CONSCIENT que les actes répréhensibles commis au moyen de l'Internet nécessitent donc une qualification au plan légal et une répression appropriée en raison de la gravité des préjudices qu'ils engendrent ;
DESIREUX d'adopter un cadre de répression pénale en vue de lutter efficacement contre la cybercriminalité, ainsi que de permettre une coopération diligente et viable à l'échelle internationale;
APRES AVIS du Parlement de la CEDEAO en date du 23 Mai 2009;

CHAPITRE I : DISPOSITIONS GENERALES

Article Premier: Définitions

Au sens de la présente Directive, les expressions ci-dessous sont définies comme suit:

communication électronique : toute mise à disposition au public ou à une catégorie du public par un procédé de communication électronique ou magnétique, de signes, de signaux, d'écrits, d'images, de sons ou de messages de toute nature ;

données informatiques : toute représentation de faits, d'informations ou de concepts sous une forme qui se prête à un traitement informatique ;

raciste et xénophobe en matière de TIC : tout écrit, toute image ou toute autre représentation d'idées ou de théories qui préconise ou encourage la haine, la discrimination ou la violence contre une personne ou un groupe de personnes, en raison de la race, de la couleur, de l'ascendance, de l'affiliation ou de l'origine nationale ou ethnique ou de la religion, dans la mesure où cette dernière sert de prétexte à l'un ou à l'autre de ces éléments ou incite à de tels actes ;

mineur : toute personne âgée de moins de dix huit (18) ans au sens de la Convention des Nations Unies sur les droits de l'enfant ;

pornographie infantile : toute donnée quelle qu'en soit la nature ou la forme représentant de manière visuelle un mineur se livrant à un agissement sexuellement explicite ou des images réalistes représentant un mineur se livrant à un comportement sexuellement explicite ;

système informatique: tout dispositif isolé ou non, tout ensemble de dispositifs interconnectés assurant en tout ou partie, un traitement automatisé de données en exécution d'un programme.

Technologies de l'information et de la communication (TIC) : technologies employées pour recueillir, stocker, utiliser et envoyer des informations et incluant celles qui impliquent l'utilisation des ordinateurs ou de tout système de communication y compris de télécommunication.

Article 2. Objet

La présente Directive a pour objet d'adapter le droit pénal de fond et la procédure pénale des Etats Membres de la CEDEAO au phénomène de la cybercriminalité.

Article 3. Champ d'application

La présente Directive s'applique à toutes les infractions relatives à la cybercriminalité dans l'espace CEDEAO, ainsi qu'à toutes les infractions pénales dont la constatation requiert la collecte d'une preuve électronique.

CHAPITRE II: INFRACTIONS SPECIFIQUES AUX TECHNOLOGIES DE L'INFORMATION ET DE LA COMMUNICATION

Constituent des infractions au sens de la présente Directive :

Article 4. Accès frauduleux à un système informatique

Le fait pour toute personne d'accéder ou de tenter d'accéder frauduleusement à tout ou partie d'un système informatique.

Article 5. Maintien frauduleux dans un système informatique
Le fait pour toute personne de se maintenir ou de tenter de se maintenir frauduleusement dans tout ou partie d'un système informatique.
Article 6. Entrave au fonctionnement d'un système informatique
Le fait pour toute personne d'entraver, de fausser, de tenter d'entraver ou de fausser le fonctionnement d'un système informatique.
Article 7. Introduction frauduleuse de données dans un système informatique
Le fait pour toute personne d'introduire ou de tenter d'introduire frauduleusement des données dans un système informatique.
Article 8. Interception frauduleuse de données informatiques
Le fait pour toute personne d'intercepter ou de tenter d'intercepter frauduleusement par des moyens techniques des données informatiques lors de leur transmission non publique à destination, en provenance ou à l'intérieur d'un système informatique.
Article 9. Modification frauduleuse de données informatiques
Le fait pour toute personne d'endommager ou de tenter d'endommager, d'effacer ou tenter d'effacer, de détériorer ou de tenter de détériorer, d'altérer ou de tenter d'altérer, de modifier ou de tenter de modifier frauduleusement des données informatiques.
Article 10. Falsification de données informatiques
Le fait pour toute personne de produire ou de fabriquer un ensemble de données numérisées par l'introduction, la suppression ou l'effacement frauduleux de données informatiques stockées, traitées ou transmises par un système informatique, engendrant des données contrefaites, dans l'intention qu'elles soient prises en compte ou utilisées à des fins légales comme si elles étaient originales.
Article 11. Fraude informatique
Le fait pour toute personne d'obtenir frauduleusement, pour soimême ou pour autrui, un avantage matériel ou économique par l'introduction, l'altération, l'effacement ou la suppression de données informatiques ou par toute forme d'atteinte au fonctionnement d'un système informatique.
Article 12. Traitement frauduleux de données à caractère personnel
Le fait pour toute personne, même par négligence, de procéder ou faire procéder à des traitements de données à caractère personnel sans avoir respecté les formalités préalables à leur mise en œuvre telles que prescrites par la loi sur les données à caractère personnel prévue à cet effet dans chaque Etat Membre.
Article13. Usage de données falsifiées
Le fait pour toute personne, en connaissance de cause, de faire usage de données falsifiées.
Article 14. Disposition d'un équipement pour commettre des infractions
Le fait pour toute personne, sans motif légitime de produire, de vendre, d'importer, de détenir, de diffuser, d'offrir, de céder ou de mettre à disposition un équipement, un programme informatique, tout dispositif, donnée, un mot de

passe, un code d'accès ou des données informatiques similaires adaptées pour commettre des infractions telles que définies par la présente Directive

Article 15. Participation à une association formée ou à une entente en vue de commettre des infractions informatiques

Le fait pour toute personne de participer à une association formée ou à une entente établie en vue de préparer ou de commettre une ou plusieurs des infractions prévues dans la présente Directive.

Article 16. Production d'une image ou d'une représentation à caractère pornographique infantile

Le fait pour toute personne de produire, d'enregistrer, d'offrir, de mettre à disposition, de diffuser, de transmettre une image ou une représentation présentant un caractère de pornographie infantile par le biais d'un système informatique.

Article 17. Importation ou exportation d'une image ou d'une représentation à caractère pornographique infantile

Le fait pour toute personne de se procurer ou de procurer à autrui, d'importer ou de faire importer, d'exporter ou de faire exporter une image ou une représentation présentant un caractère de pornographie infantile par le biais d'un système informatique.

Article 18. Possession d'une image ou d'une représentation à caractère pornographique infantile

Le fait pour toute personne de posséder une image ou une représentation présentant un caractère de pornographie infantile dans un système informatique ou dans un moyen quelconque de stockage de données informatiques.

Article 19. Facilitation d'accès à des images, des documents, du son ou une représentation présentant un caractère de pornographie à un mineur

Le fait pour toute personne de faciliter l'accès à des images, des documents, du son ou une représentation présentant un caractère de pornographie à un mineur.

Article 20. Disposition d'écrits ou d'images de nature raciste ou xénophobe par le biais d'un système informatique

Le fait pour toute personne de créer, de télécharger, de diffuser ou de mettre à disposition sous quelque forme que ce soit des écrits, des messages, des photos, dessins ou toute autre représentation d'idées ou de théories, de nature raciste ou xénophobe, par le biais d'un système informatique.

Article 21. Menace par le biais d'un système informatique

Toute menace commise par le biais d'un système informatique, de commettre une infraction pénale, envers une personne en raison de son appartenance à un groupe qui se caractérise par la race, la couleur, l'ascendance, la filiation, la religion, l'origine nationale ou ethnique, dans la mesure où cette appartenance sert de prétexte à une telle menace.

Article 22. Injure commise par le biais d'un système informatique

Toute injure commise par le biais d'un système informatique envers une personne en raison de son appartenance à un groupe qui se caractérise par la race, la couleur, l'ascendance, l'origine nationale ou ethnique, la religion, la filiation dans la mesure où cette appartenance sert de prétexte à une telle injure.

Article 23. Négationnisme

Tout fait intentionnel de nier, d'approuver ou de justifier par le biais d'un système informatique, des actes constitutifs de génocide ou de crimes contre l'humanité .

CHAPITRE III. ADAPTATION DES INFRACTIONS CLASSIQUES AUX TECHNOLOGIES DE L'INFORMATION ET DE LA COMMUNICATION

Article 24. Circonstances aggravantes

Le fait d'utiliser les TIC ou d'agir en bande organisée en vue de commettre des infractions de droit commun comme le vol, l'escroquerie, le recel, l'abus de confiance, l'extorsion de fonds, le terrorisme, le blanchiment de capitaux constitue une circonstance aggravante de ces infractions au sens de la présente Directive.

Article 25. Atteinte portant sur les logiciels et programmes informatiques

Constitue une infraction, au sens de la présente Directive, le fait de commettre un vol, une, escroquerie, un recel, un abus de confiance, une extorsion de fonds, un acte de terrorisme, ou une contrefaçon portant les données informatiques, les logiciels et les programmes.

Article 26. Infractions de presse commises par des moyens de communication électronique

Les infractions de presse commises par un moyen de communication électronique au sens de la présente Directive, sont soumises aux dispositions relatives aux infractions de presse applicables dans les Etats membres.

Article 27. Responsabilité pénale des personnes morales autres que publiques

Toute personne morale à l'exception de l'Etat, des collectivités locales et des établissements publics, est tenue pour responsable des infractions prévues par la présente Directive, lorsqu'elles sont commises pour son compte par ses représentants. La responsabilité des personnes morales n'exclut pas celle des personnes physiques auteurs ou complices des mêmes faits.

CHAPITRE IV : SANCTIONS

Article 28. Peines principales

1. Les Etats membres sanctionnent les faits infractionnels prévus par la présente Directive. Les sanctions sont proportionnées et dissuasives.
2. Toute personne morale déclarée responsable au sens de la présente Directive, est passible de peines proportionnées et dissuasives, qui comprennent des amendes pénales et civiles.

Article 29. Peines complémentaires

1. En cas de condamnation pour une infraction commise par le biais d'un support de communication électronique, la juridiction de jugement compétente peut prononcer des peines complémentaires.

2. En cas de condamnation, la juridiction compétente peut prononcer la confiscation des matériels, des équipements, des instruments, des programmes informatiques ou des données ainsi que des sommes ou produits résultant de l'infraction et appartenant au condamné.

3. Les décisions de condamnation sont publiées dans le journal officiel des Etats membres et sur un support électronique aux frais du condamné.

CHAPITRE V : REGLES DE PROCEDURE

Article 30. Perquisition ou accès à un système informatique

Les autorités nationales compétentes peuvent opérer des perquisitions ou saisies ou accéder à tout système informatique pour la manifestation de la vérité

Toutefois, lorsque la saisie du support électronique ne paraît pas souhaitable, les données, de même que celles qui sont nécessaires à la compréhension du système, font l'objet de copies sur des supports de stockage informatique et sont placés sous scellés.

Article 31. Conservation rapide des données informatiques archivées

Si les nécessités de l'information l'exigent et lorsqu'il y a des raisons de craindre la disparition des données informatiques archivées valant preuve, l'autorité compétente fait injonction à toute personne de conserver et de protéger dans le secret et l'intégrité des données en sa possession ou sous son contrôle, dans un délai déterminé par chaque Etat membre.

Article 32. Mode de preuve

L'écrit électronique est admis comme preuve en matière d'infraction à condition que puisse être dûment identifiée la personne dont il émane et qu'il soit établi et conservé dans des conditions de nature à en garantir l'intégrité.

Article 33. Coopération judiciaire

1. Lorsqu'ils sont saisis par un autre Etat membre, les Etats membres doivent coopérer à la recherche et à la constatation de toutes les infractions pénales prévues ou définies par la présente Directive ainsi qu'à la collecte de preuves sous forme électronique se rapportant à une infraction pénale.

2. Cette coopération est mise en œuvre dans le respect des instruments internationaux pertinents et des mécanismes sur la coopération internationale en matière pénale.

CHAPITRE VI: DISPOSITIONS FINALES

Article 34. Publication

La présente Directive sera publiée par la Commission dans le Journal officiel de la Communauté dans les trente (30) jours de sa date de signature par le Président du Conseil des Ministres. Il sera également publié par chaque Etat Membre, dans son Journal Officiel trente (30) jours après que la Commission le lui notifiera.

Article 35. Mise en œuvre

1. Les Etats Membres adoptent les dispositions législatives, réglementaires et administratives nécessaires pour se conformer à la présente Directive au plus tard le 1er janvier 2014.

2. Lorsque les Etats Membres adoptent les dispositions visées au paragraphe 1 du présent article, celles-ci contiennent une référence à la présente Directive ou sont accompagnées d'une telle référence lors de leur publication officielle.

3. Les Etats Membres communiquent à la Commission de la CEDEAO les mesures ou dispositions qu'ils adoptent pour se conformer à la présente Directive.

4. Les Etats Membres de la Communauté notifient les difficultés de mise en œuvre de la présente Directive au Président de la Commission qui en fait rapport au Conseil des Ministres, qui, à son tour, prend les mesures appropriées en vue d'assurer la mise en œuvre effective de la présente Directive.

Fait à Abuja, le 19 août 2011

- **La Directive C/DIR/1/08/11 du 19 août 2011 portant lutte contre la cybercriminalité dans l'espace de la CEDEAO**

- **Commentaire**

296. Missions de la CEDEAO. La Communauté Economique des Etats de l'Afrique de l'Ouest (CEDEAO) est actuellement régie par le Traité révisé du 24 juillet 1993. La CEDEAO vise à promouvoir la coopération et l'intégration dans la perspective d'une Union économique de l'Afrique de l'Ouest en vue d'élever le niveau de vie des peuples, de maintenir et d'accroître la stabilité économique, de renforcer les relations entre les Etats et de contribuer au progrès et au développement du continent africain. Les Etats membres de la CEDEAO sont le Bénin, le Burkina faso, le Cap-Vert, la Côte d'ivoire, la Gambie, le Ghana, la Guinée, la Guinée-Bissau, le Liberia, le Mali, le Niger, le Nigeria, le Sénegal, la Sierra Léone et le Togo.

Déjà, l'Acte additionnel A/SA du 19 janvier 2007 relatif à l'harmonisation des politiques et du cadre réglementaire du secteur des TIC a prévu « d'adopter un cadre harmonisé des politiques des TIC dans la sous-région ouest africaine ».

La CEDEAO a également adopté une convention A/P1/7/92 relative à l'entraide judiciaire en matière pénale, signée à Dakar (Sénégal) le 29 juillet 1992 et une autre convention A/P1/8/94 relative à l'extradition, conclue à Abuja (Nigéria) le 06 août 1994. Ces instruments communutaires contribuent à améliorer la coopération judiciaire entre les États membres.

297. Lutte contre la cybercriminalité. La question de l'adaptation du droit pénal à la cybercriminalité a été évoquée le 16 octobre 2008 à Praia (Cap-Vert) à l'issue de la septième réunion des Ministres chargés des Télécommunications et des TIC (*Sur ce sujet, « Les pays de la CEDEAO s'engagent à lutter contre la cybercriminalité » : http://www.ouestaf.com/Afrique-de-l-Ouest-les-pays-de-la-CEDEAO-s-engagent-a-lutter-contre-la-cybercriminalite_a2099.html*).A cette occasion, un projet d'Acte additionnel relatif à la lutte contre la cybercriminalité dans l'espace CEDEAO a été adopté ainsi que des projets d'Acte additionnel relatif à la protection des données à caractère personnel et aux transactions électroniques.

Mais en l'absence d'un cadre pénal sous-régional harmonisé, le rapport final de la huitième réunion des ministres de la CEDEAO chargés des télécommunications et des TIC, organisée le 02 octobre 2009 à Dakar, a conclu que l'instrument juridique le plus approprié à la lutte contre la cybercriminalité était une directive. Ainsi, un projet de Directive relatif à la lutte contre la cybercriminalité dans l'espace CEDEAO a été validé et soumis pour son adoption au Conseil des Ministres *(« Une législation communautaire des TIC attendue en janvier 2010 dans la CEDEAO » : http://www.osiris.sn)*.

La Directive de la CEDEAO portant lutte contre la cybercriminalité met à la charge des Etats membres l'obligation de créér des infractions relatives aux TIC (atteintes aux systèmes informatiques, aux données informatiques, pornographie enfantine, etc.), à prévoir des instruments procéduraux, comme la perquisition informatique, la saisie électronique, et la conservation rapide des données et à admettre l'écrit électronique comme preuve en matière d'infraction à condition que puisse être dûment identifiée la personne dont il émane et qu'il soit établi et conservé dans des conditions de nature à en garantir l'intégrité.

Finalement, lors de sa soixante-sixième session tenue à Abuja (Nigéria), du 17 au 19 août 2011, le Conseil des Ministres de la CEDEAO a adopté la Directive C/DIR/1/08/11 du 19 août 2011 portant lutte contre la cybercriminalité dans l'espace de la CEDEAO. L'article 35 de cette Directive communautaire a prévu l'obligation pour les États membres d'adopter les dispositions législatives, réglementaires et administratives nécessaires pour se conformer à ses dispositions au plus tard le 1er janvier 2014.

Le Sénégal a procédé à la transposition par équivalence de la Directive C/DIR/1/08/11 du 19 août 2011 portant lutte contre la cybercriminalité dans l'espace de la CEDEAO, par l'adoption de la loi n° 2008-11 du 25 janvier 2008 portant lutte contre la cybercriminalité. En effet, ce texte est tout à fait conforme à la directive de la CEDEAO, qui a été inspirée par la loi sénégalaise n° 2008-11 du 25 janvier 2008 précitée.

INDEX ALPHABETIQUE DES MATIERES

Les chiffres renvoient aux numéros de paragraphes)

O

P

TABLE DES MATIÈRES

Structures éditoriales du groupe L'Harmattan

L'Harmattan Italie
Via degli Artisti, 15
10124 Torino
harmattan.italia@gmail.com

L'Harmattan Hongrie
Kossuth l. u. 14-16.
1053 Budapest
harmattan@harmattan.hu

L'Harmattan Sénégal
10 VDN en face Mermoz
BP 45034 Dakar-Fann
senharmattan@gmail.com

L'Harmattan Cameroun
TSINGA/FECAFOOT
BP 11486 Yaoundé
inkoukam@gmail.com

L'Harmattan Burkina Faso
Achille Somé – tengnule@hotmail.fr

L'Harmattan Guinée
Almamya, rue KA 028 OKB Agency
BP 3470 Conakry
harmattanguinee@yahoo.fr

L'Harmattan RDC
185, avenue Nyangwe
Commune de Lingwala – Kinshasa
matangilamusadila@yahoo.fr

L'Harmattan Congo
219, avenue Nelson Mandela
BP 2874 Brazzaville
harmattan.congo@yahoo.fr

L'Harmattan Mali
ACI 2000 - Immeuble Mgr Jean Marie Cisse
Bureau 10
BP 145 Bamako-Mali
mali@harmattan.fr

L'Harmattan Togo
Djidjole – Lomé
Maison Amela
face EPP BATOME
ddamela@aol.com

L'Harmattan Côte d'Ivoire
Résidence Karl – Cité des Arts
Abidjan-Cocody
03 BP 1588 Abidjan
espace_harmattan.ci@hotmail.fr

Nos librairies en France

Librairie internationale
16, rue des Écoles
75005 Paris
librairie.internationale@harmattan.fr
01 40 46 79 11
www.librairieharmattan.com

Librairie des savoirs
21, rue des Écoles
75005 Paris
librairie.sh@harmattan.fr
01 46 34 13 71
www.librairieharmattansh.com

Librairie Le Lucernaire
53, rue Notre-Dame-des-Champs
75006 Paris
librairie@lucernaire.fr
01 42 22 67 13

www.ingramcontent.com/pod-product-compliance
Lightning Source LLC
LaVergne TN
LVHW011217061026
849535LV00001BA/75
* 9 7 8 2 3 3 6 4 5 7 3 0 7 *